KB072177

한국사회의 현실과
하버마스의 사회철학

사회와
철학
연구총서
6

Jürgen Habermas

2024년도 대한민국학술원 선정
교육부 우수학술도서

한국사회의 현실과
하버마스의 사회철학

사회와 철학 연구회 지음
선우현 기획·편집

씨
아이
알

일러두기

1. 저자의 집필 의도를 분명히 전달하기 위해 각 장별 용어는 통일하거나 변형하지 않고 그대로
   살렸다.
2. 외국 인명·지명·독음 등은 외래어표기법을 따르되 관습적으로 굳은 표기는 그대로 허용
   했다.
3. 국내 출간물의 경우 일반 단행본은 『겹낫표』, 논문은 「홑낫표」로, 국외 출간물의 경우 일반
   단행본은 이탤릭체로, 논문은 "큰따옴표"로 묶어 표기했다.

머리말

이 시점에서 왜 다시 하버마스인가

일제 식민통치에서 벗어난 이래 한국사회는 급속한 산업화의 과
정을 거치면서 '유엔무역개발회의(UNCTAD)'가 공식적으로 선진국의
지위를 부여하는 등 경제적 차원에서 그야말로 비약적인 발전을 이
룩해 왔다. 더불어 오랜 기간에 걸쳐 민간·군부 독재 정권 및 권위
주의 정부에 맞서 치열한 민주화 투쟁을 벌여온 결과로, 형식적 민주
화를 구현했으며 실질적 민주화를 달성해 나가는 도정에 있다. 이처
럼 한국사회는 그 유례를 찾아보기 어려울 만큼, 2차 세계대전 이후
전(全) 지구적 차원에서 산업화와 민주화 양자를 성공적으로 이룩한
유일무이한 정치 사회적 공동체로 자리하기에 이르렀다.

그러나 이러한 빛나는 성과의 이면에는 적지 않은 난제들이 도
처에 산재해 있다. 유례없는 압축적 근대화 및 급속한 산업화의 진척
과정은, 서구 사회가 수 세기에 걸쳐 전개한 근대화 노정에서 초래한
다양한 병리적 사태를 고스란히 답습해 한층 더 강력한 문제적 상황
으로 증폭시켜 나가는 경로로 기능했다. 일례로 비약적인 경제 발전
은 그 부정적 산물로서 불공정한 부의 분배에 기인한 격심한 계급
(층)적 불평등과 대립적 갈등이라는 서구 자본주의의 고전적 문제를

한국사회에 안겨 주었다.

실제로 한국사회는 오랜 기간 경제적 불평등에서 비롯된 계급(층) 간의 첨예한 갈등과 대립이 사회적 현안의 중심적 지위를 차지해 왔다. 그에 따라 마르크스(주의) 사회철학이야말로 이러한 실태의 본질을 온전히 규명하고 그 해결 방안을 강구해줄 유력한 '실천적 이론 체계'로 각광받았다. 하지만 이는 그리 오래가지 못했다. 구소련을 비롯한 사회주의 진영의 붕괴와 '현실 사회주의'를 이념적으로 지탱해 준 소위 '정통 마르크스주의'의 근본적 한계가 동시다발적으로 드러나면서, 마르크스(주의) 사회철학의 이론적·현실적 영향력은 급속도로 쇠락해 버리는 지경에 다다랐던 것이다.

그와 함께 한국사회 또한 형식적·제도적 민주화의 수준을 넘어 다양한 삶의 영역에서의 실질적·절차적 민주화를 구현해 오면서, 자본주의 체제의 비인간적인 억압적 구조를 일정 정도 순치·완화함으로써 보다 인간적 면모를 갖춘 자본주의로 그 외관을 일정 정도 새롭게 변모시켰다. 하여 적지 않은 변화를 거친 한국적 자본주의 체제의 실상을 적확히 규명하는 데 마르크스(주의) 철학은 더 이상 분석적 해명의 도구로서 그 역할을 온전히 수행키 어려워졌다는 지적이 곳곳에서 제기되었다. 곧 한국적 현실을 조망함에 있어, 마르크스(주의) 철학은 설득력 있는 해명과 문제 해결 방안을 강구하는 데, 자체의 철학적 기량이 충분치 않다는 공감대가 차츰 확산되어 나가는 추세에 있다.

물론 이 같은 이론사적 흐름의 재구성적 변화나 급격한 사회 현실적 변동이, 마르크스(주의) 사회철학의 시대적 낙후성 혹은 이론상의 효용성 및 활용성이 소진되었음을 말해주는 것은 '결코' 아니다. 그럼에도 마르크스(주의) 철학이 한국사회의 실상을 온전히 통찰하고 혁신시킬 유일무이한 '사회 변혁적 실천철학 체계'로 각광받던 시절의 위상과 영향력을 고려할 때, 그야말로 격세지감(隔世之感)을 느끼지 않을 수 없다.

이 같은 격변기적 형세 속에서 등장한 하버마스의 사회철학은 마르크스(주의) 철학의 일방적 독주에 제동을 걸면서 대안적(代案的) 실천철학 체계로 각광받기에 이르렀다. 하지만 이러한 사태 변화가 하버마스의 사회철학이 마르크스(주의) 철학을 밀어내고 그 자리를 꿰차버렸음을 의미하지는 않는다. 보다 엄정하고 객관적인 관점에서 볼 때, 오늘의 한국적 현실을 규명함에 있어 하버마스와 마르크스(주의)의 두 사회철학 유형은 치열한 대결 구도를 형성하여 상호 경쟁적인 관계를 유지한 가운데 그 우열과 승패가 가려지는 상황이 연출되고 있다.

사정이 이런 만큼, '마르크스(주의) 사회철학의 한계와 제한성을 넘어서는 철학체계로서 하버마스의 사회철학이 새로이 자리매김하고 있는가의 여부'는 여전히 치열한 논쟁적 사안이라 할 수 있다. 해서 이 점은 추후 보다 세밀한 탐구 작업을 통해 밝혀질 필요가 있다는 점만을 이 자리에서 지적해 두고자 한다.

여하튼 이 같은 철학사적 흐름의 변동에 기인한 것이든 혹은 한국사회의 역동적인 체제 변화의 조짐에 따른 것이든, 이전과 현저히 달라진 오늘의 한국적 현실을 감안할 때, 다시금 최근 우리 사회에 일고 있는 하버마스 사회철학에 대한 관심의 증대를 온전히 이해할 수 있다.

물론 그의 철학 체계는 독일을 위시한 유럽의 시대적·정치 사회적 상황을 주된 논구 대상으로 삼아 구축된 것이다. 그럼에도 하버마스의 사회철학은 한국사회의 구조적 모순이나 병폐를 비판적으로 조망해 보는 데 충분히 유용한 이론체계로 기능할 수 있어 보인다. 적어도 오늘의 한국사회 역시 유럽 내 정치적 공동체들이 밟아 온, 동시에 밟고 나가고 있는 사회 진화론적 행로를 적지 않게 답습하고 있기 때문이다.

그렇지만 근자에 이르러 그의 철학사상에 시민 대중적 이목이 급속히 쏠리면서 다방면으로 관심이 고조되는 상황은 현 한국사회의 민주화 진척 실태와 긴밀히 관련되어 있다. 곧 그의 사회철학이 지닌 시의적 효용성과 유용성은, 최근 들어 명색이 민주화되었다는 한국사회 도처에서 민주주의의 근본 토대가 허물어지는 현상이나 민주주의의 퇴행을 보여주는 징후들이 빈번하게 나타나고 있다는 점에 비추어, 한층 더 각별한 의미로 다가온다.

무엇보다 근래의 한국사회는 '진영논리'가 사회 전반에 광범위하게 번져 나가 일상적 삶의 현장마저 전일적으로 지배하는 상황이 펼쳐지고 있다. 주요 정치적 현안들은 말할 것도 없거니와 부동산 정책을 비롯한 경제적 사안이나 사회적·문화적 이슈들의 경우도, 규범적·도덕적 차원에서의 정당성 여부는 전적으로 진영논리에 의거해 판별되고 있는 실정이다. 그에 따라 자신이 속하거나 지지하는 진영의 결정과 선택은 그것이 무엇이든, 정당한 것으로 간주된다. 반면에, 대립 진영이나 적대적 이념 세력이 내세우는 견해와 입장은 '무조건' 부당한 것으로 배격된다. 이렇듯 진영논리는 시민들로 하여금, 자신의 이해관계 혹은 신념과 연계된 집단이 행하는 것만이 옳다는 비합리적인 맹신적 사유와 판단을 유인함으로써 사회를 두 적대 진영으로 단절지어 상호 간에 끊임없는 대립과 충돌, 증오와 혐오를 부추기고 있다.

그처럼 진영논리는 겉으로는 적폐 청산이나 사회 개혁과 같은 그럴듯한 명분으로 포장하고 있지만, 실제로는 사적·집단적 이익을 관철하기 위한 '반민주적 힘의 논리'에 다름 아니다. 이해관계가 첨예하게 얽혀 있는 사안을 놓고 서로 상반된 입장이 팽팽히 맞선 경우, 민주주의 사회에서는 시민들 간의 자유롭고 합리적인 공적 토론과 같은 절차적 판단 과정을 통해 그 타당성 및 정당성 여부가 따져진다. 그러나 진영논리가 판치는 비민주적 사회에서는 '누가 더 막강한 지배 권력과 여론 형성적 힘, 실질적 영향력을 지니고 있는가?'에 따라 옳고 그름이 판별된다. 이 점에서 작금의 한국사회는 의심할 여지없이 '민주주의 퇴행적' 사회임이 밝혀진다.

자신의 입장과 '다른' 타인의 견해는 들어볼 생각조차 하지 않는다. 동시에 자신의 주장과 판단만이 절대적으로 옳다는 믿음하에, 이를 상대에게 '강요'하는 것을 무(無)개념 상태를 '각성시키는 것'으로 확신한다. 그에 따라 오늘의 한국사회는, 대화와 소통이 단절되고 타인의 입장에 대한 존중과 배려 또한 사라진 채, 전적으로 '힘의 논리'를 통해 타인을 복속시키거나 배제해 버리는 '반민주적인 풍토'만이 공고하게 자리하고 있음이 목도된다.

이렇듯 진영논리가 정치적 영역을 넘어 일상적 삶의 현장까지

침투해 들어와 개별 시민의 사유 구조와 행위 양식마저 장악한 '삶의 논리'로 고착화되어 버린 현 상황이야말로, '왜 다시 하버마스인가?'라는 물음이 제기될 수밖에 없는 근본 이유를 여실히 보여준다. 동시에 그러한 연유로, 하버마스의 '대화를 통한 문제 해결 방식'이 왜 시급히 수용되어야 하는가에 대한 이론적·실천적 필요성과 규범적 당위성에 대해 또한 자각하게 된다.

이 점과 관련해 '원칙적으로' 합리적 대화 및 소통을 통해 특정 현안을 둘러싼 갈등이나 충돌을 해소 내지 해결할 수 있다는 하버마스의 실천철학적 전망은 그의 철학체계에 관해 한층 더 다가서게 만드는 매력적인 요인으로 작용한다. 더욱이 진영논리의 무차별적 확산으로 인해 야기된 정치 사회적·문화적 대결과 충돌을 지혜롭게 극복하고 넘어설 당면 과제와 관련해, 하버마스의 사회철학은 더더욱 충분한 검토와 고려의 대상이 될 수 있다고 판단된다.

물론 이러한 경우에도 각별히 유념해야 할 사항이 하나 있다. 곧 하버마스의 사회철학을 전적으로 우리 사회의 현실 및 문제 상황에 맞추어 일방적으로 읽어내려는 시도는 다분히 그의 철학에 대한 자의적이며 왜곡된 해석을 낳을 수 있다는 점이다. 그런 만큼 그의 사회철학 체계의 핵심과 실체를 온전히 독해해 내기 위해서는, 우리 사회의 현실 못지않게 그의 철학을 배태·형성시킨 일차적 지반으로서의 독일 사회의 현실과 실상에 관한 올바른 이해와 분석이 선행되어야만 한다. 그럴 경우에라야, 그의 사회철학에 내재된 본질적 실체와 그것의 이론적·실천적 함의를 온전히 간취할 수 있을 뿐 아니라, 그의 철학에 대한 공정하면서도 정당한 평가가 내려질 수 있을 것이기 때문이다.

이번에 우리 학회가 하버마스의 철학사상에 관한 여섯 번째 연구총서인 『한국사회의 현실과 하버마스의 사회철학』을 내놓게 된 데에는, 이제껏 살펴본 한국사회의 정치 사회적 정세를 비롯한 여러 현실적 요인이 크게 한몫 거들고 있다. 그만큼 현재 우리 사회가 처한 대내외적 환경과 여건이 그리 녹록치 않다고 보이기 때문이다.

아울러 이에 더해, 하버마스의 사회철학에 관한 총체적 차원에서의 '잠정적인' 평가와 이론사적 정리 작업이 현시점에서 필요하다는 학회 내부의 합치된 견해 및 공감대 또한 본 연구총서의 출간을 결행하는 데 중요한 요인으로 작용하였다. 특히 하버마스가 94세라는 고령의 노(老)철학자라는 사실은 그의 사회철학 전반에 관한 이론적·실천적 측면에서의 다양한 '결산적 평가 작업'이 시도될 시점이라는 사실에 별다른 이견이 없었다. 물론 이 점과 관련해서도 걸림돌이 없는 것은 아니다. 노령임에도 불구하고 여전히 왕성한 연구열을 보여주는 하버마스는 최근 『또 하나의 철학사(Auch ein Geschichte der Philosophie)』라는 무려 1,700쪽 남짓의 방대한 '또 하나의 철학서'를 내놓았다. 이처럼 브레이크 없이 '현재 진행형'으로 전개되는 그의 철학적 논구 작업은 그의 철학체계의 최종적 지향점 및 종착점이 어디까지 다다를지 현재로서는 섣불리 예단키 어렵게 하고 있다. 동시에 그만큼 하버마스 철학 전반에 걸친 총체적 수준에서의 조망과 평가 작업을 계속해서 뒤로 미루게 만들고 있다. 다만, 이후의 하버마스 철학의 궁극적인 완결적 윤곽과 그 형태가 어떠할지의 여부는 남겨둔 채, 현시점에서 그의 사회 철학적 입론 체계 전반에 걸친 비판적 규명 그리고 이론적·실천적 차원의 평가는, 최소한 잠정적인 형태로나마 일단락 지어질 수 있을 것이라 생각된다.

이렇듯 하버마스의 사회철학을 둘러싼 '이론 외적 요인'들과 '이론 내적 요인'들로 말미암아 나름 쉽지 않았던 작업 과정을 거쳐 이번에 내놓게 된 잠정적인 성과물이 바로 『한국사회의 현실과 하버마스의 사회철학』이다.

사실 집필자들이 몸담고 있는 '사회와 철학 연구회'의 별칭이 '하버마스 연구학회'일 정도로, 학회 내부에는 하버마스 철학을 전공하고 오랫동안 연구해 온 실천철학자들이 적지 않게 포진되어 있다. 그럼에도 1996년 하버마스의 방한을 전후하여 일었던 이른바 '하버마스 철학의 붐' 이후, 거의 27년이 흐른 지금까지 눈에 띌 만한 가시적인 연구 성과물조차 학회 이름을 걸고 내놓지 못했던 것이 실상(實狀)이다. 이 점에 관해서는 여러 변명거리를 댈 수 있겠지만, 그렇게 된 보다 결정적인 이유로 '우리 학회 소속 철학자 및 철학 연구자들이 지적으로 게으르고 태만했다'는 점을 인정할 수밖에 없을 듯하다. 그런 만큼 비록 만시지탄(晚時之歎)의 감은 어쩔 수 없지만, 그나마 이제라도 하버마스 사회철학에 관한 연구총서를 출간하게 된 것은 참으로 고마우며 다행스러운 일이 아닐 수 없다.

해서 이번 연구총서는 하버마스 사회철학 전반에 걸친 보다 다양한 논제 및 주제를 다룬 글들을 최대한 많이 수용하여 꾸며 보고자 했다. 하지만 애초 계획된 기획안에 비추어, 턱없이 부족한 상태로 최종 구성되었다. 이는 우리 학회에 소속된 하버마스 철학 연구자들의 인력 풀의 한계인 탓도 있지만, 하버마스 사회철학이 갖는 이론적 규모와 범위가 실로 감당하기 어려울 만큼 방대하다는 점이 보다 근본적인 이유라고 할 것이다. 다만 사정이 이러함에도, 주요 실천철학적 문제 및 쟁점에 관한 여러 논의들을 가능한 한 이 책에 담아내고자 애써 보았다.

이러한 기본 의도에 따라, 하버마스 사회철학이 우리 사회의 현실태와 관련해 갖는 의의와 한계에 대한 비판적 논의를 비롯해, 철학계를 비롯한 국내의 학술장(場)에 하버마스의 철학이 도입·논의되어 온 수용사에 관한 비판적 통찰 및 검토의 글들, 그리고 하버마스 사상의 핵심 논지가 담긴 주저라 할 『의사소통행위이론』(1981), 『공론장의 구조변동』(신판, 1990), 『사실성과 타당성』(1992) 등에서 제시된 이론적·실천적 논변들을 보다 심도 깊게 논구하고 있는 여러 성찰적 입론들이 망라되어 있다. 아울러 하버마스 사상에서 비롯된 여러 실천철학적 쟁점들에 관한 논쟁적인 글들과 예술 민주주의나 미디어아트, 대중문화와 관련지어 하버마스의 사회철학을 조명한 문화 및 예술 철학적 담론들도 포함되어 있다. 특히 하버마스 사회철학에 관한 국내 철학계의 연구 열기를 주도했으며 그의 핵심 저술물인 『의사소통행위이론』 1,2권을 완역한, 하버마스 사상에 관한 일급 연구자이자 한국사회의 혁신과 발전을 위한 철학적 탐구 작업을 지속해온 대표적인 실천철학자인 고(故) 장춘익 교수의 글을 본 연구총서에 실을 수 있게 된 것은 여러모로 적지 않은 의미와 남다른 소회를 느끼게 한다. 장 교수의 글은 그가 생전에 수행한 실질적인 마지막 연구 성과물로서, 하버마스 후기 철학의 방법론적 변화 및 전환을 비판적으로 탐색·추적한 논문이다.

이처럼 본 연구총서 6권에는 국내의 주요 사회철학자들이 하버마스 사회철학에 관해 나름 오랜 기간에 걸쳐 논구해 온 잠정적인 철학적 탐구 성과들이 한데 모아져 있다. 물론 학회 차원에서, 책의 내용뿐 아니라 구성적 형식의 차원에서도 보다 내실 있고 알찬 연구서가 되도록 나름 최선을 다했지만, 그럼에도 만족할 만한 수준의 보다 완성도 높은 형태로 책이 구성되었다고 보기에는 여러모로 부족한 것이 사실이다. 우리 학회에 소속된 몇몇 역량 있고 유능한 하버마스 연구자들의 글을 싣지 못한 것도 그렇게 된 주된 이유 중의 하나이다. 나아가 '심의(토의)민주주의'를 중심으로 한 하버마스의 민주주의론에 관한 치열한 정치철학적 논의가 담긴 글들이 충분히 제시되지 못한 점도 상당히 아쉬운 대목이다. 해서 하버마스의 법철학적 정치이론이나 민주주의론에 관해서는, 이후 후속 작업의 일환으로 별도의 독립적인 연구총서를 기획하여 출간할 것임을 감히 약속드린다.

이처럼 다방면에서 충분치 못하고 불만족스러운 상태이지만, 그럼에도 본 연구총서는 그간 하버마스의 사회철학을 다루고 논의해 온 우리 사회철학계 및 사회철학자들의 연구 역량 및 탐구 수준을 현 시점에서 가늠해 볼 유의미한 기회를 제공해 주고 있다는 점에서 적지 않은 학술적 의의를 갖는다고 감히 단언해 본다. 아무쪼록 본 연구총서가 하버마스 사회철학에 대한 보다 밀도 높은 연구와 논의의 수준을 심화하고 고양하는 데 일조하기를 기대한다. 또한 하버마스 사회철학에 관한 전문 학자나 연구자, 학생과 관심 있는 일반 시민들에게 유용하고 의미 있는 연구 자료가 될 수 있기를 소망한다. 나아가 한국사회가 처한 현재의 여러 현실적 문제 상황을 타개하고 해결해 나가는 데, 본 연구서가 유의미한 정보와 지식, 교훈과 시사점을 제공해 줄 수 있기를 적극 희망해 본다.

이제껏 그래 왔듯이, 이번에도 우리 '사회와 철학 연구회'의 여섯 번째 연구총서의 출간 작업을 기꺼이 맡아 수행해 준 도서출판 씨아이알의 김성배 대표께 감사의 말씀을 드린다. 난삽하고 매끄럽지 못한 원고들을 보다 읽기 쉽도록 다듬고 정리하여 훌륭한 양서로 만들어 준 박은지 대리를 비롯한 출판부 선생님들께도 깊은 감사의 마음을 전한다.

2023년 11월

기획·편집 책임자 선우현

차례

머리말 _ v

01 **사회철학과 현실** _ 3
하버마스의 사회이론에 대한 비판적 고찰
권용혁

02 **한국 학술장의 하버마스 수용 과정과 전통 없는 정전화의 과제** _ 41
이시윤

03 **20세기 세계사에서 하버마스의 시간과 대한민국의 시간** _ 81
대한민국에서의 하버마스 수용사 성찰 또는 같은 벽에 걸린 두 나라의
역사시계가 분침(分針)까지 일치하는 경우는 없었다는 성찰체험
홍윤기

04 **하버마스에서 생활세계 개념의 의미** _ 137
이재성

05 **생활세계 식민화론의 재구성** _ 173
배제, 물화, 무시
김원식

06 **체계/생활세계 2단계 사회이론의 비판적 재구성** _ 203
체계의 민주화와 사회적 투쟁의 생활세계 내 현실화
선우현

07 **생활세계와 체계** _ 265
하버마스의 이원적 사회이론과 그에 대한 논쟁에 대한 재고찰
강병호

08 **하버마스의 사회인류학적 고찰에 나타난
탈형이상학적 의미와 종교의 공적 역할의 가능성** _ 301
남성일

09 **인권의 담론이론적 정당화의 현황과 전망** _345

하버마스, 알렉시, 포르스트의 논의를 중심으로
허성범

10 **공영역의 새로운 구조변동이 일어나고 있는가?** _411

위기의 원인으로서의 디지털 미디어?
한길석

11 **예술 공론장, 공중 그리고 예술대중** _447

하버마스의 예술 공론장과 단토·디키의 예술계 논제를 중심으로
이하준

12 **미디어아트의 상호작용성 연구** _485

U. 에코의 기호학과 J. 하버마스의 예술적 의사소통을 중심으로
연희원

13 **귀가 있어도 듣질 않어** _515

하버마스의 '소통 철학'으로 본 BTS의 「Am I Wrong」
김광식

14 **한국사회에서 헌법애국주의 논쟁에 대하여** _537

나종석

15 **실천이성의 계보학** _607

하버마스 후기 철학의 방법론적 변화에 관하여
장춘익

필자 소개 _641

01

사회철학과 현실

01

사회철학과 현실

하버마스의 사회이론에 대한 비판적 고찰

권용혁

"우리 조선 사람은 매양 이해(利害) 밖에서 진리를 찾으려 하므로, 석가가 들어오면 조선의 석가가 되지 않고 석가의 조선이 되며, 공자가 들어오면 조선의 공자가 되지 않고 공자의 조선이 되며, 무슨 주의(主義)가 들어와도 조선의 주의가 되지 않고 주의의 조선이 되려 한다. 그리하여 도덕과 주의를 위하는 조선은 있고 조선을 위하는 도덕과 주의는 없다."

_신채호, 「浪客의 新年漫筆」 중에서

서론

1) 변론

서구의 인문사회과학이 동아시아 학문 전통을 대체한 이후 한국의 역사, 사회, 정치, 경제에 대한 경험적 분석은 서구 근대 학문의 이념과 방법론에 의거해 진행되어 왔으며 지금도 그 영향력이 깊고 광범위하게 자리 잡고 있다. 한국의 사회철학계에도 이 논리와 기준점 그리고 그 영향력은 백 년 넘도록 작동되고 있다. 한국에 도입된 다수의 서구철학의 이념들 및 방법론들은, 이제는 대부분의 식자들이 인지·이해하고 있듯이, 다양한 지정학적, 지경학적, 역사·문화·자연환경적 요인들에 심대한 영향을 받으면서 형성되어 온 특수한 이념과 논리 그리고 영향사들의 집합체로 파악하는 것이 온당하다.

마찬가지로 특정한 몇몇 나라의 역사적 자료에 의거하고 있는 서구식 사회철학이 제시한 체계화되고 논리정연한 이론들과 전혀 다른 지정학적, 지경학적, 역사·문화·자연환경적 요인들로 구성된 동아시아적 혹은 한국적 현실이라는 이질적인 두 층위를 출발점으로 삼을 수밖에 없었던 20세기 후반부 사회철학 전공자들의 고민은 이 이질적인 층위들을 안고 출발하는 데서 그 난망함이 드러난다.

그만큼 한국사회철학계에서는 철학과 현실의 대화를 엮어가기가 거의 무망했다. 철학이 현실에서 조탁된 것이 아닐 때, 수입된 기호들로 구성된 것일 때, 그 기호들에 안주할 수도 없고 그렇다고 조탁되지 않은 현실에서 출발할 수도 없는 당혹스러움에 직면하게 된다.

그럼에도 철학적 훈련은 이미 근대 이후 잘 조탁된 엄밀하고 세련된 기호를 통해서, 깊고 다양하게 세분화되어 있는 정교한 개념 체계들을 통해서 이루어질 수밖에 없다. 그것은 근대 서구 문명이 근대의 특징과 관련해서 우리들의 사유의 깊이와 폭을 넓혀주는 기초적인 인식의 지평이자 세계를 보는 세련된 시각들이기 때문이다.

그렇게 20세기 한국에서의 서구철학 전공자들은 나름 학문적 자기만족과 그 이질성의 생채기들을 스스로 껴안으면서 이 땅에서 학문적 계몽의 역할을 수행해왔을 것이다. 글쓴이의 고민도 이런 두 층위의 이질성 체험과 그 생채기들에서 비롯된 것이다. 그 체험과 생채기들을 어떤 방식으로든 정리하고 치유해보고자 하는 시도들을 꽤 오랫동안 해왔던 것 같다.

철학과 현실의 관계를 이어가려고 하는 식자들이라면, 특히 "수입된 세련되고 아름답기까지 한 다양한 서구의 철학적 구조물들"과 서세동점(西勢東漸) 이후 "복합적 사태들로 범벅이된 변화무쌍한 현실들"이라는 이 두 층위를 어떻게든 이어보려고 시도해온 식자들이라면, 30년 전에 이 글을 기획했던 글쓴이의 문제의식 정도는 이해할 수 있으리라고 희망해본다.

2) 철학과 현실의 어긋난 만남

서구철학의 수용에는 현실로부터 제기된 철학적 문제에 대한 시대적 이해가 부족했던 것이 사실이다. 특정한 시대의 철학을 연구하려면 필수적으로 병행해야 하는 당시의 시대적 상황에 대한 이해도 부족했을 뿐만 아니라, 그것에 대한 한국 현실에 바탕을 둔 해석과 변용이 나타나기 어려웠다. 대부분의 전문 철학자들의 작업은 서양 철학 안에서 '철학적'인 문제를 발견하고 그 해결책을 그 테두리 안에서 찾는 데 역점을 두어왔기 때문에 인용과 각주의 정확성과 적절성을 철학적 작업의 제일 우선순위에 놓는 그래서 '현실의 철학이 아닌 주의(ism)의 철학'을 확산해왔다.

서구 사회철학의 수용과 전개도 이것과 흡사한 방식으로 진행된다. 물론 수입에 의존하는 현상에 대한 반성의 목소리가 없었던 것은 아니지만 한국철학에 대한 반성적 실천력을 갖기에는 역부족이었다. 그 이유는 사회철학이 제반 인문 사회과학의 현실 추상화 작업에 대해 무지한 상태였으며 경험적인 자료를 공유하면서 공동작업을 하지 못하고 있기 때문이다.

저자는 현 상황을 대략 전근대, 반근대, 식민지 근대, 미국식·일본식 근대, 후기근대 그리고 21세기 지식정보 근대 등의 중층, 중첩, 혼성화가 진행되는 복합적 사태가 진행 중인 복합적 상황이라고 규정한다. 여기서 사용되고 있는 근대란 서유럽이 수 세기에 걸쳐 이룩해 온 총체적인 변화를 일반화한 것이다. 따라서 근대라는 용어는 서구 중심적인 경향을 가질 수밖에 없다. 이 규정을 정확히 파악하기 위해서는 인간 이성 우위의 시대, 목적합리성의 시대, 진보의 시대 등으로 표현되는 근대의 철학적 특징과 자유민주주의와 자본주의로 대변되는 정치·경제 체계를 우리의 현실은 어떻게 수용했는지를 검토하는 작업이 선행되어야 한다.

한국인에게 있어서 근대의 출발 시점은 언제 서구의 근대가 우리에게 이식되었느냐에 따라 규정된다. 물론 자본주의의 맹아들이 조선 후기부터 자생적인 형태로 나타나지만, 이것이 새로운 사회체제의 형성을 위한 동인으로까지 이어지지는 않는다는 점에서 출발점으로 자리매김하기는 어렵다. 다만 자본주의와 민주주의 발달의 내적 요인들로 거론되고 있는 과거제도와 관료사회, 다양한 계의 수평적 협력 구조, 양반화와 식자층 우대 사상 등의 유교의 근대적 특징들이나 농업에서의 수도작이나 노동집약적인 소농사회 그리고 근면노동 등은 높게 평가될 필요가 있다. 이 요인들은 서구 근대보다도 훨씬 이전에 동아시아와 이 땅에서 작동되어 왔으며 20세기 후반의 급속한 자본주의화와 민주주의화를 설명하는 핵심적인 것들로 거론될 가치가 있다.

어쨌든 현상적으로는 서세동점의 충격과 함께 받아들인 자본주의와 자유민주주의가 우리 사회에 정착되는 과정은 타율적 이식의 과정이었다. 2차 세계대전 후에야 입헌민주주의 국가의 형태를 띠게 된 한국의 지난 반세기는 사회 전 분야의 급격한 자본주의화로 특징지어질 수 있다. 그리고 최근에는 민주주의의 요소들이 아래로부터 확산 발전된다는 점에서 어느 정도 자율성을 지닌 민주적 절차가 정착되고 있다.

이처럼 서구와는 다른 근대를 맞이한 우리의 경우 세계사의 전개에 있어서 일반적으로 인정될 수 있는 부분과 우리의 근대에서만 나타나는 특수한 부분을 밝힘으로써 우리의 근대가 갖는 일반성과 특수성을 정리할 필요가 있다. 타율적인 근대화와 급격한 자본주의화 그리고 부분적이지만 급진적인 민주화라는 역사적 현실을 자료로 삼아 사회이론을 전개하고 그것의 정당화를 다루는 것이 순서일 것이다.

3) 하버마스 이론을 상대화하기

이 글은 우리의 근대에 대한 본격적인 철학적 성찰이 아니다. 이 글에서는 근대 사회에 대한 유럽의 사회철학자인 하버마스의 해석을 살펴보고 그것을 우리 사회에 적용할 경우 나타나는 문제점을 지적함으로써 우리 사회의 이론화가 갖는 특수성을 부각하는 일에 역점을 둔다. 이 글은 '사회철학과 현실'이라는 주제를 본격적으로 다루기에 앞서 논자가 자신의 시각을 조정하기 위해서 정리하는 글이다. 이 글에서는 하버마스가 근대성 이론을 정리한 부분 중에서 사회이론의 객관성을 확보하기 위해 도입한 개념틀을 (국가와 시민사회에 대한 그의 해석, 공론영역의 역할에 대한 강조, 체계와 생활세계 개념과 새로운 사회운동의 역할에 대한 입장을) 설명하고 그것들을 우리 사회의 역사적 전개 과정과 비교함으로써 그 적용 가능성을 살펴본다. 이러한 일련의 작업은 그의 이론의 기반과 적용 범위를 밝힘으로써 그것을 우리 사회에 적용하려는 시도를 할 경우 발생할 수 있는 부적절성을 밝히는 것에 그친다. 마지막 부분에서는 그가 규범에 대한 (마지막) 근거설정의 문제를 부정적으로 평가하는 이유와 그것에 대한 비판적 고찰을 그의 현실 이해와 연관시켜서 살펴봄으로써 메타이론과 현실의 관계에 대한 필자의 입장을 정리해 보겠다.

국가와 시민사회

나치즘이 독일을 지배하고 있던 시기에 그 영향력이 크지 않았던 조그마한 도시에서 유년기를 보낸 하버마스는 나치즘의 광폭성을 2차 세계대전이 종식된 후에서야 비로소 알았다고 회고하고 있다. 전쟁 후에 대학 교육을 받은 세대로서 서유럽에 민주주의가 정착해 가는 과정을 일상생활 안에서 받아들이면서 자신의 지적 세계를 형성해 간 그는 서구에서 수 세기에 걸쳐 이룩된 시민적인 입헌 국가의 민주주의가 독일에 도입된 데 대해 긍정적인 입장을 취한다. 이 점에서 그는 프랑크푸르트학파의 일 세대들과 확연한 차이를 보인다. 그가 자신의 입을 세우는 데 있어서 가장 영향을 많이 받은 것은 1960년대와 1970년대의 서유럽 사회의 전개 양상이다. 이때 그는 한편으로는 루카치 그리고 아도르노와 호르크하이머 등의 저작을 접하면서 철학과 정치적인 입장을 분리해서 볼 수 없다는 견해를 받아들인다. 그리고 다른 한편으로는 1960년대 이후 안정을 되찾은 서유럽의 사회적·정치적 환경을 긍정적으로 평가함으로써 이것을 전면 부정하는 시도는 전망이 없는 것으로 판단한다.[1)]

더욱이 이론의 토대에 대한 그의 탐구는 실천철학을 이끄는 원동력으로 작용하고 있는데, 이 문제에 대한 명확한 입장은 그의 책 『현대성에 대한 철학적 담론들』의 12장 '현대의 규범적 내용'에 잘 나타나 있다.[2)] 그는 사회적이며 역사적인 기반을 벗어나서 논의되는 이론들은 현재의 생활 형식들을 정착시키기 위해서 지불했던 비용과 희생을 (육체적 노동, 물질적 생활 여건의 확보를 위한 그리고 권리 보장을 위한 노력, 정치적 참여와 교육 여건의 정착을 위해 투여된 행위 등을) 고려하지 않음으로써 일상적인 실천을 위한 체계적인 이론으로써의 역할을 수행하지 못한다고 지적한다.[3)] 이처럼 그는 특정한 장소를 언급하지 않는 담론들에 있어서는 그 자신과 관련된 이성

---

1) 하버마스는 1979년 3월에 이루어진 인터뷰에서 유년기와 청년기에 대해 밝히고 있다. 이 인터뷰 내용은 D. Horster(1988) 97~126쪽에 재수록되어 있다. 맑시즘에 대한 그의 재해석도 이러한 맥락에서 파악될 수 있다. 참고: J. Habermas(1982) 144~199쪽, 314~316쪽.

2) J. Habermas(1985) 390f. 그는 이 장에서 현재 유행하고 있는 급진적인 이성비판의 담론들이 자신이 서 있는 장소에 대해 전혀 해명을 하고 있지 않다는 점을 비판하면서 그 자신은 이 해명 작업에서부터 출발하고 있다는 점을 강조한다.

3) J. Habermas(1985) 393쪽. 이것을 그는 니체에서 연유한다고 보고 있다. 그는 이러한 현상이 니체가 추종자들의 시선을 비일상적인 것들로 돌려놓음으로써 일상적인 실천을 파생된 것일 뿐이거나 비본래적인 것으로 간주하면서 경멸한 결과 나타난 것으로 파악한다. 참고: 같은 책, 240~247쪽.

비판이 불가능하다는 점을 지적하면서 자신은 구체적인 유럽 역사의 한 단계에 대한 분석과 진단 그리고 대안 제시의 문제에 집중하고 있음을 분명히 밝히고 있다.[4] 이런 맥락에서 그는 사회철학의 토대로서의 현실을 이론화하는 작업을 집중적으로 수행하고 있으며 그의 사회이론은 그의 메타이론의 전개를 위한 초석이 되고 있다는 점은 부인할 수 없다.

1) 서구적 맥락

서구 자본주의 역사는 국가와 시민사회의 분리와 함께 진행된다. 이 과정에서 봉건적인 요소들을 제거하면서 자신의 입지를 구축한 부르주아지 계급은 한편으로는 경제적인 부를 축적하고 다른 한편으로는 정치와 경제의 분리를 통해 국가기구의 감시자로서 역할하면서 사회의 중심 세력으로 부상한다. 이것은 지역에 따라 상이한 진행 과정을 보이는데, 영국에서는 시민계급이 명예혁명(1688)을 주도함으로써 입지를 구축했으며, 프랑스에서는 제3 신분층이 17세기에 정착되어 프랑스 혁명(1789)을 주도했다. 이에 반해 독일에서의 시민사회는 18세기에 이르러서야 형성되기 시작한다. 영국과 프랑스에서 시민계급은 구시대적인 신분 질서를 무너뜨리면서 경제적 정치적 문화적 해방과 자유를 획득한 반면에, 독일에서는 정치적 해방의 시도가 1848년 좌절되고 바이마르 공화국(1919~1933) 이전까지도 강력한 권위주의 국가의 통제를 받게 된다. 19세기 후반 독일에서 국가와 사

---

4) J. Habermas(1985) 423~425쪽을 참고하기 바람. 그는 특히 프랑스 대혁명 이후 나타난 민주적인 헌법국가와 민족국가라는 기반 위에서 서양 합리주의의 유산이 수용되며, 현대 서양의 정체성을 구성하려는 보편주의적 가치추구 시도 역시 가능하다는 점을 강조한다.

회의 대립 관계가 다른 나라에 비해 훨씬 심각했던 측면도 국가에 대한 시민사회의 참여가 (시민사회의 자기이익의 관철 가능성이) 그만큼 적었다는 데서 유래한다. 이처럼 현실적인 참여가 보장되지 않은 상태에서 국가와 시민사회에 대한 이론적인 논변이 활성화된다.

이러한 역사적인 과정의 진행 속에서 헤겔(1770~1831)은 분리 대립하고 있는 국가와 시민사회를 국가를 중심으로 화해시키고자 한다. 개인 각자는 자신의 욕구 충족을 위해서 다른 개인들과 관계를 맺는데 이런 사적 개인들이 자신의 이익을 추구하기 위해 필요로 하는 장소를 시민사회라고 그는 규정한다. 그러나 개인들의 주관적인 이해관계만을 강조하는 시민사회는 혼란과 갈등에 빠지기 때문에 객관적이며 도덕적인 보편성의 현실체인 국가에 종속되어야 한다. 그 이유는 시민사회가 특수한 이해관계만을 주장하는 보편성의 초보 단계임에 반해서 국가는 이성에 상응하는 참된 보편성을 대변하기 때문이다. 따라서 국가의 도덕적 우위 아래 시민사회가 동화되어야 한다고 본다.5) 이에 반해서 맑스(1818~1883)는 그 보편성이 갖는 추상성을 비판하면서 국가와 시민사회 둘 다 부르주아지의 이익을 대변한다는, 즉 특수한 이익을 대변한다는 점에서 본질적으로 다르지 않다고 주장한다. 공적인 의견 역시 시민적인 계급 이익의 표출이라고 보며 시민적 계약의 자유라는 형태도 결과적으로는 소유권자와 임금 노동자 사이의 새로운 힘의 위계질서를 그 안에 포함하고 있다고 함으로써, 시민사회를 사회와 동일시하고 소유자와 인간을 일치시키는 공론영역 역시 특정 계급을 대변하고 있다고 평가한다.6)

---

5) 참고: G.W.F. Hegel(1975) 339-347쪽(Para. 182-189), J. Habermas(1990) 195-199쪽.

국가와 시민사회에 대한 헤겔과 맑스의 해석을 보완해서 설명하는 하버마스는 이들처럼 국가와 시민사회의 분리를 근대 민주주의의 출발점으로 삼고 있지만 맑스와는 달리 근대 민주주의의 발전 과정을 계몽적 이성의 실현 과정으로 파악한다. 이것이 의미하는 바는 근대 의회민주주의란 부르주아지라는 특정 계급의 이익만을 대변하는 장치가 아니라 국가와 부르주아지 계급 사이의 갈등을 공개적인 토론을 통해 해결하고자 하는 노력의 일환으로 나타난 것이므로 그것은 어느 정도 공정성을 유지할 수 있다는 것이다.[7] 이 경우 공론영역은 이 둘을 매개하는 장치로서 여론 정치를 활성화하는 공간으로 등장한다. 이 경우 공론영역이란 자본주의의 발전과 함께 등장한 근대 유럽의 (특히 영국, 프랑스, 독일의) 전개과정에서 이분화된 국가와 시민사회 사이에 위치하는 사회 영역을 가리킨다. 사회적으로 영향력을 행사하고자 한 부르주아지들은 스스로를 정치세력화하기 위해서 자신들만의 공간을 만드는데, 이 공간 안에서 그들은 집단적인 이해관계에 대한 비판적이며 반성적인 상호 토론을 거치면서 그 결과를 여론으로 내세운다. 이처럼 여론정치의 활성화 기능을 담당하는 공론영역은 부르주아지가 정치에 참여하는 통로로서 이용된다.[8] 이러한 정치적 공론영역은 의회민주주의의 통치 형태를 근간으로 하는 근대 법치국가를 탄생시켰다.

---

6) Marx, K./Engels, F.(1988) 1권 384f, 388쪽. 참고: J.Habermas(1990) 202-204쪽.

7) 그람시도 맑스의 토대-상부구조 모델이 갖는 경제결정론적 경향을 벗어나서 정치·사회·문화적 삶의 상대적인 자율성을 강조하기 위해 시민사회 개념을 재구성하지만, 하버마스와는 달리 시민사회를 상부구조의 한 영역으로 분류한다. 그러나 여기서는 이 문제에 대한 논의는 다루지 않겠다. 다만 한국적인 시민운동에 대한 평가를 내리는 부분에서 간략히 언급할 것이다.

8) 참고: J. Habermas(1990) 88-90쪽. 특히 89쪽의 도표를 참고하기 바람.

그러나 현대사회에서는 국가와 시민사회가 재결합되면서 공론 영역이 축소되고 그 기능이 약화되고 있다. 2차 세계대전 이후 서구에서 출현한 사회국가는 복지정책의 도입으로 계급 갈등을 약화시키고 생산 과정에 직접 개입해서 사회·경제적인 문제를 (실업, 경기 변동 등을) 어느 정도 성공적으로 해결함으로써 시민사회에 직접적으로 영향력을 행사할 수 있게 되었다. 사회국가의 주요 역할은 개인들이 사회적으로 적응할 수 있도록 개인을 조절하는 일과 관료적 수단을 통해서 사회로부터 개인이 이탈하지 못하도록 하는 일이다. 그 결과 사회관계들은 관료적인 통제와 조절에 의해서만 발생되도록 조직화된다. 이것은 사회 구성원들의 기능적 조정과 조절, 그들의 사회적 규제와 감시만이 아니라, 물질적 생존도 함께 보장하는 포드주의적 보장국가의 기본 골격인데 이것은 '사회의 국가화'로 요약된다.[9] 이 '사회의 국가화'란 국가가 사회의 모든 분야에 침투해서 사회의 작동의 중요한 계기와 사회적 재생산의 핵심적 요소가 되었다는 점을 의미한다. 이러한 복지 보장과 감시역할을 동시에 수행하는 국가 형태에서는 국가가 억압적이며 이데올로기적인 상부구조만을 대변하는 것으로 간주되는 것이 아니라, 국가는 사회 생활 그 자체의 기초를 구성하는 중요한 요소가 된다.[10] 이러한 사회국가는 자본주의의 발전에 따라 나타나는 거대 사회조직들(사적 이익집단, 기업, 노동조합 등)의 이해관계를 일정 부분 수용함으로써 이 둘이 수렴되는 결과가 나타난다. 국가와 시민사회의 이러한 재결합은 정당과 의회 활동을

---

9) 요아힘 히르쉬(983) 104f.
10) 같은 책, 106쪽을 참고 바람.

통해서 표현되는 정치적 공중의 역할을, 곧 정당 및 의회를 통한 개인들의 자발적인 정치 참여를 약화시켰는데, 이것을 하버마스는 공론영역의 '재봉건화' 과정이라고 표현한다.[11] 이처럼 생산과 교환 과정에 후기자본주의 국가가 적극 개입해서 사회보장 장치를 창출하기 위해 국가 예산을 증대시킴으로써 경제적 위기관리에는 어느 정도 성공을 거두지만 그것은 국가의 권위 증대와 행정관료제의 비대화를 낳고 이로 인해 자율적인 시민사회의 영역이 축소되고 탈정치화됨으로써 정치적 정당성의 위기를 불러일으킨다.[12]

어쨌든 국가와 거대 사회조직들 그리고 정당 사이에 존재하는 정치적 조절 능력은 그 기능을 발휘하지만, 이것은 대다수 주민들의 이해관계와 요구 사항과는 내용을 달리하는 조합주의적 양태의 협력 강화이기 때문에 그러한 협력의 산물은 주민들의 일상적인 실천에서 제기되는 구체적인 사안들과는 무관한 것들이다.[13] 하버마스 역시 국가 개입의 증대에 따른 공론영역의 탈정치화와 정치적 정당성 확보의 실패를 지적한다. 근대 시민사회에서 국가 권력의 정당성은 사회적 개인이 정치적 공론영역에 능동적으로 참여함으로써 확보되는 보편적 합의에 의해 주어졌던 반면에, 현대 사회국가에서 그 정당성은 국가의 행정력에 의해 강제되고 이데올로기에 의해 조작되기 때문에 만성적인 빈곤에 직면하게 된다는 것이다.[14] 이러한 일련의 국가 개입의 증대 과정에서 산출되는 정치적 정당성의 위기가 나타난

---

11) J. Habermas(1990) 292, 336f.
12) C. Offe(1980) 810f를 참고 바람.
13) 요아힘 히르쉬(1983) 107-110쪽을 참고 바람.
14) J. Habermas(1968) 81쪽을 참고 바람.

다.[15] 이에 따르면 후기 자본주의의 위기의 핵심은 국가 개입의 증대로 인해 경제적 위기가 정치적 정당성의 위기로 이전되며 그것은 사회 문화적 영역에서 동기부여의 위기로 이어진다는 점에 있다. 이 과정에서 국가의 정책들은 시민계급의 정치적 의사나 목표와 무관하게 결정되고, 국가는 매스 미디어를 통해 시민계급을 의식 무의식적으로 통제하고 조정하여 여론을 유도함으로써 정당성의 결핍을 만회하고자 한다. 이러한 상황 아래서 시민계급의 정치의사를 반영해 왔던 보통선거권의 행사와 정당정치의 제도화에 기반한 근대 민주주의는 그 실질적 의미를 상실하게 된다.

이런 상황에서 탈정치화된 사회적 개인들은 국가적인 단위로 수행되는 대의적이며 관료적인 정치 제도들로는 제어할 수 없는 시민사회의 새로운 영역을 조직함으로써 독자적인 정치화를 모색한다. 그러므로 여기서는 개인적인 생활 영역과 국가적인 정치 양태들이라는 기존의 구도 속에서는 찾아볼 수 없는 새로운 실천방식이 대두된다. 기존의 국가 체계로부터의 해방을 모색하는 시민사회 그 자체는 사적인 추구와 관심사들 그리고 제도적, 국가 억압적 정치 양태들 사이의 중간적인 영역에 속하는 실천 방식을 채택하게 된다.[16]

이처럼 하버마스는 서구 자본주의의 초기 단계에서는 국가와 시민사회가 분리된 상태에서 공론영역이 이 둘을 연결짓는 매개체로 작동하지만, 20세기 후반기에는 "국가의 사회화 내지는 사회의 국가

---

15) 이 위기에 대한 보다 상세한 논의에 대해서는 J. Habermas(1973) 87-128쪽을 참고할 것.

16) 이러한 상황에서 발생하는 운동들은 모든 사회적 행위를 사적이거나 공적인 (정치적인) 것이라고 이분법적으로 구분하는 자유주의 이론에 반대하면서 사적이지도 공적이지도 않은 '비제도적인 정치'의 영역(C. Offe: 1985, 826쪽) 혹은 '시민사회 내의 정치적 행위'의 영역(같은 책, 832쪽)을 그 기반으로 한다.

화"[17)]가 수행되면서 이 영역이 축소 붕괴된다는 점을 역사적인 상황으로 인정하고 이를 극복하기 위한 대안으로서 비판적인 공론영역의 재활성화를 주장한다.

2) 한국적 맥락

서유럽에서의 근대의 전개는 나라마다 어느 정도의 편차는 존재하지만 대체적으로 볼 때 부르주아지에 의해서 주도된 혁명이나 개혁을 통해서 국민경제가 생성되고 근대적인 민족국가가 형성됨으로써 자립적인 자본주의 사회가 정착되는 양상을 보이고 있다.

한국에 있어서의 근대의 성립은 이와는 다른 양상을 띠고 있다. 이조 후기 자본주의로 이행할 수 있는 자생적인 발전의 싹이 나타난 것도 사실이지만, 자주적인 근대화가 열강들의 제국주의적 침략으로 무력화되고[18)] 결국은 일본 제국주의의 식민지로 전락함으로써 서구와는 전혀 다르게 예속적인 자본주의적 구조를 강요당하고 식민지 종속국형 근대화의 길을 걷게 되었다. 이런 점에서 근대의 출발점도 내재적인 근대의 특징이 어느 정도 갖춰진 상태를 지칭할 수 없으며 단지 자본주의 세계 체제에 종속적으로 편입되는 시기를 일컫게 된

---

17) J.Habermas(1990) 226쪽.
　　이러한 사회변동에 따라 시민사회를 구성하는 계층도 변화해 왔다. 근대적 시민사회의 전형이라 할 수 있는 부르주아사회의 핵심인 부르주아지는 중간계급이었다. 그러나 부르주아지 중심의 시민사회는 부르주아지가 독점자본가로 변신하여 사회의 지배계급이 되었던 19세기 말과 20세기 초를 기점으로 마감하며 그 이후 현대의 시민사회는 중산층화된 생산직, 사무직 노동자와 전통적인 구중간계급 등으로 구성된다.

18) 사회사적으로도 동학농민운동과 독립협회 광무개혁 등의 실패로 민중운동과 부르주아지 개혁운동이 좌절되고 그 주체세력들이 철저히 제거됨에 따라 근대화를 자율적으로 추진할 수 있는 여지가 남아 있지 않았다. 이에 대한 논의는 강만길 외 11인 편집(1995) 제2부를 참고하기 바람.

다.[19] 이런 상태에서 자생적 발전의 단절과 외부 세력의 강압적인 근대화가 (달리 말하면 본국의 경제구조를 뒷받침하는 하부 체제로서의 한국경제 재편이) 시도되며 2차 세계대전의 종식과 함께 한국은 타율적인 해방을 맞이하게 된다.

6·25 이후 남한은 국가 권력의 강력한 주도에 의해 진행된 종속형 자본주의가 전개된다. 1950년대, 미국의 군사적 경제적 원조, 1960년대, 외국의 차관에 의한 경제개발, 1970년대, 국가의 독점자본에 대한 본격적인 후원을 통한 중공업화 정책, 1980년대, 경제 개방화와 중화학공업의 구조 조정 등에서 나타난 국가의 힘은 사회 전 분야를 이끌어 가는 원동력으로 작용했다.[20] 한국의 자본주의가 위로부터의 산업화를 강력하게 밀고 나갈 수 있었던 것과 자본주의에 민

---

19) 한국역사연구회(1992) 229쪽.
   그 최초의 시기는 개항기까지 소급할 수 있다. 전근대적인 신분 제도의 폐지와 자본주의적인 임금노동 관계의 형성 등과 같은 제도의 성립을 기준으로 삼는다면 1910년 일본 제국주의의 침탈 시기를 분기점으로 볼 수 있을 것이다. 또한 민족을 단위로 한 주체적 근대화를 강조한다면 해방 이후가 될 것이다. 어쨌든 우리의 근대가 갖는 타율성으로 인해 서구와는 달리 이 세 시기 구분 모두 근대와 전근대의 현실적 중첩을 포함하고 있다. 우리의 경우 종속적인 천민자본주의, 권위주의적 지배체제의 잔존, 학연·지연 등 연고주의의 강고함 등과 같은 전근대적인 요소가 가장 실질적인 현실 작동의 힘으로 작용하고 있는 것도 서구적 발전 경험과는 다른 근대화의 특징을 나타내고 있다. 우리는 이러한 우리의 특수한 근대가 갖는 특징들을 자체 분석하고 서구의 역사적 맥락과 비교·분석·평가해야 하는 과제를 안고 있다. 이러한 문제의식의 강조는 임현진(1996) 「우리에게 근대란 무엇인가?」, 역사문제 연구소 창립 10주년 기념 학술 심포지엄 『한국의 '근대'와 '근대성'』(특히 7~14쪽)을 참고할 것.

20) 한국과 같이 선진 산업국가를 뒤따르는 후발 산업국가의 경우에는 세계시장 경제의 체계에 진입하기 위해서는 강력한 국가의 개입이 불가피한 면이 있다. 산업화 기간을 단축하기 위해서 직접적으로 경제구조의 재편에 개입하는 국가중심적인 정치체제는 1960년대 중반 이후 고도의 중앙집권적인 국가 권력을 바탕으로 산업화에 필요한 인적·물적 자원을 동원하는 데 주도적인 역할을 담당해 왔다. 김호기(1995) 267쪽. 참고: 임영일(1992) 173쪽 그리고 183~189쪽.
   경제발전의 측면에서 이러한 국가의 상대적인 우위는 단기적으로 볼 때 인적·물적 자원의 동원을 극대화시킬 수 있다는 점에서 유리했던 것으로 보인다. 그러나 장기적으로 보아 국가주도의 경직된 경제체계는 발전의 잠재력을 고갈시킬 가능성이 높은 것으로 판단된다. 더욱이 정치발전의 측면에서 이러한 국가의 우위는 시민사회의 정치적 참여의 통로를 봉쇄시킴으로써 권위주의적 지배를 계속해서 강화시킬 가능성이 높다.

주주의적인 요소를 도입하는 시기가 늦어진 것도 이와 같은 객관적인 조건에 따라서 주어진 것이다.[21]

　이처럼 한국에서는 처음부터 서구와는 특징을 달리하는 시민사회가 형성되었으며 시민사회의 세력화가 최근까지도 미미했기 때문에 국가와 시민사회를 매개하는 공론영역이 활성화되지도 않았다. 물론 산업화와 함께 한국에서도 근대적인 시민사회가 불완전하게나마 형성되어 왔지만, 그것은 서구에서처럼 아래로부터의 시민혁명을 통한 자발적인 형성이라기보다 거꾸로 국가에 의한 위로부터의 시민사회의 창출이라고 볼 수 있다. 이와 같이 우리의 경우는 20세기 후반에 국가가 위로부터의 자본주의화를 진행하는 과정에서 시민계급이 세력화되었기 때문에 이 계급이 자율적으로 정치적 공론영역을 활성화할 수 있는 조건이 형성되지 않았다. 이렇게 불완전하게 형성된 시민사회는 그 자율적인 영역의 많은 부분을 국가에 의존하게 됨으로써 처음부터 시민계급은 강력한 국가 권력에 대해 종속적인 지위를 지닐 수밖에 없었다.

　이 결과 한국사회에 있어서 문제점으로 지적되는 것은 국가의 과잉 발전에 따른 시민사회의 저발전이다. 이것은 부르주아지 계급의 미성숙으로 나타나며, 이로 인해서 우리의 경우는 서구의 경험과

---

21) 한반도에서 근대화에 의한 시민사회가 왜곡된 형태로나마 형성되기 시작한 시기는 대략 1910년대부터일 것이다. 이 시기는 전근대적인 신분 제도가 철폐되고 자본주의가 외세에 의해서 성립하고 발달하게 된 시기다. 이 과정에서 자본주의적인 계급 제도와 의식 구조가 형성되었으며 이에 따라 시민사회가 미약하나마 나타난다. 이후 시민사회의 활동 공간은 해방 정국과 4·19, 5·16, 10월 유신, 1980년의 봄과 광주 항쟁, 1987년의 민중 항쟁과 6.29 선언 등을 거치면서 확대와 축소를 거듭하면서 오늘에 이른다.
유팔무(1993)는 이를 세분해서 식민지시기와 1960년대까지의 시기에는 '바깥에서 안으로', '위로부터 아래로'의 모습으로, 그리고 1960년대 이후 급속한 자본주의화와 함께 '아래에서 위로'의 형태로 시민사회가 형성된다고 규정한다. (유팔무: 1993, 267~269쪽을 참고하기 바람.)

는 달리 부르주아지가 개인의 자유와 인권 그리고 민주주의를 위해 투쟁한 구체적인 사례를 찾기가 어렵다. 이런 점에서 한국의 부르주아지는 절대 권력과 투쟁하면서 성장해 온 시민사회 내의 한 주체이거나 그 동맹 세력이라고 판단하기 힘들다. 오히려 1970년대 이후 산업 노동자의 급속한 증가와 함께 중간 제계층, 특히 신중간 계층의 빠른 성장을 주목해야 한다.[22] 이것은 한국 현대사에서 국가에 대항해서 민주주의를 정착시키는 데 있어서 학생과 더불어 가장 핵심적인 역할을 담당해 왔다. 특히 이들은 1987년 6월부터 8월 사이의 시민 항쟁에서 주도적인 역할을 한다. 이 항쟁은 6월 학생과 중간 제계층의 시민 항쟁으로 획득된 정치적 민주화를 산업노동자 계층이 사회 경제적 차원으로 확대한 것으로 파악된다. 이 사건에서도 특징적으로 나타난 것처럼 한국의 시민사회는 산업 노동자층과 중간 제계층이라는 두 중심축으로 구성된다고 보는 것이 타당하다.[23]

---

22) 1955년부터 1985년까지의 한국사회의 계급 구성을 살펴보면 그 변화의 속도가 엄청나게 빠르다는 것을 알 수 있다. 농어민은 약 70%에서 24%로 급격히 줄어든 반면에 노동자 계급은 약 9%에서 45%로 급속히 증가했으며 신중간 제계층과 비농 자영업자층이 약 11%에서 30%로 증가했다. (서관모: 1990, 203쪽 참고 바람.) 취업자의 직업적 사회적 구성을 분류한 자료에 따르면 1988년을 기준으로 비농 자영업자 23.1%, 비농피고용자 55.2%(이 중 화이트칼라 20.9%, 서비스직 6.1%, 생산직 28.1%) 그리고 농림 어업 종사자 20.5% 등으로 되어 있다. (같은 책, 216쪽 참고 바람.) 이처럼 급격한 사회 변동은 세계사에서 유례를 찾아보기 힘들 정도로 짧은 시기 안에 이루어졌기 때문에 서구에서와는 달리 개개인이 사회 구조의 변화 속에서의 자신의 위치를 확인하고 정당화하기 무척 힘든 점이 있다. 어쨌든 농어민의 도시 노동자 계급화가 뚜렷이 나타나며 이런 점에서 농촌 사회의 위계질서를 강조하는 보수적인 성향과 도시 노동 계급의 개인 중심의 평등 지향적인 성향이 각 개인들에게 중첩되어 있을 수밖에 없다.

23) 참고: 한완상(1992) 18–20쪽.
위와 같은 판단하에서 그는 시민사회의 주체를 기본계급으로서 성장해 나가야 할 산업노동자들이며 또한 한국적 산업화 과정에서 산업노동자들과 더불어 크게 성장해 온 중간 제계층이라고 보고 있다. 특히 그는 중간계층 가운데서도 보수화되기를 거부하는 하위 신중산층이 산업노동자와 연대할 경우 생산영역의 모순과 소비영역의 모순을 동시에 극복해 나갈 수 있을 것으로 파악하면서, 이러한 연대를 통해서 한국 시민사회의 자율공간을 독점자본과 국가권력의 지배로부터 확보, 확장해 나갈 수 있을 것이라고 결론짓는다. 한완상(1992) 24쪽.

체계와 생활세계

1) 서구적 맥락

사회를 체계와 생활세계라는 두 하위영역으로 구분하는 하버마스는[24] 생활세계란 의사소통적 합리성에 의해 조정되고 규범적으로 통합된 영역으로서 개인의 사회화를 담당하는 사적 영역 및 담론적 공론 형성을 담당하는 공론영역으로 구성되며 체계란 목적합리성에 의해 주도되고 돈과 권력을 매개로 사적인 경제 체계 및 공적인 행정 체계로 구성된 영역이라고 한다.

합목적적 행위가 지배하는 체계의 합리화와는 달리 생활세계의 의사소통적 행위는 행위자의 상호이해를 추구하기 때문에 자연과 인간을 대상화, 계량화하지 않는다. 즉, 의사소통적 합리화는 자연과 인간에 대한 기술적 통제를 행하지 않고 사회구성원들의 자유롭고 동등한 의사소통 행위를 장려함으로써 사회에 대한 좀 더 포괄적인 전망을 갖도록 한다. 이렇듯 의사소통적 행위의 합리성을 근거로 하는 생활세계는[25] 우리의 행위를 공유된 가치에 근거해서 조직함으

_____

이것은 독일의 상황을 놓고 분석하는 오페의 입장과 유사한 것으로 보인다. 그는 사회민주주의적 좌파와 새로운 사회운동의 동맹만이 전통적인 패러다임에 대해서 효과적이고 성공적으로 도전해서 변화를 가져올 수 있을 것으로 전망한다. 이 과정에서 사용되는 사회의 다른 조직들과의 동맹가능성에 대한 상세한 설명은 C. Offe(1985) 860쪽을 참고하기 바람. 그러나 이 두 주장은 모두 경험적인 분석을 통해서 미래를 전망하는 연대의 가능성을 모색하지만, 그 연대를 보장하는 규범적인 가치나 이념에 대한 정당화는 시도되지 않고 있다.

24) J. Habermas(1981) Bd,2 180쪽.
체계와 생활세계라는 개념은 1973년에 발간된 『후기 자본주의에 있어서의 정당성의 문제』에서 이미 도입되고 있다. 『의사소통 행위 이론』(1981)에서는 그 이전에 자본주의 분석에 사용되었던 국가와 시민사회라는 이분법적인 개념틀 대신에 이 두 개념이 사회분석의 틀로써 이용된다.

25) 생활세계의 재생산은 의사소통적 행위의 업적들로부터 자양분을 공급받고, 의사소통적 행위는 거꾸로 생활세계의 자원들인 문화, 사회 인격에(J. Habermas: 1981 2 Bd., 209쪽) 의존한다. (J. Habermas: 1981 2 Bd., 217쪽 표 25를 참고하기 바람.)

로써, 그리고 검증가능한 타당성 요구에 대한 상호 이해를 가능하게 함으로써, 개인적이며 사회적인 동일성을 유지시켜준다.

그러나 근대화가 진행되면서 현대사회에 있어서는 경제 체계와 관료행정 체계가 갖는 복합성과 강제성이 증대하게 되며, 이로 인해서 생활세계의 일상적인 실천이 위협받고 파괴되는데, 이는 체계의 과도한 발달로 인한 생활세계의 식민화로 나타난다. 말하자면 체계가 지향하는 목적합리성이 생활세계의 의사소통적 합리성을 그 하위체계로 종속시킴으로써 생활세계의 식민화가 발생한다.[26]

정치적 수준에서 이 식민화 현상은 체계 복합성의 증대에 따라 국가 관료제를 비대화시키는 동시에 자발적인 의사결정 과정 및 여론 형성을 고갈시켜 정치적 공중의 비판 잠재력을 약화시키는 결과를 낳는다.[27] 하버마스에게 새로운 사회운동이란 바로 이런 생활세계의 식민화를 저지하고 방어하면서 실천적이고 합리적인 의사소통을 제도화하려는 일련의 시민운동들을 말한다. 이 운동들은 문화적

---

26) J. Habermas(1981) Bd.2, 293쪽.
근대로의 이행기에 있어서는 비합리적인 세계를 합리화함으로써 합리화된 생활세계를 기반으로 경제와 관료행정이라는 하위체계가 생겨났으며 그것을 기반으로 성장해 왔으나, 이 과정에서 자립성을 갖게 된 그 하위체계가 생활세계의 영역을 침범해서 그 정합성을 역으로 파괴하는 역설적인 현상이 나타난다. 이렇듯 체계가 생활세계를 합병하는 현상을 하버마스는 일종의 식민화의 형태라고 주장한다.
이러한 현상을 극복하기 위해서 비판적이며 실천적인 의사소통적 행위의 합리성이 갖는 특성을 제시한다. 이것은 상호작용의 구조 안에 무의식적으로 스며들어 자유로운 의사소통을 체계적으로 왜곡시키는 역학관계를 제거함으로써 상호이해에 도달하려는 목표를 갖고서 제시된 것이다.

27) 유럽 사회국가에 있어서는 개인의 사회화를 담당했던 가족, 이웃 그리고 공동체라는 사적 영역의 역할을 학교, 경찰, 사회기관 등이 담당할 뿐만 아니라, 공론형성을 주도했던 언론과 정당이 그 기능을 상실함으로써 공론영역이 무력화된다. 말하자면 비판적인 공론영역을 만들어내려는 언론 기능이 존재할 가능성은 언론이 광고주에 의존하기 때문에 국가의 언론전문가의 정보정책으로 인해서 제한을 받는다. 그리고 정당에서 이성적인 여론을 조직하려는 시도도 당관료들의 권력유지 수단으로 이용됨으로써 무력화된다. 따라서 공론영역은 권력의 이해관계를 대변하거나 권력을 행사하는 기구들에 자신의 역할을 넘겨줌으로써 무력화되는 것이 현실이다.

재생산, 사회적 통합 그리고 사회화의 영역에서 일어나는 것들로서 여기서 문제시되는 것은 일차적으로 사회국가가 제공할 수 있는 물질적 보상의 문제가 아니라, 위협받는 생활 양식을 방어하고 되살리는 것이다.[28) 이것은 낡은 정치 구조에서 새로운 정치 구조로의 이행과 그 맥락을 같이한다. 낡은 정치가 경제적, 사회적 보장과 사회 내부적, 군사적 보안의 문제에 관련된 것이라면, 새로운 정치의 문제는 삶의 질, 평등한 권리, 개인의 자아실현, 의사결정 과정에서의 보다 적극적인 참여 그리고 인권의 향상 등에 주로 관심을 갖는다.[29)

여기에 참여하는 집단은 후기자본주의 사회의 생산주의적 성과의 핵심부에서 배제되고, 복합성의 증대가 자아내는 자기파괴적 결과들에 훨씬 민감하게 반응하거나 그러한 파괴적 결과들로 인해서 피해를 보는 집단이다.[30) 이러한 이질적인 집단들을 하나로 묶어 주는 연결점은 성장에 대한 비판이다.[31) 그 결과 이들은 부르주아 계급이나 체제 내화된 노동 계급과 새로운 갈등 관계를 형성하기도 하는데, 그 이유는 자본주의 사회의 이 두 주요 계급이 스스로를 유지

---

28) J. Habermas(1981) Bd. 2, 576쪽.

29) 같은 책, 577쪽.

30) 이 참여 집단은 대략 세 부류로 이루어진다. 첫째로 서비스직이나 공공부문에 종사하는 신중간계급, 둘째로 농부, 상점소유자, 수공업자와 같은 구중간계급, 셋째로 노동시장의 외부나 주변적인 위치에서 민중을 구성하는 실업자, 학생, 중산층 주부, 퇴직자 등으로 구성된다. 이 중에서 운동의 핵심부를 형성하는 집단은 신중간계급이다. 이들은 높은 교육수준과 상대적으로 안정된 경제력을 공유하며 개인서비스 직종에 종사하고 있는 사람들이다. 참고: C. Offe(1985), 831~833쪽.

31) 같은 책, 같은 쪽.
따라서 이 운동에 가장 적은 관심을 보이는 집단은 바로 자본주의 사회의 기본 계급인 산업노동자 계급과 국가의 경제력과 행정력을 장악하고 그것을 행사하고 있는 상층 부르주아지와 관료 집단인데, 그 이유는 새로운 사회운동에서 표출되는 사회적 경제적 갈등의 형태가 성장중심주의적인 이념을 동일한 기반으로 하는 계급 갈등의 모델과는 정반대되는 것이기 때문이다. 이에 대한 상세한 설명은 C. Offe(1985), 835쪽을 참고하기 바람.

시켜 주는 성장 중심주의적 이념을 공유하고 옹호하기 때문이다. 이런 종류의 갈등은 경제적, 정치적, 행정적인 체계의 내부 동학에 한계를 설정하면서 (생활세계의 식민화를 거부하면서) 생활세계 안으로부터 발전하는 대안적 제도들이 설 자리를 마련하려는 곳에서 나타난다.[32]

요약하자면 하버마스는 첫째, 이 운동을 체계의 재생산 영역에서 발생한 계급 갈등이나 권력 투쟁과는 달리 체계에 의해서 위협받는 생활세계를 방어하고 그것을 되살리려는 운동이라고 파악하고 있으며, 둘째, 이 운동에 참여하는 집단은 물질적 성장의 중심부에 위치한 주도적 계급에 있는 것이 아니라, 성장에 대한 비판을 공유하는 주변부 집단이라는 점이고, 셋째, 그 목표는 이 집단들의 직접적인 참여를 통해서 실천적이며 합리적인 의사소통 구조를 제도화함으로써 한 사회 내에서 체계와 생활세계가 서로의 영역을 인정하면서 공존할 수 있게 하는 것이다. 따라서 이 운동은 자본주의의 생산과 분배의 체계에 대한 전면적인 비판이 아니라, 그 체계가 지향하는 성장

---

32) J. Habermas(1981) Bd.2, 581쪽 참고.
　　선진국들의 (미국, 독일, 프랑스, 이탈리아, 일본 등의) 계급 구성을 보아도 1950년과 1985년경을 비교하면 산업노동자가 50~60%에서 40~50%로 감소하고 있으며(대개 각 나라마다 10% 정도 감소함) 화이트칼라와 서비스직은 이와 반대로 40~50%에서 50~57%로 증가했다.(각 나라마다 약 10% 정도씩 증가함.) Lothar Winter(1989), 169쪽 도표 33을 참고하기 바람.) 이러한 상황변화에 따라 새로운 사회운동이 현실적으로 활성화된다. 독일에서의 1950년에서 1986년까지의 취업자의 분포를 보면 그 맥락을 쉽게 파악할 수 있다. 자영농민을 포함한 자영업자는 28.3%에서 11.6%로 낮아지고 노동자 역시 51%에서 39.3%로 낮아졌으며 오히려 피고용자와 공무원이 20.6%에서 49%로(이 중 공무원은 약 7%에서 11%로) 증가했다. Lothar Winter(1989), 39쪽 도표 6과 42쪽 도표 7을 참고하기 바람.) 특히 독일에 있어서 유권자의 사회계층적 구조변화를 살펴보면 (특히 자영업, 사무직원 및 공무원, 노동자, 연금생활자의 비율을 살펴보면) 1976년 이후로는 화이트칼라 계층이 블루칼라 노동자를 수적으로 능가하며 막강한 유권자 계층으로 등장하는 것도 박호성(1994), 273쪽 표 5를 참고하기 바람) 새로운 사회운동의 활성화와 밀접한 연관을 맺고 있는 것으로 볼 수 있다.

의 실질적 효과에 대한 비판이라고 파악된다. 이런 맥락에서 대안적 제도들에 대한 그의 평가도 공식적으로 조직된 경제적 정치적 행정적 영역들 전체를 문제 삼는 것이 아니라, 그중 일부분을 탈분화시켜서 그것을 조종 매체의 지배력으로부터 해방된 상호이해의 메커니즘으로 되돌려 보내는 문제에 국한시킨다.

결국 하버마스가 새로운 사회운동에 대한 위와 같은 자리매김을 통해서 추구하고자 하는 것은 체계와 생활세계라는 이원론적 접근방식을 근거로 인간해방과 계몽을 지향하는 비판 사회이론의 근본 목표를 재활성화하는 일이다.33) 비판적 사회과학에 대한 철학적 규범을 체계와 생활세계라는 도식으로 제시한 그는 생활세계의 의사소통구조의 정합성을 견지하면서 체계의 영역과 생활세계의 영역 사이의 적절한 균형을 유지함으로써 현대사회에 대한 규범적 사회비판 이론을 세우고자 한 것이다.

2) 한국적 맥락

시민사회 이론을 전개하는 학자들이 일치를 보이고 있는 부분은 우리나라에서 시민사회적 공간이 본격적으로 확대되고 세력화되기 시작한 시기가 1980년대 중반 이후라는 점이다. 1987년 6월 항쟁과 7, 8월 노동자 대투쟁이라는 사건을 통해서 경험적으로 확인할 수 있

---

33) 이런 점에서 오페는 새로운 사회운동이 반근대적이거나 탈물질주의적인 운동이 아니라, 그 비판의 대상과 비판의 기반이 인본주의, 사적 유물론, 계몽주의적 해방의 이념 등과 같은 근대적 전통에서 발견될 수 있다는 점에서, '근대화에 대한 근대적 비판'이라고 주장한다. C. Offe(1985) 850쪽. 그리고 이 운동이 지지하고 옹호하는 개인의 존엄성과 자율성, 물리적인 삶의 조건 확보와 평등, 참여에 대한 중시 그리고 사회조직의 평화적이며 연대적인 형태와 같은 가치들과 도덕적인 규범들도 새로운 것들이 아니라 '근대적인 가치들의 선택적 재급진화'로 이해되어어야 한다고 본다. 같은 책, 853쪽.

는 것은 최소한 그 운동이 국가 권력에 대항하는 시민운동으로 파악된다는 점이다. 이후 노동자의 임금 인상이 급속히 이루어지는데, 그 여파로 대중적인 소비, 문화, 여가생활이 본격화되면서 문화적 정치적 공론영역이 단시일 내에 확산된다. 또한 1987년 시민 항쟁으로 국가 권력은 기존의 억압적 지배 방법이 지니는 한계를 인식하고 헤게모니적 지배 방법을 (정치적 윤리적 정당성을 갖춘 여론정치를) 일부 도입함으로써 시민사회의 공간이 확장된 것도 사실이다.[34]

1989년과 1992년에 경제정의 실현 시민연합과 환경운동 연합이 결성되면서 기존의 노동운동과는 그 특성을 달리하는 시민운동들이 급속히 활성화된다. 이 운동들은 첫째, 초계급적인 보편적인 이해관심의 문제를 대상으로 삼고, 둘째, 민중과는 구별되는 시민적 주체성을 강조하며, 셋째, 사회체제의 부분적인 변화를 목표로 하는 유연하고 현실주의적 이슈들을 추구하며, 넷째, 전반적으로 합법적인 운동 방법을 택하고 있다.[35] 이런 점에서 최근에 조직화된 이 운동들은 시민들이 국가권력을 상대로 시민적 권리를 요구하고 확대하는 운동이라고 볼 수 있다.

우리의 시민운동에 참여하는 주체들의 자기 정체성은 계급적인 것이 아니라 초계급적이며 시민적이거나 전 인류적이라는 점에서 그것을 유럽에서의 '새로운 사회운동'과 형식적인 측면에서 동일한 것으로 파악할 수도 있겠지만, 이 둘은 각자가 제기된 사회적인 배경과

---

34) 시민사회의 이러한 공간적 확장은 고도 자본주의화의 과정에서 수반된 기술적 진보, 상품의 저렴화, 필요노동시간의 단축 등 여러 가지 물질적 토대를 배경으로 가능해진 것이었다. 유팔무(1995) 108쪽.

35) 이러한 특성은 구도완(1995), 서경석(1993), 유팔무(1995) 등에서 제기된 논의를 바탕으로 정리한 것이다.

맥락이 다르기 때문에 상당히 이질적인 내용을 담고 있다. 앞에서 살펴본 것처럼 유럽의 새로운 사회운동은 사회국가가 거대 이익집단을 동화시키는 자체능력을 지니면서 복지체제를 확립하고 법치국가의 틀을 준수하는 상황에서 나타난 것이다.

한국사회의 경우 자본주의가 어느 정도 성공적으로 정착되면서 탈물질적인 측면에 대한 관심이 증대되고 있다는 점에서는 서구와 비슷한 양상을 띠고 있지만, 새로운 사회운동이 등장할 수 있었던 유럽과 비슷한 사회적, 정치적, 경제적 상황이 우리 사회에서는 나타나고 있지 않을 뿐만 아니라, 시민의 기본권리와 시민적 민주주의조차 성립되지 못한 상태에서 시민운동이 확산되고 있다는 점을 주목한다면, 그 차이점도 분명해진다.

이런 점에서 1990년대에 활성화되고 있는 한국에서의 새로운 시민운동은 서구의 새로운 사회운동과 같이 시민들의 탈물질적인 관심을 반영하는 측면도 있지만, 그것은 시민권운동이자 민주화운동 그것도 합법적인 민주화운동이라는 독특한 성격을 동시에 지니고 있다는 점이 다르다. 이러한 특성으로 인해서 한편으로 이 운동이 국가권력을 비판, 감시하고 새로운 정책적 요구를 통해 시민적 요구와 권리를 확대시키는 역할을 함으로써 민주주의를 관철시키고 확대시켜 나가는 역할을 하기도 하지만, 다른 한편으로는 개량주의적인 입장을 강조함으로써 국가 권력과 사회 체제를 정당화하고 유지시켜 주는 보수적인 이데올로기 기능도 수행하게 된다.[36] 특히 국가 헤게모

---

36) 참고: 유팔무(1995) 117–119쪽.
   이것은 시민사회에 대한 그람시적 해석에 근거하는 평가라고 판단된다. 유럽의 상황과는 다르게 우리의 경우에는 국가의 헤게모니가 강고한 상태에서 시민운동이 확대되기 때문에 상대적으로 국가의 공세에 무력화되거나 흡수되어 버릴 가능성이 높다는 점에서 시민

니를 전적으로 조작 유포할 수 있는 현 상황하에서는 시민운동의 현실적인 담론의 대부분이 국가 이데올로기의 강화와 재생산 구도의 도구로써 이용될 가능성이 높다. 따라서 현 단계에서는 국가의 헤게모니적 지배체계로부터 자유로운 정치적 공론영역의 확보가 일차적으로 고려되어야 한다. 이를 바탕으로 시민사회는 국가의 비민주적인 결단과 정책결정 과정을 제거할 수 있으며 그 대신 의사소통적 합리성을 활성화하는 민주적 토론 절차를 도입함으로써 정책결정 과정을 민주적으로 제도화할 수 있기 때문이다. 즉, 우리에게는 체계와 생활세계의 이분법을 전제하고 생활세계를 방어하는 형태의 구도가 아니라 오히려 강력한 체계가 생산 유포하는 이데올로기의 영향력으로부터 벗어난 영역을 활성화하는 일이 우선적으로 다루어져야 할 것으로 보인다.

사회의 자율성이 제약을 받을 수밖에 없는데, 이런 상황에서는 (현상만을 놓고 살펴본다면) 시민사회에 대한 하버마스식 개념틀보다 그람시의 구분법이 좀 더 설득력을 가질 수 있다. 그러나 중·장기적인 면에서는 시민사회의 세력화와 자율성 확보의 문제와 사회 전체의 민주화의 보루로서의 시민운동의 역할의 문제에 근거를 제공하는 규범적인 기반을 구성해야 한다. 이 기반이 타당성을 확보한다면, 이것은 비판적인 사회과학의 규범적인 토대로서 제공될 것이다. 따라서 이런 점에서는 하버마스의 체계와 생활세계라는 분석틀이 갖는 보편성 요구가 더욱 심도있게 다루어져야 할 것이다. 하버마스가 제시한 이 분석틀에 대한 비판적 논박은 H. Schnädelbach(1986) 34쪽을 참고하기 바람.
유팔무는 시민운동이 반성적인 자의식과 장기적인 목표의식을 가짐으로써 '보수적 자유주의'의 경향의 시민운동 단체들의 헤게모니가 형성되는 것을 차단하는 것이 중요하다고 지적한다. 유팔무(1995) 120쪽. 그러나 그는 목표가 지향하는 규범적인 내용이 무엇인지에 대해서는 더 이상 논의하지 않고 있다. 어쨌든 이 글에서는 이 문제에 대한 종합적인 평가는 유보하겠다. 이 문제에 대한 필자의 평가는 졸고(拙稿) 권용혁(1995)를 참고하기 바람.

비판적 고찰

1) 20세기형 해석

체계에 의한 '생활세계의 식민화'는 역사적으로 '공론영역의 재봉건화'에 대한 유럽의 현대적 해석으로 보인다. 그러나 한국 상황에서는 공론영역의 활성화와 세력화를 1980년대 이전에는 거의 찾을 수 없기 때문에 그것의 재봉건화의 문제 역시 논제에 포함될 수 없다. 그것은 또한 생활세계의 식민화와 이 상황의 타개를 위한 의사소통적 합리성의 강조와 공론영역의 재활성화 그리고 새로운 사회운동을 통한 급진민주주의의 확립 등의 구체적인 전략이 한국사회의 현 단계 전략으로는 수용될 수 없다는 점을 의미한다.

어쨌든 맑스와는 달리 하버마스는 근대 민주주의의 발전 과정을 부르주아지가 자신의 이익을 확장하기 위한 노력으로 보지 않고 계몽적 이성의 실현 과정으로 파악함으로써 유럽 사회에 있어서 비이성적인 것의 역할이나 도구적이거나 전략적인 합리성의 역할보다 의사소통에 내재한 비판적이면서 반성적인 합리성의 구조를 높이 평가하고 있다. 이와 더불어 하버마스는 유럽의 근대 이래 국가와 부르주아지 사이의 갈등을 해소하는 장으로서 공론영역이라는 개념을 부각시킴으로써 시민사회의 자율성과 비판적 반성능력을 주장할 만한 역사적 현실이 주어져 있다는 점을 강조하고 있다. 결국 그는 이러한 맥락에서 현대사회를 '국가의 사회화'와 경제체계의 과도한 발달로 인한 '생활세계의 식민화', 시민사회의 자율성 축소와 비판적 기능의 소멸로 인한 개인의 탈정치화 그리고 정치적 정당성의 위기 등으로 진단하면서 이를 극복하기 위한 역사적인 준거점으로 근대국가에 있어서의 공론영역의 역할을 들고 있다.

유럽 근대사회의 발전과정에 대한 이러한 긍정적인 평가로 인해서 그는 의사소통적인 행위가 갖는 보편적인 합리성과 그것의 규범적인 근거를 설정하는 문제에 있어서 그 척도를 역사 안에서 발견할 수 있다는 낙관적인 견해를 피력한다. 그는 모든 사람에게 전형이 될 수 있으며 인정될 수 있는 규범적인 요소를 인륜성에 의거해서 찾아낼 수 있다고 판단하고 있다. 그가 장기적인 목표를 결정하는 이성의 잠재력을 생활세계적인 의사소통이 포함하고 있다고 보는 점에서도 역사적으로 발전해온 인륜성에 대한 신뢰를 바탕으로 하고 있다.[37] 그에 따르면 의사소통적인 행위 구조 안에서 산출된 생활세계적인 인륜성만을 갖고서도 윤리적이며 규범적인 원리들을 근거설정할 수 있는데, 그 이유는 생활세계적인 의사소통이 (인륜성이) 일상화되어 있어서 도덕적인 일상세계의 직관들을 신뢰할 수 있기 때문[38]이라고 한다. 역으로 만약 우리들이 그러한 인륜성을 부정한다면, 우리의 사회적인 삶은 붕괴되며 개인들은 자기 파괴의 길을 걷게 될 것이라는 점을[39] 그는 강조한다. 이와 관련된 그의 주장을 인용해보자: "생

---

37) 그의 인륜성과 생활세계적인 의사소통에 대한 긍정적인 평가에 대해서는 J. Habermas(1983) 108–110쪽을 참고하기 바람.

38) J. Habermas(1983) 108쪽.

39) J. Habermas(1983) 110쪽. 그는 규범의 근거설정은 생활세계적인 의사소통의 (내지는 인륜성의) 규범적인 조건들을 통찰함으로써 도달된다고 판단한다. 이는 도덕성을 원리들에 대한 마지막 근거설정은 불가능하다는 것을 의미한다. 그는 이 점을 회의론자의 예를 들면서 논증한다. 마지막 근거설정은 논증 상대방이 논증 제안자의 뜻대로 논증에 진입할 경우에만 효력을 발휘할 수 있는데, 그러한 논증에 참가할 경우 수행적인 모순을 범할 수밖에 없다는 점을 미리 예견하고 있는 일관성 있는 회의론자는 모든 논증을 거부함으로써 마지막 근거설정 시도에 반대할 것이라고 한다.(같은 책, 96쪽.) 하버마스에 따르면 이 회의론자는 논증을 거부할 수는 있어도 그가 의사소통적인 행위와의 연관성 안에서 성장했으며 그 안에서 그의 생활이 재생산된다는 점은 부정할 수 없다. 그는 도덕성을 부정할 수는 있지만 그 안에서 그가 매일 머무르는 바로 그 생활과 연관된 인륜성을 부정할 수는

활세계에 관한 예상되는 중요성을 고려한다면, 우리는 윤리학의 마지막 근거설정에 집착할 필요는 없다. 일상적인 도덕적 직관들은 철학자의 계몽을 필요로 하지 않는다. 이 경우에는 철학의 치료학적인 자기이해가 예외적으로 자리를 차지할 것으로 보인다. 철학적인 윤리학은 그것 스스로가 교육받은 사람의 의식 안에서 야기된 혼란에 대항해서만 계몽적인 기능을 갖는다. 즉, 그것은 가치 회의주의와 법 실증주의가 전문적인 이데올로기로서 확립되고 그것들이 교육 체계를 넘어서서 일상적인 의식으로 침투하게 되는 한에 있어서만 계몽적인 기능을 갖는다."[40]

이러한 그의 판단은 윤리학의 과제와 기능을 과소 평가하고 있는 것이다. 윤리학은 낡은 전통을 해체하고 변화된 관계 속에서 어떤 것을 유지하고 어떤 것을 버려야 할 것인지에 관해서 합리적으로 심사숙고해야 하는 과제 역시 그 임무로 삼고 있다. 낡은 전통의 파괴는 동시에 윤리학의 이성적인 재구성을 요구한다. 이 경우에는 일상적인 직관이 더 이상 통용되지 않는다. 그리고 생활세계에서 통용되는 도덕규범들은 특정한 국가나 민족 내부에서만 통용되는 것일 수 있으며, 이러한 사례를 우리는 세계사 안에서 현실화된 경우를 무수히 보아 왔기 때문에, 그것들을 직관적으로 (무비판적으로) 신뢰할

없다. 그는 그 안에서 끊임없이 자신의 입장을 표명해야 하는 그러한 의사소통적인 일상적 실천에서 벗어날 수가 없다.(같은 책, 110쪽.)
그러나 실제하는 인륜성을 신뢰할 수 없는 상황에서는 그것에 대한 반성적인 검토가 우선적으로 대두될 수밖에 없다. 달리 말하면 그것에 대한 정당성 요구가 상호주관적으로 검토되어야 할 것이다. 이 경우에 우리는 논증하려는 의지를 전제하는 것이 허용되며 또한 그것을 전제해야만 한다. 이 경우에는 회의론자가 담화에서 빠져나올 수는 있다 해도 그는 어떤 방식으로든지 실제하는 인륜성을 대하는 그의 입장이 타당하다는 것을 밝혀야 한다. 그렇지 못할 경우 그는 수행적인 자기모순에 빠질 수밖에 없다.

40) J. Habermas(1983) 108쪽.

수는 없다. 설령 그것들이 긍정적으로 평가된다 해도, 그것들은 오늘날 국가나 민족이라는 단위를 넘어서서 전 세계를 대상으로 인류의 존립 근거와 인간다운 삶의 영위를 위협하는 그래서 인류를 하나의 단위로 묶어서 공동 대처해야 하는 현재 시급히 다루어져야 할 문제들을 처리하기에는 역부족인 것들이다. 이런 상황에서는 다시금 윤리학의 원칙들은 그것들이 일반화가 가능한지의 여부에 따라서 그것의 정당성이 검토되어야 한다. 만약 그것들이 이러한 시험을 통과하지 못한다면 그것들은 수정되거나 폐기되어야 할 것이다. 현 상황에서 요구되는 것은 기존의 주어진 생활세계의 규범적 내용들에 얽매이지 않으면서 새로운 상황에 대처하기 위한 정당화를 시도하는 이성적이며 반성적인 능력을 개발하는 일이다.

우리에게는 이 문제가 이중적으로 중첩되어 있는 것으로 보인다. 우리의 경우에는 근대적인 국가가 형성되는 시기부터 부르주아지의 자율성 확보와 시민사회의 세력화나 공론영역의 활성화가 성립될 수 없었으며 따라서 시민사회의 이념이나 윤리적 규범을 독자적으로 발전시키지 못했기 때문에, 현실적인 문제들에 대한 해결 방안을 모색할 경우에 서구와는 달리 근대적인 전통에 의거할 수가 없다. 오히려 2차 세계대전 이후 서구 역사의 진행 과정과는 달리 전개되는 한국에 있어서는 그 발전의 타율성으로 인해서 인륜적인 요소들이 긍정적으로 수용되기 힘들기 때문에 그것들에 대한 반성적 평가와 새로운 규범의 창출 가능성을 강조할 수밖에 없을 것으로 판단된다. 말하자면 근대사에 있어서 역사적 단절을 철저하게 경험한 우리의 경우는 역사적으로 주어진 기존의 규범들을 활성화하는 것보다 역사적 현상에 대한 근본적인 반성을 시도함으로써 새로운 규범의 창출에 더 역점을 두어야 할 것으로 판단된다. 다른 한편으로는 1980년대 이후 급격하게 변화하고 있는 세계적 상황을 염두에 둔다면 민족적 단위의 규범들의 산출만을 폐쇄적으로 강조할 수 없는 측면이 대두되고 있다. 즉, 민족을 그 하부구조로 하면서도 인류와 세계를 포함하는 거시적인 규범의 산출을 염두에 두어야 하는 상황이 전개되고 있다. 이 두 가지는 모두 다 생활세계적인 인륜성의 영역에서 해결될 수 있는 문제가 아니다. 이것은 기존의 실체적인 인륜성의 차원을 넘어서서 반성적이며 규제적인 차원에서 전개되어야 하는 것이다.

1980년대 이후 중간제계층과 산업노동자를 중심으로 하는 시민사회의 세력화는 국가에 대항해서 압력을 행사할 수 있을 정도로 비약적으로 확장되고 있으며 시민사회는 그 정체성과 연대의 기반을 민족적 동질성에 둘 수 있는 유리한 조건을 갖추고 있기 때문에, 성숙되지 않은 시민의식으로 인해 나타나는 연고주의나 지역이기주의 등의 현실적인 장애물을[41] 극복할 수 있는 가능성이 높은 것도 사실이다. 그러나 민족적 동질성이 폐쇄적이며 배타적인 한민족 중심주의로 전개될 수 있는 가능성이 엄연히 상존하며 또한 그것이 국가의 헤게모니적 지배의 도구로 사용될 가능성 또한 높기 때문에 동질성의 내용을 비판적으로 검토할 수 있는 규제적 이념을 세우는 일이 철학적으로 요구된다. 말하자면 민족을 하나의 단위로 하는 공동체의 규범을 창출하는 일과 함께 그 공동체를 세계시민의 입장에서의 인류 공동체를 목표로 하는 열린 공동체로 확대시킬 수 있는 규범적 방

---

41) 우리의 특수한 현실적 상황에 대한 설명은 김성국(1992) 152-168쪽을 참고하기 바람.

안을 거시적인 차원에서 함께 모색해야 한다.[42] 물론 이러한 철학적인 작업과 병행해서 시민사회의 활성화와 국가로부터의 자율성의 확보를 위한 현실적인 전략을 개발해 내는 일도 지속적으로 이루어져야 한다. 구체적으로는 시민권 운동을 비롯한 제도적인 개혁운동을 지속적으로 수행하고 정치 내부로 수렴된 영역과 수렴되지 않는 영역 사이의 균형을 유지하기 위해서 공론영역을 확장하는 일 등이 계속 전개되어야 한다.

이런 점에서 의사소통의 윤리학의 전개 방식에 주의를 기울일 필요가 있다. 그것은 언어적으로 상호주관적인 이해와 합의를 도출할 수 있는 전제들을 제공함으로써 자율적인 주체들이 연대할 수 있는 기반을 지닐 수 있도록 한다는 점에서, 그리고 그것이 시민사회의 비판적이며 해방적인 잠재력을 철학적으로 정당화하는 역할을 한다는 점에서 높게 평가될 수 있다. 그러나 이와 더불어 현실적인 담화의 세계는 자유로운 의사소통이 검증되며 잠재적으로는 해방적인 계기를 포함하고 있는 세계라고만 파악할 것이 아니라 또 하나의 권력과 지배의 세계, 즉 상징적 권력과 지배 그리고 폭력이 작동하는 세계이기도 하다는 점을 인정한다면, 의사소통 윤리학의 규범적인 전제들이 갖는 현실적인 위상은 과대하게 평가되어서는 안 될 것이다.

---

42) 구체적으로 그 내용이 거시적인 측면에서는 열린 공동체의 논리 개발, 그리고 국가 내부의 측면에서는 시민사회의 공론영역의 확장을 위한 시민적 규범과 행위 유형의 개발, 개인적 측면에서는 가족과 국가 그리고 세계의 구성원으로서의 자기 정체성 확보를 위한 개인윤리의 개발이 다루어져야 할 것이다.

2) 21세기형 논의를 위하여

이 글에서 중점적으로 다룬 하버마스 이론에 대한 해석과 비판은 30년 전에 봤던 글들을 기반으로 수행된 것이다. 돌이켜보건대 그 당시 나의 관심사는 서구 비판이론, 특히 그중 하버마스와 아펠의 의사소통 이론에 있었던 것 같다. 그래서 결론부도 결국은 의사소통 이론에 대한 나의 해석에 기대어 있다. 하지만 지금의 나의 해석의 기준들과 그 해석틀들은 좀 더 현실에 의거해서 조탁되었다. 그 결과물들은 아직은 완벽하게 체계화되지 않았지만, 1. 가족 관련 철학적 해석을 시도한 논문들, 2. 한국의 개인과 공동체에 관한 독자적인 개념들을 다룬 논문들, 3. 한국의 근대화 근대성 관련 독자적인 개념을 선보인 논문들을 선보여 왔다. 그 결과물로 각각에 상응하는 책을 엮었다. 그것은 바로 1. 『한국 가족, 철학으로 바라보다』(2012), 2. 『열린 공동체를 꿈꾸며』(2020), 3. 『가족과 근대성』(2021)이다.

이 책들을 통해, 특히 두 번째와 세 번째 책을 통해, 어느 정도 나름의 독자적인 사회철학적 개념들을 선보이고 있다. 이 작업을 토대로 어느 정도 하버마스의 근대성 이론을 상대화할 수 있는 독자적인 해석틀을 제안하고 있다는 점만은 강조하고 싶다. 설령 그것이 하버마스의 그것들에 비해 체계적이거나 조탁되지 않은 것일지라도, 하버마스의 사상에 의거해 한국사회와 한국 현실을 해석하는 엉뚱한 우를 범하지는 않을 출구를 마련했다고, 아니라면 최소한 탈출구를 찾기 위해 지적인 모험을 감행했다는 주장을 해본다.[43]

---

43) 이 글은 권용혁, 『이성과 사회』(철학과 현실사, 1998)에 게재된 3부 2장의 내용을 일부 수정해 재게재한 글이다.

참고문헌

강만길 외 11인 편집, 『근대민족의 형성 1』, 한국사 11권, 한길사, 1995.

구도완, 「환경운동과 녹색정치」, 『경제와 사회』25호, 1995년 봄호, 80-103쪽.

권용혁, 「합리성의 위기와 규범적 대안모색」, 『한민족 철학자 대회보 1995 8집』2권, 1995, 307-326쪽.

권용혁, 『한국가족, 철학으로 바라보다』, 이학사, 2012.

권용혁, 『열린 공동체를 꿈꾸며』, 이학사, 2020.

권용혁, 『가족과 근대성』, 이학사, 2021.

김성국, 「한국자본주의 발전과 시민사회의 성격」, in: 한국사회학회 한국정치학회 편(1992), 149-169쪽, 1992.

김호기, 『현대 자본주의와 한국사회』, 사회비평사, 1995.

박호성, 『평등론』, 창작과 비평사, 1994.

서경석, 「경실련 운동의 평가와 전망」, in: 경제정의실천시민연합, 『경실련 출범 3주년 기념자료집』, 1993.

서관모, 「한국사회의 계급구조」, 고려대 평화연구소 편 『평화강좌』, 한길사, 1990, 199-230쪽.

유팔무, 「한국의 시민사회론과 시민사회 분석을 위한 개념틀의 모색」 경남대 극동문제 연구소 편, 『한국 정치 사회의 새 흐름』, 나남, 1993.

임영일, 「한국의 산업화와 계급정치」, in: 한국사회학회 한국정치학회 편, 1992, 173-201쪽.

임현진, 「우리에게 근대란 무엇인가?」, in: 역사문제 연구소, 『한국의 '근대'와 '근대성'』, 역사문제 연구소 창립 10주년 기념 학술 심포지엄, 1996.

한국역사연구회 지음, 『한국역사』, 역사비평사, 1992.

한완상, 「한국에서 시민사회, 국가 그리고 계급」, in: 한국사회학회 한국정치학회 편, 1992, 9-25쪽.

요아힘 히르쉬, 전태욱 옮김, 「포드주의적 보장국가와 신사회운동」, in: 한국정치 연구회 정치이론분과 엮음(1993), 국가와 시민사회, 서울, 1983.

Habermas, Jürgen, Technik und Wissenschaft als 'Ideologie', Frankfurt a.M.: Suhrkamp Verlag, 1968.

Habermas, Jürgen, Legitimationsproblem im Spätkapitalismus, Frankfurt a.M., 1973.

Habermas, Jürgen, Theorie des kommunikativen Handelns, Bd. 1, 2, Frankfurt a.M.: Suhrkamp Verlag., 1981.

Habermas, Jürgen, *Moralbewuβtsein und kommunikatives Handeln*, Frankfurt a.M.: Suhrkamp Verlag, 1983.

Habermas, Jürgen, Der philosophische Diskurs der Moderne, Frankfurt a.M.: Suhrkamp Verlag, 1985.

Habermas, Jürgen, Der Strukturwandel der Öffentlichkeit, stw Frankfurt a.M. 1962: Suhrkamp Verlag, 1990.

Habermas, Jürgen, Faktizität und Geltung. Beiträge zur Diskurs-theorie des Rechts und des demokratischen Rechtsstaats, Frankfurt a.M., 1992.

Hegel, G.W.F., Grundlinien der Philosophie des Rechts, Frankfurt a.M.: Suhrkamp Verlag, 1975.

Horster, Detlef, Habermas, Hamburg: Junius Verlag, 1988.

Marx, K./Engels, F. Werke, Bd.1, Berlin: Dietz Verlag 1956, 1988.

Offe, Claus, "Am Staat vorbei?," in: Das Argument Nr.124, 1980.

Offe, Claus, "New Social Movements: Challenging the Boundaries of Institutional Politics," in: Social Research 52/4, 1985.

Schnädelbach, Herbert "Transformation der Kritischen Theorie", in: Honneth, Axel/Joas, Hans (Hrsg.)(1986) Kommunikatives Handeln,

Frankfurt a.M., 1986.

Winter, Lothar, Klassen und soziale Schichter im Kapitalismus der Gegenwart, Berlin: Dietz Verlag, 1989.

02

한국 학술장의 하버마스 수용 과정과
전통 없는 정전화의 과제

02

한국 학술장의 하버마스 수용 과정과
전통 없는 정전화의 과제

이시윤

오늘날 한국 학술장에서의 하버마스: 전통 없는 정전화

한국 학술장에서 위르겐 하버마스의 비판이론이 차지하는 위상은 독특하다. 한편에서 1970년대에 처음 도입된 이래 1980년대를 경유하여 1990년대에 꽃을 피운 한국의 하버마스 연구는 오늘날까지도 끊임없이 이어지고 있다. 2018년 봄 기준 하버마스를 직간접으로 다룬 672건의 학술 논문이 발행되었으며, 하버마스가 낸 책 대부분이 번역되었고 연구서도 다수 나왔다. 사회철학, 사회학, 커뮤니케이션학, 민주주의 정치학, 국제관계학, 교육학 등 수많은 분야에서 하버마스를 언급하지 않고 무엇인가를 논의한다는 것은 불가능하다는 것은 한국에서도 상식으로 받아들여지고 있다.

그런데 자세히 들여다보면 상황이 그렇게 좋아 보이지만은 않다. 오늘날 하버마스는 양적으로 빈번하게 언급되고 있지만 질적인 밀도나 논조에서 느껴지는 분위기는 무척 다르기 때문이다. 예를 들어, '하버마스의 이론은 지나치게 이상적이다', '그의 공론장 개념은 부르주아 백인 남성 공동체를 옹호한다', 그러므로 '하버마스는 틀렸다'는 것이 실제로 학계에서 통용되는 평균의 가치판단에 가깝다. 아니 애초에 '요즘 누가 하버마스를 보느냐(연구하느냐)'는 냉소마저 당연한 듯 공유되는 것이 현실이다. 여기에서 중요한 것은 하버마스가 '예전에는' 중요했지만 '이제는' 필요하지 않다는 서사를 통한 가치 부여의 방식이다. 그가 중요한 까닭은 자주 틀렸음을 알고 지나가기 위해서다. 요컨대, 오늘날 하버마스에 대한 많은 언급은 대부분 무엇인가 하려는 말을 시작하기 위해 잠시간 징검다리로서만 필요할 뿐이라는 것이다.

이 글은 이러한 모순적 상황, 즉 하버마스가 한국에서 빈번하게 거의 필수적으로 언급되면서도 자주 부정적인 의미에서 그러하다는 사실, 심지어 많은 경우 글이 제대로 읽히거나 참고되지 않으면서도 그가 '거장'의 지위에 올라있는 모순적 상황에 대해 다룬다. 나는 앞으로 이 현상을 전통 없는 정전화 상황이라 부를 것이다. 이 말은 하버마스의 작업들이 한국 인문사회과학장에서 정전(canon)의 지위에 올라 있으면서도 그것이 연구 전통의 수립을 통한 정전화(canonization)를 거치지 못한 채로 이뤄졌다는 점, 그 결과가 바로 오늘의 이율배반적 하버마스의 지적 지위임을 뜻한다.

그렇다면 다음과 같은 질문이 자연스럽게 따라오게 될 것이다. 정전화의 실천, 그러니까 어떠한 사상이나 지식을 학술공동체가 오랜 기간 함께 들여다보면서 논의하고, 그 결과 공동체가 그 사상·지식에 반드시 읽혀야만 한다는 권위를 부여하는 일이 없이 정전이 된다는 일이 도대체 가능한가? 그것은 형용모순이 아닌가? 만일 된다면 그것은 어떻게 이뤄졌는가? 구체적으로, 공동체가 아니라면 무엇이 정전에 권위를 부여해 왔고 부여하고 있는가? 마지막으로, 전통화 없는 정전화, 중요성을 인정하지만 논의는 없는 방식의 권위 부여의 결과는 무엇이고 이로부터 어떤 것을 고민할 것인가?

이 글의 주목적은 이러한 독특한 현상의 인과적 원인을 규명하는 것이라기보다는 우선 '어떻게'라는 질문을 중심으로 그것의 전개 과정과 실제 양상과 분명하게 대면하는 것이다. 나는 먼저 이전에 수행했던 연구를(이시윤, 2022a; 2022b) 요약하면서 1990년대까지 한국에서 하버마스 수용이 이뤄져온 과정과 이것이 이후 2000년대의 경로에 미친 영향을 서술할 것이다. 이어 본격적으로 2000년대 이뤄진 전통 없는 정전화의 양상을 거시적으로 하버마스 관련 연구가 구체적으로 어디에서 어떻게 생산되었는지, 그것이 어떻게 변화했는지를 중심으로 보여주고자 한다. 그다음에 비로소 가설적 차원에서 이 독특한 현상이 '왜' 일어났는지에 대한 설명을 2000년대 이후 학술장의 현행 지식생산 양식의 고착화 과정을 스케치하며 그 안에서 더듬어볼 것이다. 마지막으로는 논의를 종합하면서 전통 없는 정전화 이후 우리에게 남겨진 성찰적 과제 몇 가지를 제시하고자 한다.

1970~1990년대 하버마스의 도입과 확산이 남긴 것

필자는 최근 발표한 연구를 통해 1980~1990년대 인문사회과학 장의 구조변동과 그 안에서의 하버마스 수용 과정을 분석한 바 있다 (이시윤, 2022a; 2022b). 이 연구에서 나는 복합적이고 규범적인 여러 문제를 다루었는데, 여기에서는 하버마스 비판이론 연구의 국내 전 개 과정 문제에만 초점을 맞추어 그 논제들을 요약하려 한다.

그 전에 우선 이 분석이 사회학자 피에르 부르디외(Pierre Bourdieu) 의 장이론(field theory)에 기반한 지식사회학적 접근을 취하고 있음을 분명히 언급할 필요가 있다. 간략히 말해, 이 접근은 구성주의적 관점에 서 출발하여 이론 수용의 성패가 그 이론에 내재한 가치보다는 수용자 들의 적극적인 해석과 변용, 갱신의 실천에 달려있고, 그 실천이 수용 자들이 위치한 장의 상징자본의 분배 구조로부터 영향을 받으며, 이 장은 다시 사회 속에서 다른 장들과의 상호작용 관계 속에 놓여져 있음 을 보려는 것이다. 한 마디로 수용 실천을 여러 겹의 사회적 공간들 속에서 중첩되어 서로 영향을 주고받는 상호작용 속에서 보려는 관계 론적인 접근법이 핵심이다.[1] 이러한 이론적 관점으로부터 출발하여 하버마스가 한국에 최초 수용된 1970년대부터 1990년대까지의 상황을 다음과 같이 요약할 수 있다.

한국 인문사회과학 학술장은 처음 정립되기 시작한 1950~1960 년대부터 복합적인 어려움을 가지고 있었다. 해방과 전쟁 후 일천한 지적-인적 자원과 미비한 제도를 뒤늦게 구축해 나가려는 시도는 억

---

1) 부르디외의 두 글(1975; 2004)을 중심으로 이시윤(2022a; 2022b), 이시윤·이용승(2023) 을 참고할 것.

압적 정권의 사상통제에 의해 출발부터 학술장을 낮은 자율성을 핵심으로 하는 뒤틀어진 모습으로 모양지었다. 내적인 차원에서 학자들 사이 지식 생산을 위한 상호작용의 규범들이 안착되고 이로부터 비롯된 담론이 지식 생산과 갱신의 선순환을 가져올 수 있게 해 줄 가능성이 애초에 차단된 상태에서 외적 차원의 제도적이고 양적인 성장만이 이뤄지면서 모순이 심화되었다.

모순이 첨예해지던 1970년대 초입 무렵 하버마스가 처음 한국에 도입되었다. 공식 학술지면에 두 편의 소개글[2]이 수록된 것이 1976년이었는데, 사실 이 무렵 국내 변혁지향적 신진학자들 사이에서 하버마스는 이미 자주 읽히고 있었다. 장기화된 독재 정치 속에서 비판적 지식인들의 관심이 카를 마르크스의 급진적 변혁이론으로 쏠리고 있었지만 엄혹한 사상적 통제 속에서 그를 읽을 수 있는 방법은 극도로 제한되어 있는 것이 현실이었다. 이때 마르크스와 그 후예들을 계승하려 했지만 바로 그러기 위해 그들을 비판했던 하버마스의 작업이 그 '비판'적 성격을 빌미로 합법적으로 도입될 수 있었고, 젊은이들은 여기에서 다시 그 비판을 제거하고 읽음으로써 마르크스와 간접적으로 만날 수 있었다. 이렇듯 하버마스는 마르크스에 대한 "우회로"의 의미를 지니며 도입된다.

1970년대에서 80년대 중반까지 10편의 학술논문이 나오는 동안 6권의 번역서가 출간된 것은 이러한 설명을 지지해 준다(이시윤, 2022b: 189). 여기에서 마르크스와의 연결 지점이 많았던 하버마스의 초기 저작들만이 번역 대상으로 선택되었고 번역자들은 대부분 변혁

---

2) 이규호의 「후기자본주의사회의 제문제」와 김위성의 「인식이론에 있어서 자기반성의 문제」가 그것이다(이시윤, 2022b: 127).

적 학술운동 공간에 몸담은 대학원생들이었다. 이를 통해 1970년대 말~1980년대 초반 급속히 늘어나고 있던 변혁지향적 신진 학자 세대들이 제도권 주류 학술공간에 저항을 감행하는 과정에서 하버마스를 경유한 마르크스 읽기가 활발히 이뤄졌음을 알 수 있다.

그런데 이러한 하버마스 번역과 연구는 1980년대 말 급속히 감소하게 된다. 이는 이 기간 사상적 해금이 이뤄지고 마침내 절차적 민주화가 달성되면서 더 이상의 우회로가 필요하지 않았기 때문이다. 즉, 마르크스 저작의 합법적 번역과 유통이 본격화되면서 우회로였던 하버마스는 더 이상 쓸모가 없었다. 이 시기 하버마스, 그리고 많은 '포스트' 담론들은 역할을 다하여 뒤로 물러나고 마르크스가 진정한 무대의 주인공으로 등극했다.

1990년대 초 분위기는 다시 반전된다. 동구권이 몰락하고 마르크스를 중심으로 모여들었던 변혁적 신진학자들의 응집력이 깨어졌다. 이제 변혁적 신진 학자들은 순서가 바뀌었지만 마르크스 이후를 모색했던 포스트 담론을 제대로 들여다보며 대안을 모색해야만 했다. 이렇듯 대안 이론의 탐색이 활발해지는 가운데, 잠시 접어 두었던 하버마스를 다시 꺼내어 읽는 일군의 젊은 학자들이 〈사회와 철학 연구회〉를 중심으로 모여들었다. 나는 이곳과 직간접으로 연결된 일군의 학자들을 '신진 하버마스 연구그룹'으로 칭하고, 이들이 변혁적 학자 진영 내에서 하버마스의 중요성을 적극적으로 내세우면서 학계의 중심부로 진입하는 과정을 분석했다(이시윤, 2022a: 224-308). 여기에서 핵심은 1980년대를 통과하며 막 성장하고 있던 변혁적 신진학자들이 학위를 취득하고 교수직을 얻는 등 제도적 성취를 이뤄야 하는 과제가 다양한 이론 자원들의 수용, 해석이라는 지적 작업과 분리 불가능하게 연결되어 있었고, 하버마스의 경우 양자의 결합이 가장 성공적으로 이뤄진 사례였다는 것이었다.

그런데 문제는 주목이 절정에 달했던 1990년대 중반, 신진 하버마스 연구그룹을 중심으로 광범위하게 연결되었던 '하버마스 네트워크'의 질적인 밀도가 실제로는 그다지 높지 못했다는 것이다. 즉 1996년 하버마스의 방한 기간에 절정을 이루었던 네트워크는 화려한 외양과는 달리 실제로는 상이한 이해관심을 가진 이들이 매우 느슨하게 연결되어 있는 곳이었다(이시윤, 2022b: 356-367). 부르디외의 개념틀을 빌자면, 이는 하버마스의 가치를 둘러싼 해석 투쟁이 유발하는 상징폭력(symbolic violoence)이 다시 그에 대한 해석 투쟁 참여자들의 동기를 제공하는 일종의 선순환상태에 충분히 들어가지 못한 상황이었다고 할 수 있다.

마치 눈사람을 만들기 위해 굴리는 눈덩이가 어느 정도 단단하게 뭉쳐지지 못하면 쉽게 깨어지고 말듯, 공동의 몰입의 문턱을 넘지 못한 채로 1990년대를 통과하면서 주로 학술공간의 준중심부, 주변부에 일정 수준 안착한 변혁지향적 신진학자들의 연구 동기는 점차 상실되었고, 기성 제도권의 학술실천 성향에 합류하던가 아니면 사회 개입 실천으로 회귀하려는 성향－이 성향 자체가 1990년대 중후반 고착된 학술장의 '구조'였다－이 하버마스 연구 그룹과 그들을 둘러싼의 지적 상호작용의 망을 안팎으로 분해시켰다(이시윤, 2022b: 386-463).

이를 직접적으로 보여주듯 1990년대 후반 하버마스 네트워크가 해체되면서 관련 연구 출판물은 급격히 감소하게 된다(다음 〈그림 1〉 참조). 이는 일차적으로 이미 1990년대 동안 하버마스에 대한 학술장 내 평가가 지지보다는 (마르크스적이지도 못하고 탈근대적이지도 못하다는) 비판과 (대안적 이론이 될 수 있느냐는) 의구심이 대부분이었고, 대부분의 사람들이 단지 부정적인 관심으로 약하게 연결되어 있었다는 사실에 기인한다. 그러나 무엇보다 하버마스 신진그룹 성원들이 스스로 이탈하면서 그러한 부정적 관심의 계기 자체가 소멸한 것이 인기 추락의 근본 원인이었다. 하버마스 관련 연구 출판물의 감소는 네트워크 해체의 결과이자 원인 그 자체였다.

이 사건은 한국 인문사회과학장의 구조변동의 최전선에서 그것을 가장 명료하게 보여주는 상징이었다. 그리고 그 안에서 이후 하버마스 수용과 연구의 진로 또한 큰 틀의 방향이 잡히게 되었다. 1990년대 하버마스 네트워크의 형성과 해체가 남긴 유산에 대해 크게 다음의 사실들을 지적할 수 있다.

첫째, 한국 학술장에서 적어도 하버마스가 핵심적으로 중요한 인물이라는 사실은 강렬하게 각인되었다. 둘째, 그러나 중도에 중단된 불완전한 해석과 담론들은 하버마스에 대한 많은 몰이해, 오해들과 함께 올바른 해석과 전유에 대한 숙제를 남겼다. 셋째, 하버마스 연구에 전문성을 획득한 신진 연구자 집단이 학술장의 중심부와 주변부 어딘가에 자리를 잡았고, 미완의 과제들이 이들 앞에 놓여졌다. 이들의 실천의 방향이 어느 쪽으로 잡히느냐에 따라 어쩌면 중단된 수용이 재개되고 1990년대만큼은 아니더라도 일정 수준의 지적 성취와 함께 장 내 상징 폭력의 행사 가능성도 분명히 남아 있게 되었다.

한 마디로 이들의 후속 실천과 후속 세대, 그리고 장 내 다른 행위자들 사이에 어떠한 지적 관계가 형성되느냐에 따라 2000년대 이후 하버마스 연구의 향배가 결정될 터였다.

2000년대 하버마스 이론 수용과정: 전통 없는 정전화

하버마스에 대한 관심의 급격한 고조와 퇴조가 1990년대를 통과하며 진행된 이후, 흥미로운 점은 2000년대에 접어들면 하버마스를 다룬 연구 출판물이 다시 늘어나기 시작한다는 사실이다. 이는 기본적으로 이 시기 이른바 '학진체제'가 본격화되면서 등재지 수와 함께 게재된 전체 논문의 수가 비약적으로 늘어나는 현상을 배경으로 한다. KCI(한국 학술지 인용색인) 공식 통계에 따르면 인문학의 경우 1995년~1999년 사이 등재지에 수록된 논문의 총 편수는 연간 평균 440.2편이었는데, 그 숫자가 2000년~2004년 사이 5922.8편, 2005년~2009년에는 13,526.2편으로 늘었으며, 사회과학은 341.4편에서 6,642편으로, 다시 17,773.6편으로 그야말로 폭발적으로 증가했다.[3] 따라서 논문 대량생산 체제로의 본격 진입이 진행된 2000년대 하버마스를 다룬 연구의 절대량 또한 덩달아 늘어난 것은 크게 이상하지 않다.

그럼에도 이 지표는 그에 대한 연구 관심이 상당 부분 다시 상승했던 것은 아닌지 묻게 한다. 몇 번의 출렁임을 겪으면서 2010년대에 접어들면 하버마스를 다룬 연구 출판량은 전반적으로 꾸준히 증가하게 되기 때문이다. 즉, 전체 논문 수의 폭증 과정 속에서 하버마스

---

3) https://www.kci.go.kr/kciportal/po/search/poFielResearchTrendList.kci

연구물 생산량의 부침은 그 안에 모종의 내적인 동학이 있었음을 짐작케 한다. 따라서 질문에 대한 답은 부분적으로 '그렇다'고 할 수 있는데, 하지만 이는 학진/등재지 체제의 확산과 논문의 폭발 상황을 기본 전제로 늘 염두에 두면서 다음의 몇 가지 공시적-통시적 사안들을 분석적으로 살펴봐야 정확하게 판단될 수 있다.

첫째, 해당 논문들이 하버마스를 어떻게 다루고 있으며 그 양상이 어떻게 변화하고 있느냐의 문제다. 즉, 연구 내용의 차원에서 하버마스가 다뤄지는 방식과 그 패턴의 변화 여부를 들여다볼 필요가 있다. 둘째, 누가 어디에서 다루고 있는지, 그 위치들이 변화하고 있는지에 관한 사안도 있다. 이는 연구와 연구자들의 소속 분과에 관한 문제로, 1990년대 철학-사회학(자) 중심이었던 생산자(공간)들이 응집성을 유지하고 있는지와 함께 연구 수행자의 소속과 분야의 확산 여부도 고려되어야 한다. 셋째, 이와 관련한 연구자들의 통시적 연결선, 혹은 계보의 문제다. 2000년대로 넘어가면서 연구자의 연구 지속성과 선후배, 동료관계를 중심으로 한 전통의 형성 여부는 인기의 허와 실을 가늠할 중요한 기준이 된다. 마지막으로, 해외 연구 동향과의 관계 문제도 중요하다. 앞의 세 가지 공시적-통시적인 검토 사안들은 사회 사상을 다루는 연구들의 해외 종속성과 이에 따른 유행에 민감한 국내 학술 동향과 함께 고려할 필요가 있다.

요컨대, 네 가지 사안을 검토하면서 하버마스에 대한 밀도 있는 공동 연구가 수행되어 이로부터 담론이 형성되고, 몇몇 중심 담론의 생산지가 유지되면서 이곳에서 연구자들이 세대 전승을 이루며 지속적으로 연구를 수행하고, 연구 성과가 유관 분과로 확산되며, 이것이

해외 학술공간에서 하버마스 관련 논의의 변화와 능동적이고 자율적 관계를 맺고 있다고 평가할 수 있는 정도만큼 우리는 한국에서 하버마스 연구의 전통이 있었다고 할 수 있을 것이다. 반대로 그렇지 못한 만큼 전통 없는 정전화라는 개념화의 설명력이 높아지게 된다.

결론부터 말하면, 전통은 만들어지지 못했다. 따라서 하버마스 연구의 증가와 일정 수준의 인기의 재획득은 그 자체로 2000년대 이후 한국 인문사회과학 학술영역의 변화 과정을 그대로 투영하는, 매우 독특한 학술실천들이 결합된 결과라 할 수 있다. 그 안에서 하버마스 연구가 수행되어 온 양상을 거시적으로 관찰하면서 우리는 전통 없는 정전화가 어떻게 가능했는지 알 수 있게 된다. 먼저 언급한 요인들 중 세 가지를 검토하고 이어 다음 절에서 네 번째 요인의 의미를 함께 고려하면서 전통 없는 정전화의 전개 과정에 대해 살펴보기로 하자.

1) 연구의 연성화

다음의 그림은 하버마스를 키워드로 하여 검색된 논문을 전수 검토하여 실제로 하버마스가 글에서 사용된 것만을 추리고 각 글에서 사용된 방식을 유형화한 것이다.[4]

---

4) 〈그림 1〉과 〈표 1〉은 riss.kr에서 '하버마스'를 키워드로 검색한 뒤 제시된 900여 건의 글 중에서 오류, 중복, 실질적으로는 하버마스와 관계 없는 것들을 모두 제한 672건의 연구 목록을 기본으로 작성되었다. 여기에서 논문을 전수 검토하여 이것이 어떠한 분야의 연구인지를 분류하고 또한 실제로 하버마스가 중요도를 갖는 수준에 따라 글에 a, b, c 등급을 부여했다.

그림 1. 하버마스를 다룬 연구 논문들의 하버마스 사용 방식의 변화(1990~2010년대)

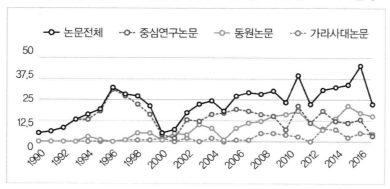

그림에서 보이듯 1996년을 정점으로 솟아오르는 출판물의 양("논문전체")은 이 시기가 하버마스 인기의 절정이었음을 잘 보여준다. 이 추세는 그러나 1990년대 후반 급격히 곤두박질치기 시작하여 2000년을 전후한 시기 출판량은 거의 소멸에 가까워진다. 그런데 이후 2000년대에 들면 다시 하버마스가 등장하는 논문이 다시 늘어나는 현상이 나타나고 있다.

그림에서 검정색이 아닌 세 개의 다른 추세선은 하버마스가 사용된 방식에 따라 각각 중심연구 논문, 동원논문, '가라사대'형 논문의 빈도와 그 변화를 표현하고 있다. 우선 중심연구 논문을 보면 1990년대 하버마스 인기가 대부분 집중된 중심 연구에 의해 가능했던 것임을 알 수 있다. 이후 2000년대 중심연구는 다소 상승하여 일정 수준 유지되는 듯하다가 2010년대로 접어들면 다시 감소하기 시작한다. 또한 이때부터는 동원논문이 중심연구 논문을 상회하고 있음이 보인다. 이는 몇몇 이유들로 하버마스가 주제화되기는 했지만 1990년대에 비할 때 그 중요성은 크게 줄어들었으며 그마저도 반전의 계기를 이루지는 못하고 오늘날에 이르고 있음을 뜻한다.

2010년대를 넘어서면 이제 연구의 대부분은 하버마스를 단순 동원하는 것들이 된다. 예를 들어, 문제를 제기하거나 본론을 논할 때, 혹은 결론부에서 여러 이론적 자원 중 하나로 하버마스의 개념틀(소통개념, 공론장 개념, 생활세계-체계 개념 등)이 복수의 논거들 중 하나로(혹은 조속히 기각되어야 할 비판 대상으로) 간략하게 등장하는 것으로 나타나고 있다. 마지막으로 '일찍이 그가 말했던 것처럼', 혹은 '잘 알려진 그의 공론장 개념이 말하듯' 등의 방식으로 하버마스의 개념이 실제로 논급되거나 인용되지 않은 채 단순히 고전적 거장의 지위를 부여받는, '가라사대'식 동원의 숫자가 꾸준히 늘어났다.[5]

이 추세는 2000년대 이후 비록 하버마스를 다루는 논문이 계속해서 생산되고 있지만 정작 그의 인기는 사실상 소멸한 것에 가까움을 보여주고 있다. 그리고 이는 전통 없는 정전화라는 개념이 성립되기 위한 기초 조건을 이룬다. 하버마스가 '다뤄지기'보다는 '사용되는' 일이 2000년대 한국 학술장에서 장기간 진행되었던 것이다. 다른 한편에서 이는 또한 한국에서 하버마스의 중요성이 이미 소진되었다는 일각의 편견에도 매우 독특한 방식의 반례를 이룬다. 즉 실질적으로 다뤄지지는 않았음에도 계속해서 사용은 되어왔다는 사실, 이것이 중요하다. 이미 중요성이 소진되었다고 여겨지는 이론이 학술영역에서 방식을 바꾸어 계속 동원되고 있었던 것이다.

---

5) 다음과 같이 언급만 이뤄질 뿐, 인용이나 출처표기도 없는 경우들이 그 예다. "'공개적이고 지배 없는 토론'만이 소통적 합리화를 가능케 한다는 하버마스의 논리는 일방적인 억압만이 존재하는 빌리의 가정에서나 학교에서나 제대로 작동하지 않는다(김호경, 2013: 99)." "하버마스에 의하면 권력은 항상 부정적인 것만은 아니다. 권력이 부정적으로 해석되는 경우는 단순히 권력이 강제적이거나 억압적이라기보다는 권력이 정당성(legitimacy)을 갖지 못할 때이다."(이주화·나채만 2014: 34).

요컨대, 하버마스 연구의 연성화란 연구 전통이 제대로 형성된
바가 없는 상태에서 많은 경우 그가 진짜 관심 주제는 아니면서도 계
속해서 사용되고 있는 현상, 그리고 그 사용 방식에 있어서 중요성이
합의되지 않은 상태에서 그럼에도 하버마스가 거장의 반열에 오른
독특한 현상을 말한다고 할 수 있다.

2) 연구자와 연구 분과의 분산화

이와 같은 연구의 연성화는 실제로 연구를 수행한 학자/분과의
다변화 현상과 떼어놓을 수 없다. 아래의 표는 한국에서 하버마스 연
구가 최초 시작된 1970년대부터 2010년대까지 연구 분야가 어떻게
변화해왔는지 보여준다. 행은 시대를, 열은 연구 분야를 나타내고 숫
자는 해당 논문의 발표 개수를 의미한다.

표 1. 하버마스를 다룬 연구 논문의 시대-분야별 분포(1970~2010년대)

	철학, 이론 일반	정치, 시민사회, 공론장, 민주주의, 법	담론 윤리, 윤리학, 화용론, 언어학	커뮤니케이션, 미디어	교육학	복지, 행정, 정책	과학, 공학, 환경, 생명	종교	예술, 미학	페미니즘, 체육	계
1970년대	4										4
1980년대	22			1							23
1990년대	62	21	11	6	5	2		2	5	1	115
2000년대	67	86	28	16	22	13	9	10	8	4	263
2010년대	45	78	17	35	22	15	16	23	12	4	267
계	200	185	56	58	49	30	25	35	25	9	672

이 표의 열에는 좌측으로 갈수록 이론지향적이고 우리가 흔히 생각하는 '정통' 하버마스에 가까운 분야의 연구가, 우측으로 갈수록 응용적인, 심지어 좀처럼 이미지를 떠올리기 어려운 분야의 연구가 위치한다. 또한 각 분야에서 하버마스를 다루는 정점에 가까운 시기가 대략 언제인지를 쉽게 파악하기 위해 가장 많은 숫자의 연구가 수행된 시기/차순위 시기를 **굵은 글씨**로 표시했다.

우선 한눈에 보이듯, 전반적으로 논문 수가 크게 증가하는 가운데 그 분포는 좌상단에서 점차 우하단으로 옮겨지고 있는 것을 알 수 있다. 거칠게 윤곽을 잡아본다면, 중심 이론 중심 분과로부터 응용 분과로 연구의 중심지가 이동하고 있는 것이다. 그 내용을 하나씩 들여다보면 다음과 같다.

[사회철학·이론일반] 연구는 철학, 사회학 등 분과를 중심으로 하버마스 연구에서 중심 흐름을 이룬다. 1970~2010년대 사이 200여 편의 가장 많은 논문이 여기에서 나왔다. 단, 1990년대와 2000년대(2000년대 초반)에 주로 생산된 이 연구 동향은 2010년대부터는 확연히 감소세로 돌아섰다. 특히 위에서 다룬 것처럼 이 안에서도 급격한 연성화가 진행되었기 때문에, 하버마스를 중점적으로 논의하는 이론 연구는 일 년에 몇 편 정도를 제외하면 사실상 거의 이뤄지지 않고 있다고 보는 것이 맞다.

이후, 시기를 겹쳐 [정치학-법학-민주주의] 분야에서의 연구가 2000년대 들어 본격 시작된다. 뒤에서 다루겠지만, 이는 2000년대 초 주로 미국을 경유한 하버마스-롤스-자유주의-공동체주의 논쟁의 여파를, 2010년대 유럽연합 기획을 검토하는 국제정치학, 법학의 동향을 반영하고 있다. 중요한 것은 이러한 경과를 거치며 이 주제들 또한 차례로 연성화를 겪는다는 사실이다. 다음으로, 하버마스 의사소통행위이론의 중핵을 이루는 [담론윤리학/화용론]6) 연구 또한 무시할 수 없는 한 분야를 이룬다. 이는 분과상 사회철학을 중심으로 하지만 순수 이론 윤리학과 일부 교육학이나 법학분야에서 이 주제에 자주 개입하면서 하버마스 이론의 기초 토대 자체의 유용성/부적절성을 논하려는 경향이다. 그러나 이 또한 순수이론 성격이 강한 편이고, 그래서 2010년대부터는 급감하고 있다.

다른 한편, [커뮤니케이션학]에서도 하버마스는 단골 주제다. 여기에서는 주로 대중매체의 역할과 한계를 따져 묻는 이론적·경험적 분석과 민주주의적 소통의 가능성을 하버마스를 통해 검토하는 시도들이 이뤄진다. 최근 오히려 증가하고 있는 것처럼 보이는 이 분야는 그러나 연성화가 가장 강하게 일어나는 곳 중 하나다. 2000년대 미국 논의의 영향을 받아 연구가 일부 이뤄진 이래 이후 2010년대에 이 분야에서는 '가라사대'식 언급이 주를 이루고 있다. [교육학]은 일부 연성화가 진행되고는 있지만 중점연구가 다수를 차지하며 상대적으로 견실하게 하버마스 중심 연구가 유지되는 듯 보이는 분야다. 여기에서는 주로 하버마스 이론의 교육적 가치를 탐색하고, 대화-합의 모델의 교육 현장 적용 가능성을 경험 연구를 통해 검토한다.

[정책학·행정학·복지학] 분야에서의 논문들은 완연한 응용연구에 해당한다. 이곳에서는 하버마스의 소통이론, 공론장이론, 민주주

---

6) 기본적으로 이 분야는 철학의 영역에 가깝기는 하다. 그러나 교육학이나 언어학에서 화용론을 제한적으로 탐색하고 이를 다른 분야에 활용하는 연구들을 철학, 이론 분야에 분류하기 어려워 따로 독립 영역으로 표기했다.

의론을 국가 거버넌스에 적용하여 정책적 함의를 탐색하려 한다. 그런데 이미 접근 자체가 집단소송, 시민운동, 지방자치 등을 중심으로 하는 것이기 때문에 하버마스는 매우 주변적으로 등장하는 경향이 있다. 반면, [공학·생명윤리·환경] 분야 연구에서 하버마스는 다시 그 비중이 높아진다. 이는 2000년대 들어 유전공학 논쟁이 활발해지고 같은 기간 하버마스가 이 문제에 직접 개입한 여파로, 공론장-소통이론을 자연과학, 생명윤리, 환경 분야에 관철시키려 하는 그의 시도의 적절성을 검토하는, 매우 이론적인 것들이 중심이 된다. [종교 관련 연구도 같은 맥락에 있다. 국내에는 아직 잘 알려지지 않았지만 하버마스는 2000년대 이후 종교와 세속의 충돌과 대화 문제에 천착하고 있는데, 이 담론에 반응한 종교학, 종교사회학, 신학자들이 하버마스의 포스트세속사회(post-secular society) 개념을 철학/이론적으로 검토하는 중심논문이 최근 생산되고 있다.

[예술·미학] 연구는 관찰자의 생경함을 불러일으키기 쉬운 분야다. 일견 그의 이론이 예술과는 별다른 인연이 없어 보이기 때문이다. 그러나 구성주의적 관점으로 보면 당연하게도 예술가와 예술 공간, 그곳에서 행위자들의 상호작용 문제는 후속 학술 실천의 유무에 따라 얼마든지 하버마스와 어울릴 수 있다. 다만 이 글들은 집중연구에 가깝긴 하지만 산발적으로, 거의 서로 관계가 전혀 없는 글들이 별개로 발표되었다는 점에서 그 가능성이 개화하지는 못한 모습을 보여준다.

반면, [페미니즘] 연구의 지위는 독특하다. 비판이론과 페미니스트들과의 대화는 서구 담론 공간에서 매우 중요하게 다뤄져 왔고, 낸시 프레이저와 세일라 벤하비브의 이론을 자극하고 진화시키며 활발한 담론이 생산되었음은 주지의 사실이다. 한국에서 하버마스 연구가 활발히 이뤄졌고 페미니즘 또한 한계는 있지만 제도화에 어느 정도 성공한 분야라 할 때, 이 연결선이 미약하게 드러나는 것은 징후적이다. 마지막으로 [체육학] 분야에서 2000년대 이후 하버마스를 활용한 연구들이 나타나고 있는 것이 지금의 상황이다.[7]

요약하면, 1990년대 거의 대부분 철학이론/사회과학분야에 집중되어 있던 하버마스 연구는 2000년대 들어 다양한 분야로 확대되고 있다. 그런데 여기에서 질문이 제기될 수 있을 것이다. 연구분야의 확대가 왜 문제인가? 철학 이론, 사회과학적 이론 연구만 계속되는 것만이 좋은 것은 아니지 않은가? 오히려 연구 성과가 응용 분과로 확산되는 것은 이론의 권위 획득 과정에서 바람직한 일이 아닌가? 이 질문에 답하기 위해서는 외적 지표상으로 마치 서로 연결되는 듯 보이는 흐름의 밑에서 연구와 연구자가 실제로 상호 얼마나 연결되어 있는지를 검토해야 한다. 즉, 하버마스 연구 분야의 다변화는 핵심 분과에서의 성과가 응용 분과로 확산된 결과인가? 근본적으로 이 문제를 검토하는 것이 위의 의구심에 답하는 가장 직접적인 방법이 될 것이다.

3) 연속성 없는 연속성

2000년대 한국에서 하버마스를 다루는 논문이 크게 늘어나고 연구 생산지가 확대되는 동안 실제로 글과 글 사이, 사람과 사람 사이

---

7) 필자는 페미니즘과 연결된 하버마스 연구의 비활성화와 이와 대조되는, 일견 매우 생경하게 느껴질 수 있는 체육학, 태권도학에서의 최근 하버마스 연구 흐름의 생성에 대해 그 맥락과 함의를 탐색하는 별도의 연구를 진행하고 있다.

의 연결, 특히 시계열적인 차원에서의 계보는 존재했는가? 결론부터 말하면, 불행히도 하버마스를 다룬 연구 출판물은 큰 숫자로 늘어났지만 횡으로도 종으로도 글과 글, 연구자와 연구자 사이에 별다른 연결선은 존재하지 않는다. 연구가 계속 생산되고 확산하는 것처럼 보이게 만드는 일련의 수치상의 흐름들은 사실상 착시에 가깝다.

먼저 『하버마스 스캔들』에서도 중점적으로 다루었던 〈사회와 철학 연구회〉의 상황을 살펴보는 것은 도움이 된다. '하버마스 연구 집단'이라 해도 이상할 것이 없는 이곳의 주요 성원들은 1990년대 하버마스를 한국에 본격 도입하고 한때의 열풍을 이끌어낸 주역이다. 이후 2000년대 전반적인 관련 연구들이 연성화, 다변화되고 있다고 할 때 전체 경향을 판단하는 시금석이자 만일 어떠한 연결선들이 존재한다면 그것이 발견될 가능성이 있는 곳, 아니 충분히 존재할 것을 기대할 수 있는 곳은 이곳뿐이다.

그러나 내가 이미 보고했던 것처럼, 〈사회와 철학 연구회〉에서조차 그 일은 거의 일어나지 않았다. 이미 1990년대 후반, 한때 인기를 견인했던 주요 학자들은 거의 대부분 하버마스 연구자이기를 그만두었다. 그럼에도 2001년부터 학술지 『사회와철학』을 발행하기 시작하면서 다시 이곳은 관련 담론 생산의 주요 기점이 되기는 한다. 그러나 구체적으로 들어가 보면 사실 전체 연구 경향인 연성화는 오히려 이곳에서 더 강하게 이뤄졌다. 더 중요한 점은 하버마스를 다룬 연구가 1990년대 주요 학자들에게 바통을 이어받은 후속세대의 유입에 의한 것이었다는 점이다. 즉, 이곳이 2000년대 초반까지 하버마스 연구 생산 기점일 수 있었던 까닭은 인적으로 일정한 세대교체가 진행되는 가운데, 연성화된 동원연구가 많아진 덕분이었다(이시윤, 2022b: 454-463).

이 경향은 이후 오늘의 시점까지 그대로 이어진다. 가장 주목해야 할 점은, 한국에서 드물게 상대적으로 결집된 연구집단에 가까운 이곳에서 연구자들 사이 공시적-통시적 상호인용 관계가 질적으로 취약하고, 또한 전통 분야의 연구 성과가 응용 분야로 확산되는 일도 이뤄지지 못했다는 점이다. 이곳이 그렇다면, 다른 곳의 상황에 대한 전망은 더 어두울 수밖에 없다.

표 2. 하버마스 연구 논문에서 국내 선행연구를 인용한 편수(분야별)

	철학, 이론 일반	정치, 시민 사회, 공론장, 민주주의, 법	담론 윤리, 윤리학, 화용론, 언어학	커뮤 니케 이션, 미디 어	교 육 학	복지, 행정, 정책	과학, 공학, 환경, 생명	종교	예술, 미학	페미 니즘, 체육	계
전체편수(A)	112	164	45	51	44	28	25	33	20	8	530
한 편도 인용하지 않은 편수(B)	68	104	25	32	19	16	17	22	11	7	321
한 편까지만 인용한 편수(C)	87	128	30	37	30	22	20	29	16	7	406
C/A %	77.6	78.0	66.6	72.5	68.1	78.5	80.0	87.8	80.0	87.5	

이 표는 하버마스를 다루는 전체 연구논문이 선행 국내연구를 인용하지 않은 편수의 분포와 추이를 나타낸 것이다. 2000년 이후 하버마스를 사용한 논문 530건 중에서 국내 연구를 단 한 편도 인용하지 않은 글은 321건으로, 비율로는 약 60.5%이다. 즉, 300건 이상의

글이 타인의 연구를 (적어도 명시적으로) 참조하지 않은 상태로 작성되었다. 혹자는 39% 이상이 타인의 글을 인용한 셈이니 상황이 그렇게 나쁘지는 않아 보인다고 할 수도 있다. 그러나 다음의 사안들을 보면 평가는 달라진다.

첫째, 타인의 글을 인용한 39%의 글 안에는 한 번 인용을 한 사람은 계속 국내문헌을 인용하는 경향이 포함되어 있다.[8] 또한 이 수치에는 국내연구를 풍부하게 검토한 소수 경우와 파편적으로 한두 건만 언급하고 마는 다수 경우가 섞여 있다. 예를 들어, 국내문헌을 형식적으로 언급하고 마는 경우 중에 단 1개만 언급한 경우의 85건을 더하면 비율은 60.5%에서 76.6%로 대폭 높아진다.

둘째, 인용의 질적인 문제가 있다. 물론 한 번을 인용하더라도 제대로 인용한다면 문제가 될 것이 없을 것이다. 그러나 통상 국내문헌의 인용은 자신이 하버마스 이론의 특정 부분을 정리 설명할 때 선행연구에서의 규정을 각주에 (인용구나 인용 페이지 없이) 저자명과 년도만으로 간략 기재하는 경우들이 매우 많다. 반대로, 인용을 많이 하더라도 실제 어떤 내용을 어떻게 내가 가져왔는지 밝히지 않고 '선행연구 검토' 차원에서 덩어리로 언급하는 경우들도 많다.[9] 한국에

---

8) 예를 들어, 이 기간과 범위 내에서 국내 하버마스 선행 연구를 계속 인용하는 필자로는 (무순) 박구용, 홍성수, 진기행, 김석수, 이호도, 이행봉, 김동규, 전석환, 전석환·이상임, 김원식, 정대성, 나종석, 손철성, 장명학 등을 들 수 있다. 자주 인용되는 필진은 (무순) 장춘익, 선우현, 장은주, 권용혁, 김원식, 윤평중, 이진우, 서도식, 문성훈, 홍윤기, 박영도, 한상진, 황태연, 전석환·이상임, 양천수, 양화식, 한기철 등이다. 이 인용에는 『푸코와 하버마스를 넘어서』(윤평중, 1990), 『하버마스의 비판적 사회이론』(이진우 편, 1995), 『하버마스의 사상: 주요 주제와 쟁점들』(장춘익 편, 1996), 『하버마스: 이성적 사회의 기획, 그 논리와 윤리』(정호근 외, 1997) 등의 책이 매우 빈번하게 등장하여 1990년대 중반 출간된 이 기획들이 가진 무게감을 확인시켜 주고 있다. 그러나 그 쓰임새가 저자들의 논제를 활용·적용·비판하는 데 있는 것은 아니고, 주로 하버마스 이론 설명을 빌어오는 데 있다는 것은 한계로 남는다. 또한 이마저도 2010년대를 넘어서면 현저히 줄어들고 있다.

9) 예를 들어, 다음과 같은 인용 패턴이다. "또한 본 연구는 정치학계에서 기존에 이루어진

서 정량적 인용연구를 사실상 불가능하게 하는 이 고질적인 문제는 하버마스 연구에서 39%의 선행연구를 인용한 논문 중 대부분이 '허수'라는 불행한 사실을 암시한다. 가장 근본적인 문제는 선행연구를 인용한 이 글들 중에서 선행 연구의 특정 단락을 직접 발췌 제시하고 거기에서 말하고 있는 논제를 동의하건 반박하건 일목요연하게 검토하는 내용은 단 한 사례도 없었다는 점이다. 선행연구의 양적 인용은 이뤄지지만 질적으로 논제가 전이되어 담론화되는 일은 거의[10] 없는 것이다.

셋째, 시기와 분야를 이어주는 (통시적·공시적) 선이 존재하는지의 문제도 있다. 먼저 ㄱ. 그림 1에서 나타나는 (2010년을 넘어서면 단순동원 논문의 비중이 높아지기 시작해 2014년부터는 중심연구를 넘어서기 시작한) 연성화 현상을 고려하면, 시계열상 2010년 이후의 인용들은 하버마스를 중심 주제로 다루기 위해 선행연구를 보는 것이 아니라, 단지 자신이 하고자 하는 모종의 내용을 언급하는 데 필요한 만큼만 하버마스가 등장하고, 이때 그 언급을 간략히 선행연구로 갈음하는 경우들이 다수를 점하기 시작했음이 지적될 필요가 있다. ㄴ. 또한, 한 번까지만 인용한 총 76.6%의 글을 분야별로 살펴보면, 화용론, 커뮤니케이션학, 교육학의 경우 66~72%대로 비중이

하버마스의 연구들(유홍림 1997; 이동수 2001; 장명학 2003; 장동진·백성욱 2005; 이현아 2006; 이현아 2007; 김동현 2012; 이영재 2012)과도 다른 연구 방향과 내용을 갖는다. 즉 본 연구는 기존 연구에서는 이론과 실천의 문제가 다루어지지 않았다는 사실을 고려한다."(최치원, 2013: 8)

10) 선행연구의 논제를 단락 인용하여 직접 주제로 다루지는 않지만, 적어도 성실하게 선행연구의 관점들을 소화하여 자신의 주장에 도움 삼으려는 소수의 경우를 꼽아보면, 연도순으로 서도식(2002), 박구용(2003a; 2003b), 김대영(2004), 이영재(2004), 김석수(2004), 오현철(2004), 박인철(2006), 권경휘·김정수(2007), 양화식(2007) 등이 있다. 그러나 소수의 이러한 경향이나마 2010년대로 접어들면서는 전혀 발견할 수 없었다.

더 낮고(선행연구를 좀 더 인용하고), 복지/행정/정책, 과학/공학/환경/생명, 종교, 예술/미학, 페미니즘, 체육 분야의 경우에는 80~87% 대까지 수치가 올라가고 있다(선행연구를 거의 보지 않는다). ㄱ.과 ㄴ.의 두 사안을 종합하면, 시간이 지날수록 하버마스를 다루는 글이 연성화되면서 점점 선행연구를 제대로 보지 않고 단순 제시하는 인용이 늘어나고, 전통적 이론 분야의 글을 응용 중심 분과에서 보는 일은 더 희박해지고 있다고 할 수 있다.

이처럼 매해 꾸준히 생산되면서 마치 연속선이 존재하는 것처럼 보이는 하버마스 연구의 흐름은 구체적으로 뜯어볼 때 사실은 상호 분절되어 있다. 그러므로 이제 우리는 앞절에서의 질문에 대해 다음과 같이 답할 수 있다. 주요 분과에서의 하버마스 연구 성과가 후속 연구로, 후속세대 연구자로, 응용 분과로 확산되는 일은 일어나지 않았다. 따라서 연구전통의 유무를 보려는 목적을 가진 이상 이 현상의 의미를 긍정적으로 평가하기는 어렵다. 그러나 우리의 관심은 여기에 머무르기보다는 서로 연결되며 확산되지 않았는데도 불구하고 장에서 연구는 계속 이뤄지게 만든 동인이 무엇이었는지에 관한 보다 근본적인 지점으로 나아간다.

전통 없는 정전화를 추동한 요인: 해외 동향의 전이와 학진-연구재단 체제의 결합

2000년대부터 본격적으로 연구의 연성화와 연구자-분과의 다변화가 동시에 일어나고 글은 점점 많아져도 그것과 사람들 사이에 연결지점이 존재하지 않는다면, 근본적으로 그 많은 연구들이 서로 분절화된 상태로 계속 생산될 수 있게 만든 주요인은 무엇일까? 이 질문은 전통 없는 정전화 현상이라는 규정을 시도한 이상 피할 수 없는 것이기도 하다. 지금까지 이 현상을 '어떻게'의 차원에서 살펴보았다면, 여기에서는 마지막으로 '왜'라는 질문을 던지고 가설적으로 검토해 보기로 한다.

이 질문에 대한 답은 지식사회학적 관점에서 2000년대의 거시적인 인문사회과학장의 상태를 살펴봄으로써 간접적으로 구해질 수 있다. 개별 학자들의 연구 동기는 매우 주관적이고 특수한 것이지만, 이는 또한 그가 속한 장의 환경과 조건의 강한 영향을 받고, 그래서 집합적 성격을 띠게 된다. 아니 부르디외의 관점에서 사실 주관적-객관적 두 층위는 하나로 뒤엉켜 있다고 할 수 있는데, 왜냐하면 학자들의 성향이란 장의 구조적이고 객관적 상태를 주관적 선호의 상태로 체화하여 갖추는 것이고, 그들의 개별적 선택들이 묶여 다시 그객관적 구조를 단단하게 지탱하게 되기 때문이다(Bourdieu, 1990: 53). 따라서 한국 학술장에서 거시적 차원에서의 지식 생산 문법이 변화하는 과정을 보는 일은 개별 실천들의 수행 맥락을 이해하는 데 큰 도움이 될 것이다.

2000년대 하버마스 연구 동향의 경우 문제는 한마디로 학자들을 묶어주는 담론의 부재로 요약된다. 다시 말해 공시적-통시적 연결선이 없다는 것은 곧 하버마스에 관한 담론이 생성되고 엉겨 붙어 학자들 사이 특정한 상징투쟁의 이해관계가 형성되는 장 내 상징폭력이 없었다는 것으로 번역될 수 있다. 각 논문에서 하버마스를 다루거나 그의 개념적 자원들을 사용하는 경우, 혹은 단순히 가라사대 식의 언급이 이뤄지는 모든 경우에 '다른 사람이 아닌 하버마스'가 필요한 이유가 학술공간 내에 있지 않다는 것이다. 만일 집중된 연구가 지속되고 글과 글 사이가 연결되어 있고, 이것이 인적 계보를 따라 계속되고 있다면, 이 글들에서 하버마스가 다뤄지는 이유는 타인의 글에, 다른 사람의 논의에, 이전에 행해진 논의에서 찾아질 수 있을 것이다. 각각 이 주제에 대해 논할 가치가 있다고 생각했기 때문에 쓰인 글들이 그 필요와 정당성을 서로에게 의존하고 있을 것이기 때문이다.

그렇다면 이러한 담론의 상징폭력이 없었다는 점은 그럼에도 불구하고 하버마스가 계속 사용되게 만드는 어떤 별도의 장의 동학이 있다는 뜻이 된다. 학자들을 끌어당기는 매력적인 담론 없이 그로 하여금 주관적으로 다른 이가 아닌 하버마스를 사용해야겠다고 판단하게 했던 동력과 이것에 영향을 미친 2000년대 학술장의 핵심 문법, 지식생산의 '게임의 규칙'은 무엇이었는가?

여기에서 다시 부르디외를 따라 학술장 참여의 실천에서 인식론적인 것과 정치적인 것이 분리 불가능하게 결합되어 있음을 고려하는 것은 도움이 된다. 즉 한 연구자에게 어떠한 지식 생산을 위한 동기가 주어졌을 때, 그는 동시에 다름 아닌 논문의 형식으로 글을 써서 발표함으로써 학계 내에서 읽히고 또한 흔히 '실적'이라는 이름으로 표현되는, 모종의 제도화된 형태의 상징자본 축적을 염두에 두지 않을 수 없다. 반대로 누군가가 당장 다급한 이유로 논문이라는 형태의 지식을 생산해야만 할 때, 그에게는 반대로 이를 어떠한 좋은 지식의 탐구라는 형식으로 그 실적 생산을 수행하게 만들려는 동기가 또한 함께 작동한다(이시윤, 2022b: 63). 이 글에서 이 문제는 하버마스와 관련된 지식을 생산하는 것과 그것을 논문의 형태로 출판하는 일의 두 이해관계가 얽혀 있는 상황이 될 것이다.

우선 지식 생산의 차원에서, 장 내 상징폭력이 없는 상태에서 다른 사람이 아닌 하버마스가 필요한 까닭은 무엇이었는가?[11] 우리는 이미 그 대답의 일단을 살펴보았다. 앞서 몇 차례 언급했듯, 하버마스가 사용된 이유는 자주 지적으로나 인적으로나 해외 학술장의 동향 변화로부터 왔다. 1990년대 중심점을 이루었던 철학·이론 연구가 연성화되는 가운데 정치학·민주주의·법이론과 커뮤니케이션 분야에서의 논의, 그 밖에 교육학이나 공학·생명·환경·종교 논의들이 점점 많아졌다. 문제는 이 흐름이 해외 학술장의 관심 변화를 반영한다는 것이다.

예를 들어 국내에서 정치·민주주의·법 분야의 경우, 이전까지는 하버마스를 다루는 글에서 시민운동이나 공론장에 대한 집중 탐구가 많았다. 그런데 2000년 전후에는 영미권 자유주의 정치철학의 문제 설정을 논하면서 하버마스가 그 비교군으로 다뤄지기 시작한다. 이는 동 시기에 있었던 미국 학자들의 잇따른 방한과 미국 유학 출신 학자들의 귀환과 무관하지 않다. 이어 2010년을 전후한 시기로

---

11) 나는 이를 2000년대 학술장 전반의 평균적 상황을 스케치하는 방식으로 서술하려 하는데, 여기에서 잠시 전체 연구 동향 속에서 〈사회와 철학 연구회〉 중심의 사회철학자들의 실천 성향은 다른 집단들과 다소 달라 보인다는 점만 간단히 언급하고자 한다. 즉, 이들은 1980~1990년대 형성된 특유의 사회 변혁적, 진보적 이해관심을 여전히 강하게 유지하고 있고 그 기조하에서 과거 습득한 하버마스 비판이론을 필요에 따라 꺼내어 사용하는 방식이 주가 된다. 그러나 이들의 하버마스 활용은 점차 양과 질 면에서 줄어들게 되기 때문에 학술장 전체의 흐름 속에서 이들의 차별성이 가지는 의미 또한 점차 적어진다(이시윤, 2023. "사회와 철학 연구회의 연구 현황: 학술지 『사회와철학』, 2001-2022"; 미간행 원고).

넘어오면 법, 인권 담론과 관련해서, 2010년대부터는 국제법이나 유럽연합 구상 등을 다루는 논의의 맥락에서 하버마스가 사용된다. 이 또한 서구발 인권 담론이 국내에 본격 도입되고 유럽연합 기획과 관련한 국제정치학 담론의 영향이 활성화되는 흐름을 반영한다.

이러한 일은 2010년대를 기점으로 기존 국내 문헌의 인용이 급감하고 대신 영미권 2차 문헌들의 인용이 많아지는 현상과 함께 일어났다. 그리고 이는 커뮤니케이션학이나 교육학에서 하버마스가 자주 등장하는 일과 정확히 같은 논리로 이뤄졌다. 하버마스를 활용한 미국식 커뮤니케이션학과 교육학이 미국 문헌과 함께 들어왔다. 공학·생명·환경 분야나 종교 분야 연구의 경우도 동일한 맥락에서 설명될 수 있다. 2000년대 초반 하버마스가 생명윤리 논쟁에 개입하여 주목을 끈 일, 그리고 종교를 주제로 후기세속사회 담론에 천착하기 시작한 일이 짧은 시차를 두고 한국 학술장에 그대로 반영되기 시작했다.

이러한 현상을 한마디로 2000년대 하버마스가 다뤄지는 일은 1990대 후반~2000년대 들어 해외 학술 공간에서 활발해진 담론들을 그대로 '가지고 들어오는' 일과 함께 진행되었다고 요약할 수 있다. 즉, 지식 생산의 차원에서 학자들을 동기부여한 대부분의 기제들은 해외로부터 왔다. 국내에 자생적인 담론이 존재하지 않은 상태에서 많은 학자들이 관심을 가지고 지켜보고, 상징폭력을 기꺼이 당하는 곳이 점점 더 해외 학술장이 되어가는 지적 종속화가 2000년대 동안 심화되어 왔음을 고려할 때 이 현상은 놀랄 일이 아니다. 그리고 이는 이 글에서의 분석 대상 논문들이 문제 설정을 정당화하거나 하버마스에 주목하는 이유를 대부분 해외 문헌들에 두고 있다는 것, 반대로 말하면 이전에 국내에서 이뤄진 하버마스 연구가 여기에서는 중요한 참고점이 되지 않고 있다는 사실로 드러난다.

또한 이는 인적인 차원의 계보 문제와도 연결된다. 한국 학술장에서 연구자가 문제의식을 해외로부터 가지고 오는 일은 자주 유학 전공자의 귀국 상황과 병행하여 이뤄진다. 국내에 담론이 없기 때문에 신진 학자는 연구 맥락을 해외에서 형성하여 가져오기 쉽고 이 일은 다시 국내에 담론이 형성되기 어렵게 만든다. 이 악순환은 지적으로나 인적으로 서구종속성이 동시에 심화되게 만든 핵심 기제다.[12] 이 글의 대상과 관련해서도 90년대 철학 전공자 중심으로부터 2000년대 전후 정치학, 법학, 커뮤니케이션학으로, 이후 생명윤리학, 생태학, 종교학으로 하버마스 담론 생산 공간과 생산자가 옮아가는 경향은 자주 그 담론이 유행하던 시기 해외 학술장에서 형성한 문제의식을 '아직 소개되지 않은' 한국에 가지고 들어오는 인적 귀환과 함께 진행되었다. 혹은 국내 신진학자이거나 기성 학자이더라도 해외 흐름에 주파수를 맞추어 담론을 가지고 들어오는 일이 일어날 때에도 본질적으로는 같은 동학이 작동한다.

그리고 이 모든 일의 반대편에서 학진, 연구재단 체제와 등재지 제도의 확산이라는 외생변수의 의미와 역할도 분명해진다. 이 시스템이 학술장에 미친 영향에 대해서는 그간 많은 비판의 목소리가 있

---

12) 예를 들어 김영기(2006)는 사회학의 경우 2000년대 초반 사회학 연구가 급격히 미국화되고 있으며 이 기간 해외문헌 의존도가 급격히 높아지고 있고, 최종 학위 취득국가와 해외 문헌 의존성 사이에 밀접한 상관관계가 있음을 보고한 바 있다. 같은 시기 지적 '식민화' 담론의 수사가 가진 맹점을 지적하고 대안적 관점에서 '주변화'로 개념화한 흥미로운 접근으로 김현경(2006)을 참고할 것.

었다.13) 그런데 기존 접근의 문제점은 학술 실천의 질적인 내용에 관여하는 상징 세계의 문제가 제대로 고려되지 않고, 이것이 외적-제도적 요인에 의해 일방적으로 지배받는 종속변수로만 취급된다는 점이다. 그러나 상징자본과 제도자본의 양 측면을 그것들의 취득과 배분과 관련된 연결 방식을 고려하며 정당하게 조명해야만 학술장의 논리를 온전하게 포착해낼 수 있다.

우리의 관심인 2000년대 하버마스 연구 흐름 속에서도 전통 없는 정전화를 추동한 연성화, 연구자와 분과의 분화, 종과 횡에서의 연결의 부재에도 불구하고 한 학자가 하버마스를 다룬 연구물을 생산하도록 만든 동력은 자주 그가 애초에 논문을 생산해야만 하는 상황에 놓여지는 것으로부터 왔다. 이전에 하버마스를 연구했던 이들이 더 이상 다루지 않는 가운데 그 연구 흐름을 이어받지 않으면서 이어받은 이들은 주로 후속 세대 학자들로, 이들은 2000년대에 한국 학술공간에 진입하면서 생존해야만 하는 기초 조건으로 논문의 생산을 요청받기 시작한 세대다.

이 세대 학자들은 이전 세대와 완전히 구별되는 학술적 습속을 체득하고, 그렇게 함으로써만 학술장에 진입할 수 있게 되었다(김원, 2008: 50). 즉, 1980~1990년대까지 사회 사상을 다루는 학자들은 자주 변혁적 이해관심을 기본으로 하고 이를 학위 취득과 학계 진입 등 제도적 목표를 성취하는 일과 병행시키려 하면서 학문을 시작했다. 그러나 1990년대 후반 이후 세대는 애초에 변혁적 관심이 매우 적다는

---

13) '학진체제'와 대학 경쟁 제도화의 문제에 대한 비판으로는 홍덕률(2004), 김원(2008), 김항·이혜령(2011), 윤상철(2010), 나종석(2010), 천정환(2010), 한준·김수한(2017) 등을 들 수 있다. 공통된 지적은 이 제도 속에서 깊은 사유가 긴 호흡의 글로 옮겨지기 어렵고 학자로 하여금 논문이라는 형식의 규격화된 연구물 생산하도록 강제한다는 것이다.

차이가 있을 뿐 아니라, 학계에 자리를 잡기 위해 필요한 논문 생산의 강력한 압박을 기본으로 하고 그 위에서 학자적 관심을 쌓아 올려 나가면서 학자 경력을 시작한 새로운 경험의 세대다.

바로 여기에는 2000년대 학술장에서의 독특한 방식의 인식론적 관심과 정치적 관심의 분리 불가능성이 작동하고 있다. 양자의 결합은 어디에서나 당연한 일이지만 한국의 문제는 장 내에는 담론이 없고, 장 외부에서 제기되는 정량화된 실적 압박은 훨씬 더 강한, 비틀어진 결합을 핵심으로 한다는 것이다. 그리고 이 맥락 속에서 2000년대 하버마스를 얕게 다루는 논문이 다수 생산되는 현상이 일어났다고 볼 수 있다. 즉 다양한 분과의 학자들은 해외에서 가지고 들어왔거나, 혹은 국내에서 해외 동향을 보며 형성시킨 학술적 관심을 하버마스를 보조적 키워드로 하여 자신의 존재 조건을 이루는 논문 생산을 통해 해소하려 하거나, 역으로 당장 연구 논문이 생산되어야 하는 긴박한 상황에서 자신이 체득한 비판이론적인 문제의식과 방법론을 효과적으로 논문을 쓰는 수단으로 삼아 작업을 시작했을 것이다.

어느 쪽이건, 혹은 어떤 관심이 더 우위를 차지하건, 분명한 것은 2000년대 비판적 사회이론 연구자들은 지적으로 해외 연구 동향에 주파수를 맞춘 연구 관심을 탐색하고 제도적으로 정량화된 논문 실적을 만들어 내야 하는 두 목표를 연성화된 방식의 이론 적용 글을 쓰는 방식으로 결합시키기 쉽다는 사실이다. 해외 논의에 관심을 두고 가급적 빠른 시간 내에 논문을 작성해야 하는 지상과제하에서 기존의 국내 문헌을 찾아보거나 이전 국내 글에서 논제를 발굴하여 성실하게 뒤를 좇아 이어 나가려는 시도는 애초에 이뤄지기 어렵다.[14]

핵심은 학진·연구재단 체제 글쓰기의 문제점에 대한 기존의 비판들에 더하여, 학자들이 '자발적으로' 이 체제에 동참하는 상황의 문제, 그리고 그 결과 개별 논문이 많이 나오면 나올수록 담론 형성은 더욱 어려워지고 있는 상황을 제대로 살펴볼 필요가 있다는 것이다. 학자들은 강제적이고 또한 자발적으로 파편화된 연구물을 기꺼이 생산하고 그렇게 분절화된 상태로 출판된 글은 다시 후속 연구/자의 관심을 불러일으키지 못하는 악순환을 낳는다. 이러한 악순환을 핵심으로 볼 때 2000년대 하버마스 연구의 연성화, 분산화, 비연결성, 그리고 그것들의 결과인 전통 없는 정전화가 심화되어 온 과정이 설명될 수 있다. 한마디로, 하버마스 연구 동향은 동 시기 한국 학술장의 지식 생산 문법의 변화 양상을 대표하여 보여주는 지표다.

전통 없는 정전화의 과제

지금까지 이 글은 2000년대 이후 한국 학술장에서 하버마스가 소비되는 방식을 살펴보고 그 원인에 대해 가설적으로 검토해 보았다. 이제 이로써 우리는 비로소 전통 없는 정전화란 표현의 의미에 대해 제대로 정의할 수 있게 되었다. 전통 없는 정전화란 하버마스의

---

14) '물론 이러한 지나친 일반화는 부당한 측면이 있다. 그럼에도 내가 말하려는 것은 집합적인 차원에서 볼 때, 2010년대 이후 한국 학술장이 '구조적으로' 개별 학자들에게 타인의 글을 참조하며 밀도 있고 깊은 글쓰기를 하기 어렵게 만들고 있고, 얕고 넓은 글쓰기의 유인경로로부터 자유로운 연구자는 많지 않다는 사실이다. 물론 지난 20여 년간 묵묵히, 깊이 있게 하버마스를 탐색해 온 학자들도 분명 존재한다. 그럼에도 그러한 노력은 자주 개인적인 것에 그치고 만다. 또한 이론, 사상 분야가 아닌 응용 분과에서는 유인경로가 더 강화되어 파편화된 글쓰기가 조장되는 경향이 있다. 결국 거시적인 수준에서 '담론'이 형성될 수 있는가, 그것이 문제라는 것이다.

이론을 다수의 학술장 성원들이 오랜 기간 공들여 매달려 논의해 온 결과 그 중요성에 대한 누적된 합의가 존재하고 이로부터 다양한 응용 파생 연구가 분화하는 것이 아니라, 기본적으로 강한 실적 생산 압박이라는 존재 조건 속에서 주로 해외에 논의의 준거를 둔 채로 빠른 호흡으로 쓰인 논문들이 서로 이어지지 않은 채로 범람하면서 어느샌가 그가 학술장에서 독특한 의미의 고전으로 자리 잡아버리게 된 상황을 뜻한다. 제대로 검토되지 않으면서도 피상적으로 늘 사용되고 있는 학자, 그가 한국에서의 하버마스다.

이는 내가 『하버마스 스캔들』에서 했던 질문, 즉 하버마스가 한국에서 제대로 그 쓸모를 검증받은 적이 있었는지에 대한 문제 제기가 2000년대 이후에 더 강하게 제기될 필요가 있음을 뜻한다. 수십 년간 숱하게 읽히고 쓰였지만, 우리 학술장은 하버마스를 제대로 전유하고 있는가? 그의 이론을 제대로 한국의 경험 현실에 적용시켜 그 함의를 발굴하려는 노력이 집합적인 수준에서 이뤄져 본 적이 있는지, 이러한 일들을 지속적으로 수행하면서 궁극적으로는 수용한 이론을 우리 현실에 맞추어 개량하고 갱신하려는 시도가 장에서 이뤄져 본 적이 있었는지 제대로 살펴본 뒤에 '철 지난 이론가'라는 판단이 내려져도 늦지 않다. 아니 오히려 불완전하고 잘못된 독해가 횡행하면서도 교정되지 못하고 있고 그 까닭에 어쩌면 하버마스 이론이 가지고 있을, 아직 개발되지 않은 한국사회를 설명해 줄 중요한 통찰력이 잠자고 있는 것은 아닌지 묻게 된다.

이러한 질문은 구성주의적 지식사회학의 관점에서 계속될 필요가 있다. 즉 '개발되지 않은 통찰력'이란 이미 갖춰진 이론의 우수성이 발굴되지 못했다는 것이 아니라, 하버마스 이론들을 소재로 재조합함으로써 가능해질 수 있는, 할 수 있는 많은 이야기들이 아직 이뤄지지 못했을 수 있다는 것을 뜻한다. 모든 지식의 가치는 해석과 변용이라는 실천의 과정에서, 오직 그것에 의해서만 생겨날 수 있기 때문이다.

한국사회에서 공론장의 가능성은 존재하는가? 중대재해 기업 처벌법과 같은 법규정의 담론화, 제정, 시행 과정에서 아래로부터의 담론이 충분히 올라와 논의되었는가? 한국 시민사회의 활성화와 위기의 도래 과정에서 체계에 의한 생활세계 식민화 논제가 가지는 함의는 무엇인가? 한국에서 법의 제정과 시행 과정은 사실성과 타당성의 중첩된 범주를 형성하며 이뤄지고 있는가? 블럭주의 시대의 도래 속에서 동아시아와 한국은 보편주의적 국제법 질서에 기여할 수 있는가? 하버마스의 '잠재적(가상적) 참여자'(Habermas, 2006: 196), '자리 지키는 해석자'(Haberams, 1997b: 17) 모델은 한국사회 지식인의 위기 상황에 어떠한 함의를 줄 수 있는가? 수행적(발화이행적) 모순 비판 전략은(Habermas, 1997b: 149; 167, 1997a: 257) 탈출구가 될 수 있는가? 그의 모델이 한국 시민들의 공론장 참여를 동기부여(Habermas, 1997a: 166, 223)할 수 있는가? 환경·생태 위기 속에서 소통적 윤리학 모델이(Habermas, 2003) 한국에서 활성화된다면 어떠한 이점이 있을 수 있는가? 종교적 시민과 세속적 시민 사이의 상호 보완적 학습과정이란(Habermas, 2009) 한국에서 가능한가?

제대로 제기된 바 없는 많은 질문들이 우리를 기다리고 있다. 이 질문들이 활발해지는 만큼, 그 질문들이 서로 꼬리에 꼬리를 물고 서로를 검사하며 좋은 담론을 형성하고 그리하여 상징폭력을 행사할 수 있는 만큼, 전통 없는 정전화의 지난 역사는 진정한 정전화라는 다음 페이지에 자리를 넘겨주게 될 것이다.

참고문헌

권경휘·김정수,「최종적인 근거 지움의 문제에 관하여 : 선험화용론 의 관점에서」,『법학연구』17(4)호. 317–342쪽, 2007.

김대영,「시민사회와 공론정치: 아렌트와 하버마스를 중심으로」, 『시민사회와NGO』2(1)호, 105–143쪽, 2004.

김석수,「칸트와 하버마스에 있어서 도덕과 법」,『철학연구』89호, 57– 89쪽, 2004.

김영기,「저자 인용 분석을 통한 한국사회학의 국내문헌 의존도와 국 외문헌 의존도 분석」,『한국도서관·정보학회지』37(4)호, 91–110 쪽, 2006.

김원,「1987년 이후 진보적 지식생산의 변화: 진보적 지식공동체를 중심으로」,『경제와 사회』77호, 33–57쪽, 2008.

김항·이혜령,『인터뷰: 한국 인문학 지각변동』, 그린비, 2011.

김현경,「한국의 지적 장은 식민화되었는가?」,『비교문화연구』12(1) 호, 111–140쪽, 2006.

김호경,「영화『케스』가 보여주는 희망 없는 녀석의 열정과 절망」, 『동화와번역』25호, 81–105쪽.

나종석,「학회를 통해 본 공공성과 학문성의 결합 가능성: 한국사회 와철학연구회를 중심으로」,『동방학지』149호, 201–243쪽, 2010.

박구용,「자기보존과 자연보존」,『철학연구』61호, 239–259쪽, 2003a.

박구용,「다원주의와 담론윤리학」,『철학』76호, 2003b, 209–231쪽.

박인철,「생활세계와 의사소통-후설과 하버마스의 비교를 중심으로」, 『철학과 현상학연구』, 1–33쪽, 2006.

서도식,「사회이론에서 행위와 체계의 결합-하버마스의 파슨즈 비판 을 중심으로」,『철학논총』28호, 2002, 331–356쪽.

양화식,「법과 도덕에 관한 하버마스의 담론이론」,『법철학연구』 10(1)호, 2007, 77–106쪽.

오현철,「한국 시민사회론 비판과 대안: 하버마스 이론을 중심으로」,

『경제와사회』62호, 2004, 243-267쪽.

윤상철, 「한국의 비판사회학 1998-2008」, 『경제와사회』85호, 2010, 121-151쪽.

이시윤, 「1990년대 학술장의 구조변동 속에서 한 하버마스주의 철학자의 궤적」, 『사회와철학』43호, 2022a, 41-80쪽.

이시윤, 『하버마스 스캔들』, 파이돈, 2022b.

이시윤·이용승, 「서구 사회 이론 수용 연구의 토대: 라몽, 번역사회학, 그리고 '더 부르디외적인' 접근」, 『한국사회학』57(2)호, 2023, 85-122쪽.

이주화·나채만, 「권력이론의 관점에서 본 태권도 권력 양상의 문제점과 개선방안」, 『움직임의 철학』22(3)호, 2014, 21-37쪽.

천정환, 「신자유주의 대학체제의 평가제도와 글쓰기」, 『역사비평』, 2010, 185-209쪽.

최치원, 「하버마스의 테오리아(이론)와 프락시스(실천) 개념의 정치사상적 해석: 정치학의 의미 회복을 위해」, 『한국정치학회보』47(5)호, 2013, 4-25쪽.

한준·김수한, 「평가 지표는 대학의 연구와 교육을 어떻게 바꾸는가: 사회학을 중심으로」, 『한국사회학』51(1)호, 2017, 1-37쪽.

홍덕률, 「대학평가, 학문평가를 평가한다」, 『창작과비평』32(4)호, 2004, 64-80쪽.

Bourdieu, Pierre, "The Specificity of the Scientific Field and the Social Conditions of the Progress of Reason." *Social Science Information*, 14(6): 1975, 19-47쪽.

Bourdieu, Pierre, *The Logic of Practice*. translated by Richard Nice. Stanford:Stanford University Press, 1990.

Bourdieu, Pierre, *Science of Science and Reflexivity*, translated by Richard Nice, 2004(2001).

Habermas, Jürgen., 이진우 옮김, 『담론윤리의 해명』, 문예출판, 1997a.

Habermas, Jürgen., 황태연 옮김, 『도덕의식과 소통적 행위』, 나남,

1997b.

Habermas, Jürgen., 장은주 옮김, 『인간이라는 자연의 미래』, 나남, 2003.

Habermas, Jürgen., 장춘익 옮김, 『의사소통행위이론 1: 행위합리성과 사회합리화』, 나남, 2006.

Habermas, Jürgen. & Ratzinger, Joseph., 윤종석 옮김, 『대화: 하버마스 대 라칭거 추기경』, 새물결. 2009.

학술연구정보서비스 riss.kr

한국 학술지 인용색인(KCI)

03

20세기 세계사에서
하버마스의 시간과 대한민국의 시간

03

20세기 세계사에서 하버마스의 시간과 대한민국의 시간

대한민국에서의 하버마스 수용사 성찰 또는 같은 벽에 걸린 두 나라의 역사시계가 분침(分針)까지 일치하는 경우는 없었다는 성찰 체험

홍윤기

첫 조우, 그리고 철학적 학습과정의 본격적 출발의 끝 : 1980년 '서울의 봄'과 '5·18 시민항쟁' 직후 아직 피비린내 가시지 않았던 서울 시내 화곡시장 안 자취방 그리고 하버마스

1980년 7월 12일 강릉의 부모님 집에서 도망치듯이 상경한 나는 아직 열리지 않고 있던 기숙사에 들어갈 수 없는 상태에서 강서구 화곡동의 화곡시장 안 조그만 살림집 길가에 있던 그보다 더 조그마한 방 한칸을 구해 간신히 책을 놓고 필기를 하다가 끼니때가 되면 냄비밥과 국 한 그릇 올려놓을 수 있던 밥상 하나를 펼쳐 놓고 그 아래로 두 다리를 뻗을 수 있었다. 시장 안에 난 길 옆이라 밤낮으로 시끄럽다가 자정 무렵에야 조용해지는 그 방에 단 하나 있는 창문으로는 낮 동안 다행히 바깥 빛이 잘 들어왔고 밤이 되면 조그만 형광등 불빛을 켜면 되어 밤낮으로 책 읽고 글 쓰면서 밥 해 먹고 자는 데는 전혀

지장이 없었다.

　이제 한 달 반 정도의 기일만 지나면 개강할 것이고, 비록 광주 봉기를 유혈로 제압한 전두환 신군부가 박정희 독재 기간 동안 긴급 조치로 2년 반의 세월을 뺏어갔지만 지난 학기 복학하여 얻은 기회를 다시 빼앗아 가지는 않을 것으로 생각했다. 좀 좁고 어둡지만 이 작은 자취방에서 몇 주만 지나면 나의 3학년 2학기가 시작될 것이고 나는 3년 전 26동 강당에서 집단연행에 휩쓸려 잡혀가기 직전까지 계획했던 대학원 진학을 준비할 수 있을 터였다. 나는 이 좁은 자취방에서 누구의 방해도 받지 않고 밤낮으로 콰인(W. v. O. Quine)의 『논리철학(*Philosophy of Logic*)』(1970)을 읽기 시작할 수 있었다. 수감되어 있을 때 차분히 읽고 싶기도 했지만 혹시나 이 자취방까지 형사가 찾아오더라도 이 책을 읽는다고 잡아갈 일은 없을 것이었다.

　이 자취방 밖에서 신군부가 행정부를 강압으로 통제했고, 이른바 '국가보위비상대책위원회(국보위)'라는[1] 임의 권력기구를 만들어 제멋대로 법적 강제력을 가진 각종 '조치'를 양산하였으며, 사법부는 사실상 업무 정지된 상태가 되어 있었다. 경찰을 비롯하여 보안사나 정보부 등 물리력을 가진 모든 국가기구는 사실상 신군부 폭력의 하수인으로 날뛰고 있었으나, 나는 그들이 무슨 짓을 하든 이 좁은 자취방에서 『논리철학』만 읽으면 괜찮을 터였다. 나에게 닥친 고난은 당시 이미 격살당한 전임 독재자 박정희 시대 때 긴급조치 9호로 2년

---

1)　나중 1980년 10월 27일 여전히 계엄령하에서 통과된 소위 '5공 헌법'('대한민국헌법; 제9호) 부칙에 따라 '국가보위비상대책위원회'는 입법권을 가진 임시 입법 기구인 '국가보위입법회의'로 개편되고. '국가보위입법회의'는 국민이 직접 선출한 국회의원으로 구성된 '국회'만이 행사할 수 있는 입법권을 무단 대행하여 「언론기본법」, 「노동관계법」, 「정치풍토쇄신을위한특별조치법」 등 189개의 임의 조치들을 '법'이라고 하여 통과시켰다.

1개월 16일 감옥에 갇혀 있으면 충분했고, 수많은 시민들이 광주를 비롯한 전국의 길거리와 생활터에서 죽여지고 끌려가고, 대학의 동료와 선후배들이 추적당하고 잡히면 고문당하고 있었어도, 5월 18일 새벽 기숙사에서 끌려 나왔다가 당일 어쩌다 풀려나 강릉 집에 가 있다가 다시 연행되어 6월 한 달을 꼬박 관악경찰서 체육관에서 100여 명의 학우들과 감금되었다가 풀려나 집으로 왔는데, 이제 바깥세상이 아무리 피로 물들더라도 이제 고난은 너무 지겹고 무엇보다 공포스러웠고, 신군부에서 무슨 짓을 하든 나만 건드리지 말았으면 하는 심정이었다.

그런데 1980년 8월 5일 강릉 집에서 급한 우편물이 도착했고, 그 것을 열어본 순간 대학교에서 온 전보가 나왔다. 바로 "1980년 7월 28일자"로 서울대학교에서 "학칙 제84조에 의거"하여 '제명'한다는 통지였다. 내가 그저 시장바닥 자취방에 스스로 박혀 있어도 시위전력자들을 대학에서 추방하는 5공 정권의 이른바 학원정화조치는 나를 비껴가지 않았다.

경우에 따라 학적을 회복할 수도 있는 '제적'도 아니고 학교 명부에서 아예 이름을 파내겠다는 것이니. 이제 학생 신분으로 학교로 되돌아가 졸업할 가능성은 또 한번 막히게 되었다. 형사 한 번 안 찾아와 일단은 안심하고 있던 서울 시내 시장바닥의 이 좁은 자취방도, 철창으로 가로막히고 하루 종일 닫혀 있었던 영등포 구치소, 서울구치소, 공주 교도소, 영등포 교도소의 그 사방(舍房)들과 똑같은 감방(監房)이었다. 교도관이 없어도 내가 어디 나갈 길은 고스란히 막혔고 대학원은 이제 나갈 곳 없는 이 자취방 저 너머로 까마득히 떨어져 나갔다.[2] 당시 시내버스 112번 정류장이 집 앞에 있었지만 그 버스 한 번만 타면 갈 수 있는 관악캠퍼스는 학생으로서는 들어갈 수 없는 곳이 되어버렸다. 거기 관악기숙사의 내 방으로 가는 중간 거처로 삼았던 화곡시장 안의 이 자취방은 이제 아주 처박혀 있어야 할 그 어떤 감옥처럼 되어버렸다.

뭘 하지? 아니, 어디 갈 곳이 있을까?

몸은 목발을 양 겨드랑이에 끼어야 움직일 수 있는 지체장애인이고, 이 몸으로 취직할 수 있는 통상적 직장은 전혀 없었다. 당시는 입시학원도 그다지 성한 때가 아니었고(대학 정원을 2배 이상 증가시켜 주었던 이른바 졸업정원제는 5공 정권이 완전히 들어선 1981년 가서야 실시되었다.) 제명당한 상태로는 가정교사 아르바이트도 찾을 수 없었다. 1980년 9월이 되어도 서울 바닥에서 먹고살 자리는 찾을 수 없었고, 고향의 부모님이 당시까지 붙여준 방세와 약간의 용돈이 생계의 전부였다.

---

2) 1980년대 초부터 시작되었던 한국에서의 하버마스 수용과정에 대해 대단히 자극적인 분석과 설명을 제시한 이시윤, 「90년대 하버마스 네트워크의 형성과 해체: 딜레탕티즘과 학술적 도구주의는 어떻게 하버마스 수용을 실패하게 만들었는가」(서강대학교 대학원 사회학과 박사학위 논문, 2021.8.)는 학위논문으로 여러 가지 문제점을 안고 있지만, 가장 체감되는 결점은 이 논문에서 다루는 하버마스 연구자들이 거의 생존하고 있는 상태에서 당사자들에 관한 부정확한 정보가 허다하게 발견된다는 것이다. 일례로 이시윤 씨는 필자에 대해 "『정당성 문제』의 역자 임재진은 『이론과 실천』의 역자 홍윤기·이정원과 마찬가지로 당시 서울대 철학과 대학원생이었고,"(위의 학위논문, 88쪽)라고 했는데, 『이론과 실천』을 번역, 출간할 당시(1982년 2월) 필자는 아직 학부도 졸업하지 못한 처지였고, 번역서들에 올린 이력 어디에서도 '대학원' 재학 또는 수료 또는 졸업했다고 적지 않았고 단지 '철학과를 수료했다"고만 적었다. 이에 반해 공역자는 명확하게 "대학원을 마쳤다"고 적었다. 바로 이런 상태가 하버마스 번역을 하게 된 상황구도와 밀접한 연관이 있었다. 그리고 필자가 박사학위를 받은 년도를 "1994년"이라고 적고 있는데(위의 논문, 112쪽, 표3), 필자가 베를린 자유대학에서 박사학위를 취득한 년도는 1995년 5월이다. '학술연구정보서비스(RISS)'를 검색하면 곧바로 확인되고 또 학위논문 심사과정에서 지적, 교정되었어야 할 오류가 걸러지지 않고 그대로 통과되어 나온 것은 해당 당사자로서 참으로 유감이다.

1980년 8월의 대한민국 국가와 사회 그리고 경제에서 내가 온당하게 기댈 수 있는 그 어떤 제도적, 비제도적 지원도 찾을 수 없었다. 내가 스스로를 고립시켰기 때문에 학교의 친구들 사이에서 이런저런 소문이 끊긴 바람에 당시 경찰이나 정보부의 감시 활동은 나의 행적을 포착할 필요가 없었다. 이들을 직접 마주칠 기회가 없었던 주변정황만이 내가 누릴 수 있었던 유일한 생활공간이었다. 일자리를 구할 수 없다고 해서 어쩔 수 없이 운동권 동료들과 접촉을 시도한다든가 아니면 서로 도와 이 사태에 같이 대응할 동료들을 규합한다는 것은 우선 나의 소략한 활동능력과 인맥으로는 도저히 상상할 수조차 없었고, 설사 그런 단초가 있더라도 감시와 폭압의 강도가 극대화되어 있던 5공 세력을 앞에 두고 막 치러진 유혈의 희생에서 기력을 찾지 못했던 당시 대한민국 사회의 정치적, 사회적 정세에서 시민적 규합은 불가능했다.

그런데 바로 그 절대절명의 순간에 내가 철학과 다니기 참 잘했다는 것을 절감시켜 준 일이 벌어졌다. 1980년 1학기 '서울의 봄' 시절 우연히 철학과 사무실에 들렀을 때 『대학신문(大學新聞)』에 기고했던 필자의 글을 보셨다는 윤구병 선배를 뵙게 되었다. 모든 원고를 순 한글로 고쳐내어 대한민국 출판사에서 전설적인 매체였던 '뿌리 깊은나무' 초대 편집장이셨던 구병 선배였는데, 우연한 만남들이 있던 뒤 5·18 계엄령 때 시위전력자로 연행되었다가 학교 기숙사가 폐쇄되면서 당장 갈 곳이 없어 댁에 가서 하룻밤 신세지는 폐를 끼치게 되었다. 나는 그날 저녁 어둠이 어스름하게 깔릴 때 광주 친척과 통화가 닿았다는 동네 아줌마가 구병 형님 형수님을 찾아와 전하는 소리를 귓등으로 듣고 5·18광주에 대한 소식을 처음으로 접했다. 그러면서 나는 구병 선배에게 그 뒤 별일 없어도 찾아가고 밥과 술을 얻어먹는 민폐 후배가 되었다. 그러던 한심한 후배가 5·18 이후 2차로 제명당하고 나서 앞서 적은 대로 막막한 처지에 떨어지자 손수 후배를 찾아 바로 하버마스의 『이론과 실천』을 번역해 보지 않겠냐는 생각지도 않은 제안을 주셨다! 당시 처지로 앞뒤 가릴 형편이 되지 않았던 나로서는 내 능력을 돌아볼 겨를도 없이 덥석 그 제안을 물었고, 윤 선배를 따라 당시 종로2가에 있던 그 유명한 '종로서적' 출판부를 찾아가 기획을 담당하던 조성헌 선생을 만나 얼굴을 마주하고 인사하는 것으로 계약을 갈음했다. 당시에는 계약서 쓸 생각 같은 것은 전혀 하지 않던 때였다.

이것이 인연이 되어 나는 당시 대학가의 대세로 떠오른 신생 사회과학 출판사들을 운영하기 시작했던 선배들과 동료들 그리고 그분들의 소개와 주선으로 1980~1981년에 걸쳐 각기 다른 4개의 출판사에서 4권의 책을 한꺼번에 번역하게 되는 행운을 누리게 되었고, 그 책들은 모두 1982년 한 해에 걸쳐 차례로 출간되었다. 그 출간 상황은 다음과 같았다.

- 루이 뒤프레, 홍윤기 옮김, 『마르크스主義의 哲學的 基礎』, 한밭 출판사, 1982. 6.
- 務臺理作, 홍윤기 옮김, 『철학개론 : 세계·주체·인식·실천. 한울 총서2』, 한울, 1982. 7.
- 마르쿠제/포퍼, 홍윤기 옮김, 『혁명이냐 개혁이냐. 마르쿠제·

포퍼 논쟁』, 사계절출판사, 1982. 10.
- 위르겐 하버마스, 홍윤기·이정원 옮김,『이론과 실천』, 종로서적, 1982. 11.

이 네 권의 책들은 철학과 학부도 졸업하지 못하고 취업도 불가능했던 당시 학력단절자에게 당장 굶주리는 것을 면하게 해준 생계책이었으면서 할 가망성이 전혀 없었던 졸업을 '역자/옮긴이 보론(補論)'이라는 이상한 장르를 억지로 만들어 오마주한 졸업논문 대체물이기도 했다. 전두환 군부독재가 못하게 만들었던 대학학부 졸업을 이런 식으로 알량하게 정신적으로 시전하던 나의 번역 작업의 시작은 실제 3년 뒤 이들이 찌질하게 베푼 이른바 화해 조치로 제명학생들의 복학을 통해 비로소 가능하게 된 학사 졸업의 밑천이 되었고, 특히 뒤프레와 하버마스의 번역서들은 6년 뒤 1988년 '독일학술교류처(DAAD)' 장학생 시험을 치를 때 면접에서 뜻하지 않게 가산점을 받는 근거가 되어 그 뒤 1995년까지 7년간 지속된 독일 유학생활의 길을 열고 독일연방정부의 재정적 지원을 받는데 큰 도움이 되었다. 따라서 이런 하버마스와의 만남이 내게 유의미했던 것은 그것이 나의 철학적 학습과정의 시작의 끝이었다는 것이고, 그리고 개인적으로, 그로부터 40년이나 지난 2023년 현재까지 지속되는 하버마스와의 시간적 숨바꼭질의 출발이었다는 것이다.

'하버마스 수용'의 한국적 계기:
그 과정, 철학적 내용 및 정치·사회사적 조건

대한민국에서의 하버마스 수용사를 얘기하기로 하면서 개인의 번역 경험을 장황하게 늘어놓고 말았지만, 나는 이 글에서 하버마스의 철학적·실천적 사상을 한국에서의 '하버마스 수용(Habermas-reception)'이라는 관점에서 조망하고자 하며, 내가 수행했던 하버마스 저작의 번역이나 그의 이론에 대한 학문적 연구작업 역시 이 관점에서 보여주고자 한다. 이에 따라 필자는 지금도 한국 안의 다양한 연구실이나 서재에서 지속적으로 이어지고 있는 하버마스 학습과 연구에 대해 한국사에서 외국의 특정 종교나 사상 및 학문의 수용에서 그 내용이나 역사적 조건의 차이에도 불구하고 일정하게 반복되는 양상에 따라 '한국에서의 하버마스 수용'을 분석하고 한국에서의 수용과 독일 내지 서유럽에서의 생성이 어떤 점에서 서로 어긋나면서도 생산적 교류를 계속하고 있는지 추적한다. 즉 하버마스 수용은 하버마스의 학문적 명성의 인지, 그 이론적 성과물의 개괄적 소개, 그 수용과 연관된 한국에서의 학문적·생활현실적 연관, 하버마스 저작 원전의 번역·출간 상황 그리고 독일에서의 하버마스의 학문적·정치적 활동의 시대 상황을 순차적으로 추적해 보겠다. 이런 점에서 '하버마스 수용'의 단서가 되는 하버마스에 대한 주목은, 20세기 중반기 1970년대까지 외국 특히 구미(歐美) 선진국 학문들에 대해 흔히 그랬듯이, 원전과의 직접 대결보다는 그쪽 학계에서의 명성에 따라 그 사상 내용을 개론적으로 소개하는 것으로 시작되었다.

1) '하버마스 수용'의 단초: 하버마스 원전 한글 번역 이전 구미(歐美) 학계에서의 그의 명성에 대한 인지

고대 삼국시대 왕조국가 성립기에 이루어진 불교 수용 이래 한국 역사에서 이루어진 여러 외래 종교나 사상의 '수용'에서 그 단초는 항상 그런 종교나 사상이 생성된 지역에서 그것이 획득한 성과에 대한 현지에서의 확고한 인정, 즉 명성(名聲, reputation)과 영향력에 대한 인지에서 마련된다. 하버마스의 원전이 처음 번역되어 출간되기 전 1970년대 동안 한국에서 이루어진 '하버마스 인지'는 독일과 미국 대학에서 공부하고 귀국한 유학생 출신 교수분들이 선도했는데, 이들은 우선 대중 잡지 그리고 다음은 학술지를 통해 1970년대까지 발간되었던 하버마스의 저작과 논문들의 이름과 그 내용을 요약적으로 전달하였다.

필자 역시 하버마스 얘기를 처음 접한 것은 긴급조치 9호 위반이라는 이유로 1978년 공주 교도소에 수감되어 있을 때 당시 독일 프라이부르크대학교에서 박사학위를 받아 한양대학교 철학과에 막 부임했던 차인석 선생이 미국과 한국의 명망 있는 정치사상가, 정치철학자, 정치학자들과 직접 만나 진행한 인터뷰 모음집으로 당시 같이 수감되었던 동료가 갖고 있던 것을 빌려 본 『現代思想을 찾아서』라는 책이었다. 이 책에서 차인석 선생은 미국의 보수주의 정치학자 다니엘 벨과 나눈 대담을 싣고 있는데, 여기에서 벨은 당시 소장학자군에 속했던 위르겐 하버마스가 그때까지 저술했던 책들만으로도 20세기 정치철학을 대표하고 주도할 탁월한 학자라고 극찬하고 있었다.[3]

---

3) 車仁錫, 「現代社會와 保守的 知性 / 다니엘 벨」, in: 같은 필자, 『現代思想을 찾아서』, 文學과知性社, 1977, 25-52쪽.

하버마스가 아직 한국의 학계와 대학가 그리고 독서대중에게 잘 알려져 있지 않았던 당시[4] 독일과 미국에서 철학과 사회학을 공부했던 이들이 귀국하면서, 흔히 68사태로 불리는 서구 학생운동이 본래 그것을 촉발시켰던 직접적 계기였던 '베트남 전쟁'의 종결을 앞두고 마무리 단계에 들어갔던 현지의 분위기가 한국의 대학가와 사회에 고스란히 전달되는 조건도 형성되었다.[5] 그런데 마침 이 시기의 대한민국은, 한국사에서 뒤늦게 발동이 걸린 (진정한 의미에서의 현대화-지향적인) 산업혁명이 막 본궤도에 올라가면서 정치적으로, 박정희 유신독재체제와 전두환 군부독재체제가 연이어 국민주권을 탈취하여 향후 약 15년 남짓한 군부독재시대(1972. 10.~1987. 6.)를 여는 초기 국면에 들어가 있었다.

유학에서 귀국한 당시 소장학자들은 한국사회의 정치적 맥락에 대해 별다른 입장이나 견해를 보이지는 않은 상태에서 자신들이 공부하고 체험한 서구 학문의 풍토와 학자들에 대한 학술적 정보를 각자 기회 닿는 대로 드문드문 일반 잡지나 학술지에 알려주고 있었다. 2023년 9월 현재 '학술연구정보시스템(RISS)'에서의 검색에 따르면,[6]

---

4) 튀빙겐에서 학위를 받았던 이규호 선생이 1973년 하버마스를 처음 소개하기(뒤의 각주8) 참조) 2년 전에 발간되었던 金容九 編輯, 『새벽을 알리는 知性들』(現代思想社, 1971)에서 소개한 22명의 서구 지식인 또는 학자들 가운데 하버마스는 없었으며, 이들 가운데 철학자는 마르쿠제(金洸鎬), 메를로-뽕띠(車仁錫) 그리고 특이하게도 한국철학자인 林種鴻(金奎榮)이 포함되어 있었다(괄호 안의 인명은 해당 철학자에 관해 쓴 각 필자들이다).

5) 68혁명 기간 서구 대학에서 형성되어 확산되었던 국내외의 '청년문화'를 조망했던 당대의 대표적 문건으로는 李重漢 編, 『靑年文化論』(현암사, 1970)을 들 수 있는데 이 책은 70년대 동안 3차례 중간되었다.

6) 이 글에서 필자가 하버마스 수용의 역사적 진행과정을 분석하고 기술하는데 결정적 근거로 활용하는 '학술연구정보시스템(RISS)'의 데이터베이스가 없었더라면 그 작업은 전적으로 불가능했을 것이다. 그런데 RISS의 막강한 기여에도 불구하고 그 세부적인 측면에서는 약간씩의 분류오류가 발견된다. 한글 검색어로 '하버마스'를 투입하여 하버마스를 주제로 하거나 그것을 중요한 내용으로 다룬 단행본이나 국내외 학술논문을 검색할 경우,

1980년 하버마스 원전의 첫 번역이었던 『理性的인 社會를 향하여』가 출간될 때까지 1973~1980년 기간 동안 하버마스에 대한 학술 논문 내지 소개문은 매년 1편씩(1976년은 2편) 총 7편이 발표되었는데, 그 중 한 편은 하버마스 자신의 글을 번역한 것이고, 또 다른 한편은 외국 학자의 하버마스 철학의 개괄을 번역한 것이니, 순전히 한국 연구자에 의해 작성된 것은 5편이었다.[7] 하버마스 원전이 직접 번역되기 이전에 이렇게 학계에서 주로 유학했던 이들에 의해 하버마스에 대해 상당한 전문적인 소개가 이루어지면서 1970년대가 끝나는 1979년에 발간된 서양사상의 소개서들에서 하버마스는 더 이상 이론의 여지가 없는 20세기의 고전적 사상가 반열에 반복적으로 포함되었는데,[8] 하버마스를 어느 정도 사회운동적 관점에서 검토할 수도 있게

비록 극소수에 지나지 않지만, 하버마스와 밀접하게 관련된 것이 포함되지 않거나 하버마스와 관련 없는 것이 포함되는 경우가 있었다. 이런 분류상의 하자에도 불구하고 그 많은 자료들을 수집하고 분류하고 상당수의 원문 자료를 제공한 것이야말로 정보화 작업이 학술연구에 결정적으로 기여한다고 할 수 있으며, 특히 전반적인 동향을 귀납적으로 추적할 경우에는 이 데이터베이스에의 의존은 필수불가결했다.

7) 이규호, 「후기 자본주의사회의 제문제 : 하버마스의 철학에 나타난」, in: 한국국민윤리학회, 『倫理硏究』, Vol.5/No.1(1976.8.), 39~53쪽; 김위성, 「인식이론에 있어서 자기반성의 문제 : 하버마스의 '인식과 관심'을 중심으로」, in: 釜山水産大學校, 『論文集』, Vol.17(1976), 114~126쪽; 유르겐 하버마스, 「精神科學의 自己省察. 歷史的 意味批判」, 金禹昌 譯, in: 韓國比較文學會 발간, 『比較文學』, Vol.1(1977), 103~124쪽(하버마스의 이 글은 그의 Erkenntnis und Interesse (Frankfurt.M., 1973)의 "제I부 8장 Selbstreflexion der Geisteswissenschaften. Die historische Sinnkritik"의 번역이었다.); 엔노 루돌프, 「위르겐 하버마스에 있어서 理論과 實踐의 媒介 문제」, 張日祖 譯, in: 한신대학교 신학사상연구소, 『신학사상』, Vol.21(1978.6.), 245~266쪽 ; 심영희, 「비판이론의 사회학적 의미 - 하버마스의 왜곡된 의사소통의 이론을 중심으로 -」, in: 한국인문사회과학회 편, 『현상과 인식』, Vol.3/No.3 (1979), 105~121쪽 : 심윤종, 「자본주의, 합리성 그리고 인간」, in: 한국인문사회과학회, 『현상과 인식』, Vol.4/No.4(1980), 52~88쪽.

8) 申一澈 編 『프랑크푸르트 學派』(서울: 靑藍, 1979)에 실린 11편의 글 가운데 하버마스를 다루거나 그가 직접 쓴 글은 폴 코너턴, 「헤겔에서 하버마스까지」(39~72쪽)과 李仁錫, 「하버마스의 社會認識論」(133~152쪽) 및 하버마스, 「技術的 進步와 社會的 生活世界」(201~214쪽) 등 3편에 이른다. 韓國社會科學硏究所 編, 『現代의 社會思想家』(서울: 民音社, 1979), 240~252쪽에는 車仁錫, 「J. 하버마스」가 실려 있고, 월간신동아, 『現代의 思想 77人』(서울: 東亞日報社, 1979), 56~59쪽에는 李奎浩, 「위르겐 하버마스(1929~)」가 들어가 있다.

끔 그의 학문적 근거지였던 '프랑크푸르트학파'에 대한 유력한 연구서도 번역, 출판되기에 이르렀다.[9]

점차 한국의 독서대중에게 그 명성이 인지되기 시작했던 하버마스의 사상이 제일 먼저 소개되었던 것은, 북한 소식과 그 문제를 전문적으로 다루던 북한연구소 발간 월간지 『北韓』의 1973년판 통권 22호에서 특집으로 꾸민 '가을에 권하고 싶은 명작'에서 당시 막 독일에서 귀국하여 한국에서 집필 활동을 개시하고 있던 이규호 선생이 쓴 3쪽짜리 소개문 「하버마스: 이론과 실제」 였다.[10] "社會科學徒들을 위한 세 가지 모델들을 提示"라고 부제를 뽑은 이 짧은 소개글에서 이규호 선생은 "「하버마스」는 널리 알려진 바와 같이 현대 社會哲學의 代表的인 人物이다. 新마르크스主義(네오·마르크시스무스) 혹은 「후랑크후르트」학파라고 불리워지는 이 社會哲學은 最近 二十年 동안에 西歐哲學의 支配的인 傾向으로 등장하여 거의 모든 人文·社會科學들뿐만 아니라 일반 지성인들의 정신생활에까지 크게 영향을 끼치고 있다."고 당시 40대의 하버마스가 독일(서독) 학계와 사회에서 확보한 위상을 안내하고 있다. 그러면서 선생은 1963년 루흐터한트 출판사에서 나온 *Theorie und Praxis*의 초판본에 실린 7개 장의 제목을

---

9) 마틴 제이, 『변증법적 상상력 : 프랑크프르트학파의 역사와 이론』, 황재우/강희경/강원돈 共譯(서울, 돌베게, 1979)

10) 「하버마스: 이론과 실제」(이규호), in: 북한연구소 발간, (월간지) 『北韓』, 통권 22(1973), 181-183쪽. 이 호수의 173-197쪽에 실린 특집 '가을에 권하고 싶은 명작'에는 「스미스: 국부론」(조동필), 「웨버: 프로테스탄트의 윤리와 자본주의정신」(고영복), 「불크하르트: 이탈리아 르네상스의 문화」(차하순), 「르낭: 예수의 생애」(최명관), 「몽테뉴: 몽테뉴 수상록」(민희식), 「도스토옙스키: 가난한 사람들」(홍사중), 「후랑클: 백만인의 정신요법」(최정호)이 실려 있다. 이때까지 부르크하르트, 르낭, 도스토옙스키, 프랑클 그리고 하버마스 책은 번역되어 있지 않았으니 당시에 이들의 생각이나 학설에 대한 한국인들의 지식은 현지에서의 명성을 먼저 접한 유학생 출신이나 그들 전공자들의 소개에 전적으로 의존한 간접적 인지의 상태에 머물러 있었다.

그 실린 차례대로 소개하고, 1967년 이 책의 재판이 나왔다는 사실까지 알리고는 이 책의 성격과 주장명제를 다음과 같이 요약적으로 개괄하고 있다.

"「하버마스」가 초판의 서문에서 밝힌 것처럼 이 책은 社會科學에 있어서 理論과 實踐의 關係를 조직적으로 硏究하기 위한 준비로서의 歷史的인 硏究이다. 그래서 예를 들면 社會科學들의 방법론에 관해서는 一九六七년에 발표된 그의 「社會科學에서의 論理」와 매우 다른 표현들이 나타난다. …

「하버마스」는 이 책에서 주로 정치철학의 문제를 중점적으로 다룬 것 같다. …

정치학은 원래 실천적 철학의 일부였다. 곧 정치학은 선하고 정의로운 사회적 생활에 관한 학문이었다. 따라서 그것은 윤리학의 하나인 형식이었다. 「아리스토텔레스」는 정치나 윤리를 대립적인 성격의 것으로 생각지 않았다. 정치가 바로 시민으로 하여금 선한 생활을 할 수 있게 만든다는 것이다. 그러나 정치가 지배를 위한 기술로 이해되면서부터 윤리는 법률과 구별되고 다시 정치는 윤리와 법률로부터 분리되기 시작했다. 원래 정치의 이론은 본래적인 의미에서의 最善我의 실현을 지향했었다. 그러나 「홉스」와 「베이컨」에 와서부터 이미 정치는 기술이 되어버렸다. 그리고 정치학이 현대의 경험과학의 모범을 따르면서부터 정치와 윤리는 결정적으로 분리되고 정치는 실천의 이념과는 멀어진 기술이 되었다는 것이다. 「하버마스」는 원래적인 「정치」의 개념을 다시 되찾으려 하고 있다. **정치적인 실천의 목표와 방법에 관한 자유로운 대화가 없는 곳에 민주주의는 없다. … 억압과 지배에서 자유로운 대화의 조건이란 결코 꿈이 아니고 현실적인 「유토피아」라는 것이다. 이러한 「유토**

피아」의 실현을 위한 혁명에서는 사회과학자들이 주체세력이 되어야 한다는 것이다. 「마르크스」는 노동자들을 혁명의 주체로 보았는데 「하버마스」는 우선 사회과학들에게 희망을 건다.

이를 위해서 「하버마스」는 사회과학도들을 위한 세 가지 「모델」을 제시한다.

첫째로는 경험과학적인 사회과학들이 志向하는 「技術的인 支配」의 「모델」이고 둘째로는 해석학적인 社會科學들이 지향하는 모든 개인들의 상호이해의 모델이고 **셋째로는 억압적인 支配構造를 지양하는 「解放的 實踐」의 모델인데 하버마스가 내세우는 批判的 社會科學들이 이를 志向한다는 것이다.** 경험과학적 사회과학들은 理論과 實踐을 分離함으로써 지배체제에 봉사하고 해석학적 사회과학들은 전통의 이해에 이바지한다면 **批判的 社會科學들은 理論과 實踐을 연결시켜 혁명에 이바지한다.**"11)

이규호 선생이 이 글을 쓴 지 딱 50년이 지난 2023년 9월 현재의 시점에서 통용되는 한글 문장의 통상적 표기법과는 달리 외국 인명이나 강조할 개념용어에 따옴표나 작은 따옴표의 인용부호 대신 일일이 꺽쇠를 치고 임의적으로 한자를 섞어 그대로 필사하기도 아주 어려운 반세기 전의 이 짧은 하버마스 소개글은 이 글이 실렸던 잡지의 성격상 대학가에서는 전혀 읽히지 않았던 것으로 필자는 기억한다. RISS의 데이터베이스에서 한글로 '하버마스'를 찍어 검색하다가 검출된 이 글이 쓰인 지 50년 지난 뒤에야 읽은 필자가 볼 때, 이 책의 해설에서 Praxis를 "실천(實踐)"으로 번역하면서도 책 제목으로는 "실제(實際)"라고 옮겨, 한 개념의 문화 간 이동에서 나타나는 개념동

---

11) 이규호, 위의 글, 182–183쪽.(굵은 글씨 강조 필자)

요를 완전히 떨치지 못한 상태이긴 했지만, *Theorie und Praxis*에 대한 소개글로서 그 책에 대한 독일 현지에서의 이해를 (필자의 글까지 포함하여) 이보다 더 정확하게 요약, 전달했던 글은 없을 것으로 보인다.

2) '하버마스 수용'의 결정적 계기: 군부독재체제가 강점한 1980년대 대한민국 주권자의 생활위기를 극복할 사회적 저항력 창출과 사회 전체적 대안 모색 – '한국형 근대적 독서혁명'의 문제의식

이렇게 조금은 조용한 전사(前史)를 거치면서 서구 학계와 사회에서 인정된 하버마스의 명성과 그 영향력이 1970년대 말에는 한국 학계와 독서대중에게도 그의 학문적 담론을 직접 경험하고 싶다는 욕구가 출판계에서도 감지될 무렵인 1980년 4월 당시 한신대 장일조 교수가 당대의 전설적 서점이자 출판사를 겸했던 '종로서적'에서 『理性的인 社會를 향하여』를[12] 하버마스 원전으로서는 최초로 한글로 번역하여 출간하였다.[13]

---

12) 위르겐 하버마스, 장일조 옮김, 『理性的인 社會를 향하여』, 종로서적, 1980. 4.은 J. Habermas, *Technik und Wissenschaft als Ideologie*(Frankfurt am Main : Suhrkamp, 1968)에서 「이데올로기로서의 기술과 과학」, 「기술의 진보와 사회적 생활세계」, 「과학적인 정치와 여론」, 「인식과 관심」 등 4편, *Protestbewegung und Hochschulreform* (Fr/M., 1969)에서 「독일 학생운동에 대한 분석과 비판」, 「대학의 민주화」, 「독일연방공화국 내의 학생운동」 등 3편, 그리고 *Zwei Reden* (Fr/M., 1974)에서 「복합적인 사회와 이성적인 동일성」 1편 등 총 8편의 논문을 번역하여 실으면서 제목은 그 책의 영역판 제목인 *Toward a Rational Society*(Boston : Beacon Press, 1971)를 따랐다. 이 번역서는 13년 뒤 본래의 원본 제목과 거기에 실렸던 4편의 논문만으로 재번역되어 출간되었다. Jürgen Habermas, 『이데올로기로서의 기술과 과학』, 하유성·이유선 역(서울: 이성과현실사, 1993) 참조.

13) 그런데 방대한 자료들을 체계적으로 정돈할 수 있는 정보화 기술 덕분에 알아챌 수 있었던 사실이었는데, 장일조 선생이 위의 번역서를 출간했던 1980년에 文藝出版社에서 '哲學思想叢書'라는 명칭 아래 20권 가량의 일반단행본을 발간한 것으로 나와 있는데 이 가운데 第4卷이 위르겐 하버마스, 『社會科學의 論理』이고 그 번역자는 朴性洙 선생으로 되어 있다. 하지만 이 책의 소장처는 가톨릭대학교 성심교정도서관(중앙) 한 군데뿐이고 인터넷에서도 이때의 출판 사실이 검출되지 않는다. 그런데 이 책은 나중에 같은 출판사에서 위르겐 하버마스, 『社會科學의 論理』, 朴性洙 譯(서울: 文藝出版社, 1986)으로 정식 출판되었다.

이 번역은 당시 출판계 관행에서 볼 때 두 가지 점에서 획기적이었는데, 그 첫 번째는 당연히 70년대 내내 같이 생존해 있으면서 이름만 높이 알려져 왔었던 동시대의 살아 있는 고전적 사상가의 원전이 처음으로 번역되었다는 것이고, 그리고 두 번째로, 무엇보다 신선했던 점

▲ 번역자인 장일조 선생의 머리말 요청에 대한 저자 하버마스의 답신(1979년 12월 20일자)

은, 바로 이 살아 있는 고전가에게 직접 "한국어 번역판에 대한 머리말을 요청"했고 이 요청에 대해 저자가 직접 답신을 보냈다는 것이다.

그런데 어느 면에서 대한민국 학술계의 자생적 역량과 당당함이 성장하고 있음을 보여준다고도 할 수 있는 이 짤막한 서신 교환에서 하버마스가 한국어판 머리말을 쓸 수 없다고 고사하면서 제시한 그 이유는 보는 사람에 따라서는 약간 쌔애한 느낌을 줄 수도 있다. 하버마스의 서신에서 해당되는 귀절을 옮겨 보면, 그는 "『이념으로서의 기술과 과학(*Technik und Wissenschaft als Ideologie*)』의 한국어 번역판에 대한 머리말 요청(…)에 기꺼이 응하려고 했습니다. 그러나 내가 쓸 것을 좀 준비했을 때, 이러한 악의 없는 호의가 그것을 위해 충분한 것이 아니라는 것을 깨달았습니다. 나는 한국적인

상황 일반을 모르고 있으며, 그리고 이러한 상황의 앎이 없이는 모든 이야기가 잘못 오해될 수 있을 것입니다. 아무쪼록 나를 나무라지 말아주십시오."14)

다시 말해서 하버마스의 이 말은 한국과 같은 비(非)서구권 국가와 사회에 대해 그가 지적으로 또 학문적으로 개입할 태세가 전혀 되어 있지 않음을 솔직하게 언명한 것인데, 이 책이 나온 직후 그의 *Theorie und Praxis*를 번역하는 데 착수했던 필자가 번역의 사전 작업으로 당시까지 출간되었던 하버마스에 대한 소개문과 그의 저서들의 독일어 원서와 영문 번역서 등을 가급적 모두 수집하여 읽고 있을 때 필자는 "내가 모르는 곳에 대해 오해를 살 수 있는 발언을 삼가겠다."는 그의 발언이 단지 겸양을 표현하는 것이 아니라 자신의 철학적·학문적 관심 지평을 근본적으로 경계 짓는 것으로, 즉 그의 삶과 사고의 서구적 지평을 결코 넘어가지 않으면서 그와 동시에 그 너머의 세계에 대해 책임지는 일도 만들지 않겠다는 냉정함을 체감하는 경우가 적지 않았다. 그리고 이 책은 비록 80년 5·18 광주 학살 전에 출간되기는 했어도 내가 그 책을 읽으려고 책갈피를 열어 저자의 편지를 읽었을 때는 수많은 광주 시민들이 피를 흘리고 난 뒤였다. 이런 정황에서 우리는 피를 흘리고 쫓기고 있는데 "내가 모르는 곳에 대해 오해를 살 수 있는 발언을 삼가겠다"는 말은 이쪽의 사정에 대해 알려고도 하지 않고 미리 선을 긋는 냉정함으로 와 닿았다. '우리 사정이 어떤지 알려고도 하지 않는구나'라는 일종의 섭섭함과 낯설음은 하버마스에 대한 이해가 깊어지면서도 완전히 가셔지지 않은

---

14) 하버마스, 위의 책, 첫 장에 실린 장일조 선생의 번역.

일종의 초기 트리우마로 깊이 가라앉았다. 바로 이렇게 숨기지 않은 그의 서구중심적 관점과 관심지평은 필자가 그의 책을 번역하고자 했을 때, 그리고 그 이후에도, 그의 이론이 내장한 보편적으로 타당한 측면에도 불구하고, 나 자신을 하버마스주의자(Habermasserian)가 되지 못하게 하는 표지석으로 작용한다(사실 이 때문에 나는 1988년 독일 유학의 행선지를 결정할 때 프랑크푸르트가 아니라 당시 아직 분단된 독일의 동쪽에 포위되어 있던 서베를린을 택했다).

장일조 선생에 이어 두 번째로,[15] 그리고 개인적으로는 처음, 하버마스 원전으로 *Theorie und Praxis*를 번역할 때, 앞에서 이미 얘기했지만, 필자는 그 책 한 권만 번역하고 있지는 않았다. 1980년에 번역을 맡아 1982년 11월에 출간될 때까지 이 책을 번역하는 동안 다른 3권의 책을 더 번역하거나 출간해야 했고, 그 책들의 번역을 기획하고 결정하는 과정에는 1980년 5·18 직후 전개되었던 **대한민국 민주공화정의 재함몰과 유신2기 군사독재정권의 대두**라는 시대 조건이 결정적으로 작용하고 있었다.

아주 공교롭게도 이 글의 인쇄를 앞두고 마지막 교정을 보는 2023년 12월 현재 본래 이 글을 작성했을 때와는 달리 1980년대 초의 그 암울한 상황을 야기 시킨 원인 사태를 피부로 체험할 수 있게 하는 영상물 즉 영화 〈서울의 봄〉이 개봉되어 이때를 배경으로 하는 나의 이 글이 이해되도록 하는 데 너무나 다행이지만, 무엇보다도 신군부는 박정희 대통령이 설치해 놓았던 국가폭력의 운영체제를 신속

---

15) 위의 각주 12)에서 미심쩍은 점으로 남긴 대로, 만약 朴生洙 선생이 1980년 문예출판에서 *Zur Logik der Sozialwissenschaften Materialien*(1970)을 번역했다면 필자는 하버마스 원전의 세 번째 번역자가 된다.

하게 장악함으로써 박정희 격살로 초래된 권력공백을 자신들의 권력으로 메웠다. 본래부터 전두환이 맡고 있던 보안사를 선두에 세우고 국군 내의 사조직이었던 하나회 멤버들이 통솔하던 보병부대와 특전사를 동원하여 군부 안팎의 직접적인 경쟁자 내지 적대자들을 제압한 그 과정은 대화를 통한 의사소통의 의도나 시도는 전혀 무력하였다. 그리고 그 다음, 박정희 시해의 실현장이었던 중앙정보부를 안전기획부로 대체하여 유신체제하에서 가동되던 정보정치를 다시 활성화시켜 정치권과 사회권력들 그리고 당시 가장 강한 권력저항력을 발휘하던 재야시민운동권과 학생운동권 그리고 노동자와 농민의 선진활동가들만 참여했던 민중운동권에 대한 감시와 탄압을 정조준하면서, 이런 통제능력으로 국민생활의 최말단까지 뻗어 있던 경찰을 장악하여 전 국민 감시체제를 완성함으로써 박정희가 구축했던 유신 전체주의적 폭압체제를 더 강력하게 재구축하였다. 이 폭압체제를 통해 광주대학살이 자행되었고, 학원과 민중운동권에 대한 감시와 폭력은 예전의 박정희 유신체제 때보다 더 신속하게, 더 효율적이게, 그래서 더 강력하고, 마지막으로는 더 잔혹하게, 자행되었다. 이에 따라 5공 치하에서 대한민국의 국가시민들은 국가권력의 위협을 상시 체감해야 했는데, 단군 이래 최대의 경제 호황에도 불구하고 호황으로 거둬들인 국가 차원의 경제적 이익은 국민 개개인의 생활 안정을 보장하는 시민적 부(民富, civic wealth)로 전환되지 않았고, 국민의 안정을 지켜야 하는 국가기구들은 정당성 없는 권력집단의 폭력적 집행대로 언제든지 변모하였다.

당시 대학이나 노동현장은 5·18 시민학살을 자행하여 독기가 오를 대로 오른 '살인폭력정권'을 타도하기 위한 유일한 방책은 사실상 전면적 시민동원을 통한 혁명적 해방투쟁뿐이라는 확신을 실천적으로 체득하였지만, 이런 해방의 정신적·사회적 자원을 조직할 방식과 그것을 지탱할 해방의 비전은 마련되어 있지 않았다. 어느 정도 온전한 민주주의가 작동하던 예전의 공화국 국체(國體) 때와는 달리 유신체제의 4공과 신군부의 5공 치하에서는 대학에서 시민사회에 이르는 대한민국의 모든 생활현장에서 기본권이 일체 보장되지 않는 조건을 근본적으로 타파할 혁명적 해방의 학습이 필요할 때였다. 이런 상황에서 당시 운동권 출판사들은 이 혁명적 해방과 5공을 타파하고 세워낼 대안체제의 학습에 투입될 혁신적 교재의 수요를 충족시키기 위해 인류 역사 전반에서 그 실천적 효능이 입증되었다고 간주되는 동서양의 모든 고전들을 발출하여 인쇄하기 시작하였다. 이런 조건에서 당시 대학에서 추방되어 있지만 문장 능력과 외국어 능력을 잦고 있던 필자와 같은 반숙(半熟)의 지식분자들이 대학입시를 위해 체득했던 영어, 일본어, 독일어 실력을 세계 각국에서 다양한 분야에 걸쳐 각기 다른 시기에 생산되어 혁명적 해방의 활력을 갖추었다고 간주되는 저작들의 번역에 자연발생적으로 그리고 단속적으로 여기저기 투입되었다.

이러면서 5공 시절 대한민국의 출판계는 현대 한국의 역사에서 사실상 그 독자층의 성격과 그 수요에 있어서 일종의 '독서혁명기'를 맞고 있었다. 따라서 하버마스 수용은 하버마스 하나에 국한된 사상이나 학문의 수입이 아니라 다양한 시기, 다양한 공간에서 창출된 각종 외국 사상에 대해 우리 나름의 시험을 수행하는 과정의 하나로 채택된 것이었다. 이 점이 바로 1982년 당시 필자가 거의 동시에 책 4권을 한꺼번에 출간할 수 있었던 동력이었다. 그리고 이런 동력을 받은 번역서들의 원본을 보면 당시의 시대적 요구가 얼마나 다양하게 극적인지 체감할 수 있을 것이다.

- Louis Dupré, *The Philosophical Foundations of Marxism* (New York: Harcourt, Brace & World, 1966. 1.)
- 루이 뒤프레, 홍윤기 옮김, 『마르크스主義의 哲學的 基礎』, 한밭출판사, 1982. 6.

- 務臺理作, 『哲學槪論』(東京 : 岩波書店, 1958)
- 務臺理作, 홍윤기 옮김, 『철학개론 : 세계·주체·인식·실천. 한울총서2』, 한울, 1982. 7.[16]

- Franz Stark ed., *Revolution oder Reform? Herbert Marcuse und Karl Popper – Eine Konfrontation* (München: Kösel, 1971.3.) ;

---

16) 이제 40년의 세월이 지나고 그동안 군부독재정권이 그 세력인물들의 측면에서는 완전한 청산까지는 아니더라도 축출이 되어 밝힐 수 있는 사실인데, 무타이 리사쿠(務臺理作)의 이 책『哲學槪論』을 일본어에서 초역했던 이는 서울대학교 사회학과 76학번 후배였던 정의연 씨였다. 당시 정의연 씨는 노동현장에서 활동하면서 당국의 수배를 받던 중이라 도피 중에 이 책을 번역하였는데, 그런 처지에서 실명으로 자신의 이름을 번역자로 올리면 신변에 위험이 닥칠 각오를 해야 했다. 이에 이 원고를 맡았던 동양사학과 76학번 후배이자 관악기숙사 동료이기도 했던 한울출판사의 김종수 대표가 필자에게 사정을 말하고 처음에는 이름만 빌려달라고 부탁하였는데, 이왕 내 이름으로 나올 것이면 아예 번역의 질까지 책임져야겠다는 생각에 일본어 원본과 번역 원고를 대조하여 문장이나 개념 측면에서 원고를 보정한 다음(그런데 당시 원고의 질은 거의 별다른 교정이 필요 없을 정도로 우수하였다) 역자후기로 「실천철학의 가능성」(같은 책, 255-277쪽)을 붙여 완벽하게 단독 번역인 것처럼 만들어 출간하였다. 그러나 이 책의 진정한 번역자는 정의연 씨이고, 필자는 이 책의 공역자, 조금 더 높이면, 감수자로 이름을 올렸어야 마땅했다.

Herbert Marcuse, "Ch.4. The End of Utopia"/"Ch.5. The Problem of Vilolence and the Radical Opposition", in: 같은 저자, *Five Lectures* (Boston : Beacon Press, 1970), 62~108쪽 ; Karl R. Popper, "17. Public Opinion and Liberal Principkes"/"18. Utopia and Violence"/"19. The History of Our Time: An Optimist's View", in: 같은 저자, *Conjectures and Refutations* (London: Routledge and Kegan Paul, 1978), 347~363쪽.

－마르쿠제/포퍼, 홍윤기 옮김, 『혁명이냐 개혁이냐. 마르쿠제·포퍼 논쟁』, 사계절출판사, 1982. 10.

• Jürgen Habermas, *Theorie und Praxis* (Frankfurt a.M.: Suhrkamp Verlag, 1971/1963, 초판)

－위르겐 하버마스, 홍윤기·이정원 옮김, 『이론과 실천』, 종로서적, 1982. 11.)

이 책들이 번역서로서 1982년 같은 해에 다들 한꺼번에 출간되어 나온 형세는 막 산업혁명기를 경과하면서 그에 상응하는 민주화를 혁명적으로 추진해야 하는 대한민국의 1980년대 현장에 역사적으로 각기 차출되어 들어온 모양새들이었다. 당시 살인정권을 넘어서는 여러 방책과 사상, 이론들이 논의되고 있었지만, 필자의 개인적 평가 대상에서 당시 대학가에서 급속하게 위력을 얻어가던 북한의 주체사상은 애초에 제외되고[17] 세계사에서 나름 해방적 역할을 했

---

17) 자유민주주의를 완전히 말살시킨 박정희 유신독재체제의 탄압을 직접 체험했던 필자의 경험에서 볼 때 북한의 주체사상은 거꾸로 된 유신독재체제에 다름 아니었고, 나중에 내

던 모든 철학적 체험이 사상적인 반독재 민주화 투쟁에 동원되는 기분이었다. 2년여의 세월 동안 화곡시장의 자취방에서 당시로는 200자 원고지에 필자의 악필로 한 칸 한 칸 번역문들을 메워가면서 필자는 이 원본들의 역사적인 철학 체험에서 많은 것을 배울 수 있었다. 각각의 시·공간적 현실조건에서 구상된 철학들은 당시뿐만 아니라 그 이후에도 현실을 보는 필자의 식견을 풍요롭게 하는 데 결정적으로 유익했다. 그러나 번역을 통해 각 원서를 심층적으로 독해하지 않을 수 없는 과정에서 당장 번역을 하고 있는 1980년대 초의 한국사회와 대상 텍스트들이 전하는 각 국가 즉 제국후 일본, 68혁명기의 서독, 냉전기 미국 등 각기 다른 맥락에서 형성된 현지 사회현실의 차이는 더 아프게 체감되어 들어왔다.

1958년 이와나미 문고에서 초판이 나온 무타이 리사쿠(務臺理作)의 『철학개론(哲學槪論)』은 2차 세계대전 직후 부흥기의 일본을 배경으로 과거 제국 시절 전(前)근대적 천황 신화를 기반으로 제국 존립의 정당성을 신화적으로 확보하면서 군국주의를 근간으로 하는 전체주의적 천황파시즘의 지배체제를 각종 현대적 기술로 구조화시킨다는 이른바ー 일본 정신에 서양 기술을 접목시킨다는ー 화혼양재론(和魂洋才論)을 대학 교양 차원에서 대체하는 철학적 시도로 보았다. 무

가 살았던 시대를 반조적으로 연구해 가면서 박정희 유신체제와 북한의 유일체제는 그것들의 성립과정에서 배후 야합했다는 것을 여러모로 확인하기도 했다. 1972년 7·4공동성명 이후 남북한 정권들은 자신들의 독재적 지배를 정당화하고 공고화시키기 위해 서로의 체제를 양해하는 가운데 1972년 12월 27일 같은 날, 같은 시각에 이른바 유신헌법과 사회주의주체헌법을 공포하고 각기 '영도자적 지위의 대통령'과 '수령적 지위의 주석'에 취임함으로써 적대적 공존을 틀로 하는 권력기회주의적 야합을 도모했다. 이에 대한 분석과 평가로는 졸고 「유신독재체제의 구조적 청산과 K-데모크라시의 전망」, in: 유신청산민주연대 엮음, 『박정희 유신독재와 전두환 군사독재, 유신청산 50년의 현재와 미래』, 동연, 2022. 6., 71-95쪽 참조.

타이는 철학을 '진리의 탐구'로 보는 고전적 철학관을 견지하는 가운데 세계, 주체, 인식, 실천을 그런 진리가 알려져야 하는 철학적 탐구의 근본주제로 설정하고 각 주제 안에서 제기되는 대립적 명제들을 나름 변증법이라는 관점 아래 극복하고 통합하려고 노력했다고 보였다. 하지만 그렇게 해서 통합되어 나온 결정적 진리가 무엇인지는 확실치 않았는데, 다만 그가 제시한 "인류적 휴머니즘"이라고 하는 이상적 개념은 태평양 전쟁 이전 제국 일본의 사상적 폭력성을 어떤 형태로든 탈피하려는 전후 일본의 엘리트 지식인의 분투를 토로하는 화두로 보여 이 구상만큼은 필자 개인의 개념적 소득으로 챙기기로 하였다. 그러나 헤겔의 관념론과 당시 유행하던 마르크스·레닌주의 교조철학을 접합하려는 시도는 아무래도 부자연스러웠는데, 철학적 세계관을 유물론과 관념론으로 양분시켜 파악하는 것은 20세기 후반기 지구적 차원에서 전개되는 다원적 운동들을 감당하기에는 너무 경직되고 협소해 보였다. 개인적으로 필자는 1985년 10년 만에 학부를 졸업하고 1987년 2년 만에 정상적으로 석사학위를 받은 뒤 서울대학교에서 시간 강사로서 처음 교양 강좌로 맡았던 '철학개론' 시간에 이 번역서를 교재로 쓰고는 그 뒤에 정규 강의의 교재로는 다시는 쓰지 않았다. 결국 당시 역자후기에서 필자가 제기한 문제, 즉 "대립하는 입장들을 철학적으로 종합한다고 할 때 철학의 실천성이 얼마나 보장될 수 있을까?"라는 물음에 대해서 나는 무타이의 책에서 만족스러운 응답을 들을 수는 없었지만 일정 주제를 두고 그것을 일정 조건 아래에서 철학적으로 탐구하는 자세는 가다듬을 수 있었다.

아주 우연하게 손에 들어온 복사본을 통해 읽게 된 루이 뒤프레의 책을 번역하면서 마르크스의 철학적 발전과 사회과학 이론에 대한 기초 소양을 다지게 된 것은 내 학문 인생에서 얻을 수 있었던 여러 가지 큰 행운들 중의 하나였다. 1980년대 초 급속도로 성장하는 경제를 앞에 두고도 정권은 폭압을 일삼고 권력과 유착한 K-독점자본이라고 할 수 있는 재벌과 대자본은 저임금과 노동탄압을 일상적으로 자행하여 아주 사소한 일상의 생활과 생명도 언제든지 말살당할 수 있다는 위기감에 하루하루 살고 있었다. 풍요와 빈곤, 자유와 억압의 양극단을 아슬아슬하게 오가는 이런 위기적 일상의 현실을 안정되게 만들려면 억압적 지배체제를 일거에 타도하지 않으면 안 되는 것처럼 생각되던 상태에서 이런 혁명적 변혁을 가능하게 만드는 사상적 추동력을 얻기 위해 당시 전 지구적 냉전에서 저편에 있던 마르크스-레닌주의나 이쪽 남한의 위쪽에 있던 주체사상이 거부할 수 없는 정신적 매력으로 당시 대학생들을 유인하고 있었다. 필자 자신 주체사상에 대해서는 박정희 유신체제 시절 거꾸로 된 경험을 했기 때문에 선택지에서 일단 제외하고 있었지만 전혀 접하지 못했던 마르크스-레닌주의에 대해서는 우선 지적 호기심을 억누를 수 없었다.

그런데 그 시절을 썩 지나 돌아보니 참으로 다행한 일이었지만, 당시로서는 마르크스-레닌주의를 정통으로 전해주는 일체의 문건을 접할 수 없었다. 무엇보다 마르크스나 레닌의 사상이 무엇인지 제대로 알 도리가 없었다. 유신 시절 교도소 교무과의 담당관들이 뭘 제대로 몰라 영어로 된 마르크스에 관한 연구문건이 친구들에게 잘못(?) 차입되어 들어온 것을[18] 몇 권 접할 수는 있었어도 마르크스의 저작들을 직접적으로 전하거나 아니면 그 형성 맥락과 내용을 원전에 입각하여 줄기를 잡은 책을 어디에서 구해야 할지 모르던 참에 학교에서 돌아다니던 복사책 중 하나인 이 루이 뒤프레(Louis Dupré)의 *The Philosophical Foundations of Marxism*(1966)을 구할 수 있었다. 당시에는 이 책의 서지사항을 보고 저자가 미국 조지타운대학교의 교수일 것이라는 정도만 짐작했는데, 어쨌든 그 책에는 '헤겔 사회철학'에서 시작하여 '청년헤겔파 운동'을 거쳐 '사적 유물론'으로 영글어가는 **청년 마르크스(Young Marx)의 사상 형성 과정**이 그의 초기 문건에 입각하여 문헌학적 실증성을 풍부하게 갖추어 현시기술되어 있었다. 이 책에서 비로소 필자는 ─ 헤겔 법철학의 '인륜성 체계'를 비판적 디딤돌로 하여 「독불연보」, 『경제철학수고』, 『신성가족』, 『독일 이데올로기』, 『철학의 빈곤』을 거쳐 급기야 「공산당 선언」에 이르는─ 19세기 서양철학사에서의 **헤겔─마르크스─사상연계선(思想連繫線, Hegel─Marx─Gedankenverbindungslinie)**을 확연하게 재구성할 수 있었다. 이 책을 구했을 때 필자는 하버마스의 『이론과 실천』을 거의 마무리하고 보론을 작성하던 중이었는데, 이 작업을 옆으로 제치고 마침 막 생긴 한밭출판사의 김진묵 사장과 연락이 닿아 바로 번역하자고 의기투합하였다. 마르크스에 관한 책인데도 이렇게 쉽게 번역·출판을 결정할 수 있었던 것은 5공 정권 안에서 통일부장관과 문교부장관을

---

18) 당시 교도소에서 막스 베버(Max Weber) 책은 읽을 수 없었는데, 그 이유는 교도소 차입물 검열 담당들이 '막스(Max)'를 '맑스'로 오인해 차입 금지시켰기 때문이었다. 그런데 역설적으로 마르크스(Marx) 책은 버젓이 들어와 돌려볼 수 있었다. 왜냐하면 마르크스의 책을 차입해 주던 바깥 친구들은 주로 영어로 되어 있던 마르크스 책의 표지를 뜯어내거나 아니면 저자명을 살짝 지우고 저자를 마르크스의 이름인 카알 하인리히(Karl Heinrich)로 바꿔 찍어 들여보냈기 때문이었다. 그래서 80년대 운동권에서는 운동권 학생들이 마르크스주의는 잘 알면서 막스 베버에 무식(?)한 것은 70년대 긴급조치 위반자들을 잘못 관리했던 교도관들 덕분이라는 웃픈 개그가 돌기도 하였다.

역임했던 이규호 교수가 주동하여 (이규호 교수가 어째서 5공 정권의 요직을 두루 거칠 수 있었는지는 그때나 지금이나 여전히 미스터리인데, 이로 인해 나를 포함한 많은 학생들이 배신감을 느꼈었다) 마침 1982년 2월 22일을 기해 사회주의적 이념도서나 그 연구·비판도서에 대한 출판완화조치를 취했기 때문이었는데, 이 덕분에 카를 마르크스의 생애 등에 대한 연구·비판서적이 출판되었고, 이후 이념도서에 대해 활발한 출판이 몇 년간 지속되었다. 즉 12·12 쿠데타와 5·18 광주학살로 집권한 전두환의 5공 정권은 마침 도래한 경제호황에 힘입어 지배체제를 위협하지 않는 범위 안에서 체제긴장을 완화하기 위해 생활상의 자유를 허용하는 이른바 '자유화 조치'를 몇 가지 취했는데, 이때 6·25 이래 유지되어 왔던 자정 통금이 해제되고, 중고등학생의 교복과 두발을 자율화하고, 준(準)에로영화와 프로스포츠 등을 권장하는 3S(Sex·Sports·Screen) 정책이 시행되고, 분단체제가 고착되면서 일체 금지되었던 이념서적의 출판과 판매 금지를 완화했다. 이 분위기에서 엄청 나갔던 이 책은 몇 년 뒤 5공 정권의 정책적 변덕으로 인해 군과 교도소에서 금서로 지정되었지만[19] 개인적으로 이 책은 철학 가운데서도 나의 전공 분야를 사회/정치철학,

---

19) "1985년 2·12총선 후 정국불안이 심각해지자, 이해 5월 초에 이념도서에 대한 대대적인 단속·수거가 집행되었다. "學問研究(학문연구)만이 아닌 일부 운동세력권의 의식화기저로 편식되고 있다."는 것이 당국의 단속이유였다. 그리하여 서울대 주변의 3개 서점에서 '민중연극론', '마르크스와 프로이트' 등 인문·사회과학 계열 서적과 기타 자료집, 유인물 등 1천여 권을 압수해 갔다. 경찰은 "이들 서점들은 반국가단체 및 공산계열의 활동을 찬양·고무 등 반국가단체를 이롭게 할 목적으로 자본주의를 비판하고, 중공·소련의 공산주의 및 마르크스주의를 찬양하며, 노동투쟁 및 폭력투쟁을 고무하는 내용의 서적 등을 판매하고 있다."고 그 압수수색영장 신청 이유를 밝혔다." 이종국(한국출판학회 사무국장), 「기획 논단」이데올로기 도서유입의 문제점」, in; 동국대학교 대학미디어센터, 〈동대신문〉(입력 2010.02.25. 11:09 출처: 대학미디어센터(https://www.donggukmedia.com) https://www.donggukmedia.com/news/articleView.html?idxno=7507)

역사/문화철학, 도덕철학 등의 실천철학 쪽으로 잡게 하는 데 자신감을 가질 만큼 충분한 기초소양을 형성하는 데 기여하였다.

그리고 더욱 중요한 것은, 이 책이 출간된 이후 당시 독서시장에 쏟아져 나온 소련이나 동독 아카데미의 정통 맑시즘 계열의 이념서적들에 대해 마르크스 원전에 입각한 비판적 거리를 두는 안목을 갖추게 함으로써 1990년 독일 통일 이후 예상치 못하게 도래한 '현존사회주의권 붕괴'에도 사상적 공황 상태에 빠지지 않도록 하는 정신적 면역력을 갖게 하였다는 것이다. 뒤프레의 책을 번역하면서 필자는 마르크스의 원전에 직접 들어갈 동기와 개념을 얻었는데, 각기 상이한 다양한 사회적 관계들의 합주(合奏, ensemble) 안에서 인간성과 자아가 형성되어 간다는 통찰의 결과 무상한 삶 안에서 '나' 자신이 언제나 새로운 역사적·사회적 현장에 참여하는 **"방법적 자아"**일 각오가 되어 있어야 비로소 "해방을 지향하면서 뛰는 인간"일 수 있다는 사고결론을 쥐게 되었다. 즉, "이 방법적 자아는 자기의 삶에서 두 개의 목표를 가진다. 그는 타자를 대면하는 또 하나의 타자로서 역사에 정착될 사회의 구조가 해방적 성격을 가지도록 헌신해야 한다. 타자와의 교류가 끊겨 나가고 적대적으로 고립된 상태에 있을 때 그는 기억과 예감의 즉자적 상태에 들어앉아 자기의 성숙에 관심을 쏟아야 한다. 따라서 해방의 역사는 끊임없이 인간성을 주목하는 방법적 자아의 관점에서 볼 때 … 생존과 자유를 위한 사랑과 투쟁의 역사이며, 그 가능성이 죽음과 파멸에 처해 삶이 스러져 가고 있을 때 시험받아야 하는 자기성숙의 현장이다. 즉 그는 목적과 방법이 완전히 합치된 현실을 자기의 자아로서 완성하는 것이다."[20]

말하자면 필자는 하버마스의 『이론과 실천』의 번역을 가장 먼저 시작했으면서도 그 원고와 보론을 탈고하기 이전에 이미 마르크스에 관한 기초적 정보를 충실하게 공급받아 경직된 마르크스주의자가 아닐 수 있는 정신적 면역력을 얻은 가운데 '방법적 자아'라는 개념으로 역사적·사회적 해방능력을 가진 실천철학에 대한 기대로 번역을 통한 하버마스 학습에 임할 수 있었다.

그런데 하버마스의 번역과 출간이 이런저런 사정으로 늘어지면서 1982년 당시 완화된 이념서적 출판 붐을 타고 하버마스의 사상 형성과 아주 밀접한 관련이 있는 이들이 다 같이 포함된 번역 요청이 들어왔는데, 그것은 프란츠 슈타르크가 독일 공영 방송 ARD에서 진행한 마르쿠제와 포퍼의 방송 논쟁을 담은 *Revolution oder Reform?* (1971)이었다. 5공의 이념서적 금지 완화의 분위기 속에서 이미 그 저작물들이 널리 보급되어 있던 마르쿠제와 포퍼가 기왕에 확보하고 있던 명성을 배경으로[21] 제목으로 부각된 주제 즉 '혁명이냐 개혁이냐가 당시의 정치적 관심을 정통으로 찌르고 있었기 때문에 이 문건의 번역도 아주 급속하게 진행되었다. 그런데 이 문건 자체의 분량이 다소 소략하여 필자가 이 책의 번역을 맡으면서 당시 아직 번역되지 않았던 이들의 글을 더하여 아예 한글본으로서의 특성을 갖추도록 했었다.

---

20) 졸고, 「덧붙이는 글: 홍윤기 – 변혁을 정당화하는 근거로서의 인간성」, in: 루이 뒤프레, 『마르크스主義의 哲學的 基礎』, 홍윤기 譯(서울: 한밭출판사, 1982. 6.), 242–249쪽 중 249쪽.

21) 1982년까지 마르쿠제의 책으로는 『일차원적 인간』, 『이성과 혁명』, 『에로스와 문명』, 『부정』 등이. 그리고 포퍼의 책으로는 『역사주의의 빈곤』, 『열린 사회와 그 적들』이 이미 번역되어 있었다.

그런데 문제는 이른바 68혁명이 절정기에 달하고 있었던 1971년의 영미·서구 사회를 배경으로 한 이 논쟁에서 선진국의 국가와 사회를 초점으로 한 사회변혁론의 타당성 지평이 분명해졌다는 것이다. 1982년의 대한민국 현실에서 마르쿠제와 포퍼의 논쟁을 하나하나 짚어가는 것은 그야말로 남의 집 부부싸움을 보는 것 같은 기분이었다. 당시 마르쿠제는 자신이 극복하고자 하는 1971년 당시의 후기자본주의사회의 문제를 이렇게 묘출하였다. 즉, "구체적으로 말하자면 후기자본주의 사회는 놀랍게 향상된 노동생산성의 토대 위에서 대다수 국민의 생활수준을 높이는 데 성공하였습니다. 어쨌든 오늘날 숙련노동자들은 대부분 전보다 형편이 훨씬 나아진 상태에 있습니다. 사실상 그들은 소비사회의 안락을 누리고 있습니다. … 하지만 그런 현상뿐이라면 별문제가 없겠지만, 노동생산성이 향상되고 물질적 풍요가 커가는 것을 기초로 하여 의식과 무의식에 대한 조정과 통제가 행해지고 있는데 이런 것들은 후기자본주의에 있어서 가장 필수적인 통제 메커니즘의 하나가 되고 있습니다. 말하자면 사람들로 하여금 항상 새로이 생산되는 상품을 사도록 만들면서, 그러한 구매 욕구가 사실상 충족된다고 확신시키기 위하여 지속적으로 새로운 욕구, 심지어 충동적인 욕구까지도 자극시켜야만 합니다. 결과적으로 인간들은 완전히 상품세계에 대한 물신숭배(Fetischismus der Warenwelt)에 빠지게 되고 이런 방식으로 자기 자신도 자기의 의식 속에서 자본주의체제를 재생산하게 되었습니다. 다른 사람들이 그 상품을 사고 그것에 대한 욕구가 실제로 자극을 받아 일깨워지기 때문에 그 상품을 사지 않을 수 없게 됩니다."[22]

결국 이 논쟁의 핵심은 "다수 노동자계급의 현존체제 안으로의 통합(die Integration der Majorität der Arbeiterklasse in das bestehende System)"이라는 조건 안에서의 삶이 진정 해방되고 성숙한 삶인가 아닌가 하는 통합의 질적 성격에 대한 평가와 그 평가에 따른 극복 방식의 차이에 있었는데, 이른바 후기자본주의 사회의 선진국에 닥친 이런 유형의 문제는 전후 베이비붐 세대가 대거 노동활동인력으로 진입하여 4·19혁명에서부터 박정희 집권기에 걸쳐 본격적으로 시작된 '한국 산업혁명'이 본궤도에 오르면서 나타나는 계급적 불평등과 갈등과 그 양상과 차원이 달랐다. 즉 이제 자본-노동-계급 투쟁과 두 차례 세계 전쟁을 통해 20세기 후반기 들어 노동계급의 통합이 이루어진 후기자본주의 국면의 선진국과 이제 막 자본주의 산업혁명을 발전시켜 가는 초기 단계의 사회가 마주친 문제가 같을 수 없었다.

결국 하버마스의 『이론과 실천』을 번역하고 역자후기 격인 '보론'을 작성해 나가면서 그와 병행하여 이루어진 다른 3권의 텍스트 번역의 결과물들이 공교롭게 1982년 한 해 순차적으로 먼저 출간되고 하버마스 번역물이 그 해 후반기에 마지막으로 나올 될 때까지, 의도하지 않게 당시까지의 하버마스 성과물들, 다행스럽게도 당시 40대의 하버마스가 내놓은 글이나 책들이 동세대 연구자들보다 많기는 했지만 집중적으로 연구하는 이들이 충분히 따라잡을 수 있을 정도는 되었던 하버마스의 책들을 거의 모두 검토하면서, 하버마스 이론들을 보는 문제의식을 정립할 수 있었다. 당시 5공 정권의 폭압에

---

22) H. 마르쿠제, 홍윤기 옮김, 「Ⅲ. 후기자본주의에 대한 비판과 새로운 사회에 대한 구상」, 『혁명이냐 개혁이냐. 마르쿠제·포퍼 논쟁』, 사계절출판사, 1982. 10, 26-27쪽.

대한 공포에 정치권, 운동권, 시민사회가 모두 얼어붙어 있을 때 그 긴장을 이완시키기 위해 5공 정권이 취했던 몇 가지 '자유화 조치들'의 틈새에서 자기 시대를 이해하기 위해 인문사회과학 서적들에 대한 수요가 폭증하다시피 했던 **'1980년대 초 폭력적 지배체제의 공포와 위협 아래에서 조성된 한국판 근대 독서혁명'**에서 독서 활동과 공부의 주제적 초점은 **1980년대 초 살인정권이라고 규정해야 마땅할 정권을 매일 살아내야 하는 당시 대한민국의 현실을 어떻게 타파하고 극복할 것인가**에 맞추어져 있었다. 당시 출간되었던 대부분의 인문사회과학 서적들과 문학작품 그리고 5공 정권 후반기 운동권에 불붙었던 이른바 '사회구성체 논쟁' 등의 기저에 깔렸던 문제의식들은 1987년 6월 항쟁을 지나면서 **'반독재 민주화 투쟁'**으로 정리되었던 시대적인 실천적 대안 모색에서 한 발자국도 벗어날 수 없었다.

어쨌든 당장 출판사에 번역 원고를 내어야 한다는 생활상의 필요에 쫓기면서 보론 원고까지 욕심 내는 과정에서 당시 한국에 알려진 하버마스 이론과 철학에 대해 개인적으로 엄청나게 많은 공부를 할 수밖에 없었다. 아마 라틴 아메리카나 미얀마 같았으면 밀림이나 정글로 도망가 총을 들었을지도 몰랐을 시간과 에너지가 번역과 논문 정리에 쏟아지면서, 한편으로는, 하버마스 개인의 학문적 성과에 대한 공부가 엄청나게 늘어나면서, 다른 한편으로는, 당시 서독(西獨)에서 1970년대를 겪어나온 하버마스의 현실과 살인정권 치하의 1980년대 대한민국 현실. 즉 하버마스의 시간과 대한민국의 시간이 같이 왼쪽에서 오른쪽으로 돌면서도 그 두 시계의 분침이 어디에서 벌어지는지 검증하고 확인하는 연구의 심도는 더욱 심화되었다.[23]

우선 하버마스 번역에 임하면서 당시까지 발전한 하버마스 철학의 이론적 전모를 파악하기 위하여 우선 독일 현지에서 하버마스의 학문적 성가를 드높였던 '독일 사회학에서의 실증주의 논쟁'을 필두로 하여, 『이성적인 사회를 향하여』(또는 『이데올로기로서의 과학과 기술』), 『인식과 관심』, 『의사소통과 사회진화』(영역, 1976), 『해석학과 이데올로기 비판』(독일 1971), 『공론장의 구조변동』, 『후기자본주의의 정당성 위기』 등을 검토하고 들어가면서 그가 1980년대 들어 본격적으로 추진한 이른바 '언어학적 전회(a linguistic turn)', 특칭적으로는 '화용론적 전회(the pragmatic turn)'를 예비하던 초기 문건들 일부도 시험독해의 사정권 안에 두었다. 그리고 당시 필자는 우선, (나중 1980년대 들어 그가 자기 철학의 지도적 구상으로 제시한 '화용론적 전회'와 개념과 용어상으로 뚜렷하게 구분되지만) 그가 당시 **'사적 유물론의 재구성(the reconstruction of historical materialism)'**이라는 기획 아래 총괄적으로 추진했던 사회정치철학의 근본구도의 재정비 작업의 전모를 파악하는 데 일차적으로 주력하였다.[24)]

그러면서 이미 앞에서 이규호 선생이 『이론과 실천』을 중심으로 하버마스를 처음 시작할 때 잘 전달한 것처럼, **"정치적인 실천의 목**

---

23) 그런데 당시로서는 제대로 인지할 수 없었지만, 당시 당장의 생계나 작업을 처리하는 데 하버마스 공부는 공연히 시간과 정력을 낭비하는 것처럼 여겨졌는데, 나중에 복학하여 뒤늦게 공부를 계속하고 유학까지 가는데 이때 하버마스 공부를 해놓은 것에서 얻은 실익이 훨씬 컸다.

24) 졸고, 「부록 ① 세계 구조의 변증법: 하버마스 이론의 해명과 비판」, in: 위르겐 하버마스, 홍윤기·이정원 옮김, 『이론과 실천』, 종로서적, 1982.11, 409~470쪽 가운데(앞에 도입부로 표면 처리한 4쪽을 제외하면 본문은 413~470쪽으로 총 58쪽)에서 당시까지 전개된 하버마스의 철학적 이론을 파악하려고 시도한 "3. 사적 유물론의 재구성에 의한 사회진화론"(422~449쪽, 즉 총 28쪽)은 전체 원고 분량의 거의 반(≒48%)에 달한다.

표와 방법에 관한 자유로운 대화가 없는 곳에 민주주의는 없다."는 전제 아래 **"억압과 지배에서 자유로운 대화"**를 **"현실적인 「유토피아」"**로 제시하면서 **"이러한 「유토피아」의 실현을 위한 혁명에서는 사회과학자들이 주체세력이 되어야"** 하는 바 현실적으로 생활하는 노동자 대신 **"억압적인 支配構造를 지양하는 「解放的 實踐」의 모델"**에 따라 **"理論과 實踐을 연결시켜 혁명에 이바지"**하는 **"批判的 社會科學들"**을 추구하는 **"사회과학도들"**이 혁명적 실천의 주도세력이 되어야 한다는 뜻으로[25] 요약되는 하버마스의 실천적 대안에 대하여 당시 필자는 "하나의 모순을 해결하는 과정 자체가 또 다른 모순을 내포하고 있지 않을까"라는 원천적 문제의식을 제기하면서 그 한국적 적실성에 대해 근본적 회의를 제기하였다.[26]

이런 회의의 일차적 근거는 당시 대한민국이 속해 있던 후진국 현실에 대해 자신의 철학과 이론은 어떤 관심과 책임도 지지 않으며, 나아가 후기자본주의 국면에 들어가 있는 선진국의 혁명적 급진세력은 제3세계를 해방시키고자 하거나 그것을 지원하려는 그들의 혁명적 관심에도 불구하고 그것을 실천할 실질적 역량이 없다는 아주 냉정한 현실주의적인, 경우에 따라서는 냉소적으로 들리는, 확언에서 읽히는 그의 학문적 확신이었다. 당시 필자는 장일조 선생이 번역한 『이성적인 사회를 향하여』에 실린 한 글에서 하버마스의 다음 단언을 인용했다.

---

25) 이규호, 앞의 글, 182–183쪽.(굵은 글씨 강조 필자. 앞의 각주 11) 참조.)
26) 졸고, 「부록 ① 세계 구조의 변증법」(1982), 앞의 글, 413쪽.

"과거 식민지였던 지역에서 정치적 해방을 위한 투쟁은 동시에 사회해방을 위한 투쟁이기도 하였다. 이 해방 투쟁의 명백한 목표는, 외국에 대한 경제적 종속을 심화시키고 산업 발달을 방해하는 국내의 사회구조를 제거하는 것이다. 물론 과거 식민지 착취 관계에서 발전된 제국주의 이론은 오늘날 부유한 나라와 가난한 나라 사이의 증가하는 불균형을 충분히 설명하지 못한다. 개발도상국가의 국제적인 혜택 상실은 완결된 체계를 갖춘 제국주의 이론에 필수적인 착취의 범주로는 앞으로 점차 더 분명히 파악되지 않을 것이다. … 이제까지 우리가 알고 있었던 차원을 훨씬 넘어서는 저개발국가의 경제적 파탄, 즉 기아는 충분히 예견될 수 있다. 그러므로 제국주의 이론이 더 이상 충분한 설명을 제공하지 않더라도 이 이론은 분명하게 다음과 같은 현상들을 지시한다. 즉, 안정된 사회체제를 갖고 있는 국가들은 건너편 세계에서 야기되고 있는 생존 문제를 해결할 수 없다."[27]

결국 그는 출판사를 바꾸어 『이론과 실천』의 재판을 찍은 1967년에서 6년이 지난 1973년, 우리가 당시 보통 선진국이라고 불렀던 '후기자본주의'의 진정한 위기는 "정당화의 위기"라고 특정하고,[28] 그 이후 이 위기를 회복하는 데 결정적인 요인으로 "공론장"의 민주주의적 운영을 가능하도록 하는 의사소통행위의 타당성 요건들을 규명함으로써 '사적 유물론의 재구성' 기획을 '논변이론에 입각한 민주주의적 법치국가의 이론'으로 수렴시키는 데, 이 과정에서 '해방을 추

---

27) 하버마스, 「독일 학생운동에 대한 분석과 비판」, in: 하버마스(1980, 장일조 역), 제7장, 304-305쪽을 인용한 졸고, 위의 글, 416쪽.

28) Jürgen Habermas, *Legitimationsprobleme im Spätkapitalismus* (Frankfurt a.M.: Suhrkamp Verlag, 1973). 한글 번역으로는 위르겐 하버마스, 임재진 옮김, 『후기 자본주의 정당성 문제』, 종로서적, 1983. 7.

구하는 비판적 이성'은 '성공한 담화행위를 통해 구성원 사이의 상호 이해도달을 목표로 하는 절차적 합리성'으로 전형한다. 물론 하버마스의 이런 쉼 없는 이론적 발전은 20세기 후반기까지 인류가 철학적으로 도달한 인간의 자기이해를 심화시켜 이성담론의 새로운 지평을 개념적으로 자각시킨 것으로서 그 학문적 기여도를 상찬하는 데 인색해서는 안 될 것이며, 필자 또한 베를린에서 박사학위 논문을 작성할 때 그 주제였던 '변증법'의 진리능력을 부각시키기 위해 당시 그가 추진하던 '화용론적 전회'에서 많은 것을 배워 적용할 수 있었다.[29]

그러나 하버마스의 철학활동이 이루어지던 서독 현지의 분위기는 물론 2차 세계대전 이후 당시 서독을 비롯한 서유럽 국가들의 민주화 및 복지국가화의 과정에 대한 지식과 정보가 거의 없었던 당시 필자는 철저하게 살인정권의 타도와 그 대안체제의 구상이라는 실천적 관점에서 그 어떤 자유롭고 합리적인 의사소통이 대한민국의 민중과 시민에게 하버마스의 '합리적 담화의 절차에 따른 자유로운 의사소통과 논변'이 우리에게 해방된 세계를 가져다 줄 수 있으리라고 믿을 수 없었다. 무엇보다 필자가 보기에 **하버마스는 의식적으로 제3세계의 현실에 눈을 감았으며, 이런 점에서 그가 그토록 강조하는 '반성'에는 자기 현실을 규정하는 '세계'에 대한 "세계구조의 변증법"이 철저하게 결여되어 있다고 단정**하였고,[30] 사실 이 점에 있어서는 그 글을 작성하고 딱 40년이 지난 2023년에도 하버마스는 어떤 경우

---

29) 졸저(Yun-Gi Hong), *Dialektik-Kritik und Dialektik-Entwurf: Versuch einer wahrheit stheoretischen Auffassung der Dialektik durch die sozio-pragmatische Neubegründung*, Thesis(doctoral) Freie Universität Berlin : Philosophie und Sozialwissenschaft (Berlin : Freie Universität Berlin, 1995)

30) 졸고(1982), 앞의 글, "4. 세계구조의 변증법에 대한 시론", 460쪽.

에도 **지구사회(global society)** 전반을 시야에 두는 **지구시민성 (global citizenship)**의 철학은 갖지 않고 있다는 나의 사견을 근본적으로 수정할 여지는 아직 거의 없을 정도로 그는 철저하게 유럽시민성(europäischer Bürgertum)의 탐구 안에 머물렀다. 물론 그 정도도 가볍게 평가할 일은 아니며 적어도 칸트가 관념적 차원에서 논한 '세계시민(Weltbürger)'의 수준에 도달하려고 일관되게 노력해 왔지만, 하버마스가 볼 때 아직도 독일 또는 서유럽 '저 너머에(beyond, jenseits)' 있는 것으로 보이는 동시대 비유럽 지구거주인들의 뼈아픈 고통에 대한 근본적 공감까지는 아직 체득하지 않은 상태에서 유럽의 자기정비 수준을 넘어서지 못하고,[31] 그의 노년에 들어 그쪽에서 제기되는 폭력적 도전에 대해 국제법과 보편적 인권 개념 수준에서 철학적 조건반사 정도로 대응하는 것 이상으로 더 나아갈 정신적 기력은 여전히 갖지 못한 것은 분명해 보인다.[32]

철학 특히 사회정치철학과 도덕철학의 학문적 기초소양을 훈련

---

31) 유럽 차원의 정치적 고민에 대한 하버마스의 정치적 내지 정치철학적 대응이 비(非)유럽권과의 연관성을 같이 고려하지 못한 채 유럽의 자기정비 수준을 넘어서지 못함을 보여주는 논설을 보려면 J. Habermas, *Der gespaltene Westen* (Frankfurt a.M.: Suhrkamp, 2004.5.)을 번역한 위르겐 하버마스, 『분열된 서구』(장은주/하주영 옮김; 나남, 2009.5.)와 다문화적으로 되어가는 유럽의 사회구성에 대한 정책들을 비판적으로 논한 J. Habermas, *Ach, Europa* (Frankfurt a.M.: Suhrkamp, 2008)를 번역한 위르겐 하버마스, 『아, 유럽』(윤형식 옮김; 나남, 2011.10.) 참조.

32) 이 점을 잘 보여 주는 것은 위의 『아, 유럽』의 독일어 원문(2008)에는 본래 실리지 못했지만 그 영역판에 새로 실린 두 논문 즉 Jürgen Habermas, "5. What is meant by a 'Post-Secular Society'?: The Role of the Intellectual and the Eusopean Cause", in: 같은 저자, *Europe, The Faltering Project*, tr. by Ciaran Cronin(Malden, MA: Polity Press, 2009), 49-58쪽 및 같은 책, "7. The Constitutionalization of International Law and the Legitimation Problems of a Constitution for World Society", 108-130쪽. 참조. 이런 하버마스에 대한 불만을 좀 더 구체적으로 다룬 것으로는 졸고, 「탈-비판이론적 비판모델」, in: 경북대 미주·유럽연구소/사회와철학연구회/연세대 인문학연구원/이론사회학회/한독교육학회, 〈프랑크푸르트학파 100주년 학제적 연합학술대회〉(2023년 10월 14일(토) 10:00~18:00, 서울대학교 83동 305호) 발제. 출간 예정.

함에 있어 하버마스 연구와 번역으로부터 더할 나위 없이 큰 교육적 신세를 졌음에도 불구하고 필자는 1988년 독일학술교류처(DAAD)로 부터 연방장학생으로 합격했다는 통지를 받으면서 독일 내 유학했으면 하는 희망 대학교와 희망 지도교수를 신청하여 제출하라는 권고를 받았을 때 프랑크푸르트대학교 철학과와 하버마스 교수를 두고 참으로 심각하게 고민하다가 결국, 마르크스의『자본론』에 대해 비교조적 독법을 제시하면서33) 후기자본주의 사회에서의 상품적 감성을 비판적으로 분석하여34) 다원주의적적 사회철학을 추구하고, 당시 분단되어 있던 독일에서 동독에 포위되어 있던 서(西)베를린의 '베를린 자유대학교(FU Berlin)'에서 68학생운동의 기풍을 그대로 간직하면서 본래 하버마스의 지도교수이기도 했던 호르크하이머와 아도르노가 주관했던『사회연구지(*Zeitschrift für Sozialforschung*)』(1933~1941)을 계승한『아구멘트(*Das Argument*)』(1958~)의 편집인으로서 아구멘트 그룹(Argument-Gruppe)을 이끌고 있던 볼프강-프릿츠 하우크 교수(Prof. Wolfgang Fritz Haug) 쪽으로 행선지를 잡았다.

대한민국에서 '하버마스 수용'의 특징적 면모: 하버마스 발상의 학문적 시의성과 그 일반화

결국 1980년대 초 이념학습의 자유화 공간 속에서 원전 학습이 본격적으로 이루어지기 시작했지만 하버마스 사상은 대한민국 민주

---

33) Wolfgang Fritz Haug, *Vorlesungen zur Einführung ins »Kapital«* (Köln : Pahl-Rugenstein, 1974)

34) Wolfgang Fritz Haug, *Kritik der Warenästhetik* (Frankfurt/Main, 1971), 한글 번역으로는 볼 프강 F. 하우크, 김문환 옮김, 『상품미학비판』, 이론과 실천, 1991.

화를 추동하는 초기 과정에 있어서 경직된 마르크스-레닌주의나 시의성 없는 주체사상만큼의 사상적 열정을 자아내지는 못했다. 즉 한국사회 발전에 있어서 실천으로서의 하버마스 철학은 전혀 기여한 바가 없었다. 분명히 하버마스 철학은 1980년대 한국사회의 학문능력으로 수용하여 구사하기에는 우선 그렇게 되기에 필요한 사전 지식이나 논리가 너무 많았고 또 난해했다. 더 중요한 것은, 바로 앞에서 지적했듯이, 하버마스의 실천적 비전이 지향하는 후기 자본주의 국가들에서의 정치적 정당화 과정을 위한 제도적 구상은 반독재 민주화 투쟁에서 필수적이었던 대중동원에 대한 그 어떤 전략이나 전술도 제공해 줄 수 없었다. 그의 시계는 우리의 시계와 다른 시간을 달리고 있었으며, 각기 다른 학문적 관심을 가지고 각기 약진하는 한국의 하버마스 연구자들 사이에는 서로 소통하면서 하버마스 수용의 양과 질을 조정할 수 있을 정도의 '하버마스 네트워크' 같은 것이 들어설 자리는 전혀 없었다.

그러나 이런 외중에서도 1982년에 필자가 『이론과 실천』, 그리고 필자의 철학과 동기인 임재진 학우가 1983년에 『후기 자본주의 정당성 문제』를 번역한 이후 하버마스에 대한 학문적 관심은 거의 폭발적으로 증가하였다. 즉, 2023년 9월 현재 RISS 검색 결과에 따르면 1983년부터 2022년까지, 하버마스 자신의 저서들에 대한 번역 27종을 포함하여[35] 그와 관련된 한글본 연구서는 (일부 외국 필자의 연구서들의 번역까지 포함하여) 총 909건이 검출되며, 8,90년대의 몇

---

35) 2023년 9월 24일까지 RISS와 인터넷 알라딘 등에서 직접 필자가 확인한 하버마스 원전의 번역서는 27권에 달했으며, 최근 번역이 진행되고 있는 것만도 (필자 본인의 것까지 포함하여) 3종에 달한다.

개년을 제외하면 매년 10~39건의 두 자릿수 출간을 기록한다.

더욱 놀랍게도 하버마스의 철학에서 나온 이론 또는 개념을 주제로 한 국내 석박사 학위논문 수는 2023년 9월 24일 RISS 검색 기준으로[36] 석사 410건, 박사 137건으로 547건이 검출되며, 그 주제 분야도 사회과학(230)과 인문학(212)이 압도적이지만 교육(80), 예술체육(53), 공학(22), 농수해양(2), 의약학(2),[37] 자연과학(1)에까지 뻗쳐 하

---

36) 뒤의 주제영역에 붙어 있는 괄호 안의 숫자는 해당 분야에서 발표되어 RISS에 표집된 개별 연구물의 숫자다. 그런데 이들 연구물을 분류하여 적용하는 데는 약간씩의 분류 오류나 아니면 명확하게 알고 있는 연구물 관련 정보가 포함되지 않은 경우도 소수이지만 있었다. 당장 필자 자신이 지도한 학위 논문의 지도교수 명단에 필자의 이름이 포함되지 않는 경우가 있었고, 명확하게 하버마스가 주제화되어 있는 연구논문인데도 포함되지 않은 억울한(?) 경우도 있었다. 그러나 RISS의 자료가 전반적인 대세를 보여주는 것은 분명하다.

37) 전민용, 『수돗물불소농도조정사업 논쟁에 대한 철학적 분석 : 하버마스, 아렌트, 푸꼬의 사상을 중심으로』(인제대학교 대학원 의학과 석사학위논문, 2005. 8). 이 논문의 국문 초록을 보면 하버마스가 의약학에서 어떻게 수용되는지를 짐작할 수 있다. 즉 "목적: 수돗물 불소 농도 조정(이하 수불) 사업에 대한 사회적 논쟁을 분석하고 바람직한 논쟁의 방향을 제안하고자 하였다.
방법: 수불 논쟁을 분석한 기존의 인문학적 논문들을 평가하여 그 의의와 한계를 살펴보고 이들의 지적 배경인 사회적 구성주의에 대해 분석하였다. 수불 논쟁의 특징을 살펴보고, 양측의 대립이 심화될 뿐 원활한 대화가 되지 못한 이유를 찾아보았다. 이 과정에서 하버마스의 의사소통행위이론과 아렌트의 정치사상을 차용하여 논쟁의 양상과 논쟁 과정에서 중요한 요소들을 분석하였다. 이 분석을 바탕으로 대화의 전제 조건과 바람직한 대화의 방향과 수불사업과 같은 공중보건사업을 추진하는 절차에 대해 논증하였다. 더 진전된 논쟁을 위해 공중보건사업, 푸꼬의 생체권력이론, 하버마스의 생활세계의 식민지화 이론, 심층 생태주의와 수불사업과의 관계를 분석하였다.
결과 및 결론: 과학적 사실이 분석의 중요한 대상인 과학논쟁에 인문학자들이 개입하면서 그 내용을 풍부하게 하는 긍정성도 있으나, 전문적 지식의 결여로 과학적 사실에 대한 찬반 양측을 평면 비교하고 과학에 대한 구성주의적 태도를 취함으로써 문제해결의 단초를 제시하는 데 실패하고 단지 논쟁을 현상적으로 설명하는 데 그치고 있다.
하버마스의 의사소통행위이론에 따르면 찬반 양측 중 특히 반대 측은 의과학적 문제에 대한 타당성 요구를 충족시키지 못한 경우가 많았고, 위해성 같은 전문적인 내용에 대해 전문적이지 못한 방식으로 개입함으로써 대화의 단절을 초래했다. 아렌트의 정치사상에 따르면 수불사업은 안전성, 효과 같은 전문적인(사회적인) 측면과 선택권, 시행 여부의 결정 같은 정치적인 측면으로 나누어 볼 수 있다. 전문적인 영역은 전문가의 도움을 받아야 하고, 정치적인 영역은 이를 바탕으로 민주적인 절차에 따라 주민들의 의사가 최대한 반영되는 방식이 되어야 한다.
전문 지식은 일정한 사회적 통제를 거쳐 일반인에게 전달되는 것이 바람직하다. 선택권 같은 권리는 정치적인 영역이므로 정치적 토론이 중요한 영역이지만, 법적인 판단을 요구하게 되면 전문적인(사회적인) 영역으로 바뀌게 된다.
하버마스의 생활세계의 식민지화론과 푸꼬의 생체권력론이 주는 문제의식에 대해서는 언

버마스 철학에서 나온 개념적 시의성이 전공의 경계를 넘어 학제 간 연구에도 이론적·분석적 효력을 발휘하고 있음을 입증한다.

하지만 가장 놀라운 것은 국내 학술논문에서의 수용 상태인데, 그것이 놀라운 이유는, 하버마스 철학이 처음 소개되었던 1970년대에서 21세기 세 번째 십 년기까지 그의 철학을 원용하는 국내 연구층이 철학이나 사회학뿐만 아니라 법학, 정치학, 교육학, 언론학, 사회복지학, 행정학, 문학 및 문화 비평 심지어 신학과 가정학, 체육에 의약학 분야까지 광범하게 확산되어 왔기 때문이다. 역시 2023년 9월 24일 현재 RISS 검색에 따르면 검색어 '하버마스'를 투입하여 검출되는 '국내학술논문'은 총 1,010편에 달한다. 그리고 주제 영역에 있어서 앞의 학위논문에서와 마찬가지로 인문학(499), 사회과학(407)이 압도적인 가운데서도 교육(62), 복합학(44), 예술체육(18), 공학(11), 자연과학(2), 농수해양(2), 의약학(1) 등 거의 모든 학문적 연구분야에서 하버마스의 개념이 시의성을 갖는 연구 주제의 설정과 분석이 행해지고 있었다.

그리고 정말 찬탄을 금치 못할 것은 하버마스 연구 논문이 가장 많이 발표된 곳은 하버마스 전문가가 가장 많이 모여 있다고 인정되는 '사회와 철학 연구회'의 학술지 『사회와철학』(46)이 아니라 개방

제나 경각심을 가지고 수불사업뿐 아니라 모든 의료제도에 대해 끊임없는 질문을 해야한다. 이런 문제의식으로 분석해 보더라도 수불사업은 비교적 부정적인 면은 약하며 긍정성은 큰 사업이다.
수불사업은 다수를 대상으로 하는 대규모 공중보건사업이라는 측면에서 소규모 공동체를 이상적으로 보는 심층생태주의와 화해하기 어려운 점들이 있지만, 예방 위주의 건강관리가 강조된다는 점에서 의견의 접근이 가능하며 서로의 차이를 분명히 한 후 수불사업에 대해 찬성도 반대도 하지 않는 최소한의 암묵적 인정은 가능할 수도 있다."
http://lps3.www.riss.kr.sproxy.dongguk.edu/search/detail/DetailView.do?p_mat_type=be54d9b8bc7cdb09&control_no=12eab4c68bbeed60ffe0bdc3ef48d419&keyword=%ED%95%98%EB%B2%84%EB%A7%88%EC%8A%A4

된 투고를 받는 『哲學研究』지(55)이고, 『哲學論叢』(34), 『大同哲學』
(20), 『동서철학연구』(17), 『시대와 철학』(16), 『현상과 인식』(15),
『법철학연구』(15), 『철학』(14), 『헤겔연구』(13), 『한국정치학회보』
(13), 『汎韓哲學』(10), 『철학사상』(10) 등 하버마스 연구의 생산지는
그 어떤 중심이 없이 철학계 내부 그리고 한국 국내에 포진하는 각
학문분야들에 산재해 있다. 따라서 '하버마스 학파'라든가 '하버마스
네트워크' 같이 하버마스 철학을 교조적이지는 않더라도 하다못해
중심적인 학파교의로 삼는 정도도 아닌 특정 연구집단도 없는 상태
에서 **21세기 세 번째 십 년기를 경과하는 현재 대한민국 학문계의**
전 분야에서 하버마스와 관련된 연구는 전(全) 학문적으로 일반화되
어 있다고 단언할 수 있다.

'하버마스 수용'의 일반화 요인: 민주주의적 정치문화의 안정되고 명확한 규범 제시

하버마스 철학을 그 수용(受容, reception)의 관점에서 고찰하기
로 한 것은 그것과 구별되는 다른 종류의 관점에 대한 경계 내지 견
제 또는 경우에 따라서는 배제를 의식적으로 염두에 두는 것인데, 특
히나 1970년대에 단초가 마련되고 1980년대부터 독일과 서유럽, 조
금 더 넓게는 미국 학계를 현장으로 하는 하버마스 저작 활동의 결실
에 대한 거의 동시적 번역을 중심으로 한국에서 이루어진 하버마스
연구와 관련해서는 하버마스의 이론이나 철학을 교조적으로 추종하
는 그 어떤 특정 학파는 말할 것도 없고 한국 측 연구자들 사이의 의

식적 네트워킹 같은 것은 전혀 이루어진 바가 없는데도 하버마스와 관련하여 그 어떤 사태나 사건, 특히 최근 '하버마스 스캔들'이라는 식의 허위사건을 인위적으로 조작하는 것에 대한 명백한 혐오를 부각하고자 하는 것이다.[38] 즉 하버마스에 대한 한국 측에서의 관심은, 단지 일시적인 '유행'이나 '수입'이 아니라, 40년 전 필자가 화곡시장의 자취방에서 시위나 총 대신 하버마스 번역을 택하면서 기대했던 것과 많이 어긋나는 것을 체감했을 때, 즉 나의 시계와 하버마스의 시계는 각기 다른 시간을 가고 있다는 데서 오는 실망이 대한민국의 민주화와 복지화가 한 세대는 지속되어 어느 정도는 성공적으로 축적되었다는 데서 오는 안도감으로 상당히 누그러질 정도로 안정되게 소화되어 성과가 있었기에, 지속될 수 있음을 확인한다.

그렇다면 하버마스가 던지는 개념적 화두들이 이렇게 잘 수용될 수 있도록 하는 그의 철학 내에서의 요점은 무엇일까? 다른 것은 몰라도 이제 대한민국에서는 당장 타도해야 할 5공 정권 같은 살인정권, 폭력적인 전체주의적 억압체제가 6월 항쟁을 통해 들어선 민주주의적 입헌정치가 한 세대 이상 지속되어 오면서, 현재와 같은 정치적 안정성의 부침이 없는 것은 아니지만, 민주주의적 정치문화에 대한 일정 정도의 공유점이 형성되었다는 것은 분명하다는 점을 들어야 할 것이다. 즉 대한민국의 주권자 시민은 2개 이상의 정당으로 이루어지는 제도정치권을 두고 정기적 선거를 통한 여러 번(아마도 3번)의 정권교체를 거치면서 "자유·민주적 기본질서"(「대한민국헌법」前文)로 구조화된 국가통치권 안에서 자기 이익을 추구하고 이익갈

---

38) 앞의 이시윤 씨는 자신의 박사학위논문에다 아예 자극적인 제목을 달아 『하버마스 스캔들 - 화려한 실패의 지식사회학』(파이돈, 2022. 11.)으로 출간하였다.

등을 조정하는 입헌정치가 작동함에 있어서 의견형성과정과 결정과정을 규제하는, 상호합의능력 있는 정치규범에 대한 직관을 터득해 온 것 같다. 참으로 다행스럽게도 하버마스가 1980년대서부터 추구해 온 의사소통행위론에 입각한 논변절차의 규범, 즉 민주주의적 정치문화를 안정화시키는 타당성 요구들(즉 진실성 요구, 진리성 요구, 정당성 요구 및 이해가능한 합의가능성 요구)은 하버마스를 학습한 연구자들이면 (화용론적 전회에 따른 복잡한 언어이론에 대한 다량의 심오한 사전 지식이 없다고 하더라도) 충분히 적용가능하고, 일상생활의 시민들은 직관적으로 수긍가능할 정도로 간략하고, 명확하고 또 보편화 가능하다.

하버마스가 이렇게 민주주의 정치문화를 규제하는 안정적 규범을 발견하고 명확하게 정식화하는 데 성공하게 된 또 하나의 요인은 그가 백 세를 바라보는 현재의 나이에 이르기까지 자기 문화권에서 제기되는 가능한 모든 반론들에 대하여 나름 치밀하게 그리고 성실하게 반응하려고 노력하는 가운데 자신의 다양한 철학논술들을 자체적으로 정전화(正典化, canonization)시키는 경지까지 끌어올렸다는 데서 찾아진다. 계속되는 문제 제기에 고도의 학술적 대응을 행하는 저술들이 계속 이어졌을 뿐만 아니라 자신이 도달한 철학적 통찰의 성과들을 5권의 『철학교범: 학습본 *Philosophische Texte* 1~5』으로 체계화시켰다.[39] 다시 말해서 하버마스는 일생 자신의 텍스트들을 끊임없이 정전화시켜왔고, 시대마다 이끌어진 철학적 논증의 결과들을 정전화시키는 것이 철학의 기능 중의 하나임을 부각시키기도 하

---

39) Jürgen Habermas, *Philosophische Texte: Studienausgabe in fünf Bänden* (Frankfurt a.M.: Suhrkamp, 2009.5.). 그 목차는 이 글 뒤에 첨부.

였다. 즉, 그에 따르면, "오늘날 철학적 논증이라 하더라도, 자연과학, 사회과학, 정신과학 등의 담론들이 연주되고, 예술비평이 이미 관행적으로 실연되며, 판결, 정치 그리고 여러 매체들을 통해 매개되는 공적 의사소통 등이 어우러지는 동시대 맥락 안에서도 여전히, **언뜻 보아 우선이라도(prima facie)** 언급될 가치가 있다는 정도로라도 인정받을 수 있어야 한다. 앎(知識, Wissen)이란 근본적으로 오류가능한 것이라고 보는 이 폭넓은 맥락을 염두에 두어야만 우리는 철학적 근거들을 여전히 '중시하는' 좁다란 오솔길에 대해 탐색이라도 할 수 있다. 그러나 이 탐색은 수행적으로만(performativ) 성공할 것이며 메타이론적 숙고들에 들어가면 그 결과는 나쁜 의미에서 추상적 상태를 벗어날 수 없다. 철학적 자기확인의 업무에 참여하고 싶은 사람이라면 자기 스스로 철학을 가동시켜야 한다. 이 순환은 사람들이 지식존립의 정전화(正典化, Kanonisierung)가 여전히 가능하다고 믿고 있다고 한다면 바로 그 때문에 피할 수 없는 일이다."[40] 이에 따라 하버마스는 **자신이 얻은 철학적 통찰을 정전화하면서 그렇게 정전화된 통찰에 대해 철학적 논증을 가동**하고 그렇게 가동된 논증으로 철학적 통찰을 근거지우면 그것을 다시 정전(Kanon)으로 확인하고 확신시킨다. 따라서 한국에서뿐만 아니라 그런 통찰이 이루어지는 서유럽 현지의 생활세계에서 그가 행한 것과 별도의 정전화는 불필요하다. 왜냐하면 하버마스 자신이 자신의 철학을 스스로 정전화시키고 있기 때문이다. 이 때문에 그의 철학적 논증은 난해해도 그 간명한 결론에 대한 직관은 충분히 가능하여 시민의 일상생활과 정치생활을

---

40) Jürgen Habermas, "Versprachlichung des Sakralen", in: 같은 저자, *Nachmetaphysisches Denken II, Aufsätze und Repliken* (Frankfurt a. M.: Suhrkamp, 2012), 8쪽.

모두 관통하는 규범적 직관으로 상식화되는 정전(正典 Kanon)으로 공고화될 수 있는 경지까지 그 이해에 대한 상호수렴이 이루지는 것처럼 보인다.

어쨌든 한국에서의 이런 하버마스 수용 양상에 대해서는 어떤 경우에도 "한국사회에서 1996년 하버마스의 방한 행사를 기점으로 인기의 정점을 찍었던 하버마스의 수용은 왜 갑자기 쇠퇴했는가? **하버마스 인기의 부침**이라는 문제는 **특정 이론의 수용 실패**만을 의미하지 않는다. 한국 인문사회과학 공간의 구조 변동과 모순을 극명하게 보여준다. 이 책은 왜, 그리고 어떻게 하버마스 이론이 수입되고 수용되었으며 **실패로 귀결**되었는지를 탐색한다."41)라는 식의 거친 진술은 타당하지 않으며, 도리어 이런 허위 진술 자체가 사실상 중상모략급의 스캔들이다. 한국의 학계에서 하버마스 스캔들 같은 것이 일어날 여지는 전혀 없으며, 만약 그 어떤 스캔들이 일어난다면 하버마스의 통찰이 정치철학적 수준에서는 거의 정전화되어 있는 유럽 현지에서 이 정전이 준수되지 않거나 아니면 준수될 수 없는 사태가 벌어지는 경우일 것이다. 그리고 2022년 2월 24일 러시아가 우크라이나를 침공함으로써 유럽연합(EU)과 나토 차원의 의사소통적 위력(communicative force)이 꺾이고 하버마스는 그 앞에서 불같이 화를 내면서 "우크라이나가 지도록 내버려 둘 수 없다."고 설파하면서42) 우크라이나의 군사적 패배를 러시아에 용인해서는 안 된다고 역설하

---

41) 이시윤, 앞의 책에 대한 알라딘의 책소개.
   https://www.aladin.co.kr/shop/wproduct.aspx?ItemId=304080812&start=slayer(강조 필자)

42) Jürgen Habermas, "Krieg und Empörung", in: Mai 2022 Redaktion Sozialismus.de: Zur Wortmeldung von Jürgen Habermas.
   Quelle:https://www.sozialismus.de/kommentare_analysen/detail/artikel/krieg-und-empoerung/

였다. 결국 결론은 합의를 추구하는 논변적 담화가 아니라 승리를 보장하는 무력적 지원이었다. 이로써 의사소통행위는 자기지시적인 메타-물음(meta-question)으로 빨려 들어간다. 즉, 모든 문제를 의사소통을 통해 합의하고 의사소통을 통해 해결하자고, 그 점에 관해 우리가 상호의사소통을 통해 합의한 적이 있는가?

이렇게 상호소통으로 합의하자는 합의를 소통이 아니라 무력으로 압박할 수밖에 없다는 이 의사소통의 의사소통적 딜레마는 어떻게 해소될까? 이런 점에서 나는 여전히 하버마스와 시간 숨바꼭질을 하고 있다. 다만 40년 전 나는 하버마스의 뒤에 있었다. 이 점에서 나는 전(前) 하버마스적(pre-Habermasian)이었다. 그런데 40년이 지난 지금 나는, 아니 우리는 하버마스 곁을 지나 하버마스 앞에(post-Habermasian) 서 있다. 우리의 시계는 언제 분침까지 일치할까? 이 지구는 여전히 우리에게 활짝 열리지는 않았다.[43]

43) 본 논문은 한국연구재단 2018년도 중견연구자지원사업(과제번호 2018S1A5A2A01039624) "대한민국헌법 규범력에 상응하는 헌법현실의 창출을 담보하는 헌법교육/민주시민교육의 철학적 근거정립"의 연구 성과의 하나로 작성되었다.

[첨부]

위르겐 하버마스, 『철학교본. 5권으로 엮은 학습판』 / Jürgen Habermas,
Philosophische Texte: Studienausgabe in funf Bänden(Frankfurt a.M.: Suhrkamp,
2009. 5.)

2009년 5월 주르캄프 출판사는 위르겐 하버마스의 철학논술집 5권을
출간하기로 하였다, 그 5권의 각 제목은 다음과 같다.

제1권 사회학의 언어이론적 기초정립(Sprachtheoretische Grundlegung
    der Soziologie)
제2권 합리성 이론과 언어이론(Rationalitäts- und Sprachtheorie)
제3권 논변윤리학(Diskursethik)
제4권 정치이론(Politische Theorie)
제5권 이성의 비판(Kritik der Vernunft)

각 권에는 하버마스가 새로 쓴 서론이 붙어 있으며, 제5권은 「세계상
에서 생활세계로(Von den Weltbildern zur Lebenswelt)」와 「세계종교들
의 재활력화(Die Revitualisierung der Weltreligionen)」라는 새로 쓴 두
편의 글을 수록하고 있다.

45편의 글 중 4편만이 1980년 이전에 쓰여졌다. 그리고 『탈형이상학적
사고(*Nachmetaphysisches Denken*)』(1988)와 『진리와 정당화(*Wahrheit
und Rechtfertigung*)』(1999)에 실린 거의 모든 글들이 재수록되었다.

서문에서 하버마스는 자기 저작의 철학적 주제들에 관해서는 "어떤
책도 쓴 적이 없었다는 것은 참으로 충격적인 일이다"라고 말하고 있
다. 이제 그는 학생들에게 자신의 철학적 견해들의 "정수(精髓)"를 전
해줄 수 있는 상당량의 논고를 손수 선택하였는데, 즉 "주제에 따라

정렬된 논고들을 고른 것은 학생들이 나의 철학적 견해들의 핵심에 접근하는 것을 용이하게 해줄 것이다. 그 어떤 논문전집 대신 나는 그때그때 미집필 논문의 자리에 들어서야 하는 교본들을 체계적으로 선택하여 제시한다. 나는 사회학의 언어이론적 기초정립이라든가 언어와 합리성의 형식화용론적 개념파악 그리고 논변윤리학 또는 정치철학 또는 탈형이상학적 사고의 위상 등 좁은 의미에서 철학적이라고 할 수 있는 나의 관심들이 지향하는 주제들에 관해서는 그 어떤 책도 쓴 적이 없었다. 뒤돌아보고 나서야 나는 이런 이상야릇한 사정을 깨닫게 되었는데 (…) 각 권마다 붙인 짧은 서론들은 자기 작업들의 체계적 내용에 관심을 가진 한 저자로서 되돌아본 발생 맥락에 대한 해명과 논평을 담고 있다."

그 5권 각각의 목차는 다음과 같다.

『철학교본 제1권 사회학의 언어이론적 기초정립(*Philosophische Texte Band 1. Sprachtheoretische Grundlegung der Soziologie*)』

서문(Vorwort)

서론(Einleitung)(9-28쪽) 신집필

1. 「사회학의 언어이론적 기초이론에 관한 강의들(Vorlesungen zu einer sprachtheoretischen Grundlegung der Soziologie)」(1971)

2. 「의소소통행위 개념에 대한 해명들(Erläuterungen zum Begriff des kommunikativen Handelns)」(1982)

3. 「행위들, 담화행위들, 언어적으로 매개된 상호작용들과 생활세계 (Handlungen, Sprechakte, sprachlich vermittelte Interaktionen und Lebenswelt)」(1994)

4. 「사회화를 통한 개인화. G. H. 미드의 주체성이론(Individuierung durch Vergesellschaftung. Zu G. H. Meads Theorie der Subjektivität)」(1988)

5. 「행위합리성의 측면들(Aspekte der Handlungsrationalität)」(1977)

6. 「재구성적 사회과학와 이해사회과학(Rekonstruktive vs. verstehende

Sozialwissenschaften)」(1980)

7. 「현대에 대한 개념파악들. 두 전통에 대한 회고(Konzeptionen der Moderne. Ein Rückblick auf zwei Traditionen)」(1996)

『철학교본 제2권 합리성 이론과 언어이론(*Philosophische Texte Band 2. Rationalitäts- und Sprachtheorie)*』

서문(Vorwort)

서론(Einleitung)(9-28쪽) 신집필

1. 「해석학적 철학과 분석적 철학. 언어학적 전회의 상호보완적 두 작동방식(Hermeneutische und analytische Philosophie. Zwei komplementäre Spielarten der linguistischen Wende)」(1997)

2. 「의미이론의 비판(Zur Kritik der Bedeutungstheorie)」(1988)

3. 「상호이해도달의 합리성. 의사소통적 합리성의 개념에 대한 담화행위론적 해명들(Rationalität der Verständigung. Sprechakttheoretische Erläuterungen zum Begriff der kommunikativen Rationalität)」(1996)

4. 「의사소통적 행위와 탈선험론화된 이성(Kommunikatives Handeln und detranszendentalisierte Vernunft)」(2001)

5. 「진리이론들(Wahrheitstheorien)」(1973)

6. 「진리와 정당화. 리차드 로티의 화용론적 전회(Wahrheit und Rechtfertigung. Zu Richard Rortys pragmatischer Wende)」(1996)

7. 「언어화용론적 전회 이후의 실재론(Realismus nach der sprachpragmatischen Wende)」(1999)

『철학교본 제3권 합리성 이론과 언어이론(*Philosophische Texte Band 3. Diskursethik)*』

서문(Vorwort)

서론(Einleitung)(9-30쪽) 신집필

1. 「논변윤리학─근거정립 프로그램에 대한 몇 가지 주해(Diskursethik ─Notizen zu einem Begründungsprogramm)」(1983)

2. 「칸트에 대한 헤겔의 반론들은 논변윤리학에도 해당되는가?(Treffen Hegels Einwände gegen Kant auch auf die Diskursethik zu?)」(1985)

3. 「논변윤리학과 사회이론. T. 흐비트 닐센과의 대담(Diskursethik und Gesellschaftstheorie. Ein Interview mit T. Hviid Nielsen)」(1990)

4. 「논변윤리학에 대한 몇 가지 해명(Erläuterungen zur Diskursethik)」 (1991)

5. 「도덕의 인지적 내용에 대한 계보학적 고찰(Eine genealogische Betrachtung zum kognitiven Gehalt der Moral)」(1996)

6. 「실천이성의 실천적, 윤리적 그리고 도덕적 사용(Vom praktischen, ethischen und moralischen Gebrauch der praktischen Vernunft)」(1988)

7. 「정당성과 진리. 도덕적 판단들과 규범들의 당위적 타당성의 뜻 (Richtigkeit und Wahrheit. Zum Sinn der Sollgeltung moralischer Urteile und Normen)」(1998)

8. 「논변분화의 건축구조. 하나의 큰 대결에 대한 자그마한 응답들 (Zur Architektonik der Diskursdifferenzierung. Kleine Replik auf eine große Auseinandersetzung)」(2003)

『철학교본 제4권 정치이론(*Philosophische Texte Band 4. Politische Theorie*)』

서문(Vorwort)

서론(Einleitung)(9-34쪽) 신집필

1. 「정차로서의 국민주권(Volkssouveränität als Verfahren)」(1988)

2. 「민주주의의 규범적 세 모델(Drei normative Modelle der Demokratie)」 (1992)

3. 「민주주의는 여전히 인식적 차원을 가지는가? 경험적 연구와 규범

적 이론(Hat die Demokratie noch eine epistemische Dimension? Empirische Forschung und normative Theorie)」(2006)

4. 「법치국가와 민주주의의 내적 관계(Über den internen Zusammenhang von Rechtsstaat und Demokratie)」(1994)

5. 「민주주의적 법치국가 – 모순적 원칙들의 역설적 연결(Der demokratische Rechtsstaat – eine paradoxe Verbindung widersprüchlicher Prinzipien?)」(2000)

6. 「민족, 법치국가 그리고 민주주의의 관계(Zum Verhältnis von Nation, Rechtsstaat und Demokratie)」(1996)

7. 「문화적으로 평등한 처우 – 그리고 탈현대적 자유주의의 한계들 (Kulturelle Gleichbehandlung – und die Grenzen des Postmodernen Liberalismus)」(2003)

8. 「공론장에서의 종교(Religion in der Öffentlichkeit)」(2005)

9. 「인권을 통한 정당화(Zur Legitimation durch Menschenrechte)」(1997)

10. 「만민법의 헌법화는 여전히 기회가 있는가?(Hat die Konstitutionalisierung des Völkerrechts noch eine Chance?)」(2004)

11. 「만민법의 헌법화와 헌법화된 세계사회의 정당화 문제(Konstitutionalisierung des Völkerrechts und die Legitimationsprobleme einer verfaßten Weltgesellschaft)」(2008)

『철학교본 제5권 이성의 비판(*Philosophische Texte Band 5. Kritik der Vernunft*)』

서문(Vorwort)

서론(Einleitung)(9-32쪽) 신집필

1. 「철학은 아직도 어디에 소용되는가(Wozu noch Philosophie)」(1971)

2. 「좌석지정자이자 해석자로서의 철학(Die Philosophie als Platzhalter und Interpret)」(1981)

3. 「이론들이 성취할 수 있는 것들-그리고 할 수 없는 것들(Was Theorien leisten können-und was nicht. Ein Interview)」(1990)

4. 「이론과 실천의 관계 재론(Noch einmal: Zum Verhältnis von Theorie und Praxis)」(1997)

5. 「그 음성들의 다채로움 안에서의 이성의 통일성(Die Einheit der Vernunft in der Vielfalt ihrer Stimmen)」(1987)

6. 「칸트 이후의 형이상학(Metaphysik nach Kant)」(1987)

7. 「탈형이상학적 사고의 동기들(Motive nachmetaphysischen Denkens)」(1988)

8. 「세계상에서 생활세계로(Von den Weltbildern zur Lebenswelt)」(203-270쪽) 신집필

9. 「책임있는 저작권자의 언어게임과 의지의 자유 문제(Das Sprachspiel verantwortlicher Urheberschaft und das Problem der Willensfreiheit)」(2006)

10. 「앎(知識)과 믿듬(信仰) 사이의 경계들(Die Grenzen zwischen Glauben und Wissen)」(2005)

11. 「세계종교들의 재활력화-현대의 세속적 자기이해에 대한 도전(Die Revitalisierung der Weltreligionen-Herausforderung für ein säkulares Selbstverständnis der Moderne?)」(387-407쪽) 신집필

12. 「결여되어 있는 것에 대한 의식(Ein Bewußtsein von dem, was fehlt)」(2008)

13. 「보론: 내부로부터의 초월, 이승 안으로의 초월(Exkurs: Transzendenz von innen, Transzendenz ins Diesseits)」(1988)

출처: http://habermas-rawls.blogspot.com/2009/05/habermas-philosophische-texte-in-5.html

04

하버마스에서
생활세계 개념의 의미

04

하버마스에서 생활세계 개념의 의미

이재성

문제 제기

생활세계 개념은 에드문트 후설(Edmund Husserl)이 도입하여 사용한 이래 오늘날까지도 여전히 철학과 사회과학에서 이루어지는 담론의 핵심을 이루고 있다. 철학과 사회과학에서 아주 중요한 관계를 맺고 있는 개념은 '생활세계(Lebenswelt)'와 '반성(Reflexion)'이다. 생활세계와 반성의 관계는, 한편으로 생활세계적(즉, 전(前) 이론적이고 전(前) 학문적인) 배경 지식이 이론적 반성 이행에 영향을 미치며, 다른 한편으로는 이러한 반성적 절차의 틀 내에서 생활세계에 대한 방법론적 포착이 가능하게끔 한다.[1]

---

[1] 철학적-사회과학적 반성 이론은, 한편으로 그들의 대상 영역에로의 방법론적 통로를 명확하게 하며, 다른 한편으로는 생활세계에 대한 이해와 이론적, 학문적 반성 간의 상관관계를 마련해준다. 이러한 점에서 반성 개념은 새로운 철학의 핵심적 방법 개념으로 여겨지며, 마찬가지로 사회과학의 방법론을 위해서도 유용한 것이다. 이러한 반성 개념에 의한 반성적 수행에 의해서 생활세계를 주제화하고(후설) 문제화하며(하이데거) 구조화하고(비트겐슈타인) 재구성하는(슈츠와 하버마스) 것이 가능하다. 그러므로 여기서 반성은

이러한 점에서 하버마스의 생활세계 개념은 새로운 철학과 사회과학의 핵심적인 방법론 개념으로 반성 개념을 도입하고 있다. 하버마스가 주장하는 생활세계 개념은 사회이론의 근본 개념으로서 의사소통 행위와[2] 합리적인 상호이해의 토대를 형성한다. 그는 우선 생활세계를 인간의 행위와 이해에 공동으로 존재하는 배경 지식을 가리키는 "행위 상황의 지평을 형성하는 맥락으로"[3] 이해함으로써 기존의 생활세계 개념을 재구성한다. 하버마스가 생활세계 개념을 재구성하는 방법은 전제 분석이다. 그는 "일상을 구상할 때 의사소통 행위와 그 행위의 표명이 사회적 공간과 역사적 시대 속에 국한되며 거기서 시작되는"[4] 일상 구상이라는 의미에서 생활세계를 시작한다. 그럴 경우 하버마스는 구조적–기능적 절차를 적용해서 생활세계를 재구성한다. 하버마스는 현상학의 의식이론적 단초를 비판하면서 사회구조를 재구성하려고 할 경우, 그 재구성은 오로지 언어화용론적 분석을 통해서만 상호주관적으로 검증될 수 있다고 본다. 이때 '언어'는 사회과학적 분석의 대상과 매개 수단이다. 언어의 규칙 및 그 규

'더 이상 거슬러 올라갈 수 없는(unhintergehbar)' 인간의 인식 원리와 인식 주관의 연관 관계가 아니라 – 자기반성의 형식으로 수행된 데카르트 – 칸트적 전통에 따르는 – "주제화하는 방법 구조"(H. Schnädelbach, *Reflexion und Diskurs. Fragen einer Logik der Philopsophie*, Frankfurt(M.) 1977, 36쪽 이하)로 이해되어야 할 것이다.

2) 의사소통 행위는 언어적 상호이해에 내재하는 하나의 본보기다. 의사소통 행위는 하버마스가 상세하게 기술함으로써 담론 윤리를 근거 짓는 프로그램으로 발전시킨 단초이다(J. Habermas, *Moralbewuβtsein und Kommunikatives Handeln*, Frankfurt(M.) 1983, 172–182쪽 참조). 헤겔의 사유 유형에서 본다면 의사소통 행위의 생성 과정은 선(先)관습적인 상호작용과 관습적인 상호작용의 단계를 넘어서 '차별화'의 변증법적 과정으로 완전하게 발전된 의사소통 행위 개념으로서의 타당성 요청에까지 소급되는 논증적 담론이라는 후(後)관습적인 상호작용의 단계까지 사유될 수 있는 것이다. 이러한 발전 단계에 대해서는 Habermas(1983), 152–167쪽 참조.

3) J. Habermas, *Theorie des kommunikativen Handelns. Zur Kritik der funktionalistischen Vernunft, Bd. II*, Frankfurt(M.) 1981, 208쪽.

4) 같은 책, 206쪽.

칙과 결부된 타당성의 함축은, 소위 생활세계 내에 존립하는 의사소통 행위와 재구성의 절차를 사용하는 과학자들을 매개하는 심급이다. 무관심한 사회과학자의 순수한 이론적 관점에만 근거하는 현상학적 단초는 매개 수단을 전제로 이해의 통로를 요청하는 것을 충족시킬 수 없다. 그래서 현상학적 단초는 해석학적 단초의 통합에 의해서만 주관적 이해력의 상호주관적 타당성을 제시할 수 있다. 이러한 의미에서 각 주체의 이해는 표현 또는 행위의 의미를 확정하는 '해석력'을 뜻한다. 의사소통 행위자 혹은 과학자는 해석력을 통해서 의사소통 과정에 참여한다. 따라서 하버마스는 의사소통적 경험들의 조건을 분석하기 위한 출발점은 "연구 상황"이 아니라 "상호작용의 그물망"[5]이며, 그것에 의해서 연구의 처리 방법이 예견된다고 주장한다. 이러한 점에서 사회적 생활세계는 연구의 대상이면서 동시에 토대가 된다.

　　이러한 맥락에서 하버마스는 『사회과학의 논리』에서 비판적 반성 개념을 프로이트의 "무의식적 동기와 의식적 동기 간의 반성 관계"와[6] 관련해서 명시하고 있는 반면에, '의사소통 행위 이론'에서는 담론 개념－전통적인 의식철학적 반성 개념을 언어화용론적 반성 개념과 등치시킴으로써－을 상호이해를 지향하는 행위의 보편적 전제를 밝힐 수 있는 과제로 명시한다. 이런 점에서 담론 개념은 '의사소통 행위 이론'에서 구상된 의사소통 이론적 생활세계 개념과 내재적 연관성을 갖는다.[7] 여기서 하버마스는 의사소통 행위에다 '생활

5)　J. Habermas, *Zur Logik der Sozialwissenschaften*, Frankfurt(M.) 1970, 211쪽.
6)　같은 책. 323쪽.
7)　하버마스가 발전시킨 화용론적 담론 이론은 정신적 반성 구상을 변형시키는 근거다. 그의

세계'를 '상보 개념'으로서 도입한다면 현상학적으로 제시된 생활세계 구조를 설명할 수 있다고 주장한다.[8] 그래서 그는 의식철학적 구조 분석과 기초 분석을 언어화용론적 전제 분석으로 대체한다. 그때 '생활세계'는 의사소통 참가자에게 주제 없이 전제된 배경 지식을 의미한다. 이 배경 지식은 고립된 자아 관점이 아니라 '참가자 관점'에서 해명된다. 따라서 생활세계는 '구성원의 내부 관점'에서 재구성적으로 기술되어야 한다.

이제 의사소통이론적 생활세계 개념 또는 형식화용론적 생활세계 개념은 '생활세계의 일상 구상'에 의해 보완된다. 여기서 생활세계 (행위의 근원지로서)는 '문화', '사회' 및 '인격'이라는 세 가지 구성 요소로 간주되는 상징적인 전체 대상을 포괄한다. 이 세 가지 구성 요소는 생활세계의 상징적 구조인 세 가지 재생산 과정-'문화적 재생산', '사회적 통합', '사회화'-과 일치한다. 일상의 구상이라는 의미에서 본다면 생활세계는 '이야기 관점'에서 주제를 잡을 수 있다. 이러한 비전문가의 구상은 구체적인 사회문화적 생활세계를 비교하고 분석하는 데 인용될 수 있으며 진화론적 탐구를 위해서도 사용될 수 있다.

또한 하버마스는 상호주관성이 초험적 자아에서 시작되는 것에서 구성될 수 없다고 주장한다는 점에서는 알프레드 슈츠(Alfred Schütz)의 견해와 일치한다.[9] 이러한 일치는 공통적으로 공유하고

설명에 따르면 논증적 담론은 인간적 의사소통의 반성 형식이다. 실제로 우리는 담론적 담화에서 반성적으로 특정한 의사소통 수단을 가지고 다른 의사소통 수단과 관계한다. 이러한 의미에서 담론은 의사소통 행위의 특수 경우로 여겨진다. 말하자면 담론의 주제화와 문맥 조건은 '정상적인' 언어 사용과 구별된다. 그렇다고 담론이 언어적 반성의 유일한 형식은 아니며, 오히려 담론은 특수한, 즉 반성의 기술적 형식으로 드러난다.

8) J. Habermas(1981), *Bd. II*, 198쪽.

9) 슈츠는 사회과학의 방법론과 대상을 규정하기 위해서 후설의 현상학적 연구 결과를 유용

있는 '세계'라는 현존을 전제한다. 실제로 우리는 슈츠와 유사하게 상징적으로 선(先)구조화된 현실과 부딪친다. 하버마스는 사회과학의 객관적 영역을 형성하는 규칙들은 이미 의사소통적 일상의 경험 속에 '구성'되어 있다고 본다. 따라서 그는 슈츠가 수행한 생활세계 분석의 부분을 광범위하게 수용함으로써 자신의 구상에다 현상학적 연구의 핵심 부분을 보완시키고 있다. 이러한 보완으로는 예를 들면 '지평 개념', '지식 저장의 구상', '연관 체계들', '생물학적', '사회적' 및 '구조적 요소에 따라서 생활세계를 구조화함' 등을 들 수 있다. 다만 슈츠에 대한 하버마스의 비판은 개념 양식과 방법론적 방식이다. 하버마스에 따르면 슈츠가 말하는 의식력은 원초적이며 기초론적이다.

하게 하는데, 처음에 그는 후설의 현상학을 베버의 행위 이론과 이해사회학의 맥락에서 제기하며, 그것을 베르그송의 생철학과 연결한다. 슈츠의 '일상 구성'은 모든 이론적-학문적 의미 구성의 더 이상 거슬러 올라갈 수 없는 토대로서 간주된다. 이 때문에 생활세계의 선택은 사회학의 적절한 대상 영역으로 정당화된다. 생활세계를 현상학적으로 분석하는 것은 사회과학적 방법론을 적합하게 새롭게 규정하는 출발점이 된다. 슈츠가 말하는 생활세계는, 한편으로 – 일상과 구별해서 – 선천적, 다시 말하면 선(先)소여된 의미 맥락, 즉 불변적인 구조에서 형성된 의미 맥락이며, 다른 한편으로는 근원적으로 불변적인 구조들의 구체적 현현으로서 구체적-경험적 의미 맥락에 선재(先在)한다. 여기서 선험적 상호주관성은 상호 관계들의 구체적 형성에 선재한다. 생활세계의 선험적-현상학적 의미는 경험적으로 입증되는 일상 사태를 판단 중지(Epoche)시킬 때만 획득된다. 그래서 슈츠는 후설의 생활세계 개념이 가지고 있는 선험적-현상학적 의미(선험적 주체의 일차적 구성층으로서)와는 달리 현세적 주체 간의 '상호주관성'에 관하여 말하고 있다. 이러한 의미에서 일상은 학문의 대상으로 드러나고, 의미 토대로서의 생활세계는 자기 자신 속에 일상과 학문을 통합한다. 그럼에도 불구하고 우리는 슈츠의 이론에서 '물질적-존재론적' 개념인 일상세계 개념과 '구조 개념'인 생활세계 개념을 구별해야만 한다. 이러한 구별에 관해서는 W. Lippitz, "Der phänomenologische Begriff der Lebenswelt-seine Relevanz für die Sozialwissenschaften", in: *Zeitschrift für philosophische Forschung* 32, 1978, 433쪽. 그 외에도 R. Grathoff, *Milieu und Lebenswelt. Einführung in die phänomenologische Soziologie und die sozialphänomenologische Forschung*, Frankfurt(M.) 1989; W. Bergmann, "Lebenswelt, Lebenswelt des Alltags oder Alltagswelt? Ein grundbegriffliches Problem 'alltagstheoretischer' Ansätze", in: *Kölner Zeitschrift für Soziologie und Sozialpsychologie* 33, 1/1981; H.A. Knoblauch, "Soziologie als strenge Wissenschaft. Phänomenologie, kommunikative Lebenswelt und soziologische Methodologie", in: G. Preyer/G. Peter/A. Ulfig(Hg.), *Protosoziologie im Kontext. Lebenswelt und System in Philosophie und Soziologie*, Würzburg 1996 참조.

이상의 약술에서 우리는 하버마스의 형식화용론적 생활세계 분석을 위해서 먼저 사회문화적 구성 요소들에까지 언어적 전제 개념을 확장할 수 있을 것이다(2). 이러한 확장을 통해서 서얼의 배경 개념이 개념 자체의 기능 방식과 관련해서 검증될 것이며(3), 이상의 문제 제기에 따라서 형식화용론적 생활세계 개념은 전제 분석이라는 의미에서 해명될 것이고(4), 마지막으로 생활세계 개념의 사회과학적 의미가 함께 해명될 것이다(5).

전제 개념의 확장[10]

먼저 전제 개념으로 설정되는 것은 함축된 지식의 보편적 문맥이다. 이러한 문맥에서 핵심 부분이 되는 것은 명제(또는 텍스트)와 사회문화 체계 또는 사회문화적 전체 체계 속에 편입된 사회문화적 부분 체계의 관계를 문제로 삼는 것이다. 이러한 문제 제기의 관점에서 사회문화적 체계는 배경 지식이라는 의미에서 재구성될 수 있다. 재구성은 배경 지식이 어떻게 그때마다 언어적 표현으로 수용되는지, 다시 말하면 어떠한 방식에 의해 표현(또는 텍스트)은 그때마다 배경 지식을 전제하는지를 문제로 삼는다. 이 점에서 햄퍼(Hemper)는 "사회문화적 체계가 어떠한 방식으로든 항상 언어 체계와 관계하며, 그 언어 체계가 사회문화적 체계에 영향을 미치는 한"[11] 언어 체

---

10) 형식화용론적 생활세계를 분석하기 위한 핵심은 '전제 개념'이다. 하버마스에서 생활세계적 배경은 전제 분석의 의미에서 재구성된다. 따라서 전제 개념은 현상학적 전통에서는 '주제가 되지 못하는 지식', '지나간 지식으로 규정된 것'을 충족시킨다.

11) K.W. Hemper, "Präsuppositionen, Implikaturen und die Struktur wissenschaftlicher Argumentation", in: Th. Bungarten(Hg.), *Wissenschaftssprache. Beiträge zur Methodologie, theoretischen Fundierung und Deskription*, München 1981, 338쪽.

계와 다른 사회문화적 체계를 구별하는 것은 문제가 있다고 지적한다. 그럼에도 불구하고 "엄밀한 의미에서 특정 문맥 속에 있는 특정한 언어 구조에 의해 필연적으로 야기되는 언어로 표시된 전제와, 다른 한편 상호작용에 의해 나타나는 여러 사회문화적 부분 체계의 전제"를 구별함으로써 "전자는 언어 체계를 표현한다"[12]는 주장은 설득력이 있다.[13] 이러한 의미에서 전제는 확정될 수 있다. 이 전제는 비언어적 사태, 돌발적 사건 등으로부터 발생하거나 비언어적 사태, 돌발적 사건 등을 통해서 구성되는데, 그 예로 우리는 '사회적 관례'를 들 수 있을 것이다. 사회적 관례와 같은 전제는 비언어적 사태에 대한 지식에 근거해서 발생한다.

따라서 전제는, 1) 언어 능력과 결합된 또는 언어 능력에 속하는 (언어적 표현을 생산하는 데 사용되는 언어 체계 또는 부호 체계의 전제) 전제와, 2) 세계에 대한 부가적인 사회문화적 지식을 매개해서만 산출될 수 있는(명제를 형성하고 표현하기 위한 사회문화적 전제, 비언어적 행위 문맥 또는 상황 문맥) 전제로 구별될 수 있다.

표현은 부분적으로 언어적 본성이지만, 엄밀한 의미에서 본다면 부분적으로 사회문화적 본성인 지식의 특정한 집합(集合)을 매개한다. 그러므로 '순수하게 언어로 표시된 전제'와 '문맥적으로 표시된 전제'의 주변에는 여전히 단언적으로 규정할 수 없는 '언어적-사회적

---

12) 같은 책, 338쪽.
13) 이러한 전제의 이론 상황과 관련해서 햄퍼는 세 가지 기본 경향을 인식할 수 있다고 본다. "1) 언어 체계의 문맥불변적 소여로서의 전제를 파악하는 의미론적으로 기초지어진 이론들. 2) 문맥의존적 또는 언어의존적 전제를 이해하는 화용론적으로 기초지어진 이론들. 3) 그때마다 상이한 이론들의 관계와 개별 이론을 포괄하는 전제 구상의 구성에 따라서 지속적으로 열려 있는 상이한 유형의 전제를 덧붙이는 견해"(같은 책, 317쪽).

-문화적으로 표시된 전제'의 집합이 나타날 수 있다. 따라서 언어 체계 또는 기호 체계와 결합된 전제의 집합을 규정할 때, 예를 들어 명제 A는 언어적 표현을 생산하는 언어 체계의 구문론적 규칙, 의미론적 규칙 및 화용론적 규칙에 따라서 화자와 청자의 언어 능력을 전제한다고 규정할 수 있다.

사회문화적 전제의 집합, 즉 사회문화적 지식은 또한 그 자체 이질적이다. 왜냐하면 이 지식은 여러 부분 체계에서 발생하기 때문이다. 예를 들면 '사회적 규범 체계', '논리적-논증적 규범 체계', '지식 그 자체의 체계 형식', '이러한 지식의 각 분과에로의 분류' 등이 그러하다. 모든 것이 분류 체계에 속하는 이러한 사회문화적 체계 지식은 특정 대상이나 사태에 대한 지식, 능력, 능숙함과 숙련도 등에 속하는 전문 지식과는 분명하게 구별된다.

여기서 필자는 사회문화적 지식 체계를 정의하고 분류하는 문제에 몰두하기보다는 '한 명제' 또는 '한 표현'이 특정한 사회문화적 배경 지식 또는 배경 전제의 특정한 집합을 전제한다는 것이 무엇을 의미하는지를 문제로 삼을 것이다.

서얼의 배경지식 개념

함축된 지식은, 서얼(Searle)과 관련해서 본다면, '배경 지식(background knowledge)'으로 재구성될 수 있다.[14] 그럴 때 생활세계

---

14) 여기서 서얼은 직접적으로 생활세계를 말하는 것이 아니라 인간의 행위와 이해의 '배경'을 말한다. 그렇지만 '배경 개념'과 '생활세계 개념'은 가족 유사성이라는 의미에서 친족 개념이다. 게다가 서얼의 연구에서 중심을 이루는 것은 지향성 분석이다. 우리는 그의 분석에 따라 지향성과 선(先)지향성(배경의 형태로 존립하는 선지향성)의 토대 관계를 인과

적 배경인 생활세계를 재구성하는 것은 '전제 분석'의 틀 내에서 수행되어야 한다. 이러한 수행에서 이해, 의도, 믿음, 소망과 같은 것과 결합된 언어적 표현은 특정한 배경 지식, 즉 배경 전제의 집합을 전제한다는 것이 도대체 무엇을 의미하는지가 근본적인 물음이 된다.

서얼의 '배경 가설(Hintergrund Hypothese)'은 "지향적 상태들이 (…) 비(非)표상적, 선(先)지향적 능력에 기초한다"[15]는 것을 의미한다. 그는 배경의 현존을 증명할 수 있는 어떠한 명확한 논증도 주어질 수 없다고 강조한다. 이 가설은 몇몇 연구에서 그 근거가 세워졌다.[16] 서얼은 어휘의 의미 개념이 문맥에서 자유롭지 못하다고 본다. 그리고 그는 어휘의 의미 개념을 선(先)지향적 배경 전제와 배경 이행 방법에 상대적으로 적용하고 있다. 필자는 이러한 방식이 상당히 설득력이 있다고 생각한다. 한 명제의 어휘적 표현을 이해한다는 것에는 아마도 의미를 이해하는 것보다 더 많은 것, 즉 명제의 구성 요소나 이러한 구성 요소로부터 명제를 형성하는 규칙의 '의미론적' 내용을 파악하는 것보다 더 많은 것이 속해 있다.

그래서 서얼은 의미 이해, 즉 명제 형성을 위한 의미론적 내용과 규칙의 파악은 배경 가설 없이도 설명될 수 있음을 간접적으로 인정한다. 그럴 경우 명제의 형성과 표현을 위해 배경 가설과 지향적 상황을 '가짐'이 적용될 수 있는지, 적용된다면 어떻게 적용될 수 있는

적으로 이해할 수 있다. 그렇지만 나는 여기서 유사-생성적 토대에 관해서만 말할 것이다. 더 정확히 하자면 배경은 인과적으로 기능하지만 야기힘은 '강요된 방식'(J.R. Searle, *Intentionalität, Eine Abhandlung zur Philosophie des Geistes*, Frankfurt(M.) 1987, 200쪽)이 아니라는 것을 말하려고 한다.

15) J.R. Searle(1987), 184쪽.

16) B. Waldenfels, "Mens sive cerebrum: Intentionalität in mentalistischer Sicht", in: *Philosophische Rundschau*, 1984 참조.

지가 상세하게 제시되어야 한다. 전제 분석의 의미에서 볼 때 언어적 표현에 대한 이해는 배경 전제의 집합을 전제한다. 그렇지만 선지향적 배경 전제와 선(先)명제적 배경 전제를 이해하는 데서 일어나는 어려움은 분석 대상이 아니다. 무엇보다도 분석 대상이 되는 것은 지향적 지식과 명제적 지식(이러한 지식을 가지고 배경을 서술하기 위해 그 배경에 상응하는 어휘를 선택하고 서술하는 어려움)에 존립하는 선(先)지향적 배경 지식과 선(先)명제적 배경 지식을 증명하는 문제이다.

　　여기서 지향적 상황에 대한 이해와 가짐이 곧 배경 전제의 집합을 전제하는 것이라면 도대체 이것이 무엇을 의미하는지가 근본적인 문제이다. 그래서 서얼은 인과적 특징을 갖는 설명 모형을 제시한다. "배경은 인과적으로 기능하지만, 문제를 야기함은 강요된 방식이 아니다. 전통적인 용어론에서 표현하자면 배경은 이해, 믿음, 소망, 의도 등을 위해서 필수 조건이긴 하지만 충분 조건을 사용할 수 있다는 것은 아니다." "'문을 열어라!'에 관한 의미론적 내용을 정확하게 이해하기 위해서는 아무것도 나에게 강요되진 않지만, 배경 없이는 나의 이해가 불가능할 것이며, 그렇기 때문에 모든 이해는 바로 배경을 필요로 한다."[17] 다시 말하면 지향적 상황에 대한 '이해' 또는 '가짐'이 주어질 경우 거기서는 필연적으로 배경 전제의 집합이 선재(先在)한다. 그렇다고 배경 전제의 집합이 선재한다는 것이 지속적인 지향적

---

17) J.R. Searle(1987), 200쪽. 이와 관련해서 서얼은 "심층적" 배경과 "국지적" 배경을 구별하는데, 심층적 배경은 인간의 모든 "생물학적 능력"을 포괄하며(예를 들어, 갈 수 있는 능력, 먹을 수 있는 능력, 이해할 수 있는 능력, 지각할 수 있는 능력 등), 국지적 배경은 문을 인식할 수 있는 능력, 문을 열 수 있는 능력, 그 문으로 특정한 물건을 가지고 들어갈 수 있는 능력 등을 포함한다(같은 책, 183쪽 참조).

상황을 필연적으로 드러낸다고 말할 수는 없다. 넓은 의미에서 본다면 전제 관계의 선(先)-후(後) 영역은 통일된 상황을 이룬다. 그러나 이러한 상황은 배경 전제의 논리적 상태나 존재론적 상황을 충분히 해명하지 못한다.

따라서 이제 배경은 배경 지식의 상황으로 귀화되었다고 할 수 있다. 그 결과 사회적 실천이나 능력은 "살이나 피로 이행한다".[18] 또한 지향적 상황, 과정과 사건은 인간의 생물학적 전기에 속한다. 거기다 지향적 상황까지도 귀화될 수 있다. 그럴 경우 두 개의 귀화된 사건 사이에 존립하는 인과 관계가 일반화될 수 있다. 그러나 서얼은 전제 관계를 단수적 인과 관계를 말하는 야기함의 관계로 규정한다. 그는 물리적 현상과 정신적 현상 사이에 존립하는, 즉 '지향적 인과율'이라는 인과 관계를 말하고 있다. 이러한 인과 관계는 인과 법칙을 함축하지 않는다. 지향적 인과성의 모델은 배경 지식이 인과적으로 기능하고 있음을 서술하는 데 사용된다. 말하자면 "여기서 내가 설정한 구상에 따라서 배경은 (…) 지향적 내용을 가능하게 하며 지향적 내용이 어떻게 달성되는지는 제 기능을 발휘할 수 있는 실천, 능숙함, 습관, 입장에서 존립하며, 정확하게 이러한 의미에서 배경의 인과적 역할은 지향적 상황이 기능하고 있음을 허용하거나 또는 가능한 조건을 제공한다".[19] 반면에 서얼은 "기능하고 있음"에 대한 말을 더 이상 설명하지 않고 있으며, 배경과 지향적 상황의 관계에 대해서도 전혀 설명하지 않고 있다. 그래서 기능 맥락 또는 기능 체계

---

18) 같은 책, 191쪽. 이러한 입장에서 본다면, 우리는 서얼을 '자연주의적 생물주의자'라고 말할 수 있을 것이다.

19) 같은 책, 201쪽.

를 유지하기 위해 전체를 가정적으로 전제하는 것(여기서는 배경의 전체론적 특징의 의미에서)이 결정적이라는 것에 근거해서만 기능적 설명을 고려할 수 있다. 만약에 기능 맥락이라는 관계를 서술할 수 있다면, 거기서─통례의 기능적인 설명에 따라서─는 '야기함'의 방향이 열려 있으며, 마찬가지로 양 현상 영역 사이에 결정론적 야기함 혹은 단순한 공변식(共變式)이 존립하는지 어떤지 역시 열려 있다.

서얼이 '배경이 기능하고 있음'을 서술하는 데서 발생하는 대부분의 난점은 '인과 개념'에서 초래된다. 두 개의 귀화된 (물리적) 사건, 즉 심리적 과정으로 소급되는 사건 사이의 인과 관계는 포괄적으로 문제가 없지만, 물리적 사건(심층적 배경의 형태에서)과 정신적 사건(지향적 상황) 사이의 인과 관계에서는 상이한 범주 또는 상이한 유형의 사건이 중요한 문제가 된다. 이와 달리 우리가 물리적 사건과 정신적 사건의 표상적 동일성을 받아들인다면, 정신적 언어에서 물리적 언어에로의 '번역 가능성'의 문제와 정신적 사건에서 물리적 사건에로의 '편입'의 문제가 발생할 수 있다. 이외에 기본적으로 지역적, 문화적 배경의 실천이 귀화될 수 있는지도 문제 제기될 수 있다. 문화적 실천은 물질적 운동에서 실현된다. 특히 이러한 물질적 운동은 상징적 내용을 갖는다. 더불어 서얼의 언어 행위의 이론적 단초에 준거한 명제 성분의 파악이 서술의 의미를 이해하는 것이라는 점에서 물리적 또는 정신적 사건과 명제의 인과 관계 증명은 상당한 어려움에 봉착할 것이다. 당연히 이러한 증명은 서얼에 의해 제시되지 않고 있다.

형식화용론적 생활세계 개념

하버마스는 '생활세계', '배경', '전제' 개념과 관련해서 재구성을 시도한다. 그에 따르면 "잠정적으로 도입된 의사소통 행위의 구상"은 "의미론적 맥락"에서 발전되어야 할 특정한 언어와 상호이해를 구상하는 것이다. 의사소통 행위 개념으로 증명되어야 할 사회적 행위이론은 "사회적 질서가 어떻게 가능한지를"[20] 설명하려고 하기 때문에 의사소통 행위의 전제 분석은 포괄적으로 "생활세계적 배경의 차원"을 해명해야 하는 것이다. 의사소통 행위는 항상 생활세계에 파묻혀 있기 때문에 의사소통 행위가 명시적으로 수행된 언어 행위와 상호이해의 이행은 "공동으로 문제가 없는 확신의 지평에서 움직인다".[21] 하버마스는 우선 생활세계 개념을 '의사소통 행위' 개념의 '상보성 개념'으로 도입한다. 그러나 그는 '상보성 개념'으로 무엇을 이해할 수 있는지를 설명하지 않고 있다. 이러한 사실은 우리가 생활세계적 배경 속에 존립하는 언어 행위와의 결합을 전제한다면, 상보성 개념은 언어 행위(명제 성분, 행위 지향, 특정한 타당성 요청에서 존립하는)에 대해서만 의미를 갖는다고 해석할 수도 있다.

그래서 우리는 먼저 언어 행위를 수반하는 '주제가 되지 못하는 지식'을 '함께 주제로 삼았던 지식'과 구별해야 한다. 언어 행위의 명제 성분은 명제의 구성 성분을 가리키고 '주제적 지식'의 담지자이며, 비발화적(수행적) 성분은 명제의 타당성을 요청하고 그 요청의 사용 방법을 지시한다. 여기서 비발화적 성분과 결합되어 있는 함께 주제

---

20) J. Habermas, "Handlungen, Sprechakte, sprachlich vermittelte Interaktion und Lebenswelt", in: Ders., *Nachmetaphysisches Denken*, Frankfurt(M.) 1988, 75쪽.

21) 같은 책, 85쪽.

로 삼았던 지식은 어떠한 명시적 지식도 표현하지 못한다. 그러나 함께 주제로 삼았던 지식은 주제적 지식과 유사하게 그에 상응하는 표현을 서술함으로써 사용될 수 있다. 하버마스는 함께 주제로 삼았던 지식과 동일한 방식으로 관찰자의 관점에서 받아들인다고 해서 주제가 되지 못하는 지식을 사용할 수는 없다고 본다. 말하자면 "주제가 되지 못하는 지식은 오히려 전제 분석을 필요로 한다"22)는 것이다.

따라서 그는 '주제가 되지 못하는 모든 지식'은 특정한 생활세계를 구성하지 못한다고 강조한다. 특정한 생활세계를 구성하기 위해서는 화자의 구문론적(생성적 지식), 의미론적(예를 들면 대상을 동일화시킬 수 있으며 의미를 부여할 수 있는 능력) 및 화용론적(예를 들면 언어 행위의 충족 조건을 위한 지식과 '어떻게 우리가 타당성 요청을 지향할 수 있는지'에 대한 지식) 언어 능력이 중요한 것은 아니다. 왜냐하면 이러한 언어 능력은 반성적 관점에서 재차 재구성될 수 있는 함축된 지식, 주제가 되지 못하는 선(先)반성적인 지식으로 기능하기 때문이다. 그러므로 이러한 지식은 언어 행위의 '생산'에 사용되는 것이지 언어 행위의 '보완'이 될 수는 없다.

그리고 나서 하버마스는 언어 행위를 "보충하고, 동반하며 삽입하고 있는" 그리고 "모든 주제적 지식이나 함께 주제로 삼았던 지식을 위해 문제가 없는 토대로" 간주되는 "주제가 되지 못하는 지식의 종류"를23) 분석한다. 이러한 주제가 되지 못하는 지식은 참가자 관점에서 수행된 전제 분석에 의해서 해명되어야 할 것이다. 하버마스는

---

22) 같은 책, 86쪽.
23) 같은 책, 87쪽.

'배경', '전경', '문맥 상황' 등과 같은 개념은 우리가 참가자 관점을 수용하는 한에서만 의미를 갖는다고 본다. 생활세계의 보편 구조, 즉 전체 생활세계는 비로소 '관찰자 관점'에서, 즉 수행적 참가자 관점으로 인한 변화에 따라서 3인칭의 이론적 관점으로 나타날 수 있다. 생활세계를 문제로 삼는 사회과학적 방향은 이러한 관점 전환과 관찰자 관점을 받아들일 필요가 있다. 그러나 이러한 사실은 다분히 오해의 여지가 있다. 왜냐하면 하버마스가 생활세계를 형식화용론적으로 재구성하면서 수행한 세분화는 이미 구조적 특징을 갖고 있기 때문이다. 말하자면 이러한 구조적 특징은, 예를 들어 문맥 지식과 상황 지식을 구별하는 경우나 그리고 특히 생활세계적 배경 지식(직접적인 확실성, 총체적 힘, 전체론)을 보편적인 특성으로 특징짓는 경우에서 찾아볼 수 있다.

이제 배경 지식의 특징은 구조적-보편적 특징을 갖는다. 이러한 점에서 배경 지식은 전체 생활세계와 관계하기 때문에 참가자 관점에서는 결코 충분하게 해명될 수 없다. 필자가 생각하기에, 하버마스의 형식화용론적 생활세계 구상은 생활세계적으로 행위하는 참가자 관점에서 전개될 수 없다. 왜냐하면 처음부터 특수한 개념적 방향과 방법론적 방향을 필요로 하는 의사소통 이론가 또는 전제를 분석하는 분석가(제3자)[24]의 이론적 관점이 중요하기 때문이다. 그러므로 여기서는 생활세계적 배경 전제를 분석하는 데 본보기가 되는 언어 행위의 담론 또는 담론 이론적 분석이 확장될 수 있는지, 즉 생활세

---

24) H. Schnädelbach, "Transformation der Kritischen Theorie", in: A. Honneth/H. Joas(Hg.), *Kommunikatives Handeln. Beiträge zu Jürgen Habermas' "Theorie des kommunikativen Handelns"*, Frankfurt(M.) 1986, 28쪽 참조.

계적 배경 전제를 밝힐 수 있는 '순수한' 의사소통 이론적 분석(본보기가 되는 언어 행위를 주제화하고 가능하게 하며, 또한 근거짓고 유효하게 하는 과제와 의사소통의 언어화용론적-보편적 조건의 완성으로)을 할 수 있는지를 문제 제기할 수 있을 것이다. 언어 사용과 그 언어 사용이 의사소통적으로 기능하는 기본적인 방식을 의사소통 이론적으로 분석하거나 또는 담론 이론적으로 분석하는 것은 구체적 상황과 결합된 표현을 넘어서서 의사소통적 언어 사용의 보편적 전제를 이론적으로 분석할 것을 요구한다.25) 그러므로 우리는 엄밀한 의미에서 의사소통 이론적 분석과 담론 이론적 분석을 넘어서서 생활세계적 배경에 대한 전제 분석이 '관점 확장'을 필요로 하는지, 즉 이러한 전제 분석이 담론 이론의 틀 내에서 수행될 수 있는지를 문제 제기할 수 있을 것이다. 그러므로 전제 분석은 의사소통 이론 또는 담론 이론이라는 전문 용어에서 쉽게 사용될 수 없는(예를 들면 전(前)언어적 실천, 능력 및 전문 지식) 전제에 관심을 갖기 때문에 관점 확장 또는 다른 관점과 다른 방법론적인 포착을 필요로 한다.

하버마스는 형식화용론적 분석을 위한 첫 번째 시도에서 지식, 즉 '타당성 요청을 납득시켜야 하는 부담'을 안거나 '타당성을 고정시키는 역할'을 수행하는 '표면적인 지식'에 관해서 그 이상의 종류를 도입한다. 그것은 '상황관련적 지평 지식'과 '주제의존적 문맥 지식'으로 나뉜다. 그러나 이러한 양 지식 형태는 쉽사리 문제를 안고 있는 차원으로 빠져들 수 있는데, 이러한 차원에서는 상황의 지평 또는 주제가 바뀐다. 하버마스는 지평 지식과 문맥 지식을 '화용론적 전제'로

---

25) S. Dietz, *Lebenswelt und System, Widerstreitende Ansätze in der Gesellschaftstheorie von Jürgen Habermas*, Würzburg 1993, 99쪽 이하 참조.

고찰하며, 이러한 화용론적 전제가 훼손될 때 문제점이 발생한다고 주장한다. 그래서 그는 표면적 지식과 생활세계적 배경 지식을 구별하며, 생활세계적 배경 지식은 표면적 지식과는 다른 주제의 조건에서 존립한다고 생각한다. "생활세계적 배경 지식은 동일한 방법으로 지향적으로 알 수 없고 주제가 되지 못하는 지식의 심층을 형성하고 있으며", 따라서 표면적 지평 지식과 문맥 지식은 "문제화의 압력"에 대해서 "강력한 견고성"을 드러내는 생활세계적 배경 지식에 기초하고 있다.[26]

그러므로 '항상 전제된 지식'을 폭로한다는 것은 '방법론적인 노력'을 요구하는데, 서얼과 비슷하게 하버마스가 수행한 형식화용론적 분석은 엄밀한 의미에서 배경의 현상 영역으로 가는 방법론적인 통로가 없다. 배경 지식을 분석한다는 것은 증명된 방법론적인 특성을 갖지 않은 직관적인 통찰에서 존립한다. 무엇보다도 이러한 사실은 배경 지식(직접적 확실성, 총체적 힘, 전체론)의 특성을 특징짓는 것으로 여겨지는데, 이러한 직관적인 통로는 후설의 직관적 변형의 절차를 강하게 떠올리긴 하지만 후설의 맥락과는 명백하게 거리를 두고 있다.

그 반면에 하버마스는 생활세계를 반성적으로 주제화 할 수 있는 가능성이 있다고 본다. 이 가능성을 위한 동인은 어떤 '왜곡된' 상황, 예를 들면 일상적인 갈등 상황 또는 전통적인 세계상이나 세계관이 의심스럽게 되는 위기 상황이다. 생활세계에서 나타나는 개별 요소는 "동의된 것인 동시에 문제의 가능성을 가진 지식으로" 갈등 상

---

26) J. Habermas(1988), 90쪽.

황에 있다. 상황의 지평을 포함하는 생활세계에서 제한된 한 단면만이 "상호이해를 지향하는 행위를 주제로 삼을 수 있는 문맥"을 형성한다. 그래서 이것은 "지식의 범주"로 나타난다.[27]

하버마스는 생활세계적 배경을 특징짓기에 있어서 서얼의 몇 가지 논증을 수용한다. 언어 행위의 의미는 우리가 행위 수행에서 알 수 없는 심층적인, 주제가 되지 못하는 지식과는 "상대적"이다. 왜냐하면 이러한 지식은 문제가 되지 않으며, 또한 타당하거나 또는 타당하지 못한 의사소통적 표현의 영역에까지 "도달하지" 못하기 때문이다. 배경의 특징에는 "직접적 확실성의 방식", "총체적 힘" 그리고 "전체론"[28]이 속해 있다. 생활세계는 상이한 지식 형식 속에 있는 문제점을 통해 구성 요소들이 분류되는 "덤불"이다. 우리는 "주제적 지식의 망루에 관한", "세분화된 지식의 망루에 관한" 견해를 의사소통 행위를 매개 수단으로 해서 소위 "생활세계로 되돌림으로써" 생활세계를 경험한다.[29] 생활세계적 배경 전제는 "전(前)반성적 선(先)형식(präreflexive Vorformen)", 주제적 지식의 "전(前)형상 구조(Präfigurationen)", 즉 언어 행위 속에 존립하는 주제화에 따라서 "분기되고" 비발화적 힘과 화자의 의도를 수용하는 명제 성분의 형태이다. 그 결과 행위자의 실질적 표현은 의미가 있는, 즉 타당하거나 또는 타당하지 않을 수 있기 때문에 생활세계적 전제는 충족되어야만 한다.[30] 따라서 의사소통 행위가 "기능하는 것"과 생활세계적 배경이 "기능하는 것"은 약간

---

27) J. Habermas(1981), *Bd. II*, 189쪽.
28) J. Habermas(1988), 92쪽 이하.
29) 같은 책, 93쪽.
30) J. Habermas(1981), *Bd. II*, 199쪽.

구별된다. 의사소통 행위에서는 언어 행위를 하는 화자와 청자가 세계 내의 어떤 것과 관계한다면, 생활세계는 다른 방식에 의해서, 즉 말하자면 우리에게 객관적, 사회적, 주관적 세계로서 주어진다. 생활세계는 객관적, 사회적, 주관적 세계에 대한 상호이해에 기초하고 있다. 그러므로 생활세계적 전제는 언어 행위의 가능성과 타당성의 조건이 된다. 그러한 점에서 생활세계적 전제는 우리의 행위와 이해의 '더 이상 거슬러 올라갈 수 없는(unhintergehbar)' 전제다.

이제 우리는 언어적 표현(명제 성분, 비발화적 힘 및 그 힘과 결합된 타당성 요청과 화자의 의도에 의해서 '존립하는')이 특정한 주제가 되지 못하는 지식을 전제한다는 것이 무엇을 의미하는지에 대한 문제로 되돌아갈 수 있다. 요약하면 하버마스의 구분과 관련해서 우리는 세 종류의 전제 관계에서 출발할 수 있다. 한 표현은 1) 구문론적, 의미론적, 화용론적 언어 능력을 전제하며, 2) 표면적인 지평 지식과 문맥 지식을 전제하고, 3) 특정한 생활세계적 배경 지식을 전제한다.

여기서 제시된 전제들의 상태와 관련하여 언어 능력, 지평 지식과 문맥 지식 및 배경 지식에서는 그때마다 '부분 이론' 또는 그때마다 재구성을 시도함으로써 특수화될 수 있는 지식의 종류가 중요할 것이다.

두 번째의 전제 관계는 표면적인 지평 지식과 문맥 지식이다. 한 표현은 상황의존적 지평 지식과 주제의존적 문맥 지식을 전제한다. 지평 지식과 문맥 지식은 보편적인 화용론적 전제, 즉 공동 언어, 문화 등의 틀 내에서 화자에 의해 분할된 사회문화적 지식에 속한다. 여기서 우리는 스탈나커(Stalnaker)에 의해 제시된 화용론적 전제 개념－상황의존적이며 문맥의존적인－ 이[31] 어느 정도까지 지평 지식과 문맥 지식의 부분적 양으로서 분석될 수 있는지를 물어볼 수 있다. 이 외에도 지평 지식－문맥 지식과 언어 능력, 즉 언어 능력과 언어 체계가 속해 있는 사회문화적 체계 간의 상관 관계와 관련해서도 문제 제기할 수 있다. 그러므로 이어지는 분석 단계에서는, 한편으로 지평 지식－문맥 지식과 타당성 요청(전제로서)의 맥락이, 다른 한편으로 지평 지식－문맥 지식과 명제적－비발화적－지향적으로 구성된 언어 행위의 맥락이 논의될 수 있을 것이다.

마지막 전제 관계는 생활세계적 배경 전제와 표현(및 이 표현과 결합된 타당성 요청 그리고 배경 전제와는 달리 제시된 일반적인 언어 능력이나 표면적 지식과 같은 지식 종류의 관계)과 관계한다. 우선 배경 지식의 경우 엄밀한 의미에서 지식이 중요한 문제가 되지 않음이 강조되어야 한다. 왜냐하면 "지식은 설명될 수 있고 논증될 수 있는 것을 통해서 특징지워지기" 때문이다.[32] 그 반면에 배경 지식은 설명할 수 없다. 왜냐하면 배경 지식은 인간 행위와 이해의 더 이상 거슬러 올라갈 수 없는 토대를 형성하고 있기 때문이다. 따라서 배경 지식에 관한 담론은 전문 용어로 해명할 수 없는 것이다.

명제와 관련하여 하버마스가 제시한 재구성의 시도, 즉 '배경 전제'와 '표현하는 것의 전제 관계'는 서얼을 벗어나서 어떠한 해명도 못하고 있다. 이러한 관계가 인과 관계, 기능 관계로서 파악될 수 있

---

31) R.C. Stalnaker, "Pragmatik", in: S.J. Schmidt(Hg.), *Pragmatik I. Interdisziplinäre Beiträge zur Erforschung der sprachlichen Kommunikation*, München 1974; Ders.: "Pragmatic Presuppositions", in: A. Rogers(Hg.), *Proceedings of the Texas Conference on Performatives, Presuppositions and Implicatures*, Arlington 1977 참조.

32) J. Habermas(1981), *Bd. II*, 189쪽.

는지 또는 오늘날의 학문 이론에서 통례적인 다른 설명 모델의 의미에서 설명될 수 있는지는 여전히 불분명하다. 마찬가지로 배경은 다른 지식의 종류가 뿌리 박고 있는 고정적인 기초적 토대로 간주되는 타당성의 차원에 어떠한 방식으로 영향을 주는지가 설명되지 않고 있다.

결론적으로 하버마스는 이어지는 자신의 재구성에서 분석 방향을 바꾸는데, 말하자면 사회적 행위와 생활세계적 배경의 관계는 사회과학 모델의 도움에 의해서만 설명될 수 있다는 것이다.[33]

사회과학적 생활세계 개념

형식화용론적 또는 의사소통 이론적 생활세계 개념은 "이론적 목적을 위해 직접적으로 사용할 수 있는 것이 아니기 때문에, 그 개념은 사회과학적 객관 영역을 경계 짓는 것에 부적합하다".[34] 이러한 경계 짓기를 위해서는 생활세계의 일상의 구상이 적용된다. 형식화용론적 생활세계의 구상에서는 주제가 되지 못했던 지평인 함축된 배경 지식이 현실적인 행위 상황과 경계 지워져 있다면, 생활세계의 사회과학적 일상의 구상에서는 이러한 배경 지식이 생활세계적 배경이나 구체적인 상황을 상징적으로 선(先)구조화하고 있는 현실의 전체 영역을 이루고 있다. 그래서 행위 상황의 현실적 표현이나 구성

---

33) 이러한 이행에 관해서 하버마스는 "형식화용론적으로 발전된 생활세계 개념을 사회이론적 목적을 위해 유용하게 만들려면, 그것은 경험적으로 사용될 수 있는 구상으로 변형되어야 하며, 자기 조절적 체계의 구상과 더불어 2단계적 사회의 개념 속에 통합되어야 한다"고 주장한다(J. Habermas, *Die philosophische Diskurs der Moderne. Zwölf Vorlesungen*, Frankfurt(M.) 1985, 350쪽 이하).

34) 같은 책, 206쪽.

요소는 생활세계에 포함되어 있다. 생활세계의 형식화용론적 구상을 위해 특징적인 배경과 전경, 주제가 되지 못하는 것과 주제적인 것의 구별은 일상 구상에서 존립하지 않는다. 따라서 의사소통 행위는 생활세계적 배경과 분리되어 분석될 수 없다. 형식화용론적 구상에서는 주제가 되지 못하는 배경의 의미인 생활세계가 주제적-명시적 의사소통 과정과 상호이해 과정의 전제 분석을 넘어서서 '간접적으로'만 해명되었다면, 일상 구상에서는 생활세계 그 자체가 재구성의 주제 영역이 된다. 하버마스는 이를 위해 입장 전환 또는 관점 전환-참가자 관점에서 이야기하는 사람의 관점으로의 전환- 이 필요하다고 본다. 그는 특히 이야기하는 것을 사회문화적 결과와 대상을 표현하기 위해 적절하다고 생각한다. 의사소통 참가자는 생활세계를 이야기함으로써 일상 구상을 생활세계의 영역에서 일어나는 "사건에 대한 표현"으로 사용한다. 이야기식의 서술에는 "'세계'에 대한 비전문가의 구상"이 바탕을 이룬다. 이러한 구상의 도움으로 "참된 역사"로 표현되는 영역이 정의된다. 이야기식의 서술 방식과 설명 방식은 "세계 내적" 사건과 관계한다.[35] 그것은 "인지적 목적"("인지적 연관 체계"로서)을 위해 사용되며 전체 생활세계를 논의의 대상으로 삼는다.[36] 생활세계의 구조적-기능적 재구성은, 한편으로 생활세계 구성원의 내부 관점에서 수행되는 동시에, 다른 한편으로 전체 생활세계를 대상으로 삼는다.

여기서는 이미 의사소통 참가자의 상호이해 행위를 포함하고 있

---

35) 같은 책, 206쪽.
36) 같은 책, 207쪽.

는 한에서만 이야기식의 표현 방식도 주제가 되지 못하는 생활세계적 배경을 전제한다는 것을 비판적으로 덧붙일 수 있다.[37] 게다가 이야기식의 표현은 간접적으로 더 높은 차원의 질서를 재생산하는 과정, 즉 생활세계의 보존 명령에 주목할 수 있다. 그러나 이야기식의 표현은 생활세계의 구조를 재구성하는 데에는 아무런 기여도 하지 못한다. 말하자면 구조적-이론적 분석에는 적합하지 않다. 생활세계의 일상 구상은 구조적-이론적 재구성을 위해서 일차적으로 "정돈되어야" 하며, 그것에 따라서 생활세계에 대한 재생산 또는 자기 보존의 분석이 가능하다.[38]

여기서 하버마스는 생활세계의 재생산을 위해 언어가 갖는 매개 수단('상호이해의 매개 수단', '행위 조절' 및 '개인의 사회화'로서의 언어)의 기능에 대해서 묻고 있다. 상호이해의 수행은 문화적 재생산의 기능을 충족시키며, 조절의 수행은 사회적 통합의 기능을 충족시키고 사회화의 수행은 인간적 동일성을 형성하는 기능을 충족시킨다. 이 세 가지 기능들은 세 가지 "생활세계의 구조적 구성 요소", 즉 문화, 사회, 인격과 일치한다.[39] 일상의 의사소통적 상호작용은 생활세계의 구조적 구성 요소를 재생산하는 매개 수단을 형성한다. 재생산 과정은 생활세계의 상징 구조와 관계한다. 하버마스는 관점 전환 및 그것과 결합된 방법 전환과 탐구 대상의 전환을 통해서 생활세계 개념을 상징적으로 재생산된 전체 대상으로 확장한다. 이 방법에 의해

---

37) 이에 관해서 하버마스는 적절한 예를 다음과 같이 들고 있다. "이야기식의 수단들은 아마도 대화를 통해 유도되는 자기 비판의 방식으로 표현될 수 있다. 의사와 환자 간의 분석적인 대화가 이러한 자기 비판에 대한 적절한 모델이다"(Habermas(1985), 350쪽).

38) 같은 책, 208쪽.

39) 같은 책, 209쪽.

서 그는 사회적 진화의 두 번째 단계의 재구성, 즉 사회적 합리화의 재구성으로 이행한다.

하버마스는 생활세계 구성원의 내부 관점에서 "관찰자의 외부 관점"에로의 이행을 정당화한다. 의사소통 참가자의 내부 관점에서 행위자에 의해 의도된 행위인 생활세계의 재생산이 나타난다. 사회적 통합은 행위자에 의해 지향적으로 준비된 '동의'에 근거한다. 관찰자의 외부 관점에서 보면 사회는 한계를 가지면서 자기 조절적 체계, 즉 의사소통 참가자에 의해 지향되지 않은 행위 맥락으로 파악된다. 사회문화적 생활세계의 구성원이 목적으로 하는 행위는 상호이해의 과정을 넘어서서 조절될 뿐 아니라 생활세계의 구성원에 의해 지향되지 않고 일상적으로 의식되지 않은 기능적인 행위 맥락을 벗어난다. 이러한 방식에 의해 "사회적인 재생산의 맥락에서 존립하는 비직관적 측면은" 행위의 주제가 되지 못한다. 여기서 행위는 외적인 조절 기제를 통해 조정된다.[40]

하버마스는 생활세계의 재구성에 있어서 담론 이론가나 사회과학자가 생활세계적 배경을 전제하는 것에서 발생하는 어려움을 담론에 기초하고 있는 구조인 반성을 강조함으로써 피할 수 있다고 생각한다.[41]

재구성의 절차를 밟는 사회과학 이론가의 역할은 '잠재적인 참가자'의 역할로 특징지어진다. 사회과학 이론가는 전(前)이론적 지식에 의해서 생활세계적으로 행위하는 것에로 소급되어야만 한다. 사

---

40) 같은 책, 223쪽 이하.
41) J. Habermas, *Theorie des kommunikativen Handelns. Handlungsrationalität und gesell-schaftliche Rationalisierung. Bd. I*, Frankfurt(M.) 1981, 188쪽.

회과학자는 주제가 되지 못하면서 모든 이해 행위로 흘러 들어가는 이러한 지식을 직관적으로 조절한다.[42] 말하자면 생활세계의 기본적인 구조는 "구성원의 직관적 지식에서 시작되는 재구성적 분석 없이도 사용할 수 있다".[43] 하버마스가 생각하는 이론가는 무관심한 관찰자 관점을 수용해서는 안 된다. 그는 상징적 표현의 의미에 대해서 묻는 관찰자의 해석력과 의사소통 참가자의 조절력을 구별한다. 참가자와 관찰자의 해석력은 구조에서보다는 기능에서 구별된다.[44] 사회과학자는 기본적으로 사회과학 비전문가와 다른 생활세계로의 통로를 가질 수 없다는 것이 하버마스의 테제이다. 사회과학자는 자기 자신이 의미 구조를 밝혀내는 생활세계의 일원이다. 언어적 이해라는 측면에서 볼 때, 사회과학자는 생활세계 구성원의 전(前)이론적 지식(또한 그 구성원의 고유한 생활세계)을 고려하지 않고서는 일상의 의사소통을 할 수가 없음을 의미한다.

하버마스는 행위의 근거가 제3자의 관점에서 서술되는 것이 아니라, 사회과학자가 잠재적으로 관여하는 관점에서 서술될 수 있으며 동시에 사회과학자는 담론 참가자로서 구체적인 행위 수행에 관여하지는 않는다고 주장한다. 의사소통 참가자의 표현을 이해하기 위해서 사회과학자는, 한 측면에서는 그들과의 공동적인 생활 실천에 참여해야만 하며, 다른 측면에서는 담론 이론가로서 의사소통적 행위의 보편적 조건을 위해 구체적인 행위 맥락을 추상화하는 과정에서 반성 능력을 갖고 있어야 한다. 잠재적 참가자의 반성적 수행

---

42) 같은 책, 163쪽.

43) J. Habermas(1981), *Bd. II*, 227쪽.

44) J. Habermas(1981), *Bd. I*, 158쪽.

- 이것은 여기서 특별히 강조되어야만 하는데- 은 생활세계적 행위의 수행 또는 일상의 의사소통에 참여하는 참가자의 수행이 아니다. 후자의 경우, 의사소통 행위의 보편적 조건은 주제가 되지 못한다. 사회과학자가, 한편으로 생활세계를 주제가 되지 못하는 지평으로서 전제하고 방법론적으로 조절하며, 다른 한편으로 주제적 대상 영역으로 객관화하여 재구성하는 조건은 바로 반성적 관점이다.[45]

그래서 하버마스는 의미 문제와 타당성 문제의 연계를 전제하는 것에서 의미 이해의 통로를 보고 있다.[46] 그는 의미론적 내용에 대한 이해가 표현, 규범 등에 관한 타당성을 함축하는 내적인 관계에서 존립하기 때문에 이러한 연계를 통해서 의미 문제만 염두에 두는 순수한 서술적인 통로는 불가능하다고 생각한다. 그러므로 사회과학적 해석자의 판단 수준은 의미의 차원이나 타당성의 차원을 고려해야 한다.

그렇다면 우리는 사회과학자가 행위 지향을 잠재적인 참가자 관점에서만 이해할 수 있을 것이라는 주장을 좀 더 폭넓게 생각할 수는 없을까? 사회과학자는 지향과 타당성 요청에 대한 상대적인 재검증에 근거하는 상호이해의 상황에서 연구된 행위를 다룬다. 사회과학자는 대부분의 경우 서술적-객관적으로 다룬다. 사회과학자 또는 의

---

45) 그러므로 하버마스는 "의사소통적 이성의 잠재력이 현대의 생활세계적 형식에서 우선 방출되어야만 하고, 그럼으로써 경제적 부분 체계와 행정적 부분 체계에서 해방된 명법들이 침해받을 수 있는 일상의 실천에 역으로 작용함으로써 이 과정에서 인지적-도구적 계기가 실천적 이성의 억압된 계기를 지배할 수 있도록 도와줄 수 있어야 한다는 점에서 바로 이 과정의 역설이 존립한다"고 주장한다(Habermas(1985), 367쪽).

46) G. Preyer, "Schritte zu einer Protosoziologie", in: E. Jelden(Hg.), *Prototheorien-Praxis und Erkenntnis*, Leipzig 1995; Ders., "Kognitive Semantik", in: G. Preyer/M. Ulkan/A. Ulfig(Hg.), *Intention, Bedeutung, Kommunikation. Zu kognitiven und handlungstheoretischen Grundlagen der Sprachtheorie*, Wiesbaden 1997 참조.

사소통 이론가는 오직 생활세계적 행위 상황에 대한 선(先)이해 또는 일상적인 의사소통 상황에 대한 선이해만을 필요로 한다. 이러한 선이해는 사회과학자가 생활세계의 구성원으로서 습득하는 것을 말한다. 사회과학자는 자신이 분석 대상으로 삼고 있는 행위 맥락의 형성에 직접적으로 관여해서는 안 된다. 직접적인 관계자들의 행위나 표현을 해석하는 이론가는 자신이 독자적으로 표현하는 데 있어서 관계자들이 사용하지 않은 타당성 기준을 사용한다. 왜냐하면 사회과학적 해석자가 직접적인 관계자들처럼 "기본적으로 그들과 동일한 타당성 요청"을 염두에 두어야 한다는 견해는 언어 행위의 유효성의 가능성을 설명하기에는 방법론적으로 불충분하기 때문이다.[47] 실제로 의사소통 이론에서 담론에로의 이행이 '상호이해를 염두에 두고 있는 행위 구조에 항상 부합한다'는 테제는 유효성의 기준을 위한 확고한 입장이 되지 못한다. 따라서 이러한 기준은 일차적으로 담론에서 채택될 것이다.

그러므로 우리는 하버마스와 슈츠의 이론적 구상에서 존립하는 상이한 방법론적 관점을 문제로 삼을 경우, 그것은 바로 생활세계를 반성적으로 재구성하는 문제와 관련되어 있다. 필자는 이러한 방법론적인 관점 전환을 특수한 반성적 재구성으로서 해석해 보았는데, 이러한 해석에서는 당연히 생활세계를 반성적으로 주제화하는 것과 명시적 의미의 가능성과 한계, 즉 생활세계의 현상 영역에 대한 이론적 기본 개념과 방법론적 통로의 적합성이 해명되어야 한다. 하버마스와 같이 슈츠도 생활세계와 사회적 행위의 현상을 오직 구조적으

---

47) J. Habermas(1981), *Bd. I*, 188쪽.

로 사회과학적 관찰자의 외적 관점에서만 서술할 수 없으며 설명할 수도 없다고 보았다. 이러한 맥락에서 슈츠는 일상적 구성과 이론적 구성이라는 두 단계의 모델을 제시한다.[48] 먼저 일상 행위의 전형적인 의식적 수행과 관련해서, 사회과학자는 자신의 문제 설정과 관련 체계에 일치하는 개념적 방법론적 이용 수단을 발전시킨다. 두 번째 단계의 구성은 첫 번째 단계의 구성으로 되돌아가야 하며 그것과 결합될 수 있어야 한다. 구성의 수행을 위한 의식철학적이고 내재적인 분석 방법은 현상학적으로 성취된 인식의 유효성 문제로 나아간다.

하버마스는 주관적인 의식의 수행 대신에 언어적으로 매개된 의사소통 참가자의 상호작용이 분석의 출발점이 되어야 한다고 본다. 그래야만 인식의 객관화와 검증을 위한 확실한 토대가 달성될 수 있다. 의사소통의 기본 구조는 일상의 의사소통과 담론 또는 의미를 이해하는 사회학(또는 이해사회학)과 통일되어야 한다. 의사소통 행위는 양 '관점'을 위해 구성적이다. 주관적 관점과 객관적 관점의 대립은 일상적 의사소통의 참가자 및 학문적(과학적) 의사소통의 참가자를 수용하는 '수행적 관점'이라는 언어화용론적 구상을 도입함으로써

---

48) 슈츠는 공동 세계에 존재하는 사회과학자의 경험 맥락 또는 입장을 일상적 관찰자의 경험 맥락 또는 입장과는 구별한다. 그에 따르면 사회과학자에게는 어떠한 환경 세계도 선(先) 소여되어 있지 않다(A. Schütz, *Der sinnhafte Aufbau der sozialen Welt. Eine Einleitung in die verstehende Soziologie*, Frankfurt(M.) 1974, 314쪽 참조). 말하자면 사회과학자의 분석 대상은 그에게 간접적, 즉 이상적 유형의 형식으로 선재한다. 사회과학자가 사상적 대상을 구성하는 것은 일상의 이해에서 구성될 수 있다는 것에 근거하고 있다. 따라서 이상적 유형의 "근원"은 일상의 이해라는 사유 방법에 있다(A. Schütz, *Das Problem der sozialen Wirklichkeit, Bd. I der GA*, Den Haag 1971, 70쪽). 여기서 이상적 유형의 구성은 이론적 구성이다. 이론적 구성은 논리적 일관성, 의견의 일치 및 상호주관적 판단 기준을 지향한다. 이것에 의해서만 이론적 구성은 합리적으로 이해될 수 있으며, 그러한 점에서만 주관적, 일상적 의미 맥락이 합리적 유효성의 가능성을 갖는다(Schütz(1974), 337쪽 참조). 그 반면에 일상적 구성은 합리적 판단 기준을 충분히 갖지 못한다. 이러한 의미에서 일상 행위는 비합리적이다.

지양되어야 한다.

그러나 하버마스는 "특수한 상황의 구성 요소와 관계하는 관점과 의사소통 일반의 보편적 구조와 조건을 목적으로 하는 반성 사이에 존재하는"[49] 차이를 분명하게 파악하지 못하고 있다. 그 때문에 그는 상황과 관계된 일상 행위의 관점과 재구성적 절차에 따르는 이론가의 특수한 반성적 관점의 차이를 명료하게 다루지 못한다. 이론적 개념과 설명적 개념은 오직 행위자의 참가자 관점에서, 즉 특수한 상황의 구성 요소와 관련해서 이루어질 수 없는 것이다.

나가는 말

생활세계의 맥락, 즉 반성과 언어는 하버마스에 의해 발전된 담론 이론, 말하자면 타당이론적인 물음을 지향하는 담론 이론의 맥락에서 설정되어야 할 것이다. 그러한 사실은 먼저 반성 개념을 새롭게 명시할 것을 요구한다. 지금까지 필자는 '담론' 개념과 '반성' 개념이 언어적으로 대등하다는 것을 테제로 삼았으며, 이러한 맥락에서 의사소통과 메타 의사소통의 관계를 논의의 주제로 삼았다.[50] 거기서

---

49) S. Dietz(1993), 175쪽.

50) 필자는 여기서 언어로 말할 수 있는 능력 – 슈네델바흐의 용어를 빌려 – 을 '메타 의사소통'이라고 지칭했다. 실제로 의사소통 – 메타 의사소통 모델은 객관 언어 – 메타 언어의 관계를 상기시킨다. 의사소통과 메타 의사소통의 구별은 객관 언어 – 메타 언어의 모델이라는 의미에서 '영역 차이' 또는 '구조 차이'로서 그 의미를 갖는다. 만일 여기서 우리가 담론과 의사소통 행위의 차이를 영역 차이 또는 국지적으로 구분하거나 담론을 의사소통 행위의 특수 형식으로 이해한다면, 담론은 의사소통적 요소와 메타 의사소통적 요소를 포괄한다고 할 수 있다. 슈네델바흐에 따르면 "담론은 그 자체 의사소통과 메타 의사소통의 통일로서 그 자체 다시금 그러한 통일로서만 현존하는 다른 의사소통의 형식과 관계하는 의사소통 행위 형식이다". 담론에 있어서 하나의 통일은 "완전히 동일한 언어로 존재하는" 다른 통일과 관계한다. 이러한 의미에서 담론은 "구조적-반성적"이다(Schnädelbach(1977), 148쪽).

언어화용론과 형식화용론적 생활세계를 구상하기 위한 핵심적 역할은 '전제 개념'에서 제시되었다. 전제 개념은 사회문화적 구성 요소로 확장되는 동시에 서얼의 배경 개념과 함께 다루어졌다. 이러한 전 (前)단계를 고찰함으로써 생활세계-의사소통 행위-담론의 맥락이 적절하게 분석되었다고 본다.

형식화용론적 생활세계 개념(즉, 생활세계적 배경 지식으로서의 생활세계를 말하며, 여기서 생활세계는 의사소통 이론적 맥락에서 분석되고 전제 분석의 틀 내에서 분석되었다)과 사회과학적 생활세계 개념(상징적 행위와 대상의 전체로서의 생활세계)의 구분은 이 글의 결정적인 핵심 지점이었다. 왜냐하면 한 생활세계 규정에서 다른 생활세계 규정에로의 이행을 위해서 하버마스는 소위 관점 전환, 즉 참가자 관점에서 관찰자 관점으로의 전환을 요청하고 있기 때문이다. 필자는 양 생활세계 개념을 근본적으로 비판함으로써 배경 지식의 기능 양식 — 배경지식들-의사소통 행위-담론의 맥락에서 — 을 전제 분석의 틀 내에서 만족스럽게 설명하지 못한 하버마스의 견해를 드러내려고 시도했다.

실제로 하버마스가 행한 생활세계의 구상에서는 의사소통 행위, 즉 논증적 담론과 생활세계적 배경 간에는 하나의 긴장 관계, 말하자면 타당이론화된 행위(의사소통 행위의 타당성 요청에 관한 이행과 비판의 의미에서)와 생활세계적 배경 전제의 선(先)비판적 타당성의 관계가 존재한다. 이러한 긴장 관계에서 하버마스는 생활세계를 재구성하려는 목적으로 수행한 일상의 의사소통(선(先)의사소통 행위)과 논증적 담론(타당이론적 판단 영역의 의미에서)의 관계를 적합하게 충분히 설명하지 못하고 있다.[51] 왜냐하면 생활세계적 행위의 타당성 요청을 주제로 삼는 담론 이론가나 사회과학자는 일상 행위의 표현과는 다른 그들의 고유한 표현을 위한 타당성 기준을 필요로 하기 때문이다. 그러므로 의사소통적-사회과학적 해석자가 기본적으로 생활세계적 행위와 동일한 타당성 요청을 지향하고 있다는 테제는 일상의 의사소통을 반성적-담론적으로 주제화하고 판단할 수 있는 가능성을 분명하게 밝힐 수 없다. 이러한 가능성을 이끌어 내기 위해서는 전문적인 담론적 담화 수단이나 타당성의 기준이 반드시 필요할 것이다.

---

51) 슈네델바흐는 '영역 차이'를 채택함으로써 의사소통 행위와 담론을 구별한다. 우리는 담론에서 의사소통 행위와는 다른 것 및 다른 문맥과 관계한다. 그러므로 영역 차이 또는 국지적 구별(담화의 대상에 따라서)은 담론으로 간주되기도 하지만 담론에 대한 담론(메타 담론)으로 여겨지기도 한다. 우리는 다른 담론과 관계하는 담론에서 "다른 의사소통적 목적을 가지고 선(先)의사소통적 행위에 대한 담론처럼 어떤 다른 것에 대해서 말한다"(Schnädelbach(1977), 149쪽). 그래서 우리는 담론들 간에 어떠한 본질적 차이도 끌어들일 필요가 없다. 이와 유사하게 우리는 한 반성과 다른 반성이 관계할 수 있다고 말할 수 있다. 즉 반성적으로 반성에 대해서 말할 수 있는 가능성에 대해 모든 정신적인 구상이 사용될 수 있다. 반성 또는 담론의 무한한 반복가능성의 가능성에서는 반성 이론 또는 반성적 담론 이론에 대한 어떠한 원칙적인 반박도 일어나지 않는다. 이러한 맥락에서 반성 행위의 반복가능성에 대한 반박은 더 높은 반박 단계의 관점에서만 주장될 수 있을 것이라는 바그너(H. Wagner)의 주장은 필자가 생각하기에 상당히 설득력이 있다(H. Wagner, *Philosophie und Reflexion*, München 1959, 40쪽 이하 참조). 이 점에서 바그너의 테제는 화용론적 담론 이론에서도 상당히 유효하다고 할 수 있겠다.

참고문헌

Bergmann, W., "Lebenswelt, Lebenswelt des Alltags oder Alltagswelt? Ein grundbegriffliches Problem 'alltagstheoretischer' Ansätze", in: *Kölner Zeitschrift für Soziologie und Sozialpsychologie 33*, 1, 1981.

Dietz, S., Lebenswelt und System. Widerstreitende Ansätze in der Gesells chaftstheorie von Jürgen Habermas, Würzburg, 1993.

Grathoff, R., *Milieu und Lebenswelt. Einführung in die phänomenologische Soziologie und die sozialphänomenologische Forschung,* Frankfurt(M.). 1989.

Habermas, J., *Zur Logik der Sozialwissenschaften*, Frankfurt(M.), 1970.

Habermas, J., *Theorie des kommunikativen Handelns. Handlungsrationalität und gesellschaftliche Rationalisierung, Bd. I*, Frankfurt(M.)., 1981.

Habermas, J., *Theorie des kommunikativen Handelns. Zur Kritik der funktionalistischen Vernunft, Bd. II*, Frankfurt(M.)., 1981.

Habermas, J., Moralbewu β tsein und Kommunikatives Handeln, Frankfurt (M.), 1983.

Habermas, J., *Die philosophische Diskurs der Moderne. Zwölf Vorlesungen,* Frankfurt(M.), 1985.

Habermas, J., "Handlungen, Sprechakte, sprachlich vermittelte Interaktion und Lebenswelt", in: J. Habermas, *Nachmetaphysisches Denken,* Frankfurt(M.), 1988.

Hemper, K.W., "Präsuppositionen, Implikaturen und die Struktur wissen- schaftlicher Argumentaion", in: Th. Bungarten(Hg.), *Wissenschaftssprache. Beiträge zur Methodologie, theoretischen Fundierung und Deskription,* München, 1981.

Knoblauch, H.A., "Soziologie als strenge Wissenschaft. Phänomenologie, kom- munikative Lebenswelt und soziologische Methodologie", in: G. Preyer/G.

Peter/A. Ulfig(Hg.), *Protosoziologie im Kontext. Lebenswelt und System in Philosophie und Soziologie*, Würzburg, 1996.

Lippitz, W., "Der phänomenologische Begriff der Lebenswelt–seine Relevanz für die Sozialwissenschaften", in: *Zeitschrift für philosophische Forschung 32,* 1978.

Preyer, G., "Schritte zu einer Protosoziologie", in: E. Jelden(Hg.), *Prototheorien–Praxis und Erkenntnis,* Leipzig, 1995.

Preyer, G., "Kognitive Semantik", in: G. Preyer/M. Ulkan/A. Ulfig(Hg.), *Intention, Bedeutung, Kommunikation. Zu kognitiven und handlungstheoretischen Grundlagen der Sprachtheorie*, Wiesbaden, 1997.

Schnädelbach, H., *Reflexion und Diskurs. Fragen einer Logik der Philosophie,* Frankfurt(M.), 1977.

Schnändelbach, H., "Transformation der kritischen Theorie", in: A. Honneth/H. Joas(Hg.), *Kommunikatives Handeln. Beiträge zu Jürgen Habermas' "Theorie des kommunikativen Handelns"*, Frankfurt(M.), 1986.

Schütz, A., *Das Problem der sozialen Wirklichkeit. Bd. I der GA*, Den Haag, 1971.

Schütz, A., *Der sinnhafte Aufbau der sozialen Welt. Eine Einleitung in die verstehende Soziologie,* Frankturt(M.), 1974.

Searle, J.R., *Intentionalität. Eine Abhandlung zur Philosophie des Geistes,* Frankfurt(M.), 1987.

Stalnaker, R.C., "Pragmatik", in: S.J. Schmidt(Hg.), *Pragmatik I. Interdisziplinäre Beiträge zur Erforschung der sprachlichen Kommunikation,* München, 1974.

Stalnaker, R.C., "Pragmatic Presuppositions", in: A. Rogers(Hg.), *Proceedings of the Texas Conference on Performatives, Presuppositions and Implicatures,* Arlington, 1977.

Wagner, H., *Philosophie und Reflexion.* München, 1959.

Waldenfels, B., "Mens sive cerebrum: Intentionlität in mentalistischer Sicht", in: *Philosophische Rundschau,* 1984.

생활세계 식민화론의 재구성

05

생활세계 식민화론의 재구성

배제, 물화, 무시

김원식

문제 제기

이 글의 목적은 그간의 비판적 논의들을 검토하고 사회경제적인 상황의 변화들을 고려하면서 하버마스의 시대진단, 즉 '생활세계 식민화' 테제를 비판적으로 재구성하는 데에 있다. 이러한 작업은 오늘 우리의 현실이 요구하는 적합한 시대진단 방식을 모색하는 데에도 기여할 수 있을 것이다.

하버마스는 1981년 발간된 그의 주저 『의사소통행위이론』에서 '생활세계 식민화'라는 시대진단 테제를 제시하였다.[1] 생활세계 식민화는 주체들 사이의 합리적 의사소통 행위를 통해 유지되는 우리의 생활세계가 화폐와 권력을 매체로 하는 체계 논리의 침식에 의해 물화(物化)되는 현상을 의미한다. 이는 문화, 사회, 인격이라는 생활세

---

1) 위르겐 하버마스, 장춘익 옮김, 『의사소통행위이론 1,2』, 나남, 2006.

계 구성요소들을 파괴하게 되며, 결국 문화적 의미상실, 사회적 규범들의 정당성 훼손, 개인의 인격성 파괴 등 다양한 사회 병리적 결과들을 산출하게 된다. 하버마스는 이러한 진단에 기초하여 새로운 사회운동을 생활세계 식민화에 대한 저항으로 해석하고 현대사회의 중심적인 갈등구조가 분배갈등에서 삶의 질과 관련된 다양한 갈등들로 변화하게 되었다고 주장하였다.

이러한 그의 시대진단은 오늘날 한편으로는 그 적실성이 확대되고 있으면서도 이와 동시에 다른 한편으로는 그 한계 역시 드러나고 있는 것으로 보인다. 먼저 신자유주의적 경쟁과 효율성 논리의 전 지구적 확산을 통해서 삶의 전 영역이 시장화되어 가고 있는 현실로 인해서 이 테제는 그 호소력과 현실 적합성이 확대되고 있는 것으로 보인다. 그렇지만 다른 한편으로 이 테제는 그것이 등장할 수 있었던 사회정치적 배경, 즉 서구 선진 국가들에서 이루어진 복지국가의 타협 자체가 오늘날 침식되고 있다는 점에서 그 생명력을 다한 측면도 있는 것으로 보인다. 그 사이 가속적 지구화를 통해 진행된 복지국가의 와해와 경제적 배제(排除)의 심화는 생활세계 식민화론으로는 포섭할 수 없는 경제적 분배를 둘러싼 새로운 형태의 사회갈등들을 심화시키고 있다. 또한 생활세계 식민화론은 생활세계 내부의 왜곡된 인정질서에서 기인하는 무시(無視)의 문제를 해명하는 데에서도 그 제한성을 갖는 것으로 보인다. 소수자 문제의 부상은 오늘날 '차이'에 대한 인정을 중심적인 사회정치적 이슈로 만들고 있다.[2]

우리의 생활세계에 내재하는 규범적 핵심인 정의로운 상호인정

---

2) 이에 관해서는 김원식, 「소수자의 포용과 한국사회 민주주의의 심화」, 국가안보전략연구소 편, 『정책연구』, 2006년 가을 참조.

의 질서는 오늘날 경제적 배제, 사회적 삶의 물화, 문화적 배제라는 세 가지 요인에 의해 위협받고 있는 것으로 보인다. 필자는 이런 상황들을 종합적으로 고려하면서, 하버마스의 시대진단 테제에 대한 비판적 재구성을 시도해 보고자 한다.[3] 이를 위해 아래에서는 먼저 하버마스의 생활세계 식민화론의 핵심 내용을 간략히 요약할 것이다. 다음으로는 그간의 정치사회적 변화와 비판적 논평들을 참조하여 하버마스의 시대진단 테제를 평가하고 비판적 재구성이 필요한 요소들이 무엇인지를 구체적으로 살펴볼 것이다. 그리고 이에 기초하여 생활세계 식민화론에 대한 비판적 재구성의 방향과 내용을 제시할 것이다. 마지막으로 결론에서는 한국사회의 현실을 염두에 두면서 그리고 동시에 재구성된 시대진단에 기초한 대안의 모색을 염두에 두면서 이 글이 가지는 의미를 정리해 보고자 한다.

생활세계 식민화론

비판사회이론의 과제는 정당화 가능한 합리적 규범에 기초하여 해당 사회의 병리적 현상들을 진단하고, 그에 대한 처방과 대안을 제시하는 데에 있다.[4] 프랑크푸르트학파 2세대인 하버마스는 1세대인 호르크하이머와 아도르노의 계몽의 변증법 테제를 대체하는 새로운

---

3) 선우현은 이 글과 유사한 문제의식하에서 체계, 생활세계 개념을 중심으로 하버마스의 이층위적 사회관에 대한 비판적 재구성을 시도한 바 있다. 선우현, 「체계/생활세계 2단계 사회이론의 비판적 재구성: 체계의 민주화와 사회적 투쟁의 생활세계 내 현실화」, 사회와 철학 연구회 편, 『사회와철학』14호, 2007 참조.

4) 이에 대해서는 악셀 호네트, 문성훈 외 옮김, 『정의의 타자』, 나남, 2009, 24쪽 이하 참조. 호네트는 합리성 이론에 기초해서 자본주의적 사회병리 현상을 진단하려는 시도를 프랑크푸르트학파 전반의 이론적 공통분모로 규정한다. Axel Honneth, Pathhologien der Vernunft, Suhrkamp 2007, 31쪽 이하.

시대진단과 대안을 제시했다.5) 그의 경우 현대사회에 대한 시대진단은 이층위적 사회이론에 입각한 '생활세계 식민화론'으로, 그에 대한 대안은 '시민사회 공론장의 활성화에 기초한 의사소통 권력의 강화'로 요약될 수 있다. 앞서 언급한 바와 같이 생활세계 식민화는 주체들 사이의 합리적 의사소통 행위를 통해 유지되고 재생산되는 우리의 생활세계가 화폐와 권력을 매체로 하는 체계 논리의 침식으로 인해 물화되는 현상을 의미한다.

하버마스에 따르면 모든 사회는 스스로를 유지하기 위하여 물질적 재생산과 상징적 재생산을 동시에 필요로 한다. 전근대적 사회에서는 이러한 두 차원의 재생산이 아직은 명확히 분화되지 않은 상태에서 진행된다. 봉건사회에서 볼 수 있는 바와 같이 전근대 사회에서 경제나 정치 체계는 생활세계의 문화적이고 규범적인 질서, 즉 신분질서와 밀접하게 연관되어 작동한다. 그렇지만 자본주의적 근대화 과정을 통해서 사회의 물질적 재생산 기능은 문화적인 질서로부터 자립화된 시장경제체계와 근대국가의 관료주의적 행정체계를 통해서 수행되게 된다. 근대화 과정을 통해서 각각 화폐와 권력을 매체로 하는 경제체계와 행정체계는 생활세계의 규범적 구속으로부터 상대적 자립성을 획득하면서 복잡화된 기능체계를 발전시켜 나가게 된다는 것이다.

하버마스는 생활세계와 체계의 이러한 분화 자체를 근대화 과정의 진화적 성과라고 평가한다. 자본주의 시장경제와 근대국가의 관

---

5) 프랑크푸르트학파 시대진단의 변천 과정 및 그에 관한 평가에 대해서는 김원식, 「근대성의 역설과 프랑크푸르트학파 비판이론의 전개」, 사회와 철학 연구회 편, 『사회와철학』14호, 2007 참조.

료제의 등장은 사회의 물질적 재생산을 효과적으로 보장하고 관리한다는 점에서 사회적 문제해결 능력에서의 일정한 진화로 평가할 수 있다는 것이다. 그러나 문제는 자본주의적 근대화 과정 속에서 화폐와 권력을 매체로 하는 체계의 논리가 상호이해를 통해서만 유지되고 재생산될 수 있는 생활세계에 침입하여 그것을 '식민화' 하고, 결국은 그것의 고유한 질서를 파괴하는 데에서 발생하게 된다. 생활세계는 문화적 전통을 유지하고, 사회질서의 정당성을 지탱하며, 개인의 인격성을 보호하고 신장시키는 역할을 수행하는데, 체계에 의한 생활세계의 식민화는 생활세계의 이러한 핵심적 기능들을 훼손하게 된다는 것이다.

문화적 의미의 전수와 창출, 사회질서의 정당성 유지 그리고 인격의 존엄성 등은 화폐나 권력이라는 매체를 통해서 구매되거나 강제될 수 없는 인간의 고유한 사회적 삶의 차원이라고 할 수 있다. 의미와 정당성은 당사자들의 상호이해를 통해서만 유지되고 재생산될 수 있기 때문이다. 이러한 영역들에 화폐와 권력의 논리가 침투하게 되면, 문화적 차원에서는 의미상실 현상이 강화되고, 사회질서의 규범적 정당성은 훼손되어 아노미 상태를 초래하게 되며, 개인들은 소외나 정신 병리현상 등 심리적 이상 상태를 겪을 수밖에 없게 된다.[6] 하버마스는 이러한 생활세계 식민화가 후기자본주의 사회에서 나타나는 사회 병리현상의 근본적 원인이며, 여기에서 현대사회의 핵심적 사회갈등이 발생하고 있다고 주장했다.

화폐와 권력을 매체로 하는 체계 논리의 침식은 생활세계 전반

---

6) 위르겐 하버마스, 장춘익 옮김, 『의사소통행위이론2』, 231쪽 참조.

에 대한 물화 효과를 산출하며, 이는 결국 의사소통 행위를 통해서만 유지되고 재생산되는 생활세계 질서를 교란, 훼손하게 된다. 문화는 상품화, 산업화되며, 국가 정책의 수혜자로 전락한 시민들은 정치적 의사결정 과정에서 배제되고, 소비주의의 팽배 속에 개인들의 삶은 도구화된다. 이러한 물화의 효과는 특정한 계급을 넘어 해당 사회 구성원들 전체의 삶에 직접적인 영향을 미치게 되며, 이는 결국 생활세계의 저항을 유발하게 된다. 시민들은 시장논리의 침투와 국가의 관료적인 일방적 결정에 저항하게 된다. 이러한 저항은 전통적 분배갈등과는 달리 교육, 의료, 환경, 인권, 참여 등 일반 시민들의 삶의 질의 문제들과 관련되어 있으며, 이러한 저항들의 공통성은 일방적인 효율성과 성장 논리를 거부하는 데에 있다.

하버마스 사유의 바탕을 형성하고 있는 근본 직관은 인간의 언어적 의사소통 구조 속에는 동등한 상호인정을 통한 너와 나의 공존이라는 목적이 내재하고 있다는 데에 있다.[7] 인간의 모든 사유와 활동을 자기보존을 위한 도구적 이성과 행위로 환원하려는 시도들에 맞서서 그는 인간은 단지 노동하는 존재일 뿐 아니라 언어적 존재라는 사실을 강조하고 있다. 언어를 사용하는 사회적 존재인 인간은 이성적 상호인정을 통한 공존을 지향하며, 이러한 상호인정이 실현된 상태야말로 우리가 지향해야 할 이상적 사회 상태라는 것이다. 생활세계 식민화론은 이러한 이상적인 인간 삶의 방식을 억압하고 훼손하는 현실적 원인이 무엇인지를 후기자본주의 사회의 현실을 염두에

---

7) 하버마스는 이미 1965년 그의 프랑크푸르트 대학 취임 강연에서 노동과 언어를 상이한 행위유형으로 구별하고 있다. J. Habermas, *Technik und Wissenschaft als 'Ideologie'*, Suhrkamp, 1969, 163쪽.

두면서 사회이론 차원에서 해명하고자 했던 시도라고 할 수 있을 것이다.

하버마스의 이러한 시대진단은 1980년대 서구 선진 국가들에서 기능하던 복지국가의 타협과 새로운 사회운동의 출현을 그 배경으로 하고 있다. 하버마스는 새로운 사회운동의 출현을 생활세계 식민화에 대한 저항으로 해석하면서, 새로운 사회운동에서는 전통적인 분배 갈등, 계급 갈등이 아니라 '삶의 질'을 둘러싼 새로운 문제들이 저항의 핵심적인 이슈로 등장하고 있다고 지적했다. 이러한 변화의 배후에는 복지국가의 원활한 작동이 전제되어 있다. 복지국가의 등장을 통해 노동자들의 법적 권리들이 제도화되고, 의료, 교육, 주거 등과 관련된 각종 사회정책들을 통해서 노동자들의 사회적 권리들이 확대된다. 이러한 사회정치적 변화로 인해서 계급 갈등은 중립화되고, 사회갈등의 중심 전선이 분배에서 삶의 질로 이동하게 된다는 것이다.

평가와 검토

생활세계 식민화론은 후기자본주의 사회에서 새롭게 등장하고 있는 사회갈등과 새로운 사회운동의 양상을 해명하는 데에서 큰 성과를 거둔 것으로 판단된다. 새로운 사회운동들은 전통적인 분배 갈등, 계급 갈등과는 갈등의 주체나 저항의 목적 등에서 상이한 양상을 보여주었다.[8] 계급 갈등의 경우와 달리 새로운 사회운동에서 저항의

---

8) 새로운 사회운동의 성격과 특징에 대해서는 박형신, 「새로운 사회운동의 이론적 이해: 기

주체는 특정 계급에 제한되지 않는 일반 시민이다. 물론 현상적으로 특히 두드러진 저항의 주체는 교육받은 지식인층과 대학생들이라고 할 수 있을 것이다. 또한 저항의 목적 역시 경제적 자원의 취득보다는 새로운 가치관이나 대안적인 삶의 방식에 대한 추구와 연관되어 있다. 그렇기 때문에 새로운 사회갈등은 주로 환경, 교육, 인권, 참여 등 새로운 이슈들을 중심으로 발생하고 있다. 하버마스의 생활세계 식민화론은 이러한 새로운 사회갈등의 발생을 해명하는 데 적합한 사회이론적 진단을 제시하고 있다는 점에서 중요한 역할을 한 것으로 평가될 수 있을 것이다.

  신자유주의의 전 지구적 확산을 배경으로 전 사회의 시장화가 오늘날 더욱 전면화되고 있는 것을 고려할 때, 사회적 삶의 물화에 대한 하버마스 시대진단의 현실 적합성은 더욱 확대되고 있는 것으로 보인다. 신자유주의는 자기책임의 원칙과 유연성의 가치를 찬양하며 경쟁과 효율성이라는 시장의 논리를 확산하고 있다.[9] 시장 논리의 확산과 소비사회의 극단화 속에서 공적인 영역은 축소되어 가며 개인들의 삶은 상품 논리에 의해 지배되고 있다. 대중문화는 삶의 진정성과는 무관한 오락의 대상이 되고, 교육은 경쟁논리에 의해 지배되고, 대학은 기능인 양성소가 되고 있으며, 소비 지향적 대중의 정치적 무관심은 급속히 확대되고 있다. 이러한 상황들은 결국 사회질서를 지탱하는 정당성의 기초를 침식하게 될 것이며, 개인들

원, 전개, 전망」, 박형신 외, 『새로운 사회운동의 이론과 현실』, 문형, 2000. 김성국, 「한국 시민사회의 성숙과 신사회운동의 가능성」, 임희섭, 양종회 편, 『한국의 시민사회와 신사회운동』, 나남, 1998, 48~55쪽 참조.

9) 신자유주의 문화 및 이데올로기에 대한 비판적 분석으로는 Richard Sennett, *The Culture of the New Capitalism*, Yale University Press, 2006 참조.

은 정체성의 혼란과 소외되고 물화된 삶으로 인해 고통을 받게 될 것이다. 이런 상황들을 전반적으로 고려한다면, 하버마스의 생활세계 식민화론은 오늘날 그 설득력이 전반적으로 강화되고 있는 것처럼 보인다.[10]

그렇지만 이 테제는 동시에 다음과 같은 주요한 난점들에 직면하고 있다. 첫째, 이 테제는 오늘날 확대되고 있는 사회적 양극화, 경제적 배제의 문제를 적절히 해명하지 못한다. 앞서 지적한 바와 같이 이 테제는 본격적인 지구화가 진행되기 이전 시기, 즉 국민국가 단위의 정책적 자율성이 상당 정도 유지되는 상황에서 복지국가의 타협이 원활하게 기능하던 시기를 그 배경으로 하고 있다.[11] 노동자들의 권리에 대한 법제도적 보장이 이루어지고, 각종 사회정책을 통해 사회적 권리들이 보장되어지는 상황을 전제로 하여 이 테제는 사회갈등의 중심축이 삶의 질에 관한 문제들로 이전되었다는 진단을 제시했다. 그러나 오늘날 가속화되는 지구화는 이러한 진단의 전제가 되었던 사회경제적 배경 자체를 동요시키고 있다. 노동 유연화로 인한 비정규직의 증가는 이미 확보되었던 노동자들의 권리와 생활수준을 심각하게 후퇴시키고 있다. 또한 전 지구적 자본의 이동과 경쟁 속에서 국민국가 단위의 자율적 정책 수행 능력이 축소되면서 기존의 복

---

10) 다원적 평등을 옹호하는 왈쩌는 특정한 가치가 다른 영역의 가치들을 침탈하는 '전제'를 막는 것을 중요한 과제로 삼고 있으며, 그는 오늘날 평등주의 정치에는 자본주의 및 돈의 특수한 전제에 대항하는 것이 중요한 과제가 되고 있다고 지적한다. 이는 화폐 매체를 통한 생활세계 식민화에 대한 저항을 다른 방식으로 주제화 하고 있는 경우라고 할 수 있을 것이다. 마이클 왈쩌, 정원섭 외 옮김,『정의와 다원적 평등』, 철학과 현실사, 1999, 52쪽 이하 및 479쪽 참조.

11) 프레이저는 기존 사회이론이 '케인스주의적-베스트팔렌적 틀(Keynesian-Westphalian frame)', 즉 국민국가 단위의 논의 틀에 국한되어 있었음을 지적하면서 지구화 시대의 정의는 이러한 틀을 넘어서야만 한다고 역설하고 있다. Nancy Fraser, *Scales of Justice*, Columbia University Press, 2009, 12쪽 이하 참조.

지정책들 역시 심각한 후퇴의 징후를 보여주고 있는 것이 사실이다. 오늘날 만성화된 대량 실업과 극빈층으로의 추락은 기존 사회체제로부터 경제적으로 '배제'된 다수의 사람들을 양산하고 있다.

　이로 인해 오늘날 자본주의 사회에서는 삶의 질의 문제를 둘러싼 갈등과 더불어 낡은 분배갈등이 새로운 형태로 재등장하고 있다. 이러한 갈등 역시 우리의 생활세계를 위협하는 방식으로 등장하기는 하지만, 그 원인이 경제체계 그 자체에 뿌리박고 있다는 점에서 이러한 갈등들은 생활세계 식민화 현상들과는 차별성을 갖는다. 지구화된 신자유주의적 경쟁 체제는 그것의 유지를 위해 필요하지 않은 사람들에 대해 무관심하다. 여기서 문제가 되는 것은 삶의 물화가 아니라 경제적 배제다. 취업의 기회를 원초적으로 박탈당하고 있는 청년 실업자나 만성적 실업자와 같이 경제적으로 배제된 사람들은 현재의 생산체계가 더 이상 필요로 하지 않는 사람들이며, 이런 점에서 오늘날 문제가 되는 것은 '착취'라기보다는 '배제'라고 할 수 있다. 현대의 고도화된 생산체제는 더 이상 배제된 자들에 대한 착취를 필요로 하지 않는다. 그들은 단지 현재의 생산체계로부터 배제되어 불필요한 존재로, '인간쓰레기'로 전락하고 있을 뿐이다.[12] 이러한 상황은 경제체계 자체에 내장되어 있는 문제들에 대한 새로운 진단을 요구하고 있는 것으로 보인다. 그렇지만 하버마스의 이층위적 사회관은 이러한 진단을 배제하고 있다. 왜냐하면 하버마스의 테제가 주목하고 있

---

12) 이에 관해서는 지그문트 바우만, 정일준 옮김, 『쓰레기가 되는 삶들』, 새물결, 2008 참조. 바우만은 "가장 분명하고 폭발적 잠재력을 가지고 있는 자본주의 경제의 기능상의 문제는, 현재 전 지구적 국면에서 볼 때, 착취로부터 배제로 변화하고 있다. 오늘날 사회적 양극화, 심화되는 불평등, 인간적 빈곤, 불행, 모욕감의 점증하는 확산 등과 관련된 가장 분명한 사례들의 근저에 놓여 있는 문제는 150여 년 전에 마르크스가 제시했던 착취라기보다는 배제라고 할 수 있다"고 지적한다(*Identity*, Polity Press, 2004, 41쪽).

는 부분은 더 이상 경제 체계 내부의 모순이 아니기 때문이다.[13]

둘째, 많은 논자들이 지적하는 바와 같이 식민화 테제는 생활세계 내부 질서로부터 기인하는 사회적 문제들을 간과하고 있다. 현대 사회의 갈등은 단지 체계에 의한 생활세계 식민화에서뿐만 아니라 생활세계 내의 왜곡된 지배질서, 인정질서로부터도 발생하고 있다.[14] 우리의 생활세계는 그 자체 왜곡된 방식의 가치평가 혹은 인정질서를 내포하고 있는 것이 사실이다. 여성주의자들이 지적하는 바와 같이 여성의 가사노동에 대한 기존의 사회적 평가를 그 대표적인 사례로 들 수 있을 것이다. 여성의 가사노동은 사회의 존속을 위한 필수적인 물질적 생산 행위임에도 불구하고, 그것은 오로지 사적인 영역에 속하는 것으로, 따라서 어떠한 사회적 보상도 필요치 않은 영역으로 간주되어 왔다. 이외에도 우리는 소수자들에 대한 수많은 왜곡과 무시의 경우들을 생활세계 내부의 왜곡된 인정질서에 관한 사례들로 제시할 수 있을 것이다.

'정체성' 정치의 부상이 보여주고 있는 바와 같이 소수자의 정체성에 대한 부정과 그에 대한 사회정치적 저항은 오늘날 사회갈등의 중심축으로 급속히 부상하고 있다. 개인의 자율성과 선택가능성의 확대와 더불어 자발적 소수자가 증가하고 있으며, 세계화를 통한 이주의 물결은 전 지구적 차원에서 소수자 문제를 확산시키고 있다. 그러나 체계논리의 침투로 인한 사회적 삶의 물화에 대한 하버마스의

---

13) 하버마스의 자율적 경제 체계 개념이 현대사회의 정치경제적 변동을 분석하는 데에 장애가 된다는 지적에 대해서는 존 시튼, 김원식 옮김, 『하버마스와 현대사회』, 동과서, 2007, 262쪽 이하 참조.

14) 호네트는 체계와 생활세계의 긴장이 아니라 인정 관계의 왜곡과 훼손이 시대진단적 분석의 중심이 되어야 한다고 주장한다. 악셀 호네트, 문성훈 외 옮김, 『정의의 타자』, 125쪽.

시대진단 테제는 생활세계 내부 질서에서 기인하는 이러한 갈등들을 적절히 해명할 수 없다. 왜냐하면 이 테제 자체는 체계에 의한 생활세계의 물화를 주제화할 뿐 생활세계 내부의 지배와 권력의 문제를 본격적으로 주제화하고 있지 않기 때문이다.

셋째, 생활세계 식민화론은 새로운 사회갈등의 발생을 원론적인 차원에서 진단했을 뿐 그 구체적인 양상과 식민화에 대한 저항의 원인, 동력에 대해서는 본격적으로 해명하지 않았다. 따라서 우리는 체계 논리의 침식이 생활세계의 질서들을 구체적으로 어떻게 물화시키고 교란하는지, 또 그에 대한 저항의 원인은 무엇인지를 보다 심도 있게 해명할 필요가 있다. 이와 같이 생활세계 식민화론과 관련된 논의가 본격적으로 진행될 수 없었던 데에는 일정 부분 하버마스 자신의 책임도 있는 것으로 보인다. 왜냐하면 일각에서의 기대와는 달리 『의사소통행위이론』 출간 이후 하버마스 자신이 이 시대진단 테제를 현실에 적용하여 구체화하기보다는 그의 관심을 담론윤리나 법이론과 연관된 정치이론 쪽으로 전환시켰기 때문이다.[15]

비판적 재구성

앞선 검토를 바탕으로 하여 오늘날의 상황에 적합한 형태로 하버마스의 시대진단 테제를 재구성하기 위해서 먼저 다음과 같은 원칙적인 방향을 제시해두고자 한다.

---

15) 이러한 평가에 대해서는 Robin Celikates, Arnd Pollman, "Baustellen der Vernunft, 25 Jahre *Theorie des kommunikativen Handelns* - Zur Gegenwart eines Paradigmenwechsels", *WestEnd*, Frankfurt a. M. 2006년 2호, 98쪽 이하 참조.

첫째, 오늘날 발생하고 있는 경제적 배제나 문화적 무시와 같은 핵심적인 사회 병리현상들을 적절히 해명하기 위해서는 먼저 그것의 발생 원인에 관한 사회이론 차원에서의 진단을 보다 다차원적으로 제시할 필요가 있다. 이를 위해서는 먼저 체계 자체가 내장하고 야기하는 사회갈등들, 생활세계 식민화를 통해서 야기되는 사회갈등들, 생활세계의 내부 질서로 인해서 야기되는 사회갈등들과 그것의 원인들을 분석적으로 구별해야만 할 것이다. 둘째, 사회 병리현상들을 야기하는 원인과 그 양상들에 대한 이러한 분석적 구별에도 불구하고, 결국 사회 병리현상들은 생활세계 내부의 구체적이고 복합적인 갈등들로 현상하고 경험될 수밖에 없다. 이런 점에서 우리는 경제적 배제, 물화, 문화적 무시 등 다양한 원인들로 인해 발생하는 이러한 생활세계 병리현상들 각각의 성격과 상호연관성을 보다 구체적으로 해명할 필요가 있다.

다차원적 시대진단

오늘날 발생하고 있는 사회 병리현상들을 종합적으로 진단하기 위해서는 먼저 사회 병리현상들을 야기하는 다차원적인 원인들을 포섭할 수 있는 방식으로 하버마스의 시대진단 테제를 재구성할 필요가 있는 것으로 보인다.[16] 그리고 이를 위해서는 먼저 체계가 직접적으로 산출하는 경제적 배제와 체계 논리의 침식으로 인해 발생하

---

16) 문성훈은 호네트의 인정이론에 기초하여 생산, 개성, 문화 영역을 아우르는 다층적 시대진단 방식을 모색한 바 있다. 「사회비판의 다층성과 구조적 연관성」, 사회와 철학 연구회 편, 『사회와철학』15호, 2008.

는 생활세계의 물화 현상의 원인과 양상을 분석적으로 구별해야만 하며, 나아가서는 생활세계 내부로부터 발생하는 병리현상들을 이것들과 구별할 수 있어야만 한다.

앞서 지적한 바와 같이 과학기술의 급속한 발전과 지구적 경쟁의 강화로 인한 만성적인 대규모 실업과 빈곤층의 양산은 생활세계의 물화와는 구별되는 경제적 배제의 문제를 야기하고 있는 것으로 보인다. 이러한 배제에 대한 저항은 낡은 형태의 분배 갈등을 새로운 방식으로 야기하고 있다. 전체적인 경제적 부의 증대에도 불구하고 이와 더불어 사회적 양극화가 강화되고 있으며, 이는 발전된 나라들 내부에서조차도 빈곤층의 확대를 야기하고 있다. 지구화라는 새로운 조건 속에서 복지국가가 후퇴하고 경제 성장이 침체되면서 변형된 형태의 전통적 분배 갈등이 발생하고 있는 것이다.[17] 기본적인 삶의 수준을 누릴 권리의 박탈을 야기하는 경제적 배제의 원인은 앞서 지적한 바와 같이 생활세계의 물화에 있다기보다는 시장체계 자체에서 기인한다고 볼 수 있다.

경제적 배제는 그것이 주변화된 특정 집단에 집중되어 있고, 여전히 물질적 자원의 분배가 문제의 핵심이 된다는 점에서 생활세계 식민화의 사례들과는 구별될 수 있다. 체계 논리의 침식으로 인한 생활세계의 물화는 그 파급효과가 전 사회적이고, 관련 갈등의 주요 이슈가 삶의 질과 관련된 문제들이라는 점에서 경제적 배제의 경우와 차별성을 갖는다. 물론 주변적 계층들이 이러한 물화 효과에 대해 보

---

17) 하버마스는 국가개입주의에 기초하여 자본주의적 경제성장이 지속되는 한에서만 전통적 사회갈등, 계급 갈등에 대한 제어가 가능하며 그렇지 못할 경우 전통적 갈등이 다시 등장할 수도 있다고 지적한 바 있다. 『의사소통행위이론』, 540쪽. 그리고 존 시튼, 김원식 옮김, 『하버마스와 현대사회』, 228쪽 참조.

다 적극적인 저항을 시도한다고 하버마스가 지적하고 있기는 하지만, 물화의 효과가 특정 계층이나 계급에 국한될 수 없다는 점은 분명해 보인다.[18] 이에 따라 경제적 배제와 생활세계 식민화에 대한 저항의 주체도 구별될 수 있을 것이다. 생활세계 식민화에 대한 저항의 주체가 시민 일반이라면, 경제적 배제에 대한 직접적인 저항 주체는 경제체계로부터 배제된, 혹은 배제될 위험에 처한 집단이 될 것이다. 또한 저항 당사자들이 목표로 하는 것 역시 각각 상이하다. 경제적 배제는 (재)분배를 목표로 하는 반면, 생활세계 물화에 대한 저항은 보다 많은 참여와 대안적 가치의 실현을 요구하고 있다. 이와 같이 경제적 배제와 생활세계의 물화는 그것을 야기하는 원인, 해당 갈등의 발현 양태 그리고 저항의 주체와 목표 모두에서 구별될 수 있다.

경제적 배제와 삶의 물화로 인한 사회갈등들이 주로 체계 논리와 결부되어 있다면 소수자에 대한 무시와 억압의 문제는 그것이 주로 생활세계 자체의 문화적 질서에서 기인한다는 점에서 앞의 두 경우와는 그 발생 원인에서 차별성을 갖는다. 소수자, 예를 들어 동성애자에 대한 무시와 억압은 경제체계의 논리와는 직접적인 상관관계가 없다. 소수자에 대한 무시를 야기하는 직접적 요인은 생활세계에 내재하는 왜곡된 문화적 평가에 있다고 볼 수 있다. 또한 식민화의 경우와는 달리 소수자에 대한 무시는 경제적 배제의 경우와 마찬가지로 주로 특정한 집단에 제한되어 있다. 따라서 이 경우 저항의 직접적 주체는 왜곡된 문화적 평가로 인해 고통을 받는 집단이 될 것이

---

18) 하버마스는 한곳에서 복지국가적 타협의 기초로서 자본주의적 경제성장에 이해관계를 갖는 중심부와 그 이외의 주변부 사이에 전선이 생겨난다고 언급하기도 한다. 『의사소통행위이론』, 602쪽.

며, 그러한 저항의 목적은 체계 질서의 수정이나 그것의 확산에 대한 제어가 아니라 생활세계 내부의 왜곡된 문화적 평가, 왜곡된 인정질 서에 대한 시정이 될 것이다.

이러한 점들을 고려하여, 하버마스의 시대진단 테제는 사회 병리현상의 발생 원인을 보다 다층적으로 조명할 수 있는 틀로 개정될 필요가 있는 것으로 보인다. 여기서 중요한 것은 경제체계 자체가 직접적으로 야기하는 경제적 배제의 문제와 생활세계 내부적 요인으로부터 발생하는 무시의 문제를 모두 포섭해내는 일이다. 이를 위해서는 체계 내부 모순과 생활세계 내부 모순을 각각 인정하고, 그것들을 조명할 수 있는 방식으로 이층위적 사회개념이 재구성되어야만 한다.[19] 체계 논리의 침입으로 인한 사회적 물화의 문제와 더불어 지구화된 시장체계가 산출하는 경제적 배제의 문제가 포착되고 해명될 수 있어야만 하며, 이를 위해서는 오늘날 작동하는 시장 체계의 내부 문제들에 대한 보다 구체적인 분석이 제시될 수 있어야 한다. 또한 생활세계 내부 질서에서 야기되는 병리현상들을 포착하고 해명하기 위해서는 생활세계가 내장하고 있는 왜곡된 인정질서에 대한 분석이 제시될 수 있어야 할 것이다.[20]

하버마스의 생활세계 식민화론은 경제 및 행정체계 논리의 침습과 확산으로 인해 발생하는 삶의 물화 현상과 그로 인한 사회적 상호

---

19) 이층위적 사회관이 가지는 잠재적 가능성을 적극적으로 해석한 시도로는 강병호, 「생활세계와 체계 - 하버마스의 이단계 사회이론과 그에 대한 비판에 대한 재고찰」, 『철학』제144집, 2020을 참조하라.

20) 하버마스 사회이론의 비판적 재구성을 위해서 체계와 생활세계 각각의 내부 모순을 수용하려는 시도로는 선우현, 「체계/생활세계 2단계 사회이론의 비판적 재구성: 체계의 민주화와 사회적 투쟁의 생활세계 내 현실화」 참조.

작용의 교란에 대해 적절한 사회이론 차원의 진단을 제시하고 있는 것으로 보인다. 또한 오늘날 이러한 물화현상이 심화되고 있고, 그로 인해 각종 병리적 효과가 산출되고 있는 현실을 고려할 때, 이러한 진단의 유효성은 오늘날도 현실적으로 입증되고 있다. 따라서 문제는 하버마스의 시대진단 테제를 부정하거나 대체하는 것이라기보다는 그것을 보완하는 것이다. 경제적 배제를 진단할 수 있는 방식으로 경제 체계의 내부 한계를 지적하고, 문화적 무시를 진단할 수 있는 방식으로 생활세계 개념을 보완할 수 있다면, 그의 시대진단은 경제적 배제, 물화, 무시라는 우리 시대의 핵심적 사회갈등들을 종합적으로 진단할 수 있는 사회이론 틀로 재구성될 수 있을 것이다.

사회병리 현상의 복합성

사회 병리현상의 원인에 대한 이러한 다차원적인 접근은 사회 병리현상들의 양상에 대한 서술에서도 변화를 야기하게 될 것이다. 이제 생활세계 병리현상에 대한 접근 역시 경제적 배제, 삶의 물화, 소수자에 대한 무시라는 보다 포괄적인 구도하에서 진행되어야 한다. 병리적 효과를 산출하는 원인들의 다양성에 대한 지적과 더불어 병리적 현상들 사이의 상호영향 관계와 복합적 발현 양상들 역시 해명되어야 한다.

앞서 언급한 바와 같이 생활세계의 규범적 핵심은 이성적인 상호인정관계의 유지와 재생산에 있으며, 이는 합리적 의사소통 행위를 통해서만 가능하다. 물론 의사소통 행위가 가능하기 위해서는 상호인정의 질서가 이미 전제되어야만 하는 것도 부정할 수 없을 것이다. 합리적 의사소통은 상호인정을 전제하며, 상호인정 관계는 서로가 서로를 도구화하지 않는 합리적 의사소통 행위를 통해서만 유지되고 재생산될 수 있다.21) 경제적 배제, 물화, 무시 등은 이러한 상호인정의 구조를 파괴하여 사회적 부정의를 야기하며, 합리적 의사소통을 통한 행위조정과 사회통합을 교란하게 된다.

생활세계의 규범적 핵심인 상호인정은 서로 다른 주체들이 서로를 동등한 권리를 가진 주체로 인정하는 것을 의미한다. 사회적인 차원에서 보자면, 상호인정이란 사회구성원들 서로가 서로를 동등한 권리 주체로, 사회적 상호작용에 동등한 자격을 가지고 참여하는 주체로 인정하는 것을 의미한다. 이런 의미에서 상호인정은 민주주의의 근본이념이라고도 말할 수 있을 것이다. 사회적 공존의 질서로서 민주주의의 근본이념은 주권재민에 있으며, 이는 한 사회의 모든 구성원들이 동등한 자격으로 공동체의 삶에 참여하고, 스스로가 입법한 법의 지배에 복종한다는 것을 의미한다.22) 민주주의는 전 사회적 삶의 영역에서 모든 구성원들이 동등한 자격과 권리를 가지고 참여할 것을 요구한다.

경제적 배제, 물화, 소수자에 대한 무시는 그것들이 사회적 삶의

---

21) 호네트가 지적하고 있는 바와 같이 상호인정은 의사소통의 행위의 전제라고 할 수 있다(악셀 호네트, 『정의의 타자』, 123쪽). 그러나 필자가 보기에는 상호인정 관계의 유지는 동등한 주체들 사이의 의사소통 행위를 통해서만 유지될 수 있다는 점 역시 지적되어야 한다.

22) Olson은 낸시 프레이저가 정의의 원칙으로 제시한 "동등한 참여"를 민주주의 원칙으로 규정한다. 그는 이러한 민주적 정의의 개념이 스스로 입법한 법에 따라 살아가는 인민 주권 이념과 상통하며, 토의 민주주의적 접근들도 이러한 관점을 따르고 있다고 말한다. Kevin Olson, "Participatory Parity and Democratic Justice", *Adding Insult to Injury*, ed. Kevin Olson, Verso, 2008, 246쪽, 259쪽.

근본 규범인 상호인정의 규범, 민주주의의 규범을 훼손한다는 점에서 병리적인 현상으로, 사회적 부정의로 진단될 수 있는 것이다. 프레이저의 주장을 차용하자면, 먼저 경제적 배제는 사회구성원들의 동등한 참여를 위한 객관적 조건을 훼손한다.[23] 최소한의 물질적 자원을 결여하고 있는 사람들은 정상적인 사회적 삶에 참여하기 어렵다는 점에서 기본적인 물질적 재화의 동등한 분배는 상호인정과 동등한 참여를 위한 객관적 조건이라고 할 수 있다. 이는 오늘날 국제 인권규약 중 '경제적, 사회적, 문화적 권리에 대한 국제 규약'을 통해서 인정되고 있다. 경제적 배제는 특정한 사람들의 경제적 권리를 심각하게 침해함으로써 상호인정의 객관적 조건을 훼손하며 이로 인해 당사자들은 사회적 권리의 침해를 겪게 된다.

반면에 소수자에 대한 무시는 사회구성원들의 동등한 참여를 위한 상호주관적 조건을 훼손한다. 최소한의 문화적 인정을 결여한 사람들은 정상적인 사회적 삶에 참여하기 어렵다는 점에서 문화적 인정은 상호인정과 동등한 참여를 위한 문화적, 상호주관적 조건이라고 할 수 있다. 문화적 무시는 특정한 집단이나 개인을 사회적으로 종속적인 신분에 위치시켜 상호인정의 상호주관적 조건을 훼손하게 되며, 당사자들은 동등한 사회구성원으로서 자신들이 누릴 수 있는 제반 권리의 침해를 경험하게 된다.

생활세계 식민화는 앞의 두 경우와 달리 특정한 집단을 넘어 전 사회적인 차원에서 상호인정질서를 훼손하는 효과를 산출한다. 화폐

---

23) 정의의 객관적 조건과 상호주관적 조건에 대한 구별에 대해서는 Nancy Fraser and Axel Honneth, *Redistribution or Recognition: A Political-Philosophical Exchange*, Verso 2003, 36쪽 참조.

와 권력을 매체로 하는 체계 논리의 침식은 의사소통 행위를 교란함으로써 상호인정 질서의 유지와 재생산을 방해한다. 앞서 살펴본 바와 같이 생활세계 식민화로 인한 물화 현상은 의미 상실, 아노미, 정신 병리와 같은 다양한 병리현상을 유발하게 된다. 그리고 이는 결국 공적 삶에 대한 시민들의 자율적 결정권을 침해하는 상황을 초래하게 된다.

물화, 경제적 배제, 무시는 그것의 발생원인, 발현양상, 저항의 주체 등에서 분석적으로 구별될 수 있으며, 이들은 각각 상호인정질서 전반의 교란, 상호인정을 위한 객관적 조건과 상호주관적 조건의 훼손을 유발한다. 우리는 상호인정 혹은 동등한 참여라는 규범적 기준에 입각하여, 이들 각각을 생활세계 내에서 발생하는 일종의 병리적 현상 혹은 사회적 부정의로 규정할 수 있다.[24] 그리고 이러한 부정의의 시정은 각각 경제적 (재)분배, 문화적 인정, 체계에 의한 생활세계 식민화의 극복을 요구한다.

이와 같이 사회 병리현상들의 원인과 양상이 분석적으로 구별되어질 수 있지만, 이로 인해 야기되는 현실적 병리현상들은 상호작용하며 혼재된 방식으로 발생하게 된다. 생활세계 식민화로 인한 물화의 효과는 사회 전반에 그 영향을 미친다는 점에서 그 영향은 가히 전 사회적이라고 할 수 있다. 반면에 경제적 배제나 무시는 주로 특정한 계층에 집중적으로 그 영향을 미치게 된다. 따라서 사회적 물화의 효과는 일반적으로 경제적 배제나 무시의 효과와 중첩적으로 작

---

24) 동등한 참여와 상호인정이 사실상 동일한 규범적 원칙에 기초하고 있다는 점에 대해서는 Rainer Forst, "First Things First: Redistribution, Recognition and Justification" *European Journal of Political Theory*, 6;291, 2007, 298쪽 참조.

용하게 된다. 물론 물화의 효과가 모든 계층에게 동일한 영향을 미치는 것은 아니다. 경제적으로 배제된 사람들, 문화적 무시를 겪는 사람들의 경우 사회적 삶의 물화 효과는 일반적으로 더욱 가혹하게 다가올 수밖에 없을 것이다. 예를 들어 경쟁 위주의 입시교육정책이 가져오는 물화 효과가 사회경제적 지위에 따라 차별적 결과를 산출하는 경우를 생각해 볼 수 있을 것이다.

경제적 배제와 무시의 경우는 그들 각각이 독자성을 가지면서도 현실 속에서는 중첩적으로 나타나거나 서로를 강화시킬 가능성이 큰 것이 사실이다. 빈곤은 무시를 낳고, 무시는 빈곤을 낳는다. 소수자들의 삶이 일반적으로 보여주는 바와 같이 경제적 빈곤과 사회적 무시는 일반적으로 동반되면서 서로를 강화하는 경향이 있다. 여성성에 대한 왜곡된 가치평가는 상대적으로 많은 여성이 저임금 노동에 종사하는 결과를 낳을 것이며, 이로 인한 여성들의 경제력 상실은 여성들에 대한 사회적 무시를 더욱 강화하게 될 것이다.

생활세계 식민화로 인한 사회적 삶의 물화는 생활세계의 구성요소인 문화, 사회, 인격을 침식하게 되며, 이로 인해 생활세계 내적 질서와 상호작용을 교란하게 된다. 경제적 배제와 무시 역시 물화의 경우와는 다른 방식으로 생활세계 내부의 상호인정 질서들에 대한 침식을 보다 강화하는 결과를 낳게 될 것이다. 경제적으로 배제된 이들과 사회적 무시의 대상이 되는 사람들은 자신들의 정당한 권리를 박탈하고 부정하는 사회질서를 정의롭지 못한 것으로 체험하고 인식하게 될 것이며, 이에 대해 적극적인 저항을 시도하거나 아니면 심리적 병리현상들을 겪게 될 수밖에 없을 것이다. 이로 인해 해당 사회는 분배를 둘러싼 갈등, 사회적 물화 효과에 대한 저항, 문화적 차별에 대한 저항 등 상호 연관된 복합적 사회갈등에 직면하게 될 것이다.

생활세계의 규범적 핵심은 동등한 상호인정의 구조를 유지, 재생산하는 데 있다. 동등한 상호인정의 구조는 자유로운 개인들의 사회적 소통과 자기실현을 위한 필수적 전제다. 이러한 상호인정 구조의 파괴는 당사자들에게 정당한 권리에 대한 박탈의 체험을 야기하며, 이는 정당한 자신의 권리를 유지하고 되찾기 위한 저항을 유발하게 된다. 경제적 배제, 물화, 무시는 이러한 상호인정 구조의 훼손과 그로 인한 다양한 형태의 권리박탈을 유발한다.[25] 경제적 배제, 물화, 무시는 복합적으로 작용하면서, 개인들의 정치적 참여권, 자유권, 사회권을 침해하게 될 것이며, 이로 인해 당사자들은 민주주의와 인권이라는 이미 원리적으로 정착된 규범들에 기초하여 이에 대한 사회적 저항을 수행하게 된다.[26]

사회 병리현상에 대한 다차원적 진단의 모색은 오늘날의 핵심적 사회 병리현상들에 대한 사회이론 차원의 종합적 해명을 제시한다는 데에 그 일차적 의의가 있다. 이는 현대사회 갈등구조에 대한 균형적 이해를 통해 특정한 사회갈등만을 주제화 하는 편협한 기존의 입장들에 대한 교정효과를 가질 수 있을 것이다. 모든 것을 차이에 대한 인정의 문제로 환원하는 문화적 좌파들, 차이와 삶의 질의 문제를 간

---

25) 경제적 배제, 물화, 무시가 야기하는 사회적 저항에서 관건이 되는 것은 저항의 주체들이 그들에게 주어진 상황을 정당한 권리에 대한 박탈로 여기는지 여부다. 모든 불평등이나 무시가 사회적 저항을 야기하는 것은 아니며, 그것이 정당한 사회적 권리에 대한 침해나 훼손으로 규정될 수 있을 경우에만 사회적 저항도 가능할 것이다.

26) 참여권, 자유권, 사회권 개념의 구별과 상호관계에 대해서는 위르겐 하버마스, 한상진, 박영도 옮김, 『사실성과 타당성』, 나남, 2000, 164쪽 이하 참조.

과하는 낡은 좌파들, 생태적 가치나 대안적 가치의 추구만이 현대성의 역설을 극복할 수 있다는 견해들 각각이 가지는 제한성과 그러한 분석들이 현대사회 갈등구조 전반을 해명하는 데서 차지하는 지위를 규정하는 데서 이러한 종합적 진단은 일정 부분 기여할 수 있을 것으로 보인다.

한편 이론 내부적인 차원에서 볼 때, 이러한 재구성은 호네트와 프레이저의 논쟁에서 비롯된 재분배와 인정을 둘러싼 기존 논쟁의 구도가 간과하고 있는 사회적 물화의 문제를 주제화 한다는 점에서 기존 논쟁의 구도를 보다 확장하는 데에 기여할 수 있을 것이다.[27] 인정과 (재)분배를 둘러싼 기존의 논쟁은 사회적 물화의 효과와 그것이 야기하는 병리현상들에 주목하지 않고 있는 것으로 보이기 때문이다. 이런 점을 고려할 때, 이러한 재구성은 기존 논쟁의 구도를 보완, 확장하는 의미를 가질 수 있을 것이다.

나가는 말

앞에서 우리는 하버마스의 생활세계 식민화론에 대한 재구성을 통해서 경제적 배제, 사회적 삶의 물화, 문화적 무시라는 현대사회 갈등의 핵심적 요인들을 다차원적인 방식으로 진단해 보았다. 이를 통해 이 글은 먼저 경제적 배제, 물화, 문화적 무시 각각이 상이한

---

27) 인정과 재분배 문제를 둘러싼 기존 논쟁에 대해서 Nancy Fraser and Axel Honneth, *Redistribution or Recognition: A Political-Philosophical Exchange*, Verso 2003, Adding Insult to Injury, ed. Kevin Olson, Verso, 2008. 김원식, 「인정과 재분배」, 사회와 철학 연구회 편, 『사회와 철학』17호, 2009 참조.

원인으로 인해 발생하며 상이한 결과를 낳고 그에 따라 사회적 저항의 주체나 저항의 목표 역시 상이한 방식으로 설정된다는 사실을 확인할 수 있었다. 그러나 현실 속에서 이러한 사회갈등들은 중첩적인 방식으로 나타나는 것이 사실이다. 경제적 배제와 문화적 무시는 중첩되며 서로를 강화하고, 사회구성원 전체에 영향을 미치는 사회적 물화의 효과는 구성원들의 상이한 사회경제적 지위에 따라 굴절된 방식으로 부정적 효과를 산출한다.

필자가 보기에는 가속화되는 지구화의 흐름 속에서 현재 한국사회의 사회갈등 역시 이러한 세 가지 축을 중심으로 격화되고 있는 것으로 보인다.[28] 경제적 배제를 둘러싼 첫 번째 갈등 축에 대해서는 사회적 양극화 문제와 관련하여 이미 많은 논의가 진행되고 있다. 삶의 물화와 관련된 두 번째 갈등 축의 경우 역시 1990년대 각종 시민운동의 활성화와 더불어 이미 우리 사회에서 많은 논의가 진행되었다. 문화적 무시와 관련된 세 번째 축은 자발적 소수자의 부상 및 이주자 문제와 관련하여 사회적 논의의 새로운 주제로 부각되고 있다.

경제적 배제, 삶의 물화, 사회적 무시는 사회구성원 모두를 동등한 권리 주체로 인정할 것을 요구하는 상호인정의 규범, 민주주의의 규범을 훼손하게 되며, 이로 인해 당사자들은 다양한 형태의 권리 침해를 경험하게 되고 결국 정치적인 저항을 시작하게 된다. 권리를 침해당한 당사자들은 때로는 (재)분배, 참여, 인정 중 한 가지 목표를 실현하기 위하여, 때로는 동시에 여러 가지 목표를 실현하기 위하여

---

28) 박길성은 '압축갈등의 한국사회'라는 개념을 통해서 한국사회 갈등구조의 복합성에 대하여 분석한 바 있다. 「한국사회의 갈등지형과 경향」, 고려대학교 한국사회연구소 편, 『한국사회』제9집 1호, 2008 참조.

투쟁하게 된다. 이 글에서 제안된 현대사회 갈등구조에 대한 복합적 진단은 이러한 일견 혼란스러워 보이는 사회갈등의 복합적 성격을 해명하고, 나아가서 권리를 침해당한 당사자들이 불필요한 상호 대립을 극복하고 넓은 틀에서 서로 연대할 수 있는 가능성을 보여주는 데 기여할 수 있을 것이다.

이러한 복합적 사회 병리현상의 극복은 결국 민주주의의 확장과 심화를 통해서만 해결이 가능한 것으로 보인다. 먼저 경제적 배제의 문제를 극복하기 위해서는 경제 영역에서의 민주화를 통해서 사회의 모든 구성원들이 경제적 삶의 영역에서 동등한 참여의 주체가 될 수 있는 길을 모색해야만 할 것이다. 문화적 무시의 문제를 극복하기 위해서는 문화적 삶의 영역에 팽배해 있는 왜곡된 사회, 문화적 편견들을 시정하여 모두가 동등하게 인정받는 문화적 민주주의를 실현해야만 한다. 마지막으로 시민들의 의사소통적 권력을 통해 삶의 시장화와 국가의 관료화된 의사결정 방식을 제어하려는 노력이 필요할 것이다. 이는 정치적 삶의 영역을 넘어 민주주의적 삶의 방식을 사회적 삶의 전 영역으로 확대하고, 민주주의의 질을 심화시킬 것을 우리에게 요구하고 있다. 중요한 것은 사회 병리현상의 극복을 위한 이러한 모든 노력은 결국 '정치적 삶'의 영역 속에서, 민주주의의 이름으로 진행될 수밖에 없을 것이라는 점이다.[29]

---

29) 이 글은 『사회와 철학』18호(2009)에 게재된 동일 제목의 글을 일부 수정한 것이다.

참고문헌

강병호, 「생활세계와 체계-하버마스의 이단계 사회이론과 그에 대한 비판에 대한 재고찰」, 『철학』제144집, 2020.

김성국, 「한국 시민사회의 성숙과 신사회운동의 가능성」, 임희섭, 양종회 편, 『한국의 시민사회와 신사회운동』, 나남, 1998.

김원식, 「근대성의 역설과 프랑크푸르트학파 비판이론의 전개」, 사회와 철학 연구회 편, 『사회와철학』14호, 2007.

김원식, 「소수자의 포용과 한국사회 민주주의의 심화」, 국가안보전략연구소 편, 『정책연구』, 2006년 가을.

김원식, 「인정(Recognition)과 재분배(Redistribution)」, 사회와 철학 연구회 편, 『사회와철학』17호, 2009.

마이클 왈쩌, 정원섭 외 옮김, 『정의와 다원적 평등』, 철학과 현실사, 1999.

문성훈, 「사회비판의 다층성과 구조적 연관성」, 사회와 철학 연구회 편, 『사회와철학』15호, 2008.

박길성, 「한국사회의 갈등지형과 경향」, 고려대학교 한국사회연구소 편, 『한국사회』제9집 1호, 2008.

박형신, 「새로운 사회운동의 이론적 이해: 기원, 전개, 전망」, 박형신 외, 『새로운 사회운동의 이론과 현실』, 문형, 2000.

선우현, 「체계/생활세계 2단계 사회이론의 비판적 재구성: 체계의 민주화와 사회적 투쟁의 생활세계 내 현실화」, 사회와 철학 연구회 편, 『사회와 철학』14호, 2007.

악셀 호네트, 문성훈 외 옮김, 『정의의 타자』, 나남, 2009.

위르겐 하버마스, 장춘익 옮김, 『의사소통행위이론 1,2』, 나남, 2006.

위르겐 하버마스, 한상진, 박영도 옮김, 『사실성과 타당성』, 나남, 2000.

존 시톤, 김원식 옮김, 『하버마스와 현대사회』, 동과서, 2007.

지그문트 바우만, 정일준 옮김, 『쓰레기가 되는 삶들』, 새물결, 2008.

Bauman, Zygmunt., *Identity*, Polity Press, 2004.

Habermas, Jürgen., *Technik und Wissenschaft als 'Ideologie'*, Suhrkamp, 1969.

Honneth, Axel., *Pathhologien der Vernunft*, Suhrkamp 2007.

Fraser, Nancy and Honneth, Axel., *Redistribution or Recognition: A Political-Philosophical Exchange*, Verso 2003,

Fraser, Nancy., *Scales of Justice*, Columbia University Press, 2009.

Olson, Kevin.(ed), *Adding Insult to Injury*, Verso, 2008.

Olson, Kevin.(ed), "Participatory Parity and Democratic Justice", *Adding Insult to Injury*.

Forst, Rainer., "First Things First: Redistribution, Recognition and Justification" *European Journal of Political Theory*, 6; 291, 2007.

Celikates, Robin and Pollman, Arnd., "Baustellen der Vernunft. 25 Jahre *Theorie des kommunikativen Handelns* — Zur Gegenwart eines Paradigmenwechsels", *WestEnd*, Frankfurt a. M. 2006년 2호.

Sennett, Richard., The *Culture of the New Capitalism*, Yale University Press, 2006.

06

체계/생활세계 2단계 사회이론의
비판적 재구성

06

체계/생활세계 2단계 사회이론의 비판적 재구성

체계의 민주화와 사회적 투쟁의 생활세계 내 현실화

선우현

들어가는 말

사회현실을 해명하기 위한 방법론적 틀로서 제안된, '분석적 질서' (ENT, 379)[1] 개념인 체계 및 생활세계에 기초한 '체계/생활세계 2단계 사회이론(zweistufige Gesellschaftstheorie von System/Lebenswelt)'은 무엇보다 근대화의 도정(道程)에서 초래된 사회적 병리현상의 발생경로에 관한 해명과 그 극복방안을 제시하는 데 초점이 맞추어진 사회이론 체계이다.[2] 아울러 이러한 의도에 따라 정립된 2단계 사회이론은 ─ '소외' 내지 '물화' 혹은 '근대화의 역설'로 해석되어 온─ 현대사

---

[1] 이 글에서 하버마스(J. Habermas)의 저서는 약어와 쪽수만을 명기하고자 한다. 약어에 해당하는 원 저서는 이 글의 참고문헌에 표기해 두었다.

[2] M. Cooke, *Language and Reason*(1994), 147쪽. 이는 사회 내 병리적 현상의 극복을 통해 '근대의 해방 기획'이 여전히 가능한 것임을 입증해 보이려는 시도이기도 하다. 이와 관련, 의사소통적 권력을 바탕으로 하버마스에 의해 재구성된 근대의 해방 기획에 관한 논의로는 이동수, 「하버마스에 있어서 두 권력」(2001), 153-177쪽 참조.

회의 병리적 현상을, 자립적 체계의 침탈적 공격 논리가 생활세계의 고유 영역을 침범해 들어가 상징적 재생산의 논리를 파괴·대체해 버리는 사태로 파악하고 이를 '생활세계의 내적 식민화' 테제로 정식화한다. 이로써 애초의 '이론 구성적' 의도에 부합하는 연구 성과를 거두고 있다.

그런데 이처럼 사회를 체계이자 동시에 생활세계라는 이원적인 '이념형적 구조 혹은 영역3)으로서 통찰하고자 시도하는 개념적 구상의 근저에는, 현존 사회체제를 오직 '체계'라는 일원적 사회 질서에 한정시켜 접근할 경우, 근대화의 역설적 사태를 온전히 규명하고 그 탈출구를 제시하려는 비판적 사회이론의 기획은 궁극적으로 실패할 수밖에 없다는 '이론적 추정'이 자리해 있다.

가령 마르크스(K. Marx)의 역사유물론은 근대 사회를, 도구적·기술적 합리성에 기초한 생산력과 그에 합치하지 않는 생산관계 간의 상호 모순적 구도에 위치지어진 자본주의 시장 경제체제로 파악한다. 이는 근대 사회를 '경제 체계'라는 일원적 구조 틀로 조망하고 있음을 말해준다. 그에 따라 역사유물론은 인간 소외 등의 병리 현상을 자본주의 체제의 전복을 통해 해소하고자 한다. 그와 동시에 사회주의 이념에 기반한 해방사회의 구현을 향한 근대화 기획을 계속해서 추진해 나가고자 한다.

하지만 그러한 실천철학적 시도는 인간 삶의 영위를 위한 기본적 물적 토대를 안정적으로 유지시켜야 하는 체계의 기능과 그 작동 논리를 훼손시킴으로써 '물질적 재생산'의 중단을 초래한다. 그리고

---

3) 이에 관해서는 장춘익, 「하버마스의 근대성이론」(1996), 12쪽 참조.

이는 다시 그 같은 물질적 재생산에 의지하고 있는 생활세계의 '상징적 재생산'의 저해를 불러오고, 급기야 그에 기반한 사회적 삶 자체를 붕괴시켜 버리는 치명적 한계를 드러낸다. 이러한 상황에 접하여 2단계 사회이론은, 사회란 체계와 생활세계라는 이원적 질서 개념으로 조망될 필요성이 있음을 강조하고 있다.

그러나 이 같은 실천철학적 성과 및 기여에도 불구하고, 체계/생활세계 2단계 사회이론은 결정적인 한계와 난점을 적지 않게 드러내고 있다. 이를 체계의 차원과 생활세계의 측면에서 각각 지적해 보면 다음과 같다.

먼저, '민주주의'와 '자본주의'를 상호 대립적인 것으로 규정하여 (TKH2, 507-508), 전자는 생활세계에 그리고 후자는 체계에 각각 조응시켜 '민주화'의 대상에서 경제 체계를 배제해 버림으로써 '경제의 민주화' 그 자체를 부정하거나 논의에서 제외해 버리는 결과로 이어지고 있다. 그에 따라 민주화 및 해방사회의 구현 프로젝트는 생활세계 및 정치적 차원에 한정되어 버린다. 반면 경제 체계의 논리는 그 어떤 경우에도 간섭받거나 훼손되어서는 안 되는 것으로 간주되며, 그 결과 '시장'에 대한 개입을 '반(反)민주적인 행태'로서 해석할 빌미를 강하게 제공하고 있다. 이는 시장(원리)에 대한 인위적 개입을 반민주적 처사로 간주하여 공격을 가하는 '신자유주의'의 본질적 속성과 연계되어,4) 신자유주의 논리와 그에 기초한 정책의 전면적 확산을 급속도로 조장하는 문제를 야기할 수 있다.

다음으로, 생활세계의 차원에서 2단계 사회이론은 체계의 고유

---

4) R. W. McChesney, "Introduction"(1999), 9-10쪽 참조.

한 논리에 기원을 두고 있지 않은 권력(관계)[5]이나 권력 투쟁의 요소들을 제대로 포착하지 못함으로써, 합리적 의사소통에 의거하여 이루어지는 민주적 삶의 구현 과정이 저해되는 현실에 대해 제대로 해명하지 못하는 한계를 드러내 보이고 있다.

이 글은, 2단계 사회이론이 드러내는 이 같은 한계 및 결함을 극복하여 '사회병리현상의 비판적 해명 및 그 해결방안의 제시를 통한 해방 사회 구현'이라는 본래 주어진 과제를 차질 없이 수행해 나가기 위해서는, '체계/생활세계의 2단계 사회관(觀)'을 중심으로 그 이론 내적 구조가 '비판적으로 재구성'될 필요성이 있음을 밝혀보고, 그에 따른 재구성의 '잠정적' 결과에 관한 대략적인 윤곽과 그 단초적(端初的) 형태를 제시해 보이는 데 일차적 목적을 두고 있다.

이를 위해 이 글은 체계 개념과 관련해서는, 규범적 사회 비판과 민주화의 적용 대상에서 제외되어 있는 체계의 내적 구조에 대한 비판적 분석을 통해, 체계의－이념형적인－영역에 '민주주의 논리'가 개입될 여지가 있으며 그에 따라 체계의 공격적·파괴적 논리를 적극적으로 제어할 수 있는 통로가 확보될 수 있음을 확증해 보여주고자 한다. 다른 한편 생활세계와 관련해서는, 생활세계의 내적 구조는 상호이해를 지향하는 '의사소통의 논리'뿐 아니라－생활세계 내에 본래 자리하고 있는 또 다른 논리인－'비(非)의사소통적 논리'에도 그 토대를 두어 틀지어져 있으며, 그런 한에서 생활세계는 의사소통의

---

5) 여기서 권력을 '권력(관계)'으로서 표현한 것은, 정치적·경제적 의미에서의 지배권력 개념 뿐 아니라 푸코적 의미에서의 권력 개념까지 포함하고 있음을 가리키기 위함이다. 즉 소유의 대상으로서 '지배 권력'에 한정된 것이 아니라, 하나의 '(세력) 관계' 혹은 '그물망'으로서의 권력까지 포함하려는 의도에서 이 용어를 채택하였다. 이와 관련하여, 권력을 '관계(망)' 혹은 '전략적 상황'으로 보는 푸코의 관점은 M. Foucault, *Histoire de la sexualité* *I*(1976), 122-123쪽 참조.

그물망과 그것을 둘러싼 권력(관계), 양자가 상호 밀접히 얽혀 공존하는- 이념형적인- 장(場)임을 드러내 보일 것이다.

체계/생활세계 2단계 사회이론의 '결정적' 난점과 그 원인

1) 체계/생활세계 개념의 범주적 규정 및 구분 방식에서의 문제

2단계 사회이론은 행위이론의 틀 내에서 발전된 '생활세계' 개념과 행위이론에 의거해서는 정초될 수 없는, 경계유지의 '체계' 개념을 상호 연결 짓는 오랜 기간의 작업을 거쳐 이루어진 이론적 성과물이다.[6] 하지만 그것에는 여전히 모순적이며 불명료하게 서술된 내용이 적지 않게 자리하고 있으며(ENT, 377-378) 개념상의 애매성 또한 그치지 않고 있다. 이에 하버마스는 한 '반론'에서, 체계와 생활세계는 본래 '하나의 동일한' 사회적 진화과정을 '두 상이한' 관점에서 통찰하기 위해 방법론적으로 구분된 '두 사회질서' 개념으로 제안된 것임을 분명히 밝히고 있다. "나는 체계와 생활세계를 분석적 질서 개념으로 사용하고자 한다는 점을 먼저 밝히고자 한다"(ENT, 379).

하지만 생활세계 차원에서 드러나는 '사회적 통합의 질서'와 체

---

6) 체계/생활세계의 2단계 사회관은 원래 하버마스가 두 전통적인 탐구방식인 '해석과 설명'을 상호 결합하여 제시한 '역사적으로 방향 지어진 기능주의'(ZLS, 10)라는 사회과학적 방법론을 의사소통행위이론의 차원에서 구체화한 것이라고 할 수 있다. 즉 해석과 설명을 각각 '참여자의 관점'과 '관찰자의 관점'에 대응시켜, 참여자의 관점에서 사회를 생활세계로, 관찰자의 시점에서 체계로 각각 개념화한 것이라고 할 수 있다. 이에 따라 사회를 '관점'이라는 측면에서 생활세계와 체계로서 동시에 조망할 수 있는 발판이 마련되어, 두 개념은 '동일한' 사회의 분석을 위한 두 '상이한' 조망 틀로써 규정된다. 이어 동일한 사회를 체계와 생활세계로 동시에 파악할 수 있다는 점을 입증해 보이기 위해 하버마스는 '행위론'의 차원에서 확보된 생활세계를 '방법론'의 수준에서 대상화하여 그것을 체계로서 또한 바라볼 수 있음을 논증해 보이고자 한다(VE, 546-548).

계의 측면에서 포착되는 '체계통합의 질서'라는 두 사회질서에 상응하는 '분석적 구조틀'의 개념으로서 생활세계와 체계가 제안되었음에도, 두 개념 간의 구분방식이나 두 개념으로 이루어진 2단계 사회관 그리고 그에 기초한 2단계 사회이론은, 그것이 본래 표방하고 있는 이론 구성적 기획 및 의도와 '다르게' 해석될 여지를 강하게 남기고 있다.[7]

확실히 하버마스의 이론구성 기획에 따르면, 체계와 생활세계 개념은 방법론의 차원에서 동일한 하나의 사회를 상이한 관점에서 포착하고 읽어내고자 하는 사회구조의 틀이라 할 수 있다. 그런 한에서 그것은 동일한 사회가 드러내는 두 사회질서를 각각의 고유 논리에 따라 그 윤곽을 파악하는 '조망 틀'이자, 나아가 두 사회질서를 구성하는 중심적 행위조정 양식에 대응하는 '이념형적 영역' 개념이라 할 수 있다. 2단계 사회관을 이렇게 이해할 경우, 적어도 체계나 생활세계가 실제 사회적 현실에서 대면할 수 있는 '구체적인 경험적 영역'을 가리키는 것은 분명히 아니라고 할 수 있다.

하지만 이 같은 사실에도 불구하고, 체계와 생활세계 개념은 2단계 사회이론 체계 내에서 일관된 방식으로 사용되거나 기능하고 있지 못하다. 곧 다양한 외연(外延)을 지닌 채 사회적 맥락과 상황에 따라 상이하게 해석될 여지를 남기면서 개념적으로 혼란스럽게 사용되고 있다. 경우에 따라서는 분석틀 또는 이념형적 영역을 가리키는가 하면, 실제 현실 사회의 '구체적인 영역'을 지칭하고 있는 사례도 있다. 가령 동일한 사회의 진화 과정을 서로 다른 두 관점에서 파악하

---

7) Th. McCarthy, "Komplexität und Demokratie"(1986), 178-200쪽 참조.

기 위한 방법론적 구분으로 제안된 체계/생활세계의 2단계 사회관
이,[8] 실제 이론체계 내에서는 '목적합리적 행위'와 '의사소통행위'가
주도적인 행위유형으로 할당된 '행위영역'을 가리키는 '존재론적 실
체' 개념으로 빈번히 사용되기도 한다.[9] 또한 사회적 합리화 과정에
서 분화되어 나타난 '물질적 재생산'과 '상징적 재생산'의 조정 양식
간의 단순한 차이가 '실재적인 구분'으로 전환됨으로써 이론 전개 과
정에서의 '내적 모순'을 초래하고 있다는 비판적 지적이 지속적으로
제기되고 있기도 하다.[10]

2) 체계 내적 구조의 본질적 한계에 대한 규범적 고찰의 방기

(1) 체계 내 병리 현상에 관한 규범적·도덕적 비판의 실종

2단계 사회이론은 생활세계로부터 체계의 분리를, 사회적 합리
화 및 기능적 분화의 긍정적 발전 과정으로 파악한다.[11] 따라서 언

---

8) 하버마스에 의하면, 합리화의 전개과정에서 생활세계로부터 체계가 분리·독립되어 독자
   적으로 발전해 나가면서 물질적 재생산이 확대되고 그에 따른 기능적 세분화가 발생함에
   따라, 의사소통적으로 구조 지어진 생활세계는 체계이론적 분석을 필요로 하게 된다(TKH
   2, 447). 즉 물질적/상징적 두 재생산의 차원에서 동시적으로 이루어지는 사회발전의 과
   정이 사회를 두 구조 틀로 조망할 것을 요구한다는 것이다.

9) 슈네델바흐(H. Schnädelbach)에 의하면, 하버마스는 애초 체계와 생활세계 두 개념의 차
   이성을 '목적합리적 행위'와 '의사소통행위' 간의 차이에 따라 해명하고자 했음에도 불구
   하고, 이에 다시 '관찰자의 시점'과 '참여자의 관점'을 끌어들여 해명하고자 시도함으로써
   체계/생활세계 2단계 사회관에 대한 이해를 보다 복잡하고 혼란스럽게 만들고 있다고 비
   판한다. H. Schnädelbach, "Transformation der kritische Theorie"(1986), 29쪽.

10) A. Honneth, *Kritik der Macht*(1989), 323-325쪽; H-P. *Krüger, Kritik der kommunikativen
    Vernunf t*(1990), 383-391쪽; A. Giddens, "Reason Without Revolution? Habermas's
    Theorie des kommunikativen Handelns"(1985), 119쪽 참조.

11) 체계의 분리 및 자립화 과정을 사회적 진화 내지 발전 과정으로 파악하는 하버마스의 입
    장에 관한 비판으로는 V-M. Bader, "Schmerzlose Entkoppelung von System und leb-
    enswelt? Engpässe der Theorie des kommunikativen Handelns von Jürgen
    Habermas"(1983), 329-355쪽; H. Joas, "Die unglückliche Ehe von Hermeneutik und
    Systemtheorie"(1986), 170-172쪽; 정호근, 「근대성의 변증법과 비판적 이성의 기능 및 가
    능성」(1995), 397-403쪽 참조.

어적 의사소통 논리에 기초한 사회구조가 기능적 분화의 필요성 및 필연성에 따라 비언어적 조정 매체12)에 의해 작동되는 조직으로 전환되는 것은 그 자체 아무런 문제가 없다. 그에 따라 권력이나 화폐 매체에 의해 조정되는 경제체계 및 행정체계는 규범적 통찰의 대상에서 제외되는 행위연관의 조직체,13) 즉 '규범에서 자유로운' 구조 (TKH2, 231)로서 간주된다. 이로써 체계 내에서 진행되는 물질적 재생산 과정은 '원칙적으로' 윤리적 평가의 대상에서 제외된다.

물론 2단계 사회이론은 그러한 재생산 과정을 체계의 관점 외에 생활세계의 관점에서도 접근·통찰할 수 있다(TKH2, 275). 하지만 동일한 하나의 현상이 체계의 '외적 관점'과 생활세계의 '내적 관점' 모두로부터 동시적으로 그 윤곽이 파악될 수 있다는 주장(ENT, 381)에도 불구하고, 체계 내 문제를 규범적 차원에서 비판적으로 평가할 수 있다는 '논리적 귀결'로 이어지고 있지는 못한 실정이다. 실제로 2단계 이론 내에서, 체계는 아무런 병리적 현상도 발생하지 않는 정상적인 영역으로 기술되고 있기 때문이다.

사정이 이러하므로 2단계 사회이론에서, 병리적 현상으로서의 물화(物化)는 '언어 매개적 합의구조'가 비언어적 조정 매체에 의해 대체됨으로써 야기되는 것이 아니라, 오직 언어적 의사소통이 '필수적인' 지점에서 이와 같은 대체가 일어나는 경우에만, 비로소 초래되는 것으로 규정되고 있다(TKH2, 488). 가령 '민주적 의사소통 논리'에 따라 운영되어야 하는 학교교육 현장에 상품논리나 시장논리가 잠식

---

12) 하버마스의 매체이론에 관한 논의로는 J. Künzler, *Medien und Gesellschaft*(1989), 60~70쪽 참조.
13) A. Honneth, *Kritik der Macht*(1989), 326~327쪽.

해 들어와 지배논리로 확산되어 나가는 상황은 병리적 사태로서 포착되지만, 정작 상품논리가 전일적으로 지배하고 있는 노동시장이나 생산현장은 그 자체 병리적 현상으로 인식되지 않는다. 결국 물화는 '체계 자체'에서 발생하는 것이 아니라, 체계와 생활세계의 '경계'에서 일어난다는 것이다. 이로써 체계 내의 병리적 문제는 제외된 채 생활세계 내의 체계적으로 왜곡되고 뒤틀린 의사소통적 연관만이 병리적 현상으로 파악된다.[14]

이렇듯 '분석적' 차원에서 포착된 체계적 통합 질서에 대응하는 사회구조나 이념형적 영역으로서 체계의 내적 속성이나 특정한 행위연관 조직 형태는 결코 물화나 소외와 같은 병리적 현상의 원천이 되지 않는다. 즉 사회적 병리를 야기하는 근본 원인은 '체계 내적 구조'에 자리하고 있지 않다. 또한 병리적 현상으로 인식되는 경우도, 체계의 기능적 효율성 논리가 생활세계를 침탈해 들어가 의사소통적 하부구조를 훼손시키는 경우에만 '전적으로' 국한된다. 그러므로 체계의 논리가 경제체계 및 행정체계의 '경계 내'에 머무는 한에서는, 그 어떤 병리적 부작용도 발생하지 않는다. 이 때문에 2단계 사회이론의 '식민화 테제'는 언어 매개적 합의구조의 훼손과 파괴에 초점을 맞추어 체계 논리의 침탈적인 공격을 주로 '방어'하는 데 한정하여 제시되고 있을 뿐(TKH2, 578), 정작 식민화를 초래한 체계 논리의 '근본적 발생 동학'은 제대로 규명하지 못하고 있는 실정이다.

---

14) A. Wellmer, *Ethik und Dialog*(1986), 178쪽.

(2) 신자유주의 논리와의 이론적 친화성 및 합치성

2단계 사회이론은 도구적 합리성의 구현체인 화폐 및 권력과 같은 비(非)언어적 조정 매체에 의해 조종되어 나가는 체계의 내적 구조를 규범적 비판 및 평가의 대상에서 제외하고 있다. 한데 이러한 입장은 경제 체계로서 조망되는 자본주의적 '시장 제도'를, 자체의 고유한 논리인 시장의 논리 — 혹은 자본의 논리 — 와 같은 체계의 기능적 효율성 논리에 의해, 스스로 문제를 해결하고 '자기 생산적으로' 자신을 제어 관리해 나가는 '자율적 영역'으로 규정해 버림으로써, 국가나 정치가 관여하여 규제 또는 제어할 수 있는 가능성을 원천적으로 차단하고 있다.[15)

이처럼 2단계 사회이론이 시장이나 물질적 재생산 영역을 자본주의적 시장경제 원리가 전일적으로 작용하는 고유한 자율적인 영역으로 상정한 근본 이유는, 사회체제의 안정적 유지를 위해서는 경제적 효율성 및 생산성의 논리가 필수적으로 요청되어야만 한다는 이론적 전제 때문이다. "시장을 통해 규제되는 경제의 자기제어 논리를 온전히 유지하지 못한다면, 복합사회들은 자신을 재생산해 낼 수 없다"(NR, 197).

이에 따라 민주적 의사소통의 절차에 기초한 전면적인 '근본적 민주화' 기획은, 자칫 효율성의 논리를 훼손시켜 사회유지의 필수 조건인 물질적 재생산 과정의 저해를 불러일으킴으로써 민주주의의 구현은커녕 사회체제 자체의 존립에 치명적 위해를 미칠 수 있다는 점

---

15) 시장을 이처럼 스스로 조정해 나가는 자율적 경제제도로서 간주하는 사유방식에 대해, 일찍이 폴라니는 한갓 '유토피아'에 지나지 않는다고 일갈한 바 있다. K. Polany, *The Great Transformation*(1957) 참조.

에서 철회된다. 이와 함께 국가나 정치를 통해, 시장을 비롯한 경제 체계 내로의 인위적인 '직접적' 개입이나 관여 또한 거부된다. 체계 내에서 발생하는— 생활세계의 규범적 관점에서 볼 때— 병리적 사태는 체계의 기능과 역할의 원활한 수행을 위해 불가피한 것으로 처리되고 있는 셈이다. 이 지점에서 2단계 사회이론은 생활세계의 의사소통 논리와 체계의 기능적 효율성 논리, 즉 민주주의 논리와 자본주의 논리 간에 '절충적 타협'16)을 추구하고 있음을 다시금 확인케 된다.

하지만 이러한 절충주의적 태도는 2단계 사회이론의 본래 이론 구성 의도와 배치되는 사태, 즉 '신자유주의 논리의 무차별적 확산'을 '불가피한 것'으로 용인해 버리는 결과로 이어진다. 주지하다시피 2단계 사회이론은 자본주의 시장이나 관료적 행정 조직체에서 작동하는 체계의 논리가 의사소통 논리에 기초한 다양한 사회적 삶의 영역을 파고 들어와 병리적 문제들을 야기하는 사태를 사전에 차단하고자 의도하고 있다.

하지만 생활세계와 체계 사이의 '엄격한 분리 및 경계 유지'— 따라서 두 사회질서의 틀에 의해 포착되는 국가와 시장, 시민사회 간의 엄격한 분리— 와 '체계 내부로의 생활세계 논리 및 정치의 개입 불가'로 인해, 상품성과 시장성, 효율성과 생산성을 내세운 신자유주의 논리가 삶의 전 영역에 무차별적으로 침탈해 들어와 지배적 논리로 확산되어 나가는 경향을 의도치 않게 허용하는 결과를 낳고 있다.

물론 2단계 사회이론은 신자유주의 논리가 모든 삶의 영역을 상

---

16) 이 점에 관해서는 J. Sitton, *Habermas and Contemporary Society*(2003), 135–138쪽; Th. McCarthy, "Komplexität und Demokratie" (1986), 200–209쪽 참조. 아울러 2단계 사회이론을 포함하여 하버마스 철학의 '절충주의적' 태도에 관한 비판적 논의로는 G. Therborn, "Jürgen Habermas: Ein neuer Eklektiker"(1974), 43–70쪽 참조.

품적 가치와 무차별적 경쟁이 지배하는 사회로 변질시켜 나가는 사태를 '식민화'로 진단하여, 신자유주의 논리의 침탈 및 확산을 차단하고 방어하고자 진력하는 이론체계다. 가령 신자유주의 논리가 일선 학교 현장에 파고들어와 교육을 황폐화·기형화시킴으로써 급기야 '교사/학생' 관계를 존경과 사랑을 중심으로 한 '스승/제자' 관계로부터 돈을 매개로 한 '지식 판매자/구매자' 관계로 왜곡시키는 사태와 관련하여, 신자유주의에 대해 신랄한 비판을 가하면서 교육의 본래 이념을 회복하여 학교 현장을 정상적인 교육의 장(場)으로 되돌리는 데 기여할 실천적 방안을 모색하고자 한다.

하지만 본래의 '고유논리'로서 효율성의 논리가 전일적으로 작동하고 있는 시장이나 관료제적 행정 조직체 등, 체계의 관점에서 접근 가능한 영역에서 벌어지는 개인의 상품화나 부품화, 소외나 착취 등의 사회 병리적 현상은 아무런 문제가 없는 것으로 간주된다. 더욱이 물질적 재생산의 기능을 전담하고 있는 체계의 자율적 작동 기제의 훼손이나 기능 장애를 방지하기 위해서 체계 내의 '관여'나 '개입'을 원칙적으로 배제하고 있기까지 하다. 이런 면에서 '놀랍게도' 2단계 사회이론과 신자유주의 사이에는 '이론적 친화성 및 합치성'이 존재하고 있음을 간취하게 된다.

우선, 신자유주의 역시 시장을 비롯한 경제적·행정적 분야들은 그 자체의 고유한 효율성 및 생산성의 논리에 의해 자율적으로 전개해 나가는 '제도적 장치'들로서, 영역 특수적인 고유 논리는 마땅히 존중받아야 하며 그것이 원활히 작동하는 한 아무런 병리적 문제도 없는 것으로 간주된다.

다음으로, 신자유주의는 시장을 비롯한 경제적 제도 및 장치들에 대해서는 '정치의 논리'가 개입되어서는 안 되며, 그 같은 외부 논리가 개입할 경우 경제 및 시장 자체의 원활한 작동이 멈추거나 훼손될 수 있다고 볼 뿐 아니라 고유한 자율적 원리를 왜곡하는 '비민주적 처사'로 간주해 버린다. 이는 전형적인 '시장 근본주의'에 기초한 민주주의 입론17)의 하나로서,18) 근본적 민주화 기획을 반대하는 2단계 사회이론의 주장과 정확히 합치한다.

　　이처럼 양자 간의 비교를 통해 알 수 있듯이, 신자유주의와 첨예한 '대립적 관계'에 놓인 것으로 해석되었던 2단계 사회이론은 신자유주의의 논리와 그것이 야기하고 있는 부정적 결과를 사실상 '용인'해 버림으로써 신자유주의와 합치되는 '이론적 귀결점'에 다다르고 있다. 이러한 역설적 결과는 물질적 재생산을 차질 없이 수행해 나감에 있어서, 그 핵심 역할을 맡고 있는 시장의 기능적 효율성과 자율적 작동 원리를 훼손하는 것은 곤란하다는 이유에서19) 그 주된 원인을 찾을 수 있다. 요컨대 시장에 대한 '국가적·정치적 개입'이나 '민주적 의사소통 절차를 통한 관여'는 일절 허용해서는 안 된다는, 2단계 사회이론이 전제하는 제한적 단서 조항에서 비롯된 것이다.20)

---

17) 이에 관해서는 A. Giddens, *The Third Way*(1998), 1-26쪽; 김균, 「하이예크와 신자유주의」(2000), 85-108쪽 참조.

18) 신자유주의는 이에 머물지 않고 한발 더 나아가, 경제적 시장의 안정성을 되찾아 지속시킨다는 구실하에, 세계 자본주의 체제의 번영을 위협하거나 손상시키는 특정 국가에 대해 이를 폭력으로 제압·전복시키는 행위는 정당화될 수 있다고 주장한다. N. Chomsky, *Profit over People*(1999), 21-22쪽 참조.

19) 이 점과 관련하여 시튼은 '자율적인 작동 영역'으로서 하부체계를 규정하고 있는 하버마스의 입론에 대해, '하부체계들은 사실상 자신들의 존재 조건을 창출하지 않으며, 오히려 그러한 조건들은 생활세계 내에서 의식적으로 이루어진 결단의 산물이며 그런 한에서 생각만큼 자율적이지 않다'라는 사실을 체계적으로 논증해 보임으로써, 효과적으로 반박하고 있다. J. Sitton, *Habermas and Contemporary Society*(2003), 121-129쪽.

그러나 시장을 비롯한 체계는 결코 외부로부터 개입되어서는 안 된다는 주장 혹은 논변은 한갓 '근거 없는 믿음'이나 '이데올로기'에 지나지 않는다.[21] 시장을 포함한 다양한 경제적·사회적 제도들은 궁극적으로 인류사회의 유지와 발전을 위해 고안해 낸 '수단적 존재 혹은 장치'이며,[22] 하나같이 보다 나은 인간 사회의 구현을 위해 필요할 경우에는 '원칙상' 언제든지 그것들에 개입하여 조정하고 제어할 수 있는 것이기 때문이다.[23] 다시 말해 시장이나 행정 조직체를 위해 인간과 인간 사회가 존재하는 것이 아니라 인간 자신과 인간의 삶을 위해 그것들이 만들어지고 존재한다는 점에서, 체계로서 파악되는 시장을 비롯한 경제적 영역에 개입하여 그것들의 내적 구조나 경제관계 등을 관리·조정하고 개조할 수 있다는 것이다.[24] 이는 결국 시장을 비롯한 체계의 기능적 효율성과 상품성의 논리는, '민주성의 논리'나 '의사소통의 논리'에 의해 개입될 수 있을뿐더러 또한 제어될 수 있다는 것을 말해준다.

(3) 체계 민주화에 대한 전망 결여 및 민주화 기획의 반편성(半偏性)

2단계 사회이론은 체계 내 난점을 비판적 논의의 대상에서 제외해 버린 채 체계와 생활세계 사이의 경계유지에 진력하는 '균형적 이

---

20) J. Cohen/A. Arato, *Civil Society and Political Theory*(1992), 479-480쪽; K. Baynes, "Democracy and Rechtstaat: Habermas's Faktizität und Geltung"(1995), 217쪽 참조.

21) 이에 관해서는 U. Steinvort, "Neoliberalism and Its Criticism"(2007), 5-10쪽 참조.

22) 장현준, 「옮긴이의 말: 참여자본주의에 대하여」(2003), 12쪽 참조.

23) A. Barnet, "Toward a Stakeholder Democracy"(1997), 83쪽.

24) 이에 관한 정치철학적 논의로는 황장엽, 『인간중심철학 2: 사회역사관』(2003), 239-282쪽 참조.

원론'의 양상을 취하고 있다. 이는 본질상 '민주주의 원리'와 '자본주의 원리', 양자를 적절히 조율하여 균형적 안배를 유지함으로써 경제적 효율성과 절차적 민주성 가운데 그 '어느 하나도 희생함이 없이' 상호 조화와 균형을 꾀하고자 의도된 절충(주의)적 이론구성 형태라 할 수 있다.25)

이러한 사실을 고려할 때, 2단계 사회이론이 현실화하고자 시도하는 '절차적 민주주의 기획'은, 자유로운 의사소통에 기초한 '정치적 의견/의지형성'의 절차적 과정을 전체 사회구조에 적용·구현하려는 것이 아니라 생활세계의 차원에 한정하여 추진하고자 의도된 것이라 할 수 있다. 다시 말해 자체의 고유한 기능적 논리를 따르는 자율적 체계는 자유로운 의사소통의 논리와 그에 기반을 둔 민주성의 논리가 직접적으로 적용되는 '예외적인' 영역으로 처리하고자 한다. 그에 따라 사려 깊은 토의와 합의 형성적 절차에 근거한 '민주주의 사회형성의 원리'는 '자기 제한적으로' 적용되며 오직─자율적 공론장을 포함한─생활세계의 수준에서만 그 '실질적' 의미성을 지닌다.

이와 같이 2단계 사회이론의 민주주의 기획은 애초부터 체계의 본래적 재생산 기능이 손상되지 않는 범위 내에서'만'26) 입안·추진된다. 해서 체계의 기능적 효율성 논리가 '부분적으로' 저하되는 것을 전제로 하여, 체계의 고유한 논리를 언어 매개적 합의 형성의 논리나 절차적 민주주의의 논리에 의해 '일부'라도 대체할 가능성은 처음부

---

25) J. Sitton, *Habermas and Contemporary Society*(2003), 135-137쪽; M. Crozier/S. P. Huntington/J. Watanuki, *The Crisis of Democracy*(1975), 113-115쪽 참조.

26) 이와 관련하여, 하버마스는 "정치적 작용은 (…) 기능적 체계의 고유한 작동방식과 고도로 조직화된 영역을 손상시켜는 안 된다"는 입장을 피력한다(FG, 450).

터 철저히 차단해 버리고 있다. 그 결과 사회적 현안을 공론화하여 그에 대해 활발한 토론을 전개하고 다양한 견해를 취합하여 공론과 정당한 정치적 권력을 산출하는, 일련의 '민주주의적 의사소통의 절차'와 그로부터 도출된 '합의사항의 정치적 구속력'은 결국 생활세계와 공론영역에 한해 유효할 뿐이다.

반면 체계에 있어서는, 체계의 고유한 재생산 기능을 훼손하지 않은 상태에서 체계의 논리가 생활세계 내로 침투해 들어오는 것을 방지하는 데 최우선적 목표를 설정하여, 단지 '제한적으로' 정치적 영향력을 행사하거나 법을 매개로 하여 '간접적으로' 제어하거나 조정할 수 있을 뿐이다(FG, 450).

이처럼 기능적 효율성 및 생산성 논리에 기초해 형성된 체계 통합적 질서를 건드리지 않으면서, 생활세계에 차원에 한정하여 민주주의적 사회질서를 구현코자 '이원론적 절충주의'의 형태로 민주화 기획이 입안된 것은, '물질적 재생산 기능의 중단은 곧 사회와 사회를 구성하는 성원들의 삶 자체의 포기'를 의미하는 것이라는 인식에 적지 않게 기인한다. 동시에 여기에는 과거 구(舊)소련을 비롯한 현실 사회주의 진영에서 드러난, 국가 주도의 '중앙집권적 계획경제 체제'의 처참한 실패에 대한 역사적 교훈과 그로부터 비롯된 심대한 우려가 담겨 있다(ND, 188-196).

바로 이 같은 연유에서, 2단계 사회이론은 마르크스주의적 사회혁명의 중심적 추동력으로서 '총체적으로 자기조직화 하는 사회'의 이념을 단념할 것을 강변한다. 그러한 이념은 '체계가 생활세계의 지평으로 되돌려질 수 있을 것'이라는 한갓 낭만적 믿음에 불과한 것일 뿐 아니라,[27] 실제로 우리에게 주어지는 것은 물질적 재생산의 중단에 따른 삶 자체의 붕괴라는 이유에서다. 대신에 2단계 사회이론은 그 대안으로, '자율적 주체들의 자유로운 결합'으로서의 사회이념의 유효범위를 언어적 의사소통을 통해 재생산되는 생활세계에 한정할 것을 주창한다.[28]

하지만 보다 중요한 것은, 비록 의사소통의 논리에 의해 체계의 논리를 '전면적으로 대체'하려던 현실 사회주의의 실험은 실패로 끝나고 말았지만, 그러한 실험을 '불가피하게' 감행토록 만들었던 자본주의의 구조적 모순과 본질적 한계는 현재도 여전히 존속하고 있다는 사실이다. 이 점은, 작금의 '현실 자본주의' 체제에서 일상적으로 대면하게 되는 수다한 병리적 현상들이, 오직 체계의 고유한 논리가 경계 내에 머물지 않고 생활세계 내로 침탈해 들어가 식민화함으로써 '유일하게' 초래되는 것이라고 단정할 확정적인 근거는 없다[29]는 성찰적 인식과 결부되어 그 중요성을 더한다. 왜냐하면 식민화 현상의 보다 근원적인 원인은 자본주의적 착취 지배 구조가 자리하고 있는 체계 자체의 '내적 모순'이나 체계의 생활세계-침탈적인 공격적 논리의 '산출 동력(Dynamik)'에서 비롯되는 것이라고 볼 수 있기 때문이다.

그러므로 식민화 및 민주주의 위기의 근본 원인에 관한 이러한 진단이 수용할 만한 나름의 설득력과 타당성을 지닌 것이라면, 체계

---

27) A. Brand, *The Force of Reason*(1990), 113쪽.

28) 장춘익, 「사회철학의 위기, 위기의 사회철학」(1993), 252쪽.

29) 이 점에서 하버마스는 자본주의 사회의 소외 및 지배 연관을 생활세계의 체계적으로 왜곡되고 뒤틀린 의사소통적 연관으로서 파악한다. A. Wellmer, *Ethik und Dialog*(1986), 178쪽.

내 구조적 모순과 난점에 대한 철저한 규명이 선행되지 않은 채 2단계 사회이론에 의해 추진되고 있는ㅡ 탈식민화와 민주주의 재건을 포함한ㅡ'민주화 기획'은 불완전하며 불충분한 상태로 전개될 수밖에 없다.

이미 살펴본 것처럼 2단계 사회이론은 체계를 비언어적 조정매체를 통해 조직된 '목적 합리적 행위연관의 통합적 그물망' 혹은 그것으로 이루어진 '(이념형적) 영역'으로 조망하고 있다. 그런 만큼, 2단계 사회이론은 체계 내의 물질적 재생산에 참여하고 있는 (목적 합리적) 행위자가 '비민주적 조건'하에서 고통받고 착취당하는 사태를 분석적 통찰의 대상으로 응당 삼을 수 있어야만 한다. 하지만 그것을 방치함으로써 마땅히 구현되어야 할 체계 민주화의 가능성에 대한 전망을 아예 처음부터 단념해 버리고 있다.

더욱이 체계논리의 침탈을 방어함으로써 생활세계에 한정하여 민주화를 구현하려는, 이른바 '수세적 방어적 모델'에 기초한 민주화 기획은 그것이 제대로 구현되기 위해서라도, 정치적 영향력의 확보를 위해 시도되는 체계에 대한 보다 '적극적이며 공격적인 전략'과 결합될 필요가 있다.[30] '본성상' 체계 자체에 기능적 장애가 발생할 경우, 생활세계의 상징적 재생산 구조의 희생을 대가로 해서만 그러한 장애를 벗어날 수 있도록 '프로그램화'되어 있는(TKH2, 277, 452) 체계 논리의 공격적 침탈 메커니즘과 무차별적 확장의 속성을 효과적으로 제어해야지만 그 같은 '생활세계의 민주화 기획'조차도 성공적

---

30) J. Cohen/A. Arato, "Politics and the Reconstruction of the Concept of Civil Society"(1989), 500쪽; 황태연, 「하버마스의 소통적 주권론과 쌍선적 토론정치 이념」(1996), 154-155쪽 참조.

으로 안착될 수 있기 때문이다.

　이 같은 정황을 통해 드러나듯이, 2단계 사회이론에 의해 추진되고 있는 민주화 기획의 내용은, 체계 내의 모순과 한계를 극복하려는 시도나 체계 내의 민주화에 대한 전망에는 그리 주목하지 않고 있음을 여실히 보여주고 있다.[31] 이는 2단계 사회이론이 궁극적으로 구현하려는 민주화가 오직 생활세계 한쪽에만 치우친 불완전하며 불충분한 '반편적인' 것임을 말해준다.

3) 생활세계 내적 구조의 본질적 속성 및 한계에 대한 인식 불가능성

　2단계 사회이론은 생활세계 내 의사소통 논리의 작동 영역을ー 체계에 기원을 두고 있는 권력(관계)의 침탈이 없는 한에서ー 일체의 권력관계 및 구조에서 벗어난,[32] '보다 나은 이성적 논증의 힘을 통해 상호이해와 합의에 도달하는 자유로운 의사소통의 영역'으로 설정하고 있다. 그리고 이에 대립되어, 체계는 주어진 목표나 특정한 과제의 달성을 위해 화폐와 권력의 탈(脫)언어적 조정 매체에 의해 전략적 방식에 따라 행위연관이 조정되는ー 추상화된 이념적ー 영역으로 제시된다. 이와 같은 이분법적 대립 구도는 '의사소통을 통한 상호이해'와 의도 및 목표의 관철로서의 '전략적 (권력)투쟁'을 상호 대립적인 것으로 바라보는 2단계 사회이론의 고유한 사유방식에 기

---

31)　비언어적 매체인 화폐에 의해 자기 생산적으로 행위연관이 조정·작동되는 '자율적 시장 경제 체제'에 대한 과도한 믿음은, 생활세계의 의사소통 논리에 의거하여 체계 논리를 제한하려는 시도를 부정적인 것으로 간주하게 만든다는 취지의 비판적 지적으로는 W. E. Forbath, "Short-Circuit: A Critic of Haberamas's Understanding of Law, Politics, and Economic Life" (1998), 272–282쪽 참조.

32)　A. Honneth, *Kritik der Macht*(1989), 328–330쪽; D. M. Rasmussen, Reading Habermas(1990), 51–54쪽 참조.

인한다.

물론 2단계 사회이론은 생활세계로 포착되는 '실제' 일상적 삶의 영역 곳곳에, 다양한 근원을 지닌 권력(관계) 유형들이 자리하고 있음을 명확히 인지하고 있다. 이는 일상적 삶의 영역에서 실제로 작동하는 다양한 유형의 '사회적 권력'에 대한 해명 작업에서 확인된다. 여기서 2단계 사회이론은, 의사소통의 절차를 통해 그 정당성을 인준받은 '의사소통 권력'에 대비되는, 강제적 폭력의 형태로서의 '사회적 권력'이 의사소통의 절차를 밟지 않은 채, 조직화된 특정 이익단체들의 이해관계를 관철하고자 의사소통의 영역 곳곳에서 활개 치며 작동하고 있는 실태(FG, 351)를 꼬집고 있다.

하지만 그럼에도 불구하고, 생활세계 자체는 모든 권력(관계)형태로부터 자유로운 의사소통의 영역으로 설정되고 있다. 우리는 그 이유를, 민주주의 사회의 사회조직 원리로서 '자유로운 민주적 의사결정 원칙'의 근본 토대를 이루는 '언어적 의사소통 구조'의 파괴나 왜곡화 정도를 규범적 차원에서 평가할 수 있는 '비판의 준거점'을 마련하려는 '이론 구성적 의도'에서 찾아볼 수 있다. 뿐만 아니라 자유로운 의사소통적 담론 절차에 기초한 민주적 해방사회의 구현을 위한 '실천적 가능성'의 거점을 또한 확보하려는 것도 주된 이유 중의 하나라고 볼 수 있다.

이로부터 드러나듯이, 2단계 사회이론은 '전략적 행위연관'에 바탕을 둔 권력(관계)의 근원과 그 지배적 속성을 체계의 논리에 '전적으로' 귀속된 것으로 간주한다. 물론 이때 체계 논리에 기초한 권력이란 '타인의 의지를 자신의 목적달성의 수단으로 이용하고자 시도하는 강제적 힘'이라는 '폭력'의 속성을 지닌 권력을 가리킨다. 이와 함께 생활세계의 의사소통적 그물망은 그러한 체계의 억압적 폭력적 지배 권력이 영향을 미치지 못하는, 자유로운 의사 결정 및 합의 구조로 이루어진 '의사소통적 해방의 잠재력'을 지닌 것으로 파악된다. 그리고 이로부터 민주적 해방사회의 구현을 가능케 하는 정치적 실천의 동력원으로서 '의사소통 권력'(FG, 449)이 등장한다. 2단계 사회이론은 바로 이 같은 이론적 전제를 배경으로 삼아, '의사소통 과정의 체계적 왜곡'을 체계의 논리를 따르는 폭력적 지배 권력이 자신의 관할 영역을 넘어 생활세계에 침범해 들어와 자유로운 의사소통의 구조를 훼손함으로써 초래되는 것으로서 해명한다.

그러나 생활세계에 관한 이러한 논의 구도는, '일체의 지배 권력에서 자유로운 생활세계'의 설정은 그것이 아무리 현실을 추상한 분석적 수준에서 이루어진 것이라고 해도, 다양한 유형의 권력관계, 특히 생활세계에 그 뿌리를 둔 권력관계에서 벗어나기가 결코 쉽지 않을 것이란 점에서 치명적인 난관에 봉착한다. 이 점과 관련하여, 체계가 아닌 '생활세계의 내적 관점'에서 접근 가능한 다양한 의사소통적 행위, 대화, 토론 등은 사실상 '언어외적' 요인들, 즉 대화 참여자들의 사회적 지위나 신분 등과 밀접히 연계되어 직·간접적인 영향을 받으며 이루어져 나간다.[33] 이러한 사실은, 비록 체계의 논리에 기초하고 있는 권력이 아니더라도, 생활세계 자체에 뿌리를 내리고 있는 권력관계는 자유로운 언어적 의사소통 과정에 충분히 영향력을 미칠

---

33) 이처럼 언어행위에 체현되어 있는 '규범적 구속력' 역시 관습이나 전통과 같은 '언어외적 요인'에 기인하고 있다는 주장으로는 P. Bourdieu/L. J. D. Wacquant, *Réponses*(1992), 122–123쪽 참조.

수 있음을 말해준다. 일례로, 생활세계 내에서 과거로부터 전승되어 내려오는 고유한 문화적 전통이나 가치관에 근거하는 권력(관계) 유형이나, 연령·성별·인종적 차이에 의거해 형성된 권력(관계) 유형은 언어적 의사소통 그 자체를 규제하는 주요 요소로 작용하고 있다.[34]

실제 생활세계로 포착되는 우리 사회의 일상적 삶의 현장만 해도, 정치적 민주화의 빠른 진행에도 불구하고 도처에 자리한 '권위주의적·가부장제적 요인과 잔재' 그리고 이에 터하고 있는 '가족주의적 전통'[35]은 여전히 막강한 영향력을 행사하고 있는데, 이것들이 가족 내 성원들 사이의 관계 형성 및 그에 따른 자유로운 이성적 대화나 의사소통을 왜곡시키고 있다. 가령 전근대적 성격을 내포한 전통적 요인들은 자식의 입장보다 부모의 견해를 우선시하고 개별 가족성원의 관점보다 가족 전체의 입장을 중시하는 '가족 중심적 집단주의' 성향을 촉발시킨다.[36] 그 결과, 민주적이며 상호 존중적인 자유로운 가족 구성원 간 대화는 비합리적이며 불평등한 주종적인 형태로 일그러지며 기형화되고 있다.

또한 최근 들어 우리 사회의 주요 현안으로 부각되고 있는, 동성애자를 비롯한 '성 소수자'들에 대한 차별과 배제의 문제의 경우도, 생활세계 내에 터 잡고 있는 관습적이며 전통적인 성적 가치관 및 윤

---

34) 2단계 사회이론이 '지배로부터 자유로운 의사소통의 그물망'으로서 생활세계를 설정한 것은 의사결정 과정에의 자유로운 참여를 보장하고자 함이다. 하지만 이때, 체계논리에 기초한 권력이 아니더라도 생활세계 내의 고유한 지역적·종족적·성 지향적 차이성 등에 기인한 권력관계 또한 자유로운 의사결정에의 참여를 방해하는 요인으로 작용하고 있다. 이러한 이유에서, 의사결정에로의 자발적 참여를 강조하는 민주주의 모델을 모색하는 2단계 사회이론의 한계에 대한 비판으로는 Carol C. Gould, "Diversity and Democracy: Representing Differences"(1996), 171~186쪽 참조.

35) 이에 관해서는 신수진, 「한국의 사회변동과 가족주의 전통」(1999), 165~192쪽 참조.

36) 선우현, 「남북한 사회체제의 '가족 내 의사소통 구조'의 양상 비교」(2004), 269~272쪽 참조.

리의식에 그 뿌리를 둔 '다수·소수 간 권력관계'가 양자 간의 자유롭고 평등한 의사소통과 대화를 단절·차단함으로써 초래된 '의사소통 구조의 왜곡화'의 변형된 형태로서의 병리적 현상이라 할 수 있다.[37]

나아가 이러한 병리적 문제를 해소 내지 해결하는 방식 또한 대체로 대화나 의사소통의 방식이 아닌, 부당한 무시나 불인정에 따른 소수의 다수에 대한 저항에 기초한 '사회적 인정 투쟁'의 형태로 표출되고 있는 실정이다. 한데 이때 문제해결 방안으로서 대화가 아닌 투쟁이 전면에 드러나게끔 만든 결정적 동인은, 체계 논리에 기초한 권력이 아니라 반대로 생활세계 자체에 뿌리를 둔 고유한 권력관계다.

이를 입증해 주는 주된 근거는 의사소통합리성에 기초한 대화나 토론의 방식에 의해 이러한 갈등 국면이 온전히 해소되지 않고 있다는 '사실' 그 자체다. 왜냐하면 체계 논리에 기초한 권력이 생활세계의 의사소통 영역에 들어오는 것을 차단할 경우, 일체의 갈등적 사태는 의사소통 논리에 기초한 합리적 대화를 통해 해결되어야 하는데, 현실이 그렇지 못하다는 것은 체계가 아닌 생활세계에 뿌리를 둔 권력 형태가 이성적 논의 및 대화를 작동 불능에 빠뜨리면서 '인정 및 존중을 위한 사회적 투쟁'을 촉발시키고 있음을 말해주는 것이기 때문이다.

이 같은 실태를 감안할 때, 생활세계 내에는 체계 논리에 기초한 권력이 아닌, 생활세계 자체에서 기원한 또 다른 유형의 권력(관계)이 존재하고 있으며, 그것에 의해 '생활세계의 식민화'와는 구별되는 '생활세계 내 병리 현상'이 야기되고 있음은 부인할 수 없는 명백한

---

37) 이 점에 관해서는 M. Hartmann, "Widersprüche, Ambivalenzen, Paradoxien-Begriffliche Wandlungen in der neueren Gesellschaftstheorie" (2002), 221-249쪽 참조.

사실로 다가온다. 이로부터 2단계 사회이론은 자체에 치명적인 이론적 한계를 내장하고 있음이 드러난다. 무엇보다 2단계 사회이론은, 종교적 분파 간의 대립이나 인종적 갈등, 소수자의 인정투쟁과 같은 사회적 갈등 및 투쟁의 문제가 체계 논리의 침탈에 의해 초래된 것이 아니라, 생활세계에 자리하고 있는 또 다른 고유한 논리에 기초한 권력관계에 의해 촉발되는 병리적 사태라는 점을 명확히 인식하지 못하고 있는 듯 보이기 때문이다.[38] 그에 따라 2단계 사회이론은 '생활세계 특수적인' 병리 현상에 대한 적절하면서도 설득력 있는 분석적 해명과 치유책을 온전히 제시하지 못하는 치명적인 난점을 드러내 보이고 있다.

2단계 사회이론의 비판적 재구성에 대한 실천철학적 요청

1) 체계 개념에 대한 성찰적 재구성의 '사회비판 이론적' 불가피성

(1) 2단계 사회이론은 행정국가와 경제, 두 근대적 체계가 일상적 삶의 영역에서 이루어지는 상징적 재생산 과정을 침탈·파괴해 버리는 사태를, 현 자본주의 체제의 '핵심' 병리현상으로 포착하여 비판적으로 해명하는 것을 일차적인 과제로 설정해 놓고 있다.[39] 그에 따라 체계 내에서 발생한 병리적 사태에 대한 분석은 불필요한 부차적인 것으로 간주되어 방치되어 왔다. 한마디로, 생활세계 내 병리적 문제만이 진단 및 해명의 대상으로 간주될 뿐(TKH2, 277, 452), 체계 내

---

38) J. Alexander, "Habermas' neue Kritische Theorie: Anspruch und Probleme"(1986), 92쪽.
39) D. M. Rasmussen, *Reading Habermas*(1990), 46–47쪽.

병리적 현상은 인식 불가능한 분석 대상인 탓에, 포착 및 치유의 문제로서 고려되지 않고 있다.

이처럼 문제성 있는 이론적 귀결은, 새롭게 변형된 '후기 자본주의 체제'에 대한 하버마스의 분석 및 진단 결과로부터 크게 영향받고 있다. 2단계 사회이론이 체계화되기 이전, 후기 자본주의 체제의 '정당성 문제'에 초점을 맞추어 진행된 탐구 작업에서, '자본축적의 위기' 등으로 표출된 자본주의의 경제적 위기는, 국가의 적극적인 개입으로 인해 계급 갈등이 제도화하고 노동계급이 탈(脫)정치화함으로써(LS, 56–60) 외관상 '해결'된 것 같은 양상을 취하면서, 문화적 혹은 정치적 위기로 전이(轉移)된 것으로 파악되었다.[40] 여기서 '계급 갈등의 제도화'란, 국가의 복지정책을 통해 계급의식의 조직화를 억제하고 계급적 동질성의 파편화 효과를 초래함으로써 계급투쟁이 수면 아래로 잠적한 상태를 가리킨다.

이에 따라 현대 자본주의의 위기는 더 이상 경제적 위기의 '직접적인' 형태로 발현되는 것이 아니라, 그러한 위기를 관리·조정하여 해소하는 과정에서 '간접적인' 형태로 전이되어 나타나는 것(LS, 11–12)으로 간주된다. 그 결과 고전적 자본주의의 구조적 모순에서 촉발되어 등장했던 경제적 위기는 오늘날 더 이상 포착되지 않으며, 대신 '합리성 위기'나 '정당성 위기'가 자본주의의 위기로서 새롭게 재규정된다(LS, 87–128). 이는 현대 자본주의의 위기는 더 이상 '임노동 대(對) 자본' 간의 모순, '노동자 대 자본가' 사이의 계급적 갈등에서 발로된 것이 아니라, '자본주의 원리 대 민주주의 원칙' 간의 대립의 결

---

40) 이에 관해서는 C. Offe, *Strukturprobleme des kapitalistischen Staates*(1972), 27–63쪽 참조.

과로서 해석되어야 한다는 것(TKH2, 507)을 함축한다.

이러한 논의구도에서 드러나듯이, 하버마스는 자본주의 체제에 내재한 '계급적 모순' 구조를 인지하고 있었지만, 그럼에도 그러한 모순 구조에서 비롯된 자본주의의 위기가 현 자본주의 체제에서는 충분히 통어 가능하며, 그에 따라 위기는 더 이상 경제적 영역이 아닌 문화나 정치의 영역에서 발현되어 나타난다는 점에 주목한다. 아울러 이 점에 착안하여, 자본주의의 위기는 – 후기 자본주의의 위기에 관한 '시대 진단적 분석'을 보다 더 이론적으로 정교화 한 2단계 사회이론을 통해 – 생활세계와 체계 사이의 '경계유지 및 상호균형'이 깨짐으로써 초래된 것으로 진단한다. 따라서 이러한 진단에 의거할 경우, 생활세계와 체계 사이의 경계가 유지되고 상호 균형적 관계가 유지되는 한, 생활세계로부터 체계의 분리 및 자립화 과정, 아울러 자립화 이후의 체제 내적 구조나 그것의 한계로 인해 초래된 문제 상황은 전혀 문제가 되지 않는, 지극히 정상적이며 사회의 발전을 위한 '순기능적인' 것으로 간주된다(TKH2, 471).[41]

하지만 자본주의의 위기에 관한 이 같은 진단적 논의는 매우 '단견적(短見的)인' 것이라 할 수 있다. 무엇보다 2단계 사회이론은 현대 자본주의 사회에서 표출되는 최종적인 양태의 '체제 위기'를 체계논리에 의한 생활세계의 침탈이라는 '생활세계의 식민화'에서 찾고자 한다. 한데 이는 위기의 궁극적 원인을, 생활세계에 대한 공격적 침

---

41) 이 점은 관료제를 '총체적으로 비인간화하는' 기제로 간주하기보다, 오히려 기능적 관점에서 긍정적이며 발전적인 것으로 이해하고 있는 사실로부터 확인된다. 이처럼 2단계 사회이론은 관료제와 그것을 조직 원리로 삼아 형성된 행정체계를 규범적 판단에서 독립된, 그 자체 '가치중립성'에 기초한 기술적 합리성의 응축물로서 이해하고자 한다. D. Ingram, *Habermas and the Dialectic of Reason*(1987), 205쪽.

탈 논리를 산출하는 '체계 구조'가 아니라, 그러한 논리가 생활세계 내로 침투해 들어가는 '경계유지의 실패'에서 구하고자 하는, 불완전하기 이를 데 없는 분석적 진단이다. 그로 인해 이러한 분석은 그것의 '부분적인 타당성'에도 불구하고, 위기의 본질이 자본주의적 '경제 체계' 자체의 경제적 위기라는 사실, 아울러 위기를 촉발하는 원인 내지 동력원이 자본주의적 경제 체계의 내적 구조라는 사실을 결정적으로 놓치고 있다.

2단계 사회이론이 내린 진단에서 개진된, 문화와 정치의 영역에서 초래된 현대 자본주의 사회의 체제 위기란 사실상 위기의 '본래적 형태'인 경제적 위기가 '이차적' 혹은 '파생적' 형태로 전이된 것에 불과한 것으로써 위기의 본질적 진상(眞像)이 아니다. 게다가 노동과 자본 간의 첨예한 계급적 대립구도에서 연유한 계급투쟁이 촉발시킨 체계의 경제적 위기를 해결하고자 행정국가가 경제에 개입하여 다양한 복지정책을 시행하는 과정에서 초래된 '관료화' 및 '화폐화'를 통해 생활세계의 내적 식민화가 결과했다는 점에 비추어 보아도, 체계의 내적 구조에 그 본질적 한계가 존립하고 있다는 점은 너무나 자명한 사실이다. 말할 것도 없이, 체계의 내적 분화가 사회의 물질적 재생산을 안정적으로 담보해줌으로써 사회의 존속과 발전을 보장해 주는 기능적 이점을 지니고 있다는 점은 분명하다(NR, 197). 하지만 그러한 기능적 이점의 이면(裏面)에는 노동에 대한 자본의 지배를 관철시키려는 '지배적 구조'가 엄존하고 있는 것도 엄연한 역사적·경험적 사실이다. 하지만 어찌된 일인지, 2단계 사회이론은 이러한 '진실'을 애써 외면하고 있는 것처럼 보인다.[42]

(2) 이 같은 실상을 고려할 때, 2단계 사회관의 한 축을 이루는 '체계'에 관한 비판적·성찰적 재구성의 과제는 필수적인 것이라 할 수 있다.

먼저, 근대화 과정에서 봉착한 '합리화의 역설'에 관한 해명과 관련하여, '식민화'로 규정 해석된 생활세계의 병리적 현상뿐 아니라 체계 내 병리적 문제에 관한 비판적 규명 및 치유책의 제시를 위해서도, '체계 통합적 사회질서'에 상응하는 분석적 사회구조 틀로서의 체계 개념은 비판적으로 재구성되어야 한다. 알려진 것처럼, 본래 2단계 사회이론에게는 현 자본주의 체제에서 벌어지고 있는 다양한 병폐와 역설에 관한 비판적 규명이 주된 철학적 과제로 주어져 있다. 하지만 생활세계 내 병리적 현상에 대해서만 제대로 포착·해명하고 있을 뿐, 정작 그러한 문제들을 일으키는 근본 원인으로서 체계 내적 구조의 모순과 그로 인해 야기된 — 소외나 상품화 등 — 체계 내 병리적 문제들은 철저히 방치되어 있거나 인식 불가능한 것으로 처리되고 있다. 이런 한에서 2단계 사회관의 중심축인 체계 개념은 반성적으로 재편 내지 재구성되어야 할 필요성이 제기된다.

다음으로, 체계 내 물질적 재생산 과정의 원활한 작동은 사회의 안정적 유지와 발전을 위한 필수 전제 조건이라는 점을 내세워, 재생산 과정에 참여하고 있는 노동자를 위시한 구성원들의 삶이 체계의 기능적 효율성 논리에 의해 고통과 억압적 구속 상태에 처하는 사태를 아무런 문제가 없는 정상적인 상황으로 바라보는 체계 개념의 한계를 넘어서기 위해서라도, 방법론적 분석틀로서의 체계 개념은 비판적으로 수정·재편되어야 한다. 실제로 체계 논리의 침탈적 공세로

---

42) 하버마스는 '후기 자본주의의 정당성 문제'에 관한 논구를 통해 이러한 문제점을 적확히 파악하고 있었다고 판단되기 때문이다.

인한 생활세계의 식민화는 전적으로 탈(脫)언어화된 매체인 화폐와 권력의 작용과 통제에 의해서만 이루어지는 것은 아니다. 거기에는 노동자를 비롯한 '행위자'들 또한 개입되고 연루되어 있다.[43] 그런 까닭에, 2단계 사회이론은 체계 내 지배구조와 그로부터 구축된 억압적 착취 구조에 대한 규범적 비판과 윤리적 평가 작업을 수행해야만 한다.

실상이 이러함에도, 2단계 사회이론은 도덕적으로 적지 않은 문제점을 내장한 부정적 사태가 '기능적 관점'에서 아무런 문제가 없는 불가피하거나 정상적인 것인 양 문제시 하고 있지 않다. 하지만 이러한 입장은 의사소통 논리에 기초한 '절차적 민주주의'와 '민주적 해방 사회'의 구현을 궁극적 종착지로 삼고 있는 2단계 사회이론의 근본이념과 정면으로 배치된다. 이런 연유로, 체계 그 자체에 관한 '규범외적 해명 방식'은 전면적으로 재검토되어야 하며, 체계 개념 또한 개념적으로 재구성되어야 한다.

셋째, 생활세계의 식민화 사태에 관한 규명 작업이 체계 구조 및 체계 논리의 산출 동력원에 대한 규범적 평가까지 포함하는, 보다 근본적이며 '정합적인' 설명을 개진하기 위해서는, 사회구조의 접근 틀이자 이념형적 영역으로서 체계 개념은 새롭게 재해석·재구성되어야 한다.

이 점과 관련하여, 2단계 사회이론은 식민화에 대한 해결책으로, 체계의 기능주의 논리가 체계 내에서만 전일적으로 지배 작동하게끔 허용하면서 체계 외부로 나오지 못하도록 방어벽을 두르고 막아내는

---

43) 이 점에 대해서는 이홍균, 「하버마스의 이론적 전략」(1996), 72-93쪽 참조.

데 주력하는 이른바 '방어적 차원에서 규정된 극복 과제'(TKH2, 578; ENT, 393)를 제안한 바 있다. 이는 한마디로 '체계/생활세계 간의 경계 유지'를 핵심으로 하는 방안이다.

그러나 체계와 생활세계 사이의 상호 균형과 경계 유지를 통해 체계의 침공으로부터 생활세계를 지켜내려는 과제는, 식민화를 근본적으로 벗어나게 해 줄 결정적인 해결책이 되지 못하며, 동시에 식민화 사태를 사전에 예방해 줄 수 있는 근본적인 방안 또한 되지 못한다. 이런 식의 해법은 식민화의 근본 원인인 '공격적 체계 논리의 산출 동학'과 '체계의 구조적 모순'에 관한 비판적 통찰력을 결여하고 있기 때문이다.44) 사실상 그 같은 소극적 방안은 복지국가의 주도적 관여로 인해 경제체계의 위기가 '일시적으로' 봉합되거나 다른 영역으로 전이된 것을, 마치 그러한 위기가 '근본적으로' 해결된 것처럼 이해했던, 후기 자본주의 체제에 대한 분석 작업의 '착시적(錯視的) 성과'를 2단계 사회이론이 무반성적으로 수용·재현한 결과의 산물이다. 이런 한에서 체계 내 구조적 모순과 난점 그리고 그로부터 야기되는 사회 병리적 문제의 산출 메커니즘을 온전히 파악하지 못하는 체계의 개념은 비판적으로 재구성될 수밖에 없는 운명인 셈이다.

끝으로, 2단계 사회이론이 추구하는 '담론 민주주의의 구현' 혹은 '민주적 해방사회의 건립'이라는 정치철학적 프로젝트가 생활세계 차원에 국한되지 않고 체계의 지평까지 확장되어 온전하게 현실화되기 위해서는, 체계 통합적 사회질서의 한계와 난점을 포착하는 사회구조 틀로서의 체계 개념이 그 형식과 내용에 있어서 재주조화(再鑄造

---

44) 박영도, 「현대 사회이론에서의 비판 패러다임의 구조변동」(1994), 385쪽 참조.

化)되어야만 한다.[45]

이와 관련해 익히 살펴본 것처럼, 2단계 사회이론의 민주화 및 해방 사회 기획은 체계의 공격적·파괴적 논리의 전면적 침투로부터 방어된 생활세계의 지평에 한정되어 구상된 반편적인 것이다. 그러므로 이러한 기획이 체계의 차원에서도 온전히 실현되기 위해서는 우선적으로 체계 내적 구조와 동학의 문제점과 한계를 극복해 내는 데 진력해야 할 것이다. 이를 위해서는 체계 내 위기와 그것의 초래 원인과 경로 등에 대한 치밀한 분석적 탐구가 선행되어야만 한다. 그리하여 만에 하나 그러한 탐구 작업 자체를 가로막거나 저해하는 주된 요인이 2단계 사회관을 이루는 두 조망 틀의 하나인 체계 개념에 내재한 것이라면, 말할 것도 없이 체계 개념에 대한 '보완적' 차원의 수정 내지 변용, 혹은 '전면적인' 재구성이 뒤따라야 할 것이다.

2) 생활세계 개념에 대한 비판적 재구성의 '사회비판 이론적' 필요성

2단계 사회이론은 원칙적으로 자유롭고 평등한 의사소통을 통한 '상호이해'와 '보편적 동의'의 절차적 과정에 의거하여, 사회적 문제를 해결하고자 시도하는 이론체계이다. 그런 한에서 2단계 사회이론은 '생활세계의 관점에서 조망되는' 일상적 삶의 현장이나 정치적 무대를, 서로 대립되는 이해관계에 기초한 '개인적·집단적 갈등 상황'이나 '격렬한 전략적 정치투쟁의 장'으로 인식하기보다는, 자유로

---

45) 이와 관련하여, '경제의 민주화'의 필연성과 가능성 그리고 그러한 민주화 기획에서 숙고되어야 할 이론적 부족분이나 정치적 고려 사항 등에 관한 주목할 만한 논의로는 J. Beerhorst, "Demokratisierung der Wirtschaft-theoretische Desiderate und politische Erinnerung"(2004), 354-383쪽 참조.

운 논의와 토론에 의해 정치적·사회적 현안이 이성적으로 해결되는 '의사소통적 대화의 장(場)'으로 바라보고자 한다.

물론 그렇다고 해서, 실제 사회현실은 상호이해를 지향하는 의사소통의 차원과 특정 목표의 달성을 추구하는 전략적 행위연관의 차원이 상호 혼재되어 교차하는 가운데 전개되어 나가는 삶의 지평이라는 사실을 간과하고 있지는 않다. 하지만 전략적 행위연관의 토대는 전적으로 체계에 속하는 것으로 간주하고 있는 탓에 ─ 체계논리에 기초한 권력 유형이 아닌 ─ 생활세계에 뿌리를 둔 권력관계 유형이, 합리적인 대화와 그것에 기초한 민주적 삶의 구현 과정을 왜곡하는 생활세계 내 병리적 사태를 인식할 가능성은 처음부터 배제되어 버리고 있다.

이처럼 2단계 사회이론은 '대화'와 '투쟁'의 두 차원이 복합적으로 얽혀 있는 ─ 생활세계의 범주로 포착되는 ─ 현실의 갈등적 삶과 정치를, 자유로운 의사소통과 이성적 토론에 중점을 두어 '일면적으로' 이론화하고자 시도하고 있다. 그에 따라 대화와 토론을 비롯한 '담론적 절차'에 지대한 영향력을 행사하면서 강력한 규제의 힘을 발휘할 뿐 아니라 심지어 지배할 수 있는, 생활세계의 고유한 '권력 구조'의 측면, 더불어 사회발전의 또 다른 '현실적 동력원'이자 그러한 발전 과정을 비판적으로 해석하기 위한 '이론 틀'로서 기능할 수 있는 '사회적 투쟁'을 소홀히 다루고 있다.

이런 연유로, 의사소통적 상호이해에 초점을 맞추어 생활세계의 내적 구조를 이해하고 해석하고 있는 2단계 사회이론의 부족분이 메워지고 보완될 여지, 동시에 재구성될 필요가 있음을 재차 확인하게 된다. 그렇다면 이처럼 재구성적 작업에 관한 긴박한 요청과 필요성은 2단계 사회관의 어떤 부문과 요소에 대해 보다 강력하게 제기되고 있는가?

우선, 관료제적 조직 원리 등으로 표출되는 체계논리가 생활세계 내로 침투해 들어감으로써 빚어지는 생활세계의 식민화 사태뿐 아니라, 생활세계 내에 본래적으로 내장되어 있는 고유한 동학이나 자생적 원리에 기초한 '권위주의적 위계 구조'와 같은 특수한 권력관계로 인해 초래되는 '유사 식민화 현상'을 규명하고 그에 대한 적절한 치유책을 마련할 필요성이 강하게 제기된다. 그러므로 이를 위해서는, 일상적 삶의 세계 내부의 고유한 구조적 본성을 '사회적 통합'의 질서 차원에서 고스란히 드러내 보이게 해주는 분석틀이자 이념형적 영역 개념으로서 생활세계에 관한 비판적 재해석 및 보완적 구성 작업이 필수적으로 요청된다. 특히 체계의 공격적 논리에 의한 것이 아닌, 생활세계 자체의 '권력 연관적인' 고유한 속성이나 논리로 인해 초래되는 '자생적인' 내적 식민화 현상에 대한 진단과 처방을 위해서라도, 현 생활세계 개념은 가능한 한 재편되어야만 한다.

둘째, 생활세계 내에는 전통적 가치관이나 규범, 권위주의적 위계질서 등 자체의 고유한 속성과 원천들에 의해 구축된 다양한 권력관계들이 본래부터 자리해 왔다는 점을 감안할 때, 생활세계를 '모든 지배적 권력(관계)으로부터 자유로운 의사소통의 그물망'으로 규정하는 2단계 사회관과 생활세계 개념은 현재 적지 않은 난점들을 드러내고 있는 탓에 상당한 수준의 보완 내지 재개념화 작업이 요청된다. 특히 '지배 권력'과 모든 권력관계에서 자유로운 '의사소통'을 서로 '분리된' 대립적인 것으로 규정하게 된 근본 이유가 권력 일반의 성격을 '전적으로' 체계의 속성 및 논리에 귀속된 것으로 파악하고 있는 점에 놓여 있다는 점을 고려할 때, 생활세계의 속성에 대한 새로운 해석과 재구성적 작업은 더더욱 미룰 수 없는 과제로 다가온다.

셋째, 체계에 기원을 두고 있지 않은 권력관계 유형들과 밀접하게 상호 연계되어 있는, 생활세계 내 의사소통 구조의 본질적 실태나 양상을 정확히 통찰할 수 있기 위해서도 생활세계 개념은 새롭게 재구성될 필요성이 제기된다. 물론 그러한 한계는 의사소통 권력에 대한 '심의(審議)정치 이론적' 논구 작업에서, 특정 집단의 이익 관철을 목표로 한 '사회적 권력'이─공론장을 비롯한─생활세계 내에서 의사소통과 서로 연관되어 있는 실태에 대한 고찰하는 대목에서 일정 정도 넘어서고 있기는 하다. 하지만 체계에 그 기원을 둔 사회적 권력이 아닌, 생활세계 자체의 고유한 논리에 토대를 둔 다양한 권력관계들은 '전혀' 통찰의 대상이 되지 못하고 있다. 그로 인해 '권력과 의사소통' 양자 간의 긴밀한 '내적인' 연관성은 더 이상 심도 깊게 논구되지 못한 채─'사회비판의 규범적 토대 확보'라는 최우선적 과제에 밀려─서로 '무관하게' 분리·독립되어 있는 것으로 기술되고 있을 뿐이다. 이 점을 보다 진지하게 고려할 때 생활세계 개념에 대한 재규정 내지 새로운 재구성 시도는 불가피하게 요청된다.

끝으로, 생활세계 내에서, 합리적 토론과 같은 '의사소통적 문제 해결 방식' 대신에 저항이나 투쟁과 같은 '비(非)대화적' 방식으로 사회적 갈등이나 계급적 대립 등의 문제를 해결하려는 시도들의 빈번한 등장에 대한 설득력 있는 해명을 개진하기 위해서도, 생활세계 개념의 일부나 전체가 비판적으로 재편될 필요가 있다. 2단계 사회이론은, 생활세계의 지평에서 벌어지는 끊임없는 사회적 갈등과 투쟁의 양상을 '오직' 체계 논리에 입각해서만 설명하고자 시도할 뿐, 생활세계 자체의 내적 논리와 고유한 동력원에 입각해서 해명할 수 있는 통로를 이제껏 발견해 내지 못하고 있기 때문이다. 뿐만 아니라 경우에 따라서는 그러한 투쟁이 또 다른 유형의 합리적 사회발전의 양상으로 해석될 수 있는 가능성을 온전히 파악하지 못하고 있다. 나아가 그러한 갈등과 충돌, 투쟁을 이성적 대화나 토론 등을 통해 해결하거나 종식시킬 '실질적' 해법도 아직껏 내놓고 있지 못한 실정이다.

2단계 사회이론에 대한 '비판적 재구성'의 단초적(緞綃的) 윤곽

1) 체계 논리의 '이원적 결합'을 통한 체계 개념의 재구성

2단계 사회이론은 현대사회가 직면한 사회 병리적 현상의 핵심을 '의사소통합리성을 매개로 한 상호작용적 사회형성의 가능성이 도구적 체계합리성에 의해 과도하게 압도당하는 사태'로 파악하고 있다.[46] 하지만 이러한 분석은 생활세계의 영역에만 '일면화'되어 이루어지고 있다. 그런 까닭에 생활세계 내 병리현상은 제대로 포착·설명해 내고 있지만, '체계 자체의 사회 병리적 현상'은 애초부터 문제로서 인식되지 않는 지극히 정상적인 상태로 처리해 버리는 '문제성 있는' 결과를 낳고 있다. 곧 도구적 합리성(기능적 합리성)이 전일적으로 지배하고 있는 체계 자체는 그러한 분석 및 규범적 비판의 대상에

---

46) R. Zimmermann, "Emanzipation und Rationalität"(1984), 136쪽.

서 애초부터 제외되어 있는 셈이다.

그에 따라 2단계 사회이론이 잠정적인 해결책으로 내놓은, 체계 통합과 생활세계적 통합 사이의 상호 독립적인 균형 상태를 견지하는 방식도 치명적인 난관에 봉착하고 있다. 즉 체계의 '비(非)상호작용적 화폐교환 형식'과 생활세계의 정치적 원리인 '상호작용적 매개 형식' 간에 균형 잡힌 이원적 통일성을 유지하는 방안47)은, 체계를 '생활세계의 민주화 및 의사소통적 해방' 기획의 달성을 위한 '간접적인' (물질적 재생산의) 도구로서 간주해 버림으로써 체계 자체의 민주화 및 해방 기획은 시야에서 사라져 버리게 만드는 결정적 오류를 범하고 있다.

이 같은 중대한 이론적 난점에서 벗어나는 길은, 2단계 사회이론의 민주화 및 인간해방 기획을 생활세계의 영역을 넘어 체계의 차원까지 포함하는 보다 확대된 것으로 전환하는 것이다. 이는 '자본주의'와 '민주주의'를 상호 배타적인 범주로 파악하여 전자는 체계에, 아울러 후자는 생활세계에 조응시켜, 체계를 민주화 및 인간 해방 성취의 영역에서 제외하여 자립적인 시장의 논리에 의해 작동되는 규범적 비판의 예외 영역으로 고정시켜 버리는 2단계 사회관에 대한 수정과 보완을 절대적으로 필요로 한다. 그렇다면 2단계 사회관을 중심으로 하여 그 불가피성이 강력히 대두되고 있는 2단계 사회이론의 재편 과제와 관련하여, 체계 개념의 비판적 재구성은 구체적으로 '어떻게' 이루어져야 하는가?

'단초(端初)적 형태'의 모색이라는 측면에서 이에 답해본다면 대

---

47) R. Zimmermann, "Emanzipation und Rationalität"(1984), 133-134쪽.

략 다음과 같다. 즉 체계 영역을 전일적으로 관통·지배하고 있는 고유한 체계 논리를, 생활세계의 '의사소통 논리'와 체계의 '기능적 효율성 논리'를 적절한 비율에 맞춰 상호 결합시킨 '재구성적 체계 논리'로 새롭게 재편하는 것이다. 이러한 재구성 방안은 '상호작용적-의사소통적 사회형성의 원리'에 입각하 급진 민주주의의 제도화를 통해 인간 해방을 성취하고자 설계된, 침머만(R. Zimmermann)의 '급진 민주주의적 해방 기획'[48]에서 그 아이디어를 차용한 것이다. 이와 함께 '민주적 의사소통 절차를 통한 경제적 사안의 합리적 결정'을 특징으로 삼는 '경제 민주주의'의 이념과 민주주의 원칙의 경제적 생활에로의 적용을 내세운 '참여 자본주의'의 발상으로부터 유의미한 메시지와 시사점을 또한 수용하였다.[49]

이러한 재편 의도에 따라 체계 개념의 비판적 재구성 방안을 침머만식으로 설명해 보면 다음과 같다. 곧 기존 체계의 구성 원리인 '비(非)상호작용적 (화폐)교환 형식'에, 생활세계의 정치적 원리인 '상호작용적 매개형식'을 상호 결합하여 반성적으로 재구성한 '비(非)상호작용적-의사소통적 사회형성 원리'를 체계의 '새로운 고유 논리'로서 제시하는 것이다. 이로써 새롭게 구성된 체계 논리에 의거해 체계의 내적 구조가 '재구조화'됨으로써 도구적 합리성을 체현한 기능적

---

48) R. Zimmermann, "Das Problem einer politischen Theorie der Emanzipation bei Marx und Habermas und die Frage nach ihrer ethischen Fundierung"(1986), 266쪽.

49) 민주적 의사소통 절차 과정에로의 자유로운 참여와 그러한 절차 과정을 통한 경제적 사안의 합리적 결정을 특징으로 한 '경제 민주주의'에 관해서는 김영두 외, 『경제민주주의와 노동조합운동』(2002), 15~28쪽; 로버트 A. 달, 『경제 민주주의』(1999), 15~20쪽 참조. 아울러 경제 민주주의의 이념을 비판적으로 계승한 가운데 경제 영역에의 '참여'를 강조하는 '참여자본주의'에 대한 논의로는 P. Hirst, "From the Economic to the Political" (1997), 63~71쪽 참조.

효율성 논리가 체계 내부를 전일적으로 지배·조종하는 운영 방식이 포기된다. 대신 효율성 논리와 의사소통 논리가 주어진 상황에 맞추어 '최적의 비율'로 서로 결합된 새로운 '복합적 형태'의 작동 방식이 그 자리를 차지하게 된다. 이처럼 비판적 재구성 과정을 거쳐 등장한 새로운 체계의 운영 및 작동 방식은, 이전까지 체계를 구동시켜 온 '화폐·권력 매체를 통한 조정방식'을 '언어 매개적 상호작용의 조정 방식'과 연결하여, 양자 간 최적의 비율에 따른 '상호 내적 연관'을 통해 구축된 방식이라 하겠다. 이때 '최적의 결합 비율'은 불변적으로 고정되어 있는 것이 아니라 주어진 환경이나 여건에 따라 탄력적으로 변화될 수 있는 것이다. 더불어 두 논리 간의 이상적인 결합을 위한 최적의 결합 비율을 조정하고 결정하는 것은 '의사소통 논리'에 의해 주도된다.

여기서 알 수 있듯이, 이러한 방식은 그 전개 방향과 지향점을 제대로 예측할 수 없는 체계의 '자율적 기능성 논리'를 의사소통에 기초한 '민주성의 논리'에 의해 적절히 통어·조절함으로써 체계의 합리화 과정이 민주적 해방사회의 구현을 향해 나아갈 수 있도록 조종하겠다는 재구성적 의도가 반영된 것이라 할 수 있다. 이로써 시장을 비롯한 경제 및 행정 체계에 '민주주의 원리'가 적용될 수 있는 교두보가 확보된다.[50]

이렇듯 비언어적 조정매체에 터를 둔 효율성의 논리와 언어적 의사소통 논리, 양자 간의 밀접한 내적 연결을 통해 마련된 '재구성

---

50) 경제 영역에 대한 '민주주의 원리'의 적용 필요성 및 당위성에 관한 논의로는 J. Beerhorst, "Demokratisierung der Wirtschaft-theoretische Desiderate und politische Erinnerung"(2004), 354-362쪽; Th. McCarthy, "Komplexität und Demokratie"(1986), 204-209쪽; 나종석, 「한국의 기업 민주주의와 능동적 신뢰」(2005), 166-181쪽 참조.

적 체계 논리'가 체계의 새로운 작동 원리로서 기능할 경우에, 체계는 규범적 비판 및 평가의 대상으로 비로소 조망될 수 있다. 그 결과 체계 내 병리적 문제 역시 제대로 규명할 수 있게 될 것이다.

가령 기능적 논리와 의사소통적 논리가 적절하게 조화를 이루며 상호 결합된 형태의 재구성적 체계 논리는, 두 논리 간의 조화 및 균형이 유지되는 한에서는 별다른 문제가 없이 체계의 작동 원리로 기능해 나간다. 하지만 이질적인 속성을 지닌 두 논리 간의 내적 결속력과 균형적 충실도가 약화되거나 균열되면서, 효율성의 논리가 의사소통의 논리를 '과도하게' 압도하여 지배하게 될 경우에 다양한 체계의 문제들이 발생할 수 있다. 그런데 새롭게 구축된 체계의 관점에서는 이를 '체계 내 병리적 현상'으로 조망해 낼 수 있다. 그와 함께 기존의 식민화 현상에 대한 규명 역시 여전히 가능하다. 곧 '재구성적 체계 논리' 내에서 기능적 논리와 의사소통적 논리 간의 적절한 결합 관계에 문제가 생겨 전자가 후자를 압도하여 체계 내 위기를 발생시키고, 이어 그것이 다시 생활세계 내로 침투해 들어가 의사소통 구조를 왜곡·파괴함으로써 생활세계의 식민화 사태가 촉발되는 것으로 해명된다. 이로써 새롭게 재편된 체계 개념은 체계 내 병리적 현상뿐 아니라 생활세계의 식민화 현상까지 수미일관되게 포착 해명할 수 있다.

이러한 체계 내부의 재구성적 상황은 '합리화'의 차원에서 또한 논의해 볼 수 있다. 즉 이에 의하면, '기존의' 체계 논리에 의해 주도된 체계 내 합리화는 '기능적·도구적 합리화'라고 할 수 있으며, 생활세계 내에서 전개되는 합리화는 '의사소통적 합리화', 또는 침머만의 용어로 '수평적 상호작용의 합리화'라고 부를 수 있다. 그에 비해 새롭게 재편된 재구성적 체계 논리에 의거하여 진행되는 체계 내 합리화는, 도구적 합리성의 증대 과정으로서의 기존의 '체계 합리화'와는 질적으로 차별화된, 동시에 의사소통의 논리에 기초해 이루어지는 '수평적 상호작용의 합리화'와도 구분되는, '수직적 상호작용의 합리화'라고 이름 붙일 수 있다.[51] 요컨대 효율적 기능적 합리성의 측면에 대응한다는 점에서는 '수직적'이지만, 위로부터의 일방적인 지시나 명령의 논리에 반하여 아래로부터의 자유로운 토론과 논의를 통해 주요 사안이 결정된다는 점에서 '상호작용'이라 할 수 있는, 새로운 합리화 과정이 다름 아닌 '수직적 상호작용의 합리화'인 것이다.

이상의 논의에서 드러나듯이, 기존의 체계 개념을 대체한 재구성된 체계 개념을 통해 사회를 조망할 경우, 생활세계와 체계 각각에서 이루어지는 합리화는 규범적 차원에서 보다 '진보적인' 방향으로 전개되어 나가고 있음이 확인된다. 즉 생활세계의 '수평적 상호작용의 합리화'는 민주적 활동 공간의 확대를 통해 의사소통적으로 매개된 사회통합의 자유로운 정립을 구현해 나가는 것이라 할 수 있다. 다른 한편, 체계 차원에서의 '수직적 상호작용의 합리화'는 도구적 합리성과 의사소통합리성, 양자 간의 새로운 균형을 모색하는 것이라 할 수 있는데,[52] 이는 기능적 합리화를 보다 민주적인 방식으로 제어 조정하는 것이란 점에서, 재구성된 체계에서의 합리화 또한 민주

---

51) 이는 의사소통적 합리성이 체계 합리성을 '조정'해 나가는 가운데, 체계 합리화가 이루어져 나가는 과정이라고 볼 수 있다. 그런 한에서 체계 내에서 전개되어 나가는 체계의 기능적 합리화는, 의사소통적 합리화와 체계 합리화가 서로 맞물려 동시적으로 이루어져 나가는 '이중적 합리화' 과정이라고 할 수 있다.

52) R. Zimmermann, "Emanzipation und Rationalität"(1984), 136쪽.

화에 부합하는 방향으로 진행되어 나가는 합리화라 할 수 있다.

더불어 바로 이 점 때문에, 수직적 상호작용의 합리화는 재구성되기 이전의 체계 내에서 진행된 '체계 합리화와'는 질적으로 구분된다는 사실에 다시 한번 주목할 필요가 있다. 무엇보다 기존의 체계 합리화는 물질적 재화를 안정적으로 생산함에 있어서 불필요한 비용을 절감하고 기능 저해 요인들을 제거하기 위해, 일사불란한 조직 체계를 지속적으로 유지하고자 시도하는 기능적 합리성의 증대 과정으로서 도구적 합리화를 의미했다. 해서 그것이 보다 사회 발전적인 방향을 향해 전개해 나가는 것이라는 그 어떤 '징표'도 보여준 바는 없었다. 그에 비해 새롭게 규정된 체계의 지평에서 전개되어 나가는 수직적 상호작용의 합리화는 최적의 비율로 구축된, 의사소통 합리성과 기능적 합리성 간의 상호 결합이 의사소통 합리성(에 기초한 대화 및 토론)에 의해 주도된다. 그럼으로써 그러한 합리화 과정은 한편으로는 '규범적' 속성을 지닌 합리성을 통해 '몰가치적' 도구적 합리성의 무분별한 전개과정에 적절한 제약을 가하면서, 다른 한편으로는 규범적 차원에서 해방과 민주화를 향한 발전적 과정으로 자신을 평가할 수 있는 '준거점'을 확보케 해주는 일종의 '해방적 합리화'로서 간주될 수 있다. 이로써 체계의 영역에서 그간 '유보되었던' 민주화 및 인간해방에 관한 조망점이 다시금 확보되어 명실공히 '사회질서의 총체적 차원'에서 해방을 논구할 수 있는 이론적·실천적 발판이 마련되기에 이르렀다.

지금까지의 논의 과정에서 확인해 본 바와 같이 ― 비록 단초적인 이론 모색의 수준에서 이루어진 것이지만 ― 체계 개념에 대한 비판적 재구성의 작업은, 결국 '체계의 조직 원리'를 전적으로 '기능적 논리'에서 확보하는 방식에서 벗어나 기능적 논리와 의사소통적 논리가 적정한 비율로 상호 연계된 '재구성적 논리'에서 마련되는 방식으로 '전환'하고자 하는 사회이론적 시도로써 해석해 볼 수 있다. 아울러 그러한 시도를 통해서'만' 비로소 사회의 진보와 해방에 관한 총체적이며 일관된 해명 틀이 확보될 수 있을 뿐 아니라 체계 내 억압적 지배구조를 혁파할 수 있는 실천적 통로 또한 마련될 수 있다는 점이 부정할 수 없는 객관적 사실로서 확증된다.

물론 그럼에도 불구하고, 체계 조직 원리의 변형적 전환과 그에 따른 체계 내적 구조의 재편으로 인한 체계 내 상황은 '다양한' 결과로 이어질 수 있다. 이를테면 효율성과 기능적 자율성은 어느 정도 낮은 편이지만, 그럼에도 전체적인 체계의 내적 구조는 보다 민주적인 양태로 구조 지어져 있는 경우가 있을 수 있다. 반면에 고도의 효율성을 담보하면서도 체계 구조 자체는 대단히 억압적인 지배구조로 형성되는 경우도 배제할 수는 없다.

이 같은 다양한 경우의 수 가운데, 말할 것도 없이 가장 이상적인 상황은, 자본주의적 체계의 억압적 지배구조의 성격이 현저히 제거된 민주적인 상태를 유지하면서도, 생산성과 효율성은 상당한 수준으로 여전히 확보되고 있는, 민주성과 효율성이 동시에 만족스럽게 충족되고 있는 체계의 상태이다. 따라서 이러한 바람직한 상태가 지속적으로 유지되기 위해서는, 효율성의 논리와 의사소통의 논리가 서로 최적화된 비율로 결합되도록 끊임없이 조정 관리하는 것이다. 해서 새로운 2단계 사회관은, 기능적 효율성의 논리와 의사소통의 논리를 상호 연결 지음에 있어 그 결합 비율에 관한 모든 결정과 조정은 의사소통의 논리가 주도해야 한다는 '단서 조항'을 제시하고 있다. 거기에는 모든 사회적 현안은 구성원들의 자발적 참여와 자유로운 토론과 논의를 통해 민주적으로 처리해야 한다는 '절차적 민주주의'의 발상과 그것에 의거한 '경제의 민주화' 이념이 자리하고 있다.[53]

나아가 그러한 단서조항에는 또한 '시장이나 관료제적 조직처럼 기능적 자립성과 효율성을 추구하는 제도들 역시 궁극적으로 인간 삶의 보다 나은 질적 고양과 발전을 위해 인간이 만든 수단적 존재이자 산물'이라는 다분히 '인간중심주의적' 관점이 기저에 깔려 있다. 비록 인간이 만든 시장은 인간의 손을 벗어나 자율적으로 자신을 전개해 나가는 속성을 지니고 있는 제도적 장치이지만, 근본적으로 그것은 인간의 삶에 기여할 목적에서 만들어진 수단적 대상이라는 점에서 마땅히 인간에 의해 규제되고 조정되어야 할 대상이기 때문이다.[54] 이러한 의미에서 체계에 대한 비판적 재구성은, 기능적 자율성의 논리에 따라 '자기 생산적으로' 전개해 나가는 '몰가치적' 체계로부터, 인간의 개입을 통해 규제받는 보다 '민주적인' 체계로 전환되게끔 재구조화하는 과정이라 할 수 있다.

---

53) 이러한 경제의 민주화 이념은, 시장이나 노동현장, 기업 조직체 등에서 이루어지는 '경제 활동이 - 효율성이나 생산성의 논리에 의해 이루어지는 것이 아니라 - 민주적 원리에 의해 운영되는 것'이라는 의미로 이해될 수 있다. R. Archer, *Economic Democracy: The Politics of Feasible Socialism*(1995), 38쪽 참조.

54) 이 점에 관해서는 J. McCormick, "Mapping the Stakeholder Society" (1997), 108~111쪽 참조.

2) 생활세계 논리의 '이원화'에 기초한 생활세계 개념의 재구성

2단계 사회이론은 식민화 테제를 통해 근대화의 역설이 초래된 원인과 경로를 통찰하여 그에 대한 적절한 극복책을 제시함으로써, 잠정 중단되었던 '계몽의 기획'을 다시금 추진할 수 있는 발판을 마련하고자 한다. 하지만 그러한 통찰 및 해명 방식은 체계의 공격적·파괴적 논리에 의해 의사소통적 절차에 체현되어 있는 '민주성의 논리'가 침식·왜곡되는 사태에 관한 설명으로서만 이론적 유효성을 갖는다. 왜냐하면 체계 논리가 아닌 생활세계 '내부'에 그 뿌리를 둔 다양한 권력(관계) 유형들에 의해 야기되는 의사소통 구조의 왜곡화나 사회적 갈등과 같은 병리적 문제들에 관해서는 이렇다 할 설득력 있는 해명을 제시하지 못하는 '중대한 한계'를 노정하고 있기 때문이다.[55]

그러므로 식민화 현상이 아닌, 생활세계의 '중심적' 논리인 의사소통의 논리 이외에 생활세계에 기원을 둔 '또 다른 논리'에 의해 발생하는 '병리적 현상'에 관한 해명과 그 치유책의 개진을 위해서는 생활세계 개념의 재구축화 작업은 필수적이다. 문제는 '어떤 방식으로 그러한 재구축화가 이루어질 수 있을 것인가?'인데, 체계 개념의 재구성 과정에서 이미 언급한 바와 같이, 여기서도 이를 '단초적 모색'의 차원에서 논의해 보고자 한다.

무엇보다, 생활세계의 비판적 재구성 작업에서 우선적으로 시도되어야 할 사안은 생활세계가 의사소통의 논리뿐 아니라─ 비록 생

---

55) 생활세계 내에서 발생하는 병리적 문제들의 원인을, 체계 논리에로 환원하여 해명하는 2단계 사회이론의 설명 방식에 대한 비판적 논의로는 M. Hartmann, "Widersprüche, Ambivalenzen, Paradoxien-Begriffliche Wandlungen in der neueren Gesellschaftstheorie"(2002), 221-251쪽 참조.

활세계 내의 '부차적인' 논리이기는 하지만 – '비(非)의사소통적 논리'
를 또한 함유하고 있는 사회질서 혹은 사회구조의 틀로 재규정되어
야 한다는 점이다. 이러한 발상은 권력관계 및 권력투쟁에 관한 푸코
(M. Foucault)의 비판적 논의로부터 반성적으로 수용한 것이다. 특히
권력관계가 부재한 사회 혹은 권력투쟁이 종식된 역사의 종착점이란
결코 존재할 수 없다는 그의 입론[56]은 일상적 삶의 현장에 스며들어
와 있는 권력관계를 생활세계의 '필수적 구성요소'로 해석할 수 있는
가능성을 높여 준다. 더불어 그러한 권력관계가 토대로 삼고 있는 비
의사소통적 논리 역시 생활세계에 그 기원을 두고 있는 것으로 해석
할 여지를 열어놓고 있다.[57] 이 점에서 푸코의 권력(관계) 분석은 2
단계 사회이론이 규정한 생활세계 개념의 '내용적 협소성'을 넘어서
는 데 유의미한 지침을 제공해 준다.[58]

이 점과 관련하여, 2단계 사회이론은 식민화 테제를 통해 적절히
규명되지 못하고 있는 생활세계 내의 또 다른 병리적 문제들에 대해,

---

56) M. Foucault, "The Ethic of Care for the Self as a Practice of Freedom"(1988), 18쪽; M. Foucault, "The Subject and Power" (1983), 222쪽; B. Smart, "The Politics of Truth and the Problem of Hegemony"(1994), 217–218쪽 참조.

57) 푸코는 권력(관계)에 관한 논의에서 시종일관 '우리는 결코 권력관계에서 빠져 나올 수 없다'는 사실을 강조한다. M. Foucault, *Histoire de la sexualité 1*(1976), 126쪽 참조.

58) 푸코의 권력관과 '투쟁' 범주는, 의사소통적 상호이해에 전적으로 의거하여 정치적 질서를 설명하는 2단계 사회이론의 부족분을 메울 보완적 준거 틀, 즉 끊임없는 갈등과 전략적 투쟁의 과정으로서 정치적 현실을 바라볼 수 있게 해주는 보완적 분석틀을 제공해 준다. 아울러 그럼으로써 생활세계의 정치적 질서에 관한 2단계 사회이론의 해명이 갖는 한계를 넘어설 수 있도록 해준다. 무엇보다 권력관계를 바탕으로 이루어진 사회적 지배구조를 의사소통을 통한 상호이해와 동의의 결과로서 파악할 뿐 사회적 투쟁을 통해 결과한 산물이라는 사실을 고려하지 못함으로써 사회적 발전을 불충분하게 해명하는 한계를 보완해 준다. 요컨대 푸코의 권력관과 투쟁 범주는, 사회적 상호작용의 도덕적 긴장 속에 구조화되어 있는 사회적 투쟁이라는 동력원의 차원에서 사회적 발전을 해명해 보임으로써 합리화의 논리에만 의존한 해명방식이 갖는 부족분을 메워줌과 동시에 사회발전에 관한 보다 완결적 형태의 해명이 이루어지게끔 기여한다. A. Honneth, *Kritik der Macht*(1989), 384–385쪽 참조.

그 주된 원인을 하나같이 체계에 기원을 둔 자본의 논리나 그것의 구현체인 폭력적 권력에서 찾고자 한다. 하지만 이는 잘못된 것이다. 오히려 원인은 생활세계 내부에 자리한, 전통적으로 계승되어 온 '권위주의적 위계질서'나 다양한 유형의 '차별 구도' 등에 체화되어 있는 -생활세계의 고유한 의사소통적 논리와는 구별되는- 비의사소통적 논리와 그것을 구현한 권력(관계)에서 찾아볼 수 있다.

이처럼 의사소통적 논리와는 그 성격을 달리하는, 생활세계의 '부차적' 논리로서의 비의사소통적 논리는 권위주의적 규범 체계나 수직적 사회질서, 전통적 차별 및 배제 구도를 통해 개인 및 집단 간의 관계를, '지배/예속의 권력관계'로 고착화한다. 그에 따라 다양한 사회적 갈등과 충돌, 투쟁의 문제를 촉발시키거나 민주적 의사소통 절차나 제도 등을 왜곡 변질시키는 등 수다한 병리적 사태가 벌어지고 있다. 최근 들어 생활세계 내에 빠르게 형성되어 나가고 있는, 불인정과 무시에 초점이 맞추어져 이루어진 '경직된 사회적 인정관계'[59]로서의 인정질서 역시 일종의 '지배·예속적 권력관계'의 하나로서 생활세계의 비의사소통적 논리에 의해 구축된 것이다.[60]

이러한 실상을 고려할 때, 비의사소통적 논리는 대체로 전근대적·전통적 특성과 '비합리적 속성'을 함유하고 있는 것으로서 간주될 수 있다. 그에 따라 주로 비의사소통적 논리에 기초하고 있는 인정질

---

59) 문성훈, 「하버마스에서 호네트로: 프랑크푸르트학파 사회비판모델의 인정이론적 전환」 (2006), 146쪽.

60) 물론 '사회적 인정질서' 그 자체는 전적으로 비의사소통적 논리에 의해서만 구축되는 것은 아니며, 체계논리나 의사소통적 논리에 의해서도 형성될 수 있다. 가령 이성적 대화나 토론 등을 통해 '학문적 권위자'로서 인정받을 수 있는 질서 형태가 있는가 하면, 강압적 지배 권력을 중심으로 형성된 조직체 등에서 발견되는 권력의 크기에 따라 '지배자'로 인정받는 질서 유형도 있다.

서 유형은 대체로 '무시나 배제의 질서'에 해당되는 것으로서 '사회 퇴보적인 불합리한' 성격을 지니고 있다고 할 것이다. 따라서 이는, 체계 논리나 의사소통적 논리에 의거해 형성된 — 따라서 전략적(도구적) 합리성이나 의사소통적 합리성을 구현하고 있는 — 인정질서가 '합리적' 특성을 지니고 있는 점과는 대비된다.

그런데 이처럼 생활세계 자체에서 발원하는 비의사소통적 논리에 그 토대를 둔 지배·예속의 권력관계는, 체계의 효율성 논리에 기초하고 있지 않다는 점에서는 '비(非)체계 논리적' 권력관계이지만, 생활세계에 그 토대를 두고 있다는 점에서는 '반(半)전략적 행위연관'에 바탕한 권력관계라고 할 수 있다.

여기서 '반(半)전략적'이라는 형용어구는 체계의 기능적 논리를 구현하고 있는 전적으로 전략적인 행위연관과는 달리, '본래적'으로 전략적 이해관계를 추구하는 행위연관은 아니라는 사실을 지적하고자 붙인 '잠정적인' 명칭이다. 그런 한에서 이러한 행위연관은 일종의 '유사(類似)전략적' 행위연관이라고 부를 수 있다. 곧 이러한 반(半)전략적 행위연관은, 비록 전략적 행위연관의 외양을 취하고는 있지만, 체계 논리에 기초한 전략적 행위연관처럼 처음부터 타자를 지배의 대상으로 간주하여 수단화하고자 의도하고 있지는 않다. 다만 '의도치 않게' 전략적 이해관계를 관철하여 타자를 예속화시킬 수 있는 가능성을 열어 놓고 있다는 점에서, 그처럼 이름 붙여진 것이다.[61] 이러한 맥락을 고려할 때, 생활세계의 또 다른 논리인 비의사소통적 논

---

61) 이 점은 호네트의 다음과 같은 주장에서 확인해 볼 수 있다. "인정투쟁에서 행위를 이끄는 집단적 이해관계는 궁극적인 것 혹은 근원적인 것이 아니라, 인정과 존중에 대한 규범적 요구하에 놓여 있는 도덕적 경험의 지평 속에 이미 자리하고 있는 것으로 간주되어야 한다." A. Honneth, *Kampf um Anerkennung*(1992), 266쪽.

리에 기초한 권력(관계)은, 전략적 이해관계의 관철을 최우선적 목표로 삼고 있는 체계 논리에 토대한 폭력적 권력으로서의 '사회적 권력'과도 구별된다. 아울러 상호이해를 지향하는 의사소통 논리의 구현체인 '의사소통 권력'과도 그 성격이 전혀 다른 새로운 유형의 권력(관계)이다. 요컨대 도구적·전략적 합리화를 추구하는 것도 아니며 그렇다고 의사소통적 합리화를 지향하는 것도 아닌, 다분히 '비합리적' 경향성을 바탕으로 하여 형성된 '비(非)체계 논리적이며 비(非)의사소통 논리적인' 권력(관계) 유형이다. 이처럼 전통 지향적이며 권위주의적인 비합리적 성향의 비의사소통적 논리는 생활세계의 지평에서 지배와 억압, 무시와 차별, 배제의 속성으로 발현되면서, 지배·예속의 사회적 권력관계를 구조화하여 그 관계 속에 놓인 개인이나 집단으로 하여금 끊임없는 갈등과 대립, 투쟁을 추구하게끔 작용한다.

이로부터 드러나듯이, 전통 지향적·권위주의적 사회질서에 의해 구축된 '위계적·수직적 인간관계'나 불인정과 무시의 경험에 기인하는 '소수에 대한 다수의 차별 및 배제 구도'에서 확인 가능한 또 다른 형태의 생활세계 논리인 비의사소통적 논리야말로 생활세계 내 '고유한' 병리현상을 일으키는 '주범'이다. 이 점을 특히 염두에 둘 때, 생활세계는 '두 차원의 서로 이질적인 상반된 논리를 함유한 사회질서의 개념'으로 새롭게 재편되어야만 한다. 그럴 경우에라야, 체계 논리에 의한 것이 아닌 생활세계 자체에서 발원하는 비의사소통적 논리에 의해 생활세계 내 의사소통 구조가 기형화되고 다양한 병리적 현상들이 출현하는 사태의 본질에 관한 정합적이며 일관된 온전한 해명이 제시될 수 있다.

이는 사회를 생활세계의 틀로 조망하고자 할 경우, '의사소통'의 범주 이외에 새로운 '대립 투쟁'의 범주 또한 준용할 필요가 있다는 것을 말해준다. 왜냐하면 의사소통적 논리와 비의사소통적 논리가 동시적으로 작동하고 있는 생활세계 내에는 '자유로운 의사소통의 구조'와 그것에 직·간접적으로 영향을 미치는 '비의사소통적 논리에 기초한 권력관계'가 공존하고 있기 때문이다. 즉 대립적 두 논리의 공존으로 인해, 한편에서는 이성적 대화를 통해 다양한 사회적 문제를 해결하고 있는가 하면, 다른 한편에서는 지배·예속 관계를 계속해서 유지하고자 시도하는 측과 다른 방식으로 전환하거나 폐절시키려는 측 사이의 대립 및 투쟁이 끊임없이 일어나고 있기 때문이다.

이로부터 확연히 드러나듯이, 대립적 투쟁의 범주를 반성적으로 도입하여 생활세계를 개념적으로 재구성할 경우, 생활세계는 '모든 권력(관계)에서 벗어난 자유로운 의사소통의 그물망'이 아니라 '상호 이해를 지향하는 의사소통의 절차와 비대화적 투쟁을 추구하는 권력관계가 상호 밀접히 관련을 맺으며 동시적으로 존재하는 이념형적 영역'임이 밝혀진다. 이에 따라 생활세계의 지평에서 전개되고 있는 '정치적 활동' 역시 의사소통 및 상호이해의 측면과 권력관계를 둘러싼 사회적 갈등 및 투쟁의 측면을 동시적으로 파악·해명할 수 있는 거점 및 통로가 확보된다. 이로써 그간 기존의 생활세계의 관점에서는 포착되지 않았던 '비(非)체계논리적·비(非)의사소통논리적' 권력관계에 의해 자행되는 의사소통 구조의 왜곡화를 비롯한 사회 병리적 현상들이 비로소 인식 가능한 대상으로 포착될 수 있다.

그와 함께 생활세계의 고유논리를 의사소통적 논리와 비의사소통적 논리로 '이원화'하여 재구성함으로써 비의사소통적 논리인 '투쟁의 논리'를 생활세계에 '본래적인' 논리로서 할당할 수 있게 되었다. 그럼으로써, 성적 소수자들의 인정투쟁과 같은 다양한 양태의 상징적 투쟁과 문화적 충돌을 비롯한 병리적 현상들의 해소 및 해결 방식으로써 이성적 대화나 토론이 아닌, 비의사소통적 방식인 '사회적 투쟁'의 형태가 출현하게 된 원인과 그 경로에 대한 해명 또한 가능해지게 되었다.

이와 관련하여 특히 주목해 볼 사회비판적 이론 체계는, 푸코의 '권력/지식론'에서 차용한 '투쟁' 범주를 2단계 사회이론의 '의사소통' 범주와 연계하여 새롭게 비판적으로 재구성한 호네트(A. Honneth)의 '인정투쟁에 관한 사회철학적 입론'[62]이다. 이러한 입론을 통해, 부당한 차별과 무시에 맞선 '저항과 거부의 몸짓'으로서, 상호 인정을 위한 투쟁과 같은 '도덕적으로 동기 지어진 사회적 투쟁'이 – 의사소통적 논리에 기초한 합리적 토론 및 대화 못지않게 – 보다 나은 사회적 발전 과정을 향한 '해방적 합리화'로서 해석될 수 있는 조망점의 확보가 가능해졌기 때문이다.[63]

끝으로, 비합리적 성향을 지닌 비의사소통적 논리와 그에 기초한 권력관계 유형의 비판적 도입, 이어 그러한 권력관계와 투쟁 범주 간의 상호 연계를 통해 새롭게 그 특성이 첨가되어 재형성된 생활세

---

62) A. Honneth, *Kampf um Anerkennung*(1992); A. Honneth, *Kritik der Macht*(1989), 380–420쪽 참조.

63) 호네트는 무시의 경험에서 촉발된 인정 투쟁과 같은 '투쟁' 개념이 사회적 발전 과정을 비판적으로 해석하기 위한 틀로서 이해될 수 있다고 본다. A. Honneth, *Kampf um Anerkennung*(1992), 274쪽. 아울러 이에 대한 보다 상세한 논의는 A. Honneth, *Das Andere der Gerechtigkeit*(2000), 88–109쪽 참조.

계 개념은, 기존의 생활세계의 내적 관점에서 인식 불가능했던, 의사소통 구조를 에워싼 이른바 '생활세계적 권력(관계)' 유형들의 실태에 관한 '이론적' 규명을 가능케 해준다. 나아가 의사소통 구조와 혼재되어 존립하는 '비의사소통 논리적 권력(관계)'의 영향력을 합리적으로 제어함으로써 자유로운 의사소통을 여전히 가능케 해주는 구체적인 '실천' 방안을 강구할 수 있게끔 하는 데 기여하는 유의미한 지침과 시사점을 제공해 주고 있다.[64] 요컨대, 생활세계에 그 뿌리를 두고 있는 다양한 권력관계 유형들이 의사소통의 구조를 둘러싸고 있는 '실태'와 그러한 권력관계 유형들이 지속적인 영향을 미치고 있는 상황에서 의사소통구조의 작동이 가능할 수 있는 '조건', 아울러 그러한 생활세계적 권력에 의해 왜곡되고 뒤틀린 의사소통을 본래의 정상적인 양태로 되돌릴 수 있는 구체적인 '방안'이 마련될 수 있는 발판을 마련해 주고 있다.

맺는말

이제껏 살펴본 바와 같이, 이 글은 '체계/생활세계의 2단계 사회이론'의 한계와 그것을 넘어서기 위한 해결책으로, 2단계 사회관에 대한 '비판적 재구성'의 필요성 그리고 그러한 작업을 통해 이루어진 맹아적 형태의 잠정적 성과물과 그 이론적·실천적 귀결점을 주된 탐구대상으로 설정하여 비판적 논의를 개진해 보았다. 이에 지금까지

---

64) 여기서 확인해 볼 수 있는 것처럼, 권력관계를 둘러싼 푸코의 논의는 의사소통 논리에 전적으로 의존해 있는 생활세계 개념의 한계와 부족분을 메우는 데 적절한 보완적 지침으로 작용하고 있다. C. D. Hoy/Th. McCarthy, Critical Theory(1994), 148쪽 참조.

이루어진 연구 작업의 '잠정적 결론'을 정리하여 제시해 보면서 이 글을 맺고자 한다.

주지하다시피 체계/생활세계 2단계 사회이론은, 한편으로 생활세계 내의 병리적 현상에 대한 진단 및 해명에서는 탁월한 이론적 성과를 내고 있지만, 체계 내적 모순에 관한 한 이를 적확히 포착·해명하고 있지 못한 실정이다. 다른 한편으로 생활세계 내에 자리하고 있는 비(非)의사소통적 논리에 기초한 고유한 권력관계를 온전히 파악하지 못함으로써 체계 논리에 의한 식민화 현상 이외에 생활세계 자체 내에서 벌어지는 문화적 갈등 및 충돌을 비롯한 고유한 병리적 현상은 제대로 간취하지 못하고 있다.

이러한 한계와 난점을 해결하고자, 2단계 사회관에 초점을 맞추어 이루어진 비판적 재구성 작업의 결과로 새롭게 전환된 체계/생활세계 2단계 사회이론의 '단초적 윤곽' 및 '맹아적 형태'는 다음과 같다.

먼저, 체계는 효율성의 논리와 의사소통의 논리가 최적의 비율로 상호 결합된 새로운 '재구성적 체계 논리'에 기초하여 재구조화됨으로써, 물질적 재생산 작업은 민주성의 논리에 의해 기능적 논리가 통어·조정되는 방식에 따라 이루어져 나가게 된다. 이로써 체계 내 민주화 및 해방에 관한 조망점이 또한 확보되며, 체계의 합리화는 사회적 진보를 향한 '해방적 합리화'로서 해석될 수 있다. 이와 함께 규범적 비판 및 평가가 가능해짐으로써 체계 내 병리적 현상에 대한 진단이 가능해진다. 그럼에도 기존의 식민화 현상에 관한 해명은 여전히 가능하다. 곧 식민화 현상은 체계를 형성하는 두 논리인 '기능적 논리'와 '의사소통적 논리' 간의 적절한 결합 관계에 문제가 생겨, 전자가 후자를 압도하여 체계 내 위기를 발생시키고 이어 다시 생활세계 내로 침탈해 들어가 의사소통구조를 왜곡시킴으로써 야기되는 사태로 설명된다. 이로써 '재구성된 체계'는 체계 내 병리적 현상과 생활세계의 식민화 현상을 모두 수미일관되게 포착·해명해 낼 수 있다.

다음으로, 생활세계는 의사소통적 논리와 비의사소통적 논리, 양자를 새로운 고유 논리로서 모두 함유하고 있는 사회질서 개념으로 재규정된다. 그에 따라 생활세계는 자유로운 의사소통 구조와 그것을 둘러싼 '생활세계적 권력관계'가 상호 긴밀히 연계되어 구조화된 이념(형)적 지평으로 새롭게 조망된다. 그에 따라 체계 논리에 의한 식민화 현상 이외에 비의사소통적 논리에 기초한 권력관계에 의해 촉발되는, 생활세계 내의 고유한 병리적 문제 또한 포착 및 진단이 가능해진다. 그와 함께 비의사소통적 논리는 본질상 비합리적 속성을 체현한 것으로 간주됨으로써 생활세계의 합리화는 여전히 의사소통적 합리화로서 드러나며, 그러한 논리와 그것에 기초한 생활세계의 고유한 권력관계는 그러한 과정을 저해하거나 새로운 갈등적 문제를 유발하는 것으로 규명된다.

이처럼 잠정적으로 마무리된 '소(小)결론'은 단초적인 이론적 모색의 수준에서 이루어진 것인 만큼, 이후 보다 심도 깊은 탐구와 치밀한 논증을 거쳐 다듬고 보완해야 할 사안들을 적지 않게 지니고 있다. 그중에서도 재구성적 작업을 거쳐 제시된, 체계/생활세계 개념들의 새로운 '질서 이론적' 규정과 사회구조적 특성, 조직 원리적 내용에 관한 부분들은 세밀한 논리적 뒷받침과 설득력 있는 근거 제시의 과정을 거쳐, 보다 정교화되고 확증되어야 할 대목들이다.

사정이 이렇다 보니 이 글은 '재구성적 2단계 사회이론'을 완결된 형태로서 마무리 짓는, 본격적인 '이론적 구체화' 작업이 매우 오랜 시간에 걸쳐 지속되어야 할 '대단히 험난한' 과제라는 사실을─ 이글이 잠정적으로 마무리된 시점에 이르러서야─ 비로소 절실히 깨닫게 되었다는 점에서, 이번 작업이 주는 중요한 '교훈'을 찾고자 한다. 그와 함께 비록 부족한 상태의 내용이지만 그처럼 장기간에 걸쳐 이루어져야 할 이론적 정교화 작업의 본격적인 시작을 알리는 '서막'을 올렸다는 데서 작은 위안을 얻고자 한다.

본래 이 글에서 수행된 연구 작업은 '변화된 시대 상황 속에서 수다한 문제와 한계를 드러내고 있는 2단계 사회이론을 비판적으로 재구성할 경우, 한국사회의 주된 문제 상황을 온전히 포착하고 그에 대한 적절한 해결책을 제시해 줄 실천적 이론체계로 기능할 수 있겠는가?'라는 반성적 사유에서 비롯되었다. 그런 만큼, 이 글은 우리의 현실을 제대로 읽어내고 그에 대한 명쾌한 비판적 분석에 의거하여 사회 병리적 문제들을 해결할 실천 방안을 제시해 줄 '자생적 실천철학 모델'을 정립하는 데 기여할 유의미한 지침과 정보, 시사점을 확보하고자 하는 '문제의식'에서 출발한 것이라고 할 수 있다. 그러므로 이 글에서 개진된 논의들이 우리의 현실에 부합하는 자생적 실천철학의 고유 모델을 모색·수립하는 데 조금이라도 도움이 될 수 있다면, 이 글의 역할은 어느 정도 완수한 것이라 할 수 있을 것이다.[65]

---

65) 이 글은 '사회와 철학 연구회'에서 발간하는 학술지 『사회와 철학』14호(2007)에 실렸던 논문을 전체적으로 다듬고 수정·보완한 글이다.

참고문헌

김균, 「하이예크와 신자유주의」, 안병영 엮음, 『세계화와 신자유주의』, 나남, 2000.

김영두 외, 『경제민주주의와 노동조합운동』, 한국노동사회연구소, 2002.

나종석, 「한국의 기업 민주주의와 능동적 신뢰」, 권용혁 외, 『한중일 기업문화를 말한다』, 이학사, 2005.

달, 로버트 A., 안승국 옮김, 『경제 민주주의』, 인간사랑, 1999.

문성훈, 「하버마스에서 호네트로: 프랑크푸르트학파의 인정이론적 패러다임 전환」, 『철학연구』73집, 철학연구회, 2006.

박영도, 「현대 사회이론에서의 비판 패러다임의 구조변동」, 서울대학교 박사학위 논문, 비평사, 1994.

선우현, 『사회비판과 정치적 실천』, 백의, 1999.

선우현, 「남북한 사회체제의 '가족 내 의사소통 구조'의 양상 비교」, 권용혁 외, 『한중일 3국 가족의 의사소통 구조 비교』, 이학사, 2004.

시튼, J., 김원식 옮김, 『하버마스와 현대사회』, 동과서, 2007.

신수진, 「한국의 사회변동과 가족주의 전통」, 『한국 가족관계 학회지』 4권 1호, 1999.

이동수, 「하버마스에 있어서 두 권력」, 『정치사상연구』5호, 2001.

이홍균, 「하버마스의 이론적 전략」, 『사회비평』15호, 나남, 1996.

장춘익, 「하버마스의 근대성이론」, 『인문학연구』2·3집 합본호, 한림대 인문학연구소, 1996.

장현준, 「옮긴이의 말: 참여자본주의에 대하여」, G. 켈리/D. 켈리/A. 갬블 외, 『참여자본주의』(장현준 옮김), 미래 M&B, 2003.

정호근, 「근대성의 변증법과 비판적 이성의 기능 및 가능성」, 『철학』43집, 1995.

켈리, G./켈리, D./갬블, A. 외, 장현준 옮김, 『참여자본주의』, 미래 M&B, 2003.

하버마스, J., 한상진·박영도 공역, 『사실성과 타당성』, 나남, 2000.

하버마스, J., 황태연 옮김, 『이질성의 포용』, 나남, 2000.

하버마스, J., 장춘익 옮김, 『의사소통행위이론 2』, 나남, 2006.

호네트, A., 문성훈·이현재 옮김, 『인정투쟁』, 동녘, 1996.

황장엽, 『인간중심철학 2: 사회역사관』, 시대정신, 2003.

황태연, 「하버마스의 소통적 주권론과 쌍선적 토론정치 이념」, 『사회비평』15호, 나남, 1996.

Alexander, J., "Habermas' neue Kritische Theorie: Anspruch und Probleme", A. Honneth/H. Joas(hg.), *Kommunikatives Handeln*, Suhrkamp, 1986.

Archer, R., *Economic Democracy: The Politics of Feasible Socialism*, Clarendon Press, 1995.

Bader, V-M., "Schmerzlose Entkoppelung von System und Lebenswelt? Engpässe der Theorie des kommunikativen Handelns von Jürgen Habermas", *Kennis en methode*, Jg.7, H.4, 1983.

Barnet, A., "Toward a Stakeholder Democracy", G. Kelly/D. Kelly /A. Gamble(eds.), *Stakeholder Capitalism*, Macmillan Press, 1997.

Baynes, K., "Democracy and Rechtstaat: Habermas's Faktizität und Geltung", S. K. White(ed.), *The Cambridge Companion to Habermas*, Cambridge University Press, 1995.

Beerhorst, J., "Demokratisierung der Wirtschaft ―theoretische Desiderate und politische Erinnerung", J. Beerhorst/A. Demirovic/M. Guggemos(hg.), *Kritische Theorie im gesellschaftlichen Strukturwandel*, Surhkamp, 2004.

Benhabib, S., *Critique, Norm, And Utopia*, Columbia University Press, 1986.

Benhabib, S.(ed.), *Democracy and Difference*, Princeton University Press, 1996.

Bourdieu, P./Wacquant, L. J. D., *Réponses*, Seuil, 1992.

Brittan, S./Hamlin, A.(ed.), *Market Capitalism and Moral Values*, Edward Elgar, 1995.

Brumlik, M./Brunkhorst, H.(hg.), *Gemeinschaft und Gerechtigkeit*, Fischer, 1993.

Brittan, S./Hamlin, A.(ed.), *Market Capitalism and Moral Values*, Edward Elgar, 1995.

Chomsky, N., *Profit over People*, Seven Stories Press, 1999.

Cohen, J./Arato, A., "Politics and the Reconstruction of the Concept of Civil Society", A. Honneth/Th. McCarthy/C. Offe/A. Wellmer(hgs.), *Zwischenbetrachtungen: Im Proze β der Aufklärung*, Suhrkamp, 1989.

Cohen, J./Arato, A., *Civil Society and Political Theory*, The MIT Press, 1992.

Cooke, M., Language and Reason, The MIT Press, 1994.

Crozier, M./Huntington, S. P./Watanuki, J., *The Crisis of Democracy*, New York University Press, 1975.

Dietz, S., *Lebenswelt und System. Wiederstreitende Ansätze in der Gesellschaftstheorie von Jürgen Habermas*, Königshausen & Neumann, 1993.

Dubiel, H., *Wissenshaftsorganization und politische Erfarhung*, Suhrkmp, 1978.

Forbath, W. E. "Short-Circuit: A Critic of Haberamas's Understanding of Law, Politics, and Economic Life", M. Resenfeld/A. Arato(eds.), *Habermas on Law and Democracy: Critical Exchanges*, University of California Press, 1998.

Foucault, M., *Histoire de la sexualité 1*, Gallimard, 1976.

Foucault, M., "The Subject and Power", H.L. Dreyfus/P. Rainbow, *Michel Foucault: Beyond Structualism and Hermeneutics*, The University of Chicago Press, 1983.

Foucault, M, "The Ethic of Care for the Self as a Practice of Freedom", J. Bernauer/ D. Rasmussen(ed.), *The Final Foucault,* The MIT Press, 1988.

Giddens, A., "Reason Without Revolution? Habermas's Theorie des kommunikativen Handelns", R. J. Bernstein(ed.), *Habermas and the*

Modernity, Blackwell, 1985.

Giddens, A., *The Third Way*, Polity Press, 1998.

Glassman, R. M., *Caring Capitalism*, Macmillan Press, 2000.

Gould, Carol C., "Diversity and Democracy: Representing Differences", S. Benhabib(ed.), *Democracy and Difference*, Princeton University Press, 1996.

Habermas, J., *Legitimationsprobleme im Spätkapitalismus* [LS], Suhrkamp, 1973.

Habermas, J., *Theorie des kommunikativen Handelns 2* [THK2], Suhrkamp, 1981.

Habermas, J., *Vorstudien und Ergänzungene* zur *Theorie des kommunikativen Handelns* [VE], Suhrkamp, 1984.

Habermas, J., "Entgegnung" [ENT], A. Honneth/H. Joas(hg.), *Kommunikatives Handeln*, Suhrkamp, 1986.

Habermas, J., *Die nachholende Revolution* [NR], Suhrkamp, 1990.

Habermas, J., *Faktizität und Geltung* [FG], Suhrkamp, 1992.

Hartmann, M., "Widersprüche, Ambivalenzen, Paradoxien—Begriffliche Wandlungen in der neueren Gesellschaftstheorie", A. Honneth(hg.), *Befreiung aus der Mündigkeit*, Campus, 2002.

Hegel, G. W. F., *Jenaer Kritische Schriften, Gesammelte Werke 4*, Felix Meiner Verlag, 1968.

Hendley S., *From Communicative Action to the Face of the Other*, Lexington Books, 2000.

Hirst, P., "From the Economic to the Political", G. Kelly/D. Kelly /A. Gamble(eds.), *Stakeholder Capitalism*, Macmillan Press, 1997.

Holtgrewe, U./Voswinkel S./Wagner, G.(hg.), *Anerkennung und Arbeit*, UVK, 2000.

Honneth, A./Joas, H.(hg.), *Kommunikatives Handeln,* Suhrkamp, 1986.

Honneth, A., *Kritik der Macht*, Suhrkamp, 1989.

Honneth, A., "Moralische Entwicklung und sozialer Kampf: Sozialphilosophische Lehren aus dem Frühwerk Hegels", A. Honneth/Th. McCarthy/C. Offe/A. Wellmer(hgs.), *Zwischenbetrachtungen, Im Proze β der Aufklärung*, Suhrkamp, 1989.

Honneth, A., K*ampf um Anerkennung: Zur moralischen Grammatik sozialer Konflikte*, Suhrkamp, 1992.

Honneth, A., *Das Andere der Gerechtigkeit*, Suhrkamp, 2000.

Honneth, A.(hg.), *Befreiung aus der Mündigkeit*, Suhrkamp, 2002.

Hoy, C. D./McCarthy, Th. *Critical Theory*, Blackwell, 1994.

Joas, H., "Die unglückliche Ehe von Hermeneutik und Systemtheorie", A. Honneth/H. Joas(hg.), *Kommunikatives Handeln*, Suhrkamp, 1986.

Joas, H.(hg.), *Philosophie der Demokratie*, Suhrkamp, 2000.

Ingram, D., *Habermas and the Dialectic of Reason*, Yale University Press, 1987.

Künzler, J., *Medien und Gesellschaft*, Enke, 1989.

McCarthy, Th., "Komplexität und Demokratie —die Versuchungen der Systemtheorie", A. Honneth/H. Joas(hg.), *Kommunikatives Handeln*, Suhrkamp, 1986.

McChesney, R. W, "Introduction", N. Chomsky, *Profit over People*, Seven Stories Press, 1999.

McCormick, J., "Mapping the Stakeholder Society"(1997), G. Kelly/D. Kelly/A. Gamble(eds.), *Stakeholder Capitalism*, Macmillan Press, 1997.

Offe, C., *Strukturprobleme des kapitalistischen Staates*, Suhrkamp, 1972.

Polany, K., *The Great Transformation*, Beacon Press, 1957.

Rasmussen, D. M. *Reading Habermas*, Basil Blackwell, 1990.

Schnädelbach, H., "Transformation der kritische Theorie", A. Honneth/H. Joas(hg.), *Kommunikatives Handeln*, Suhrkamp, 1986.

Sitton, J., *Habermas and Contemporary Society*, Palgrave Macmillan, 2003.

Smart, B(ed.), *Michel Foucault: Critical Assessment I–IV*, Routledge, 1994.

Steinvort, U., "Neoliberalism and Its Criticism", 사회와철학연구회 학술 발표회(9월) 발표문, 2007.

Therborn, G., "Jürgen Habermas: Ein neuer Eklektiker", W. Dallmayr(hg.), *Materialien zu Habermas's 'Erkentnis und Interesse'*, Suhrkamp, 1974.

Wellmer, A., *Ethik und Dialog*, Suhrkamp, 1986.

Zimmermann, R., "Emanzipation und Rationalität: Grundprobleme der Theorie von Marx und Habermas", *Ratio* 26, 1984.

Zimmermann, R., *Utopie–Rationalität–Politik*, Verlag Karl Alber, 1985.

Zimmermann, R., "Das Problem einer politischen Theorie der Emanzipaiton bei Marx und Habermas und die Frage nach ihrer ethischen Fundierung", E. Angehrn/G. Lohmann (hgs.), *Ethik und Marx*, Hain Verlag bei Athenäum, 1986.

07

생활세계와 체계

07

생활세계와 체계

하버마스의 이원적 사회이론과 그에 대한 논쟁에 대한 재고찰

강병호

들어가며: 주제와 개요

하버마스는 '비판적' 사회이론이 오늘날의 학문적 수준에서 경쟁력을 갖추기 위해서는 다음의 두 조건을 충족해야 한다고 생각한다. 먼저 비판의 지반을 확보해야 하는데, 이때 도구적 이성 비판처럼 막다른 골목으로 빠지지 않기 위해서 목적합리성으로 축소되지 않는 포괄적 합리성 개념이 필요하다. 둘째 현대사회의 현상과 문제를 기술하는 데 그치지 않고 설명할 수 있는 현실 설명력을 갖춘 사회이론이어야 하는데, 특히 사회적 병리현상, 물화의 문제를 다룰 수 있어야 한다. 후자의 사회이론적 과제를 감당하기 위해서 하버마스는 행위이론과 체계이론을 통합하는 "이단계 사회구상"을 제안한다(2/469). "생활세계의 합리화와 사회체계의 복잡성 증가 사이를 구분"하면서 (2/195[1]), "사회를 **동시에** 체계(System)와 생활세계로" 파악하자는

것이다(2/194, 강조는 인용자).[2]

『의사소통행위이론』에 대한 수용과 토론에서 포괄적 합리성 개념이 철학 쪽 논의의 중심에 섰다면, 사회이론 쪽에서 가장 논란이 되었던 것은, 비판가들에 의해 "해석학과 기능주의의 불행한 결혼", "해결될 수 없는 딜레마"라고도 불린 이단계 사회구상이었다.[3] 『의사소통행위이론』 출간 이후 거의 40년이 지난 지금 의사소통적 합리성 개념에 대한 토론은 잦아든 반면, 자본주의 경제를 어떻게 볼 것인가 하는 문제와 맞물려 이원적 사회구상은 여전히 논쟁적 주제로 남아 있다.[4] 이 구상은 자본주의 경제를 "자기조절체계"로서(2/242) "규범에서 벗어나 있는 사회영역"(normfreie Sozialität, 2/270)으로 파악하는데, 이는 현대 자본주의에 대한 토론에서 여전히 쟁점이 되는 사안이기 때문이다.

이 논문은 40년이란 시차를 이점으로 삼아 이원적 사회이론에 대한 대표적인 비판들과 그에 대한 하버마스의 수정과 해명을 좀 더 차분하게 검토함으로써 오늘날 자본주의와의 비판적 대결을 위한 통

---

1) 하버마스 저작에서의 인용은 본문에서 출처를 밝힌다. 『의사소통행위이론』에서의 인용은 빗금(/) 앞의 숫자는 권수, 뒤의 숫자는 쪽수를 나타낸다. 'FG'는 『사실성과 타당성』을 가리킨다. 인용문의 조사는 맥락상 필요한 경우 별다른 고지 없이 변경하기로 한다.

2) 사회를 생활세계와 체계로 이루어져 있다는 구상에 대해서 하버마스 스스로가 사용하는 표현은 "이단계"(zweistufig)이다. 이것은 생활세계가 합리화된 다음에 체계가 그로부터 분화되어 나왔다는 순서에 입각한 표현이다. 이 논문이 주목하는 점은 그런 순서가 아니라 사회를 "관점"에 따라서(2/320) "분석적으로"(1986: 379; 2/473 참조) 생활세계로도 체계로도 볼 수 있다는(2/194) 하버마스 사회이론의 특징이다. 이 점을 강조하기 위해서 나는 '이원적'이란 표현을 선호한다. 그러나 언어적 단조로움을 피하고자 때때로 혼용하기도 한다.

3) Joas (1986), 166쪽.

4) 비교적 최근에 하버마스의 생활세계와 체계 구분을 중점적으로 다루고 있는 연구는 다음과 같은 것들이 있다. Jütten(2013), Scheuerman(2013), Baxter(2011), Flynn(2014), Wirts(2014), 호네트(2009).

찰을 얻어보려고 한다.5) 이 글은 다음과 같이 전개된다: 생활세계와 체계 구분에 대해 제기된 비판에 대해서 하버마스는 부분적으로는 자신의 (표현상의) "실수"를 인정하고 수정하면서, 부분적으로는 비판가들의 "오해"를 해명하고 바로 잡으면서 이에 적극적으로 반응하였다(1986: 353-405). 하버마스의 이러한 수정과 해명을 고려하면서 먼저 이원적 사회구상이 도입되는 맥락과 이론전략적 목적을 좀 상세히 살펴보고, 이를 통해 하버마스의 사회이론에 대한 심화된 이해를 추구한다. 이어지는 두 절에서는 체계와 생활세계 구분에 대한 비판들을 검토한다. 먼저 이론적 차원의 비판을, 다음에는 실천적 전략과 관련된, 특별히 호네트의 비판을 검토한다. 이 모든 논쟁의 중심에 서 있는 것은 "규범에서 벗어나 있는 사회영역"이란 체계에 대한 성격 규정이다.

하버마스의 이원적 사회이론: 생활세계와 체계

1) 사회의 진화: 생활세계의 합리화와 체계의 복잡성 증가

하버마스가 사회이론으로 진입하는 물음은 행위조정의 문제이다(2/282 이하). 사회는 구성원들의 행위의 안정화된 연결망이고, 사회의 존속은 상호작용의 지속에 달려 있다. 행위조정은 구성원들로 하여금 상호작용에 들어가고, 단절하지 않고 지속하도록 동기부여하

---

5) 이 논문은 다루고 있는 주제와 의도에서 선우현(2007), 김원식(2009)의 선행작업과 유사하다. 차이는 선우현과 김원식은 하버마스 이론의 부족한 점을 비판하고 대안을 제시하는 데 치중하고 있다면, 이 글은 그러한 비판들이 의사소통행위이론의 틀 안에서 수용될 수 없는 것인지, 이 이론적 틀의 신축성과 잠재력을 시험하는 데 방점을 찍고 있다.

는 것이다. 이 동기부여는 두 가지 방식으로 이루어진다. 하나는 합리적, 다른 하나는 경험적 동기부여다. 합리적 동기부여는 근거를 제시하고 그에 대한 이해와 합의를 통해 상호작용을 할 동기를 유발하고 행위를 조정한다. 경험적 동기부여는 자극과 위협, 보상과 처벌, 넓게 말해서 전략적 "영향력 발휘"를 통해 상대방을 상호작용하도록 구속하고 유인한다(2/285-86, 437). 전자는 "상호이해지향적인" 의사소통적 행위이고, 후자는 "성공지향적인" 전략적 행위이다.

전근대적 사회일수록 종교와 전통이 이 두 행위조정 방식을 단단히 묶고 있어서 각각의 방식이 고유한 형식으로 발전하는 것이 상당히 제한된다. 순수하게 합의를 통해 행위를 조정할 수 있는 사회적 여지도 적으며, 타당한 이유로 동원될 수 있는 근거의 범위도 좁다. 마찬가지로 당근과 채찍을 통해 서로의 동기를 조건화하면서 상호작용을 이어갈 수 있는 사회적 공간도 전통의 규범적 틀에 의해 조여있다. 그런데 사회가 발전하고 복잡해질수록 행위자들은 갈등 해결을 위해 좀 더 일반적이고 추상적인 규범과 가치에 호소할 수밖에 없게 된다. 이러한 "가치일반화로의 추세는 … 두 가지 상반된 방향의 경향을 유발한다"(2/283). 먼저 구성원들의 상호작용을 조정하는 과제가 종교와 관습에서 점점 더 근거와 타당성 주장을 통한 "언어적 합의형성"으로 이전된다. 생활세계로서 사회가 의사소통적 합리성의 의미에서 합리화되는 것이다. 동시에 특수한 가치관의 결박에서 풀려나면서 처벌과 보상의 조건화를 통해 서로의 상호작용을 조정할 수 있는 전략적 상호작용의 여지가 확장된다. 성공지향적 행위와 이해지향적 행위가 점차 분리되는 것이다.

성공지향적으로 행동할 수 있는 자유가 커지면서 사회의 물질적 재생산 과정도 확대되고 분화, 발전한다. 이제 복잡하게 조직된 물질적 재생산 과정은 행위자의 직관적 이해 지평을 "뚫고 나가버린다"(2/273). 특별히 관료적 행정조직과 자본주의 경제가 성립하면서 조직의 합리성은 구성원들의 행위합리성으로부터 상당 정도 독립되고, 행위의 객관적 의미는 그 행위 수행자가 부여하는 주관적 의미로 소급될 수 없게 된다. 이렇게 되면 사람들의 사회관계가 그들의 의지에서 독립하여 탈인격화된 객관적인 사물 혹은 "기계"(베버)처럼 경험된다(2/477, 484). 사회를 더 이상 구성원들의 의도와 의지의 산물로 파악할 수 없게 되는 것이다.

현대사회는 이러한 복잡성의 수준에 이르렀다. 사회는 더 이상 생활인의 자연적 태도에서 충분히 파악될 수 없다. 사회를 이해하고 설명하기 위해서는 이제 사회과학적 방법이 필요하다. 그런 방법으로 하버마스가 제안하는 것이 사회를 참여자의 "내부 관점"에서만이 아니라 "관찰자의 외부 관점"에서도 보고(2/320), 더 나아가 이 두 관점을 "섬세하게" 결합하고 분리하는 방법이다(2/469). 그것이 바로 "이단계 사회구상"이고, "사회를 **동시에** 체계와 생활세계로" 파악하는 것이다(2/194). 체계와 생활세계는 한 사회가 관점에 따라 "분석적으로 분리될 수 있는 두 측면"이다(1986: 379; 2/473 참조). "**동일한** 사회"가 "**전체로서**" 각기 두 측면에서 분석될 수 있고, "**모든** 현상"이 두 측면에서 각각 기술될 수 있다. 그러나 설명하려는 현상에 따라 설명력에 차이가 있다(1986: 381, 모든 강조는 인용자).

2) 의사소통행위와 생활세계

생활세계 개념을 하버마스는 먼저 "의사소통행위에 대한 상보 개념"으로서 "의사소통행위의 지평과 배경으로서" 도입한다(2/196, 197 이하). '의사소통행위'라는 표현이 종종 오해를 유발하긴 하지만 하버마스의 의사소통행위는 서로 의견만 주고받고 합의만 추구하는 행위가 아니다. "오해를 피하기 위하여 다시 말해 둔다. 의사소통행위 모델은 행위를 의사소통과 동일시하지 않는다"(1/178). 미국의 실용주의 전통에 따라 하버마스는 "행위"를 "상황에 대한 대처"로 이해한다(2/208). 상황에 대처한다는 것은 그 상황에 맞는 목적을 세우고 실현하는 것이다. "이런 점에서 목적론적 구조는 (의사소통행위를 포함한)⁶⁾ 모든 행위 개념의 근저에 있다"(1/178). 그런데 상황에 혼자서가 아니라 여럿이서 대처해야 하는 경우가 많다. 이러한 사회적 행위의 경우 개별 행위자들의 목적과 계획 사이에 조정이 필요하고, 이 행위조정의 방식에 따라 의사소통적 행위와 전략적 행위가 구별된다(1/178). "의사소통행위에서 참여자들은 그들의 계획을 … 일치된 의견 속에서 추진한다. 보통의 경우 합의는 어떤 목표를 추구하기 위한 '조건'이다"(2/208, 인용자의 강조).⁷⁾

합의를 바탕으로 공동으로 상황에 대처하기 위해서는 우선 그 상황에 대한 "공통의 상황정의"가 필요하다. 상황정의를 위해서는 그 상황에 대한 해석이 필요하고, 그러한 해석을 위해서는 행위자들이 공통의 "문화적으로 전승된 배경지식"을 갖고 있어야 한다. 생활세계

---

6) 인용자의 첨가.
7) 하버마스의 의사소통행위 개념에 대해서는 다음의 설명을 참조: Habermas(1984); Habermas(1986: 362-367); 장춘익 (2018: 223-225).

는 행위자들이 상황에 맞닥뜨릴 때 맥락을 형성하는 "지평과 배경"이면서 동시에 공통의 상황정의에 이르기 위해 활용하는 "자원"이 된다. 그런데 현상학적 탐구에서 상정하듯이 "생활세계는 결코 문화적 확실성들만으로 이루어지는 것이 아니다." "가치와 규범을 통해서 통합된 집단의 연대성(사회)과 사회화된 개인들의 능력(인성)"[8] 또한 공동의 상황 대처를 위한 배경과 자원이 된다. 이렇게 볼 때 생활세계는 "문화, 사회, 인성"이라는 세 가지 "구조적 요소" 혹은 "측면"으로 이루어져 있다(2/218-20).[9]

사회이론적으로 중요한 것은 이러한 생활세계가 어떻게 "재생산"되는가하는 것이다(2/223-24). 생활세계는 타당성 주장을 통해 상호이해를 추구하는 의사소통행위의 자원으로 활용되면서, 동시에 그러한 과정을 통해 재생산된다. 행위자들이 공동으로 상황을 정의하기 위해서 "문화적으로 전승된 배경지식"을 활용하면서 그들은 동시에 전승된 문화를 계승하고 갱신한다. 공동으로 상황에 대처하기 위해서 서로 행위를 조정할 때 그들은 공유하고 있는 가치와 규범에 의존하면서 동시에 집단에의 소속감과 통합을 강화한다(사회). 사회화 과정을 통해서 구성원들은 의사소통행위에 참여할 수 있는 능력을 획득한다(인성). 이렇게 문화, 사회, 인성이란 세 구조적 측면에 상응하여 생활세계는 "문화적 재생산, 사회통합, 그리고 사회화"를 성취하면서 스스로를 재생산한다(2/224-25).

"사회학적 개념"으로서 생활세계는 이렇게 상호이해지향적인 의

---

8) 괄호 안의 첨언은 이해를 돕기 위한 인용자의 추가.
9) 하버마스의 생활세계 개념에 대해서는 서도식(2001)과 Baxter(2011: 20-35) 참조.

사소통행위를 통해 재생산되는 사회의 "분석적 측면" 혹은 차원이다. 여기서 주목해야 할 두 가지 점이 있다. 하나는 생활세계의 재생산이 이루어지는 매체가 의사소통행위라는 것이다. 의사소통행위는 그리고 그를 통한 문화적 재생산과 사회통합과 사회화는 타당성 주장과 이에 대한 상호 검토 및 협의라는 고유한 문법에 따라 이루어진다. 이 문법이 침해될 때 생활세계의 재생산에 장애가 생기고, 그 장애는 "의미 상실, 아노미, 심리이상" 같은 병리현상으로 나타날 것이다 (2/228–32). 다른 한편 지금까지 서술한 생활세계의 재생산 과정은 사회의 "상징적" 구조의 재생산이다. 생활세계는 사회의 상징적으로 재생산되는 측면이다. 이것은 사회의 "물질적 기초를 보존하는" "물질적 재생산"과 구별되어야 한다(2/225).

3) 생활세계와 체계의 분리

사회의 상징적 재생산이 전통과 관습의 압박 대신 타당성 주장의 상호 검토라는 부드러운 압력 아래에서 이루어질수록 그 과정은 "성찰적"이 되고, 그런 의미에서 생활세계는 합리화된다. 합리화된 생활세계는 개인들이 전승되어 온 가치관의 틀에서 벗어나 자유롭게 전략적·성공지향적으로 행위할 수 있는 여지를 더 많이 제공한다. 이것은 사회의 물질적 재생산 과정의 확대·분화·발전을 동반하는데, 관료적 국가기구와 자본주의 경제의 성립과 더불어 물질적 재생산 영역은 생활세계의 지평을 "뚫고 나아가" 체계로 "자립화"되면서 생활세계에서 분리된다.[10]

---

10) 이 분리 과정에 대한 설명은 장춘익(2018: 231–42)과 서도식(2002)을 참조.

(1) 조절매체의 성립: 화폐와 권력

"체계와 생활세계의 분리"는 그 표현의 간결성과 달리 매우 복잡한 다차원적인 과정이다. 그것은 우선 언어적 의사소통을 "대체"하는 "조절매체"의 성립을 의미한다. 행위조정을 위해 전승된 가치와 규범보다 당사자들의 "언어적 합의형성"의 역할이 커질수록 "상호이해의 필요, 해석의 비용, 의견불일치의 위험이 높아진다". 이러한 비용과 위험은 상호작용의 "맥락이 분명히 정해진 경우에", 그러니까 가격을 지불하며 교환에 참여한다거나 조직에서 직위에 따라 업무를 수행하는 식으로 사회의 물질적 재생산이 이루어지는 행위 맥락에서는 화폐와 권력이란 조절매체를 통해 감소될 수 있다(2/411).

사회의 물질적 재생산을 담당하는 행위영역에서 행위조정방식의 진화의 산물로 등장한 화폐와 권력은 "언어적 의사소통을 단지 단순화하는 것에 그치지 않고 … 대체한다"(2/437). 언어적 의사소통을 "대체"한다는 것은 행위조정을 위해 더 이상 공동으로 상황을 해석하고 합의를 할 필요가 사라진다는 것이다. 따라서 상황 해석과 합의를 위해 전승된 지식과 규범과 가치에 호소할 필요도 없어진다. 다시 말해서 조절매체에 의해 조정되는 상호작용은 생활세계적 맥락에서 분리된다(2/412). 생활세계는 "행위조정을 위해 더 이상 필요하지 않게 된다"(2/437).

(2) 행위영역의 형식적 조직화

다른 한편 조절매체는 기능하기 위해서 충분한 신뢰를 받아야 하는데, 생활세계의 맥락에서 벗어나서 작동하기 때문에 그 신뢰를 인위적으로 조달해야 한다. 그것은 실정법을 "조직수단"으로 삼아 (2/561) 해당 행위영역을 "형식적으로" 조직해냄으로써 가능하다. "우리는 근대적 법의 형식을 통해 비로소 구성되는 사회적 관계들을 형식적이라고 부른다"(2/548). 형식적으로 조직된 행위영역에서 법은 "전승된 관습의 토대를 대체"하고 조절매체에 맞는 "교류형식들과 지시관계들을 만들어낸다"(2/481-82). "화폐는 소유권과 계약 같은 부르주아 사법(私法) 제도를 통해서, 권력은 관직의 공법적 조직을 통해서 제도화된다"(2/422). 생활세계의 맥락에서 분리되었던 조절매체가 실정법을 통해 제도화되면서 생활세계에 "형식적으로" 다시 결합하는 것이다.

그러나 조절매체가 생활세계에 재결합하는 것은 형식적일 뿐, 실질적으로는 조절매체와 실정법을 통해 형식적으로 조직된 행위영역이 체계로 분화되고, 생활세계에 대해 자립화되어 분리된다. 체계는 작동하기 위해서 전승된 "문화적 해석유형"도, 정당한 것으로 공유된 관습과 규범도 필요로하지 않는다. 행위자들의 동기도 더 이상 실질적 가치에 의해 뒷받침될 필요 없이 실정법을 준수하겠다는 자세로 충분하다.

4) 사회 및 체계통합과 이해사회학의 한계

생활세계와 체계(System) 개념은 현대사회를 설명하기 위한 "방법론"의 차원에서 도입된, "관점"에 따라 "분석적으로 분리될 수 있는" 한 사회의 두 차원이다. 그러나 "체계모델은 단순히 인공물이 아니다"(2/365). 하버마스가 파슨스의 체계이론에 대해서 말하는 것처럼 생활세계와 체계 구분은 "이론가의 자의적 관점의 결과물이 아니다." 그것은 "분석적 의미만을 갖지 않는다. … 경험적 관점에서 볼 때도 어떤 자립성을 갖는다"(2/370).

(1) 하버마스가 생활세계와 체계를 구분하는 분석적 기준은 많은 사람들이 오해하는 것과 달리 각 영역에서 상호작용하는 행위자의 "태도"나 지배적 "행위유형"이 아니라 "행위조정 메커니즘", "사회의(gesellschaftlich) 통합 원리" 혹은 "사회관계의 원리"다(2/473, 573). 사회의 상징적 재생산이 이루어지는 생활세계는 "사회적으로(sozial) 통합"된다. 사회통합(Sozialintegration)의 메커니즘은 상호이해, 그것의 매체는 의사소통행위다. 여기서 행위자들은 타당성 주장의 검토 결과에 "의식적으로" 자신의 행위를 맞추는 "수행적 태도"에서 "합의"를 통해 서로 간의 행위를 조정한다(2/241, 316).

이와 달리 체계는 전략적 행위연관에서 진화되었고 전략적 행위 및 태도를 촉진하긴 하지만, 체계로 성립한 이후에는 시장의 '보이지 않는 손'처럼 행위자의 "행위태도를 넘어서" "그냥 통과해서" "'행위결과'를 기능적으로 연결시키는' 메커니즘을 통해 통합된다(2/193, 241, 292, 316, 365). 행위자가 의사소통적 태도를 취하든 전략적 태도를 취하든 그것은 체계의 작동에 부차적이다. 중요한 것은 "태도", "의도"와 무관하게 행위가 맡게 되는 "기능"이다(2/477).

(2) 체계가 "행위자들의 의식을 넘어서" 작동한다는 것은(2/193, 317) 앞으로의 토론에서 매우 쟁점이 되는 두 가지 함축을 갖는다. 하나는 체계는 "비규범적으로 조절"된다는 점이다(2/193, 241, 317). 체계는

"생활세계적 맥락에서 떨어져 나와 규범과 무관한(normfrei) 성격의 사회성으로 응고된다"(2/478).

다른 하나는 체계의 작동이 사회 구성원들의 "직관적 지식에서 벗어난다는" 점이다(2/239, 365). 사회관계의 일정 영역이 구성원들의 의지에서 자립화되어 탈인격화된 객관적 사실로 마주선다. 이로써 체계 개념은 "분석적 의미만을 갖지 않는다. … 경험적 관점에서 볼 때도 어떤 자립성을 갖는다"(2/370). "사회를 생활세계로만 파악하고 마는 '이해사회학'"은 사회의 이러한 반직관적 현실을 설명하는 데 한계가 있다(2/238). 이러한 한계에 대한 의식에서 하버마스는 "사회관계의 반직관적 측면들을 해명해줄 수 있는 체계이론적 분석을" 도입한다(2/469). 따라서 "체계모델은 단순히 인공물이 아니고"(2/365), "이론가의 자의적 관점의 결과물이 아니다"(2/370). 그러나 체계이론 또한 "자족적일 수 없다"(2/244). "체계이론적 관점은 상대화될 필요가 있다"(2/238).

5) 생활세계의 식민지화와 체계이론의 한계

하버마스가 사회통합과 체계통합을 섬세하게 분리하면서 통합하는 이원적 사회이론을 구상한 것은 앞 세대 이론가들에 의해 "물화"로 파악된 현대사회의 병리현상을 "총체적 해석"의 막다른 골목에 빠지지 않으면서 제대로 다뤄보고자 하는 비판적 의도에서이다. 하버마스의 이원적 사회이론의 틀에서 물화는 생활세계가 체계의 식민지가 되면서 생겨나는 병리현상으로 포착된다.

"체계와 생활세계는, 전자의 복잡성과 후자의 합리성이 증가하면서 각각 체계와 생활세계로서 분화될 뿐만 아니라, 동시에 서로로부터도 분리된다"(2/245, 247). 이때 체계 메커니즘은 실정법에 의해 제도화되어 "생활세계에 닻을 내려야" 한다(2/245). 이로써 원칙적으로 두 가지 가능성이 열린다. "화폐나 권력과 같은 조정메커니즘을 생활세계에 닻을 내리게 하는 제도들이, 생활세계의 영향력이 형식적으로 조직된 행위영역 쪽으로 흐르도록 하거나, 아니면 역으로 체계의 영향력이 의사소통적으로 구조화된 행위연관 쪽으로 흐르도록 한다. 그러한 제도들은 전자의 경우 체계보존을 생활세계의 규범적 제약에 굴복시키는 제도적 틀로 기능하는 것이고, 후자의 경우에는 생활세계를 물질적 재생산이라는 체계의 압박에 종속시키며, 그리하여 체계의 부속물로 만드는 토대로 기능하는 것이다"(2/209). 물화는 후자의 경우에 생기는 병리현상이다.

생활세계의 합리화도, 체계의 복잡성 증가도, 체계와 생활세계의 분리도 그 자체로 병리적인 것은 아니다. 오히려 그것은 각 행위영역이 고유논리에 따라 발달할 수 있는 여건을 제공한다. 문제는 물질적 재생산의 조절위기를 회피하기 위해서(2/475) "합의에 의존한 행위조정이 대체될 수 없는 영역에서, … 생활세계의 상징적 재생산이 문제가 되는 곳에서" 체계 메커니즘이 "사회통합의 형식을 밀어낼" 때이다(2/307). 문화적 재생산, 사회통합, 사회화 과정을 경제와 행정의 체계명령에 종속시키는 것이다.

그러나 "생활세계의 식민지화"는 결코 "미리 결정된 과정도"(2/600) "종결된 과정도"(1986: 389) "돌이킬 수 없는"(1986: 404, An. 92) 과정도 아니다. 앞서 말했듯이 체계는 실정법을 통해 "생활세계에 닻을 내려야' 하고, 이때 실정법은 양 방향의 통로가 될 수 있다. 생활세계에서 생성된 연대의 규범적 힘이 실정법을 통해 체계의 논리를 제한할 수 있는 급진 민주주의의 가능성은 열려 있다(1986: 393; FG: 60; 장춘익 2018: 244).

이러한 사회병리현상에 대한 진단에서 "생활세계의 합리화와 사회체계의 복잡성 증가 사이를 구분"하지 못하고 "사회 전체를 체계이론의 개념틀로 파악하려 하는" 체계이론의 "무리수"도 드러난다. "파슨스가 처음 전개하였고 루만이 일관성 있게 발전시킨 '사회체계이론은' 근대적 사회의 발생과 전개를 오직 체계복잡성의 증가라는 기능주의적 관점에서 바라본다." 그 결과 "사회병리현상들에 대해 무감각해진다"(2/576). 물화 현상에 대해서 "눈이 먼다"(2/443).

하버마스의 이원적 사회이론에 대한 비판들

이번 절과 다음 절에서는 앞에서의 설명에 기반하여 하버마스의 이단계 사회이론에 대한 대표적인 비판들과 그에 대한 하버마스의 (가능한)[11] 답변을 살펴보고 평가해보겠다. 이번 절에서는 이론적 측면에서의 비판을 다루고, 다음 절에서는 실천 전략과 관련된 비판을 검토한다.

---

11) '가능한 답변'이란 하버마스 실제로 하지는 않았어도, 그의 이론을 신축적으로 해석할 때 그 이론 체계 안에서 일관되게 도출될 수 있는 답변을 의미한다.

1) 체계이론의 불필요한 도입

일군의 비판가들은 행위이론의 틀 안으로 체계이론을 도입한 것이 불필요했고, 그런 불필요한 도입이 득이 되기는커녕 의사소통행위이론을 이론적 궁지로 몰고 갔다고 생각한다.[12] 하버마스가 체계이론을 도입하게 되는 결정적인 계기는 더 이상 참여자의 직관적 지식으로는 설명될 수 없는 행위연관의 출현이었다. 이 행위연관은 행위자들의 의도를 맞춤으로써 조절되지 않고, 의도와는 무관하게 행위의 결과들이 기능적으로 결합됨으로써 작동한다. 하버마스는 이러한 기능적 행위연관을 설명하기 위해 기능주의적 체계이론이 필요하다고 보았다. 요아스(Joas)는 하버마스의 이러한 결정이 행위이론 자체의 제한적 설명력 때문이 아니라 오히려 하버마스 이론의 행위이론적 빈약함과 행위이론의 잠재력에 대한 하버마스의 과소평가에서 기인한다고 주장한다. 행위이론도 "의도하지 않은 행위결과"와 사회질서의 성립을 설명할 수 있다는 것이다. 하버마스는 행위이론으로서 개인의 행위만을 염두에 둔다. 그러나 행위이론은 개인적 행위만이 아니라 집단적 행위의 의도된, 의도되지 않은 결과까지 포괄할 수 있으며,[13] 따라서 하버마스가 체계 개념으로 포착하고자 했던 것을, "제도(Institution)" 개념을 통해 집단적 의지형성과 투쟁과 타협의 산물로 파악할 수 있는 잠재력을 갖고 있다.[14]

하버마스도 행위이론이 "의도되지 않은 행위 결과" 문제를 전혀 다룰 수 없다고 생각하는 것은 아니다(2/239). 그러나 복잡한 경우에

---

12) Joas (1986); Honneth (2014[1985]), 321-322쪽; McCarthy (1986), 210쪽, These 2.
13) 요아스는 기든스(Giddens)를 예로 든다. Joas (1986), 165쪽.
14) Joas (1986), 165, 171쪽; Honneth (2014[1985]), 323, 334쪽.

는 곧 한계에 봉착할 것이고, 체계이론이 더 잘 설명할 수 있다고 본다(1986: 382). 이 점을 떠나서 체계이론의 도입을 비판하는 요아스와 같은 입장의 치명적 약점은, 그 주장이 맞다손치더라도 행위이론의 "잠재력"에 호소하고 있을 뿐이라는 점이다. 그 잠재력을 실제로 활용해서 성과로 보여주지 않는 한 그런 비판은 반사실적 가정법에 지나지 않는다.15)

2) 생활세계와 체계를 물화하는 실체화

(1) 많은 비판가들이 보기에 행위이론과 체계이론을 결합하는 하버마스의 이원적 사회구상의 큰 약점은, 생활세계와 체계, 다시 말해서 사회통합의 영역과 체계통합의 영역을 "물화"시킨다는 것이다.16) 이때 '물화'시킨다는 것은 두 가지 의미이다. 우선은 하버마스가 이 두 개념을 분석적 측면에서만 사용하는 것이 아니라 실체화한다는 것이고, 나아가 더 심각하게는 그렇게 실체화된 각각의 영역에 특정한 행위조정 메커니즘과 행위 유형만을 귀속시킨다는 것이다. 그 결과 생활세계에서는 행위자들이 전략적 고려 없이 의사소통적으로만 행위하고, 경제와 행정의 영역에서는 어떠한 규범적 고려 없이 전략적으로만 행위한다는 "이중의 가상"이 생긴다. 규범에서 자유로운 체계와 권력에서 자유로운 생활세계라는 "상호보완적인 허구" 말이다. 이것이 "가상"이고 "허구"인 것은 경험이 증명한다. 문화적 재생산, 사회

---

15) 이런 점에서 『인정투쟁』에서 『자유의 권리』(Das Recht der Freiheit)로까지 이어지는 호네트의 작업은 행위이론적 개념틀 안에서 이론적 대안을 제시하려는 지속적인 시도로 이해할 수 있다. Honneth (2014[1985]), 334쪽; (1988), 398, 401쪽 참조.

16) Honneth (2014[1985]), 322–323, 328, 331쪽; McCarthy (1986), 211쪽, These 4; Joas (1986), 154, 163, 165쪽; Berger (1986), 268쪽.

통합, 사회화 과정에서 전략적 고려, 권력 행사와 지배 관계는 흔한 현상이다. 조직사회학의 실증적 연구에 따르면 기업과 행정 조직에서도 의사결정의 공식적 통로만이 아니라 비공식적 인간 관계와 상호작용이 있고, 그것 없이는 작동하지 않는다.[17]

(2) 생활세계와 체계 개념을 분석적 의미만이 아니라 실질적 의미로도 사용한다는 것은 하버마스 스스로가 밝히고 있는 점이다. 생활세계와 체계는 분석적으로 구분될 수 있는 사회의 두 측면 혹은 차원이면서 동시에 "사회진화이론"을 통해 입증될 수 있는 경험적 사실이다(2/195). 그러나 이것이 곧장 앞에서 언급한 의미에서 두 영역을 "실체화"하고 "물화"하는 것을 함축하는지 따져봐야 한다.

　물론 하버마스 자신이 인정하듯이[18] 『의사소통행위이론』에는 실체화하는 듯한 인상을 주는 표현과 서술이 많다.[19] 일단 "행위영역"이란 표현 자체가 공간적 분할을 암시한다. "목적합리적 행위의 하부체계"[20]라는 표현도 오해의 소지가 있는데, 체계에서는 사람들이 전략적으로만 행위한다고 말하는 것 같다. 그러나 이런 것은 하버마스의 잘못이라기보다는 생각을 경제적으로 표현하기 위한 불가피성 혹은 언어의 한계에서 기인하는 면이 크다고 할 것이다.

---

17) Honneth (2014[1985]), 328–329, 331쪽; Giddens (1985), 120쪽; Berger (1986), 265, 273쪽; McCarthy (1986), 183–184쪽.

18) Habermas (1986), 377–378, 379, 386, 387, 389쪽.

19) 다른 한편 하버마스는 자신의 이전 저작의 독자들이 그 저작의 실체화하는 이분법적 경향을 의사소통행위이론에도 그대로 투사하여 해석한다고 안타까워한다. 의사소통행위이론은 이전의 그러한 실수를 수정하는 기획인데 말이다(1986: 377).

20) 2/246, 283, 473, 514. 하버마스를 변호하자면 이 표현은 베버를 염두에 둔 것이다. 하버마스 자신의 체계 개념을 베버식으로 표현한 것이라고 할 수 있다.

오해를 불러일으키는 표현도 많지만 하버마스의 의도를 정확하게 전달하는 설명도 많다는 점도 분명하다. 하버마스가 명시하듯이 체계와 생활세계는 "행위태도"나 "행위유형"의 차원에서가 아니라 "행위조정 메커니즘"과 "사회관계의 원리" 차원에서 구분된다(2/473, 573). 하버마스가 차후에 더 명확히 하는 것처럼 생활세계가 상호이해의 메커니즘을 통해 재생산된다고 해서, 생활세계가 경험적으로 "권력에서도 전략적 행위에서도" 자유롭다는 것은 아니다(1986: 388). 생활세계 안의 상호작용에서도 전략적 행위가 등장한다. 그러나 그것은 "다른 위상"을 갖는다. "제도적 질서를 '산출하는' 메커니즘"이 아니다"(FG: 58, 주 18).

마찬가지로 체계통합이 행위자들의 성공지향적 태도와 전략적 행위를 표준으로 삼기는 하지만, 체계통합은 행위자의 태도와 의도를 "관통해서" "의식을 넘어서" 기능적 조절을 통해 일어나는 것이고, "체계에서 전략적 행위만 등장하는 것도 그래야 하는 것도 아니다"(1986: 388). 경험적으로 보자면 시장에서도 가격을 더 지불하더라도 공정 무역 제품을 고르고 '착한 소비'를 하려는 사람들이 있고, "형식적으로 조직된 행위영역들 안에서도 여전히 상호이해의 메커니즘을 통해 상호작용들의 망이 형성된다. 순수한 상호이해 과정이 조직의 내부로부터 모두 추방될 경우, 형식적으로 규제된 사회관계들도 유지될 수 없고 조직의 목표도 실현될 수 없을 것이다"(2/483). 그러나 체계에서 의사소통적 행위는 생활세계에서와 "다른 위상"을 갖는다. "제도적 질서를 '산출하는' 메커니즘"이 아니다"(FG: 58, 주 18).

하나의 행위영역에서 의사소통적 상호작용과 전략적 상호작용,

사회통합과 기능적 통합이 모두 일어나기 때문에 한 행위영역에서 "사회통합과 체계통합 사이의 상대적 비중을 정하는 일은 아주 어렵고 경험적으로만 결정될 수 있는 문제이다"(2/485). 그래서 경험적 비중이 아니라 재생산 논리에 따라 하버마스는 좀 더 섬세하게 생활세계를 "우선적으로(primär) 의사소통적 논리에 따라 사회관계가 형성되는" 행위영역으로(2/500),[21] 체계를 "우선적으로 체계논리에 따라 통합된 행위영역"으로 표시한다(1986: 386). 생활세계 안에서도 전략적 행위가 있지만 그것은 생활세계의 상징적 재생산에 대한 기여가 아니다. 체계 안에서도 의사소통적 행위가 일정한 역할을 하지만, 체계의 작동은 "궁극적으로는"(letztlich) 거기에 의존하지 않는다(1986: 386).

(3) 이러한 점들을 고려하면 하버마스는 생활세계 안에서의 권력과 지배 관계를 간과할 수밖에 없고, 체계 안의, 예를 들어 작업장 안에서의 지배 관계도 문제 삼을 수 없다는 비판은[22] 의사소통행위이론의 잠재력에 대한 지나치게 야박한 과소평가라고 해야 할 것이다. 생활세계와 관련해서는 하버마스가 하지 않은 것과 할 수 없는 것을 구분해야 한다.[23] 의사소통행위이론은 생활세계 안의 권력 및 지배 관계를 "왜곡된 의사소통관계"로서 분석·비판할 수 있는 개념적 장치를 장착하고 있다(1986: 372, 383).

생산현장은 체계의 영역에 속하기 때문에 그곳의 지배 관계는 규

---

21) "우선적으로 사회적으로 통합된 행위영역"(1986: 387)

22) 선우현 (2007), 99, 101, 107쪽 이하.

23) 『의사소통행위이론』의 목표는 사회의 개별 병리현상에 대한 연구가 아니라 그런 연구가 이루어질 수 있는 "틀"을 마련하는 것이다. "의사소통행위이론은 … 자본주의적 근대화의 선택적 유형을 다시 통합 학문적으로 연구할 수 있게 하는 틀이 되고자 한다"(2/608).

범적 판단의 대상이 안 된다는 해석은 체계를 장소론적으로 실체화하는 이해를 전제한다. 흔히 기업, 공장, 행정조직을 체계와, 가정, 학교, 공론장을 생활세계와 동일시하지만, 이것을 곧이곧대로 "동일시"하는 것은 피해야 할 해석이다. 하버마스가 파슨스의 체계이론에 대해 설명하는 것처럼, 이것을 "동일시"가 아니라 "예시"로 이해하는 것이, 경험적 사실성을 갖긴 하지만 분석적인 차원에서의 구분인 생활세계/체계 구분에 맞을 것이다(2/380).

자본주의, "규범에서 벗어나 있는 사회영역"?

체계이론과 그에 따른 이원적 사회이론은 경험적 설명력, 이론적 일관성의 측면에서만 쟁점이 되는 것이 아니다. 정치적 실천과 관련해서 갖는 함의 때문에 그것은 더 뜨거운 쟁점이 된다. 비판가들의 눈에는 체계이론의 도입, 즉 경제와 행정을 체계통합의 관점에서 분석하고자 하는 결정이 실천적으로 처뤄야 하는 대가가 너무 크다.

1) 체계 성립의 "진화적 고유 가치"

체계이론의 관점에서 체계는 "규범에서 자유로운 사회성"(norm-freie Sozialität), 한국어 번역이 때때로 맥락에 따라 의미를 살려 옮기고 있는 것처럼 "규범에서 벗어나 있는 사회영역"으로 나타난다. 이 표현은 일단 체계는 "궁극적으로" 의사소통의 논리가 아니라 기능적 통합의 고유한 동학과 논리에 따라 작동한다는 기술적·설명적 의미를 갖는다. 그런데 하버마스는 사회통합과 체계통합의 분리에 "진화적으로 고유한 가치"를 인정한다(2/523; 1986: 392). 이를 통해 체계의 조절능력은 비약적으로 향상되었고, 생활세계는 고유 논리에 따라 발전할 수 있는 여건이 마련되었다. 이 발전을 되돌리는 것은 현대인이 지불하기 어려운 대가를 요구할 것이다. 이러한 진단에서 생활세계의 고유 논리와 마찬가지로 체계의 고유 논리도 함부로 훼손되어서는 안 된다는 실천적 함축이 도출된다. 하버마스가 체계에 의한 생활세계의 식민지화라는 정식을 통해 표적으로 삼는 것은 체계의 자립성 내지 고유 논리 자체가 아니라 "고삐 풀린 체계명령"(2/247), "제어되지 않은 복잡성 증가"다(2/574). 따라서 실천적 목표는 체계의 정복이나 복속이 아니라, 생활세계를 "경제와 행정의 체계명령"에서 "지켜내는 것"이다(2/571).

2) 자본주의를 "현명하게" 길들이기

이러한 실천 방향이 적지 않은 사람들에게는 근본적인 변화를 포기한 너무 수세적인 전략으로 보인다.[24] 일단 조심스러운 것은 맞지만 일방적으로 수세적이지는 않다는 점을 상기할 필요가 있다. 하버마스는 체계를 루만처럼 "자기생산적"이라고 보지 않는다(1986: 390). "극단적 형태의 체계기능주의"와 달리 체계가 법적 제도화를 통해 생활세계에 착상되어 있음을 강조한다(2/485). 이 법적 제도들은 생활세계의 식민지화를 유발하는 통로가 될 수도 있지만 동시에 "체계보존을 생활세계의 규범적 제약에 굴복시키는 제도적 틀로 기능할 수도 있다"(2/209). 후자의 길을 모색하는 것이 『의사소통행위

---

24) 황태연 (1997), 210쪽; 선우현 (2007), 99쪽 이하.

이론』에 내포되어 있는 "체계에 대한 생활세계의 우위"라는 "민주주의의 규범적 의미"를(2/532) 토의민주주의로[25] 구체화하는 『사실성과 타당성』의 기획이다.[26] "경제체계와 국가기구[는] … 법적 공동체의 헌법적인 자기이해에 따라, 시민들의 자기결정적 실천이라는 사회통합의 과정과 연결되어야 한다"(FG: 60).

물론 토의민주주의 기획에서도 시민들이 법을 통해 경제체계에 미치는 영향은 "간접적" 방식에 머물며 경제의 "고유한(eigensinnig) 작동방식을 손상시키지 말아야 한다"(FG: 493).[27] 그러나 이것이 얼마나 수세적인지는 이 원칙적 입장에서 곧장 도출되지 않는다. 훼손하지 말아야 할 경제체계의 "고유한 작동방식"을 어디까지로 볼 것인지에 따라 비로소 결정될 것이다. 아쉽게도 이 점에서 하버마스는 말이 적고, 적은 언급도 산발적이다. 더 큰 문제는 하버마스가 현대사

---

25) '토의민주주의'는 'deliberative Demokratie'를 번역한 것이다. '숙의민주의'나 '심의민주의'가 더 자주 쓰이는 번역어인 것 같다. 그럼에도 굳이 '토의민주주의'를 선호하는 이유를 여기서 간략하게 밝히는 것이 좋겠다. 우선 분명히 하고 싶은 것은 '토의민주주의'도 학문적 시민권을 갖고 있는 번역어라는 사실이다. 하버마스가 deliberative Demokratie를 본격적으로 논하는 『사실성과 타당성』 7장의 제목은 한국어본(2018년 재판 3쇄)에서 "토의정치(deliberaktive Politik)"로 옮겨져 있다. 하버마스의 두 주저, 『사실성과 타당성』의 번역자 박영도(2011)도, 『의사소통행위이론』의 번역자인 장춘익(2018)도 (그외에 다른 연구자들도) '토의민주주의'를 사용한다. 그렇더라도 사용자가 상대적으로 적은 표현을 선호하는 이유는 다음과 같다. Deliberative Demokratie의 핵심은 민주주의의 다수결원리가 한낱 숫자적으로만 다수인 사람들의 의지의 관철이 아니라 동시에 더 좋은 의견이 다수의 지지를 얻게 되는 합리적 의견형성으로도 실현되어야 한다는 것이다. 이런 의미에서 민주적 의지형성 과정은 의견이 검토되고 '숙고'되고 과정이어야 한다. 그런데 deliberative Demokratie의 하버마스 모델이 강조하는 것은 그런 과정이 개인의 고독한 숙고가 아니라 공론장에서 근거와 근거가 부딪히는 줄기찬 의사소통 흐름을 통해 이루어진다는 점이다. 이때 공명과 정화 작용이 일어나면서 여론 형성은 타당성 주장의 상호검토를 통해 의견의 질이 향상되고 동의를 얻게 되는 일종의 공적 토의로 이해된다. '토의민주주의'란 표현은 하버마스 모델의 이런 특징을 잘 포착하고 있다.

26) 이 두 저작을 관계를 단절로 보는 해석도, 연속으로 보는 해석도 있다. 나는 후자가 더 설득력있다고 생각한다. Flynn(2014) 참조.

27) 이제부터의 논의는 경제체계에 초점을 맞춘다. 의사소통행위이론의 토의민주주의 기획에 따르면 국가기구가 시민들의 민주적 통제 아래 있어야 한다는 것은 늦어도 『사실성과 타당성』 이후에는 이론의 여지가 없기 때문이다.

회의 경제체계의 고유한 작동방식과 그것이 자본주의적으로 제도화된 논리를 선명하게 구별하지 않는다는 점이다.[28] 그럼에도 손상되지 않아야 할 경제의 고유 논리로 하버마스가 인정할 수 없는, 인정하지 않을 것이 분명한 원칙이 있다. 그것은 효율성 극대화의 원칙,[29] 이윤 극대화의 원칙 같은 것이다. 우선 내가 읽은 한 하버마스는 어디서도 이 원칙들을 보호되어야 할 체계의 고유 원리로 언급하지 않는다. 그럴 수밖에 없는 것이 위의 원칙들을 고유 논리로 인정한다면 "제어되지 않은" "고삐 풀린 체계명령"이란 용어 자체가 이율배반적이고, 체계명령이 생활세계로 침범하지 않도록 막아야 한다는 논리 자체가 애초에 성립하지 않는다.

산발적 언급 중에서 하버마스가 현대 경제체계의 고유한 작동방식으로 인정할 만한 것을 추론해 보자면 하나는 사용가치로부터의 분리다(2/532 참조). 다시 말해서 생산과 분배의 문제를 다루기 위해서 역사적으로 지금까지 존재했던 방식은 크게 세 가지, 전통, 명령, 시장인데,[30] 현대사회에서 경제는 시장, 그것도 사용가치가 아니라 교환가치, 즉 시장 가격에 의해서 작동할 수밖에 없으리라는 것이다. 추가적으로 하버마스는 "경험적 이유에서" 현대사회에서 경제의 "전반적인" 작동이 협동조합이나 노동자 자주 관리 같은 "참여"의 원칙

---

28) 참조: Berger (1986), 273, 276쪽; 박영도 (1996), 227-228쪽.

29) 효율성 추구는 정신적이든 물질적이든 자원이 넘쳐나지 않는 곳에서는 당연한 삶의 원리다. 하버마스식으로 말하자면 효율성은 포괄적 합리성의 정당한 한 계기다. (자본주의) 경제의 고유 원리라고 한다면 이러한 당연한 상식적 의미에서의 효율성 추구가 아니라 그것이 전면화된 효율성 극대화의 원칙이어야 할 것이다. 호네트(2009: 415)와 선우현(2007: 100-01)은 하버마스가 효율성 극대화 원칙을 손상되어서는 안 되는 (자본주의) 경제의 고유 논리로 인정한다고 보는 것 같다.

30) 하일브로너와 밀버그 (2017), 34쪽 이하

에 의거하기가 힘들 것으로 본다(1986: 392). 이렇게 우리가 (하버마스가 한 것보다 좀 더 분명하게) 현대 경제체계의 고유한 작동방식과 그것의 자본주의적 제도화 사이를 구분한다면 자본주의 경제를 "길들이고" 변혁할 수 있는 여지는 엄청나게 확장된다.[31] 현대사회에서 경제가 기능하기 위해 필수적인 작동방식은 보전되어야겠지만, 그것의 자본주의적 형태까지 그래야 하는 것은 아니다. 물론 자본주의를 전면적으로 대체할 현실적 대안 모델이 보이지 않는다는 것이 실천의 범위를 제약하겠지만 이는 하버마스 이론에서 비롯된 제약은 아니다. 체계 논리가 생활세계로 침입하지 못하도록 지켜내야 하지만 그렇다고 체계의 고유한 작동방식을 망가뜨려서도 안 된다고 하버마스가 실천의 방향을 방어적으로 표현하였지만, 하버마스의 진정한 강조점은 수세적이어야 한다는 것이 아니라 개입이 조심스럽고 "현명하게(intelligent)" 이루어져야 한다는 것이다(1985: 156, 160).

3) 호네트: 인정질서로서 자본주의와 노동시장의 문제

지금까지의 논의를 통해 "규범에서 벗어나 있는 사회영역"이란 규정에도 불구하고 하버마스가 자본주의 경제를 규범적 규제와 변혁에서 면제하는 것은 아니라는 것이 분명해졌기를 희망한다. 하버마스는 경제체계의 고유 논리를 훼손하지 않는 한에서 민주적 입법 과

---

31) 자본주의 경제의 변혁을 위해 현실에서 시도되고 있는 틈새 전략들과 포괄적 대안 모델에 대해서는 라이트(2012), 7장을 참조. 내 생각에는 이 중에서 앨버트(M. Albert)가 제안한 "파레콘"이란 참여경제 모델 말고는 원칙적으로 하버마스의 이론적 입장과 충돌하는 것은 없는 것 같다. 오히려 하버마스는 로머(J. Roemer)의 시장사회주의 모델을 포함해서 라이트가 소개하고 있는 틈새 전략과 실험, 대안 추구를 환영할 것이다. 급진 민주주의는 물론 "자본주의적 노동시장의 점진적 철폐"가 필요하다는 하버마스의 언급을 보라(1985: 255).

정을 통해 자본주의를 "현명하게" "길들이기는" 전략을 모색한다. 그런데 이 문제를 자신의 대안적 이론 구상의 중요한 계기로 삼았고, 이 문제와 지속적으로 대결하고 있는 호네트는 이 정도로는 여전히 부족하다고 생각한다. 자본주의 시장을 체계통합의 관점에서 분석하는 한, "우리는 시장에서 작동하고 있는 전(前)경제적 조건들과 규정들은 볼 수 있겠지만, 어떤 도덕적 원칙도 포착하지 못할 것이다." 호네트가 밝히고 싶은 것은 경제체계가 "제도적 관습"이나 "사회적 네트워크", 나아가 법적 제도화 같은 시장 외적 조건을 넘어서 "도덕적 원칙", "규범과 가치"를 통한 정당화에 직접적으로 의존하고 있다는 것이다. 그것을 보기 위해서는 자본주의를 "사회통합의 관점"에서 파악해야 한다.[32]

자본주의 경제를 사회통합의 관점에서 분석해야 할 이유를 제시하기 위해 호네트는 "노동시장"을 전면에 내세운다. 경제체계의 핵심 임무는 사회의 물질적 존속을 위한 생산이고, 경제는 이를 위해 당연히 노동력 수급을 조정할 수 있어야 할 것이다. 이렇게 보면 노동시장, 나아가 노동 조건과 환경을 포함하는 노동세계는 명백히 경제체계의 한 부분처럼 보인다. 그런데 노동자의 임금과 노동조건이 적어도 상당 부분 투쟁과 타협의 산물이란 것은 경험적으로 분명하다. 행위자의 의도와 의식을 넘어서는 단지 기능적 조정의 결과가 아니라는 것이다. 호네트가 보기에 노동세계에서의 고통과 분노, 투쟁과 저항은 그 바탕에 도덕규범을 전제할 때에만 제대로 이해될 수 있다. 그런 규범은 공공선에 기여로서 노동의 가치에 대한 인정, 그에 대한

---

32) 호네트 (2009), 414쪽; Honneth (2011), 346-347쪽.

적어도 단정한 삶을 영위할 수 있는 정도의 보상, 비인간적이지 않은
노동 환경의 보장 같은 것이다.[33]

4) 경제적 공론장으로서의 노동 시장

호네트가 찌르듯이 지적하고 있는 것처럼 하버마스의 생활세계/
체계 구분에서 노동시장의 지위는 상당히 애매하다. 앞에서 말한 이
유에서 노동시장은 자본주의 시장체계의 부분이어야 할 것 같지만
꼭 그렇지도 않다. "노동력은 한편으로 협동관계 속에서 '구체적 행
위'로 지출되고, 다른 한편 가치증식의 관점에서 형식적으로 조직된
노동과정을 위한 '추상적 역량'으로서 흡수된다. 그런 한에서 생산자
에 의해 지출된 노동력은 체계통합의 명령과 사회통합의 명령이 만
나는 범주가 된다. 노동력은 '행위'로서는 생산자의 생활세계에 속하
고, '역량'으로서는 자본주의적 기업과 경제체계 전체에 속한
다"(2/517). 하버마스가 오페(C. Offe)를 동의하며 인용하고 있는 것처
럼 "노동력이 … 주체와 결부되어 있다는 사실은 임금노동에서 '행위'
와 '기능', 사회통합과 체계통합의 범주들이 뗄 수 없게 서로 얽혀 있
음을 함축한다"(2/517).

하버마스의 "체계와 생활세계 사이의 교환관계"에 대한 공식적
설명에 따르면(2/495 이하), 경제체계는 사적 가계를 핵심으로 하는
사적 영역과 직접적인 교환관계에 있다. 이렇게 보면 노동시장은 경
제체계에 속해야 할 것 같다. 그러나 하버마스 스스로도 너무나 잘

---

33) 호네트 (2009), 402–413쪽. 맥락은 다르지만 샌델도 비슷한 규범적 요구를 제시한다. 샌
델 (2020), 7장 참조.

알고 있다시피 노동시장이 투쟁과 타협의 장이고, 인간의 노동력이 "금전화"되면서 "체계통합의 명령과 사회통합의 명령이 만나는" 곳이란 사실을 진지하게 고려하면 노동시장을 쉽게 체계의 영역으로 밀어 넣을 수 없다. "노동력은 '행위'로서는 생산자의 생활세계에 속한다"(2/517). 하버마스 자신은 이 문제에 대해서 더 이상 말이 없지만 행정체계와 교환관계에 있는 것이 사적 개인이 아니라 생활세계의 제도로서 공론장임을 염두에 둘 때, 노동시장도 공론장에 상응하여 경제체계와 교환관계에 있는 생활세계의 제도로 파악하는 것이 더 적절할 것 같다. 정치적 공론장에서는 개인과 집단, 기업과 국가기구도 참여하여 의견을 내고 주도적 해석을 위한 싸움을 하고 그 결과가 법제정으로 이어진다. 경제체계와의 교환에서도 사적 가계나 개인이 매개 없이 교환관계에 들어서는 것이 아니라 상이한 이해관계를 가진 계급과 집단의 투쟁과 타협 속에서 형성된 노동시장을 통하여 노동력을 공급하고 임금을 지급받는다.[34] 이렇게 보면 노동시장을 하버마스의 이론 체계 안에서 문화적 공론장, 정치적 공론장과 더불어 일종의 경제적 공론장으로 새롭게 자리매김하는 것이 가능할 뿐만 아니라 현실에 더 부합한다고 할 수 있다.[35] 이 수정 제안이 그럴 듯하다면, 호네트의 지적은 날카롭지만 노동시장이 아니라 자본주의 경제까지 사회통합의 관점에서 분석하도록 우리를 설득하지는 못한다. 그렇다면 하버마스의 이원적 사회이론은 상당한 수정이 필요하

---

34) 예를 들어 우리나라에서는 노동조합과 전경련 등만이 아니라 최저임금위원회와 경제사회발전노사정위원회 등도 노동시장의 조건 형성에 일정한 역할을 한다.

35) 공론장의 이러한 구분도 실체화해서 이해해서는 안 될 것이다. 이 구분은 주제와 맥락과 직접적 이해당사자 등의 차이에 따라 유동적인 것이다.

지만, 그 기본틀이 무너지는 것은 아니다.

5) 호네트의 인정일원론의 실천적 함축

자본주의 경제도 일종의 인정 질서로서 도덕적 정당화에 의존하고 있다는 호네트의 주장에 대한 본격적인 검토는 다른 기회로 미루고, 이러한 인정일원론적 주장을 받아들일 때 하버마스의 이원적 사회이론과 얼마나 다른 실천적 함의가 나올지를 생각해 보자. 경제체계가 도덕적 규범과 가치에 기반하고 있다 하더라도 경제의 조절을 위한 기관으로서 호네트도 더 이상 "노동자 자주 관리"[36]를 생각하지 않는다. 경제를 전체 사회와의 연관 속에서 조절해야 하는 기관은 시민들의 토의를 통해 공명과 정화 작용이 일어나는, 그리고 그렇게 모아진 의견을 법이란 구속력 있는 결정으로 전달할 수 있는 민주적 공론장이다.[37] 이렇게 보면 하버마스의 이단계 사회이론에 기초한 토의민주주의적 기획과 실천적 전략이란 면에서 거의 차이가 없어 보인다.

그러나 호네트는 이렇게 대답할 수 있다. 현재 자본주의에 대해서 분노와 격앙은 많지만 그로부터 어떤 방향성 있는 생각과 실천이 나오지 못하는 이유는, 사회 질서와 제도를 인간의 개입을 벗어난 것으로 보는 "물신주의(Fetischismus)"가 널리 퍼져 있기 때문이다. "사람들이 자신들의 사회질서에서 '불가피하고' 따라서 어쩔 수 없다고 여기는 것의 범위는 높은 정도로 문화적 요소에 달려 있고, 특히 필

---

36) Honneth (2014[1985]), 333쪽.
37) Honneth (2015), 150쪽 이하.

연적으로 보이는 것을 집단적으로 변화가능한 것으로 제시할 수 있는 정치적 해석유형의 영향력에 달려 있다."[38] 경제를 "규범에서 벗어나 있는 사회영역"으로 해석할 때 너무 많은 것이 불가피하고 필연적으로 나타난다. 시민들이 경제를 도덕에 의해 정당화되어야 하는 영역으로 이해할 때 자본주의를 변혁하기 위해서 상상하고 제안하고 합의할 수 있는 대안의 폭은 훨씬 크고, 과감하고 다양할 것이다. 그리고 이 차이는 공론장의 의견형성의 결과로 나오는 법과 정책에도 반영될 것이다.

잠정적 결론

지금까지 하버마스의 이원적 사회구상을 그것의 방법적 문제의식에서 현실 분석까지 따라가 보았고, 그에 기반하여 생활세계/체계 구분에 대해 제기된 대표적인 비판들을 검토했다. 이 글이 보여주고자 한 것처럼 우리가 하버마스의 의사소통행위이론을 그것의 토의민주주의적 확장까지 염두에 두고서 신축적으로 이해한다면 그 이론은 여기서 검토된 비판들을 이론적 균열 없이 처리하거나, 노동시장의 경우처럼 부분적인 자기 수정을 통해 수용할 수 있을 만큼 탄력적으로 보인다. 다만 호네트의 인정이론적 문제 제기는 토의민주주의적 확장에도 불구하고 체계이론을 도입한 하버마스의 사회이론이 부딪히게 되는 실천적 약점을 드러내 준다. 그러나 이것은 어디까지나 실천적 함축과 관련된 매우 제한적 평가일 뿐, 하버마스의 이원적 사회

---

38) Honneth (2015), 18쪽 이하, 인용은 19쪽에서.

이론과 호네트의 인정이론 전반에 대한 비교 판단은 아니다. 두말할 필요도 없이 아무리 비판이론이라고 해도 사회이론이 비판의 잠재력과 실천적 함축의 측면에서만 평가될 수는 없다. 이론적 체계성과 일관성, 현실 설명력 등이 종합적으로 고려되어야 한다. 그러나 그러한 체계적인 비교 고찰은 다음 기회로 미룰 수밖에 없다.[39]

39) 이 논문은 2017년 대한민국 교육부와 한국연구재단의 지원을 받아 수행된 연구의 결과물 이다(NRF-2017S1A5B5A07064255). 한국철학회의 『철학』144호(2020년)에 먼저 발표되 었고, 이 책에 수록하기 위해서 부분적으로 수정하고 보완하였다.

참고문헌

김원식, 「생활세계 식민화론의 재구성: 배제, 물화, 무시」, 『사회와 철학』18호, 2009, 99-124쪽.

라이트·에릭 올린, 권화연 옮김, 『리얼유토피아』, 들녘, 2012.

박영도, 「하버마스의 후기 자본주의론: 그 통찰과 맹점」, 장춘익 외, 『하버마스의 사상. 주요 주제와 쟁점들』, 나남, 1996.

박영도, 『비판의 변증법. 성찰적 비판문법과 그 역사』, 새물결, 2011.

샌델·마이클, 『공정이라는 착각』, 와이즈베리, 2020.

서도식, 「하버마스의 사회이론적 생활세계 개념」, 『철학』69집, 2001, 203-230쪽.

서도식, 「비판으로서의 근대 사회론-하버마스의 2단계 사회구상을 중심으로」, 『철학연구』59집, 2002. 121-146쪽.

선우현, 「체계/생활세계 2단계 사회이론의 비판적 재구성: 체계의 민주화와 사회적 투쟁의 생활세계 내 현실화」, 『사회와 철학』14호, 2007, 91-142쪽.

장춘익, 「포괄적 합리성과 사회 비판-하버마스의 『의사소통행위이론』 읽기」, 『고전 강연 4-근대정신과 비판』, 민음사, 2018, 217-245쪽.

하버마스, 장춘익 옮김, 『의사소통행위이론 1,2』, 나남, 2006[1981].

하버마스, 한상진·박영도 옮김, 『사실성과 타당성』, 나남, 2018[1992].

하일브로너·밀버그, 홍기빈 옮김, 『자본주의: 어디서 와서 어디로 가는가』, 미지북스, 2017.

호네트, 강병호 옮김, 「노동과 인정. 새로운 관계 규정을 위한 시도」, 『시민과 세계』15호, 2009[2008], 391-426쪽.

황태연, 「하버마스의 소통적 주권론과 상선적 토론정치 이념」, 정호근 외, 『하버마스. 이성적 사회의 기획, 그 논리와 윤리』, 나남, 1997.

Baxter, H., Habermas: *The Discourse Theory of Law and Democracy*,

Stanford University Press, 2011.

Berger, J., "Die Versprachlichung des Sakralen und die Entsprachlichung der Ökonomie", in: Honneth & Joas, 2017[1986].

Flynn, J., "System and lifeworld in Habermas's theory of democracy", *Philosophy and Social Criticism* 40(2), 2014, 205-214쪽.

Giddens · Anthony, "Reason without Revolution? Habermas's Theorie des kommunikativen Handelns", in: Bernstein, Richard J. (ed.), *Habermas and Mordernity*, Polity Press, 1985.

Habermas, J., "Erläuterungen zum Begriff des kommunikativen Handelns", in: *Vorstudien und Ergänzungen zur* Theorie des kommunikativen Handelns. Frankfurt am Main: Suhrkamp, 1984.

Habermas, J., "Die Neue Unübersichtlichkeit Die Krise des Wohlfahrtsstaates und die Erschöpfung utopischer Energien", in: *Die neue Unübersichtlichkeit.* Frankfurt am Main: Suhrkamp, 1985.

Habermas, J., "Entgegnung", in: Honneth & Joas (2017[1986]), 1986.

Honneth, A., "Nachwort", in: Honneth(2014[1985]), 1988.

Honneth, A., *Das Recht der Freiheit.* Berlin: Suhrkamp, 2011.

Honneth, A., *Kritik der Macht.* Berlin: Suhrkamp, 2014[1985].

Honneth, A., *Die Idee des Sozialismus,* Berlin: Suhrkamp, (문성훈 옮김, 『사회주의의 재발명』, 사월의 책), 2015.

Honneth & Joas, hg., *Kommunikatives Handeln. Erweiterte und aktuali-sierte Ausgabe.* Berlin: Suhrkamp, 2017[1986].

Joas, H., "Die unglückliche Ehe von Hermeneutik und Funktionalismus", in: Honneth & Joas, 2017[1986]), 1986.

Jütten, T., "Habermas and Markets". *Costellations* 20(4), 2013. 587-603쪽.

McCarthy, Th., "Komplexität und Demokratie - Die Versuchungen der Systemtheorie", in: Honneth & Joas (2017[1986]), 1986.

Scheuerman, W. E., "Capitalism, Law, and Social Criticism". *Constellations*

20(4), 2013, 571–586쪽.

Wirts, A. M., "A Defence of the Lifeworld: The Source of Normativity in a Democracy", *Philosophy and Social Criticism* 40(2), 2014, 214–223쪽.

08

하버마스의
사회인류학적 고찰에 나타난
탈형이상학적 의미와
종교의 공적 역할의 가능성

08

하버마스의 사회인류학적 고찰에 나타난 탈형이상학적 의미와 종교의 공적 역할의 가능성

남성일

들어가며: 왜 사회인류학적 고찰을 해야 하는가?

1차 세계대전이 끝나고, 1918년 미국 대통령 우드로 윌슨은 식민지 제국주의 팽창정책의 원인으로 발생된 전쟁을 부각시켜 민족자결주의의 원칙으로 모든 국가체제는 민족의 자율성에 기반되어야 한다고 하였다. 이러한 선언에도 불구하고, 세계는 2차 세계대전이 1945년에 발발하였고, 이에 충격받은 세계는 20세기 초에 일어난 양차 대전에 대해 뿌리 깊은 각성을 전제로 세계인권선언문을 합의하였다. 그동안 세계는 냉전체제의 구도 아래에 있었지만, 18세기, 19세기부터 진행되었던 유럽 강대국에 의한 제국주의 팽창정책의 식민지 폭력 상황으로부터 벗어나 자율적 국내 정치 보장의 탈식민지화[1](脫植

---

1) 위키피디아, 검색어: 탈식민화 (2023년 7월 5일 업데이트 상황)
   https://ko.wikipedia.org/wiki/%ED%83%88%EC%8B%9D%EB%AF%BC%EC%A7%80%ED%99%94

民地化, Postcolonization) 역사 과정이 진행되었고, 세계 여러 국가들은 유엔 인권 선언문에 기초하여 자유, 평등, 정의라는 이념에 따라 구축된 헌법체제의 입헌국가 조건 속에서 국가조직을 재구축하여 오늘날 세계 민주주의 상황에 이르렀다.

하지만, 2차 세계대전 이후의 탈식민지화 양상은 현대성의 자기 기획을 구현한 계몽주의에 이미 구현되어 있었다. 현대의 출발기인 15세기부터 제국주의 식민화기인 19세기까지, 제국주의 식민화기를 거쳐 20세기 초반기에 일어난 1,2차 세계대전과 그 이후의 반성적 역사과정은 사실상 계몽주의적 현대성의 자기 기획에 설계되었던 원래 계획으로 돌아간 것이었다. 이러한 관점에서 보자면, 현대는 현대성의 자기 기획이라는 스스로의 탄생 조건으로 부활한 탈식민화의 세계 민주주의 구축과정을 수행하였음에도 불구하고, 2001년 즉, 21세기 출발점에서부터 일어났던 9·11 테러 사건을 통해 세계에 다시 한번 역사적 후퇴 과정으로 나타난다. 공격을 받은 피해자국인 미국이 밝힌 원인은 이슬람 종교를 믿는 종교 근본주의자들의 행위로 부여되었고, 이러한 근본주의자들의 테러행위에 대해 미국 대통령인 조지 W. 부시는 연례 일반교서에서 이라크, 이란, 조선민주주의인민공화국(북한)을 "테러를 지원하는 정권"으로 지시하며 "악의 축"[2]으로 규정하였다. 9·11 테러를 직접 자행한 정권을 축출하기 위한 행동으로 2003년 3월 20일, 미국과 영국의 연합 군대가 이라크를 침공하여 2011년 12월 25일 미국 대통령 버락 오바마 대통령의 종전 선언까지 9년간의 이라크 전쟁 기간은 다름 아닌 바로 21세기 초반기에 벌어

---

2) 위키피디아, 검색어: 악의 축(2023년 7월 5일 업데이트 상황)
   https://ko.wikipedia.org/wiki/%EC%95%85%EC%9D%98_%EC%B6%95

진 세계 전쟁 상황이었다.[3)]

세계 민주주의 상황과 동시에 세계 전쟁 상황이 눈앞의 사물로 겹쳐 나타나는 세계사적 과정은 철학자로 하여금 도전받은 문제로 직시된다. 하버마스는 현대성의 자기 기획의 관점에서 9·11 테러 사건은 현대 기획이 낳은 부산물인 "세속화의 압력"이 부정적으로 나타나는 양상이라고 진단하였다.

> "그것은 바로 전통적인 삶의 방식이 폭력적으로 근절되는 두려움 때문에 이에 반대하여 방어적인 대항을 하였다는 점입니다. 현대 초기에 시작된 정치적·경제적 현대화는 유럽의 일부 지역에서 그러한 일부를 불러일으켰을 수도 있습니다. (…) 이러한 과정에서 세계의 여러 국가들은 이익을 얻는 승리국과 그렇지 않은 패배국으로 분열됨으로써 사태는 다르게 전개되었습니다. 아랍 세계에 미국은 자본주의적 현대화를 추진하는 원동력이었습니다. 미국은 다른 나라들이 따라잡을 수 없을 정도로 앞서서 발전하였으며, 또한 압도적인 기술적, 경제적, 정치적, 군사적 우월성을 확보하였습니다. 그래서 미국은 은밀한 동경의 모델이긴 하였지만, 이와 동시에 아랍 세계의 자신감을 모욕하는 존재로 간주되었습니다. 아랍 세계는 급속한 현대화의 과정에서 자신들의 문화적 전통이 완전히 파괴되는 고통을 겪으면서 실제로 커다란 상실감을 느끼게 되었습니다. 그래서 아랍 세계는 서양 전체를 자신들을 위한 희생양으로 삼게 되었습니다."[4)]

---

3) 위키피디아, 검색어: 이라크 침공 (2023년 7월 5일 업데이트 상황)
   https://ko.wikipedia.org/wiki/2003%EB%85%84_%EC%9D%B4%EB%9D%BC%ED%81%AC_%EC%B9%A8%EA%B3%B5

4) 지오반나 보라도리 지음, 손철성·김은주·김준성 옮김, 『테러 시대의 철학: 하버마스, 데리다와의 대화』, 문학과 지성사, 2004, 72쪽.

하버마스가 볼 때, 21세기 초에 일어난 9·11 테러와 이라크 침공은 세속화의 현대화 과정이 낳은 부작용으로 현대 이전의 전통적 삶의 방식이 폭력적으로 근절되는 것에 대한 두려움이다. 이에 따라, 이슬람 종교 전통을 가지고 있는 아랍 세계는 서양 세계 주도의 세속적 현대화 과정에서 자신의 삶과 세계에 대한 이해를 무시당하는 모욕감과 자기 상실감을 경험하면서 이를 주입하는 서양 전체를 적으로 삼는다. 서구 현대의 세속적인 역사 과정은 현대 이전의 전통적 삶의 방식을 폭력적으로 배제한다. 이때, 현대 이전의 전통적 삶의 방식은 종교가 낳은 삶의 방식으로 세계사적으로 입증될 수 있다. 이와 같이 볼 때, 하버마스는 세속적 현대화 과정, 즉 2차 세계대전 이후 〈인권 선언문〉 합의에서 시작하여 소련의 해체와 동서독 통일의 역사적 사건으로 더욱 가속화된 전 지구화 과정에서 종교가 낳은 삶의 방식이 현대의 세속적 삶과 불일치하는 데에서 불거지는 9·11 테러와 이라크 침공은 "현대적 사고"에 대한 철학적 자기검토 문제가 등장하였음을 통찰한다.

이러한 현대적 사고에 대한 철학적 자기검토는 현재 세계사회가 미래 세계사회를 위해 마련해야 할 현대의 규범적 자기이해의 문제다. 현대의 규범이 어떻게 마련되었으며, 현대의 규범이 어떠한 과정으로 인해 어떠한 부작용을 낳았으며, 그러한 부작용 속에서 어떠한 대안을 마련하였는지를 검토하면서 이 검토의 과정에서 어떤 문제가 없었는지를 절차적으로 이해하는 과정이다. 이러한 절차적 이해의 과정에 따라, 현대적 사고에 대한 철학적 자기검토가 규범적 자기이해의 문제로 전환되기 위해서는 종교적 전통에 대한 이해가 필요하다. 이러한 필요에 의해 하버마스는 교황 베네딕토 16세와의 대화 만남에 응하였다.[5] 라칭거와의 대화에서 하버마스는 현대적 사고와 삶의 방식에 대한 규범적 자기 이해에 대한 요구는 종교적 전통과 믿음에 대해 새롭게 이해하기를 요구해야 한다고 말한다.[6]

이렇게 21세기 시작점에서 테러시대로 규정될 만큼 엄청난 사건은 하버마스로 하여금 교황 베네딕토 16세와의 대화 만남의 철학적 토론에 참여하도록 일으켰으며, 이러한 주제의식으로 작업한 철학적 결과물로서『탈형이상학적 사고 1,2』가 탄생되었다고 필자는 추정한다. 이러한 추정은『탈형이상학적 1권』에서는 디터 헨리히와의 현대 형이상학 논쟁을 출발점으로 하여, 현대사회의 문제에 대한 철학적 대안으로 자신의 형식화용론적 언어철학을 탈형이상학적 사고로 제시하고, 이에 더해『탈형이상학적 사고 2권』에서는 세속화된 종교가 오늘날의 현대사회의 문제에 공적 역할을 할 수 있을지의 가능성을 그 인류학적 연원을 찾는 문제로 이론화한다. 여기에서 하버마스는 9·11 테러의 원인진단의 요소로 나타난 종교적 전통과 믿음이 세속화 시대에 쇠퇴하거나 배제되어야 할 것이 아니라 시민들 스스로가 자신의 한계를 넘어설 수 있는 상호학습의 과정으로 이해한다. 이것은 인간과 세계에 대한 이해의 문제로 거슬러 올라가는 인간 전체의 삶을 다루는 사회인류학적 고찰 방법을 요구한다. 이러한 점이 하버마스가『탈형이상학적 사고』에서 종교와 관련한 문제를 검토할 때 사회문화적 인류학 고찰 방법을 사용하는 이유가 될 수 있다.

---

5) 하버마스·라칭거 지음, 윤종석 옮김,『대화: 하버마스 대 라칭거 추기경』, 새물결, 2009, 21–28쪽.
6) 위의 책, 15쪽.

특히, 사회인류학은 발달된 문명사회의 일반적인 과정을 탐구 대상으로 삼는 것이 아니라 원시사회의 소집단을 탐구 대상으로 한다.[7] 원시사회는 인류사회의 초기에 나타나는 어떤 특수한 생활 형태와 구조를 지니고 있다. 이러한 생활 형태와 구조 속에서 그들의 의식구조를 고찰함으로써 인류사회가 미발달된 상태에서 현재의 발달된 상태로 실제 어떠한 집단적 공동체 의식과정으로 전개되어 왔는지를 알 수 있다. 하버마스는 오늘날 발달한 서구 문명의 본질적 특징을 파악하기 위해 이러한 인류학 고찰 방법을 통해 종교의 기원에 대해 논의하고 있는 것이다.

"만약 우리가 문화 인류학의 설명을 믿을 수 있다면, 그러한 신화적 서사에 반영된 세계는 일원론적 구조를 가진다. 다시 말해서, 세계의 근저를 이루는 '그 자체' 어떤 것도 없는 단지 현상의 한 수준이다. 이야기되는 사건은 사람들과 동물들뿐만 아니라, 조상의 영혼들과 상상적인 자연적이고 원초적인 힘들, 초인격적 권력들과 인격화된 신들도 포함하는 사회적 상호작용으로서 구조화된다. 대부분 어떤 누군가는 어떤 다른 누군가와 의사소통할 수 있으며, 모든 것은 모든 것과 의사소통할 수 있다. 즉, 그것은 감정과 소원, 의도와 의견, 그리고 서로 간 영향을 표현할 수 있다."[8]

종교는 초인간적인 신을 숭배하면서, 고통, 죽음 등 인간 경험에서 드러나는 근본적인 문제를 구원하여 행복의 목적을 이루게 하는

7) 두산백과사전, 검색어: 사회인류학(social anthropology)
   https://terms.naver.com/entry.naver?docId=1108227&cid=40942&categoryId=31606
8) Habermas(2012), *Nachmetaphysisches Denken II: Aufsätze und Repliken*, Suhrkamp, p. 27.

정신문화의 한 양식이다.[9] 또한, 종교는 초인간적 세계와 관련된 의례나 신념의 문화현상으로 정의되기도 한다.[10] 이처럼, 종교는 경험적 지식을 바탕으로 하는 일상 세계가 아니라 가상적 초월 세계를 상정하면서 의례나 신념의 형태로 인간 정신을 구성하는 인간의 독특한 행위 양상이다. 이에 의하여, 9·11 테러에 나타난 종교적 근본주의와 현대화의 문제에 있어 하버마스가 종교에 대해 어떠한 접근을 하고 있는가의 문제는 합리적인 질문으로 성립될 수 있다.

본 필자는 하버마스가 "최초의 세계사적 사건"[11]이라고 일컫는 9·11 테러의 진단에서 나타난 종교적 근본주의 문제에 대해 1988년, 2012년에 각 두 권으로 출판한 저작『탈형이상학적 사고 1,2』는 현대 사회의 문제에 대해 철학적 검토와 대안을 마련하는 하버마스에게 핵심적 문제의식을 보여준다고 주장한다. 이러한 문제의식에서 하버마스는 디터 헨리히와 논쟁을 시작으로 1권의 전면부를 작성했고, 이에 따라 자신의 대안 마련을 본인의 대표적 이론인 의사소통행위 이론의 탈형이상학적 사고하에서의 해설과 재논증으로 구성한다. 그리고, 이러한 문제의식과 대안 마련에 대한 설명에서 그동안 새롭게 연구된 영장류 탐구에 대해 종교의 의례적 실천 행위와 의사소통행위를 연관개념으로 설정하고, 대상세계, 근거, 생활세계와의 개념 관련성을 체계적으로 연결시켜 이론화한 하버마스를 검토해 볼 것이

---

9) 두산백과사전, 검색어: 종교(religion)
    https://terms.naver.com/entry.naver?docld=1142425&cid=40942&categoryld=31534

10) 한민족문화대백과, 검색어: 종교(religion)
    https://terms.naver.com/entry.naver?docld=549548&cid=46649&categoryld=46649

11) 지오반나 보라도리 지음, 손철성·김은주·김준성 옮김,『테러 시대의 철학: 하버마스, 데리다와의 대화』, 문학과 지성사, 2004, 65쪽.

다. 마지막으로 이러한 하버마스의 노년의 연구는 하버마스 본인의 초기 연구에서 평생연구작업으로 계승된 공론장 개념의 역사와 성립을 넘어서 이제는 세계 공론장으로의 확대라는 의도 속에서 하버마스를 살펴볼 것이다.

"20세기 철학은 얼마나 현대적(modern)인가?"에 대한 쟁점: '현대적 사고와 삶의 의미'의 관점에서 바라본 헨리히의 새로운 형이상학과 하버마스의 탈형이상학의 대결

9·11 테러의 원인진단으로 조명된 '종교적 근본주의(religious fundermenalism)'는 세속화된 현대사회의 부정적 모습이다. 하버마스와 논쟁을 벌인 철학자 디터 헨리히는 현대사회의 병폐로서 이러한 종교적 근본주의 등장과 같은 오늘날 인류사회의 소외와 분열을 꼽고 있다. 다시 말해, 종교적 근본주의의 등장은 디터 헨리히가 볼 때 본질적으로 인간과 인간 사이의 연대가 단절되고 서로가 고립되어 가는 분열과 소외의 식민지화 양상을 있는 그대로 보여주고 있다. 이러한 현대사회의 부정적 상황에 디터 헨리히는 보편주의적 인식론의 구도 아래, 현 사회의 뿌리 깊은 분열화 사태를 극복하기 위해 칸트 이후의 형이상학을 현대를 구원할 새로운 형이상학으로서 제기한다.

이러한 칸트 이후의 새로운 형이상학의 기획은 헨리히의 자기의식적 주관성 철학으로 제시된다. 이것은 기존 서양철학에서 고대의 객관적 자연 형이상학이나 중세의 초인격적 초월 형이상학이 아니다. 즉, 칸트 이후의 자기의식적 철학은 분열된 현대사회에 통일된 청사진을 마련할 수 있는 하나의 기획으로서, 하버마스는 이를 형이상학, 반자연주의, 주관성이론의 측면에서 설명한다.[12] 형이상학이란, 사물의 근본 배후와 구조에 놓인 존재를 파악하는 활동으로서[13] 단지 철학의 전유물이 될 수 없다. 기독교를 포함하여 불교, 유교, 도교, 이슬람교, 힌두교 등 인류사회에 존재하는 종교도 사물의 이면에 놓인 근본적인 구조나 원리 혹은 사물의 보는 근본적인 방식을 교리화한 형이상학의 일종이다.

> "헨리히는 단순한 언어를 사용하는데, 조각을 보는 느낌을 주는 입체적 언어도 가끔 구사한다. 저자는 처음으로 전적으로 자기 이름으로 담화한다. 그는 심오하고 역사적일 뿐만 아니라 분석철학적이기도 한 자기 지식들의 그물을 포기한다. 따라서 그에게 남은 것은 그의 목적과 일치하는 일종의 비교적(秘敎的) 기술인데, 왜냐하면 **헨리히는 예전 위대한 종교들이 그랬던 것처럼 사전에 교육받은 게 없더라도 삶의 의미를 해석해 알려주면 '아무 거리감 없이' 터득할 수 있는 차원**을 겨누고 있기 때문이다. 이 고찰의 처음이자 끝은 여전히 **자기의식의 의식철학적 근본형태**이다."[14]

하버마스는 이러한 헨리히의 현대에 가능한 새로운 형이상학적 기획이 의식철학이라고 비판한다. 탈칸트적 형이상학 기획을 현대사

---

12) 하버마스(1988/2000), 『탈형이상학적 사유』, 이진우 옮김, 문예출판, 25쪽;Habermas(1988), Nachmetaphysisches Denken, Suhrkamp Verlag, pp. 18–34.

13) 스탠퍼드 대학교 인터넷 철학사전(The Internet Encyclopedia of Philosophy/IEP), 검색어: metaphysics of science, https://iep.utm.edu/met‑scie/, 이 사이트에 수록된 형이상학과 관련된 원문은 "Metaphysics simpliciter seeks to answer questions about the existence, nature, and interrelations of different kinds of entities‑that is, of existents or things in the broadest sense of the term. It enquires into the fundamental structure of the world." 의 내용에서 참조하였다.

14) 본 필자의 인용은 위의 책, pp. 272. (원문 번역은 『탈형이상학적 사고 1』, 미출간 번역 참고 [남성일·홍윤기 번역, 나녬])

회의 병폐를 해결할 수 있는 철학적 대안으로 제기하는 헨리히에게 하버마스는 자기자신이 자기와 끊임없이 관계하는 자기의식의 의식철학이라고 규정하고 있는 것이다. 이를 확장하여, 『탈형이상학적 사고 1』의 총괄 서평에서 독일 정치 상황의 보수적 전환 시기를 빗대어 디터 헨리히 철학의 "보수적" 전환15)을 지적하고 있는 하버마스는 이러한 헨리히의 새로운 형이상학은 종교적 교리의 공동체적 삶의 의미를 제시하는 형태로 나타나는 현대 이전의 옛 시절에 나타난 형이상학으로의 회귀임을 의심하고 있다.

이러한 점에서, "20세기 철학은 얼마나 현대적인가?"의 하버마스 질문에 나타난 하버마스의 쟁점제기는 다음과 같이 정리된다.

[헨리히 논쟁에서 하버마스의 쟁점제기와 그 입장]

1. 헨리히의 새로운 형이상학 기획은 현대를 충분히 사고하고 있는가?

본 쟁점은 하버마스에 있어 헨리히가 현대를 현대로서 충분히 사고하지 못한다는 것을 설명한다. 오늘날 인류사회에 나타나고 있는 테러와 전쟁은 종

---

15) 이러한 하버마스의 의도는 『탈형이상학적 사고 1권』의 10장 보론(Habermas, 1988)에서 밝혀진다. 첫 문장에 하버마스는 독일 정치사의 상황과 디터 헨리히의 새로운 철학적 결심을 연결시켜 결국 형이상학적 회귀라는 '보수적' 전환의 길로 가려는 헨리히를 비판하고 있다. 원문번역은 다음과 같다.

"디터 헨리히가 1981년 뮌헨에서 철학 교수활동을 받아들였을 때, 그때는 '정권교체' 얼마 전이었는데, 그는 '전환'을 맹세했다. 그러면서 그는, 단지 역사적으로는 현재에도 여전히 보존되는 전통을 무력하게 구원하는 사업 정도에 만족하지 않는 진정한 철학자들이라면 몇십 년 동안 수용적으로만, 다시 말해서 분석철학에 대해 배우려는 태도로, 행동했어야만 했다고 했다. 그런데 헨리히에 따르면,'이 시기는 우리 뒤로 물러나고 십 년 이래 그 윤곽을 뚜렷하게 드러낸 전환이 이제 걸어들어온 것처럼 보인다.' 늙은 셸링이 살았던 나날들 이래 철학에서는 더 이상 평의회 민주주의를 음모한다는 혐의를 받지 않게 된 뮌헨에 눈길을 던지면서 이 철인(哲人)은 덧붙였다. 즉, '철학이 새롭게 시작하는 때 찾아낸 것처럼 보이는 시기에 이 대학에 초빙된 것을 감사히 여긴다.'"『탈형이상학적 사고 1』, 「종합비평:형이상학으로의 회귀?」(남성일·홍윤기 미출간 번역, 옮긴이 주석 참고)

교적 근본주의가 왜 일어났는지에 관해, 종교가 세계사회에 끼치는 영향을 현대의 맥락 속에서 제대로 짚어내지 못하고 있다.

2. 헨리히의 새로운 형이상학 기획은 의식철학의 자기한계를 실질적으로 극복하는가?

본 쟁점은 하버마스가 헨리히가 제기하고 있는 칸트 이후의 새로운 형이상학적 기획이 자기관계를 실현하는 의식철학이 타자와의 인간관계에서 형성되는 실제적 측면을 고려하지 못하는 문제점을 발견한다. 하지만, 헨리히는 끊임없이 자기관계 속에서 반성을 일으키는 자기의식이 타자와의 인간관계를 고려할 수 있는 동기라고 해명할 수 있다.

3. 헨리히의 새로운 형이상학 기획은 종교가 제공해주는 삶의 의미에 대한 충족 문제를 만족시킬 수 있는가?

본 쟁점은 헨리히가 제기하고 있는 칸트 이후의 선험론적 형이상학 대안은 종교가 문화적 학습 역할로서 생활세계에 의미론적 자원을 제공하는 공동체적 기능을 포착하지 못한다고 지적한다. 단지, 하버마스에게 있어 헨리히의 철학적 자기검토는 자기의식의 반성 속에서 승화되는 개별적 자아성찰에 초점을 두는 현대적 사고라고 서술할 수 있다.

이러한 하버마스의 쟁점제기에서 현대사회에 대한 철학적 사고로 헨리히가 제시한 칸트의 선험론적 형이상학은 불충분하다고 응답한다. 왜냐하면, 이 형이상학은 통일성을 지향하는 데에서 발생하는 기존 철학의 지배억압적 속성을 떨쳐낼 수 없기 때문이다. 즉, 형이상학 자체에 남겨 있는 전근대적인 잔재로 세계와 인간을 하나의 원리와 법칙 속에서 파악하려는 강한 동기가 작용하는 데서 연유한다. 진리를 지배욕망의 도구로서 기존 철학에 비판을 가한 니체처럼, 통일성을 추구하는 형이상학은 항상 위계적으로 눈앞에 보이는 사물과 사람을 구획지으려는 지배적 야욕이 도사리고 있다.

그렇다면, 지배억압적 속성을 가지고 있는 형이상학을 새로운 현대적 사고를 위한 21세기 철학적 사고로서 정당화될 수 있는가는 합리적 의심에 부딪히게 된다. 과연, 이러한 21세기 철학적 사고는 오늘날 20세기, 21세기의 현실사태를 제대로 파악하여 분석하고 있는가? 이러한 분석에 접하여, 실천적으로 대안을 제시할 수 있는 정당성은 어디에서 확보할 수 있는가? 이론적으로, 실천적으로 헨리히의 칸트 선험론적 주관성 형이상학은 최선의 대안인가? 하는 점이다.

위에서 하버마스가 헨리히에게 제기한 쟁점 1, 2, 3에서 핵심적으로 나타나고 있는 것은 의식철학의 한계이다. 철학적 사고에서 있어 현대를 의식철학 구도 내에서 제대로 포착할 수 없다는 것이 하버마스가 헨리히의 철학에 대한 입장이다. 이러한 입장에서 하버마스는 현대를 제대로 사고할 수 있는 가능성을 의식철학이 아닌, 다른 어디에 두고 있는지가 본 필자의 문제의식이다.

필자의 문제의식에 따라 하버마스와 헨리히의 논쟁을 추적하면, 21세기 현대에 대한 철학적 사고는 칸트 이후의 선험론적 주관성 형이상학이라는 자기의식적 의식철학이 아니라 탈형이상학적 사고가 되어야 한다는 주장이 하버마스가 『탈형이상학적 사고 1,2』를 저술한 계기가 된다. 노년기 하버마스 작품인 『탈형이상학적 사고 1,2』는 헨리히의 논쟁에서 빚어진 종교과 형이상학과 관련된 철학적 논의를 정리한 글이다. 이와 같은 헨리히와 논쟁에서 하버마스의 쟁점제기와 그 입장을 분석하면, 우리는 하버마스가 본인 스스로 줄곧 의사소통 행위이론에서 강조한 언어철학적 전회의 필요성과 의의를 핵심적으로 발견할 수 있을 것이다.

의식철학에서 언어철학으로의 전회는 1980년대 하버마스가 자신의 철학적 기획을 결정적으로 전환한 지점이다. 피히테, 셸링, 칸트, 헤겔로 이어지는 독일관념론 철학은 서양 계몽주의 철학의 완성을 보여주었다. 그러나 1,2차 세계대전에 대한 철학적 반성으로 일어난 포스트모더니즘 철학은 이러한 독일관념론이 추구한 서양 유럽의 이성과 합리성의 보편적 정신을 급진적으로 비판하면서, 탈현대적 사고와 그에 따른 삶의 방식을 찾고자 노력하였다. 이러한 독일관념론의 계몽주의 전통과 포스트모더니즘의 탈현대적 비판철학 대립상황에서 하버마스는 이성과 합리성을 버리지 않으면서, 기존 계몽주의의 철학적 기획을 혁신하려는 비판적 계승의 차원에서 독일관념론의 주관성 철학에 접근하고자 하였던 것이다. **이러한 점에서 하버마스는 헨리히가 제시한 칸트 이후의 선험론적 형이상학 대안은 일정 정도 현대가 가지는 한계를 자기반성의 의식적 숙고를 통해 자기의식적 완성으로 극복해나가는 형이상학적인 통일성의 의미를 내포하고는 있으나, 헨리히의 형이상학적 대안이 21세기 벽두부터 일어난 종교 근본주의에 의한 테러와 그에 따른 전쟁에서 현대의 본질적 구조와 한계를 제대로 인지하여 그에 따른 실천적 문제를 해결하지 못한다고 판단하고 있다.** 그러므로, 하버마스는 헨리히의 독일관념론 전통에서 나타난 헨리히의 현대사회의 정치사회 철학적 검토는 또 하나의 형이상학이며, 그 현실적이고 실제적인 대안이 되지 못한다고 역설한다.

이에 하버마스는 헨리히의 의식철학적인 현대적 사고의 대안이 아니라 본인이 1980년대『의사소통행위이론 1,2』내세운 언어철학적 대안으로 현대사회와 인류사회의 문제를 해결할 수 있다고 보는 것이다. 다시 말해, 현대사회와 인류사회의 문제를 해결할 가능성에 대한 철학적 사고로서의『의사소통행위이론 1,2』에서 하버마스는 사회 이론의 비판적 척도와 의사소통의 조건 원칙으로 세 가지 원칙 즉, 진리성(Wahrheit/truth), 정당성(Richtigkeit/rightness), 진실성(Wahrhaftigkeit/truthfulness)을 내세웠다. 여기에서 필자는 노년의 하버마스가 자기 철학에 대한 규정의 길로서 다시 한번 확고히 의사소통의 필요성을 강조하는 언어철학적인 탈형이상학적 사고의 자기철학 기획을 『탈형이상학적 사고 1』의 형식화용론 논의를 통해 알아보고자 한다.

하버마스의 자기 철학에 대한 규정의 길: 의식철학의 극복으로서 언어학의 화용론에서 형식화용론으로의 언어철학적 재구성

1) 언어학 분류로서 화용론과 언어철학의 이론으로서 형식화용론

하버마스가 의식철학 패러다임에서 언어철학 패러다임으로의 전회를 통해 강조하는 화용론은 말하는 이와 듣는 이가 서로 말을 주고받으면서 대화를 나누는 상황을 언어학의 기초 단위로 삼는다. 이에 반해 소쉬르의 언어 연구방법론에서 나온 구조주의 언어학은 대화를 나누는 상황이 아니라 언어 자체에 들어 있는 문법적 체계를 기초 단위로 삼는다. 문법이 가지는 문법적 체계는 언어의 일반적 담화 상황을 중시하는 화용론과 비교해 볼 때, 개별적으로 언어를 사용하는 언어 사용자의 차원을 배제한다. 왜냐하면, 언어 사용자가 의도하는 세계에 대한 의미는 결국 언어의 구조화된 문법 체계에 의해 결정되기 때문이다. 구조주의 언어학과 다른 편에서 그 모습을 나타낸 데리다의 탈구조주의의 방법론적 언어학은 음성론에 기초된 기존철학과 언어학을 비판한다.16) 이러한 음성론은 구조주의 언어학처럼 문법적 체계와 화용론적 언어학처럼 대화상황을 언어의 분석단위로 제시하지 않는다. 음성론은 언어의 기본 구조는 우리가 발성하는 음성의 구조에 있다고 하는 근본 전제를 상정하고 있다.

그러나 하버마스가 제시하는 언어이론은 후기 비트겐슈타인, 오스틴, 써얼의 언어철학에서 나타나는 언어 사용자의 역할을 중심으로 하는 화용론이다. 여기서 화용론은 언어 사용자가 그 언어의 사용을 대화를 나누는 담화상황을 전제한다. 대화를 나누는 담화상황은 말하는 이로서 화자와 듣는 이로서 청자가 1인칭, 2인칭으로 역할을 한다. 우리는 어떤 개별적인 담화상황 속에서도 이러한 1인칭과 2인칭의 역할에 배정된다. 이렇게 보자면, 1인칭과 2인칭의 언어 사용자 역할을 언어학을 구성하는 데에 있어 기본원리로 간주하는 화용론은 언어 사용자의 주체적이고 능동적인 기능을 강조하는 의미가 있다.

다음으로, 하버마스가 제시하는 화용론은 구조주의 언어학의 구문론(syntax)뿐만 아니라 의미론과도 차이가 난다. 구문론은 한 단어의 의미가 그 문장의 문법적 체계구조에 의해 결정된다고 주장하는 반면에, 의미론(semantics)은 한 단어의 의미가 그 단어에 내재한 고유한 법칙에 의해 결정된다고 주장한다. 즉, 구문론에서 단어는 문장의 전체 질서 속에 하나의 부분적 역할을 하지만, 의미론은 단어 각각이 본질적 의미를 가지고 있다고 간주한다. 이러한 언어학의 의미

---

16) 전경갑·오창호(2003), 『문화적 인간, 인간적 문화 – 기호학과 문화이론』, 푸른사상사, 91–116쪽.

론은 단어의 고유한 법칙과 규칙을 고정된 의미로서 설정하여, 실제적으로 언어 사용자들이 서로 협의하여 객관적 대상의 상징적 의미를 발견하는 데에 필요한 단어 의미의 변화 가능성에 한계를 보인다.

하버마스는 음성론, 구문론, 의미론의 개별 언어학 차원에 내재한 언어철학적 한계를 극복하기 위해 또 다른 언어이론인 화용론을 새롭게 재구성한 형식화용론을 정립한다.[17] 그러나 하버마스는 형식화용론을 이미 『의사소통행위 이론 1,2』에서 언급하기 시작했다. 초기에 이러한 언어이론을 보편화용론이라고 표현하였지만, 나중에는 형식화용론으로 명칭을 개정하였다.[18] 이는 자신의 언어이론의 명칭을 다른 개념적 표시로 규정짓기 위한 것으로, 언어에 담긴 모든 내용을 검토해야 하는 '보편' 개념이 아니라, 언어의 그 어떤 내용과는 별도로 모든 내용을 담아낼 수 있는 언어 자체의 구조나 원리를 다루는 '형식' 개념으로 바꾼 것이다.

2) 형식화용론과 탈형이상학적 사고와의 관계

하버마스가 제시하는 언어이론으로서 형식화용론의 언어철학적 사고는 탈형이상학적 사고의 근본 토대를 이룬다. 하버마스의 철학적 방향은 데카르트에서부터 시작하는 계몽주의의 철학의 규범철학적 기조를 반성적으로 계승한다. 포스트모더니즘의 상대론적 진리관을 비판하면서 보편적 진리를 향한 해방의 기획을 추구하는 현대를

---

17) 하버마스, 위의 책, 116-148쪽; Habermas, 위의 책, pp. 105-135.

18) 이에 대한 근거는 하버마스 논문 *Was ist the Univesal Pragmatics?* 발표년도가 1976년임에 비해 *Theories des kommunikaiven Handelns: Handlungrationalität und gesellschaftliche Rationalisierung* Communikativen의 발표년도는 1981년이라는 점에 있다.

미완의 과제라고 언명한 하버마스는 자신의 철학을 탈형이상학적 사고로 규정짓고 있다. 여기서 탈형이상학적 사고의 의미는 의식철학이 담보하고 있는 형이상학적 독단성을 배격하고 경험적 지식을 바탕으로 하는 생활세계의 선험론적 공간에서 개별 주체들이 말하는 이와 듣는 이의 담화공동체의 역할을 통해 진리를 합의해 나가는 '절차적' 과정을 상정하고 있다. 이러한 절차적 과정은 세계에 현존하는 대상을 통일적으로 설명할 수 있는 자유로운 담화 공간을 설정하고, 이에 입각해서 현재에 일어나는 대상과 사태를 동일한 의미로서 확정해나가는 언어철학적 사고에서 연유한다.

이러한 언어의 절차적 과정을 일반화한 형식화용론에서 탈형이상학적 사고의 의미는 다음과 같은 화용론에 전제된 형식화용론적 세계관계를 이해함으로써 명시화될 수 있다.

표 1. 하버마스의 형식화용론적 모델[19)

− 화용론의 형식화용론적 세계관계 모델 −

I speak of something with someone.

화용론에 전제된 형식화용론적 모델은 나, 타자, 사물이 상호관계로 연결되어 있는 **'세계관계(world relation)'** 모델을 상정하고 있다. 언어는 우리가 살아가는 대상과 사태를 지시하는 기능적 역할을

---

19) 남성일(2019), 『하버마스의 민주주의적 법치국가론에서 바라본 절차적 정당성 개념 연구 – 하버마스의 법철학에서 절차주의적 전회를 중심으로』, 동국대학교, 91쪽. 이러한 모델에 대한 정리는 나의 박사 논문에 의거하며, 이러한 모델에 대한 아이디어는 나의 박사학위 지도교수이신 홍윤기 교수님과의 하버마스 연구과정에서 도출된 것임을 밝혀둔다.

가지고 있기 때문에, 언어를 통해 대화를 하는 언어 사용자들은 이미 언어를 사용하면서 이러한 대상과 사태의 총체인 세계의 의미에 대해 서로 의견을 나눌 수 있는 구조를 선험적으로 가진다. 위의 표에서 보여지듯이, 보통 사람들의 담화행위(speech act)에 전제된 형식화용론은 'speak of(~에 대해 말하다)'에 해당하는 문법적 대화 속에서, 'I(표현하는 나)'에 해당되는 말하는 이의 의도를 상정하는 나의 **주관세계(sujective world)**, 'someone(듣는 너)'에 해당되는 듣는 이의 타자 관계를 상정하는 **사회세계(social world)**, 그리고 'something(지시하는 대상과 사태)에 해당되는 사물의 **객관세계(objective world)**를 언어 자체 속에 이미 연결관계를 맺고 있는 세계들을 포함하고 있다. 즉, 이러한 하버마스의 화용론에 전제된 형식화용론적 모델은 언어적 상호작용에 배태된 **3원적 세계구조**를 선험론적으로 관계맺고 있는 것이다.

이러한 언어 사용자와 언어, 그리고 세계의 선험론적 연결구조는 형식화용론의 근본구조를 구체적으로 명시화한다. 말하는 이로서 '나'가 듣는 이로서 '너'에게 세계의 그 무엇에 대한 사건이나 사태에 대해 말하고 있는 우리의 일상생활 속의 담화행위 일반구조는 청자와 화자의 관계 맥락, 청자와 화자의 음성적 발화의 의도, 화자의 단언적 주장, 청자의 타당성 요구로 구성되어 있다. **이러한 형식화용론의 선험론적 구조는 일상생활의 담화행위가 세계의 의미에 대해 타당성 요구를 통해 서로 말을 주고받으며 의사소통을 하는 일상을 살아가는 일반 사람들의 대화행위의 토대가 된다.** 이러한 일상 사람들의 의사소통 담화행위를 일반화한 형식화용론의 선험론적 구조는 발화의 음성론, 말하는 이와 듣는 이의 화용론, 세계에 대한 지시의 의미론, 문법적 체계의 구문론의 기존 언어학 방법론과 언어철학의 한계점을 비판적으로 분석하고 이론적으로 종합한 결과이다.

하버마스는 이러한 기존 언어학 방법론과 언어철학의 한계점을 카를 뷜러의 언어이론을 통해 설명한다.[20] 뷜러의 언어기능 도식은 세 가지 측면 즉, (1) 송신인 (2) 대상과 사태 (3) 수신인으로 분류된다. (1) 송신인의 측면에서 언어기능은 '표현(Ausdruck/Expression)'이고, (2) 대상과 사태의 측면에서 언어기능은 '서술(Darstellung/Representation)'이며, (3) 수신인의 측면에서 언어기능은 '호소(Appell/Appeal)'다. 여기서 (1)의 언어기능 측면은 기존의 언어철학자 그라이스, 베넷, 시퍼의 전통에서 이론화하였던 '의도주의 언어이론'을, (2)의 언어기능 측면은 기존의 언어철학자 프레게, 초기 비트겐슈타인의 전통에서 이론화하였던 '형식 의미론'을, (3)의 언어기능 측면은 오스틴, 써얼, 후기 비트겐슈타인의 전통에서 이론화하였던 '의미 사용이론'을 각각 재구성한 것이다. **하버마스는 이러한 뷜러의 언어기능 도식에서 나타난 '의미'에 대한 3원적 구조와 이러한 3원 복합적 구조 속에 있는 의미를 언어 사용자들 간에 확정 짓도록 하는 '타당성' 개념과의 연관관계를 비판적으로 분석하여, '현대적 사고와 삶의 의미'로서 탈형이상학적 사고라는 자기 철학에 대한 규정을 형식화용론으로서 성립시킨다.**

그러므로, 본 필자의 서두에서 밝힌 하버마스와 헨리히의 논쟁에서 '현대적 사고와 삶의 의미'의 관점에서 바라본 하버마스의 쟁점 제기와 그 입장을 추적한 바에 따르면, 헨리히의 의식철학적 대안을

---

20) 하버마스, 위의 책, 116–117쪽; Habermas, 위의 책, pp. 105–107.

형식화용론의 언어철학적 대안으로 전환하려는 하버마스 자신의 자기규정 철학인 탈형이상학적 사고 기획은 다음과 같은 여섯 가지 의미로서 나타난다.

[하버마스가 제시하는 탈형이상학적 사고의 의미]

첫째, 현대적 사고와 삶의 의미에 대해 탈형이상학적 사고는 이론보다 실천 우위적 사고로서 말하는 이와 듣는 이가 서로 담화를 나누는 실천 행위를 통해 발생된다 것을 의미한다.

둘째, 현대적 사고와 삶의 의미에 대해 탈형이상학적 사고는 '고립된 이성의 독단적 사고'가 아닌 '개방된 이성의 참여적 사고'로서 현대를 살고 있는 모든 시민들의 담화에 기반한다는 것을 의미한다.

셋째, 현대적 사고와 삶의 의미에 대해 탈형이상학적 사고는 세계 배후의 존재론적 원리나 구조적인 법칙에 방점을 두는 '실체(substance)' 개념이 아니라 원리와 법칙의 타당성을 검증하기 위해 탐구절차를 마련하는 '절차(procedure)' 개념에 기초한다는 것을 의미한다.

넷째, 현대적 사고와 삶의 의미에 대해 탈형이상학적 사고는 현대에서 국가를 이루고 살아가는 시민사회의 생활세계적인 실제 경험적 공간에서 발생한다는 것을 의미한다.

다섯째, 현대적 사고와 삶의 의미에 대해 탈형이상학적 사고는 나와 세계에 대한 의미를 홀로된 자아가 형성하는 것이 아니라 생활세계의 구체적 공간을 사용하는 타자들이 공동으로 규범적 원칙을 형성한다는 것을 의미한다.

여섯째, 현대적 사고와 삶의 의미에 대해 탈형이상학적 사고는 진리의 오류가능성을 전제하고, 진리의 변화를 개방적으로 인정하며, 새로운 진리에 도달하려는 상호이해 과정을 의미한다.

이렇게 헨리히와 달리, 언어철학적 전회에서 제시된 형식화용론에 함축된 하버마스의 자기 철학의 규정적 기획으로서 탈형이상학적 사고가 지니는 의미는 의식철학이 가지고 있는 한계를 넘어선다. 현대적 사고의 기초로서 계몽주의 철학이 의식철학 패러다임 속에서 조망될 수 있다는 점은 누구도 부인할 수 없다. 계몽주의-의식 철학 패러다임은 계몽주의가 사실상 극복하고자 했던 형이상학적 사고를 헨리히에 의해 다시금 부활하고자 하였던 것이다. 이러한 헨리히의 오늘날 현대사회와 인류사회의 문제를 근본적으로 해결하고자 한 의식철학적 대안은 과거 고대와 중세의 형이상학과 종교 시대로의 역사적 후퇴였다.

그럼에도 불구하고, 9·11 테러나 이라크 전쟁으로 나타나는 21세기 오늘날 억압적 현실은 외부적인 전 지구적 차원에서 볼 때 자본과 권력 메커니즘이라는 현대의 세속화 압력으로 인한 종교적 근본주의 발생을 원인으로 하는 문명 간 충돌에서, 내부적인 국가차원에서 볼 때 이로 인한 사회통합을 해치는 국가시민들의 소외와 분열에서, 형성되었다고 아니할 수 없다.

하버마스는 오늘날의 이러한 이론적 고찰과 현실적 상황에 직면하여 근본적인 대안은 고립된 이성의 의식적 승화로 자기만족을 이루는 해결방식이 아니라 타자와 함께하는 개방적 이성으로 실제적 문제의 객관적 상황을 인지하고 그에 맞게 정합적으로 해결하려는 실용주의적 관점을 견지하고 있다. 사실상, 화용론이라는 말의 'pragmatic'이라는 뜻은 '실용적인', '실제적인'이라는 의미를 함께 지니고 있다는 견지에서 보자면,21) 우리가 어떤 문제를 해결하기 위해서는 단지 '이론-의식적 사고'만이 아니라 공동문제를 실제적 실천행위 속에서 해결해나가는 '실천-행위적 사고'를 가져야 한다는 것으로 이해된다.

---

21) 오트프리트 회페 엮음, 이진우·윤형식·김희봉·윤선구·이종훈·신상희·구연상 옮김, 『철학의 거장들』, 한길사, 1995(2001), 67-108쪽(2장 미국의 프래그머티스트들). 106쪽 주석1) Pragmatism 참고.

이러한 점에서 21세기에 나타나는 억압적 현실은 탈형이상학적인 실용주의적 관점에서 재고찰될 수 있다. 하버마스는 이러한 점을 염두에 두면서 현대 이전의 종교와 형이상학으로 다시 돌아갈 수 없다는 헨리히의 자기의식적 의식철학 배경에 놓인 주관성 형이상학의 한계를 명백히 하면서, 진정으로 오늘날 현대적 사고의 부정적 효과로서 나타나는 세속화 과정의 문제를 근본적으로 해결하기 위해서 인류학적 고찰을 통해 종교와 형이상학이 무엇인지에 관한 비판적 인식에 도달함과 동시에 현대사회의 문제해결을 위한 실제적 검토 장소를 언어철학의 형식화용론 기반에서 이해하고자 한다.

종교와 형이상학의 비판적 검토의 장소로서 형식화용론

종교와 형이상학의 비판적 검토의 장소로서 형식화용론은 하버마스의 철학의 자기규정으로서 역할을 한다. 형식화용론은 **구문론(syntax), 음성론(phonetics), 의미론(semantics), 화용론(pragmatics)의 언어학 하위 분류가 가진 이론적 한계를 언어철학적으로 극복한 철학적 결과물임과 동시에, 하버마스의 철학의 그 근본적인 주장을 함의한다.** 사실상 『의사소통행이론 1, 2』에서 제시한 체계와 생활세계 개념이 하버마스에게 대표적인 철학개념으로 알려져 있으나, 이론구조 차원에서는 '체계'와 '생활세계'의 구분이 가능하게 된 근본 개념이 형식화용론임을 알 수 있다. 이것은 하버마스가 『의사소통행위이론 1,2』에서 처음으로 둘의 개념을 통일적이고 정합적으로 제안하기 위해 고려할 수밖에 없는 차원에서 형식화용론의 개념이 제시되었다는 점을 염두에 둔다면 이해될 수 있다.

형식화용론에서 이해될 수 있는 이러한 제시점은 의미의 상징적 구현의 과정을 묘사한다. 보통 일상을 살아가는 시민들은 세계와 나에 대한 의미에 대해 상징적 구현을 발생시키는 담화행위의 사회적 의사소통 과정을 거친다. 말하자면, 일상적 의사소통 과정은 '의미의 상징적 구현 과정'에 다름이 아니다. 의미는 대화를 나누게 하는 원천이자 에너지다. 인간과 시민에게 있어 의미는 세계와 마주한 자기 삶의 실현 방안이며, 자기와 마주한 세계 환경의 실재 모습이며, 이를 다르게 사고하는 타자와의 연대와 공동성의 창출이다. 삶의 실현과 세계의 실재, 타자와의 연대와 공동성 창출은 관련된 당사자들이 서로 주고받는 의미의 상징적 구현을 통해 가능하다. 이러한 의미의 상징적 구현은 인류의 문명사를 거슬러 올라갔을 때, 선사시대부터 인간종이 발전시켜온 본질적인 인간의 특성이다.

선사시대의 종교적 실천을 통해 세계와 나에 대한 신성한 의미를 상징적 구현을 통해 서로 주고받았던 인류 공동체의 언어적 진화는 인류문명의 본질이다. 인류는 선사시대부터 일상을 살아가는 사람들이 서로 자신과 세계에 대한 특별한 의미를 가지는 **'신성한 것 (the sacred)'의 출현**을 가지고 서로 다르게 생각하는 타자를 통해 이것의 공통적 의미를 공유지식으로 삼기 시작했다. 이러한 공유지식은 그들에게 새로운 생활을 하도록 습관을 형성시켰다. 이러한 생활 습관은 하나의 생활세계로 자리 잡으면서 전통의 실천을 통해 후대의 인류에 선험적 의식 구조로 전해지게 된다.

이와 같이, 종교의 인류학적 고찰에서 나타나는 신성한 의미의 상징적 구현을 대상과 사태의 의미에 대한 의사소통 전달과정으로 이해하면, 다음과 같이 도표로 그릴 수 있다.

표 2. 사회인류학적 고찰방식에 의한 의례적 실천의 비일상적 의사소통

(최초) 의미 meaning → 상징적 구현 symbol embodiment → 대상 object → 의도 intention → 공유지식 shared knowlege → 근거 ground → 생활세계 lifeworld → 전통 tradition → [종교의 의례적 실천 ritual praxis of religion] → (새로운) 의미 meaning

(1) 몸짓 언어 사용
(일상적 의사소통=경험적 지식) ‖ (비일상적 의사소통=종교적 믿음)
(2) 문법적 언어 사용
(일상적 의사소통) ‖ (비일상적 의사소통)

최초의 의미에서 새로운 의미를 산출하는 의례적 실천은 비일상적 의사소통으로 분류될 수 있다. 여기서 비일상적 의사소통 개념은 '나'의 명령과 '집단'의 이해 사이의 갈등과 긴장이 의사소통으로 표현되는 상황을 말한다. 이러한 비일상적 의사소통 개념으로 본 의례적 실천은 종교 속에 나타나는 비언어적 세계관이 의미 공간을 점유한다는 것을 설명할 수 있다.

종교의 의례적 실천에 나타난 의미론적 자원의 확장구조

이러한 하버마스의 사회인류학적 고찰방식에 의한 의사소통 개념 탐구는 의례적 실천 속에 있는 사회적 역할과 기능에 대한 반 제넵의 연구를 인용한다.

"그가 했던 한 신분에서부터 다음 신분으로 이행을 규제하는 초기 의례의 잘 알려진 연구는 출생 혹은 성년의 문턱, 결혼 혹은 죽음의 어떤 때이든지 뒤르켐의 분석에 중요한 보완을 보여준다. 하나의 생활 주기로부터 다음 생활 주기로까지 의례화된 이행은 마찬가지로 사회의 자기주제화와 규범적 의무 창출의 앞서 언급한 두

가지 측면에서의 분석에 도움이 된다. **예를 들어, 청소년이 성인 남성의 모임에 받아들여질 때, 그는 새로운 지위에 맞는 사회적 역할을 배운다.** 규정된 의례적 형태를 상연하면서 그는 일정 정도 관련된 사회의 부문, 즉 남자 성인으로 배정된 역할과 만나고, 동시에 이와 상응하는 **규범적 기대를 만족시키는 기질을 습득한다.** 입문식은 사회적 통합의 지속성이 이어지는 세대들 사이의 문턱에서 단절할 수 있는 위험 — 그리고 **규범적 구속력이 결과적으로 약화될 수 있을 위험** — 을 미연에 방지한다."[22]

반 제넵의 선사시대 연구는 한 인격의 사회적 역할이 의례를 통한 규범적 체득방식으로 이뤄지게 됨을 알려준다. **이러한 통과의례는 세대와 세대 사이에 나타나는 간극을 채우는 사회적 통합 기능을 수행한다.** 사회적 통합 기능은 사회적 규범질서를 '입문식'이라는 가상 연출의 방식으로 인격자에게 적응시켜 그 인격자가 사회적 역할 행위를 원활히 하도록 돕는다. 하버마스가 볼 때, 반 제넵의 이러한 의례의 사회 통합적 기능은 모든 종교의 의례적 실천에서 나타나는 고유한 의미다.

더 나아가, 종교의 의례적 실천은 사회구조의 형성 자체에 기여를 한다. 종교는 본래적으로 고통받는 개인의 구원을 목표로 한다. 자기 삶을 초월하여 신과 합일을 이루게 하는 종교는 의례적 실천을 통해서 인격의 구원 문제를 해소한다. 다시 말해, 종교의 의례적 실천에서 구원의 의미를 제공받는 인격체는 한 사회 내에 자신의 역할

---

22) Habermas(2012), *Nachmetaphysisches Denken II: Aufsätze und Repliken*, Suhrkamp, p. 84; 영어판(2017), *Postmetaphysical Thinking II: Essays and Replies*, Polity Press, p. 48; 한글판(2023 예정), 『탈형이상학적 사고 2: 논문과 답변』, 나남, 45쪽.

을 충분히 다할 수 있도록 안정화하는 사회관계의 질서관념을 의례에서 사회인지적으로 학습한다. 이러한 의례적 실천에서의 사회구조의 사회인지적 학습은 생물학적 인간 개체가 그 사회구조의 형성 자체에 새로운 방향에서 기여하도록 의미를 부여하게 된다.

이렇게 볼 때, 사회 내에서 종교의 의례적 실천은 종교가 사회통합적 역할과 기능을 사회구조에 대한 선행하는 가상적 체험학습을 통해 앞으로의 사회구조 형성에 이바지하는 효과를 생산한다. 그러므로, 종교의 의례적 실천은 사회구조의 규범적 질서관념을 그 자체 내에 내장하고 있으며, 이러한 관념을 한 인격체에게 배태한다.

이러한 상황에서 보자면, 형식화용론의 역할은 과거 신성한 것의 언어화를 마련하기 위한 종교의 의례적 실천의 역할과 동일하다. 하버마스에 의하면, 종교의 의례적 실천은 신자들이 모여 신성한 것의 의미를 공동으로 산출하는 행위로 설명된다. 또한, 종교는 이러한 의례적 실천 속에서 신자들에게 구속력 있는 삶의 방식을 매개해주며 살아가는 의미를 상징적으로 전달한다. 이처럼, 선사시대부터 종교적 의례 행위는 인간사회에서 한 공동체 내의 구성원들에게 인생에서 필연적으로 겪을 수밖에 없는 생로병사의 여러 가지 고통과 구원의 문제를 신성한 것에 대한 공동적 참여를 통한 공동적 의미 창출과 행위로서 해결하는 모습을 담고 있다.

오늘날 인류사회의 문명은 이러한 신성한 것의 언어화 과정을 담고 있는 종교의 의례적 실천 속에서 합의된 해석체계와 의미체계에서 형성되었다. 그 예로 예수의 말씀을 담은 성경, 공자의 말씀을 담은 논어, 부처의 말씀을 담은 불경 등은 모두 인간과 세계의 의미가 무엇인지에 관한 해석체계와 의미체계가 종교의 '교의화' 과정으로 설명된다. 오늘날의 현대관점에서 보자면 이러한 인류사회의 문명은 종교의 의례적 실천에서 비롯된 교의화 과정을 통해 그 사회의 선험적 해석체계와 의미체계가 정신적인 근거로서 구현되어 현대 생활세계의 구조를 형성한다고 하버마스는 역설한다.

따라서, 하버마스의 형식화용론은 종교의 의례적 실천의 교의화 과정의 역할처럼, 다양한 의견의 갈등과 대립을 담화행위와 논변의 의사소통 과정을 기초 놓은 언어철학적 사고에 나타난 실용주의적 탈형이상학적 사고를 나타낸다. 또한, 하버마스의 형식화용론은 종교의 의례적 실천이라는 신성한 것의 언어화 과정과 같이 종교와 형이상학의 사회적 합리화 조건하에서 그 정당성을 확보하기 위해 검토 장소로서 역할을 한다.

종교의 공적 역할의 가능성 (1) : 의미체계와 해석체계의 근거 구현으로서 생활세계를 형성하는 종교의 사회규범화 기능

현대 종교제도에 담겨진 형이상학적 의미는 다음과 같은 이유로 오늘날 문제점을 안고 있다. 첫째, 삶에 대한 독단적인 견해를 갖도록 한다. 이것은 개별적인 자아가 삶을 살아가는 이유를 타인과 공유하지 못한 채, 자신 속에서만 찾고자 하는 이기주의적 개인주의로 빠지게 한다. 둘째, 사회 문제에 상관하지 않는 무관심한 태도를 야기한다. 한 개인은 개별적 존재로서 인간일 뿐만 아니라 사회적 존재로서 사회의 구성원이다. 그러나 사회에 발생하는 비인간적인 일들에 대해 무관심하거나 혹은 차별적 태도를 보인다면, 사회는 더욱 비참한 비인간적인 일들이 벌어지게 될 것이다. 개인이 온전한 개인으로서 존재하기 위해서라도 개인과 사회와 관계방식이 올바르게 정립될 필요가 있다. 이때 개인은 사회와의 관계와 자기 역할에 대해 지속적으로 관심을 두고 고려하지 않는다면 개인의 온전성은 유지될 수 없을 것이다. 셋째, 자신만을 위하는 개인주의적 세계관을 둘 수 있다. 개인주의적 세계관은 세계를 바라보는 시각에 있어서 개인을 사회와 분리해서 바라보는 세계에 대한 표상이다. 이러한 표상은 집단적 양상과 관계유형, 집단과 집단의 관계방식, 집단 내의 전통과 문화, 역사 등 사회 속에 존재하는 집단체에 대한 무개념적 사고를 발생시킬 위험이 있다. 넷째, 반민주적인 정치체제를 선호하는 성향이 나타난다. 민중의 다수가 지배하며, 전제정, 참주정 등의 독재정치를 제한하는 민주적 원칙과 제도가 사라지고, 종교적인 권위자가 등장해서 자의적으로 나라의 영토를 다스리게 되는 정치체제의 결과가 선택된다. 다섯째, 교리가 담겨 있는 정전(正典)의 단일 매체만을 통해 세계에 대한 해석체계와 의미체계를 전달한다. 이것은 다양한 계층과 계급 혹은 집단과 지역에서 표출될 수 있는 해석체계와 의미체계를 위계지우고 차별하는 효과를 양산한다. 통일적인 교리를 한 종류의 정전을 통해서만 추구하는 종교에서는 끊임없이 사이비와 이단을 구별하는 문제가 제기되고, 이는 완벽할 수 없는 교리의 통일성을 상정한 채로, 종교에 대한 여러 해석과 의미를 배격하여 종교적 다양성을 해치게 된다.

현대의 종교에 담겨진 형이상학적 의미의 문제점은 현대의 생활세계적 요구에 직면하고 있다. 하버마스는 이러한 종교의 문제점은 새뮤얼 헌팅턴이 언급한 대로 문명의 충돌 양상으로 번지고 있다고 한다. 형이상학적 충돌은 자유, 평등, 정의의 계몽주의적 사고의 기치를 내걸고 건설한 실증주의적 현대의 미숙한 자아 세계를 드러낸다. 현대는 자신의 모습을 현대 이전의 종교적, 형이상학적 모습을 탈바꿈했다고 자부하면서, 뉴튼의 자연과학적 모델을 진리로 삼아 사회과학과 인문과학에도 그 적용 범위를 확대하고자 하였다. 하지만, 이러한 현대 정신에서 정초한 이성은 사회의 범주에서 통찰된 그 구조와 본질에 대한 근본적 고찰을 방기한 채 자연의 범주에서 빚은 진리를 세계의 보편적 진리로 삼았다. 이에 자연과학적 사고가 태동시킨 인간과 세계에 대한 합리적 태도는 도구적 이성으로 전락했으며, 이러한 도구적 이성은 합리성을 고찰할 수 있는 기반구조의 한 극단으로 치우쳐 1,2차 세계대전으로 모습으로 나타났다.

> "최근 2001년 9월 11일 테러로 '악'에 관한 철학 저작이 많이 출간되었다는 사실은 흥미로웠다. 또한 여기에서도 그것은 '악'과 '나쁨' 간의, '죄'와 '죄책감' 간의 성가신 의미론적 차이의 문제, 따라서 우리가 세속적 담화에서 아직 포착하지 못한 재활성화된 의미론적 미묘한 차이의 문제이다."[23]

하버마스는 9·11 테러의 문제도 의미론적 차이의 문제로 주장하고 있다. 세속적인 담화행위에서 일반시민의 의미와 종교적 공동체에서 종교인들의 의미는 의미 자체에 대한 이해를 달리한다. 따라

---

23) Habermas(2012), 위의 책, 208쪽; 영어판(2017), 140쪽; 한글판(2023 예정), 113쪽.

서, 현대사회에 만연하는 테러리즘을 올바르게 파악하기 위해서는 종교적 공동체에서 나온 테러의 종교적 의미가 무엇인지 스스로 물어봐야 한다.

하버마스는 종교가 가지는 개별적 자아 삶의 의미가 규범적 요구의 필요를 제공한다고 말한다. 이러한 개별적 자아 삶의 의미가 한 개인의 이기적 개인주의로 빠지지 않고 공적 접근을 통한 자아의 강화로 나간다면 하버마스는 사회 전체 삶의 규범적 요구를 설정할 필요를 요청하며, 이에 대한 요청이 곧 공론장에서 번역가능성을 탄생시킨다. 이러한 공론장에서 번역가능성의 제기는 공적 추모 연대에 나타난 종교의 공적 기억 재생 역할을 종교의 의례적 실천 속에서 하버마스는 찾고 있다.

> "그동안 많은 나라에 퍼진 추모(追悼)의 정치 문화적 본질은 과거 국내 국민의 지지를 받았던 정권이 저지른 잔학한 행위의 유산에 대해 후세대가 어떻게 대처해야 하는지, 그리고 그러한 추모행사의 공적 실천이 무엇을 이끌어 낼 수 있는지에 대한 문제이다."24)

2차 세계대전을 일으킨 독일 나치당 정권의 전범 행위에 대해 공적 추모 연대 행사를 부각시키는 하버마스는 이러한 정치문화가 종교가 가질 수 있는 공적 역할이라고 보고 있다. 과거 나치당 정권의 폭력적 행위는 후대의 자손들의 두 부류, 즉 가해자의 자손과 피해자의 자손에게 과거 역사의 한 사건이 오늘 현재까지 연결되어 있다는 인식을 재생한다. 나치 정권이 벌였던 잔악한 행위에 대한 추모의 연

---

24) Habermas(2012), 위의 책, 179-180쪽; 영어판(2017), 119-120쪽; 한글판(2023예정), 98쪽.

대적 행사는 사회인류학적 고찰의 차원에서 본다면, 선사시대 몸짓 언어의 상징화, 고대시대 신성한 것의 신화화, 중세시대 기독교의 교리화, 현대 초기의 헌법화에서처럼, 살아가는 현시대의 규범적 정당성에 대한 의미론적 차이를 제공해준다. 추모 행위와 같은 사회적 기억을 재생시키는 종교의 의례적 실천 행사는 우리에게 잊지 말아야 할 과거의 역사를 통해 오늘날 사회적 질서와 규범이 정당한지를 반성하는 동기를 마련한다. 이러한 동기는 현재를 살고 있으면서 과거와 연결되어 있는 당자사들인 가해자의 자손과 피해자의 자손이 종교의 의례적 실천 행사를 통해 과거의 국가폭력 행위를 의미의 대상으로 삼게 된다. 이러한 의미의 대상은 가해자의 자손과 피해자의 자손이 각기 다른 입장의 생활세계에서 해석의 차이를 드러내게 되고, 이에 따른 의미론적 차이에서 빚어지는 공적 쟁점의 제기로 합리적 논증이 유발된다.

종교는 의례적 실천 행사를 통해 개인과 집단에게 각자의 의미를 제공해주며, 사회적 표층에서 대립과 갈등의 양상으로 벌어지는 의미론적 차이는 다시 그 사회의 정당성 차원에서 관련된 당사자들이 무엇이 합리적 의미를 가질 수 있는지의 실질적 번역가능성을 제기한다. 이러한 의미론적 차이에 의한 번역가능성 제기는 사회 연대성과 공동성을 창출하는 인간관계를 형성시키는 기능을 지닌다. 국가시민들은 자신의 삶과 인생에서 필요하고 중대한 사안을 의례적 실천행위 속에서 전달받을 수 있다.

오늘날 현대사회가 안고 있는 여러 가지 문제점인 테러리즘, 자본화된 시장, 난민 문제, 기후위기 등 전 지구적 사회에서 입지가 좁아진 국가 공론장의 한계를 동시에 보여주고 있다. 하지만, 앞에서 언급하였듯이, 탈형이상학적 사고의 의미에서 종교의 공적 역할의 가능성은 오늘날 다원화된 현대사회가 안고 있는 복합적 문제양상을 합리적으로 해결할 수 있는 종교의 **사회규범화 기능을 가능하게 한 다. 왜냐하면, 종교는 자신이 가지고 있는 의미론적 자원을 통해 끊 임없이 나와 세계의 의미와 연결되는 삶의 의미를 일관적이고 통일 적인 세계관으로서 개인에게 계시적 진리로 전달하여 삶의 안정화 를 이루기 때문이다.** 사회인류학적으로 종교는 의미론적 자원의 보 물창고이자 에너지의 원천인 것이다. 또한, 종교는 국가폭력과 사회 재난에 대해 기억작용을 불러일으키며 기존에 설정되었던 나와 세계 에 대한 의미를 오류가능한 앎으로 재설정할 수 있도록 하는 사회비 판적 기능을 매개한다.

우주와 세계의 이면에 놓인 구조와 원리를 인간 공통 자아의 잠 재적 반성력을 갖춘 비판적 이성으로 해결하고자 하였던 칸트의 선 험론적 형이상학은 헨리히에 의해 현대의 문제를 해결할 치료책으로 염두에 두었지만, 하버마스에 의해 거부되었다. 하버마스에게 이러 한 철학의 대안은 철학이 타자의 세계와 능동적으로 협력하여, 세계 의 당면 문제를 의사소통적 담화행위로서 해결하고자 한다. 이러한 의도에서 하버마스는 타자와 자아가 서로 영향을 미치며 공존하는 상호작용적 생활세계를 이론적으로 재구성하며, 각자의 생활세계를 근거로 담화행위의 언어적 실천 속에서 살아가는 보통의 일상 시민 들은 도덕적-인지적, 윤리적-실천적 합의를 하며, 법과 제도로서 자 신들의 현대를 정립해 나간다고 말한다.

여기에 하버마스에 있어 종교는 사회인류학적 고찰을 통해 볼 때, 의사소통 행위에서 본질적으로 요구되는 의미의 자원을 의례적 실천 행위 속에서 제공해주기 때문에, 종교가 현대에까지 살아남게 되었다. 종교는 끊임없이 나와 세계에 대한 의미를 제공해주며, 우리가 어떻게 살아가야 하는지에 대한 계시적 진리를 산출한다. 이러한 종교의 의례적 실천은 신성한 것의 언어화 과정인 인류문명의 역사적 과정으로서, 이러한 의례적 실천행위는 결국 서유럽 문명뿐만 아니라 다른 인도문명과 아시아문명, 이슬람문명을 건설한 원동력임을 강조하면서, 종교가 가지는 공적 역할 가능성을 역설하고 있다.

종교의 공적 역할의 가능성 (2) : 전 지구화 사회의 문화적 충돌 해소를 위한 세계 공론장의 확대로서 종교의 문화학습화 기능

하버마스는 종교의 공적 역할의 가능성을 이론적으로 제시하면서 세계 공론장의 확대를 의도하고 있다. 하버마스에게 종교 공론장은 단지 종교 공동체 내부의 구성원들의 의사소통이 아니다. 세속화된 현대세계에서 종교 공론장은 보다 넓은 범위의 세계 공론장에서 작동하고 있음을 주지시킨다. 즉, 세계 공론장은 세계 여러 지역에서 일어나고 있는 테러, 난민, 이민자, 불균등한 금융자본시장, 핵무기 양산, 기후위기 등 여러 가지 산적한 현대사회의 문제상황에 직면하고 있으며, 이러한 세계 공론장에서의 현대사회의 문제의 본질에 종교 공론장의 영향력이 점차 상승한다는 현실인식을 반영한다. 현재 현대사회의 여러 가지 위기상황을 단지 서구 유럽선진국의 몇 개 국가들이 주도적으로 해결해야 할 문제가 아니라 이제는 전 지구적 위기 상황으로 퍼져나가는 상황에 처해, 세계 공론장의 확대를 위한 종교 공론장의 공적 역할 가능성을 철학적으로 성찰할 필요성을 내비친다.

서구 현대의 초석을 놓은 종교개혁은 중세의 규범적 질서를 그 뿌리에서부터 근본적으로 흔든 사건이었다. 종교개혁으로 통한 가톨릭에서 프로테스탄트의 분리는 막스 베버에 의하면 현대 윤리 정신을 낳은 또 하나의 규범적 원천지였다. 다시 말해, 종교는 고대 태곳적에 인간이 문법적 의사소통을 하기 전 의례적 의사소통에서 구원과 죄, 선과 악의 융합에서 나타나는 신성한 것의 의미가 압축되어 저장되어 있는 규범 장소로서 역할을 하였다. 이에 규범이 생성되는 에너지 장소는 프로테스탄트라는 갈래를 거슬러 올라가면, 중세의 가톨릭 세계관이며, 더 위로는 고대의 그리스·로마의 신화적 세계관으로, 그리고 인류가 몸짓으로 일상 의사소통하던 선사시대의 물활론적 세계관으로 올라간다. 사회의 본질을 사회 구조의 체계로 보는 것이 아니라, 인간 행동의 사회적 행위로 파악하는 막스 베버가 볼 때, 인간 행위에 들어 있는 의도(intention, 意圖)에 나타나는 개인의 주관적 의미는, 하버마스가 볼 때 규범적 에너지의 원천적 장소인 종교의 신성한 것에서 비롯된다고 말한다.

하지만, 하버마스는 기존 『의사소통 행위이론 2』에서 말했던 '신성화한 것의 언어화'가 너무 포괄적인 의미의 범주로 설정되어 있는 것을 수정하면서,[25] 『탈형이상학적 사고 2』에서는 이를 '신앙'과 '지

---

25) 이에 대한 설명은 Habermas, 위의 책, 13쪽; 영어판, 위의 책, 11쪽; 한글판(미출간), 위의 책, 5쪽.

식'이라는 계보학적 관점에서 보다 세밀하게 서양사의 시대적 전환 과정을 구체화하고 있다. 여기서 '신앙'은 종교 공동체의 생활문화를 일컫고, '지식'은 과학 공동체의 생활문화를 의미한다. 중세 서양을 가톨릭 기독교 생활문화만으로 설명하였던 기존 문화사적 관점을 바꿔 중세 시절의 끊임없는 초월적 '신앙'과 경험적 '지식' 간의 상호 작용적 결합양식으로 중세 시절의 기독교 역사를 설명할 수 있다고 하버마스는 재논증하고 있다. 이처럼, 중세는 오로지 신앙의 생활문화를 가진 종교양식의 공간으로만 설정될 수 없고, 마찬가지로 현대도 지식의 생활문화를 가진 과학양식의 공간으로만 설정될 수 없는 것이다. 이것은 고대 그리스·로마의 시대도 적용될 수 있고, 더 거슬러 고대 부족사회의 선사시대에도 설명될 수 있는 역사변동을 설명하는 하버마스의 계보학적 방식이다.

이와 같이, 현대의 역사적 전통은 현대 이전으로부터 완전하게 탈바꿈된 새로운 시대가 아닌 **초월적 신앙과 경험적 지식의 내적 결합방식의 자율적인 변형**에서 비롯되어 왔다고 할 수 있다. 이러한 측면에서 보자면, 현대는 지금의 순간에도 초월적 신앙과 경험적 지식의 두 축이 지속적으로 전환되며 변형되어 가는 현대라고 말할 수 있다. 이는 하버마스가 기존의 도구적 이성과 의사소통 이성의 개념구분으로 현대사회의 비판적 준거점을 마련했던 원리적 정당화 고찰방식에서 사회인류학의 진화적 정당화 고찰방식으로의 전환을 꾀하고 있다. 니체의 관점을 새로운 의미용어로 재구성하며 사용하고 있는 계보학의 진화론적 시각은 이 점을 보여주고 있다.

이러한 사회인류학의 진화적 고찰방식을 통해, 21세기 들어 일어난 9·11 테러와 난민, 자본화된 시장 문제는 **종교적 공론장에 대한 새로운 문제인식과 문화적 학습을 요구한다.** 현대의 전 지구화된 세계 상황에서 당대 세계의 문제를 동질적인 인간이라는 연대성 속에서 풀어나가자는 현대 세계 공론장의 형성은 그 한몫을 차지하고 있는 종교적 공론장에 대한 새로운 인식과 수용의 과정과 절차를 통해서 확보되어야 한다.

세계시민들은 공론장의 통해서 보편적 진리를 지향하지만, 결국 지역적, 종교적, 사회적, 문화적 맥락 속에 있는 공론장의 한계를 고려할 수밖에 없다. 하버마스는 이러한 점을 강조하고 있다. 공론장 속에 시민들이 아무리 합의를 보더라도 그 합의가 사회문화적 맥락 내에서 보편성에 도달하지 못한 거짓과 허위라면, 우리는 이러한 공론장의 합의 내용을 재고찰해봐야 한다. 공론장은 내부에 한계와 맥락을 가질 수밖에 없다는 인식과 동시에 외부적으로 더 큰 범위의 전체 공론장 속에 위치한 자신이 속한 부분 공론장과의 관계에서 나타나는 의미를 고려해야 하며, 종교는 공적 역할의 문화학습화 기능으로 이러한 의미를 생산한다.

나오며

하버마스에게 있어 종교의 문제는 세계관의 실천 문제이다. 하버마스는 현대사회의 정신적 모습을 형성한 종교개혁이 종교제도를 공적 차원에서 사적 차원으로 이행시킨 문화전환의 측면에서 설명하고 있다. 이로써 현대의 개인들은 정치와 경제를 공적인 해결 과정으로 여기고, 현대 이전의 시대에 사회제도의 중심적 역할을 했던 종교가 자기 자신의 삶과 정체성을 규정짓는 사적인 욕구와 의미로 변형되었다는 것을 세계관으로 받아들이고 있다. 이른바 현대를 그 뿌리부터 변형시킨 종교개혁은 중세의 집단주의 문화의 단계에서 개인주의 문화의 단계로 문화를 전환시킨 것이다.

이러한 종교에 대한 단계전환에 따른 시대변화는 종교를 현대 이전 인류사회의 고착화된 전유물로 남지 않는다. 하버마스에게 종교는 아직도 살아 남아있고 여전히 현대사회를 살아가는 개인들에게 자기의 정체성과 삶의 의미에 대해 지속적으로 영향을 끼치고 있다. 이러한 영향관계의 핵심은 종교가 인간의 의식구조에 세계관을 배태하는 세계관 형성 기능이다.

하지만, 하버마스는 현대사회에 세계관 형성으로서 종교 기능이 사적인 차원에만 머물러서는 안 된다고 말한다. 국가체제와 세계질서를 형성하는 법, 제도, 정책 등 개인들의 동의와 합의의 산물들은 결국, 현대를 살아가는 개인들의 세계관에 의해 구성되기 때문이다. 그러므로, 종교 기능은 현대 자체를 만들어 가기 위해 필요한 현대인들의 세계관에 대해 그 세계관을 구성하는 선험론적 역할을 한다.

이에 의하면, 현대의 세속화된 세계관의 산물인 법치국가는 공적인 차원에 역할을 하지 못하는 종교를 배제하거나 무시해서는 안 된다. 민주주의적 법치국가는 정치, 경제의 핵심 메커니즘인 권력과 자본을 조정하는 자신의 주요한 임무를 온전하게 수행하기 위해서 민주적 시민들이 정치사회적 과정에 참여할 수 있도록 끊임없는 의미 자원이 필요하기 때문이다.

의미는 세계관으로부터 발생한다. 신석기 시대의 세계관은 자연세계와 사회세계가 분리되지 않은 세계관이다. 이후에 고대 세계관은 국가체제가 만들어지면서 자연세계에서 사회세계가 분화되어 나와서 비로소 분리되었다. 중세 세계관은 이러한 자연세계와 사회세계의 분리가 초자연적 세계를 탄생시키면서 다시 세계들의 통합을 이루게 한 세계관이었다. 현대 세계관은 자연세계와 사회세계를 통합했던 초자연적 세계관으로부터 주관세계가 분화되면서, 이제 자연세계, 사회세계, 주관세계가 각각의 공간에서 자신의 의미를 산출한다.

헨리히는 이러한 현대의 세계관 재분화를 현대사회에서 나타나는 사회병리적 현상의 근거로 간주하였다. 테러, 이민자 확산, 기후변화, 핵위험, 경제침체, 전쟁, 사회적 양극화, 전염병 감염, 제3세계 빈곤화 등 세계 곳곳에서 나타나는 이러한 현대사회의 위기 현상에 근본적으로 현대사회의 세계관적 소외와 분열 현상을 지적하고 나선 것이다. 이러한 해결책으로 디터 헨리히는 칸트 이후의 새로운 형이상학 기획으로 칸트 선험론적 형이상학을 제안하고 있다.

이에 대해 『탈형이상학적 사고 1,2』에서 제시하고 있는 하버마스의 탈형이상학적 사고는 보편적 진리를 확보하는 과정은 형이상학적 통일성의 사고 과정이 아니라 탈형이상학적 다양성 속의 통일성을 추구하는 논변 과정에 있다. 이러한 탈형이상학적 논변 과정은 사회에서 의미론적 자원을 전달해주는 종교의 공적 역할이 필수적으로 요구된다. 그 근거로 하버마스는 사회인류학적 고찰을 통해 보았을 때, 인류사회는 종교가 항상 문명의 위기 때마다 문명이 어떻게 변화되어야 할지의 방향을 제시하는 세계관을 전달해주기 때문이다. 이

러한 새로운 세계관은 생활세계를 살아가는 사람들에게 자기의 정체
성과 삶의 의미를 전달해주는 매개역할을 해준다.

　종교는 이러한 자기의 정체성과 삶의 의미를 실천을 통해서 구
현하였다. 여러 종교에서 나타나는 특징은 단지 성인들의 교리와 말
씀에 대한 지식을 알아내기만 하는 것이 아니라 실천을 통해 구현하
는 것이 근본 목표였다. 세계관이 전달되어 모든 사람들에게 확대되
기 위해서는 실천을 통한 체험이 선결조건이다. 왜냐하면, 의미는 세
계관의 의례적 실천 행위로 드러낼 수 있기 때문이다.

참고문헌

버거, 피터 지음, 김덕영·송재룡 옮김, 『세속화냐? 탈세속화냐?-종교의 부흥과 세계정치』, 대한기독교서회, 2021.

시튼, 존 지음, 김원식 옮김, 『하버마스와 현대사회』, 동과 서, 2007.

오트프리트 회폐 엮음, 이진우·윤형식·김희봉·윤선구·이종훈·신상희·구연상 옮김, 『철학의 거장들』, 한길사, 2001, 67-108쪽.

워드나우, 로버트외 지음, 최샛별 옮김, 『문화분석』, 한울아카데미, 2003, 204-249쪽.

전경갑·오창호, 『문화적 인간, 인간적 문화-기호학과 문화이론』, 푸른사상, 2003, 91-116쪽.

지오반나 보라도리 지음, 손철성·김은주·김준성 옮김, 『테러 시대의 철학: 하버마스, 데리다와의 대화』, 문학과 지성사, 2004, 72쪽.

프랑크, 만프레드 지음, 최신한 옮김, 『현대의 조건』, 책세상, 2002, 105-134쪽.

하버마스·라칭거 지음, 윤종석 옮김, 『대화: 하버마스 대 라칭거 추기경』, 새물결, 2009, 21-28쪽.

하버마스, 위르겐 지음, 남성일·홍윤기 옮김, 『탈형이상학적 사고 1』, 나남, 2023(출간예정).

하버마스, 위르겐 지음, 남성일·홍윤기 옮김, 『탈형이상학적 사고 2』, 나남, 2023(출간예정).

하버마스, 위르겐 지음, 이진우 옮김, 『탈형이상학적 사유』, 문예출판, 2000.

하버마스, 위르겐 지음, 장춘익 옮김, 『의사소통행위이론 1』, 나남, 2013, 139-179쪽.

하버마스, 위르겐 지음, 장춘익 옮김, 『의사소통행위이론 2』, 나남, 2011, 78-130쪽.

Habermas, Jürgen(1988/1992), *Nachmetaphyssches Denken*: Philosophische

Aufsätze, suhrkamp, 1992.

Habermas, Jürgen(2012), *Nachmetaphysisches Denken II*: Aufsätze und Repliken, suhrkamp, 2012.

Habermas, Jürgen(1992/1995), *Postmetaphysical Thinking: Philosophical Essays*, tr. by William Mark Hohengarten, Polity Press, 1992.

Habermas, Jürgen(2017), *Postmetaphysical Thinking II: Essays and Replies*, tr. by Ciaran Cronin, Polity Press, 2017.

두산백과사전, 검색어: 사회인류학(social anthropology)
https://terms.naver.com/entry.naver?docId=1108227&cid=40942&categ oryId=31606

두산백과사전, 검색어: 종교(religion)
https://terms.naver.com/entry.naver?docId=1142425&cid=40942&categ oryId=31534

한민족문화대백과, 검색어: 종교(religion)
https://terms.naver.com/entry.naver?docId=549548&cid=46649&categor yId=46649

위키피디아, 검색어: 탈식민화 (2023년 7월 5일 업데이트 상황)
https://ko.wikipedia.org/wiki/%ED%83%88%EC%8B%9D%EB%AF%B C%EC%A7%80%ED%99%94

위키피디아, 검색어: 악의 축 (2023년 7월 5일 업데이트 상황)
https://ko.wikipedia.org/wiki/%EC%95%85%EC%9D%98_%EC%B6%95

위키피디아, 검색어: 이라크 침공 (2023년 7월 5일 업데이트 상황)
https://ko.wikipedia.org/wiki/2003%EB%85%84_%EC%9D%B4%EB%9 D%BC%ED%81%AC_%EC%B9%A8%EA%B3%B5

09

인권의 담론이론적 정당화의
현황과 전망

09

인권의 담론이론적 정당화의 현황과 전망

하버마스, 알렉시, 포르스트의 논의를 중심으로

허성범

서론

　인권의 개념규정, 정당화, 내용, 유효범위, 서열 등은 인권철학의 쟁점을 형성하는 문제들이다. 그리고 이 가운데서도 다른 문제들을 해명하는 토대가 된다는 점에서 근본적인 문제는 인권의 개념규정과 정당화 가능성에 관한 것이다. 또한 이 문제는 실천적 관점에서 인권을 전 지구적으로 관철하기 위해서도 시급히 해결해야 할 이론적 과제이다. 그러나 인권을 개념규정하고 정당화해야 할 과제가 지닌 이런 절박성이 곧 그것의 성공 가능성을 보장해주는 것은 아니다. 종교적, 자연(이성)법적 전통에 기초하거나 절대적 가치인 인간 존엄성이나 인간의 자기합목적성 개념에 기초해서 인권을 정당화하려는 시도들은 오늘날의 도덕철학적 및 법철학적 연구성과와 적절히 관계 맺고 있지 못하다는 점에서 근본적인 결함을 지니고 있다. 오늘날의 논의상황에서 인권을 정당화하려는 모든 시도들은 탈형이상학적 사유의 조건과 합당한 다원주의의 사실을 진지하게 고려하지 않으면 안되기 때문이다. 인권의 담론이론적 정당화 모델은 이러한 논의상황에서 인권을 보편주의적으로 정당화해줄 것으로 기대되는 전도유망한 입장 가운데 하나이다. 아펠(Karl-Otto Apel)과 하버마스(Jürgen Habermas)에 의해 전개되어온 담론이론은 알렉시(Robert Alexy)의 『법적 논의 이론』 이래로 그간 법철학 및 법이론 분야에서 하나의 전통으로 자리잡았으며, 하버마스의 『사실성과 타당성』의 출간과 더불어 확고한 이론적 기반을 가지게 되었다. 그리고 뒤이어 출간된 알렉시의 저작에서 시도된 인권에 대한 담론이론적 정당화는 『사실성과 타당성』에서 인권의 도덕적 성격이 약화된 것에 대한 하나의 반응으로 간주될 수 있다. 또한 비판이론 3세대에 속하는 포르스트(Rainer Forst)의 최근 작업은 그동안 담론이론 진영 내부에서 진행되어온 인권 정당화의 기획에 대한 하나의 기여로 이해될 수 있다.

이 글의 목적은 담론이론적으로 인권을 정당화하려는 이러한 시도들의 현황을 파악하고 이후의 논의방향을 타진해보는 것이다. 이를 위해 나는 우선 하버마스, 알렉시, 포르스트가 담론이론에 기초해서 어떻게 인권을 정당화하는지를 각각 비판적으로 검토할 것이다. 그리고 이들의 인권 정당화의 모델들을 몇 가지 관점에서 서로 비교해 볼 것이다. 내가 보기에, 담론이론에 기초해서 인권을 정당화하고자 하는 시도들은 다음을 적절히 개념화할 수 있어야 한다. (1)정치적 맥락들 속에서 보다 정의로운 사회를 확립하기 위한 규준으로서의 기능을 수행하는, 인권 개념이 본래 지니고 있는 **도덕적 열망**으로서의 의미. (2)인권과 국민주권 내지 사적 자율성과 공적 자율성의 **동근원성** (나아가 이와 연관된 법치국가와 민주주의의 내적 연관). (3)**담론 내부**의 자유와 평등이 **행위의 영역**의 자유와 평등으로 이전 될 이론적 가능성. (1)은 우리가 인권의 이념을 통해 표현하고자 하 는 사회 해방 및 진보의 이상과 관련된 것으로 모든 인권철학이 해명 해야 하는 핵심적 요건이다. (2)는 무엇보다 인권을 도덕적 권리로 정당화할 때 발생할 수 있는 정당화의 부담을 완화시키고, 인권을 내 용적으로 고정화하는 데 따른 어려움에서 벗어나기 위해 필요한 요 건이다. (3)은 담론이론에 기초해서 인권을 정당화하고자 할 때 고유 하게 발생하는 문제로서, 담론이론이 인권을 정당화하는 데 유효하 다는 것을 입증하려면 반드시 해명해야 할 요건이다. 물론 이러한 요 건들은 얼마간 자의적일 수 있다. 그러나 이 요건들은 담론이론을 원 용해서 인권을 정당화하려는 시도가 직면하는 이론적 과제상황의 일 면을 잘 보여준다. 이런 점에서 이 요건들은 인권의 정당화와 관련하 여 오늘날 담론이론 진영 내부에 놓여 있는 입장 차이를 확인하고 보 다 설득력 있는 인권 정당화의 모델을 모색하는 데 유용한 준거점을 제공해줄 것이다.

하버마스 법이론의 가장 큰 기여 중 하나는 (2)를 정식화했다는 것이다. 그러나 인권을 초실정적인 도덕적 권리로 규정하는 알렉시 나 포르스트와는 달리, 하버마스는 인권을 정당한 실정적 기본권으 로 규정하기 때문에, 그의 인권 정당화의 모델이 (1)을 − 특히 (2)와 의 양립가능성과 관련하여 − 적절히 다루고 있는지는 의문이다. 또한 인권을 정당화하기 위해 처음부터 담론원칙과 법형식의 상호침투에서 출발하는 하버마스에게는 (3)의 문제가 발생하지 않는 것처럼 보이지만, 만약 법형식의 기능적 함축에 대한 단순한 참조를 넘어서서 법형식에 대한 모종의 규범적 정당화를 제시할 필요성에 대한 요구가 회피될 수 없는 것이라면, 하버마스 역시 (3)을 해명하지 않으면 안 된다. 알렉시는, 인권의 담론이론적 정당화를 자율성에 대한 일반적 권리를 정당화하는 직접적 정당화와 이를 정치적 의견 및 의지형성 과정에서 조형 내지 구체화하는 간접적 정당화의 두 유형으로 구분하고 자율성에 대한 권리에게 일종의 근원적 인권으로서의 지위를 부여한다는 점에서, (2)의 요구에 부응하지 못한다. 그러나 그는 처음부터 법형식이 지닌 기능적 함축을 참조하는 하버마스와는 달리, 담론이론에 기초해서 인권을 직접적으로 정당화하고자 하기 때문에, 하버마스가 해결된 것으로 전제했던 (3)을 명시적으로 주제화하고 자율성원칙이라는 추가적 전제를 도입함으로써 이 과제를 수행하고자 한다. 알렉시의 관점이 지닌 의의는 하버마스처럼 기능적 정당화에 의존하지 않고 인권을 정당화하고자 할 때, 담론이론이 외부로부터 추가적으로 도입해야만 하는 전제가 무엇인지를 명시적으로 드러내준다는 데에 있다. 포르스트는 롤스-하버마스 논쟁에 대한 자신의 평가를 기초로 비판적 정의론을 구상하려는 자신의 이론구도하에서, 알렉시가 단순히 확인하는 데 그쳤던 저 추가적 전제의 필요성을 강조하고 자신의 구성주의적 정의론의 핵심요소로서 적극적으로 받아들인다. 나아가 그는 정당화원칙과 정당화에 대한 권리에 관한 실천적 통찰을 강조함으로써 인권과 국민주권 사이의ㅡ하버마스적인ㅡ법내재적인 결합과 아울러 도덕적으로 정당화된 결합을 동시에 해명할 수 있다고 주장한다. 만약 이러한 시도가 성공적이라면, 그의 인권 정당화의 모델은 앞서 언급된 요건들을 모두 충족시키는 설득력 있는 대안으로 평가받을 수 있을 것이다. 그러나 포르스트가 담론이론 내부에 롤스의 구성주의적인 전략, 특히 도덕적 인간관을 수용함에 따라 하버마스가 롤스에게 제기했던 비판의 핵심은 얼마간 그 자신에게 돌아가게 된다.

이러한 비판적인 현황파악을 통해서도 나는 이 글에서 하버마스, 알렉시, 포르스트의 인권 정당화의 모델들에 대한 종합적인 평가를 시도할 수는 없다. 그러나 나는 (3)과 관련된 다음의 물음에는 답하고자 시도할 것이다: **담론이론은 말(담론)의 영역과 행위(인권)의 영역 사이의 구분을 제거하기 위해 추가적으로 전제해야 할**— 모든 사람에 대한 동등한 존중, 모든 사람의 자율성에 대한 인정, 도덕적 인격체로서의 모든 사람이 지닌 존엄성에 대한 인정 등과 같은— **인권에 대해 구성적인 도덕적 핵심을 자신의 이론틀 내부에서 전개할 수 있는가?** 이 물음에 대한 답변으로 나는, 하버마스의 기능적 정당화에 만족하지 않고자 하는 알렉시와 포르스트의 논의에 부분적으로 기대어, **담론이론은 인권의 궁극적 근거를 담론 외부로부터 추가로 도입하지 않고서는 인권을 정당화할 수 없다**고 주장할 것이다.

하버마스의 담론이론과 인권

하버마스는 인권을 도덕적 내용을 지니는 법적 권리로 규정한다. 이에 따르면 인권은 곧 특정한 법질서 내에서 실정화된 기본권을 지칭하지만, 동시에 특정한 법공동체에 속하면서도 도덕적 권리에 못지않은 규범적 타당성을 지니는 것으로 이해된다. 하버마스의 인권에 대한 이러한 개념규정은 도덕과 법 모두에 관련된 인권의 이중성으로 특징지어진다.[1] 인권 개념은 "도덕적 출처를 갖고 있다기보다는 근대의 주관적 권리 개념의, 즉 법적 개념성의 특유한 흔적을 간직하고 있다."[2] 이것은 인권이 단지 실정적으로 제정된 법적 권리에 지나지 않는다는 말은 아니다. 하버마스는 인권이 도덕규범과 마찬가지로 보편타당성을 요구한다고 주장한다. 인권이 흔히 단순한 도덕적 권리로 간주되는 이유는 인권이 도덕규범과 바로 이 '타당성의 양식'을 공유하고 있기 때문이다. 그러나 인권은 "그 구조에 따라 소구가능한 주관적 권리요구를 정당화하는 실정적이고 강제적인 법질서에 속하기" 때문에, 단순한 도덕적 권리로 간주되어선 안 된다.[3] 하버마스는 입헌민주주의의 법질서를 구성하는 기본권을 인권의 범례로 간주한다. 그가 근대적 의미의 인권의 기원이 18세기 말 프랑스와 미국의 권리선언에까지 거슬러 올라갈 수 있다고 말하면서 인권에 관한 논의를 시작하는 것은 결코 우연이 아니다. 인권을 입헌민주주의의 프리즘을 통해 바라본다는 점에서 여기에는 이미 인

---

1) Habermas, *Die postnationale Konstellation* (이하 PK), 177쪽: "인권은 도덕과 법을 동시에 바라보는 야누스의 얼굴을 가지고 있다. 인권은 그 도덕적 내용에도 불구하고 법적 권리의 형식을 가지고 있다. 인권은 도덕적 규범처럼 '인간의 얼굴을 한' 모든 생명체와 관련되지만, 법적 규범으로서 인권은 특정한 법공동체에 속하는 한에서 개별 인격체 - 통상 국민국가의 시민들 - 을 보호한다"(강조는 하버마스).

2) Habermas, *Die Einbeziehung des Anderen* (이하 EdA), 222쪽. [인용된 저서의 우리말 번역본이 있는 경우 인용은 번역본을 참고하되 필요한 경우 원문을 직접 번역하는 것을 원칙으로 하고, 쪽수 표기는 원문에 따른다.]

3) 같은 책, 225쪽.

권에 대한 특정한 독해방식의 선호가 표명되어 있다. 하버마스에 의하면, 인권과 민주주의 사이의 결합은 단순한 역사적 우연이 아니다. 오히려 그는 인권과 민주주의 사이에 내적 관계가 놓여 있다고 주장한다. 인권은 합당한 정치적 의지형성을 위한 의사소통적 조건을 법적으로 제도화한다는 것이다.

하버마스는 기본권의 형식 속에서 인권이 도덕규범과 공유하고 있는 보편타당성의 두 가지 측면을 지적한다. 첫째, 그는 헌법적 테두리 내의 자유권적 기본권과 사회권적 기본권은 단순히 국가의 구성원으로서뿐만 아니라 나아가 인간으로서 모든 개인들에게 부여된다고 주장한다. 도덕규범과 마찬가지로, 이러한 기본권들은 '인간 그 자체'와 관련되며 그에 따라 보편적인 적용범위를 요구한다.[4] 기본권이 도덕규범과 공유하는 보편타당성의 두 번째 측면은 정당화방식과 관련된다. 기본권과 도덕규범은 모두 도덕적 논증을 통해 정당화된다. 하버마스는 기본권은 "배타적으로 도덕적 관점에서만 정당화될 수 있기 때문에 보편적 타당성 요구가 부여된다"고 주장한다.[5] 다른 법규범들은 물론 도덕적 논증으로도 정당화되지만 하버마스가 윤리적-정치적 또는 실용적 관점이라고 부르는 것이 정당화 과정에 유입된다. 그러나 기본권은 도덕규범과 마찬가지로 정당화를 위해 오직 도덕적 논증만을 필요로 한다.

---

4) 하버마스는 독일의 맥락에서 이러한 적용범위를 보편화하는 지속적인 과정을 보여주는 한 사례를 지적한다. 같은 책, 223쪽: "독일 기본법의 인권적 내용이 더 깊이 천착되면 될수록, 독일연방공화국 안에서 살고 있는 비(非)시민들의 법적 지위는 국적소속원의 지위에 더욱더 가까이 접근한다." 하버마스는 *Faktizität und Geltung* (이하 FuG), 671-672쪽에서도 이와 동일한 내용을 언급하고 있다.

5) Habermas, EdA, 223쪽.

신체의 보전과 같은 기본권은 우리가 한 사람으로서 갖고 있는 일관된 자기이해를 통해 표현되지 않으며, 효율성이나 어떤 다른 실용적 고찰의 이름으로 무시될 수도 없다. 이런 의미에서 기본권은 도덕적 논증이면 그 정당화를 위해 충분하다는 보편성의 내용을 규제한다. 이 논증은 이러한 규칙의 보장이 왜 인격체 일반으로서의 속성을 가진 모든 인격체에게 동등하게 이익이 되는지, 따라서 이 규칙이 왜 모든 사람에게 동등하게 좋은 것인지를 보여준다. 하버마스는 (도덕적 담론에서) 도덕규범에 찬성하여 제안된 동일하거나 유사한 도덕적 논증이 (법적-정치적 담론에서) 기본권을 지지하는 역할을 떠맡는다고 주장한다. 하버마스의 입장이 지닌 바로 이러한 측면이 그가 출발점으로 삼는 기본권과 보편타당한 인권 개념 사이의 가장 명료한 결합을 드러내준다. 기본권을 위한 논증은 헌법 제정 및 개정 과정에서 제안된 것이라 할지라도 도덕적 논증의 형식, 즉 그 기본권의 이행이 모든 사람에게 동등하게 이익이 된다는 형식을 취한다. 만약 이 기본권을 위한 논증이 타당할 경우, 그 타당성은 이 논증이 배태된 특정한 국가적 맥락에 국한되지 않을 것이며, 이에 따라 이 논증은 어떠한 법질서이든 간에 기본권을 이행해야 할 도덕적 근거를 확립해줄 것이다. 요컨대, 인권은 모든 인격체와 관계되고 그 정당화를 위해 오직 도덕적 논증에만 의존하는 한에서 도덕규범과 유사하다고 말할 수 있다.

그러나 이러한 유사성은 인권이 도덕적으로 타당한 요구에 의해서만 구성된다는 것을 의미하지 않는다. 하버마스에 의하면, 도덕적 논증은 인권을 정당화하는 데 필수적이지만 인권 개념 속에 본질적으로 내재되어 있는 것을 완전히 설명해줄 수는 없다. 하버마스는 인권이 그 형식과 기능에 있어 중요한 귀결을 함축하고 있는 법규범 일반과 구조적 특징을 공유하고 있다는 점을 강조한다. 그는 다음과 같이 말한다: "인권은 그 구조상 소구가능한 권리요구를 정당화하는 강제적, 실정적 법의 질서에 속한다. 이런 한에서 인권이 일국적 법질서든 국제적 법질서든 또는 전 지구적 법질서든 기존의 법질서 테두리 안에서 보장되는 기본권의 지위를 요구한다는 것은 인권의 의미에 속한다."6) 따라서 인권의 구조는− 실정적, 강제적, 반성적이며, 개인적으로 소구가능하다는− 근대법의 구조와 형식에 의해 결정된다.7) 이것은 인권에 대해 특별한 귀결을 지닌다. 왜냐하면 하버마스는 법의 형식적 특성이 탈전통적 도덕에 대한 기능적 보완으로서 법이 담당하는 역할에 특유하게 적합하다고 주장하기 때문이다. 이와 같은 주로 사회학적인 논의구도에 따르면, 더 이상 사회통합이라는 목적을 달성하기 위해 공동의 에토스에 의존할 수 없는 사회 내부에

---

6) 같은 책, 225쪽. 하버마스에 의하면, 제재하고 조직하고 집행하는 국가권력을 포함하는 권리의 제도화는 "권리들의 체계에 대한 기능적으로 필수적인 보충으로 끝나는 것이 아니라, 이미 주관적 권리 속에 미묘하게 포함되어 있던 객관적인 법적 **함축이다**"(Habermas, FuG, 168쪽[강조는 하버마스]).

7) **실정적으로** 제정된 법은 추상적 원칙에 기초한 도덕을 정당화하고 적용할 때 발생하는 인지적 불확정성을 보완해준다. **강제적인** 법의 제재는 행동기대를 안정화시킴으로써 도덕이 지닌 동기적 불확실성을 보완해준다. 법의 **반성성**은 법이 제도를 창출하고 사법권력을 규정함으로써 의무의 체계를 산출하는 것을 가능하게 한다. 이것은 종종 도덕과 관련된 적극적 의무가 개개인의 행위능력을 넘어서며, 오직 제도에 의해만 처리되고 충족될 수 있다는 점에서 지극히 중요하다. 마지막으로 근대법은 도덕적 의무로부터 자유로운 개인의 선택의 자유의 영역을 확립하고 보호해주는 **개인적으로 소구가능한** 권리에 기초하고 있다(이것은 법이 단지 개인적 자유의 영역만을 보호한다는 말은 아니다−정치적, 사회적 권리는 정치적 활동을 보호하고, 기본적 욕구를 충족시키려고 시도한다). 하버마스는 도덕에 의해 직접 충족될 수 없는 현대사회의 기능적 명령을 이행하기 위해서는 근대법이 이러한 형식적 특성들을 지니고 있어야 한다고 주장한다(Habermas, FuG, 146−151쪽 참조).

서 제기되는 규제와 조직화의 요구를 도덕만으로는 충족시킬 수 없다.

여기서 일단 인권에 대한 도덕적 해석을 피하려는 하버마스의 시도 이면(裏面)에 놓인 동기를 이해할 필요가 있다. 그는 일국정치의 맥락과 국제정치의 맥락 모두와 관련해서 이 문제를 언급하는데, 두 경우 모두에 있어 인권을 도덕의 범주하에만 위치시키는 것에 반대한다. 일국적 맥락에서 볼 때, 『사실성과 타당성』의 주된 목표는 국민주권과 인권, 또는 '고대인의 자유'와 '근대인의 자유' 사이의 고전적인 긴장을 완화시킬 수 있는 민주적 입헌국가 내부의 권리들의 체계에 대한 담론이론적 재구성을 제시하는 것이었다. 이러한 긴장의 한 원천은 (로크의) 고전적 자유주의에 의해 제기된 인권의 도덕적 해석과 (아리스토텔레스에서 루소에 이르는) 고전적 공화주의에 의해 제기된 국민주권의 실질적인 윤리적 해석 사이의 대립에서 발견된다. 하버마스에 따르면, 각각은 궁극적으로 인권이나 국민주권 중 어느 한쪽에 특권화된 지위를 부여하고 있다. 인권에 대한 도덕적 해석은 불가피하게 주권적 입법자에게 인권을 외부적으로 부과하게 되며, 이 때문에 어떠한 조야한 형태의 국민주권 개념도 위협받지 않을 수 없다. 다른 한편, 국민주권에 대한 공화주의적 해석은 인권에 단지 도구적인 가치만을 부여하는 경향이 있다. 이 문제를 극복하기 위해 하버마스는 자기결정적 실천의 법적 제도화라는 이념 속에는 이미 인권이 본질적으로 전제되어 있다고 주장함으로써 인권과 국민주권 사이의 내적 결합을 확립하려고 시도한다. 하버마스는 이와 같이 해석될 수 있는 자신의 **동근원성** 테제에서 국민주권의 법적 제도화는 법인격의 사적 자율성이 인권을 통해 기본적인 헌법적 권리의 형식으로 보장될 것을 요구한다고 주장한다.

이와 같은 인권의 이중성 그리고 인권과 국민주권의 동근원성 테제에 관한 하버마스의 견해는 그간 많은 오해를 불러일으켰다.[8] 이런 오해를 불식시킬 수 있으려면, 우선 하버마스의 입장은 한편으로 권리들의 체계의 논리적 발생에 관한 그의 합리적 재구성과 다른 한편으로 도덕적 논증이 특정한 권리나 권리들의 목록을 조형하고 정당화할 때 작동하는 방식 사이에 놓인 상호관계의 관점에서 좀 더 명료화되어야만 한다.[9] 하지만 심지어 이와 같은 명료화 작업을 거친 뒤에도 보다 근본적인 비판이 제기될 수 있다.

먼저 지금까지 제시된 인권에 대한 개념적 분석은 권리들의 체계에 대한 하버마스의 합리적 재구성을 통해 보완되어야만 한다. 하버마스는 그 안에 "법매체 자체 그리고 의사소통적 사회구성 일반의 조건에 내장되어 있는 담론원칙을 제외하면 시민의 자기결정에 앞서 (예를 들어, 전(前)정치적 자연권과 같은) 어떤 것도 미리 주어져 있지 않은" 것으로 권리들의 체계를 해석할 것을 제안한다.[10] 담론원칙과 법매체는 보다 많은 설명을 요한다. 담론원칙('D')−"가능한 모든 관련 당사자들이 합리적 담론의 참여자로서 동의할 수 있을 행동규범만이 타당하다"−은 정당화의 탈관습적 요건, 즉 불편부당성의 요건을 구현한다. 다른 한편, 법매체나 법형식은 인식적으로도 규범적

---

8) 이런 오해에 반해, 하버마스의 권리들의 체계에 대한 정당화가 지닌 내적 정합성을 옹호하는 데 적합한 해석방식을 제안하는 것으로는 다음을 참조할 것: Günther, "Diskurstheorie des Rechts oder liberales Naturrecht in diskurstheoretischem Gewande?"; Maus, "Freiheitsrechte und Volkssouveränität, Zu Jürgen Habermas' Rekonstruktion des Systems der Rechte."

9) Flynn, "Habermas on Human Rights: Law, Morality, and Intercultural Dialogue", 438쪽 이하.

10) Habermas, FuG, 161−162쪽 참조.

으로도 정당화될 수 없으며, 오직 앞서 언급한 형식적 특성을 통한 기능적 설명만이 주어질 수 있을 뿐이다.[11] 하버마스는 담론원칙과 법형식의 상호침투는 권리들의 체계의 논리적 발생을 초래한다고 말한다. 논리적 발생은 이론가의 관점에서 최초로 시작되는 개념적 수준의 재구성과 관련된다. 따라서 이것은 결코 헌법적 권리를 부여하는 실제적 과정에 대한 역사적 서술로 이해되어선 안 된다. 오히려 이것은 정당한 법치라는 이념, 또는 법코드 자체 속에 새겨진 권리들의 재구성이라는 이념에 본질적으로 내재된 개념적 전제조건들을 정교화한 것이다. 논리적 발생은 (특정한 권리들이 아닌) 오직 권리들의 다섯 가지 범주들, 또는 하버마스가 보다 명확한 정식화 속에서 표현한 바와 같이 "헌법 제정자가 지향해야 하는 법원칙들"을 산출한다.[12] 처음의 세 가지 범주들－ (1)평등한 주관적 자유권, (2)정치적 구성원의 지위를 규정하는 권리, (3)법 아래에서 평등한 보호를 받을 권리－ 은 자유롭고 평등한 시민들 사이의 연합을 규제하는 법코드를 창출하려는 기획에 의해 개념적으로 전제된다. 네 번째 범주－ (4)

---

11) 법형식의 담론이론적 도출불가능성의 결과로, 이제 언어 및 행위 능력을 지닌 주체들에 대해서는 하나의 법공동체로 연합할 (예컨대, 칸트가 '탈피[exeundum]'를 도덕적 명령으로 정당화해야만 한다고 믿었던 것과 같은 종류의) 어떠한 규범적 필연성도 존재하지 않게 된다. 공동의 삶을 실정법의 도움으로 정당하게 규제하기 위해 역사적으로 발견된 법형식을 이용한다는 결정은 오히려 전적으로 우연적인 것이다. 물론 이러한 결정이 우연적인 것은 오직 담론이론적 관점에서 볼 때에 한해서이다. 이 결정이 역사적으로 그리고 사회적으로 매우 복잡하고 엄청난 전제조건들에 의해 야기된다는 사실은 이론(異論)의 여지가 없다. 이를 위해서는 예컨대, 먼저 탈관습적 도덕의식이 역사적으로 확립되어야만 한다. 왜냐하면 이를 배경으로 해서만 근대법은 공동의 삶을 법형식적으로 규제하려는 결정을 실제로 동기지을 수 있도록 해주는, 자신의 특수한－도덕을 기능적으로 보완해주는－형식적 특성을 유지할 수 있기 때문이다(Günther, "Diskurstheorie des Rechts oder liberales Naturrecht in diskurstheoretischem Gewande?", 478쪽 참조). 그러나 하버마스의 인권 개념은 이러한 탈관습적 도덕의식의 역사적 확립을 주어진 것으로 전제할 때에 비로소 의미를 지닐 수 있다. 여기에는 모종의 기능주의적 결단이 자리 잡고 있다. 이에 관해서는 아래에서 비판적으로 검토할 기회가 있을 것이다.

12) Habermas, FuG, 160쪽.

평등한 정치적 참여의 권리－는 네 가지 (혹은 이하의 범주를 포함하는 다섯 가지) 범주들에 속한 기본권의 특정한 내용에 대한 민주적 조형을 법적으로 제도화하기 위해 필수적으로 요구된다. 하버마스는 시민들에게 범주(1)에서 (4)까지에 속한 권리들을 행사하기 위한 동등한 기회를 보장하는 데 있어 다섯 번째 범주의 권리들이 필수적으로 요구되는 한에서, 앞서의 네 가지 범주들이 다섯 번째 범주－ (5) 사회적, 경제적 권리－를 함축하고 있다고 주장한다. 물론 이러한 범주들은 추상적이며 여전히 기본권으로서의 구체적인 내용을 결여하고 있다. 어떠한 권리들의 체계도 소구가능한 권리들의 체계로서 효력을 지니기 위해서는 모든 기존의 권리들의 체계들과 마찬가지로 구체적으로 규정된 권리들의 형태로 주어지지 않으면 안 된다. 그러나 추상적인 범주들을 실제적인 권리들의 목록으로 조형하는 것은－민주주의원칙의 문제로서－바로 네 번째 범주를 통해 보장되는 것이며, 따라서 시민들 자신의 몫으로 남아 있다.

　　그러나 이러한 권리들의 체계의 개념적 발생만으로는, 즉 법원칙들의 테두리 내에서는 인권에 대한 하버마스의 입장을 남김없이 해명할 수 없다. 앞서 논의한 바와 같이, 어떠한 일련의 기본권을 위한 정당화 절차도 도덕적 논증을 필요로 한다. 이것은 권리들의 체계의 논리적 발생은 어떠한 도덕적 권리도 전제하지 않는다는 생각과 갈등을 일으킬 수도 있을 것이다. 물론 하버마스는 다음과 같이 말하기도 한다: "시민들이 권리들의 체계를 그들의 상황에 비추어 새롭게 해석할 때, 사실상 그들은 자신의 공동의 삶을 법을 통해 정당하게 규제하기로 결정하는 순간 떠맡게 된 바로 그 기획의 수행적 의미를 명료하게 밝히는 일을 하고 있을 뿐이다."13) 사실 이 서술은 오해하기 쉬우며, 기본권에 대한 이러한 이해방식은 기본권의 도덕적 측면을 공정하게 다루지 못한다는 비판을 받을 소지가 다분하다. 이러한 오해를 피하기 위해 우리는 권리들의 체계의 개념적 발생을 기본권의 내용에 대한 도덕적 정당화와 관련하여 보다 명료하게 해명할 필요가 있다. 이 둘 사이의 일관성을 확립하기 위해 나는 다음과 같이 제안하고자 한다. 첫째, 우리는 하버마스가 권리들의 체계의 합리적 재구성에서 시도했었던 것을 잊어버려선 안 된다. 그는 권리들의 체계의 기본구조가 담론원칙과 법형식의 상호침투를 통해 재구성될 수 있음을 입증하고자 시도했었다. 어떤 의미에서 시민들은 권리들의 체계를 명료하게 밝힐 때 이 기본적 범주들의 내용을 조형하지 않을 수 없다. 그러나 이러한 제약은 전(前)정치적인 도덕적 권리의 제약은 아니다. 이 제약은 그들이 참여하는 바로 그 활동— 그들의 공동의 삶을 법의 매개를 통해 정당하게 규제하려는 시도— 에 의해 창조되거나 이 활동 속에 내재된 수행적 제약이다. 그러나 이러한 수행적 제약은 권리들의 체계에 대한 어떠한 해석이 결과적으로 타당한지를 명문화하지는 않는다. 권리들의 체계에 관한 특정한 해석을 담론적으로 정당화할 때 시민들이 실제로 하는 것은 생명, 자유, 재산 등의 특정한 권리에 대한 법제정이 도덕적으로 타당한 것이며 "모든 사람에게 동등하게 이익이 된다"고 주장하는 도덕적 논증을 제시하는 것이다. 이러한 의미에서 권리들의 체계를 해석하는 시민들이 위의 인용문처럼 그 기획에 본질적으로 내재된 "수행적 의미를 명료하게 밝

---

13) Habermas, FuG, 163쪽.

힐 뿐"이라고 말하는 것은 정확하지 않다. 사실, 시민들은 도덕적 논증을 제시해야만 한다. 하버마스의 인권 정당화의 모델을 이렇게 이해할 때, 우리는 권리들의 체계의 논리적 발생과 기본권의 내용에 대한 도덕적 정당화 사이의 내적 정합성을 유지할 수 있는 일관된 해석 방식에 이르게 된다. 다시 말해, 기본권으로서 인권을 정당화하는 상이한 두 수준, 즉 한편으로 담론원칙과 법형식의 교차를 통해서 논리적으로 발생되는 권리들의 체계를 재구성하는 개념적 수준과 다른 한편으로 이러한 재구성을 통해 확보된 권리의 범주들을 법원칙으로 삼고 이루어지는 법적 담론에서 기본권을 오로지 도덕적 논증의 도움만으로 정당화함으로써 구체적으로 조형하는 실천적 수준을 일관된 하나의 과정 속에서 서로 통합시킬 때, 비로소 우리는 하버마스의 인권 정당화의 모델에 대한 체계적인 이해에 도달하게 된다.[14]

그러나 이러한 명료화 작업 이후에도 여전히 다음과 같은 반론이 제기될 수 있다: 우리가 인권의 언어를 사용하는 것은 인권을 보호하기 위해 설계된 법체계가 부재할 때 발생하는 위반을 표현하기 위해서인 데 반해, 하버마스의 인권관은 인권의 언어를 바로 그것이 가장 요구되는 사례들에서 정당하게 사용하는 것을 배제한다. 우리가 무엇보다 인권의 침해에 대해 말하고자 하는 것은 바로 타당한 도덕적 요구를 인정하는 것을 체계적으로 거부하거나 이러한 타당한 도덕적 요구를 인정할 능력이 쇠약해진 상황에서이다.[15] 또는 보다

---

14) 이런 해석이 틀리지 않다면, 하버마스의 FuG와 EdA 사이에 인권 개념과 관련된 모종의 입장 변화가 존재한다는 예컨대, Pinzani, *Diskurs und Menschenrechte*, 85쪽 이하의 해석은 잘못된 것이다.

15) Boucher, *Political Theories of International Relations*, 382–383쪽 참조.

간략히 말해, 입헌민주주의가 부재한 상태에서 하버마스는 도대체 무슨 근거로 인권에 대해 말할 수 있는가?16) 하버마스에게 제기되는 도전은 어떻게 그가 인권을 입헌민주주의 내의 기본권으로 간주하는 자신의 입장을 전 지구적 공동체 내부에서 도덕적으로 타당한 인권의 이념과 화해시킬 수 있는가 하는 것이다. 만약 그가 후자의 맥락에서 인권을 타당한 도덕적 요구나 정당성에 대한 도덕적 제약으로 간주한다면, 전자의 맥락에서 자신의 동근원성 테제를 유지하기 어렵게 될 것이다. 하버마스 자신은 전 지구적 '인권의 정치'를 경제적 세계화가 지닌 파괴력에 대한 하나의 대응책으로 옹호해 왔다.17) 그러나 우리는 여전히 다음과 같이 물을 수 있다: 전 지구적 인권의 정치 배후에 있는 도덕적 힘 또는 도덕적 핵심은 무엇인가? 하버마스는 전 지구적 인권의 정치의 필요성을 역설하면서, 동시에 법공동체의 형성과정으로 들어가기 위해 도덕적 논증을 제시하는 것을 회피할 수 있는가? 여기서 쟁점은 다음과 같은 것이다: 과연 하버마스는 동근원성 테제와 인권의 전 지구적 보편타당성을 동시에 옹호할 수 있는가? 만약 하버마스의 입장이 실제로 법적 인정이 부재한 곳에서 인권은 존재하지 않는다는 입장과 다르지 않다면, 인권의 보편타당성과 더불어, 정치적 맥락들 속에서 보다 정의로운 사회를 확립하기 위해 요구되는 근본조건으로서 인권이 본래 갖고 있는 **도덕적 열망**으로서의 의미는 시야에서 사라져 버리게 될 것이다. 하버마스에 의하

---

16)   이러한 관점으로는 다음을 참조할 것: Pinzani, *Diskurs und Menschenrechte*, 87-88쪽; Flynn, "Habermas on Human Rights: Law, Morality, and Intercultural Dialogue", 443쪽.

17)   Habermas, PK, 4장 ("Die postnationale Konstellation und die Zukunft der Demokratie") 참조.

면, 인권은 입헌민주주의 국가들 내부에서 법적으로 제도화된 기본권에 의해서 가장 분명하게 표상될 수 있다. 이 기본권이야말로 인권 개념의 법적 측면과 도덕적 측면 모두를 충분히 실현하는 유일한 권리이기 때문이다. 이러한 수준을 넘어선다면, 인권은 "단지 취약한 국제법적 타당성만을 지니고 있으며 이제야 비로소 생성 중인 세계시민적 질서의 테두리 안에서의 제도화를 아직도 기다리고 있다."[18] 인권의 보편타당성은 물론 각 개인이 직접 세계시민으로서 인권을 효과적으로 행사할 수 있을 때 가장 잘 실현될 수 있을 것이다. 유엔 세계인권선언(1948) 제28조는 "이 선언에 규정된 권리와 자유가 완전히 실현될 수 있도록" 하는 사회적, 국제적 질서에 관해 언급하고 있다.[19] 하지만 하버마스도 인정하고 있듯이, 이러한 세계시민적 법질서를 현실적으로 제도화하려는 목표는 아직 먼 미래의 일이다.[20] 그러나 그렇다고 해서 우리는 인권이 세계시민법의 테두리 내에서 제도화되기를 '기다리고' 있어서는 안 될 것이다. 오히려 우리의 과제는 바로 이 세계시민적 법질서가 부재한 상황에서 이러한 법질서 자체를 확립하는 것을 가능하게 해주는 이론적 토대를 마련하는 일이다.[21] 그리고 이러한 이론적 토대는 실정화로부터 독립된 인권을 말할 수 있는 가능성을 확보할 때 비로소 주어질 수 있을 것이다.

---

18) Habermas, EdA, 225쪽. 하버마스의 이러한 문제의식에 입각해서 박영도는 인권과 국민주권의 동근원성을 전 지구적 수준에서 제도화할 수 있을 때 비로소 '인권의 도착증'과 '주권의 편집증'이라는 딜레마가 극복될 수 있을 것으로 전망한다(박영도, 「코소보 딜레마: 세계화 시대에 인권과 민주주의의 관계」, 55쪽 참조).

19) Nickel, *Making Sense of Human Rights*, 186쪽.

20) Habermas, PK, 178쪽.

21) 그러나 물론 이러한 과제는 반대로 인권의 도덕화가 초래할 수도 있을 '목표의 도착(Pervertierung des Zieles)' 상태에 빠져서도 안 된다(Habermas, EdA, 220쪽 참조).

이와 같은 반론에 대한 하나의 가능한 답변으로, 인권이 지닌 전 지구적 보편타당성과 도덕적 열망으로서의 의미를 포착하기 위해, 하버마스의 동근원성 테제는 단지 인권이 — 그것의 도덕적 타당성에 도 불구하고 — 국민주권과 양립가능한 것으로 이해될 수 있는 방식 을 보여주려는 의도만을 지닌 것이라고 주장할 수 있을 것이다. 비록 인권이 어떤 구체적인 정치적 맥락을 초월하는 도덕적 타당성을 지 니고 있다고 할지라도, 특정한 민주주의 국가에 속한 시민들은 여전 히 이러한 인권을 자신의 국민주권의 이상과 양립가능한 방식으로 이해할 수 있어야만 하기 때문이다.22) 만약 동근원성 테제가 이렇게 해석될 수 있다면, 인권이 도덕적으로 타당한 요구와 기존 법질서 내 부에서의 법적 인정 사이의 필연적인 결합을 통해 구성된다고 주장 할 수 없게 될 것이다. 다시 말해, 하버마스는 법적 측면과 도덕적 측면 양자를 통해 인권 개념을 규정하는 것이 인권의 언어를 법적 인 정이 결여된 맥락 속에서 사용하는 것을 배제하는 것은 아니라고 주 장해야 할 것이다. 만약 이런 해석이 옳다면, 인권 개념에 관한 하버 마스의 입장은 인권을 법적 인정이 부재한 가운데 요구가 이루어지 는 언어로 사용하는 것에 대해 비판적이지 않을 것이다.23) 그리고

---

22) 하버마스의 다음과 같은 언급은 이러한 해석을 지지해주는 것으로 보인다: "물론 인권을 **도덕적** 권리로 훌륭하게 정당화할 수도 있을 것이다. 그러나 우리가 인권을 **실정법**의 구 성요소로 간주하는 순간, 인권이 주권적 입법자에게 후견주의적으로 부과될 수 없다는 점 이 분명해 진다. 만약 입법자가 인권을 미리 주어진 도덕적 사실로 발견하여 실정법으로 제정하기만 하면 된다면, 법의 수신자들은 자신을 법의 저자로 이해할 수 없을 것이 다"(Habermas, FuG, 670쪽[강조는 하버마스]).

23) 이러한 해석은 하버마스의 이론적 근거가 그의 보다 정치적인 (예컨대, 다음과 같은) 언급 들과 서로 일관되도록 하는 데 도움을 줄 것이다: "인권은 비록 그에 대한 올바른 해석을 둘러싼 문화적 논쟁들이 진행 중에 있다고 할지라도, 의견을 달리하는 사람들이 — 유럽과 미국뿐만 아니라 아시아, 남아메리카, 아프리카 등지에서 — 자신이 겪는 것이나 자신이 억 압적인 정체에게 요구하는 것을 표현할 수 있도록 해주는 언어를 사용한다"(Habermas, PK, 221쪽).

이에 따라 법적 인정을 인권 개념의 필수적 부분으로 간주하는 하버마스의 논점은 법적으로 제도화된 해석이 없을 경우 인권은 법의 강한 힘을 보유하지 못한 채 단지 약한 도덕의 힘만을 보유할 수밖에 없다는 것을 주장하는 것으로 해석될 수 있을 것이다. 유효한 법질서가 부재할 경우, 인권은 법에 비해 매우 불확정적이고 상대적으로 무력하다는 점에서 약한 것이기 때문이다. 그러나 이렇게 해석하게 되면, 하버마스의 관점은— 앞으로 살펴볼 바와 같이— 인권을 일단 도덕적으로 정당화된 권리로 이해하고 뒤이어 이에 대한 실정화를 요구하는, 다시 말해 인권과 기본권의 2단계성을 주장하는 알렉시나 포르스트의 견해와 별반 다르지 않게 될 것이다.[24] 그리고 이와 동시에 인권과 국민주권을 동근원적으로 개념화하는 하버마스의 관점이 지닌 모든 생산적인 함축들도 그늘 속으로 들어가게 되고 말 것이다. 한편으로 인권과 국민주권의 동근원성 테제와 다른 한편으로 인권의 전 지구적 보편타당성에 대한 양립가능한 해석방식을 하버마스가 어떤 식으로 전개할 수 있을지는 그다지 분명하지 않은 것처럼 보인다.[25] 이상의 나의 논의가 틀리지 않다면, 하버마스는 이 문제와

---

24) 또한 이러한 견해는 도덕적 권리를 '약한' 도덕적 권리와 '강한' 도덕적 권리로 구분하고 인권을 '강한' 도덕적 권리에 속하는 것으로 간주하는 투겐트하트의 견해와도 별반 다르지 않게 될 것이다. 투겐트하트는 다음과 같은 방식으로 '약한' 도덕적 권리와 '강한' 도덕적 권리를 구분한다: "이제 우리는 다음과 같이 말할 수 있다: 예를 들어, 신체의 보전과 같은 나의 권리로부터 내가 **모든 개인들**에 대해 가지고 있는 (중지할) 요구 이외에도 **모든 이들이 공동으로** 나를 보호하고 함께 하나의 심급을 형성해야 한다는 요구가 발생한다. 이 요구와 더불어 나는 나의 권리를 소구할 수 있게 되며, 이것은 나의 권리를 강조해준다. 따라서 이것은 만인에 대한 일관된 변호로서의 **법적** 심급을 창설할 **도덕적** 책무를 성립시킬 것이다. 다시 말해 이것은 스스로 (그의 과제로부터 정의되어야 할) 국가의 창설에 대한 도덕적 요구를 발생시킬 것이다. 따라서 도덕적 권리가 전적으로 강한 의미에서 이해될 수 있는 것은 오직 그로부터 상응하는 법적인 권리심급을 제도화할 집단적인 도덕적 의무가 발생할 때에 한해서이다"(Tugendhat, *Vorlesungen über Ethik*, 349-350쪽[강조는 투겐트하트]).

25) 이러한 불명료성을 지적하는 것으로는 다음을 참조할 것: Pinzani, *Diskurs und Menschenrechte*,

관련하여 보다 직접적인 답변을 제시하지 않으면 안 된다.

알렉시의 담론이론과 인권

알렉시는 자신의 담론이론적 인권 정당화 프로그램이 다음과 같은 두 가지 수준의 과제에 직면해 있다고 말한다: 실천적 담론의 규칙들에 대한 정당화와 인권에 대한 정당화. 여기서 첫 번째 과제는 두 번째 과제를 해결하기 위한 토대가 된다. 따라서 만약 인권에 대한 담론이론적 정당화가 성공적일 수 있으려면, 담론의 이성규칙들이 순수하게 담론이론적으로 정당화될 수 있다는 것을 입증하는 것이 필수적이다. 이 과제를 수행하기 위해 알렉시는 기본적으로는 담론규칙들의 '궁극적 정당화(Letztbegründung)'를 시도하는 아펠보다는 '약한' 초월적 논증을 충분한 것으로 간주하는 하버마스의 논의라인을 따르지만, 실천철학 내에서 초월적 논증이 지니고 있는 힘을 과대평가해서는 안 된다고 주장하면서 하버마스의 입장을 약화시킨다. 알렉시의 이러한 관점은 수행적 모순이 단지 담론규칙들이 타당하다는 것을 '보여주기' 위한 하나의 수단에 불과한 것으로, 결코 담론규칙들 자체를 '정당화'해주지는 않는다는 그의 근본가정에서 기인한다.[26] 이에 따라 알렉시는 담론에로의 접근과 관련된, 아울러 담론 내부에서의, 자유와 평등에 대한 규칙들을 정당화하기 위한 3중의 논증을 제시한다.[27] 이 논증의 초월화용론적 부분에서는 논의나 개

87–88쪽; Flynn, "Habermas on Human Rights: Law, Morality, and Intercultural Dialogue", 444쪽; 김원식, 「인권의 근거: 후쿠야마와 하버마스의 경우」, 66쪽 [주17].

26) Alexy, *Recht, Vernunft, Diskurs* (이하 RVD), 136쪽 [주27] 참조.

별적 언어행위의 불가피한 전제조건들을 부각시키는 것이 관건이 된다. 이어 알렉시는 초월적 논증의 타당성을 보강하기 위해 논증의 두 번째 부분에서 개인적 이익극대화를 고려하는 논증을 도입하고, 세 번째 부분에서 인간에게 정당성에 대한 관심을 부여하는 것과 관련된 경험적 전제를 도입한다. 따라서 초월적, 공리주의적, 인간학적 논의라인이 서로 결합되어 있는 복합적인 정당화전략이 고려된다.

전체논증의 핵심을 차지하는 것은 논증의 초월적 부분인데, 알렉시는 적어도 다음과 같은 구조를 지닌 두 가지 전제와 결론으로 구성된 논증을 '초월적'이라는 말로 이해하고자 한다. (a)언어행위와 같은 특정한 출발점을 모종의 의미에서 필연적이라고 주장한다. (b)임의의 범주들이나 규칙들을 출발점의 가능성을 위한 필요조건으로 제시한다. (c)관련된 범주들이나 규칙들이 필연적으로 타당하다는 결론을 추론한다. 따라서 만약 담론규칙들의 타당성에 대한 정당화가 성공적일 수 있으려면, 이 규칙들이 그에 따라 이론적 또는— 여기서의 주된 관심사인— 실천적 내용을 주장할 가능성에 대한 필요조건으로 입증되어야만 하며, 그리고 다시금 이 주장들이 불가피한 것으로 입증되어야만 한다. 이를 입증하기 위해 알렉시는 다섯 가지 테제에 의지한다. 이때에 처음의 네 가지 테제에서는 주장들에 대한 필요조건을 부각시키는 것이 관건이 되는 반면(초월적 논증의 두 번째 전제), 마지막 테제는 주장의 제기(와 정당화실천)의 필연성과 관련된다(초월적 논증의 첫 번째 전제). 처음의 네 가지 테제는 다음과 같다.

---

27) 이하의 내용에 대해서는 Alexy, RVD, 133쪽 이하 참조. 여기서 제시된 정당화를 알렉시는 이미 자신의 *Theorie der juristischen Argumentation*의 후기(417쪽 이하)에서 개진한 바 있다.

(1) 어떤 것을 주장하는 사람은 진리나 정당성에 대한 요구를 제기한다.[28]

(2) 진리나 정당성에 대한 요구는 정당화가능성에 대한 요구를 함축한다.

(3) 정당화가능성에 대한 요구는 주장된 것을 요청에 따라 정당화할 조건부 의무(prima-facie-Pflicht)를 함축한다.[29]

(4) 적어도 이러한 정당화행위에 관한 한, 정당화들과 더불어 동등한 권리, 비강제성, 보편성에 대한 요구들이 제기된다.

알렉시는 초월화용론적 논증구도를 따라, 모든 언어행위 내지 모든 논의는 필연적으로 모종의 전제조건들을 가정하며 이러한 전제조건들에 이론(異論)을 제기하는 사람은 '수행적 모순'에 빠지게 된다고 본다. 무언가를 주장하는 사람은 진리나 정당성에 대한 요구를 제기한다. 그리고 이러한 요구는 '주장된 것을 요청에 따라 정당화할 조건부 의무'를 포함하는 정당화가능성에 대한 요구를 또다시 함축한다. 이것은 논의에로의 참여에 있어서의 동등한 권리, 논의의 비강제성, 논의의 보편성의 요청을 지시한다. 이런 식으로 논의의 초월적 전제조건들에 상응하는 특정한 담론규칙들에 대한 목록이 작성될 수 있다.[30] 이때에 수행적 모순의 논증이 하버마스에서와 마찬가지로

---

28) 또한 Habermas, FuG, 29쪽을 볼 것.

29) 이와 유사한 것으로는 같은 책, 34쪽.

30) 담론규칙의 목표는 담론의 불편부당성이며 이러한 목표는 논의의 자유와 평등에 대한 보장을 통해 성취될 수 있다. 가장 중요한 규칙들은 다음과 같다(Alexy, *Theorie der juristischen Argumentation*, 240쪽).
    1. 말할 수 있는 모든 사람은 담론에 참여할 수 있다.
    2. (a) 모든 사람은 어떤 주장도 문제 삼을 수 있다.

결정적인 역할을 담당한다는 사실이 우선 우리의 주목을 끈다. 그러나 만약 우리가 주장들이나 이러한 주장들과 결합된 논의를 임의로 포기할 수 있다면 이러한 주장들이나 논의는 어떠한 관점에서도 필연적일 수 없을 것이다. 여기서 이른바 '일관된 논의거부'에 관한 문제가 제기된다. 하버마스의 '약한' 초월적 논증을 한 번 더 약화시키면서 그에 따라 이를 보완하는 복합적 논증구도를 제안하는 알렉시의 의도가 여기서 드러난다. 알렉시에게는 하버마스의 약한 초월주의도 너무 강한 것이다.[31] 알렉시의 보다 약화된 테제는 다음과 같은 의미에서 주장들과 정당화들에 착수하는 것이 필연적이라는 것을 말한다.

> (5) 전 생애에 걸쳐 어떠한 주장도 ([1-3]에서 정의된 의미에서) 제기하지 않고, 어떠한 정당화도 ([4]에서 정의된 의미에서) 제시하지 않는 사람은 인간의 가장 일반적인 삶의 형식에 참여하지 않는 사람이다.

이러한 약화 덕택에 이제 인간의 가장 일반적인 삶의 형식에 참여하는 데 있어서 모든 사람들의 요구에 대해 주장들을 발화하고 정

(b) 모든 사람은 어떤 주장도 담론에 도입할 수 있다.
(c) 모든 사람은 자신의 태도, 의욕, 욕구를 표현할 수 있다.
3. 어떤 화자도 담론의 내부 혹은 외부에서 지배하고 있는 강제로 인해 1과 2에서 확정된 자신의 권리행사를 방해받아서는 안 된다.
하버마스도 보편화원칙을 도출하는 과정에서 알렉시가 제안한 이 담론규칙을 활용한다 (Habermas, *Moralbewuβtsein und kommunikatives Handeln*, 99쪽 이하).

31) Alexy, RVD, 140쪽: "'논의와 상호이해지향적 행위로부터 하차하는 것은 실존적 곤경에 처하게 된다'는 하버마스의 말은 옳을 것이다. 그러나 이로부터 담론규칙들 내지 담론윤리의 원칙들에 대한 정당화가 따라 나오는 것은 아니다. 극히 일부의 공동체들은 이런 종류의 '실존적 곤경'에서 벗어나는 탈출구가 될 수도 있다. 이를 위해 보편적 원칙의 수용이 필수적으로 요구되는 것은 아니다."

당화하는 것이 필수적으로 요구되지 않는다. 왜냐하면 어떤 연관에서든지 그리고 어떤 사람에 대해서든지 간에 이것을 행하는 것이면 충분하기 때문이다. 그러나 이러한 약화에도 불구하고, 이러한 논증은 여전히 초월적인 것이다. 왜냐하면 담론규칙들은 어떠한 특정한 삶의 형식을 규정하는 것이 아니라, 모든 인간의 삶의 형식들에 공통된 어떤 것을 규정하는 것이기 때문이다. 그러나 자신의 삶에서 담론규칙들 속에 표현된 바와 같은 고도로 이상화된 조건을 통해 특징지어지는 담론에 단 한 번이라도 참여하는 것이 인간의 가장 일반적인 삶의 형식에 속한다는 것에 대해서는 전적으로 경험적인 수준에서 반론이 제기될 수 있다.[32] 그래서 알렉시도 테제 (5)를 통해서는 담론규칙들의 정당화를 위해 얻을 것이 별로 없다는 점을 시인한다.

한편, 알렉시는 모든 논의실천들이 이러한 규칙들을 전제한다는 사실만으로는 담론규칙들을 정당화하는 데 충분치 못하다고 본다. 이 첫 번째 논증으로부터 입증된 것은 담론규칙들의 실제적 타당성이 아닌 이상적 타당성에 불과하기 때문이다. 이런 의미에서 초월적 논증은 단지 정당성에 관심을 가지고 있는 사람들에게 그들이 어떤 규칙들을 준수해야 하는지를 명료하게 드러내줄 수 있을 뿐이다. 그러므로 담론규칙들의 타당성은 아직 순수하게 가상적인 채로 남아 있다. 담론규칙들은 "우리가 모든 인간들이 다른 모든 관심들을 능가하는, 이익갈등들을 정당하다는 의미에서 올바르게 해결하려는 관심을 가지고 있다고 전제할 수 있을 때에"[33] 비로소 실제적으로 타당하게 될 것이다. 이

---

32) 이런 관점에서 논의를 전개하는 것으로는 Gril, *Die Möglichkeit praktischer Erkenntnis aus der Sicht der Diskurstheorie*, 141쪽 이하 참조.

33) Alexy, RVD, 140쪽.

제 알렉시는 담론규칙들의 이상적 타당성을 실제적 타당성으로 전환시키기 위해 다음의 두 가지 추가적 논증을 제시한다: 개인적 이익극대화의 논증과 정당성에 대한 관심을 구비한 인간에 대한 경험적 전제들. 이 두 논증을 통해서 알렉시는 자신의 정당화의 초월적 영역에서 벗어난다. 첫 번째 논증은 이익극대화로 정향된 것이며, 이것이 의미하는 바는 통치권을 지닌 엘리트 내에서도 그리고 일반 주민들 내에서도 정당성에 관심을 가지고 있는 충분한 수의 사람들이 고려되는 한, 모종의 정당화를 통해 조치들의 정당성을 입증하는 것이 명령과 폭력을 통해 통치권을 행사하는 것보다 적어도 장기적인 관점에서 볼 때 더 유용하다는 것이다. 두 번째 논증은 첫 번째 논증의 전제조건이 지닌 경험적 타당성을 입증하는 것으로, 정당성에 관심을 가지고 있는─사회적 효력을 발휘하기 위해─충분한 수의 인간들이 고려될 수 있다는 인간학적 근본가정을 제시하는 것이다.

초월적 논증을 약화시키고 공리주의적 논증과 인간학적 논증을 도입함으로써 알렉시는 즉각적인 비난을 불러일으킬 여지를 제공한다. 무엇보다 이 논증들은 자신의 행위를 자기이익에로 정향하지 않는 광신자들에 대해서는 초점을 완전히 상실하게 된다.[34] 이 문제를 차치하고서라도, 더욱이 어느 시대에서나 인간이 담론이론적으로 정당화된 의미에서 정당성에 대해 관심을 가지고 있었다는 것은 전적으로 문제시될 수 있다. 첫째로, 지배세력들이 담론규칙들을 논의하고 적어도 받아들이는 척이라도 하지 않을 수 없다는 의미에서 사회적 효력을 발휘할 만큼 충분히 정당성에 관심을 가지고 있는 사람들

---

34) 이러한 지적은 Gril, *Die Möglichkeit praktischer Erkenntnis aus der Sicht der Diskurstheorie*, 147쪽 이하 참조.

이 특정 공동체 내부에서 그때그때마다 존재한다는 것은 당연히 의심스럽다. 뿐만 아니라 공리주의적 논증은, 장기간에 걸친 관심의 유지에 그 초점에 맞춰져 있는 한에서, 가령 안정된 통치에 관한 장기간의 관심보다는 오히려 나중에 추방될 것을 감수하고서라도 자신의 국민에 대한 단기간의 착취를 추구하는 사람에게는 아무런 설득력도 지니지 못한다. 더욱이 장기간에 걸쳐 자신의 통치를 확보하고자 하는 사람은, 이를테면 논의에 관여하는 것 자체가 이미 장기간에 걸쳐 통치의 토대를 잠식하고 충분히 효과적인 폭력수단을 임의로 처분할 수 있다는 이유에서, 논의실천보다는 오히려 폭력에 호소할 때 자신의 장기적인 통치가 성공적으로 확보될 수 있다는 확신을 가지게 될 수도 있다. 끝으로, 공리주의적 논증은 정당성에 대한 모든 임의의 견해들을 옹호하는 데 사용될 수 있기 때문에, 이를 유독 담론규칙들의 객관적 타당성에 대한 정당화로 간주하는 것은 적합하지 않다는 반론도 중요하다. 그러나 내가 보기에, 가장 심각한 문제는 알렉시가 전략적 태도와 담론규칙들이 양립될 수 있다는 것을 입증하기 위해 담론규칙들의 외적 행동과 관련된 '객관적' 또는 '제도적' 타당성과 동기부여와 관련된 '주관적' 타당성을 구분할 때 발생한다. 알렉시는 담론규칙들에 부합하는 동기부여를 산출하는 것이 담론규칙들을 정당화하는 데 필수적인 구성요소는 아니며, 나아가 여기서 중요한 것은 어떤 이유에서든지 그리고 어떤 태도에서든지 간에 우리가 우리 자신의 행동을 이러한 규칙들에 적합한 것이 되도록 한다는 데에 있다고 주장한다. 정당화해야 할 인권은 칸트적 의미에서 합법성의 영역에 속하는 것이기 때문에, 담론규칙들은 객관적으로 타당한 것이면,

즉 실제로 준수되는 것이면 충분하다는 것이다.35) 그러나 나는 여기서 담론에의 참여가 단지 객관적인 정당화면 충분하다는 결론은 도출되지 않는다고 본다. 왜냐하면 알렉시에게 있어 담론규칙들은 도덕의 영역에 속하는 것이기도 하기 때문이다. 또한 알렉시는 인권을 초실정적 내지 도덕적 권리로 간주하기 때문에, 인권이 단지 합법성의 영역에만 속하는 것으로 이해되어서도 안 된다.36) 알렉시는 담론규칙들로부터 인권을 도출하는 논증의 핵심적 부분에서도 이 의심스러운 구분법을 사용한다.

이하의 단계는 앞서 정당화된 담론규칙들에 기초해서 인권의 정당화라는 과제를 수행하기 위한 것이다. 알렉시는 인권을 정당화함에 있어서 내용문제와 형식문제를 구분한다. 한편으로 내용문제에서는 어떤 인권이 필연적인가라는 물음이 문제시되는데, 바로 이와 관련하여 앞서의 첫 번째 단계와 이하의 두 번째 단계 사이에는 논의수준에 있어서 중요한 차이가 존재한다: "지금까지는 말의 영역과 관련된 규칙인 담론규칙들이 문제시되었다면, 인권에 있어서는 행위의 영역을 위한 규칙 내지 규범이 문제가 된다."37) 다른 한편으로 형식

---

35) Alexy, RVD, 143쪽.

36) 같은 책, 128쪽 [주3]; Alexy, "Menschenrechte ohne Metaphysik?", 16쪽 참조. 그렇다고 해서 알렉시가 인권의 도덕적 성격을 그것의 법적 제도화와 모순되는 것으로 생각하는 것은 아니다. 오히려 알렉시는, 이하에서 밝혀지듯이, 인권을 실정법으로 변환시킬 필연성에 대해 말한다. Alexy, "Die Institutionalisierung der Menschenrechte im demokratischen Verfassungsstaat", 249쪽: "칸트식으로 말해 인권은 합법성의 영역에 속하는 것이다. 따라서 인권을 도덕적 권리로 분류하는 것은 오로지 인권을 실정적 권리로부터 구획한다는 의미만을 지닐 뿐이다."

37) 같은 책, 144쪽; Alexy, "Menschenrechte ohne Metaphysik?", 20쪽: "담론참여자로서 담론참여자들의 자유와 평등이라고 하는 것이 일단 논의의 영역에 발을 들여놓게 되면 회피될 수 없는 전제조건이라는 테제가 옳은 것으로 가정된다. 그러나 이렇다 해도 아직 인권이 정당화된 것은 아니다. 필연적으로 다른 사람들을 담론 속에서 동등한 권한을 지닌 존재로 대우해야 한다는 것이 필연적으로 이들을 행위의 영역에서도 자유롭고 평등한 존재로

문제에서는 이러한 내용을 실정법으로 변형시킬 필연성이 문제시된다. 인권을 정당화하기 위해서는 실정법 일반의 필연성이라는 또 하나의 토대가 필요하다. 왜냐하면 인권은 실정법으로 변형될 때에만 자신의 완전한 힘을 발휘할 수 있기 때문이다. 따라서 법이 필연적이라는 사실이 먼저 입증되지 않으면 안 된다. 알렉시에 의하면, 이것은 세 가지 문제의 관점에서 조망될 수 있다: 인식문제, 관철문제, 조직문제.[38] 인식문제는 담론이론이 유한한 횟수의 시행에서 언제나 정확히 하나의 결과를 얻을 수 있도록 허용하는 어떠한 절차도 제공하지 않는다는 사실에서 비롯된다. 이 때문에, 어떠한 결정을 내릴 수 있으려면, 우리는 (예컨대, 다수결원칙과 같은) 원칙들을 토대로 기능하는 법적으로 규제된 절차를 취하지 않으면 안 된다. 관철문제는 담론들 속에서 비록 통찰들이 산출될 수는 있다고 할지라도 언제나 그에 상응하는 동기부여들이 산출될 수는 없다는 사실로부터 발생한다. 그러므로 담론들 속에서 정당화된 규범들 내지 행동지침들에 대한 준수를 강제하는 것은 필연적이다. 이로부터 법의 필연성이 따라 나온다. 끝으로 조직문제는 많은 도덕적 요구들과 추구할 가치가 있는 목표들이 개인적 행위와 자발적 협동만으로는 충분히 이행되거나 성취될 수 없다는 사실에서 비롯된다. 따라서 필수적으로 요

인정해야만 한다는 것을 함축하는 것은 아니기 때문이다. 우리는 노예와 토론할 수도 있다." 이에 반해, 코르티나는 실천적 문제에 관한 담론을 위한 절차적 규칙들과 규칙에 따라 인도되는 담론에 기초하여 정당화될 수 있는 권리들 사이의 어떠한 분명한 구분도 제시하지 않았다는 점에서 근본적인 한계를 안고 있다(Cortina, "Diskursethik und Menschenrechte", 37-49쪽 참조).

38) Alexy, RVD, 144쪽 이하; Alexy, "Die Institutionalisierung der Menschenrechte im demokratischen Verfassungsstaat", 254쪽 이하 참조. 법의 필연성에 대한 이러한 알렉시의 논의는 앞서 [주7]에서 언급한 바와 같이 법이 인지적, 동기적, 조직적 측면에서 도덕을 보완한다고 말하는 하버마스의 논의와 유사하다(Habermas, FuG, 146쪽 이하 참조).

구되는 조직은 법을 전제한다.

법의 필연성을 입증한 다음, 알렉시는 마침내 인권에 대한 담론이론적 정당화에 착수한다. 이때에 그는 직접적인 정당화와 간접적인 정당화를 구분한다. 직접적인 정당화는 특정한 권리들이 개별 담론들의 실제적인 수행과는 무관하게 오로지 담론이론에만 기초해서 타당하다는 것이 입증될 수 있을 경우에 발생한다. 이와 같은 권리들은 좁은 의미에서 '담론적으로 필연적'이다.[39] 이에 반해, 인권에 관한 결정이 실제로 행해지는 정치적 과정 ─ 그러나 이 과정도 담론이론적으로 정당화된 특정한 요구들을 충족시키지 않으면 안 된다 ─ 에 위임될 경우에는 간접적인 정당화가 문제가 된다. 간접적으로 정당화된 권리는 '담론적으로 가능한' 것이기만 하면 된다. 알렉시는 이 중 첫 번째 가능성에만 관심을 기울인다. 그의 견해에 의하면, 담론규칙들은 단지 말의 규칙들일 뿐이기 때문에, 담론규칙들로부터 인권을 도출하는 어떠한 직접적인 추론도 존재하지 않는다. 타인을 담론 속에서 동등한 권한을 지닌 상대방으로 대우한다는 것이 곧 타인을 그 자체로, 따라서 행위의 영역에서도 인격체로 인정한다는 것을 의미하는 것은 아니다. 이를 위해서는 **추가적인 전제들**이 요구된다. 알렉시는 인권에 대한 직접적인 담론이론적 정당화에 기여하는 세 가지 논증을 제시한다: 자율성논증, 합의논증, 민주주의논증. 이러한 세 가지 논증은 상호 보완 및 보강의 관계를 맺고 있다. 이 중 핵심을 차지하는 것은 자율성논증이기 때문에, 이하에서는 자율성논증만을 살펴볼 것이다.[40]

---

39) Alexy, RVD, 143쪽. '담론적으로 필연적으로'와 '담론적으로 가능하게'라는 표현의 의미에 대해서는 Alexy, *Theorie der juristischen Argumentation*, 35, 171, 256쪽을 볼 것.

자율성논증은 "담론들에 진지하게 참여하는 사람은 자신의 대화상대방들의 자율성을 전제하며, 이에 따라 특정한 인권에 대한 이의제기를 배제한다"는 것을 의미한다.[41] 알렉시는 담론에 '진지하게 또는 진정으로' 참여하는 사람은 누구나 다음과 같은 '자율성원칙'을 받아들인다는 점을 보이고자 한다: "사람들이 스스로 충분한 반성과 토의를 거친 뒤에 타당하다고 판단한 원칙들을 자유롭게 채택함으로써 자신의 행동을 결정하는 것이 바람직하다."[42] 알렉시가 자율성원칙을 정당화하려는 이유는 이 원칙을 받아들이는 사람은 자신의 대화상대방의 자율성을 담론 속에서뿐만 아니라 행위의 영역에서도 받아들일 것이며, 이를 통해 **담론의 영역**과 **행위의 영역** 사이의 구분이 제거될 수 있기 때문이다. 따라서 이 논증에서 결정적인 것은 담론에 진지하게 참여하는 상황이다. 알렉시는 자율성원칙에 도달할 수 있을 정도로 충분히 강한 진지한 참여에 대한 이해방식을 제안한다: "오직 사회적 갈등들을 담론적으로 산출되고 통제된 합의들을 통해 해결하고자 하는 사람만이 도덕적 담론에 진지하게 참여한다."[43] 알렉시에 따르면, 바로 이 강한 의미에서의 진지한 참여 개념을 통해 자율성원칙이 인정되고 담론과 행위 사이의 구분이 지양되며, 이에 따라 담론 내부의 자유와 평등이 행위의 영역으로 이전된다.[44]

---

40) Alexy, RVD, 148쪽 이하.

41) 알렉시는 초월적 논증 개념을 충분히 넓게 정의하면 자율성논증 역시 일종의 초월적 논증으로 볼 수 있다고 말한다(같은 책, 148쪽 [주48] 참조).

42) 이것은 니노가 '도덕적 담론의 근본규범'이라고 부른 것이다. 알렉시는 니노의 논증을 자율성논증의 한 버전으로 간주하면서 니노의 '도덕적 담론의 근본규범'을 '자율성원칙'으로 특징짓는다(Nino, *The Ethics of Human Rights*, 138쪽 참조).

43) Alexy, RVD, 149쪽.

그러나 내가 보기에, 이 논증은 초월적 논증이라기보다는 오히려 하나의 순환논증에 불과하다. 이 논증이 초월적 논증이 될 수 있으려면, 앞서 살펴본 바와 같이, 다음의 두 조건을 충족시킬 수 있어야 한다: (a)우리가 담론에 진지하게 참여하는 것이 필연적이다. (b)그리고 이때에 대화상대방의 자율성을 전제하는 것이 필수적으로 요구된다. 그러나 담론에 진지하게 참여하는 것이 불가피한 상황이라는-진지한 참여 개념과 담론 개념이 필연적으로 결합되어 있다는-주장은 전혀 설득력이 없으며, 이런 이유에서 이 논증은 결코 초월적일 수 없다. 오히려 알렉시는 진지한 참여의 의미를 담론참여자가 상대방들의 자율성을 인정한다는 사실을 함축할 만큼 처음부터 충분히 강한 규범성을 내포한 것으로 규정하였다. 보다 정확히 말해, 알렉시는 자신의 의도에 부합하도록 이 개념을 처음부터 담론 내부의 판단의 자율성과 담론 외부의 행동의 자율성을 통합시킬 수 있는 능력이나 태도로 정의하였다. 이런 이유에서 이 논증은 순환적이다. 만약 이것이 순환논증의 혐의에서 벗어나 초월적 논증의 지위를 얻을 수 있으려면, 우선 진지한 참여 개념이 비자의적, 일반적 방식으로 정의될 수 있어야 할 것이다. 그리고 이 개념을 일반적 의미에서 규정하려면, 이 개념에 내포된 강한 규범성을 약화시키지 않으면 안 될 것이다. 그런데 이렇게 되면, 이 개념의 규범성이 약화되는 정도에 비례해서 담론참여자가 상대방들에게 인정하게 되는 자율성의

---

44) 같은 책, 149-150쪽: "사회적 갈등들을 담론적으로 산출되고 통제된 합의들을 통해 해결하고자 하는 사람은 자신의 대화상대방들의 권리, 즉 오직 그들이 충분한 숙고를 거쳐서 옳으며 이에 따라 타당하다고 판단한 원칙들로 자신들의 행동을 정향할 권리를 받아들인다."

유형도 행동의 자율성에 미치지 못하는 단순한 담론적 자율성으로 축소되고 말 것이며, 이에 따라 알렉시의 의도와는 달리 결국 행위와 담론 사이의 구분은 제거될 수 없을 것이다. 사실상 알렉시의 자율성원칙은 단지 인권을 정당화하기 위해서는 자율적 행위주체가 요청된다는 점, 그리고 이 자율적 주체는 자신이 충분한 고려 끝에 옳다고 판단한 규칙들이나 원칙들에 따라 행위하는 존재라는 점을 의미할 뿐이다.

그러나 어쨌든 알렉시는 자신의 논증을 초월적인 것으로 만들기 위해 진정한 참여 개념이 어떤 식으로든 담론 개념과 필연적으로 결합되어 있다는 점을 보이고자 한다. 그는 진정한 담론참여자는 자율성원칙을 필연적으로 전제해야 하지만, 이 자율성원칙은 결코 진지하게 또는 진정으로 담론들에 참여할 책무를 정당화해주지는 않는다고 말한다. 여기서 우리는 또다시 전략적 태도에서 담론에 참여할 가능성에 직면한다. 알렉시는 우리가 우리의 대화상대방들의 자율성에 대해 전혀 관심이 없으면서도 담론에 참여할 수 있다는 사실을 인정한다. 그러나 알렉시에 의하면, 자율성원칙의 객관적 타당성은 단지 자신의 이익의 극대화에만 관심이 있는 사람에 대해서도 정당화될 수 있다. 마키아벨리의 권고와 관련하여[45] 알렉시는 다음과 같은 철저하게 실용적인 (냉소적이라고도 말할 수 있을) 논증을 제시한다: "담론을 통해 정당화를 획득하고자 하는 사람은 그 담론 속에서 적어

---

45) 알렉시는 다음과 같은 마키아벨리의 권고를 인용한다: "여우가 되는 방법을 가장 잘 이해한 사람이 가장 잘 살아간다! 그러나 우리는 여우의 본성을 숨기는 법을 배워야만 하며 위선과 위장의 달인이 되어야만 한다. [···] 그러므로 통치자는 앞서 언급한 모든 좋은 특성들을 실제로 소유할 필요는 없다. 그렇지만 그는 자신이 이러한 특성들을 소유하고 있는 듯한 인상은 주어야 한다"(같은 책, 143쪽).

도 자신의 담론상대방들의 자율성을 받아들이는 척이라도 하지 않으면 안 된다. 〔…〕 만약 그가 이렇게 하지 않는다면, 그의 담론상대방이 지닌 담론에 대한 관심과 동시에 그에게 있어서 정당화의 가능성은 〔…〕 무화되어 버리고 말 것이다.”46) 이를 통해 알렉시는 자율성원칙의 객관적 내지 제도적 타당성이 입증된다고 본다. 여기서 알렉시는 앞서 언급한 이유에서 의심스러운, 주관적 내지 동기부여적 타당성과 객관적 내지 제도적 타당성 사이의 구분을 다시 도입하고 있다. 결론적으로 알렉시는 자율성원칙이 다음과 같은 이중의 의미에서 정당화될 수 있다고 주장한다: “첫째, 진정으로, 즉 충분한 의미에서 진지하게 담론들에 참여하는 모든 사람은 필연적으로 자율성원칙을 전제해야만 한다. 둘째, 진정한 담론참여에 어떠한 관심도 가지고 있지 않은 사람은 만약 그가 장기적으로 자신의 개인적 이익을 극대화하고자 한다면 담론들 속에서 적어도 이 원칙을 받아들이는 척이라도 해야만 한다.”47)

이제 알렉시는 이런 식으로 정당화된 자율성원칙으로부터 권리들의 체계를 도출하기 위한 단계로 나아간다. 알렉시에 따르면, 법의 필연성에 대한 정당화와 자율성원칙에 대한 정당화로부터 ‘자율성에 대한 일반적 권리’가 연역될 수 있다. 이 자율성에 대한 일반적 권리는 가장 일반적인 인권이자 기본권으로서 다음을 의미한다: “모든 사람은 무엇이 바람직하며 무엇이 좋은 것인지를 자유롭게 판단하고 이에 따라 행위할 권리를 지닌다.”48) 이러한 ‘일반적 자유권’

---

46) 같은 책, 152쪽.
47) 같은 책, 153쪽.
48) 같은 곳. 알렉시에게 있어 이 자율성에 대한 권리는 일종의 법원칙으로서의 위상을 지닌

으로부터 구체적이거나 특수한 기본권 및 인권의 목록이 확정될 수 있다. 그리고 이러한 구체적인 목록의 확정은 우리가 특정한 구체적 권리가 단지 자율성에 대한 권리의 특수한 경우에 불과하다는 점을 입증하거나, 특정한 권리가 자율적으로 행위할 수 있기 위한 필연적 수단이라는 점을 설명함으로써 이루어질 수 있다. 첫 번째 활동을 통해서는 구체적 자유권들의 전체 목록이, 그리고 두 번째 활동을 통해서는 (가령 최저생계비에 대한 권리와 같은) 국가를 통한 보호에 대한 권리와 사회적 기본권이 정당화될 수 있다.

그러나 지금까지의 나의 논의가 틀리지 않다면, 알렉시의 인권 정당화의 모델은 담론이론을 특징짓는 초월적 성격을 약화시키면서부터 논란이 많은 경험적 논쟁들에 휩싸이게 된다. 그리고 이러한 약화는 무엇보다 알렉시로 하여금 담론규칙들의 객관적 타당성과 주관적 타당성을 서로 구분하도록 만드는데, 이것은 그의 인권 정당화에 있어서 가장 문제의 소지가 많은 것이다. 내가 보기에, 알렉시의 관점이 지닌 의의는— 그것의 성공 여부와는 무관하게— 인권을 정당화함에 있어서 하버마스처럼 기능적 정당화에 만족하지 않고자 할 때, 담론이론이 외부로부터 추가적으로 도입해야만 하는 전제가 무엇인지를 명시적으로 드러내준다는 데에 있다: **행위와 담론 사이의 분리를 지양하고 동시에 담론 내부의 자유와 평등을 행위의 영역으로 이전시킬 수 있으려면 이 두 영역을 통합하는, 말하고 행위하는 능력을 지닌 주체의 자율성이 요청된다.**

다. 또한 알렉시는 각자의 무제한적 자율성이 서로 충돌할 수 있기 때문에, 이러한 권리는 다른 사람들의 자율성과 양립가능해야 한다는 의미에서 단지 조건부 권리(prima facie-Recht)로만 이해되어야 한다고 말한다.

포르스트의 구성주의적 인권 개념

알렉시는 담론이론에 기초해서 인권을 정당화하고자 할 때 담론 이론의 외부로부터 불가피하게 추가적 전제가 요구된다는 점을 정당하게 확인시켜주었지만, 그에 대한 어떠한 적극적인 이론적 해명도 시도하지 않았다는 점에서 일정한 한계를 지니고 있다. 이에 대한 이론적 해명은 이제 포르스트에 의해 좀 더 적극적으로 부각되고 다루어진다. 포르스트는 롤스―하버마스 논쟁의 성과를 비판적으로 수용함으로써 사회의 기본구조를 정당화하는 규범적 조건들을 제시해줄 수 있는 비판적 정의론을 확립하고자 한다. 이러한 목표를 이루기 위해 그는 '도덕적 구성주의'와 '정치적 구성주의'의 2단계로 이루어진 하나의 통합된 '담론적 구성주의'라는 이론건축술을 제시한다.[49] 이에 따라 포르스트는 인권 역시 하나의 구성주의적인 개념으로 이해한다. 그에게 인권은 "그것을 부정할 어떠한 정당한 근거도 알고 있지 못한 도덕적 인간들이 서로에 대해 그것을 인정할 의무를 지고 있는, 정당화된 구성물이다."[50] 이러한 구성주의적 인권 개념은 도덕적 구성주의의 차원에서는 어떠한 개인이나 국가도 다른 개인이나 국가

---

49) 포르스트는 담론적 구성주의를 본격적으로 전개하기에 앞서, 인권 개념에 대해 제기되는 반론들의 기저에 놓인 규범적 핵심을 파악하기 위해 이 반론들의 논리를 분석하는 것으로부터 자신의 논의를 시작한다. 그의 테제는 바로 이 규범적 핵심이 이러한 반론들이 그 가능성을 부정했던 인권의 토대를 위한 기초의 역할을 담당할 수 있다는 것이다. 이러한 논의를 통해 그는 인권에 관한 간문화적 담론을 위한 조건이 관련된 문화내적 담론들을 적절히 검토하는 가운데 주어질 수 있다는 사실을 입증하고자 한다(Forst, *Das Recht auf Rechtfertigung*[이하 RaR], 293쪽 참조). 이와 유사한 논의구도하에서, 장은주는 '문화적 자기주장'에 대한 비판적 검토를 통해 인권이 문화적 차이에 대한 모든 정당한 자기주장의 필연적인 규범적 자기전제라는 점을 논증한 바 있다(장은주, 「문화적 차이와 인권: 동아시아의 맥락에서」; 장은주, 「인권의 보편주의는 추상적 보편주의인가?: 비판에 대한 응답」 참조).

50) 같은 책, 306-307쪽.

에 대해서 정당한 방식으로 거부할 수 없는 일반적 권리들의 개념이 정당화되는 데 반해, 정치적 구성주의의 차원에서는 이러한 일반적 권리들이 역사적, 사회적 맥락에 따라 상이하게 기본권으로 구체적으로 해석되고 실현되는 법적, 정치적, 사회적 기본구조 개념들을 전개하는 것이 문제가 된다. 이러한 인권의 구성주의가 구성주의 일반의 본질적 특성─도덕적 인간관, 실천적으로 합당한 정당화의 원칙들, 규범구성의 절차─을 유지하면서도, '담론적' 성격을 지녀야 하는 이유는 특정한 규범들을 위한 근거들이 그 규범들이 제기하는 타당성 요구의 수신자들 사이에서 발견되고 이들에 의해서 검토될 수 있도록 해주는 절차를 확보하기 위해서이다. 포르스트는 이런 식으로 인권의 목록에 대한, 또는 개별적인 정치적 기본구조 내에서의 인권의 특정한 해석에 대한 후견주의적 고정화를 피하고, 인권과 민주주의 사이의 직접적 결합을 해명하고자 한다.

　일반적인 인권의 목록을 도출하는 과제를 수행하는 도덕적 구성주의의 핵심적 구성요소는 '정당화원칙(Rechtfertigungsprinzip)' (그리고 상호성과 일반성의 규준), '정당화에 대한 권리(Recht auf Rechtfertigung)', 그리고 도덕적 인간관이다. 포르스트에 의하면, 만약 도덕적 타당성 요구에 대한 분석에 기초해서 이러한 타당성 요구의 이행을 가능하게 해주는 조건들을 해명하고자 한다면 우리는 정당화원칙과 정당화에 대한 권리에 동시에 도달하게 된다. 그리고 이러한 원칙과 권리는 순환적으로[51] 재구성되어야 하며, 이 순환적

---

51) 포르스트는 벨머(Albrecht Wellmer)를 따라 오직 순환적 반성을 통해서만 실천적으로 합당한 행위에 대한 정당화의 전제들이 규범적 맥락에서 재구성될 수 있다고 보며, 이에 따라 아펠처럼 '궁극적 정당화'를 요구하지 않는다.

과정은 오직 담론적으로만 충족될 수 있다. 정당화원칙은 다음을 의미한다: 규범은 바로 그것을 받아들이고자 하는 사람들 내지는 그것에 의해 도덕적으로 중요한 방식으로 관련된 사람들의 담론과정 속에서 그 타당성을 상호적-일반적으로 입증할 수 있어야만 한다.[52] 또한 포르스트는 이러한 담론적 정당화실천에서 수락가능한 근거들과 수락불가능한 근거들을 서로 구별할 수 있도록 해주는 상호성과 일반성이라는 두 가지 규준을 추가로 제시한다. 첫째, 특정한 규범적 요구를 정당화하는 근거들은 상호적으로 거부될 수 없는 것이어야만 한다. 다시 말해, 이러한 요구의 저자는 자신의 수신자에게 인정하기를 거부하는 어떠한 권리들이나 특권들도 요구할 수 없다. 이때에 또한 저자는 자신의 고유한 견해, 이익, 가치를 타인에게 투영해선 안 되며, 따라서 상호성의 규준을 충족하는 방법을 혼자서, 즉 비상호적으로 결정해선 안 된다. 그리고 이것은 이 요구의 수신자의 경우에도 마찬가지다. 둘째, 정당화공동체는 도덕적 맥락에서 임의로 제한되어선 안 되고, 행동들이나 규범들에 의해 도덕적으로 중요한 방식으로 관련된 모든 당사자들을 포함해야만 한다. 이제 상호성과 일반성의 규준에 따르면, 상호적-일반적으로 동의를 구할 수 있는 규범들만이, 또는-부정적 정식화[53]의 형태로 표현하자면-어느 누구도 그런 식으로 규정할 수 있는 충분한 근거를 가지고 합당하게 반대할

---

52) 같은 책, 129, 307쪽 참조.

53) 포르스트는 이 부정적 정식화를 스캔런(Scanlon, "Contractualism and Utilitarianism", Sen/Williams, eds., *Utilitarianism and Beyond*, Cambridge: Cambridge University Press, 1982)에게서 원용하고 있지만, 이를 스캔런과 다르게 해석한다. 포르스트는 '거부하는 것이 합당하지 않은(not reasonable to reject)'이라는 스캔런의 정식화 가운데 '합당한'이라는 용어를 상호성과 일반성이라는 규준을 통해 명료화함으로써 이 용어를 스캔런보다 더 정확하게 규정하고자 한다.

수 없는 규범들만이 타당성을 요구할 수 있다. 이런 의미에서 포르스트는 인권을 어느 누구도 타인에게 합당하게, 즉 상호적-일반적 논증들을 통해 거부하거나 부정할 수 없는 권리로 규정한다. 물론 이러한 정당화원칙(그리고 상호성과 일반성의 규준)은 하버마스의 담론원칙에 상응하는 것이다. 그러나 양자의 차이점은 하버마스의 담론원칙이 합의로 정향된 단순한 합의규준인 데 반해, 포르스트의 정당화원칙은 의견의 불일치 상황에서도 상이한 입장들의 정당화가능성을 평가할 수 있도록 해주는 일종의 조건부 합의규준이라는 점이다. 따라서 이 규준은 합의에 이를 수 없는 경우에 있어서도 어느 정도 정당화가능한 논증들 사이의 구별을 허용해준다. 바로 여기서 담론이론에 대한 포르스트 특유의 구체화가 드러난다. 요컨대, 상호성과 일반성의 규준은 한편으로 합의를 위한 조건들을 지시해주지만, 다른 한편으로 의견이 불일치할 경우에는 입장들과 주장들에 대한 '합당성' 여부를 판정할 수 있는 조건을 지시해준다.

포르스트에 의하면, 인권의 요구가 제기되는 것은 부당하게 존속하는 것으로 지각된 구조들에 대한 정당화가 특정한 방식으로 요구되고 있는 사회적 갈등 속에서이다. 그는 이러한 상황 속에서 '인간이 된다는 것의 의미와 관련된 어떠한 공통된 실질적 가치나 형이상학적 관념도 발견되지 않을 수 있지만, 어떠한 문화나 사회도 거부할 수 없는 적어도 하나의 근본적인 도덕적 요구가 존재한다는 점은 확인될 수 있다고 주장한다: 우리가 다른 사람들을 그들이 종속되어 있는 행동들, 규칙들, 구조들에 대한 근거를 제공받을 만한 존재로 존중해야 한다는 무조건적인 요구. 포르스트는 모든 인간이 지닌 가장 보편적이고 기본적인 이러한 요구를 정당화에 대한 권리로 명명한다. 이 정당화에 대한 권리는 다음을 의미한다: 적어도 타당한 근거가 제시될 수 없는 방식으로 대우받아선 안 된다는 의미에서 자율적인 **도덕적 인격체**로 존중받을 권리.[54] 정당화에 대한 권리는 그 자체가 특수한, 상호주관적으로 정당화되고 인정된 인권이 아니라 구체적인 권리들 자체의 정당화를 위한 토대가 된다는 의미에서 도덕적 권리이자 근본적인 권리로 간주된다.[55] 그러나 정당화에 대한 권리가 인권에 대한 요구의 핵심, 그리고 특정한 인권을 구성하기 위한 토대가 된다는 것은 곧 이러한 권리로부터 그 밖의 모든 권리들이 도출될 수 있다는 것을 의미하는 것은 아니다. 정당화에 대한 권리는 우리가 그것이 지닌 보편주의적 함축들을 담론적으로 전개할 경우, 다양한 방식으로 사회질서의 두터운 형식들 속으로 들어가는 일종의 핵심도덕으로 기능한다. 이때 주의해야 할 점은 포르스트가 정당화에 대한 권리를 정당화원칙으로부터 '파생된' 것으로 이해하지 않는다는 것이다.[56] 앞서 언급한 바와 같이, 양자는 오히려 도덕적 맥락에서 개인적 행위 내지 일반적 규범을 정당화하는 것이 지닌 의미에

---

54) Forst, RaR, 300쪽.

55) 같은 책, 308쪽 [주20] 참조: "이때에 물론 정당화에 대한 권리가 담론적으로 정당화된 권리들과 동일한 수준에 놓여있지 않다는 것을 지적하는 것이 중요하다. 이것은 오히려 이러한 정당화에 대해 선행하는 권리이기 때문이다."

56) 포르스트가 이 점을 환기시키는 것은, 의사소통적 합리성으로부터 개인적 자유를 도출하는 것은 불가능하다는 담론이론 진영에서 일반적으로 받아들여지고 논증을 의식하고 있기 때문인 것으로 보인다. 이러한 논증을 대표하는 것으로는 다음을 참조할 것. Wellmer, *Endspiele: Die unversöhnliche Moderne*, 42쪽; Günther, "Diskurstheorie des Rechts oder liberales Naturrecht in diskurstheoretischem Gewande?", 473쪽: "법의 담론이론은 개인적 자유권 그 **자체**를 의사소통적 합리성으로부터 '정당화' 내지 '도출'하려는 모든 시도를 포기한다는 급진적인 귀결을 이끌어낸다. 오히려 법의 담론이론은 주관적 자유 내지 사적 자율성에 대한 권리의 범주를 법형식의 구성요소로, 그것도 강제권한의 이면(裏面)으로 간주한다"(강조는 귄터).

대한 담론적 해명과 결합되어 있는 하나의 순환적 반성 속에서 동시에 그 모습을 드러낸다.

그런데 포르스트에 의하면, 규범의 타당성 조건을 해명해주는 정당화원칙(그리고 상호성과 일반성의 규준)에 대한 '인지적' 통찰은 도덕적 인간이 정당화에 대한 근본적 권리를 유보하지 않을 의무를 지니고 있다는 '규범적' 통찰과 서로 결합되어 있다. 왜냐하면 정당화원칙은 도덕적 인격체를 위한 행동관련적이며 구속력 있는 원칙이라는 점에서, 이에 대한 통찰이 순수하게 인지적인 유형의 통찰일 수는 없기 때문이다. 여기서 포르스트는 한편으로 논의원칙에 대한 인지적 통찰과 다른 한편으로 담론적으로 정당화된 규범에 의한 책무 사이에 '정당화이론적 간격(begründungstheoretische Lücke)'이 놓여 있다는 사실에 주목한다.57) 앞서 알렉시가 담론영역과 행위영역 사이의 구분을 제거하기 위해 행위주체의 자율성을 담론 외부로부터 요청할 필요성에 직면했던 바로 그 이유에서, 이제 포르스트는 이러한 간격을 좁히기 위해 정당화원칙에 관한 합당한 통찰을 도덕적 실천에서 이러한 정당화원칙에 상응하는 정당화에 대한 권리에 관한 규범적으로 충만한 **실천적 통찰**과 결합시킨다. 그리고 이와 같은 결합은 바로 도덕적 자율성의 관점 내부에서 이루어진다.58) 나아가 이 도덕적 자율성은 정당화하며 정당화를 요구하는, 그리고 이에 따라 자율적인 존재로서의 인간 개념을 전제한다. 이러한 인간 개념은 윤

---

57) 이러한 간격은 하버마스가 '논의의 전제조건들이 지닌 약한 초월적 강제의 당위'와 '행동규칙의 규정적 당위'를 서로 구분한 것에서 비롯된다(Habermas, *Erläuterungen zur Diskursethik* [이하 EzD], 191쪽 참조). 또한 Habermas, EdA, 63쪽 참조.

58) Forst, RaR, 130–131쪽, [주14] 참조.

리적 관점에서 모든 삶의 연관과 세계연관 속에서 자기결정을 내리는 포괄적인 인간 개념과 결합되어 있지는 않다고 할지라도, 도덕적으로 중요한 맥락들에서 근거를 요구하고 제시하는 인간으로서의 자기이해와는 결합되어 있다. 도덕적으로 자율적인 인격체는 정당화원칙과 이에 상응하는 정당화에 대한 의무 내지 권리에 관한 이러한 실천적 통찰의 능력을 통해 특징지어진다. 그리고 적절한 근거들을 제시하거나 인정할 수 있는 능력과 자신에게 적용되는 규범들에 대한 동권적인 저자와 수신자가 될 것을 요구할 수 있는 능력은 바로 이러한 자율적인 도덕적 인격체에게 특징적인 것이다.

이상에서 간략히 해명된 바와 같은 도덕적 구성주의는 정치적 구성주의와 서로 결부되고 통합되어야 한다. 도덕적 구성주의로는 어떠한 규범적으로 수락가능한 근거들도 그 타당성에 반대할 수 없을 것으로 가정되는 지나치게 일반적인 권리들의 목록에 도달할 수밖에 없기 때문에, 이러한 권리들은 오직 사회적 맥락 속에서만, 다시 말해 법적으로 구성된 정치질서 내에서만 구체적으로 조형되고 제도화될 수 있다. 도덕적 인격체들이 도덕적 권리로 요구하고 정당화할 수 있는 권리들을 이들은 또한 특수한 정치공동체의 시민들로서 특정한 형식으로 요구하고 정당화할 수 있어야만 한다. 따라서 두 개의 분리된 구성절차가 존재한다는 생각은 그 자체가 이미 하나의 추상이다. 도덕적 정당화는 규범적 의미에서 정치적 정당화의 내적 핵심을 형성한다. 보편적인 도덕적 맥락에서 타당한 것은 또한 우리가 도덕적 인간으로서 그리고 동시에 시민으로서 특정한 권리들을 요구하는 개별적인 정치적 맥락에서도 명백히 타당하지 않으면 안

된다. 따라서 도덕적 구성주의의 수준에서 정당화되는 인권은 법체계 속에서 단순히 반영되기만 하면 되는 것으로 사전에 주어진 어떤 것을 의미하지 않으면서도 모든 정당한 사회의 기본구조의 내적 핵심을 구성한다. 그리고 그때그때마다 인권이 취하는 형식은 당사자들에 의해 담론적으로 결정되어야 한다.

이러한 포르스트의 도덕적 구성주의와 정치적 구성주의의 통합된 2단계성 모델은 인권과 국민주권의 **동근원성** 테제를 포함하긴 하지만, 하버마스가 이 테제를 옹호하는 방식과는 다르다.[59] 포르스트는 하버마스의 출발물음─시민들이 자신의 공동의 삶을 실정법을 수단으로 해서 정당하게 규제하고자 할 때, 서로에게 인정해야만 하는 권리는 어떤 것인가?[60]─에서 시작해서 이 물음을 담론원칙의 토대 위에서 답변되어야만 할, 도덕적인 동시에 정치적─법적인 물음으로 이해하게 되면, 도덕이 법과 민주주의 속에 편입될 수도 없으며 이들에게 완고하게 대립될 수도 없는 것으로 가정되는 동근원성 테제에 이르게 된다고 주장한다.[61] 그는 정당화원칙에 대한 일관된 해석에 기초해서 도덕, 법, 민주주의를 내적으로 결합시키는 인권과 국민주권의 동근원성 이론을 제시하고자 한다. 이에 따르면, 정당화에 대한 권리는 정치적 정당화의 절차 속으로 옮겨가야 하고 정당한 실정법으로 나아가야 하지만, 동시에 정당화의 이러한 형식에 대한 법적 제도화에 내재하는 권리들뿐만 아니라 도덕적 관점에서─그리고 이에 따라 정당한 법의 체계에서─합당하게 거부할 수 없는 인권들

---

59) 같은 책, 175쪽 이하, 316쪽 이하 참조.
60) Habermas, FuG, 109, 151쪽.
61) Forst, RaR, 171쪽 참조.

도 요구한다. 그리고 물론 이러한 인권 자체는 다시 한번 구체적으로 정치적으로 정당화되고 규정되며 제도화되어야 한다. 이를 통해 포르스트는 인권과 국민주권 사이의 법내재적인 결합과 아울러 도덕적으로 정당화된 결합을 해명할 수 있을 것으로 기대한다.[62) 이와 같이 포르스트가, 하버마스와는 달리, 도덕적 구성주의의 차원을 강조하면서도 인권과 국민주권의 동근원성 테제를 견지할 수 있는 것은 바로 그의 정당화에 대한 권리 개념이 지닌 특유한 위상에서 기인하는 것으로 보인다. 그에게는 도덕적으로 정당화된 일반적인 인권의 목록뿐만 아니라 정치적 자율성의 행사도 정당화에 대한 권리라는 동일한 뿌리에 기원을 두고 있기 때문이다.

하버마스의 관점은, 정당한 사회의 기본구조를 확립하는 것이 시민들로 하여금 정치적 정당화의 주체뿐만 아니라 법적 주체가 되도록 하는 민주적 법치국가로 귀결되는 한에서, 포르스트의 정치적 구성주의의 관점과 일치한다. 그러나 포르스트는 이를 통해서 도덕적 구성주의의 수준이 충분히 고려되는 것은 아니라고 주장한다. 왜냐하면 이 수준은 도덕적 인격체라면 특정한 정치적 맥락 속에서든지 아니면 이를 넘어서든지 간에 도덕적 의미에서 서로에게 빚지고 있는 모종의 권리를 인정하지 않으면 안 된다는 것을 보여주기 때문이다. 담론원칙을 법형식과 결합시키고 이에 따라 인권을 민주적 자기결정에 대한 법형식적 제도화의 함축으로 간주하는 하버마스의 논증은, 포르스트가 보기에, 인권이 지닌 이러한 규범적 차원을 충분히 개념화하지 못한다. 나아가 그는 하버마스가 사적 자율성을 주

---

62) 같은 책, 175쪽 참조.

로 의사소통을 거부할 자유로 이해한다는 점에서 인격체의 자율성을 보호해주는 인권이 지닌 '본질적 가치'[63)]를 과소평가하고 있다고 주장한다. 이에 반해, 포르스트는 자신의 2단계성 모델에서는 처음부터 가능한 최대의 평등한 자유에 대한 규범적 요구가 존재하며 하버마스의 경우와는 달리 주관적 자유권의 본질적 가치가 정당화 속에서 직접 받아들여질 수 있기 때문에, 특히 자유주의적 보호권을 해명하기 위해 법형식과 관련된 어떠한 함축논증도 필요로 하지 않는다고 말한다. 그는 이러한 권리가 정치적 자율성의 제도화를 위해 필수적인 법매체 속에 함축된 것이며 이에 따라 주관적 자의의 영역의 해방을 포함할 뿐만 아니라, 인격체들의 특정한 윤리적 정체성에 대한 '보호막(Schutzhülle)'으로서도 기능한다는 점을 강조한다.[64)] 그는 이러한 본질적 가치가 동근원성 테제 속에 수용되어야 한다고 주장한다.

또한 포르스트는 자신의 도덕적 구성주의와 정치적 구성주의의 통합된 2단계성 모델에 따를 때, 비로소 기본권이 단지 도덕적 권리로만 간주되는 것을 피하면서도 그것이 지닌 도덕적 내용에 있어 보다 분명하게 규정될 수 있다고 본다. 그가 보기에, 이와 달리 하버마스의 이론은 모순에 빠져 있다. 하버마스는 기본권과 인권을 한편으

---

63) 하버마스 자신은 이것을 다음에서 강조한다: Habermas, FuG, 144, 665쪽 이하; Habermas, EdA, 300쪽.

64) 이에 대해서는 Forst, *Kontexte der Gerechtigkeit* (이하 KdG), II장 참조. 그런데 사적 자율성이 지닌 이러한 보호막으로서의 성격은 하버마스도 인정하는 것이다. Habermas, FuG, 665쪽: "사적 자율성은 개인이 자신의 실존적 삶의 계획을 추구할 수 있는, 혹은 [···] 그가 현재 갖고 있는 선에 대한 구상을 추구할 수 있는 윤리적 자유를 지켜주는 보호막을 형성하기도 한다."; Habermas, PK, 185쪽: "주관적 권리는 개인들이 사적인 삶을 영위할 수 있도록 해주는 일종의 보호막이라고 할 수 있다."

로는 도덕적 권리로 특징짓고자 하지 않으면서도 다른 한편으로는 "오로지 도덕적 관점에서만 정당화될 수 있기 때문에 보편적 타당성 요구가 부여된"[65] 것으로 간주하기 때문이다. 그럼에도 불구하고 포르스트가 보기에, "인권이 합당한 정치적 의지형성을 위한 의사소통의 조건을 제도화한다"[66]는 주장과 다른 한편으로 인권이 구체적 담론들 속에서 비로소 규정되고, 해석되며, 제도화되는 도덕적 핵심내용을 지니고 있다는 주장은 사실 서로 양립불가능한 것은 아니다. 기능주의적 축소를 피하기 위해 그리고 인권과 기본권을 반드시 법적 제도화의 함축으로서 간주해야만 하는 입장에서 벗어나기 위해, 그는 인권을 다음과 같이 규정한다: "비록 인권의 내용이 해석을 필요로 하며, 법적 효력을 획득하기 위해서는 인권이 법적으로 실정화될 필요가 있다고 할지라도, 인권은 여전히 도덕적 정당화를 보유하고 있으며 따라서 도덕적 권리인 **동시에** 법적 권리이다."[67] 오직 이와 같은 도덕과 법의 내적 매개를 통해서만 일반적 법률이 "그로부터 도출된 주관적 권리가 정당한 것이 되고자 한다면 정의의 도덕적 관점을 충족시켜야만"[68] 한다는 요구가 온전히 다루어질 수 있다고 포르스트는 주장한다.

　　나아가, 포르스트는 정당화에 대한 권리의 이러한 해석이 분배적 정의의 문제와 관련해서도 하버마스의 이론보다 광범위한 함축을 지닌다고 주장한다. 사실상 하버마스의 이론에서는 권리들의 체계의

---

65) Habermas, EdA, 223쪽.
66) Habermas, PK, 175쪽.
67) Forst, RaR, 317쪽(강조는 포르스트).
68) Habermas, EdA, 224쪽.

다섯 번째 범주, 즉 사회적 급부권이 처음의 네 가지 권리범주들의 효율적이고 실제적인 이용가능성을 위한 필연적 수단으로서 단지 '상대적으로'만 도입되고 있기 때문에, 여기서 사회적 정의의 문제에 관한 범주의 의미는 희미한 채로 남아 있다.[69] 비록 하버마스가 이러한 권리의 조형을 국가에 회부시키지 않고 순환적으로 시민들 스

---

69) 하버마스는 이 다섯 번째 범주의 권리가 네 개의 절대적으로 정당화될 수 있는 범주들의 시민적 및 정치적 권리들에 대해서 단지 상대적으로만 정당화될 수 있다고 주장한다 (Habermas, FuG, 157, 503쪽; Habermas, EdA, 382쪽 이하 참조). 이것이 의미하는 바는 둘 중 하나일 것이다: 다섯 번째 범주의 권리는 (1)다른 범주들로부터 비로소 연역된 것이고 이때에 이 다른 범주들에 비해 단지 '정당화의 논리적 순서'에서만 상대적으로 낮은 우선성을 가질 뿐이거나, 아니면 (2)상대적으로 구속력이 덜하고 덜 긴급한 것이어서 '제도화의 논리적 순서'에서 상대적으로 낮은 우선성을 갖는 것이다(정당화적 우선성과 제도적 우선성의 구분에 대해서는 Ingram, "Between Political Liberalism and Postnational Cosmopolitanism: Toward an Alternative Theory of Human Rights", *Political Theory*, vol. 31 no. 3, June 2003, 373쪽 참조). 박구용은 하버마스의 절차주의적 법 패러다임이 자유주의적 법 패러다임과 사회복지국가의 법 패러다임이 갖는 한계를 극복하려는 의도를 지니고 있다는 점을 환기시키면서, 하버마스의 기본의도는 기본권을 위계적으로 서열화하는 데 있다기보다는 오히려 기본권들의 상호적 관계를 해명하는 데 있다고 해석한다(박구용, 「인권의 보편주의적 정당화와 해명」, 170쪽 이하 참조). 그러나 비록 하버마스가 모든 권리들의 동등한 우선성 서열을 제안하고 있는 것처럼 보인다고 - 그리고 인권에 동의하면서 인권의 범주적 범위를 제한하는 특유의 도덕적 보편성에 대한 그의 설명이 존재하지 않는다고 - 할지라도, 다섯 번째 범주의 권리가 "단지 자유권적 기본권과 정치적 기본권의 '공정한 가치'를 보장하는 데, 다시 말해 이런 권리들을 행사할 동등한 기회에 대한 사실적 전제조건들을 보장하는 데 기여할 뿐"(Habermas, PK, 187쪽)이라는 그의 주장은 두 번째 의미를 제안하는 것으로 이해될 소지가 다분하다. 이와 관련해, 하버마스가 사회적 급부권에 단지 제한되고 약화된 지위만을 부여한다는 비판으로는 Pinzani, *Diskurs und Menschenrechte*, 80쪽; Lohmann, "Menschenrechte zwischen Moral und Recht", 68쪽 참조. 한편 장은주는 사회권은 비록 법체계의 발생론적인 정당화의 논리 전개 순서에서는 단지 상대적인 지위만을 가지고 있지만 그 기본권으로서의 가치와 관련해서는 자유권에 비해 열등한 가치로 이해되어야 할 하등의 이유도 없다고 주장하면서, 사회권을 자유권의 실현이라는 차원에서 이해하고 나아가 사회권과 자유권을 내적 - 필연적으로 결합되어 있는 것으로 파악해야 한다고 주장한다(장은주, 「사회권의 이념과 인권의 정치」, 207쪽 참조). 사회권이 평등한 자유권의 실질적 실현을 위한 사회적 전제를 마련하기 위해서 반드시 보장되어야 할 기본권이라는 데에는 이론(異論)의 여지가 없다. 그러나 양자의 결합은 개념적으로 필연적인 수준에서도 확보될 수 있다. 나는 적어도 몇몇 경제적, 사회적 및 문화적 권리들은 시민적 및 정치적 권리들의 공정한 가치를 실현하는 단순한 보조적인 재화 이상의 것이며, 전자는 후자에 구조적으로 각인되어 있다고 본다(예컨대, 자기보존의 권리[생명권]는 경제적 생계에 대한 권리와 밀접히 관련되어 있다). 또한 담론이론적 관점을 벗어나 예컨대 센(Amartya Sen)의 역량 이론(capabilities approach)에 따르면, 빈곤은 기본적 역량의 박탈로 간주되며 그에 따라 빈곤은 그 자체가 일종의 반(反)자유로 이해될 수 있다.

스로의 담론에 회부시키고는 있지만, 평등한 사적 권리와 참여권을 지니고 이를 효율적으로 행사할 수 있기 위해 이 필연적 수단을 규정하는 것이 문제가 될 때, 그 결과가 내용적으로 얼마나 충실해야 하는지는 적어도 하버마스의 이론체계 내에서는 확정될 수 없는 문제이다. 여기서 포르스트는 이 물음에 대해 최소한의 답변만을 가능한 것으로 제시하는 하버마스의 입장이 지닌 불확정성과 비교해 볼 때, 최소수혜자들의 거부권(Vetorecht)[70]을 극복할 수 있는 사회적 자원, 재화, 기회에 대한 차등분배만을 정당화될 수 있는 것으로 간주하는 롤스의 차등원칙은 보다 분명하며 보다 평등주의적이라고 평가한다. 우리가 칸트의 논의를 롤스와 같은 방식으로 이해하여 사회적이거나 자연적인 우연성에서 기인하는 사회적 불평등을 정당한 방식으로 저지하거나 조정하는 것을 사회적 정의의 과제로 간주할 때, 그리고 우리가 정당화될 수 없는 불평등에 의한 불이익을 당한 사람들의 거부권이라는 의미에서 담론원칙을 파악할 때, 차등원칙에 대한 담론이론적 정당화가 이루어질 수 있을 것으로 그는 전망한다.

　　포르스트는 기본적인 도덕적 인간관을 하나의 모델로서 자신의 담론적 구성주의에 포함시킨다. 그리고 이러한 실천적 통찰의 능력을 지닌 도덕적 인격체에 대한 가정이 그의 구성주의적 인권 개념을 이해하는 데 있어서 중심적 역할을 차지한다는 점은 앞서 살펴본 바와 같다. 이러한 포르스트의 시도에 대한 평가는 아마도 롤스-하버마스 논쟁에 대한 광범위한 평가 속에서 이루어져야 할 것이다. 여기

---

70) 포르스트는 정당화에 대한 권리를 일종의 거부권으로 특징짓는다. Forst, RaR, 173-174쪽: "정당화에 대한 기본적 권리는 모든 개인들에게 그들의 도덕적으로 요구가능한 (행동자유, 보호, 참여, 급부에 관한) 주장들이 무시되지 않도록 해주는 **거부권**을 인정한다"(강조는 포르스트). 그 밖에 같은 책, 178, 306, 316, 320쪽 참조.

서는 다만 하버마스가 포르스트에 대해 취할 수 있는 가능한 반응을 지적하는 데 그치고자 한다. 내가 보기에, 롤스의 도덕적[71] 인간관에 대한 하버마스의 비판은 포르스트의 구성주의적 인권 개념에 대해서도 시사하는 바가 크다. 롤스는 정의의 원칙들의 정당화절차 속에 규범적 내용들을 끼워 넣는데, 이 내용들은 특히 그가 도덕적 인간 개념과 결부시키고 있는 내용들, 즉 공정성의 감각과 자신의 선관을 형성할 능력이다. 이에 대해 하버마스는 무엇보다 이런 도덕적 인간 개념이 선행적인 정당화를 필요로 한다는 점을 지적한다. 그리고 하버마스는— 이 관점이 무지의 베일이 걷히고 난 뒤에도 세계관적으로 중립적이어야 한다는 롤스의 이론내적 요청에 따라— 정치적 정의관을 정당화하는 데 있어서 중첩적 합의가 담당하는 역할에 놓인 불명료성이 제거되어야 한다는 비판을 제기한다.[72] 나아가 하버마스는 롤스가 추정상 세계관에 대해 중립적인 강한 도덕적 인간 개념을 가

---

71) 듀이 강연 이후 롤스는 자신의 공정으로서의 정의의 '정치적' 성격을 강조하면서 도덕적 인격체로서의 인간관을 시민으로서의 인간관으로 대체시킨다. 그러나 그에게서 시민은 제한된 의미에서이긴 하지만 여전히 도덕적 주체로 남아 있다. Rawls, *Political Liberalism*, xlv: "공정으로서의 정의라는 포괄적 교설로부터 공정으로서의 정의라는 정치적 정의관으로 변형됨에 따라 도덕적 주체로서의 충분한 능력과 함께 도덕적 인격을 지닌 것으로 간주되는 인간 개념(idea)은 시민 개념으로 변형된다. 도덕적 및 정치적 철학교설들에서 도덕적 주체 개념은 주체들이 지닌 지적, 도덕적, 정서적 능력과 함께 논의되었다. 여기서 인간은 자신의 도덕적 권리를 행사하고 자신의 도덕적 의무를 이행할 수 있는 존재로 간주되며, 교설이 규정하는 각각의 도덕적 가치에 적합한 모든 도덕적 동기들에 구속되는 존재로 간주된다. 이와 달리, 『정치적 자유주의』에서 인간은 오히려 자유롭고 평등한 시민으로, 즉 시민의 신분(citizenship)으로서의 정치적 권리와 의무를 지니며 다른 시민들과 정치적 관계를 맺고 있는 근대 민주주의 사회의 정치적 인간으로 간주된다. 물론 앞서 우리가 살펴본 바와 같이, 정치적 정의관은 하나의 도덕적 관점이기 때문에, 시민은 도덕적 주체라고 할 수 있다. 그러나 여기서의 권리와 의무의 유형은, 그리고 고려되는 가치의 유형은 보다 제한적이다."

72) Habermas, EdA, 78쪽: "나는 정의론이 의존하는 중첩적 합의가 인지적 역할을 담당하는지 아니면 단지 도구적 역할만을 담당하는지— 그 합의가 일차적으로 그 이론 자체의 추가적 정당화에 기여하는지 아니면 이미 정당화된 이론의 관점에서 사회적 안정의 필요조건을 설명하는 데 기여하는지—를 탐구하고자 한다."

정할 때 생겨나는 증명의 부담을 덜 수 있으려면 이런 방식 대신 오히려 이성의 공적 사용의 절차로부터 실질적 근본개념과 근본가정을 도출하는 편이 바람직하다고 주장한다. 롤스에 대한 이러한 비판[73]은 포르스트 역시 동의하는 것으로, 그는 중첩적 합의를 '정치적–공적 의도를 지닌 이성의 사적 사용'[74]을 통해 특징짓는다. 포르스트는 자신의 도덕적 인간관은 포괄적 교설에서 유래한 것도 아니며 동시에 스스로를 정치적인 것으로 제한하는 이론에서 유래한 것도 아니라는 점에서 롤스의 도덕적 인간관과 한편으로 유사하면서도 다른 한편으로는 구별된다고 말한다.[75] 이제 하버마스가 도덕적 인간관과 관련해서 롤스를 겨냥했던 이러한 비판의 화살은 얼마간 포르스트 자신에게로 돌려지게 된다. 롤스가 자신의 정의관의 정치적 성격을 강조함으로써 하버마스의 비판에 응답했던 것과는 달리, 포르스트는 자신의 인간관이 지닌 도덕적 성격을 부인하지 않고 오히려 이를 자신의 비판적 정의론을 구성하기 위한 토대로서 적극적으로 활용하고자 하기 때문이다. 그리고 이러한 비판의 화살이 포르스트에게 얼마나 적중할 것인지는 그가 롤스와 유지하고 있는 거리에 비례해서 결정될 것이다.

---

73) 유주현은 하버마스의 입장에 동의하면서, 롤스가 권리원칙을 시민들의 중첩적 합의의 대상으로 간주함으로써 그 원칙에 의해 정당화되는 인권들의 보편타당성을 약화시키고 있다고 비판한다(유주현, 「세계화시대에서의 인권의 정당화」, 437쪽).

74) Forst, KdG, 159쪽; Forst, RaR, 264쪽.

75) Forst, KdG, 310–311쪽.

인권의 담론이론적 정당화의 한계와 전망

내가 보기에, 알렉시와 포르스트가 인권을 정당화하기 위해 제안한 시도들은 하버마스가 인권의 도덕적 성격을 기능주의적으로 축소시킨 데에 따른 담론이론 진영 내부의 가능한 반응들로 이해될 수 있다. 알렉시의 자율성논증에서− 그것의 성공여부와는 무관하게− 우리가 주목할 점은 그가 담론영역과 행위영역 사이의 간격을 의식하고 이를 제거하기 위해 말하고 행위하는 주체의− 담론적 자율성과 행동의 자율성을 매개할 수 있는 통합된− 자율성을 담론 외부로부터 추가로 요청한다는 점이다. 또한 포르스트의 도덕적 구성주의에서 우리가 주목할 점은 그가 '정당화이론적 간격'을 상기시키면서, 스스로를 도덕적으로 정당화하고 그에 따라 행위하는 존재로 이해하는 개인들이 지니고 있는 실천적 통찰을 강조한다는 점이다. 이들의 논의의 공통점은 담론참여자들 사이의 상호 인정관계를 정당화하기 위해 순수하게 담론이론적인 가정이 아닌 추가적 가정, 즉 서로가 자신의 담론상대방들을 자율적인 도덕적 주체로 인정한다는 것과 같은 가정을 필요로 한다는 데에 있다. 그런데 이 문제는 실은 하버마스에 의해 먼저 지적된 것이다. 하버마스는 단순한 도덕적− 실천적 문제들의 영역을 넘어서 타당성 요구의 전체 스펙트럼으로 확장되는 의사소통적 합리성은 행위의 방향을 의무로 부과하는 좁은 의미의 규범성과 일치하지 않는다는 점을 확인시켜 주었다.76) 그러나 하버마스가 인권을 정당화하는 맥락에서 이러한 '간격'이나 '불일치'를 해소하는 방식은 알렉시나 포르스트와는 다르다. 하버마스의 담론이론적

---

76) Habermas, EzD, 191–192쪽 참조.

인권 정당화의 모델에서는 담론영역과 행위영역 사이의 구분이나 정당화이론적 간격을 제거해야 할 이론적 요구가 처음부터 문제시되지 않는 것처럼 보인다. 왜냐하면 하버마스는 자신의 출발물음을 해명하기 위해 담론원칙과 법형식만을 전제하고, 인권을 이것들의 상호침투를 통해 도출하고자 하기 때문이다. 그는 처음부터 법형식을 순환과정의 한 축으로 설정하고 인권을 법적 담론 내에서 검토되어야 할 법규범으로 이해하기 때문에, 전 지구적 법질서가 부재한 상황에서 인권의 언어가 지닌 도덕적 열망으로서의 의미를 적절히 포착하지 못하는 어려움에 직면한다는 점은 이미 지적되었다. 내가 보기에, 그의 담론원칙-법형식 교차테제가 지닌 보다 심각한 문제는 그가 탈관습적 수준의 사회에서 요구되는 행동규범 일반에 대한 정당화원칙인 담론원칙과 근대적 법형식을 마치 규범이론적으로 더 이상 소급해갈 수 없는 것처럼 간주한다는 데에 있다.[77] 여기에는 모종의 기능주의적 결단이 자리잡고 있다.

한편으로, 하버마스의 이론건축술은 그 정점에 중립적인 담론원칙이 놓여 있으며 이로부터 담론원칙의 특정화로서 도덕원칙과 민주주의원칙이 동근원적으로 도출되는 피라미드 구조로 이루어져 있다. 그러나 여기서 특징적인 것은 도덕적 근거가 법적 규범의 정당화에 있어 일정한 역할을 담당하는 한에서, 도덕적 영역과 법적 영역 사이의 충분한 분리가 유지될 수 없다는 것이다. 그리고 하버마스는 도덕

---

77) Habermas, PK, 181쪽: "나는 인권의 규준이 서양 문명의 특수한 문화적 배경보다는 그동안 전 지구를 뒤덮어 온 사회적 근대에 의해 제기된 특수한 도전에 답하려는 시도에 그 뿌리를 두고 있다는 가설에서 출발한다. 우리가 어쨌든 이러한 근대적 출발조건의 가치를 인정한다고 해도, 오늘날 우리에게 이 출발조건은 어떠한 선택의 여지도 남아 있지 않으며 그에 따라 회고적 정당화가 필요하지도 않고 가능하지도 않다는 사실을 의미할 뿐이다."

을 위계적으로 법의 상위에 두는 것을 거부하고 있음에도 불구하고, 동시에 법질서는 오직 도덕적 원칙과 모순되지 않을 때에만 정당한 것이 될 수 있다는 견해를 가지고 있다.[78] 그러나 만약 도덕이 법의 상위에 놓여 있지 않다면, 우리는 어떤 이유에서 도덕이 법에 대한 정당성규준을 형성한다고 말할 수 있는가? 그리고 만약 이 물음에 대한 명확한 답변이 주어지지 않는다면, 도덕과 법이 상호보완 관계에 있다는 하버마스의 테제도 명료하게 이해될 수 없을 것이다.[79] 여기에는 담론원칙의 — 도덕원칙(보편화원칙)과 구별되는 — 규범성 유형에 따라 발생되는 많은 문제들이 해결되지 않은 채로 남아 있다. 그럼에도 불구하고 하버마스의 논의구도하에서는 여전히 담론원칙이 도덕과 법에 대해 중립적인 추상적 수준에 위치하고 있어야만 한다. 만약 그렇지 않고 담론원칙이 도덕원칙과 별반 다르지 않게 된다면, 민주주의원칙은 담론원칙 속에 숨겨져 있는 도덕원칙에 근거하게 되고 이에 따라 도덕원칙이 법을 정당화하는 유일한 원천이 되고 말 것이기 때문이다. 요컨대, 하버마스의 담론이론은 담론원칙이 지닌 규범성의 성격이나 법과 도덕 사이의 관계와 관련된 모종의 불확실성의 부담을 안고 있다.[80] 다른 한편으로, 법형식이 주관적 행동자유와

---

78) Habermas, FuG, 137쪽.

79) 이러한 비판은 빌트에 의해서도 제기되었다. Wildt, "Menschenrechte und moralische Rechte", 128-129쪽: "하버마스 자신은 (도덕적) 인권을 위반할 경우는 말할 것도 없고, 비록 완벽하게 민주적으로 실현된다고 할지라도 도덕적으로 받아들여질 수 없는 법적 규제가 존재할 수 있다고 본다. 그렇다면 법이 도덕에 종속되어 있지 않다는 것은 무엇을 의미하는가? 법의 정당화를 위한 도덕적 논증들은 필요한 것이긴 하지만 충분한 것은 아니라고 말할 수 있을 것이다. 그러나 이것은 인권이라는 테마를 다루는 데 부적절할 것이다(강조는 빌트). 왜냐하면 하버마스는 기본권에 관해 다음과 같이 명확히 언급하고 있기 때문이다: '기본권은 도덕적 논증들이면 그것의 정당화에 충분하다는 이러한 보편성의 내용을 규제한다'(강조는 하버마스). 그러나 이것이 '기본권을 도덕적 권리의 단순한 모사로 이해해서는 안 된다'는 그의 테제와 어떻게 조화를 이룰 수 있는가?"

불가피하게 결합되어 있으며 이는 규범적으로 정당화될 수 없다는 주장도 논쟁의 여지가 있다.[81] 내가 보기에, 오히려 우리는 오직 인간의 자율성에 대한 규범적 전제조건에 기초해서만 이러한 가정에 이르게 된다.[82] 바로 여기서 하버마스가 증거로 내세우는 칸트의 법원칙이야말로 정언명령을 외적 행동의 영역 속으로 전환시킴으로써 획득된 것이다. 그리고 이 도덕원칙은 이성적 주체의 자율성에 근거를 두고 있다. 따라서 칸트의 법원칙뿐만 아니라 하버마스의 법형식도 규범적으로 정당화될 수 있다.[83] 그러나 하버마스의 출발물음은 우리에게 우연히 주어진 근대의 제정법과 강제법의 매체를 유용하고 문제의 소지가 없는 것으로 전제한다. 그는 주관적 권리의 담지자로 간주되는 법인격들의 연합의 창설을 규범적으로 정당화될 필요가 있는 결정으로 간주하지 않으며, 또한 오늘날의 복잡사회에서는 실정법의 통합적 성과에 대한 어떠한 기능적 등가물도 존재하지 않을 것이기 때문에 기능적 정당화면 충분하다고 단언한다.[84] 그러나 하버마스에 의해 제안된 것과 같은 인권의 기능적 정당화는 사실상 규범적 정당화를 필요로 한다.[85] 왜냐하면 인권의 발전논리에 대한 이러

---

80) Hain, "Diskurstheorie und Menschenrechte", 215쪽.

81) 하버마스의 관점에서 이를 옹호하는 입장으로는 Günther, "Diskurstheorie des Rechts oder liberales Naturrecht in diskurstheoretischem Gewande?", 470-487쪽을 볼 것. 반면, 법형식이 주관적 행동자유와 불가피하게 결합되어 있다는 주장이나 이것이 규범적으로 정당화될 수 없다는 주장에 대한 비판적 논평으로는 각각 Engländer, "Grundrechte als Kompensation diskursethischer Defizite?", 486쪽; 그리고 Larmore, "Die Wurzeln radikaler Demokratie", 326쪽 이하를 볼 것.

82) 이와 같은 입장으로는 Larmore, 위의 글, 327쪽 참조.

83) Hain, "Diskurstheorie und Menschenrechte", 215-216쪽.

84) Habermas, PK, 182-183쪽.

85) Forst, RaR, 302-303쪽 [주10] 참조.

한 순수하게 기능주의적인 설명은 결코 인권요구에 특유한 규범적 논리에 연결될 수 없기 때문이다.

여기서 인권의 기능주의적 축소를 피하고자 하는 포르스트의 논의가 지닌 중요한 함축이 드러난다. 그는 도덕적 논증이 인권에 관한 논의와 두 가지 수준에서 관련되어 있다고 본다: 법공동체의 형성과정 내부에 존재하는 특정한 권리를 위해 제기되는 도덕적 논증과 적어도 법공동체의 형성과정 속으로 들어가려면 제기해야만 하는 도덕적 논증. 정당화에 대한 권리가 근본적인 권리로 간주되어야 하는 이유는 이것이 바로 전자뿐만 아니라 후자와도 관련된 것이기 때문이다.[86] 하버마스에 대한 포르스트의 도전은 법공동체의 형성과정 속으로 들어가기 위해 우리는 단순한 기능적 정당화만이 아닌 - 정당화에 대한 권리와 관련된 - 도덕적 논증을 제시할 수 있어야만 한다는 것이다.[87] 포르스트의 이런 관점은 전 지구적 법질서가 존재할 때에 비로소 인권이 의미를 지니게 되는 하버마스의 견해에 대한 하나의 교정으로 이해될 수 있다. 포르스트는, 정당화에 대한 권리를 전(前)실정적인 근본적 권리로 규정함으로써 실정화로부터 독립된 인권을 말할 수 있는 가능성을 확보할 수 있다는 점에서, 전 지구적 법질서가 부재한 상황에서 인권의 언어가 지닌 사회 해방을 향한 이

---

86) 포르스트가 정당화에 대한 권리를 구체적 인권들을 정당화하기 위한 토대로 간주하는 것과 유사하게, 쾰러는 개별 인권들의 상위에 존재하는 '인권에 대한 권리'를 말한다. Köhler, "Das Recht auf Menschenrechte", 113쪽: "인권은 법적 조형의 의미에서 민주적인 합법화를 필요로 하지만, 인권에 대한 권리는 결코 이러한 합법화를 필요로 하지 않는다. 왜냐하면 인권에 대한 권리는 민주주의에 의존하지 않기 때문이다. 또한 인권에 대한 권리는 어떠한 민주주의를 통한 정당화도 필요로 하지 않는다 - 그러나 인권에 대한 권리 자체는 민주주의를 정당화해준다." 또한 아렌트(Hannah Arendt)에 따르면, 각 개인은 '권리들에 대한 권리(Recht auf Rechte)', 즉 임의의 어떤 정치 공동체의 구성원이 될 수 있는 권리를 가지고 있다.

87) Flynn, "Habermas on Human Rights: Law, Morality, and Intercultural Dialogue", 441쪽.

상적 열망으로서의 의미를 적절히 해명할 수 있기 때문이다. 나아가 알렉시와 포르스트에 의해 요청된 자율성 개념은 물론 사회적-도덕적 학습과정 및 분화과정과 결합되어야 하지만, 하버마스에서처럼 겨우 사회적 근대화과정의 최종결과로만 간주될 수 있는 방식으로 결합되어선 안 된다. 오히려 자율성 개념은 인권의 언어가 사용되고 정당화의 근거들이 요구되는 상이한 유형의 사회적 갈등들 속에서 근본적으로 요구되고 전개되는 것으로 이해되지 않으면 안 된다.[88] 하버마스 자신이 근대 입헌국가에서 인권이 점차적으로 관철될 수 있었던 원인으로 진단한 규범적 타당성 요구가 지닌 '초월하는 힘'[89]은 사회적 근대화과정 자체를 가능하게 한 원천으로도 이해될 수 있어야 하는 것이다. 요컨대, 하버마스의 인권에 대한 특정하게-근대적으로- 정향된 독해방식은 우리가 관습적 (내지 전(前)관습적) 수준의 사회들에서도 미약하게나마 발견할 수 있는 바와 같은 보편적 인권의 이상과 연결될 수 없다는 점에서 근본적인 한계를 지닌다.

　　하버마스의 인권 정당화의 모델에 대한 나의 이러한 비판이 빗나간 것이 아니라면, 그의 정당화 모델은 기능적 정당화를 넘어서는 모종의 규범적 정당화를 통해 **보완되어야** 할 것이다. 그리고 이러한 규범적 토대는, 인권을 정당화하기 위해 법형식이 지닌 기능적 함축을 참조하지 않고자 하는 알렉시와 포르스트가 요청했던 것과 같은, 추가적 전제들을 담론이론 외부로부터 도입하는 방식으로 이루어져야 할 것이다. 알렉시와 포르스트가 담론영역과 행위영역을 매개하

---

88) Forst, RaR, 302-303쪽 [주10] 참조.
89) Habermas, EzD, 43쪽.

기 위해 행위주체의 통합적 자율성을 요청한다는 점은 이미 살펴본 바와 같다. 나아가 이들의 논의는 담론적 자율성과 행동의 자율성이, 이것들의 전제조건의 영역에 속하는 것으로서, 행위주체가 지닌 근원적 자율성 속에 동근원적으로 뿌리박고 있다는 점을 확인시켜준다. 절차적인 담론규칙에 기초해서 실질적인 도덕적 내용을 정당화하는 것은 불가능하며, 따라서 여기에는 모종의 실질적인 내용들이 이미 절차적인 규범들 속에 포함되어 있거나 아니면 이 절차적인 규범들에 의해 암묵적으로 전제되고 있는 것은 아닌가라는 물음은 그간 담론이론 진영에 줄곧 제기되어온 비판 가운데 하나이다. 그리고 이러한 비판적 물음은 이제 담론이론에 기초해서 인권을 정당화하고자 할 때에도 극복될 수 있어야만 한다. 왜냐하면 인권이야말로 담론의 절차로 환원되어서는 안 될 도덕적 이상을 간직하고 있기 때문이다. 모든 사람에 대한 동등한 존중, 모든 사람의 자율성에 대한 인정, 도덕적 인격체로서 모든 사람이 지닌 존엄성에 대한 인정 등과 같은 도덕적 규범은 그 자체가 인권에 대해 구성적인 것이다. 알렉시와 포르스트 모두 인권의 정당화 과정에서 도덕적 인격체의 자율성을 불가피하게 요청하고 있다는 사실은 인권의 궁극적 근거가 어디에 있는지를 보여준다. 모든 인간을 도덕적 인격체로 인정할 능력과 용의는 말하자면 인권의 궁극적 근거인 것이다.[90] 이것은 모든 인간을

---

90) Menke/Pollmann, *Philosophie der Menschenrechte zur Einführung*, 59–60쪽 참조. 또한 같은 책, 63–64쪽: "따라서 다른 모든 사람을 인정하는 인권적으로 근본적인 태도 그 자체는 심오한 근거나 상위의 원칙으로부터 다시 한번 '입증'되거나 '도출'될 수 없다. 우리가 이러한 태도를 도야하고 수행해야만 하는 이유를 이해하기 위해서 우리는 이미 이 태도를 지니고 있지 않으면 안 된다. 인권의 정당화에 있어서 다른 모든 사람을 인정하는 태도는 – 비트겐슈타인(Ludwig Wittgenstein)의 비유에 따르면 – 그에 직면하여 삽이 뒤로 굽히는 '단단한 암석'이다: 우리가 더 깊게 파고 들어갈 수 없는 것은 이것이 바로 궁극적 근거이기 때문이다"(강조는 멩케와 폴만). 또한 다음과 같은 고제파트의 주장도 이를 지지

동등한 존재로 인정하는 능력과 태도 자체가 담론이론적으로 정당화될 수는 없다는 것을 의미한다.[91] 이런 관점에서 볼 때, 하버마스는 정확히 거꾸로 하고 있다. 만약 우리가 인권에 대해 구성적인 도덕적 규범을 어느 정도 공유하고 있다고 가정하지 않는다면 인류가 인권에 대한 보편적 합의에 도달하리라고 기대할 어떠한 근거도 존재할 수 없을 것이며, 또한 만약 이러한 합의의 기초가 되는 담론의 절차 그 자체가 저 도덕적 핵심에 관한 실질적 직관들을 합리적으로 재구성한 것이 아니라면 인류가 불편부당하게 이러한 합의에 도달하리라고 기대할 어떠한 근거도 존재할 수 없을 것이다. 이에 따라 다음과

해준다. Gosepath, "Zu Begründungen sozialer Menschenrechte", 151쪽: "인권의 토대에는 동등한 존중이라는 보편주의적이고 평등주의적인 도덕이 놓여 있다. 이에 따르면 모든 사람은 불편부당한 관점에서 동등하고 자율적인 인격체로 인정될 수 있다. 인간은 동등한 존중과 존경에 따라 대우받을 도덕적 권리를 갖고 있다. 동등한 상호적 존경의 대상은 각 인격체의 자율성이다. 인격체들에 대한 동등한 존중 내지 모든 인간의 동등한 존엄성에 대한 이러한 근본적 표상은 근대 서양 정치적-도덕적 문화의 모든 주류들에 의해 최소규준으로 수용되었다. 설득력에 대한 요구를 제기하는 모든 정치이론들은 이러한 평등의 표상으로부터 출발해야만 하며, 이 이전으로 소급해갈 수 없다." 고제파트에 동의하여 장은주도 보편적 존중의 원칙이 세속적이고, 탈형이상학적이며, 문화중립적인 전제 위에서 인권 개념이 보편성을 주장하기 위한 불가피한 출발점이라고 주장한다(장은주, 「사회권의 이념과 인권의 정치」, 192쪽).

91) 최근 알렉시는 형이상학에 의존하지 않고 인권을 정당화할 수 있다는 생각은 착각에 불과하다고 주장하였다. Alexy, "Menschenrechte ohne Metaphysik?", 24쪽: "각 개인은, 만약 자신에게 필수적인 자신의 주장제기, 질문제기, 논의실천의 능력을 사용한다면, 이 능력을 사용할 때 다른 사람들을 동등한 권리를 지닌 담론참여자로 인정한다는 것을 전제해야 한다. 각 개인이 이를 넘어서 담론을 진지하게 진행하고자 한다면, 그는 다른 사람들을 자율적 존재로 인정해야 한다. 다른 사람들을 자율적 존재로 인정한다는 것은 그들을 인격체로 인정한다는 것을 의미한다. 그러나 인격체는 가치와 존엄성을 지닌 존재이다. 따라서 첫째 우리의 담론적 능력에 따라 상대적으로 필연성이 귀속되고, 둘째 규범적 의미를 지니고 있으며, 셋째 우리는 자신의 능력으로 물리적인 것의 영역과 정신적인 것의 영역을 산출할 수 없는 실재들 ─ 즉 인격체들 ─ 과 더불어 삶을 영위하고 있다는 데에 이르는 개념들의 체계가 인간의 담론적 본성 속에 잠재되어 있다. 이러한 형이상학적 테제는 세계의 구조나 각 개인의 이성뿐만 아니라, 전적으로 하버마스적인 의미에서의 의사소통의 구조에도 자신의 원천을 두고 있다. 〔…〕 인권은 합리적이고 보편적인 형이상학 없이는 불가능하다." 여기서 알렉시는 어떤 인권이 타당할 때 규범적으로 존재하는 것을 말하기 위해, 하버마스가 탈형이상학적 사유를 옹호하면서 극복하고자 했던 전통적인 강한 형이상학 개념과 대비되는, '구성적' 형이상학이라는 개념을 사용하고 있다.

같은 결론이 도출된다: **인권의 담론이론적 정당화 모델은 다른 사람들을 자율적인 존재로, 또한 그에 따라 가치와 존엄성을 지닌 도덕적 인격체로 인정해야 한다는 실천적 통찰을 담론 외부로부터 추가로 도입하지 않고서는 인권의 도덕적 핵심에 대한 우리의 직관을 적절히 해명할 수 없다.**

　　인권의 궁극적 근거가 되는 실질적 도덕성의 의미를 명확히 규정하는 것은 이 글의 논의 수준을 넘어서는 보다 복잡한 해명을 필요로 한다.92) 여기서는 단지 이상의 논의를 통해서 인권의 담론이론적 정당화의 향후 과제를 조심스럽게 전망해 볼 수 있을 뿐이다. 담론이론은 이 글에서 확인된 인권의 궁극적 근거를 자신의 내부에서 '도출'할 수는 없다고 할지라도, 적어도 이를 자신의 개념틀 내에서 일관되게 '해명'할 수는 있어야 할 것이다.93) 그러나 인권의 궁극적 근거에 대한 이러한 도출불가능성에 대한 확인이 곧 담론이론 자체의 실패를 의미하는 것으로 이해될 필요는 없다. 오히려 담론이론은 여전히 우리가 인권을 보편주의적으로 정당화하기 위해 참조할 수 있는 가장 유력한 관점으로 남아 있다. 현대의 탈형이상학적 사유의 조건을 진지하게 고려할 때, 인권의 이러한 궁극적 근거는 무엇보다 최소주

---

92) 예컨대, 칸트의 자율성 개념을 인권의 근본원리로 간주하는 입장으로는 김석수, 「자율성과 인권: 칸트의 이론을 중심으로」를 볼 것. 그러나 나는 일단 자율성 개념을 칸트를 따라 좁은 도덕적 개념으로 이해하기보다는, 각자가 스스로의 삶을 살아가는 방법과 관련된 일반적인 자기결정이라는 의미에서의 인격체의 자율성이라는 보다 넓은 개념으로 이해하고자 한다(Gosepath, "Zu Begründungen sozialer Menschenrechte", 151쪽 [주12] 참조). 왜냐하면 칸트의 자율성 개념은 궁극적으로 '이성의 사실'로서 주어지는 것이며, 따라서 그에 대한 해명이 현대의 탈형이상학적 사유의 조건을 충족할 수 없을 것으로 보이기 때문이다. 최근 활발히 논의되고 있는 호네트(Axel Honneth)의 인정 이론이나 센과 누스바움(Martha Nussbaum)의 역량 이론 등은 탈형이상학적 사유조건하에서 모색되고 있는 실질적인 도덕이론으로서 주목할 만하다.

93) 최근 포르스트는 자신의 정당화에 대한 권리 개념에 기초하여 인간존엄성 개념에 대한 해석을 시도한 바 있다. Forst, "Die Würde des Menschen und das Recht auf Rechtfertigung" 참조.

의적으로 이해되어야만 하며 간문화적 담론의 실천을 통해 구체적으로 해석되고 확장될 수 있어야 한다. 합당한 다원주의의 사실에서 출발해야 하는 오늘날의 논의상황에서는 인권의 목록에 대한 상이하고 잠재적으로 갈등을 일으킬 소지가 있는 해석들을 둘러싼 논쟁이 불가피하다. 이것이 바로 전 지구적 차원에서의 인권에 대한 '민주적 해석공동체'의 확립이 요구되는 이유이다. 인권을 실질적인 도덕적 권리로 정당화할 때 발생하는 정당화에 대한 과도한 부담이나 인권의 내용이 항구적으로 고정화되는 데에 따른 어려움을 피하기 위해, 인권의 구체적 내용을 사전에 확정하지 않고 담론참여자들의 민주적 의견 및 의지형성의 기획을 통해 비로소 확보하고자 하는 담론이론이 지닌 장점이 바로 여기서 드러난다.[94]

---

94) 이 글은 『사회와철학』19호 (2010. 4.)에 게재된 것임.

참고문헌

김석수, 「자율성과 인권: 칸트의 이론을 중심으로」, 사회와 철학 연구회, 『사회와철학』15호, 2008. 4.

김원식, 「인권의 근거: 후쿠야마와 하버마스의 경우」, 사회와 철학 연구회, 『사회와철학』13호, 2007. 4.

박구용, 「인권의 보편주의적 정당화와 해명」, 사회와 철학 연구회, 『과학기술 시대의 철학』, 이학사, 2004.

박영도, 「코소보 딜레마: 세계화 시대에 인권과 민주주의의 관계」, 성공회대 인권평화연구소 엮음, 『동아시아 인권의 새로운 탐색』, 삼인, 2002.

유주현, 「세계화시대에서의 인권의 정당화」, 범한철학회, 『범한철학』 제47집, 2007년 겨울호.

장은주, 「문화적 차이와 인권: 동아시아의 맥락에서」, 『철학연구』제 49집, 2000년 여름호.

장은주, 「인권의 보편주의는 추상적 보편주의인가?: 비판에 대한 응답」, 사회와 철학 연구회, 『동아시아 사상과 민주주의』, 이학사, 2003.

장은주, 「사회권의 이념과 인권의 정치」, 사회와 철학 연구회, 『사회와철학』12호, 2006. 10.

Alexy, R., *Theorie der juristischen Argumentation: Die Theorie des rationalen Diskurses als Theorie der juristischen Begründung*, 2. Aufl. Frankfurt/M.: Suhrkamp, 1991. 〔변종필·최희수·박달현 옮김, 『법적 논증 이론: 법적 근거제시 이론으로서의 합리적 논증대화 이론』, 고려대학교 출판부, 2007〕

Alexy, R., *Recht, Vernunft, Diskurs: Studien zur Rechtsphilosophie*, Frankfurt/M.: Suhrkamp, 1995.

Alexy, R., "Die Institutionalisierung der Menschenrechte im demokratischen Verfassungsstaat", S. Gosepath/G. Lohmann (Hg.), *Philosophie der Menschenrechte*, Frankfurt/M.: Suhrkamp, 1998.

Alexy, R., "Menschenrechte ohne Metaphysik?", *Deutsche Zeitschrift für Philosophie*, 2004, 52, Nr. 1.

Boucher, D., *Political Theories of International Relations: From Thucydides to the Present*, Oxford: Oxford University Press, 1998.

Cortina, A., "Diskursethik und Menschenrechte", *Archiv für Rechts— und Sozialphilosophie*, 1990, 76.

Engländer, A., "Grundrechte als Kompensation diskursethischer Defizite?: Kritische Anmerkungen zu Jürgen Habermas' Diskurstheorie des Rechts", *Archiv für Rechts—und Sozialphilosophie*, 1995, 81.

Flynn, J., "Habermas on Human Rights: Law, Morality, and Intercultural Dialogue", *Social Theory and Practice*, 2003 (Jul.), Vol. 29, No. 3.

Forst, R., *Kontexte der Gerechtigkeit: Politische Philosophie jenseits von Liberalismus und Kommunitarismus*, Frankfurt/M.: Suhrkamp, 1996.

Forst, R., "Die Würde des Menschen und das Recht auf Rechtfertigung", *Deutsche Zeitschrift für Philosophie*, 2005, 53, Nr. 4.

Forst, R., *Das Recht auf Rechtfertigung. Elemente einer konstruktivistischen Theorie der Gerechtigkeit*, Frankfurt/M.: Suhrkamp, 2007.

Gosepath, S./Lohmann, G. (Hg.), *Philosophie der Menschenrechte*, Frankfurt/M.: Suhrkamp, 1998.

Gosepath, S., "Zu Begründungen sozialer Menschenrechte", S. Gosepath/G. Lohmann (Hg.), *Philosophie der Menschenrechte*, Frankfurt/M.: Suhrkamp, 1998.

Gril, P., *Die Möglichkeit praktischer Erkenntnis aus der Sicht der Diskurstheorie: Eine Untersuchung zu Jürgen Habermas und Robert Alexy*, Berlin: Duncker & Humblot, 1998.

Günther, K., "Diskurstheorie des Rechts oder liberales Naturrecht in diskurstheoretischem Gewande?", *Kritische Justiz*, 1999, Heft 4.

Habermas, J., *Moralbewuβtsein und kommunikatives Handeln*, Frankfurt/M.: Suhrkamp, 1983. 〔황태연 옮김, 『도덕의식과 소통적 행위』, 나남, 1997〕

Habermas, J., *Erläuterungen zur Diskursethik*, Frankfurt/M.: Suhrkamp, 1991. 〔이진우 옮김, 『담론윤리의 해명』, 문예출판, 1997〕

Habermas, J., *Faktizität und Geltung: Beiträge zur Diskurstheorie des Rechts und des demokratischen Rechtsstaats*, Frankfurt/M.: Suhrkamp, 1992. 〔한상진·박영도 옮김, 『사실성과 타당성: 담론적 법이론과 민주적 법치국가 이론』, 나남, 2007〕

Habermas, J., *Die Einbeziehung des Anderen: Studien zur politischen Theorie*, 2. Aufl. Frankfurt/M.: Suhrkamp, 1997. 〔황태연 옮김, 『이질성의 포용: 정치이론연구』, 나남, 2000〕

Habermas, J., *Die postnationale Konstellation: Politische Essays*, Frankfurt/M.: Suhrkamp, 1998.

Hain, K-E., "Diskurstheorie und Menschenrechte. Eine kritische Bestandsaufnahme", *Der Staat*, 2001, 40, Nr. 2.

Ingram, D., "Between Political Liberalism and Postnational Cosmopolitanism: Toward an Alternative Theory of Human Rights", *Political Theory*, vol. 31 no. 3, June 2003.

Köhler, W. R, "Das Recht auf Menschenrechte", H. Brunkhorst/W. R. Köhler/M. Lutz-Bachmann(Hg.), *Recht auf Menschenrechte: Menschenrechte, Demokratie und internationale Politik*, Frankfurt/M.: Suhrkamp, 1999.

Larmore, C., "Die Wurzeln radikaler Demokratie", *Deutsche Zeitschrift für Philosophie*, 1993, 41, Nr. 2.

Lohmann, G., "Menschenrechte zwischen Moral und Recht", S. Gosepath/G. Lohmann (Hg.), *Philosophie der Menschenrechte*, Frankfurt/M.: Suhrkamp, 1998.

Maus, I., "Freiheitsrechte und Volkssouveränität. Zu Jürgen Habermas' Rekonstruktion des Systems der Rechte", R. v. Schomberg/P. Niesen (Hg.), *Zwischen Recht und Moral: Neuere Ansätze der Rechts— und*

Demokratietheorie, Münster: LIT Verlag, 2002.

Menke, C./Pollmann, A., *Philosophie der Menschenrechte zur Einführung,* Hamburg: Junius Verlag, 2007. 〔정미라·주정립 옮김, 『인권 철학 입문』, 21세기북스, 2012〕

Nickel, J. W., *Making Sense of Human Rights: Philosophical Reflections on the Universal Declaration of Human Rights,* Berkeley and Los Angeles: University of California Press, 1987.

Nino, C. S., *The Ethics of Human Rights,* Oxford: Oxford University Press, 1991.

Pinzani, A., *Diskurs und Menschenrechte: Habermas' Theorie der Rechte im Vergleich,* Hamburg: Kovač, 2000.

Rawls, J., *Political Liberalism,* New York: Columbia University Press, 1996.

Tugendhat, E., *Vorlesungen über Ethik,* Frankfurt/M.: Suhrkamp, 1993.

Wellmer, A., *Endspiele: Die unversöhnliche Moderne,* Frankfurt/M.: Suhrkamp, 1993.

Wildt, A., "Menschenrechte und moralische Rechte", S. Gosepath/G. Lohmann (Hg.), *Philosophie der Menschenrechte,* Frankfurt/M.: Suhrkamp, 1998.

10

공영역의
새로운 구조변동이
일어나고 있는가?

10

공영역의 새로운 구조변동이 일어나고 있는가?

위기의 원인으로서의 디지털 미디어?

한길석

들어가며

이제 백수를 바라보는 위르겐 하버마스는 유럽을 대표하는 철학자이자 전후 세대 비판적 지식인의 표상으로 평가받고 있다. 하버마스의 철학은 고도로 추상적이며 복잡하고 광범위한 학제적 규범이론이라 경험적 현실과 동떨어져 보이기도 하지만, 사실 그의 철학적 작업은 역사적 비극으로 인해 야기된 문제를 극복하기 위해 시도된 일련의 이론적 투쟁이라고 할 수 있다.

어릴 적 하버마스는 의사가 되고 싶어했지만 그는 이런 꿈을 접었다. 뉘른베르크 전범 재판 이후 그는 자신이 속한 민족 공동체가 인류 최악의 범죄 집단이었다는 사실에 경악했다. 이후 하버마스는 독일 시민들을 전체주의 체제의 하수인으로 만든 정신적인 것들을 일소하고 민주주의 규범성을 현실에서 재구성하는 철학적 투쟁에 헌신한다.

1980년대 초 하버마스는 전체주의 체제의 지적 선봉대들과 그 후예들이 전후 사회에 권위주의적 정신을 퍼뜨리려는 시도에 대해 커다란 두려움을 느꼈다고 말했다. 전체주의의 부활에 대한 경각심이 그로 하여금 역사가 논쟁에 나서게 했고, 독일 시민들은 하버마스의 비판을 수용함으로써 과거의 망령에게 혼을 빼앗기지 않을 수 있었다. 이처럼 하버마스의 이론적 작업은 그가 속한 시대와의 격렬한 대화 속에서 이루어진 것이다. 1961년 교수 자격 논문으로 제출되어 이듬해에 출간된 『공론장의 구조변동』 역시 현실에 대한 규범이론적 개입의 문제의식을 담고 있다.

표면적으로 보자면 『공론장의 구조변동』은 18세기 이후 전개된 근대 공영역(Öffentlichkeit)[1]의 형성과 변질의 역사적 궤적을 규범적

---

1) 한국에서는 'Öffentlichkeit'를 일반적으로 '공론장'으로 번역하고 있다. 그러나 나는 여러 한계에도 불구하고 '공영역'이라는 번역어가 더 낫다고 생각한다. 하버마스적 의미의 근대적 'Öffentlichkeit'는 주로 사적으로 고찰되었던 다양한 문제들을 공적 의사소통 영역에서 따져봄으로써 준수해야 할 규범적 원리 혹은 그러한 규범적 상호작용의 제도적 공간 및 의사소통 네트워크를 의미한다. 근대적 'Öffentlichkeit'에서 논의되는 문제들은 정치 이슈에 국한되었던 것이 아니라 문예, 과학, 종교 등의 비정치적 이슈도 포함한다. 그러므로 공영역은 정치 이슈를 공적 관점에서 논의함으로써 공론을 형성하는 장소라는 좁은 틀에서만 이해될 수 없다. '공론장'이라는 번역어는 '공론이 형성되는 장소(the place of public opinion)'라는 뜻에 초점을 맞추고 있다. 그로 인해 정치적 공론의 형성과 결집을 지향하지는 않는 비정치적 논의가 존재를 간과하게 하고, 근대적 공영역이 비정치적 문제를 논의하던 문예적 공영역에서 기원하고 있다는 점을 망각하게 만든다. 더구나 공론장이라는 번역어를 고집하게 되면 전근대적 'Öffentlichkeit' 유형인 'representative Öffentlichkeit'를 '과시적 공론장'이라고 새기게 됨으로써 개념적 혼란을 가중시킨다. 중세 봉건 체제 궁정에서 지배계급의 위신을 과시하기 위해 행해지던 다양한 의례 - 즉위식, 결혼식, 무도회, 행차 의례 등 - 공간과 그것을 신민들 앞에 공개적으로 드러내던 봉건적 관행에 공론의 형성이라는 계기는 존재하지 않는다. 더구나 'Öffentlichkeit'라는 단어의 생김새가 보여주듯이 이 용어의 기원적 의미는 '공적 논의'가 아니라 '모두에게 드러냄'이라는 현상적 계기에 바탕을 두고 있음을 알 수 있다. 이를 주목하면서 그것의 현재적 의미를 숙고하려는 입장에서 보자면, '공론장'이라는 번역어는 원어가 지닌 현상적 계기를 부당하게 지워버리는 개념어이기에 수용하기 어려워진다. 이상의 이유로 여전히 과소 번역의 한계를 지울 수는 없지만 공(Öffentlichkeit/publicness 혹은 publics)의 영역으로서의 '공영역'이라는 번역어가 그나마 낫다고 생각된다. 'Öffentlichkeit'라는 말을 '공'으로 추상화함으로써 '공론'이라는

관점에서 탐구하고 있다. 20세기 중엽의 그가 18세기 공영역을 이상적으로 회고했던 까닭은 의고주의적 관심에서라기보다는 그가 살고 있던 전후 독일 민주주의 체제의 탈민주주의적 경향에 대한 경각심 때문이었다. 질서자유주의적 프로그램에 의거한 사회적 통합에 성공했던 서독은 표면적으로는 자유민주주의적 헌정 체제가 잘 기능하는 것처럼 보였지만, 실제로는 민주주의의 규범적 이상과 멀어져 가고 있었다는 것이 그의 문제의식이었다. 공론 형성의 민주적 과정은 조직적 이해관계의 타협 과정으로 변질되고, 민주적 헌정 체제는 시민들의 민주적 자율성의 계기를 주변화한 채 이러한 타협들을 유도, 선전, 승인하는 형식적 정당화의 기능에 한정되는 것으로 보였기 때문이다. 하버마스는 『공론장의 구조변동』을 저술함으로써 전후 민주주의 체제의 변질을 부르주아 공영역의 규범적 이상화를 통해 비판하면서 그것의 회복을 주문하였다.

1960년대의 비관적 혹은 비판적 관점은 1980년대의 재검토 과정을 거쳐, 1990년대에 수정된다. 1990년 『공론장의 구조변동』의 신판 서문에서 하버마스는 기존 관점이 전체론적 사회 이론의 틀−사회국가 체제론의 전일화−에 갇혀 있어 과도한 해석을 하였다고 인정했다. 이 시기를 전후하여 그는 현대사회가 단일한 기능통합체가 아니라 체계와 생활세계의 이원적 구조를 지닌 복잡사회의 모습을 띠고 있음을 받아들인다. 이원적 사회이론의 관점에 따르면, 사회적 통합의 요구는 지향과 합리성 유형을 달리하는 체계통합의 요구와

용어로 축소되는 것을 방지하고, '공공성', '공동성', '공개성', '공론 형성'의 계기를 가리킬 수 있으며, 거기에 '영역'을 더함으로써 공간적 함의를 담을 수 있기 때문이다. 다만 우리말 번역본의 제목이 『공론장의 구조변동』이므로 책을 가리킬 때는 이 용어를 그대로 사용한다.

사회통합의 요구로 분화되어 제기된다. 하버마스는 토의민주주의 모델이 이러한 요구를 숙고하고 정당하게 해결할 수 있다고 주장하면서, 오랫동안 거론하지 않았던 정치적 공영역의 역할을 새롭게 강조하였다.

그런데 토의민주주의 모델을 통해 강조되었던 정치적 공영역의 규범적 기능은 현재 새로운 구조변동의 현실 앞에서 낙관하기 어려운 상태에 몰리게 되었다. 신자유주의적 질서의 지구적 지배로 인해 민주적 입헌국가 체제의 기능이 손상을 입고, 민주정치 체제와 역할에 대한 시민들의 신뢰도는 점점 낮아지고 있으며, 디지털 미디어 환경에서 시민들의 의사소통 관행이 민주정치적 통합을 저해하는 방향으로 전개되고 있기 때문이다. 이러한 어두운 현실 속에서 최근 하버마스는 과거의 비관적 전망으로 돌아가고 있는 것으로 보인다.

이 글은 공영역의 새로운 구조변동에 대한 하버마스의 견해를 간략히 살펴보고, 그것의 타당성을 검토해 보고자 한다. 이를 위해 우선 하버마스가 발전시킨 공영역론의 발자취를 회상해 본 후, 공영역의 새로운 구조변동을 야기한 현대사회의 구조적 변화를 개괄해 볼 것이다. 이러한 예비적 작업 이후 최근 하버마스가 저술한 「정치적 공영역의 새로운 구조변동에 관한 가설과 그에 대한 고찰(2022)」[2]을 비판적으로 검토해 볼 것이다.

---

2) Habermas, Jürgen(2022a), "Überlegungen und Hypothesen zu einem erneuten Strukturwandel der politischen Öffentlichkeit," in *Ein neuer Strukturwandel der Öffentlichkeit und die deliberative Politik*, Suhrkamp.

근대 공영역의 성립

18세기 유럽에서 발생한 근대 공영역은 고대와 중세의 그것과 질적으로 상이한 특성과 기원을 지니면서 발전하였다. 그것의 공간적 위치는 오늘날 우리가 국가라고 부르는 공적 권역(öffentlicher Bereich)과 경제적 재생산 및 가정생활이 이루어지는 사영역(Privatsphäre) 사이에 자리한다. 이 둘 사이에서 근대 공영역은 양편의 지배원리에 대해 자율성을 주장한다. 근대적 공영역은 사영역으로부터 구분된다는 점에서 공적 성격을 지닌다. 하지만 그것은 사적 권역(privater Bereich)에 속한다는 점에서 고대의 공영역과 질적으로 다르다.[3]

하버마스는 근대 공영역을 정치적 공영역에 초점을 맞춰 기술하는 경향이 있지만 그것이 본래 문예적 공영역(literarische Öffentlichkeit)에서 시작되었음을 분명히 밝히고 있다. 문예적 공영역의 등장은 부르주아 계급의 사회적 부상을 배경으로 한다. 18세기 이후 부르주아들은 경제적으로 자립했으며, 문화적으로 독립적인 교양 의식을 발달시킬 수 있다. 그들은 국가의 통제와 지배력으로부터 어느 정도 자유를 누릴 수 있었던 시장과 가정에서 고유한 행위 규범과 사회적 교류 양식을 발전시켰다.

---

[3] 고대의 공영역은 국가(polis) 영역과 일치한다. 그것은 사적 권역에 속하지 않으며, 그곳에 참여하는 이들은 공무를 맡은 구성원으로서의 법적 지위를 지니면서 국가의 운영에 관여한다. 즉 민회와 평의회 등에 참석하던 고대의 시민들은 평범한 민간인이 아니라 공직자의 지위를 지니고 있었다. 이와 달리 근대의 공영역은 사적 권역에 속하면서도 시장과 가족적 삶의 원리와 거리를 둔다. 또한 근대 정치적 공영역은 국가의 운영에 대한 비판적 견제를 통해 정치적 기능을 수행하지만, 그것은 정치적 권력의 직접적 행사라기보다는 비판적 영향력의 발휘에 초점을 두고 있다. 근대 정치적 공영역에서 활동하는 시민들도 공무를 맡은 구성원으로서의 자기이해를 가지면서 행위한 게 아니었다. 그들은 어디까지나 사인의 위치에서 정치적 행위를 수행했다. 공영역에 대한 이러한 근대적 이해방식은 오늘날에까지도 지속되고 있다. 하버마스의 투 트랙(two track) 민주주의 모델도 이를 바탕으로 한다.

문예적 공영역의 발생에 있어서 가정은 결정적 중요성을 지닌다. 친밀성 영역으로서의 가정은 구성원들 간의 무조건적 사랑에 바탕을 두어 상호교류를 하는 문화적 관행을 사회적으로 정착시켰다. 또한 그들은 독방에서 독서와 성찰적 글쓰기에 몰두하면서 문예적 교양을 쌓았으며, 서신 왕래를 통해 문화적 교양을 쌓은 이들끼리 활발한 문예적 교류 활동을 해 나갔다. 이를 바탕으로 주간지, 잡지, 일간지, 뉴스 서비스, 편집국, 출판사가 등장했으며, 이는 독서공중 간 문화교류의 추상적 공간인 문필 공화국(Republic of Letters)[4]의 새로운 인프라가 되었다.

근대 공영역은 문필 공화국이라는 추상적 공간에서만 존재하던 것은 아니었다. 부르주아들은 독방에서 나와 커피하우스, 살롱, 독서회, 학술회 등의 물리적인 공적 공간에서 만나 교류[5]하면서 근대적 교양과 도덕의식을 발전시켰다. 문예적 공영역에서 활동하던 이들(부르주아, 계몽귀족, 독서 능력을 갖춘 평민 등)은 신분제적 질서에 구애됨 없이 서로를 자유롭고 평등한 사인(Privatleute)으로 대우하였다. 자유롭고 평등한 사인으로서 각자는 자신의 지식과 의견을 공개적으로 표현하고 이성적으로 따져 보는 의사소통의 관행을 확산시켰다. 이러한 관행 속에서 근대적 자유와 평등 규범 그리고 이성의 공적 사

---

4) 문필 공화국이란 17세기 말경 국제적 수준에서 서로 교류했던 학자 사회의 구성원들이 자기들의 모임을 일컫던 신조어였다. 이 나라는 실제로 존재한 게 아니라 계몽된 근대인의 관념 속에서 존재하던 추상적 정부였다. 그것은 국경을 가로질러 모든 계몽인들을 한데 묶는 통일된 연합체로서의 공화국에 비견되었다. 문필 공화국의 시민들은 국가 권력에 복속될 필요가 없었다. 그들은 문필 작업을 하는 한에서만 충성을 바치면 되었기 때문에 독립된 사인으로서 자유로이 활동할 수 있었다. 찰스 테일러(2010), 『근대의 사회적 상상』, 이음, 143쪽.

5) Coser, Lewis(1970), *Men of Ideas : A Sociologist's View*, Free Press.

용에 초점을 맞춘 공개성의 원칙이 자리잡았다.

근대적 공영역이 선사한 계몽적 학습 과정은 문예적 주제를 넘어 정치적 이슈로까지 확장되었다. 이는 문예적 공영역이 정치적으로 기능하는 공영역, 즉 정치적 공영역으로 발전되는 계기가 되었다. 근대인들은 정치적 공영역에서 공적 이슈들을 공개적으로 논의하고 비판하는 과정을 거쳐 공론을 형성함으로써 국가 기구의 폐쇄적 권력 행사를 견제하고 제한하게 하는 영향력을 행사할 수 있었다.[6] 문예적 공영역에서 정치적 공영역으로의 기능 변환에 일조한 것은 정치 저널들이었다. 이런 간행물들은 선술집이나 커피하우스와 같은 공개적 장소에서 읽혔으며, 이를 바탕으로 정치적 논의와 공론이 형성되었다. 이러한 관행은 오늘날 정론지를 매개로 한 정치적 공영역의 기능으로까지 이어지고 있다.

근대 공영역의 구조변동

18세기 부르주아 공영역은 자유주의적 정치문화의 확산과 입헌민주주의국가의 성립의 기틀이 되었다. 그러나 19세기에 들어와 사회 구조가 변화하면서 근대 부르주아 공영역의 이상적 기능과 규범성은 더 이상 유지되지 못하고 변질된다. 이런 변화는 부르주아적 공영역의 자율성을 점차 무너뜨림으로써 입헌민주주의의 규범적 토대를 약화시

---

6) 근대인들은 정치 권력이 폐쇄적으로 행사되고 의견의 공개적 표현을 가로막는 절대왕정기의 정치 관행에 반대하면서 공개성의 원칙에 따른 국가 운영을 요구했다. 이러한 요구를 보편적 규범으로 정당화하고 민주적 입헌국가의 조직 원리로까지 발전시킨 것은 계몽 지식인들의 업적이다.

켰다. 이것이 바로 하버마스가 제시한 '공영역의 구조변동' 테제다.

하버마스가 내놓은 근대 부르주아 공영역의 구조변동에 대한 해명은 국가와 시장의 뒤얽힘, 즉 국가와 사회의 교착으로 형성된 사회국가(Sozialstaat)라는 체제의 성립으로부터 시작된다. 국가와 사회의 교착은 일차적으로는 복지제도를 수단으로 국가가 시장 운영에 개입하는 것을 의미한다. 독일의 경우 이러한 경향은 19세기 말에 등장하였고 20세기 중엽에는 질서자유주의적 프로그램에 의해 추진되었다. 자본주의 시장에 대한 국가의 개입은 시장의 횡포와 자본주의적 병폐를 감소시킨다는 점에서 비부르주아 계급에 친화적인 정책이라 볼 수도 있다. 하지만 사회 영역에 대한 공권력의 개입은 노동자 계급 친화적 의도에서가 아니라 사회적 생산의 지속적 성장을 통한 기존 체제의 지배력 강화를 의식하면서 추진되었다.

사회적 생산성의 지속이라는 의도에서 추진된 국가와 사회의 교착은 공적인 것도 아니고 사적인 것도 아닌 사회국가라는 새로운 기능 복합체를 낳았다.[7] 이것은 집단적 생계유지라는 목표하에 국가와 기업 및 노동 부문이 체계적으로 통합되는 과정에서 성립한 기능적 결과물이다. 그런데 이 복합체는 나름의 공적 성격(사회적 공동이익)을 표방한다. 하지만 그것은 사적 이익의 집단적 조직화를 통해 형성된 것에 불과한 것으로서, 본질적으로는 사적이지만 외적으로는 공적인 것으로 보이는 기묘한 모습을 띠고 있다.

이러한 구조적 변화 속에서 근대적 공영역은 자립성을 잃고 사회 조직의 기능적 조정을 위한 도구로 편입되었다. 공영역의 기능은 문

---

7) Habermas, Jürgen(1962), *Strukturwandel der Öffentlichkeit : Untersuchungen zu einer Kategorie der bürgerlichen Gesellschaft*, Luchterhand, 180쪽.

화상품의 생산, 국가 및 사회 조직(기업, 노조, 다양한 이해집단 등)의 정책 선전, 대중의 문화소비적 욕망의 충족을 위한 것으로 변질된다. 그 과정에서 비판적 공개성은 형해화되었다. 비판적 공개성의 본래적 기능은 비판적 논의의 공적 수행을 통해 지배에 대한 비판적 감시와 견제였다. 하지만 이러한 기능은 영리 기관화한 매스 미디어의 등장과 더불어 조직의 이해관계에 따라 공론을 조작하는 조작적 공개성으로 변질되고 말았다.

반면에 18세기 언론들은 경제적 이익을 추구하지 않고 이성에 기초한 비판적 논의를 공중에게 전달하는 데 집중했다. 당시 기관들은 영리 법인이라기보다는 오직 비판적 공중의 기관으로 존재하려는 지향성을 강하게 지니고 있었다. 영리적 목적은 부차적이었다. 신문은 상업 회사가 아니라 대부분 정치 결사들이 자발적으로 발행한 기관지였다. 신문은 광고 수익에 따라 논조를 조정하지 않는 자율성을 유지하였다.[8] 그러나 19세기 후반에 접어들면서 언론은 광고 산업의 영향력에 지배됨으로써 보도 내용을 대중의 말초적 욕구와 취향에 맞게 조정하기 시작했다.[9]

언론 기업은 광고를 활용하여 대중의 지향과 선호를 조종했다. 이러한 기술은 정치적 세력의 확장을 추구하는 이들의 구미를 당겼다. 이들은 상업화한 매스 미디어의 선전 기술을 활용해 정치적 공영역을 공적 이익을 지향하는 비판적 논의의 장으로 삼기보다는 집권 확률을 높이는 데 효과적인 요소를 대중의 시선에 유혹적으로 노출시

---

8) Habermas, Jürgen(1962), 217–218쪽.

9) Ritzi, Claudia(2020), "The hidden structures of the digital public sphere," *Constellations*. 30(1), 56쪽.

키는 상징적 전시 공간으로 활용했다. 정치적 공영역에서 형성되던 공론은 매스 미디어와 선전기술을 통해 관리, 제어, 조작될 수 있는 것으로 간주되었다. 도구화된 정치적 공영역에서 이루어지는 '논의'는 참여자들 간의 평등하고도 자유로운 의사소통이 이루어지고 있는 듯한 이미지를 제공한다. 변질된 공영역의 참여자들은 자기 의견을 스스로 형성하고 합의해내는 느낌을 갖는다. 하지만 사실 그것은 선전적 목적 아래 제조된 허구적 합의에 불과하다.10)

20세기에 들어와 정치 행위는 집권을 위한 선전 행위로 축소되고, 정치적 공영역도 조직적 이해관계를 정치적으로 관철시키기 위한 기능 매체로 변질되었다. 공중은 보편적 이익에 대한 관심을 망각하고, 정치적 공영역과 의회정치를 각자 소속된 조직과 계급적 이해관계의 관철 도구쯤으로 이해하였다. 비판적으로 논의하는 공중으로서의 자기이해를 망각한 그들은 공개적 논의 과정에서 교류된 의견을 보편적 관점에서 숙고해보려는 노력은 외면한 채 공적 사안을 사적 이해관계의 차원에서만 고려하는 경향을 보인다. 이들은 조직화된 사익을 요구하는 '정치적' 기술에는 능하지만 공익적 관심은 결여하고 있다는 점에서 본질적으로 비정치적이다.

망가질대로 망가진 근대적 공영역은 복구의 여지가 없는 것이었을까? 하버마스는 『공영역의 구조변동』의 말미(6장 4절과 7장)에서 근대적 공영역의 규범적 원칙을 구조적으로 변동된 사회 조직들에 급진적으로 적용함으로써 민주적 사회의 전망을 구제해 볼 수 있다는 견해를 내비친다. 그는 공영역이 사회적 세력에 의해 침탈된 상황을 극

---

10) Habermas, Jürgen(1962), 231쪽.

복하기 위해 국가의 적극적 역할을 주문한다. 국가는 사인들이 공영역에 대한 적극적 참여를 할 수 있도록 개입해야 한다는 것이다. 나아가 부르주아 공영역이 규범화한 공개성 원칙을 국가뿐만 아니라 다양한 사회 조직들에게 급진적으로 적용하여 그것의 민주적 운영을 이룩해야 한다고 주장한다. 사회 조직들은 조직의 이익을 이유로 소수 개인들의 자율성을 무시할 수 있다. 이를 방지하기 위해서는 조직 내부에 공개성의 원칙을 적용하여 조직의 민주화를 달성하려는 노력이 필요하다. 이렇게 1962년의 하버마스는 자유주의적인 정치적 공영역이 제공한 공개성 원칙을 오늘날의 조직화된 사회 현실에 급진적으로 적용함으로써 사회국가 체제에서 실종된 민주주의의 자율적 계기를 복원하여 입헌 민주주의의 위기 현상을 타개할 수 있다고 보았다.

수문으로서의 정치적 공영역

근대 공영역의 쇠퇴의 역사에 대한 규범적 비판에도 불구하고 하버마스는 정치적 공영역의 규범적 이상을 현대 입헌국가 체제가 감히 부정하지 못한다는 점을 강조하였다. 현대 입헌국가 체제는 민주주의의 규범적 이상을 충족시키지 못하고 있기는 하지만 민주주의 원칙에 따른 작동 자체를 거부하거나 포기하고 있지 않다고 보기 때문이다. 정치 체계가 노출하는 규범적 이상의 빈틈은 정치 체계의 반민주적 운영을 경고하고, 그것에 민주적 압력을 지속적으로 행사하는 정치적 공영역의 기능을 활성화함으로써 메꿀 수 있다는 것이다. 이러한 입장은 사회를 집단적 생계유지와 같은 전체적 목표를 위해 조직적으로 통합된 단일 구조로 파악하려는 전체론적 사회관을 포기하고, 체계와 생활세계의 자립적 상호관계 속에서 사회를 바라보는 2단계적 사회이론의 관점을 취함으로써 형성되었다. 즉 하버마스는 체계에서의 기능적 통합(체계통합 Systemintegration)과 생활세계에서의 가치통합(사회통합 Sozialintegration)이 상호 연결되어 사회적 통합(gesellschaftliche Integration)이 이룩된다는 입장으로 선회한 것이다.11) 그렇다면 이제 중요한 과제는 양자의 연결을 통해 체계의 민주적 작동과 규범성을 확보하고 생활세계의 식민화를 방지하는 것이다. 토의민주주의는 이러한 문제의식에서 제안된 해법이며, 정치적 공영역의 기능은 토의민주주의의 활성화를 통해 재사유된다.

이는 정치적 공영역의 규범적 역할이 새롭게 부상되어야만 함을 의미한다. 하버마스는 정치적 공영역을 다음과 같이 요약적으로 설명한다. 정치적 공영역은 시민사회와 정치 체계 사이에 자리한 장소다. 그것은 입헌국가에서의 민주적 의지를 형성하는 기능에 일조함으로써 시민의 정치적 통합에 이바지한다. 그리하여 정치적 공영역은 민주적 입헌국가의 정당한 지속가능성을 보장한다.

하버마스는 이것을 공론 형성을 통한 의사소통 권력의 투입 과정으로 그려내고 있다. 이런 그림에서 공영역은 강한 것과 약한 것으로 나뉜다. 약한 공영역은 일상생활에 밀착한 시민사회에서 발견되는 정치적 요구들이 포괄적 관점에서 토의되는 곳이다. 이 과정을 거쳐 공적 의견과 의지가 형성되고 의사소통적 권력의 형식을 띠고 정치 및 행정 체계에 영향력을 발휘한다. 의회와 같은 강한 공영역은 의사

---

11) Habermas, Jürgen(1981), *Theorie des kommunikativen Handelns. Bd. 2: Zur Kritik der funktionalistischen Vernunft*, Suhrkamp, 226쪽.

소통 권력의 형태로 입력된 공론과 시민들의 정치적 의지가 법의 형태로 반영되도록 의결한다. 의사소통 권력은 의회와 같은 강한 공영역을 통해 체계에 실제적 영향력을 발휘하며, 체계는 토의민주적 과정에 의해 투입된 정치적 요구에 부응하는 제도적 결과물을 출력 및 집행한다. 시민들은 정치적 공영역을 통해 제기된 토의민주적 영향력이 효과를 거두었음을 확인하고 정치 체계에 대한 신뢰를 유지한다. 이러한 민주주의 모델은 토의민주적 절차를 거쳐 형성된 시민들의 민주적 의사로 정치 체계를 의사소통적으로 합리화하고 통제하는 공세적 특성을 지닌다고 볼 수 있다. 정치적 공영역은 이러한 공세적 실천의 수문(sluice) 역할을 함으로써 생활세계와 체계 간의 순환과 사회적 통합에 정치적 차원에서 이바지한다.

현대사회의 구조적 변화

현대사회는 다양한 변화 현상을 경험하고 있다. 이러한 현상들은 현대사회가 지난 세기의 구조에서 벗어나 새로운 구조로 변동하고 있음을 함의한다. 그렇다면 현대사회의 구조 변동을 나타내는 현상들에는 무엇이 있을까? 대략 다음과 같이 나열해 볼 수 있을 것이다.

• 자본주의 생산구조의 변화와 지구적 확장: 현대 자본주의는 대량 생산과 소비를 가능케 한 거대 제조업 중심에서 금융 및 정보 산업을 중심으로 재구조화되고 있다. 시장의 범위 역시 국민국가의 경계를 넘어 지구적으로 확장되었다. 신자유주의 체제로

변화됨에 따라 시장 체계가 입헌민주주의 국가 체계를 압도하는 일이 빈번해졌다.

- 다원주의적 삶의 현실: 생산 구조의 지구화가 야기한 결과는 경제 영역에만 국한되는 것은 아니었다. 그것은 생활세계의 다원화와 파편화로 이어졌다. 이주민의 증가는 한 국민국가 내에 인종이나 문화를 달리하는 다양한 인구 집단이 생활하는 다문화주의적 삶을 현실로 만들었다. 다문화주의적 삶은 주류 문화적 관행과 의식의 지배에 대한 의문을 품도록 만들면서 다양한 문화적 관행과 라이프 스타일을 관용해야 한다는 다원주의적 현실에서 제기되는 윤리적 요구를 고려하게 했다. 그런데 다문화주의적, 다원주의적 현실에 대한 인식은 이질적 문화 간의 상호관용의 방향으로만 전개되지 않았다. 그것은 문화 관행, 가치관, 삶의 지향 간의 동등한 교류와 이해를 거부하는 상호 폐쇄적 분리의 방향으로도 나아갔기 때문이다. 이것은 에토스를 달리하는 생활세계들 간의 갈등과 충돌을 정치적으로 이슈화하여 정치적 이득과 세력화를 획득하는 정체성 정치공학의 경향을 낳았다.

- 탈조직화와 개인주의화: 20세기적 삶의 일반적 모습이 회사, 노조, 단체 등의 조직 구성원으로 헌신함으로써 소속감을 얻고, 이를 바탕으로 개인적 삶의 성공을 가늠하는 조직인적 생활 유형이었다면, 현대적 삶의 일반적 모습은 조직인으로서의 정체성에서 벗어나 1인 경영가적 자기 계발 주체를 형성하는 유형에 가깝다고 할 수 있다.[12] 이러한 변화의 구조적 배경에는 거대 조직을

---

12) 서동진, 『자유의 의지 자기계발의 의지: 신자유주의 한국사회에서 자기계발하는 주체의 탄생』, 2009, 돌베개.

경량화하여 생산 효율성을 극대화하고자 하는 자본의 움직임이 존재한다. 1인 경영가적 주체는 조직의 성장을 자기 역량의 그것과 동일시하는 것이 아니라 자기 계발을 위해 조직을 활용한다. 이러한 삶의 유형을 채택하는 이들은 사회적 조직이 부여하는 업무가 개인적 삶의 성공에 기여할 경우에만 적극성을 보이고, 그렇지 않은 경우에는 탈조직적 선택을 하는 경향성을 보인다. 이를 통해 탈조직적 정체성이 확산되는데, 그것은 이전 세대가 보여주었던 사회적 조직에 대한 헌신과 결속 의식으로부터의 결별을 함축한다.

하지만 탈조직화와 개인주의화 경향은 연대 자체에 대한 거부를 의미하지는 않는다. 친밀성에 근거한 연대 혹은 유대관계에 대한 향수가 점점 더 강화되고 있기 때문이다. 소셜 네트워크 환경에서 만난 '이웃' 사이에 조형된 친밀한 유대감은 이러한 현상을 반영한다.

• 디지털화: 인터넷과 소셜 미디어 서비스의 확산은 디지털 미디어를 매개로 새롭게 형성된 의사소통과 사회적 교류 관행을 일반화시켰다. 디지털 환경에서의 의사소통은 즉각적인 쌍방향적 대화를 광범위하게 보장함으로써 평등하고도 폭넓은 의사소통을 가능하게 하였다. 소셜 네트워크 서비스를 통해 형성된 관계는 팔로잉과 차단을 용이하게 한다는 점에서 인간교류의 전통적 관행에서 요구되던 상호 책임 의식의 부담을 가볍게 한다. 또한 프라이버시 보호에 대한 의식과 관행도 변화하였다.

하버마스의 진단: 파편화, 양극화, 문지기, 플랫폼 자본

위와 같은 변화 현상들은 현대 민주주의의 규범성과 기능을 위협하는 요인으로 작용하기도 한다. 이와 연관하여 하버마스는 현대 민주주의, 특히 정치적 공영역의 민주적 기능을 위협하는 요소들로 의사소통의 디지털화, 자유주의 정치 문화의 침식, 사회적 불평등의 증가, 자본주의 경제의 원심력으로 인한 사회적 분열을 억제할 만한 국가적 규제력의 감소 등을 나열하고 있다.[13] 특히 최근의 책에서 하버마스는 디지털 미디어의 조건 아래에서 이루어지는 정치적 의사소통의 탈민주주의적 경향성에 주목하면서 이에 대한 대응이 필요함을 역설하고 있다.[14] 1990년대의 하버마스가 민주적 공영역의 회복력과 자기 치유력에 대한 신뢰를 보냈다고 한다면, 현재의 하버마스는 1990년대의 기대와 결별하고 정치적 공영역의 기능 부전에 대해 비관적으로 숙고한 1960년대로 회귀하는 듯한 인상을 던져준다.

하버마스는 공영역의 포용적 특성과 보편적 타당성 기준을 소홀히 여기는 현대적 경향에 대해 염려하고 있다.[15] 그는 디지털 미디어적 의사소통의 원심력이 초래한 파편화(Fragmentierung), 양극화(Polarisierung), 편집자의 역할 축소 등을 이러한 경향성의 원인으로 꼽고 있다.[16] 디지

---

13) Habermas, Jürgen(2022a), 30–38쪽.

14) Habermas, Jürgen(2022a).

15) 하버마스는 토의민주주의 모델에서의 정치적 공영역이 모든 당사자들을 동등하게 포괄하여 사안에 대해 논의한다는 특성을 핵심적 본질로 삼는다고 생각한다. 또한 정치적 공영역에서 공론은 네 가지 타당성 요구(진리성, 정당성, 진실성, 상호이해가능성)를 만족시킴으로써 타당성을 얻는다고 여긴다. 공론은 이러한 포용성과 타당성에 기초해 형성될 때 민주적 권력으로서의 정당성을 지니게 됨을 강조한다. 따라서 포용성과 타당성에 대한 이해가 약화된다는 것은 곧 토의민주주의적 모델의 침식을 의미한다. 위르겐 하버마스(2011), 「민주주의는 아직도 인식적 차원을 갖는가?」, 『아, 유럽』, 나남, 178쪽.

16) Habermas, Jürgen(2022b), "Foreword," in E. Prattico ed., *Habermas and the crisis of democracy. Interviews with leading thinkers*, Routledge, xiii–xxix쪽.

털 미디어적 의사소통에 대한 그의 의혹은 2006년에 발표한 「민주주의는 아직도 인식적 차원을 갖는가?」 이후 지속적으로 제시되고 있다. 이 글에서 하버마스는 디지털 미디어적 의사소통, 특히 인터넷에 대한 양가적 평가를 내놓았다. 그에 따르면, 인터넷 의사소통은 의사소통 참여자 간의 비대칭성을 제거함으로써 쌍방향적이고 평등한 의사소통에 이바지하기는 하지만 '전 세계에 분산된 수백만 개의 채팅방 속에 대규모로 의사소통하게 되면서 보편적 이해관계를 형성하는 공중으로 통합하는 것이 아니라 특수한 이해관계를 통해 각각의 집단으로 나뉘어 결집하게 하는 원심적 경향을 보이는 단점이 있다.[17] 그는 이러한 원심적 경향으로 인해 탈중심화된 메시지들이 이합집산하고 "공동의 이슈에 관심을 집중하지 못하게 되면서 정치적 의견 및 의지 형성 절차의 작동"[18]을 가로막는 요인으로 작용한다고 우려한다.

디지털 미디어 환경에서 조성된 일부 공영역은 의견들이 공적 타당성의 기준에서 판단되는 것이 아니라 그저 '좋아요'와 '싫어요'의 선호에 의존하여 평가된다. 선호를 공유하는 반향실에 모여 다양한 주제에 대해 나르시스트적으로 자기 폐쇄적인 담론을 수행할 경우 선택적 지각이 강화된다. 하버마스는 '디지털 플랫폼 서비스를 사용하는 미디어 소비자들은 다양한 목소리들 간의 불협화음의 증가와 발언 내용의 복잡성에 대한 부담감으로 인해 같은 생각을 가진 사람들의 차폐된 반향실로 후퇴하여'[19] 밖으로 나가기를 거부한다고 비판

---

17) 위르겐 하버마스(2011), 192쪽.
18) Habermas, Jürgen(2022b), xviii쪽.
19) Habermas, Jürgen(2022a), 53쪽.

한다. 하지만 문제는 그것으로 그치지 않는다. 양극화로 나아가기 때문이다. 반향실에서 교류하던 사람들은 자기들과 다른 논거를 제시하는 이들과 대면할 경우, 신념을 같이하는 이웃들과 함께 결사적으로 대항하면서 정치적 부족주의에 빠진다. 여기서 정치적 의사소통과 논의는 상호이해를 지향하거나 합의를 통한 합리적 공론의 형성을 목표하는 대신에 적대를 통한 집단적 태도(ethos)의 형성을 목표로 삼는다.[20] 디지털 미디어적 의사소통의 조건에서는 정치적 논의를 거듭하면 거듭할수록 포괄적 관점을 획득하는 것이 아니라 파편적이고 양극화된 태도가 강화된다고 보는 것이다.[21]

하버마스가 디지털 공영역에서 발견되는 파편화와 양극화 현상을 심각하게 근심하는 까닭은 그것이 고전적 공영역이 지닌 다른 의견의 침투의 여지를 제한하고, 그럼으로써 다양한 의견들에 대한 포용성(inklusiver Charakter)을 제거한다고 보기 때문이다. 파편화되고 양극화된 공영역들은 서로 공명하는 목소리들만 포용하고 공명하지 않는 목소리는 배제함으로써 자기들만의 한정적인 그리고 자기동일성을 보존하게 하는 이른바 '지식'이라고 믿어지는 것들 속에만 머문다. 그들의 판단은 동류 간의 상호 지지를 통해 강화되기 때문에 그들의 '지식' 지평을 넘어서는 보편성 요구는 위선으로 의심받는다.[22]

---

20) Mühlhoff, Rainer(2018), "Affekte der Wahrheit. Über autoritäre Sensibilitäten von der Aufklärung bis zu 4Chan, Trump und der Alt-Right", *Behemoth* vol. 11(2), 76쪽.

21) "이는 …정치 공동체의 정치적 의견과 의지의 형성에 있어서 분열의 위험을 초래한다. 특정 주제나 사람을 중심으로 자발적으로 형성되는 …의사소통 네트워크는 원심적으로 확산되는 동시에 서로를 독단적으로 봉인하는 의사소통 회로로 응축될 수 있다. 그리하여 해체와 분열의 경향은 …언론, 라디오 및 텔레비전이 구축한 국민국가 내 의사소통의 통합력을 상쇄하는 역학으로 서로를 강화한다." Habermas, Jürgen(2022a), 50쪽.

22) Habermas, Jürgen(2022a), 62-63쪽.

하버마스의 관점에서 보자면, 현대의 정치적 의사소통이 파편화와 양극화의 방향으로 퇴화한 까닭은 매스 미디어가 보유하고 있었던 편집자적 기능과 책임을 디지털 미디어가 소홀히 한 데에 있다. 모든 사용자가 손쉽게 접근할 수 있는 공적 공간으로서의 디지털 공영역은 누구나 저자가 될 수 있는 길을 열어 주었다. 인터넷에 접속할 수 있고 계정이 있는 사람이라면 누구나 다양한 콘텐츠를 접할 수 있을 뿐만 아니라 아무런 편집 기준 없이 이를 공유하거나 직접 제작할 수도 있다. 반면에 매스 미디어에서는 편집 절차와 표준에 따라 어떤 콘텐츠를 게시할 수 있는지 결정한다.

하버마스에게 정치적 공영역은 논의적 여과지(filter-bed)다. 그는 공영역에서의 의견 형성이 제멋대로 진행되지 않도록 논의 참여자들 모두가 이해관계를 일반적 관점에서 성찰하도록 노력해야 하고, 불합리한 논지들을 걸러내야 한다고 강조한다. 정치적 논의는 인지적으로 타당할 수 있어야 하며, 민주적 행위는 비판적 인식의 차원을 의식하면서 실천되어야 한다고 믿기 때문이다. 그는 정치적 주장들이 충실한 정보들과 적절한 논거의 뒷받침을 받으면서 표명되어야 하며, 찬반 결정도 합리적 동기에 의해 이루어져야 한다고 강조한다.[23]

하버마스는 매스 미디어를 의견 여과 기능에 있어서 중심 역할을 하는 기관으로 간주한다. 매스 미디어는 비공식적 공영역(혹은 시민사회)에서 제기된 다양한 의견들을 선별하여 사회에 유포한다. 이 기관에는 시민들의 의견을 증류하는 일종의 문지기 역할을 하는 전문

---

23) 위르겐 하버마스(2011), 178-179쪽.

가들이 존재한다. 하버마스는 공론의 형성에서 훈련된 편집자와 저널리스트 그리고 그들을 보유한 기관의 전문적 권한 없이 공중의 의견을 포괄적이면서 타당한 수준에서 포용하는 공영역이 유지되기는 어렵다고 생각한다. 공론의 형성에 있어서 언론기관에서 일하는 고도의 전문가들의 검토가 무척 중요한 기여를 한다고 여기기 때문이다.24) 그는 매스 미디어가 시민들의 다양하게 분산된 관심을 몇 가지로 집중시키는 공통성의 모멘트를 제공해 줌으로써 파편적 논의를 회피하게 하고 시민들의 공적 토의가 포괄적 관점에서 이루어질 수 있는 계기를 마련해 준다고 말한다. 이렇게 보자면, 공론의 편집자 역할을 담당하는 매스 미디어의 존재는 민주주의가 제대로 기능을 하기 위한 필수적인 전제조건으로 요구된다.25)

반면에 "소셜 미디어는 모든 사용자가 …통제되지 않은 개입을 하도록 유도한다."26) 아마추어 소셜 미디어 논객들은 편집 기준의 준수에 대한 의식 없이 콘텐츠들을 마음대로 게시할 수 있다. 그들 중 일부는 진실을 규명하고 타당성을 확보하려는 목적으로만 논의를 전개하지 않는다. 그것은 부차적인 것일 뿐이다. 그들이 목표하는 것은 사람들의 주목을 획득하고, 추종자들에 대한 영향력을 유지 확장하는 것에 가깝다. 그러나 이것을 개인들의 탓만으로 돌릴 수는 없다. 이는 주목도에 따른 보상의 체제를 구획한 플랫폼 기업의 상업 서비스 전략에 의해 유발되고 있기 때문이다.

---

24) 위르겐 하버마스(2011), 201쪽.

25) Habermas, Jürgen(2020b), "Moral Universalism at a Time of Political Regression" (interview), *Theory, Culture & Society*, vol. 37(7-8), 33쪽.

26) Habermas, Jürgen(2020a), "Warum nicht lesen?," in Raabe, Katharina ed., *Warum Lesen. Mindestens 24 Gründe*, Suhrkamp, 104, 108쪽.

소셜 미디어 서비스 회사들은 데이터를 이용해 수익을 내고자 하는 기업이다. 정보 소비자의 주목도가 높은 콘텐츠를 보유한 플랫폼일수록 수익은 높아지므로 그러한 수요에 부응하는 저자들의 콘텐츠에 경제적 보상을 지급하는 전략에 집중하게 된다. 이는 콘텐츠 제작자들로 하여금 가짜뉴스와 혐오를 자극하는 콘텐츠들의 양산 경쟁에 나서도록 자극하였으며, 기성 매스 미디어마저 이러한 흐름에 맞장구치도록 만들었다. 그 결과 이전에는 정치적 논쟁의 장으로서 기능했던 매스 미디어가 자극적 콘텐츠의 제작 및 유통의 관리와 공급을 위한 조정 센터로 탈바꿈하고 있다.27) 개인 콘텐츠 제작자들의 입장에서는 그들의 수익이 구독자들의 후원에 의존하는 구조이다 보니 더 많은 자극을 요구하는 구독자들의 압박에서 자유로울 수도 없다.

소셜 미디어를 제공하는 플랫폼 기업들은 사용자들이 만든 콘텐츠들을 중계하고 확산시키며 주목받게 만드는 기술적 기회를 제공하는 것에 기능이 한정되어 있다고 강조한다. 그러나 플랫폼 기업들은 사실상 편집자적 선별의 기능을 수행하고 있다. 플랫폼 기업은 알고리즘을 활용하여 사용자들의 활동과 반응에 따라 콘텐츠를 자동적으로 선별 추천(curating)한다. 뉴스피드 알고리즘과 같은 자동화된 평가 및 선택 관행은 매스 미디어의 편집실이 담당했던 필터 기능을 대체하고 있다. 전통적인 매스 미디어의 보도준칙이 일반에 공유되었던 것과 달리 뉴스피드 알고리즘의 기준은 공개되지 않고 있다. 뉴스피드 알고리즘은 영업 비밀로 간주되기 때문에 선택 메커니즘이 어

---

27) Jarren, Otfried & Fischer, Renate(2021), "Die Plattformisierung von Öffentlichkeit und der Relevanzverlust des Journalismus als demokratische Herausforderung", in Seeliger, Martin & Sevignani, Sebastian eds., *Ein neuer Strukturwandel der Öffentlichkeit? Leviathan Sonderband* 37, 370쪽.

떠한지 공개적으로 검토하고자 하는 공중의 비판적 개입을 허용하지 않는다.[28] 나아가 이 기업들은 게시된 콘텐츠에 대한 편집자적 책임을 지지 않으려고 한다.

알고리즘에 의한 선별은 플랫폼 기업에게 디지털 의사소통에서의 독점적인 주권자적 지위를 선사한다. 플랫폼 기업은 사용자들에 대한 관찰 데이터를 모니터링 및 가공하고 이를 통해 의사소통을 뜻대로 구조화하면서 사용자들의 행동을 조종할 수 있는 권력을 소유하고 있다. 주보프는 소셜 미디어 플랫폼 운영자들이 개인 데이터를 측정하고 정교하게 처리하면서 행동 통제의 논리를 세밀하게 적용하고 있다고 분석한다.[29] 하버마스도 이런 지적에 동의하면서 플랫폼 자본의 감시 구조에 대한 우려를 표하고 있다. 플랫폼 기업들은 사용자들 간의 의사소통을 빅 데이터를 통해 해석하여 알고리즘으로 조정한 후 특정 형태의 사회적 행동을 유도하거나 변조한다.[30] 데이터 행동주의적 관점에 따르면, 소셜 미디어 플랫폼 기업들은 개별화된 정보에 대한 수요자와 그에 맞춰 선별된 정보 공급자를 연결하는 중개 기능을 담당하다가 점차 자신이 의도한 방향으로 사용자들이 자신의 행동을 선택하도록 만드는 권력을 획득하게 되었다. 그들은 디지털 미디어 환경에서 벌어지는 정치적 의사소통 데이터를 가지고 유권자들의 의식을 조작하고, 여론을 동원하며, 대중의 정치적 태도

---

28) Maschewski, Felix & Nosthoff, Anna-Verena(2021), "Der plattformökonomische Infrastrukturwandel der Öffentlichkeit: Facebook und Cambridge Analytica revisited" in Seeliger, Martin & Sevignani, Sebastian eds.(2021), 334쪽.

29) 쇼샤나 주보프(2021), 『감시 자본주의 시대: 권력의 새로운 개척지에서 벌어지는 인류의 미래를 위한 투쟁』, 문학사상.

30) Tiqqun(2007), *Kybernetik und Revolte*, Diaphanes.

를 좌지우지하면서 특정 방향으로 의사결정을 유도할 수 있다. 디지털 플랫폼이 집단적 행동 조정에 대한 광범위한 영향력을 갖고 있음이 입증되자 정치인들은 이것을 정치 선전과 마케팅을 위한 도구로 삼았다.[31] 이는 플랫폼 기업들이 정치적 참여의 조건을 기술을 통해 임의적으로 조정할 수 있다는 사실을 함축한다. 물론 입헌민주국가 체제에서 이러한 조정은 중앙집권적 주권자의 일방적 명령이라는 형태로 이루어지는 것이 아니라 기술적 주권을 지닌 집단이 이익 극대화의 목적 아래 사용자의 의사를 자동적 피드백의 방식으로 반영함으로써 확보된 자발성과 상호성의 계기를 내포하며 이루어진다. 플랫폼 기업들은 이것을 통제의 혐의에 대항하는 알리바이로 내세우면서 귀책 면제를 주장한다.

이상에서 살펴본 바와 같이 디지털 미디어에 의해 조성된 현대 공영역은 그것이 지니고 있었던 민주적 기능성에서 점점 멀어진 모습을 보여주고 있다. 파편화, 양극화, 편집 책무의 무시, 디지털 통치성의 위기 현상들은 민주주의 질서의 핵심인 의사소통적 자유를 손상시키는 구조로의 변동과 확산을 반영하고 있다. 하버마스는 이러한 구조적 위협을 최소화할 수 있는 대안을 두 가지로 제시하고 있다. 그것은 학습 능력의 증진과 규제로 요약된다.

하버마스는 인쇄 미디어의 확산과 더불어 등장한 독서인들이

---

31) Baum, Markus & Seeliger, Martin(2021), "Donald Trumps Twitter-Sperre: Die Paradoxie, Ambivalenz und Dialektik digitalisierter Öffentlichkeit" in Seeliger, Martin & Sevignani, Sebastian eds., 347쪽. 케임브리지 애널리티카 사건은 이를 잘 보여주는 심각한 사례였다. 케임브리지 애널리티카(Cambridge Analytica)는 영국의 정치 컨설팅 기업으로 2014년 여름 행동 심리학자 알렉산드르 코건이 개발한 퀴즈 앱 'This Is Your Digital Life'를 통해 페이스북 사용자 8,700만 명의 데이터에 접근하여 개인 프로필을 생성하고 2016년 트럼프의 대선 캠페인에 사용한 부정을 저질렀다. 2018년 3월 가디언과 뉴욕타임스가 페이스북의 '데이터 유출'에 대해 보도하면서 이 사건이 폭로되었다.

독서공중으로서의 책임을 의식하면서 행위할 수 있을 때까지 오랜 시간에 걸친 학습의 과정이 요구되었듯이, 디지털 미디어의 보급과 더불어 등장한 개인 콘텐츠 제작자들이 디지털 환경에서의 저자 공중으로서 역할과 책임을 익히기 위한 학습 과정이 필요하다고 말한다. 이런 제안의 연장선상에서 코헨과 펑은 디지털 공영역 행위자들의 민주적 책임성을 강조하고 있다. 참여자의 책임 의식 함양의 노력이 디지털 공영역의 결함을 보완하는 데 중심이 되어야 한다고 보고 있는 것이다.[32]

디지털 네트워크의 상업적 이용은 디지털 의사소통의 참여자들 사이에 자유의 한도를 고려하지 않는 풍토와 구조를 초래했다. 하버마스는 이러한 병리를 제거하기 위해 플랫폼 자본에 대한 법적 규제가 필요하다고 말한다. 그는 가짜 정보를 유포했음이 입증되었을 때 플랫폼 기업에게 제재를 가하는 내용에만 역점을 두어 플랫폼 규제법이 마련되어서는 곤란하다고 보고 있다. 그들에게 저널리즘적 편집의 의무를 부과하도록 하는 규제안이 중심이 되어야 한다는 것이다. 하지만 편집의 의무를 부과하여 콘텐츠와 의사소통의 질을 조절하는 조치 역시 충분하다고 보기는 어렵다. 네트워크화된 공영역에서 새롭게 부상하는 권력 및 지배 구조가 형성되지 않도록 폭넓게 검토하고 규제하는 것까지 확장되어야 할 것이다.[33] 하버마스는 플랫

---

32) Cohen, Joshua & Fung, Archon(2023), "Democratic responsibility in the digital public sphere", *Constellations*, 30(1), 97쪽.

33) Bennett, Lance(2021), "Killing the Golden Goose? A Framework for Regulating Disruptive Technologies," *Information, Communication & Society*, 26, 16-36쪽.; van Dijck, José & Nieborg, David, & Poell, Thomas(2019), "Reframing Platform Power, *Internet Policy Review*, 8(2).

폼 자본에 대한 법적 규제가 정치적 선택의 문제가 아니라고 말한다. 입헌민주주의의 건강한 지속을 보장하기 위해 집행해야 할 헌법적 명령이라고 강조한다.[34]

비판적 회고

이제까지 살펴본 바에서 알 수 있듯이 디지털 공영역에 대한 하 버마스의 입장은 매우 비판적이다. 그는 디지털 공중을 매스 미디어 환경의 '정상적' 공중과 구조적으로 분리하면서 전자의 단점을 부각 시킨다. 그는 저널리즘적 의무를 지키지 않는 디지털 미디어 공영역 보다는 그것에 충실한 매스 미디어 공영역에 더 많은 매력과 향수를 느끼고 있는 듯하다. 이는 디지털 미디어 공영역이 지니고 있는 민주 적 업적과 잠재력을 과소평가하거나 간과하는 엘리트주의적 편향을 보인다는 평가까지 가능하게 만든다.[35]

근래의 하버마스는 파편화, 양극화, 디지털 통치성 등 디지털 공 영역의 부정적 현상들에 대해 정교한 사회경제적 분석을 시도하지 못하고 있다는 점에서 아쉬움을 더한다.[36] 그의 분석은 주로 기술공 학적 동학이 야기하고 있는 정치 문화의 위기에 대한 문화적 비판에

---

34) Habermas, Jürgen(2022a), 69~70쪽. 하버마스의 제안은 디지털서비스법(DSA)과 디지털 시장법(DMA)의 제정으로 결실을 보았다. 이러한 흐름은 디지털 입헌주의의 실현 가능성 이 높아가고 있음을 전망하게 한다. 디지털 입헌주의의 유럽적 움직임에 대해서는 De Gregorio, Giovanni(2022), *Digital constitutionalism in Europe: Reframing rights and powers in the algorithmic society*, Cambridge University Press를 참고할 것.

35) Ritzi, Claudia(2023), "The Hidden Structures of the Digital Public Sphere, *Constellations*, 30(1), 55쪽.

36) Staab, Philipp & Thiel, Thorsten(2022), "Social Media and the Digital Structural Transformation of the Public Sphere," *Theory, Culture & Society* 39(4).

머무르고 있다. 1960년대의 하버마스는 지금보다 더 심층적이고 포괄적인 고찰을 수행했다. 그 시대의 정치 문화에 대한 비판은 자본주의적 민주주의 체제의 구조 변동에 대한 깊이 있는 분석을 바탕으로 제시되었다. 하지만 21세기의 하버마스는 깊이 있는 구조적 분석 대신에 과거 회귀적 문화비평에 치중하고 있다. 물론 그는 디지털 자본주의적 세계질서로의 구조변동이 정치적 공영역의 기능 상실을 야기한 원인이라고 기술하면서 여전히 사회경제적 구조와 정치 문화 간의 연관성을 의식하고 있다. 하지만 그러한 문제의식이 변화된 구조에 대한 심층적 분석과 기존 입장에 대한 재사유로 이어지고 있지는 않다.

디지털 문화에 대한 기술결정론적 비평도 아쉽다. 이 부분에서 하버마스는 주보프의 연구에 많이 의존하고 있다. 주보프는 사용자들을 모니터링하고 사용 패턴을 만들어 개인화된 서비스로 되먹임하는 플랫폼 기업의 영업 방식이 감시자본주의적 흐름으로 이어진다고 평가한다. 그녀는 소셜 미디어 서비스의 사용자들에게 주체성이 없으며 기술적 조작에 의해 행동 조작이 가능하다는 점을 강조한다. 기술결정론적 관점에서 보자면, 디지털 환경에서 개인에게 부여된 자유의 여지는 거의 존재하지 않는다. 표면적으로는 개인에게 광범위한 선택권을 부여하는 듯 보이지만 실제로는 기술공학적으로 예정된 경로에 따라 행위를 조정하는 '예정조화적 기계신'의 보이지 않는 개입이 배면에서 작용하기 때문이다. 이것은 생활세계에 대한 기술공학적 지배라는 디스토피아적 전망을 하도록 만든다.

만일 기술결정론적 관점에 의존하여 디지털 공영역의 위기 현상에 대한 비판을 전개한다면, 저자 공중으로서의 역할을 학습해야 한다는 하버마스의 대안은 무척이나 궁색해진다. 디지털 미디어 환경에서 말하고 행위하는 거의 모든 것이 기술적 개입을 통해 임의로 조작될 수 있고 실제로도 그러하다면, 하버마스가 제안하고 있는 사용자 개인들의 계몽적 학습 역시 기술적으로 예정조화된 결과물이 될 것이기 때문이다.

현대 디지털 공영역이 플랫폼 자본에 의해 침식당하고, 사인들 간의 자유로운 의사소통적 행위들마저 기술공학적으로 조정될 수 있는 가능성을 부인할 수는 없다. 하지만 그것이 모든 시민들에게 지배의 효과를 낳는다고 단언하기는 아직 성급하다. 정치적 부족주의화와 기술적 조작에 의한 여론 선동의 효과가 유의미하게 작용하는 것은 모든 시민이 아니라 일부 집단과 개인에게 국한되는 경우가 많다는 경험적 연구도 존재하기 때문이다.[37]

하버마스는 매스 미디어 시대의 '편집자적 후견인 모델'을 긍정적으로 평가하고 있다. 그는 매스 미디어 기관과 저널리스트들이 '문지기 역할(gatekeeping)'을 충실히 함으로써 공영역에서 고품질의 담론이 가능하도록 했으며, 시민들의 판단 부담을 덜어주면서 정치 체계 및 생활세계의 합리화를 실현했다고 설명한다. 매스 미디어 공영역의 전문가들은 사회적으로 의미가 있는 지식과 의견이 무엇인지를 결정한다. 그들은 보통시민들을 대리하여 참과 거짓, 합법적인 것과 불법적인 것, 가치 있는 것과 가치 없는 것 등을 구분하는 역할을 맡고 있다. 그러나 이러한 구조는 시민과 편집자, 비공식적 공영역과

---

37) Bruns, Axel(2019), *Are Filter Bubbles Real?* Polity.; Jungherr, Andreas & Schroeder, Ralph(2021), "Disinformation and the Structural Transformations of the Public Arena: Addressing the Actual Challenges to Democracy," *Social Media, Society* 7(1).

매스 미디어 공영역 간의 위계를 전제한다. 편집자와 그 기관의 전문적 역할이 정치적 공영역의 합리적 기능에 기여하는 바가 크다고 할지라도 공영역 간의 분업이 아니라 위계를 설정하는 이러한 구도는 하버마스가 강조하는 의사소통적 자유를 침해하는 요소로 작용할 수 있다. 자유는 평등한 관계를 바탕으로 활성화되기 때문이다.

또한 편집자적 공영역으로서의 매스 미디어가 지닌 의견 선별(curating)의 기능이 과연 이데올로기적으로 면역되어 있거나 지배의 계기를 포함하지 않는다고 자신할 수 있을까? 섣불리 안심하기에는 어려울 것이다. 매스 미디어는 중립적인 것이 아니라, 기성 권력관계와 영향력을 의식하면서 보도 가치가 있는 정보와 그렇지 않은 정보를 선택하기도 한다. 매스 미디어에 제공되는 다양한 주장은 이데올로기적 의미 구조 혹은 지배 관계에 따라 상이하게 평가되며, 비주류적 해석은 정당하지 않은 것으로 간주되어 미디어에서 배제되거나 미미하게 표현되는 경우가 많다. 간혹 비주류적 해석이 매스 미디어의 주목을 받는 경우도 있지만, 그것은 주류 해석의 기능과 양립가능하거나 규범적 알리바이를 제공할 수 있기 때문이다. 매스 미디어에 의해 편집된 의사소통 과정은 다양한 관점을 지닌 사회관계에서 때로는 적대적으로 제기되는 의견들을 담론적으로 차단하는 거름망으로 기능할 여지를 품고 있다.[38]

하버마스는 디지털 공영역이 탈조직적 개인이나 집단으로 분열적 결집을 하게 하는 원심적 경향을 보이면서 민주적 통합을 저해한

---

38) Sevignani, Sebastian(2023), "Ideology and Simultaneously More than Mere Ideology: On Habermas' Reflections and Hypotheses on a Further Structural Transformation of the Political Public Sphere," *Constellations*, 30(1), 86–88쪽.

다고 비판한다. 그러나 디지털 공영역에서 오가는 원심적 경향의 정치적 의사소통을 통해 새로운 민주적 통합의 사례를 형성하는 경우도 많다. 과거 민주 정치적 실천의 중심은 조직적 단체(정당, 노조, 시민단체, 학생운동 조직 등)였다. 오늘날에는 조직화된 이익집단, 영리 및 비영리 조직, 시민단체 못지않게 공통적 관심사를 중심으로 일시적으로 형성된 모임이나 사회운동도 민주적 실천의 중핵을 이룬다. 디지털 시대는 시민사회단체의 '개입' 없이도 정치적 주체화, 주제 혁신, 참여와 연대의 과정이 국내외적 수준에서 얼마든지 펼쳐질 수 있는 환경을 제공하고 있기 때문이다. 조직적 단체를 매개하지 않고 관심사를 같이 하는 사인들이 자발적으로 만들어낸 모임들은 조직적 지휘에 의한 단합된 힘을 발휘하기 어려운 게 사실이다. 구성원 간의 강하고 끈끈한 결속력을 기대하기도 어렵다. 하지만 이들을 금방이라도 사분오열될 수 있는 고립된 개인들로 이루어진 집단이라고 폄하하기에는 아직 이르다.

2016년 한국의 촛불집회와 2019년 홍콩의 시위는 조직화된 단체들이 아니라 소셜 미디어 집단 채팅에서의 개인들 간의 논의를 통해 집회 참여와 운영을 진행하였다. 그들은 어느 조직에도 속해 있지 않은 개인에 불과했지만, 느슨하고 자율적인 연대로 혼자서 집회에 참석하여 정치적 실천과 문화를 만들어 냈다. "특히 이들은 페이스북 등을 통해 평화집회를 당부하거나 소수자 배려가 부족한 집회문화를 비판하는 등 스스로 비공식적인 리더십을 발휘하기도 했다."[39] 이러한 사례를 고려해 본다면 디지털 공영역에서의 정치적 의사소통이

---

39) 오승훈, 「스마트 시민' 2030이 45%... SNS가 무기」, 『한겨레신문』, 2016년 12월 12일.

파편화와 양극화의 원심적 경향으로 인해 탈민주적 정치문화를 초래하고 민주적 통합을 저해한다는 하버마스의 우려는 지나치다고 할 수 있다. 오히려 반대일 수도 있는 것이다.

디지털 미디어의 환경과 그것을 가능하게 한 사회구조에서 발생하고 있는 현상들은 정치적 의사소통의 동학과 의사소통 권력의 조직화 그리고 공중에 대한 개념적 해명이 새롭게 시도되어야 함을 요구한다. 이는 어쩌면 하버마스가 30년 전에 토의민주주의론에서 제안했던 게이트키핑적 수문 모델에 대한 재검토를 함의하는 것일 수도 있다. 디지털 시대에는 매스 미디어 공영역 등에서 활동하는 의사소통 전문가와 교양 엘리트들의 비판적 중개와 공론화의 역할을 필수적으로 요청하지 않는 사례가 심심찮게 발생하기 때문이다.

현대사회가 디지털 미디어적 조건에서 공영역의 구조 변동 상태에 있는 것은 명확해 보인다. 디지털 구조 변동에서 발견되는 부작용이 심각하다는 사실 또한 분명하다. 그러나 몇몇 부작용에 대한 과도한 근심에 빠져 디지털 공영역이 지니고 있는 민주적 잠재력을 과소평가할 필요는 없다. 오히려 필요한 것은 우선 디지털 시대에 새롭게 출현한 권력관계와 지배 논리 및 통제 구조를 심층적으로 분석하는 것이다. 나아가 디지털 환경 내에서 변화를 거듭하며 새롭게 발아하고 있는 공영역의 민주적 잠재력을 이론적으로 재구성하고 실천적으로 육성하려는 시도다.[40)]

---

40) 이 글은 『시대와 철학』 2023년 제34권 3호에 수록된 논문 「공영역의 신구조변동? - 성찰과 제안 - 」을 기초로 몇몇 내용을 가감하여 작성한 것이다.

참고문헌

서동진, 『자유의 의지 자기계발의 의지: 신자유주의 한국사회에서 자기계발하는 주체의 탄생』, 돌베개, 2009.

쇼샤나 주보프, 『감시 자본주의 시대: 권력의 새로운 개척지에서 벌어지는 인류의 미래를 위한 투쟁』, 문학사상, 2021.

위르겐 하버마스, 「민주주의는 아직도 인식적 차원을 갖는가?」, 『아, 유럽』, 나남, 2011.

찰스 테일러, 『근대의 사회적 상상』, 이음, 2010.

Baum, Markus & Seeliger, Martin "Donald Trumps Twitter-Sperre: Die Paradoxie, Ambivalenz und Dialektik digitalisierter Öffentlichkeit" in Seeliger, Martin & Sevignani, Sebastian eds., *Ein neuer Strukturwandel der Öffentlichkeit? Leviathan Sonderband* 37, 2021.

Bennett, Lance, "Killing the Golden Goose? A Framework for Regulating Disruptive Technologies," *Information, Communication & Society,* 26, 2021.

Bruns, Axel, *Are Filter Bubbles Real?*, Polity, 2019.

Cohen, Joshua & Fung, Archon, "Democratic Responsibility in the Digital Public Sphere", *Constellations* 30(1), 2023.

De Gregorio, Giovanni. *Digital constitutionalism in Europe: Reframing Rights and Powers in the Algorithmic Society.* Cambridge University Press, 2022.

Habermas, Jürgen, *Strukturwandel der Öffentlichkeit : Untersuchungen zu einer Kategorie der bürgerlichen Gesellschaft*, Luchterhand, 1962.

Habermas, Jürgen, "Warum nicht lesen?," in Raabe, Katharina ed., *Warum Lesen. Mindestens 24 Gründe*, Suhrkamp, 2020a.

Habermas, Jürgen, "Moral Universalism at a Time of Political Regression" (interview), *Theory, Culture & Society* 37(7-8), 2020b.

Habermas, Jürgen, "Überlegungen und Hypothesen zu einem erneuten Strukturwandel der politischen Öffentlichkeit," in *Ein neuer Strukturwandel der Öffentlichkeit und die deliberative Politik*, Suhrkamp, 2022a.

Habermas, Jürgen, "Foreword". in Prattico, Emilie ed., *Habermas and the Crisis of Democracy. Interviews with Leading Thinkers*, Routledge, 2022b.

Jarren, Otfried & Fischer, Renate, "Die Plattformisierung von Öffentlichkeit und der Relevanzverlust des Journalismus als demokratische Herausforderung", in Seeliger, Martin & Sevignani, Sebastian eds., *Ein neuer Strukturwandel der Öffentlichkeit? Leviathan Sonderband* 37, (2021).

Jungherr, Andreas & Schroeder, Ralph, "Disinformation and the Structural Transformations of the Public Arena: Addressing the Actual Challenges to Democracy," *Social Media, Society* 7(1), 2021.

Maschewski, Felix & Nosthoff, Anna-Verena, "Der plattformökonomische Infrastrukturwandel der Öffentlichkeit: Facebook und Cambridge Analytica revisited" in Seeliger, Martin & Sevignani, Sebastian eds, 2021.

Mühlhoff, Rainer, "Affekte der Wahrheit. Über autoritäre Sensibilitäten von der Aufklärung bis zu 4Chan, Trump und der Alt-Right", *Behemoth* 11(2), 2018.

Ritzi, Claudia, "The Hidden Structures of the Digital Public Sphere, *Constellations* 30(1), 2023.

Sevignani, Sebastian, "Ideology and Simultaneously More than Mere Ideology: On Habermas' Reflections and Hypotheses on a Further Structural Transformation of the Political Public Sphere, *Constellations* 30(1), 2023.

Staab, Philipp & Thiel, Thorsten, "Social Media and the Digital Structural Transformation of the Public Sphere," *Theory, Culture & Society* 39(4), 2022.

Tiqqun, *Kybernetik und Revolte*, Diaphanes, 2007.

van Dijck, José & Nieborg, David, & Poell, Thomas, "Reframing Platform Power," *Internet Policy Review*, 8(2), 2019.

11

예술 공론장, 공중
그리고 예술대중

11

예술 공론장, 공중 그리고 예술대중

하버마스의 예술 공론장과 단토·디키의 예술계 논제를 중심으로

이하준

들어가면서

우리 사회에서 예술 민주주의, 예술복지에 대한 담론이 시작된 지 오래되었다. 크고 작은 지자체에서 예술문화재단이 설립되었고 예술문화 전반에 대한 다양한 지원 사업이 추진 중에 있다. 공적 서비스로서 지자체 주도하의 시민대상 예술 관련 프로그램과 다양한 형식의 공공미술 프로젝트가 진행되고 있다. 예술 관련 기관에서도 고급예술의 대중화라는 모토하에 시민 참여형 이벤트와 수준별 맞춤형 과정을 운영하기도 한다.[1] 최근에는 예술창작에서 IoT 기술을 활용한 창작 민주주의 양상이 나타난다.[2] 사물인터넷 기술을 응용해

---

[1] 예술 민주주의 기본 이념 및 68운동과 예술 민주주의 관계 전반에 대해서는 논자의 글을 참조. 이하준, 「예술 공공정책의 이념으로서 예술 민주주의와 예술의 공공성」, 『공공정책』 2020 JAN.

[2] 정서윤, 「4차 산업시대, IoT 예술의 문화민주주의의 실현 가능성 고찰」, 『문화와 융합』 44권 8호, 2022, 645쪽 이하 참조.

예술창작 과정과 예술작품 내에 예술 감상자를 등장시키는 작품들이 자주 등장한다. 이와 더불어 주목해야 하는 것은 예술을 향유하고자 하는 시민, 예술 향유자들이 활동하는 수많은 온라인 예술 관련 커뮤니티다. 공적 영역과 사적 영역에서 발생한 위와 같은 예술문화현상은 우리 사회에서 예술 공론장의 형성과 작동방식, 예술공중과 예술 대중의 현주소를 가늠해 본다는 관점에서 이론적이고 실천적으로 논구할 가치가 충분하다. 아쉽게도 이러한 문제를 하버마스 예술 공론장 논점에서 분석한 국내의 연구가 없다. 또한 예술 공론장과 관련해 하버마스와 근본적으로 다르게 접근하는 단토와 디키의 예술계 논의에서 예술 공론장의 문제를 비교분석하고 새로운 공론장 형식인 사이버 예술 공론장의 예술공중과 예술 대중의 문제를 다루는 논의가 국내에 전무하다. 이 글은 이와 같은 문제의식에서 출발한다. 잘 알려진 바와 같이 하버마스는 예술 공론장을 문예 공론장의 하위 범주로 보고 문예 공론장의 형성, 기능, 역할 및 그것의 붕괴를 사회구조의 변화와 연동해 규명하였다. 하버마스가 사회학적이고 역사적인 관점을 통해 예술 공론장의 문제를 규명했다면, 그의 시각에서 특수한 의미의 예술 공론장을 전개한 단토와 디키는 하버마스와 같은 예술 공론장의 구조변동 자체를 탐구하는 일종의 사회학주의에 반대한다. 철학으로서의 예술 및 예술계 개념을 제안한 단토와 디키는 예술작품의 고유성과 진리성을 탐구하는 전통적인 미학뿐만 아니라 예술과 사회의 내적 상호관계에 초점을 맞추는 하버마스의 강한 예술사회학적 방법론을 거부하며 예술 공론장에서 담론의 합리성에 관심을 두지 않았다.

이 글에서 필자가 중점적으로 다루고자 하는 바는 첫째, 하버마스와 단토·디키가 전혀 다른 예술개념을 가지고 있다는 점, 둘째, 예술 공론장의 공중과 예술계 대중 간의 다면적인 질적 차이, 셋째, 온라인 및 개인 미디어를 매개로 한 새로운 형식의 예술 공론장에서 예술공중의 탄생가능성 문제다. 마지막으로 변화된 시대에 하버마스와 단토·디키의 논점을 상호보완할 필요성과 예술공중과 예술대중의 경계를 넘어서 예술 공론장을 확장할 가능성을 탐구할 것이다.

문예 공론장과 예술 공론장

19세기 초에 들어 과시적 공론장(repräsentative Öffentlichkeit)이 종말을 고하고 "과시적 공공성과는 아무런 공통점이 없는 다른 공공성의 담지자"[3]들이 등장한다. 그 공공성의 담지자들은 독서공중이며 이들의 등장과 함께 부르주아 공론장이 형성된다. 이 부르주아 공론장은 "공중으로 결합된 사적 개인들의 영역"[4]에 해당되며 전(前)부르주아적인 것과 달리 공적인 것과 사적인 것의 구분을 전제로 한다. 공론장의 물리적 공간은 커피하우스, 살롱, 만찬회 등이며 귀족과 독서공중이 구성원이다. 공론장은 '독서 능력을 가진 구성원들의 토론의 조직화'에 기초하며 소설, 철학적 저서, 예술작품, 음악 등 모든 것이 토론에 부쳐졌다. 하바마스는 이것을 문예 공론장(literarische Öffentlichkeit)이라 칭했다.[5] 문예 공론장은 지위 자체가 배제된 사

---

3) Habermas, *Strukturwandel der Öffentlichkeit*, Frankfurt a. M. 1990. 『공론장의 구조변동』, 한승환 역, 나남, 2001. 같은 책, 78쪽(페이지는 번역본 기준).

4) 같은 책, 95쪽.

회적 교제, 과거 의문시되었던 문제의 주제화, 공개성의 원칙을 그 특징으로 한다. 문예 공론장의 참여자는 기본적으로 소유와 교양을 전제로 한다. 여기서 소유란 문예 공론장에 자유롭게 참여하기 위해 필요한 물적 조건의 소유만이 아니라 정보와 지식의 소유 및 교육받은 사적 개인의 문예이해로 파악할 수 있는 교양을 의미한다.[6] 하버마스는 개별적 관심에 따른 독서와 개인 고유의 자기해석을 시도하는 이와 같은 부르주아 공론장을 '근대적 주체의 원천'으로 평가한다.

> 열정적으로 자기 자신을 주제화하는 공중이 사적 개인들의 공적 논의를 통해 상호이해와 계몽을 추구하면서 갖게 된 경험은 말하자면 특유한 주체성의 원천으로부터 발생한다.[7]

넓은 의미에서 문예 공론장의 하위 범주로 예술을 토론의 주요 소재로 삼는 경우 좁은 의미의 예술 공론장이라 칭할 수 있다. 하버마스는 예술 공론장에서 '공중(Publikum)'의 발생을 음악회, 박물관, 회화와 관련해 간단히 스케치한다. 그에 따르면 18세기 말까지 모든 음악은 과시적 공공성의 기능을 수행하였다. 즉 '예배의 경건함과 품위, 궁정모임의 축제모임'을 위한 실용적 목적 지향의 음악이었다. 하버마스의 지적처럼 바로크 음악이나 근대 초의 음악은 대부분 종교예배를 위한 음악이거나 왕이나 귀족의 주문에 의해 만들어졌다. 이 시기는 궁정음악가나 궁정악단의 단원이 되어야만 음악가로서의 생

---

5) literarische Öffentlichkeit을 기존 번역(문예적 공론장)과 달리 문예 공론장으로 칭한다.
6) 같은 책, 133쪽 참조.
7) 같은 책, 118쪽.

존이 가능하던 시대였으며 이때 음악은 '관리되는 궁정 예술의 한 장르'였다.

　모차르트는 하이든, 바흐, 헨델 등과 같이 궁정음악가나 교회 오르간 연주자로 활동했으나 그 어떤 작곡가보다도 '관리되는 음악'에 대해 가장 민감하게 저항했던 인물이다. 노베르트 엘리아스는 모차르트를 "시민계급 출신의 국외자로서 궁정에 근무하면서 놀랄 만한 용기로 자신의 귀족 고용주와 위임자를 상대로 저항 운동"[8]을 한 인물로 평가했다. 그는 궁정귀족의 취향에 맞는 음악이 아니라 순수 예술음악 창작과 자신과 같은 음악인들의 사회적 위상에 대한 투쟁적 성격을 갖는다. 모차르트는 음악 담당 하인으로 취급받는 것에 대한 모멸감, 귀족의 추천서 요구에 대한 내면적 분노와 천재로서 정당한 사회적 대우를 받지 못하는 것에 불편한 감정 그리고 궁정취향적 작곡(F장조 협주곡 KV 459 등)의 불가피성에 대한 분노를 드러냈다. 엘리아스가 말하듯이 모차르트의 그러한 의식은 강한 평등의식과 자유 예술가로서 겪는 궁정적 사회질서와의 갈등에서 비롯됐다.[9] 희극 오페라의 형식인 부파를 통해 모차르트는 시민계급 출신의 음악인으로서 사회비판적 의식을 드러냈다. 하버마스는 18세기 궁정사회에 의해 관리되는 음악(예술)에 대해 자세히 논하기보다는 예술 공론장에서 과시적 공공성이 어떻게 드러났는가에 대해 간단한 언급을 하는데 그치고 있다. 그런데 "18세기 말까지 모든 음악이 과시적 공공성

---

8)　노베르트 엘리아스, 『모차르트』, 박미애 역, 문학동네, 1999, 21쪽.
9)　엘리아스는 전혀 언급하고 있지 않지만, 모차르트는 아버지 레오폴드에게 보낸 1778년 2월 7일, 1781년 3월 17일, 1782년 8월 17일의 편지에서 하인 취급을 받는 것에 대한 분노감, 예술가적 자존심과 예술적 천재 의식, 이에 걸맞는 존중에 대한 요구, 개인교습에 따른 창작시간의 낭비로 인한 괴로움 등을 생생히 기술하고 있다.

의 기능"10)을 수행했다는 하버마스의 주장은 엄밀한 의미에서 사실에 위배되는 주장이다. 엘리아스는 베토벤의 경우 모차르트와 달리 궁정사회로부터 자유로웠으며 자유 예술가로서 자기 스타일의 작곡을 할 수 있었다고 지적한다.11) 엘리아스 시각의 옳고 그름은 상대적 자율성의 범위와 정도의 문제로 수렴된다. 그의 주장이 완전히 옳다고 할 수 없으나 하버마스의 입장처럼 과시적 공공성의 범주로만 파악할 수 없다.

한편 하버마스에 따르면 회화의 경우에 1670년대부터 음악과 비교할 수 없을 만큼의 의미 있는 공론장이 형성되었다.12) 그는 회화가 화가 길드, 궁정과 교회교원으로 벗어나면서부터 비로소 자유예술이 될 수 있었으며 '시장을 위한 예술 상품'의 성격을 갖게 되었다고 보는데, 미술사적 측면에서 보면 그의 주장은 상당 부분 타당하다. 17세기 초반 네덜란드에서는 신흥 중산층들의 주문에 따른 집단초상화가 유행했다. 이 시기의 대표적인 집단초상화 화가로는 프란스 할스(Frans Hals), 바르톨로메오 반 데르 헬스트(Bartholomeus van der Helst) 등이다. 당대 최고의 화가인 렘브란트(Rembrandt)를 빼놓을 수 없다.

그런데 논자가 볼 때 회화 공론장의 형성 시기를 17세기 말로 보

---

10) Habermas, *Strukturwandel der Öffentlichkeit*, Frankfurt a. M. 1990. 『공론장의 구조변동』, 한승환 역, 나남, 2001. 111쪽.

11) 노베르트 엘리아스, 『모차르트』, 박미애 역, 문학동네, 1999, 59쪽 참조: 베토벤이 모차르트와 달리 자유 예술가의 음악적 삶이 가능했던 결정적 이유는 소위 음악산업의 탄생과 관련이 있다. 가정의 피아노의 유행시대를 살았던 베토벤은 악보출판이 수입의 상당 부분을 차지했다. 모차르트가 아버지에게 보낸 편지들에서 독립자유 음악가가 되기 위한 연주여행의 실패, 빈에서의 가능성에 대한 희망 등을 직설적 언어로 확인할 수 있다.

12) Habermas, *Strukturwandel der Öffentlichkeit*, Frankfurt a. M. 1990. 『공론장의 구조변동』, 한승환 역, 나남, 2001. 112쪽.

는 하버마스의 시각은 타당하다고 보기 어렵다. 네덜란드의 경우 대중미술 시장은 이미 17세기 초에 형성되었다는 점과 당대의 회화 제작방식을 고려한다면 더더욱 그렇다. 당대 화가 중 루벤스는 특정한 작품들을 제작할 때는 무려 100여 명에 가까운 도제들과 공동제작을 했다. 또한 자신의 공방에서 잠재적 구매자를 위해 작업과정들을 공개하는 퍼포먼스도 하곤 했다. 이와 더불어 루벤스나 렘브란트가 미술품 수집가였다는 점도 상기할 필요가 있다. 이러한 점들은 하버마스가 추정하는 것보다 이른 시기에 회화 공론장이 형성되었다는 것을 말해준다.[13]

예술에 대한 비전문가 판단의 제도화와 예술 공론장

하버마스는 예술 공론장을 예술에 대한 비전문가들의 판단의 제도화와 연관시킨다. 다시 말해 초기 예술 공론장은 비전문가들의 예술에 대한 담론에서 시작되었다는 것이다. 여기서 먼저 비전문가가 누구인가를 따져봐야 한다. 비전문가는 한마디로 말해 예술에 대한 권위자나 전문 비평가를 의미하지 않는다. 하버마스적인 의미에서 비전문가는 예술에 대한 취향과 예술 작품의 선호대상의 선택 그리고 예술에 대한 판단능력이 있는 사람, 예술과 관련된 담론에 사적 개인으로서 참여하는 사람을 말한다. 비전문가들은 음악서클 등 새로운 예술 공중으로서 각 분야마다 자신들만의 서클을 만든다. 하버마스가 말하는 예술에 대한 비전문가들의 판단의 제도화는 '2단계 제

---

13) 이하준, 『철학이 말하는 예술의 모든 것』, 2013, 146쪽 이하 참조.

도화'라고 봐야 한다. 일차적인 의미의 제도화는 앞서 언급한 바와 같은 사적 개인들의 예술클럽 조직을 의미한다. 하버마스는 이것을 '비전문가적 판단의 조직화'로 표현한다. 2단계 제도화는 문학비평, 음악비평, 연극비평 등 예술 문화비평지, 정기간행물의 등장을 뜻한다. 이 2단계에서 예술비평가는 특별한 위치를 점유한다. 18세기 당시 디드로와 같은 예술비평가는 직업적으로 예술비평을 하는 비평가는 아니었지만 살롱, 커피하우스에 드나드는 공중이 그와 같은 사람들의 말을 경청하는 결과를 가져왔다. 그런가 하면 직업적 예술비평가들은 '작품 자체의 전문적인 비평'을 제공했다. 이런 의미에서 예술비평가는 하버마스가 생각한 것처럼 '공중의 대리인이자 공중의 교육자'로 기능했다고 볼 수 있다.

그렇다면 '비전문가적 판단의 조직화'인 예술 공론장의 성격은 구체적으로 무엇인가? 하버마스에 따르면 전문 비평가들이 등장하기 이전의 예술 공론장은 사적 개인들 간의 예술에 대한 정보 공유와 상호학습의 장이다. 공론장의 참여자들은 예술서적을 읽고 낭독하며 토론한다. 그 소재는 편지, 신문의 예술 관련 기사, 예술 관련 에세이 등이다. 이것은 먼저 비전문가인 담론의 참여자가 예술서적과 예술작품과의 대화를 통해 그 대화의 주인공이 되는 것을 전제한다. 하버마스는 이러한 형식의 공론장의 작동방식을 '상호 계몽의 과정'이라고 언명했다.

공중도 철학, 문학, 예술을 비판적으로 습득하는 과정을 통해 비로소 스스로 계몽할 수 있게 되며 스스로를 계몽의 살아 있는 과정으

로 파악할 수 있게 된다.14)

이러한 의미에서 예술 공론장은 사교적이며 예술소비적 대회모임과 그 성격을 달리한다. 예술을 둘러싼 단순한 사교모임과 달리 예술 공론장은 예술적 주제에 대한 자유로운 선택과 자율적 판단이 내려지는 장이다. 그러한 것은 '합리적 의사소통의 과정'15)을 통해 이루어진다. 한마디로 예술 공론장은 비전문가들의 예술에 대한 토론과 그것에 대한 더 나은 논증의 힘에 의해 작동되는 장인 것이다.16)

문예 공론장과 예술 공론장의 붕괴

예술 공론장의 붕괴를 논하기 이전에 먼저 문예 공론장의 붕괴원인에 대해 살펴보자. 이 논의에는 협의의 예술 공론장도 포함된다. 하버마스에 따르면 19세기 중반 이후 문예 공론장이 붕괴되었다. 그는 문예 공론장의 붕괴원인을 몇 가지 차원에서 분석한다. 첫째, 부르주아 가족의 구조변동의 결과이다. 중산층 핵가족은 독서와 독서

---

14) Habermas, Strukturwandel der Öffentlichkeit, Frankfurt a. Main. 1990. 『공론장의 구조변동』, 한승환 역, 나남, 2001, 115쪽.

15) 전석환·이상임, 「공론장의 형성과정 안에서 본 문학의 사회철학적 의미 – 하버마스의를 중심으로」, 『철학논총』 68집, 402쪽 참조. 두 논자는 이 논문에서 문예 공론장에 대한 논의가 하버마스의 후기 저작인 『의사소통 행위이론』에서 어떻게 유지되고 변형되는지를 분석한다.

16) 예술 공론장에서의 의사소통적 합리성에 대한 하버마스의 생각은 『인식과 관심』에서 단초가 나타나며 「의사소통 능력이론에 대한 예비적 고찰」에서 확장되어 『의사소통 행위이론』에서 명료화된다. Haberms Erkenntnis und Interesse, Frankfurt a. M. 1968; "Vorbereitende Bemerkungen zu einer Theorie der kommunikativen Kompetenz" in: Theorie der Gesellschaft oder Sozialtechnologie. Was leistet die Systemforschung?, mit Niklas Luhmann, Frankfurt a. M. 1971; Theorie des kommunikativen Handelns, Bd 1, 2 Frankfurt a. M. 1981.

교육을 통해 문예 공론장으로 진입하는 전초기지의 역할을 했지만, 그 이전의 전통적 교육을 모방하는 방향으로 가족구조가 변동됐다는 것이다. 변동의 요인은 부르주아적 가족의 삶이 갖는 물질적 생산으로부터의 자유에서 오는 내향적 삶이 대상화된 노동 세계 속으로 편입되는 것에 있다. 그 결과 가족 영역은 비어 있는 영역, 여가 시간을 어정쩡하게 사용하는 공간이 된 것이다.17) 둘째, 독서공중에 의해 움직이던 살롱문화와 클럽의 해체가 원인이다.18) 셋째, 제한적으로 유지되었던 공공적 담론의 성격 변화이다. 공공의 자발적 참여에 의해 작동되던 공론장이 출판사, 방송사나 기타 조직에 의해 '관리유지되는 대화'로 변질된 것이다. 하버마스에 따르면 관리형식은 연단 위의 전문적 대화, 공개토론, 원탁회의 쇼의 형식을 취한다. 이렇게 변화된 문예 공론장에서의 토론은 상품 형식을 띠게 되며 형식화된다. 의례적인 문제 제기, 연출된 게임의 법칙으로서 찬반의 입장, 공개논쟁에서의 쟁점에 대한 갈등이 개인 간의 갈등문제로 환원되는 방식으로 토론이 조직화되며 관리된다는 것이다. 넷째, 하버마스는 문예 공론장의 또 다른 붕괴원인을 독서공중의 광범위한 확장에서 찾는다. 왜 이것이 문제가 되는가? 부정적 확장, 평균적 질의 저하 때문이다. 특히 대중 저자에 의해 유포되는 황색 저널리즘의 득세는 역설적으

---

17) 루크 구드, 『민주주의와 공론장』, 조항제 역, 컬처룩 2015, 52쪽 이하 참조.

18) 하버마스는 20세기 들어 나타난 문예 공론장의 또 다른 변화도 주목한다. 그는 정치적 공론장으로 진화되었던 문예 공론장에서 정치적 담론마저 실종되고 문예 공론장이 탈정치화됨으로써 공적적 의사소통의 장인 부르주아적 공중이 더 이상 형성되지 않게 되었다고 진단한다. 문예 공론장의 탈정치화는 정치적 토론의 공적 성격이 사라지고 문예담론이 주로 사적관계 친구, 이웃, 가족이나 유사성을 발견하는 차원으로 퇴행한 것에서 비롯한다. 문예 공론장이 문예담론 실종, 탈정치화, 사교 모임화되었다는 것이다. 인문학이 유행하는 시대에 독서와 독서토론 없는 각종 인문학 이벤트가 소비되는 국내 현상에서 칸트나 하버마스가 이해하는 상호계몽적, 자기계몽적 문예 공론장은 찾기 어려운 서구적 선행 현상이다.

로 부르주아 중심의 문예 공론장을 붕괴시키는 방향으로 전개되었다는 것이다. 하버마스는 대중지가 '확장된 공론장'을 만들어 냈지만 문예 공론장의 정치적 성격을 사라지게 만들었으며 그러한 공론장의 탈정치화가 정치를 논의하는 신문들의 영향력까지 축소시키는 결과를 야기했다고 진단한다. 대중지의 탈정치화는 뉴스보도와 사설의 오락적 요소 강화, 정치관련 기사 비율의 축소, 스포츠, 재난, 사고와 같은 흥미위주 및 선정적 주제의 지속적인 노출 등의 형식으로 나타난다. 이러한 공론장의 탈정치화는 결국 오락적 소재의 혼합물이라할 수 있으며 이를 통해 비판적 거리두기를 어렵게 만든다. 뉴미디어의 방송프로그램은 '말대꾸하지 말라', 즉 수신자의 적극적 반응과 반론기회를 제거한다. 이것은 공중으로 하여금 비판적 거리와 성숙을위한 거리두기를 제거한다. 이러한 방식으로 독서공중의 비판적 토론능력을 서서히 사라지게 만든다. 하버마스의 시각에서 대중매체에의해 관리되는 비정상적으로 확장된 공론장은 '표면상의 공론장' 즉사이비 공론장에 불과할 뿐이다.[19)]

논자가 볼 때 하버마스가 말하는 공론장에서 관리되는 대화와토론에 대한 분석은 지나치게 평면적이다. 부르주아 중심의 문예 공론장의 붕괴에 대한 하버마스의 주장과 관련해 그가 분석한 가족구조의 변동을 좀 더 들여다봐야 한다. 과연 그의 주장처럼 대부분의부르주아의 가정에서 독서공중으로서 능력을 갖는 교육이 이루어졌는가 물어봐야 한다. 가족구성원 내부보다는 가정교사에 의한 독서공중의 탄생을 고려해야 한다. 또한 그 교육이 과연 문예를 중심으로

---

19) 전석환·이상임, 공론장의 형성과정 안에서 본 문학의 사회철학적 의미 – 하버마스의 『공론장의 구조변화』를 중심으로 – 『철학논총』 68집, 400쪽 참조.

이루어졌는지도 검토해봐야 할 것이다. 두 번째 원인과 관련해 살롱 및 클럽과 같은 근대적 공론장의 물리적 공간의 축소가 반드시 공론장의 사회적 붕괴의 직접적인 원인이 될 수 있는지도 의문이다. 영향을 줄 수 있지만, 과연 하버마스의 주장처럼 필연적인 인과관계가 성립된다고 볼 수 없다. 주지하다시피 오늘날처럼 사이버 공론장이 활발한 상황에서는 물리적 공간을 점유했느냐 그렇지 않느냐가 공론장의 중요한 붕괴요인이 될 수 없다. 20세기 이후 부르주아적 공론장에서 정치담론의 실종은 이론의 여지가 있을 수 있다. 하버마스가 분석하는 서구의 경우와 달리 우리 사회의 경우 군부독재하에서 권력에 의해 정치적 담론이 실종되었던 시기를 제외하면, 해방 이후 극단적인 이념논쟁과 민주화 이후의 진영논리 등 그 형식과 내용만 변해왔을 뿐 정치 공론장은 명맥을 유지해왔다고 볼 수 있다. 실제로 우리 사회만큼 정치담론이 끊이지 않고 재생산되고 심지어 과잉 생산 및 유통되는 사회도 보기 드물다. 부정적 방식의 정치의 사계절화 현상이 일어나고 있지 않은가. 하버마스가 말하는 공공적 담론의 성격변화는 충분히 동의할 만하다. 비록 대안언론과 그 밖의 대항매체들이 활동하지만, 공론의 장 자체가 관리되고 기획되는 측면이 강하기 때문이다. 대중지에 의해 확장된 공론장의 성격변화에 대한 하버마스의 분석은 구체적인 사례분석을 제시하지 않아도 동의할 수 있는 수준의 주장이다. 사실 그의 주장은 호르크하이머나 아도르노의 분석과 그들에게 영향받은 부르디외 등의 비판적 미디어론자들의 분석과 큰 차이가 없다.[20] 논자가 볼 때 하버마스의 분석을 지지해주는 최

---

20) 이종하, 「아도르노와 부르디외의 비판적 미디어론의 친족성과 차이」, 『철학연구』, 124집, 2012, 322쪽 이하 참조.

적화된 사례가 국내의 미디어 생태이다. 한국방송을 지배하는 '시청률 지상주의'는 토론방송이든 시사관련 방송이든 '복합오락화'를 추구한다. 메이저 공중파나 종편의 방송콘텐츠는 소위 먹방, 훔쳐보기, 신변잡기 수다, 음악 장르별 오디션 프로그램, 스포츠, 정치평론으로 채워진다. 하버마스가 말하는 문예 공론장을 형성할 만한 프로그램은 '끼워넣기' 식이거나 시청이 어려운 시간대에 편성된다. 공중 형성을 촉진할 만한 방송물 제작과 방송편성의 양과 질 및 방송시간에 대한 인식과 고려를 찾아보기 어렵다.

협의의 예술 공론장의 붕괴원인에 대한 분석은 문예 공론장의 붕괴논리와 그 궤를 같이한다. 하버마스는 예술 공론장의 붕괴원인을 문화와 예술을 논의하는 공중의 변질, 곧 문화예술 소비자화에서 찾는다.

> 문화를 논의하는 공중으로부터 단순히 그것을 소비하는 공중으로 변화하는 과정에서 과거 정치적 공론장과 구별될 수 있었던 문예적 공론장은 그 특유의 성질을 상실한다. 대중매체에 의해 보급된 문화는 말하자면 통합의 문화이다. … 동시에 이 문화는 광고적 요소들을 흡수할 만큼 탄력적이다.[21]

하버마스는 공중에서 문화를 소비하는 공중으로의 전환의 촉매가 대중매체이며 특히 텔레비전의 역할이 크게 작용한다고 평가한다. 이와 관련해 그는 새로운 대중매체가 미국에서 교육수준이 낮은

---

21) Habermas, Strukturwandel der Öffentlichkeit, Frankfurt a. M. 1990. 『공론장의 구조변동』, 한승환 역, 나남, 2001. 286쪽.

하위계층에서 넓은 영향을 미쳤다는 사실에 주목한다. 그럼에도 불구하고 부르주아 교양계층의 예술문화적 역할과 예술 공론장이 완전히 해체되었다고 보기는 어렵다. 하버마스의 시각에서 이것은 예술을 둘러싼 부르주아적 공중과 문화예술의 단순한 소비자로서의 공중 사이의 균열을 의미한다. 이제 예술 공론장은 비판적인 소수의 예술 전문가와 준전문가 그룹 내에서만 형성된다. 예술에 대한 토론과 담론능력을 잃어버린 공중은 소비 대중으로 전락했고 그들에게 예술은 상품으로 간주된다. 논자가 볼 때 예술 공론장 붕괴 논제는 아도르노가 말해 왔던 예술의 물화(Verdinglichung)의 결과로써 예술의 종말에 관한 논변과 크게 다르지 않다. 아도르노가 예술의 진리성의 차원에서 문제에 접근했다면, 하버마스는 그러한 양상의 변화를 공중의 공론장의 변화라는 측면에서 봤다고 볼 수 있다. 한편 예술 공론장의 붕괴, 공중의 균열과 분리 현상에 대한 하버마스의 언급은 이론적 관심과 논의 문맥의 출발선이 다르지만 단토나 디키가 제안한 예술계(artworld) 개념과 일정 부분 맞닿아 있다. 하버마스가 일반적 차원의 예술 공론장의 구조변화에 초점을 맞추었다면, 단토나 디키는 예술 내부의 '특수한' 공론장의 구성에 대해 논의를 전개했다고 볼 수 있다. 이것을 확인하기 위해서는 그들의 예술계 개념을 논의로 삼아야 한다.

예술 공론장에서 예술과 단토와 디키에서 예술개념

단토와 디키의 예술계 개념과 하버마스의 예술 공론장 논의를 비교분석하기 위해서는 양장의 예술개념에 대한 논의가 선행되어야 한다. 부르주아 예술 공론장에서 예술개념은 한마디로 재현으로서의 모방론을 벗어나지 못한다. '예술이 무엇인가'라는 질문을 던졌을 때 처음 등장하는 대답이 바로 모방론이다. 플라톤에서 시작해 취미론 등장까지 모방론은 그 질문에 대한 유일한 대답이었다. 낭만주의의 등장과 함께 모방론에 반발해 등장한 것이 예술 표현론이다. 고전주의 회화는 단지 재현론에서만 이해되는 예술이다. 예술 표현론은 예술가의 감정과 정서의 표현 그리고 예술가-예술작품-감상자의 관계의 관점에서 예술을 정의한다. 톨스토이, 콜링우드, 크로체 등으로 대표된다. 그러나 예술 표현론은 추상화, 가령 색면추상이나 기하학적 추상 등을 설명할 수 없다. 감정과 감정의 감염과 같은 표현론의 개념으로 설명할 수 없기 때문에 '형식'을 이해해야 한다. 그래서 등장한 것이 예술 형식론이다. 그런데 형식론적 관점에서 뒤샹의 〈샘〉이나 개념미술, 미니멀리즘 등의 작품을 예술로 이해하는 데 한계가 드러난다. 이 난점을 극복하기 위해 제시된 것이 예술 정의 불가능론이다. 모리스 와이츠는 가족 유사성과 창의성 개념을 통해서 자신의 예술정의 불가능 테제를 전개했다.[22] 이후 와이츠의 예술정의 불가론에 대한 비판과 대안으로 제시된 예술론이 만델바움의 비판을 자기관점에서 발전시킨 단토의 예술계론과 디키의 예술제도론이다.

논자가 여기서 '예술이란 무엇인가'라는 문제에 대한 답변의 역사를 기술하는 이유는 하버마스가 논한 예술 공론장에서 말하는 예술이 모방론에 기초하고 있으며 그가 상정한 예술 공론장의 붕괴시

---

22) 이하준, 『철학이 말하는 예술의 모든 것』, 2014, 79쪽 이하 참조.

점에서 등장했던 당대의 지배적인 예술개념을 수용하지 못했다는 점을 부각시키기 위함이다. 단토는 하버마스식의 분석관점, 즉 부르주아적 예술 공론장에서 '진정한 예술의 본질과 가치, 좋은 예술과 나쁜 예술'과 같은 주제에 대한 담론의 사회학적 탐구와 전혀 다른 차원에서 자신의 예술론을 전개했다. 단토식으로 표현해 하버마스가 〈브릴로 상자〉 이전의 예술 공론장의 구조변동을 다루고 있다면 단토 자신은 〈브릴로 상자〉 이후의 예술를 논제화했다. 달리 말해 부르주아 예술 공론장과 그것에 참여하는 공중에게 예술은 회화와 조각을 의미한다. 그들은 "어떤 특정한 시각적 속성"[23]을 가진 것이 예술작품이라고 믿는다. 그런데 단토는 그러한 예술개념을 거부하며 '예술의 종말'을 선언한다. 전통미술의 종말로서 예술의 종말테제는 "무엇이 그것을 예술로 만들어 놓는가"[24]라는 근본적인 문제를 제기한다. 이것은 '예술 자체의 본성'에 대한 근본적인 질문의 새로운 제기이다.

단토는 "무엇인가를 예술로서 보는 것은 눈으로 알아낼 수 없는 무엇 - 예술론의 분위기, 예술사에 대한 지식- 즉 예술계(artwourd)가 필요"[25]하다고 말한다. 이것은 곧 "브릴로 회사 사람들은 왜 예술 작품을 제작할 수 없는지, 그리고 왜 워홀은 예술 작품을 만들 수밖에 없는지"[26]를 설명해준다. 워홀의 〈브릴로 상자〉나 개념미술이 말해주는 것은 예술과 사물의 경계가 불분명하다는 것을 의미한다.[27]

---

23) Arthur C. Danto, *After The End of Art Contemporary art and Pale of History*, Princeton 1997. 『예술의 종말 이후』, 이성훈·김광우 역, 미술문화, 2006, 63쪽.
24) Arthur C. Danto, "Artword", *Journal of Philosophy* 61, 1964. 「예술계」, 오병남 역, 189쪽.
25) 같은 책, 196쪽.
26) 같은 책, 197쪽.

이 모호함을 해결하는 단토의 방법은 사고의 전환 곧 철학의 시선으로 전환하는 것이다. 오직 철학적인 분석만이 예술인가, 사물인가를 구분 지을 수 있다는 것이다.[28] 이 점에서 예술은 하나의 철학이 된다. 워홀의 브릴로 상자를 예술로 만드는 것은 결국 그의 예술론이다. 그 예술론이 없다면 브릴로 상자는 그저 하나의 상자가 된다. 단토는 브릴로 상자를 예술로 보게 되는 것은 이론이며 예술에 대한 지식, 회화사에 대한 이해가 있을 때만 가능하다고 확신한다.[29]

단토의 관점을 발전시킨 디키의 예술제도론은 하버마스가 말하는 예술공중과 전문가 판단의 제도화를 넘어서는 예술계의 내적 제도에 관한 논의다. 이것은 디키의 예술제도론의 중핵개념인 예술계 개념에서 잘 드러난다. 디키에 따르면 '예술론' 이전에 무엇인가가 예술이 되려면 작가 스스로 전시를 위해 만들어진 것이 예술이라는 의식이 전제되어야 하며 전시되는 것이 예술이라는 대중의 인식이 필요하다. 디키는 이러한 관계를 가능하게 하는 기능을 제도적 성격에

---

27) 단토는 음악과 소음의 구별, 무용과 몸동작의 구별, 문학과 글쓰기와의 구별 역시 워홀의 예술에 대한 물음과 같은 시점에 발생하였다고 말한다.

28) 단토와 달리 하버마스는 철학으로서의 예술, 예술에 대한 철학적 담론, 철학적 미학의 가능성을 부정한다. 그에 따르면 예술은 경험적이며 필연적인 논리적 범주에서 벗어난 우연성을 함축한다. 이 문제에 관해 벨머와 하버마스는 같은 입장이다. 사실 의사소통적 이성, 화용론적 관점에 초점을 맞추면 이성훈의 주장처럼 의사소통적 합리성과 예술이 대립적이다. 그러나 전석환의 주장처럼 예술 공론장과 의사소통적 이성 간의 연결고리를 찾아낼 수 있는 이상 예술 공론장에서 표현의 진실성과 관련된 특수한 의사소통의 형식으로서의 예술개념을 도출하는 것 역시 어렵지 않다. 예술은 아도르노의 경우만이 아니라 특수한 형태의 '언어'이며 그 타당성 표현의 진리성에 있다. Habermas, *Der philosophische Diskurs der Moderne*, Frankfurt a. M. 1985, 64쪽, 244쪽 이하, 252쪽 참조; Adorno, *Ästhetische Theorie*, Frankfurt a. M. 1998, 193쪽, 268쪽 이하 참조; A. wellmer, "Wahrheitm Schein und Versoehnung", in; *Zur Moderne und Postmoderne*, Frankfurt a. M. 1985, 36쪽 참조; 하버마스, 이성훈, 「의사소통적 합리성 대 예술」, 『대동철학』 99쪽, 17쪽 참조.

29) 단토, 「예술계」, 오병남 역, 199쪽.

서 찾으며 그것을 '예술계'라고 지칭한다. 예술계는 한마디로 예술을 둘러싼 "규약적 그리고 비규약적인 규칙들에 의해 지배되는 상호 연관적인 역할들의 복합체"[30] 혹은 "예술계는 예술계 내의 모든 체계들의 총체"[31]다. 예술계는 예술가, 전시자, 기획자, 비평가, 예술이론가, 미술관 소장, 아트 딜러, 관련 저널리스트, 대중 그리고 보조적 역할을 하는 행위자들로 구성되어 있다. '이것이 예술이다'는 예술계와 예술체계에 의해 규정된다.

디키의 후기 예술제도론을 보여주는 『예술사회』에서 예술은 다음과 같은 5가지의 구조적 교차점에 의해 규정된다. 1) 예술가는 이해를 갖고 예술 작품의 제작에 참여하는 사람이다. 2) 예술 작품은 예술계의 대중에게 전시되기 위해 창조된 인공물의 일종이다. 3) 대중은 그들에게 전시된 대상을 어느 정도로 이해할 준비가 되어 있는 구성원으로 이루어진 사람들의 집합이다. 4) 예술계는 예술계 내의 모든 체계들의 총체이다. 5) 예술계의 한 체계는 예술가가 예술계의 대중에게 예술작품을 전시하기 위한 틀이다.[32] 그런데 디키의 예술제도론이 가지고 있는 근본적인 문제는 예술이 무엇인가의 문제를 예술제도에 환원시킴으로써 예술에 대한 철학, 예술철학의 문제를 애초에 배제시킨다는 데 있다. 이 점은 하버마스가 말하는 부르주아

---

30) 디키, 『예술사회』, 김혜련 역, 1998, 116쪽.

31) 같은 책, 127쪽. 전기 예술제도론에 등장한 디키의 예술계 개념은 비어슬리에 의해 공식적 규정과 법칙에 따라 작동되는 명시적인 제도처럼 간주한다는 비평을 받았다. 후기에 들어 디키는 예술계가 비공식적인 규칙에 의해 작동된다고 자신의 입장을 수정했다. 그럼에도 불구하고 제도로서의 예술계가 다른 일반 제도와 구체적으로 어떻게 다른지가 설득력 있게 제시되지 않고 있다는 비판을 여전히 받는다.

32) 디키, 『예술사회』, 김혜련 역, 1998, 125쪽 이하 참조; Dickie,"Defining Art", *American Philosophical Quarterly* 6, 1969. 254쪽 참조.

예술 공론장에서 비전문가적 공공의 예술담론과 본질적으로 다른 것이다. 왜냐하면 예술 공론장에서 비전문가들은 예술철학적인 질문에 대한 토론을 우선적으로 하며 애초에 제도론적 관점이 배제되어 있기 때문이다.[33)]

예술 공론장의 공중과 예술계의 대중

하버마스는 문예 공론장이든 예술 공론장이든 그 공론장에 참여하는 개인은 독서공중이며 동시에 자유로운 사적 개인으로 규정했다. 따라서 예술 공론장은 철저하게 사적 영역이다. 이들은 재산과 교양을 갖고 있으며 자발성의 원칙에 따라 참여하고 정보의 교류와 상호학습과 작품과의 대화를 통해 상호 계몽을 하는 예술 비전문가이다.[34)] 이들은 다양한 형식의 커뮤니티를 만들며 극장, 연주회, 박물관, 전시회 참여자로서 예술 공론장을 형성한다. 하버마스는 이러한 커뮤니티를 비전문가들 판단의 제도화라고 칭하였다. 여기서 비전문가란 단순히 예술에 대해 무지한 일반 대중이 아니라 예술에 대한 취향과 예술 작품의 선호대상의 선택 그리고 예술에 대한 판단능력과 그것에 대해 담론에 참여하는 '공중'을 말한다.

---

33) 하버마스보다 예술계 안과 밖의 유기적 관계, 특히 예술계 밖의 구조적 측면을 집중분석한 부르디외는 '예술장'을 구성원들(장의 행위자) 간의 인정투쟁의 산물이자 아비투스가 체화된 예술적 실천으로 이해한다. 부르디외는 예술작품의 인식과 평가만이 아니라 디키의 예술제도의 역사적 문맥, 사회적 관계의 지표들을 생략하고 그가 규명하는 '예술작품의 제도적 사실'에 비판적이다. 부르디외, 『예술의 규칙 – 문학장의 기원과 구조』, 하태환 역, 동문선, 1999, 376쪽 이하 참조.

34) Habermas, *Strukturwandel der Öffentlichkeit*, Frankfurt am Main, 1990.『공론장의 구조변동』, 한승환 역, 나남, 2001, 126쪽 참조.

그렇다면 하버마스가 말하는 예술 공론장에서의 공중과 디키가 말하는 예술계에서의 대중은 어떤 차이가 있는가? 디키에게 대중은 "그들에게 전시된 대상에 어느 정도로 이해할 준비가 되어 있는 사람들의 집합"[35]을 말한다. 여기서 주목해야 하는 것은 '전시된 예술작품을 어느 정도 이해할 준비'다. 앞서 언급한 바와 같이 하버마스가 말하는 공론장에서 공중은 '어느 정도 이해할 준비가 된' 공중이 아니다. 부르주아 예술 공론장의 참여자들은 '이해할 준비' 수준이 아니라 사실상의 '준전문가들'이다. 또한 이들은 예술비평 저널도 읽는 공중이며 예술비평가와 직간접적으로 교류하는 공중이다. 이와 달리 디키의 예술대중은 '반드시 예술가, 예술 작품, 그리고 다른 것들과 연관'을 갖지만 공중과 비교할 때 비전문적이다. '공론'과 '대중'의 결정적인 차이는 예술에 대한 담론수준과 예술에 대한 식견의 수준이라 해도 무방하다. 특히 디키가 대중개념이 예술대중만을 의미하는 것이 아니라 일반 대중의 개념과 공유할 수 있는 차원의 개념이라고 언급하는 것을 고려한다면, 공중과 대중의 예술이해와 향유 능력의 질적 차이는 더 커진다.

공중과 대중의 또 다른 차이는 그들의 '신분'에서 찾을 수 있다. 하버마스가 말하는 공중은 근대적 부르주아 계급인 데 반하며 디키의 대중은 민주주의 사회에서 많든 적든 간에 예술에 관심을 갖는 일반 대중을 의미한다. 이것은 공론장의 차이만이 아니라 공론장 자체의 형성과도 관련이 있다. 공중은 상대적으로 신분이 같은 인물들의 소수집단을 가리키며 따라서 예술 담론이 상대적으로 활성화될 수

---

35) 디키, 『예술사회』, 김혜련 역, 1998, 127쪽.

있다. 여기에 반해 디키의 대중은 익명적으로 존재하기 때문에 공론장 형성의 가능성과 환경이 뒷받침되기 어렵다. 디키의 시대가 온라인 커뮤니티 자체가 기술적으로 활성화되기 이전이라는 점을 고려하면 더더욱 그렇다. 이런 차원에서 보면 디키의 대중은 하버마스 시각에서 공중처럼 제도화된 공론장에서 실제적 차원의 '상호 계몽의 과정'이 없거나 '우연'의 문제다.

예술 공론장에서 공중과 예술계 대중의 또 다른 차이는 사적개인으로서의 공중과 예술제도 속에 편입된 대중의 공적 성격에 있다. 하버마스의 예술 공론장은 정치공론장과 마찬가지로 사적 영역이다. 여기에 반해 디키의 예술제도론적 관점에서 예술계는 공적 영역에 해당된다. 예술의 생산과 유통 및 향유가 공적 영역이라는 예술계에서 이루어진다. 다음으로 공중과 대중의 위상에서 양자의 차이가 드러난다. 하버마스가 말하는 공중이 공론장을 구성하는 핵심요소라면 예술계에서 대중은 전체 예술계의 한 부분에 불과하다. 예술담론의 참여 수준의 관점에서 보면, 공중이 적극적 행위자라면 대중은 수동적 행위자를 벗어나지 못한다. 공중과 대중은 성격과 위상에서 근본적인 차이가 있다. 하버마스와 디키의 당대 논의에서와 예술 공론장을 둘러싼 환경은 많이 변화되었다. 기술적 측면에서 변화는 다양한 형식의 온라인 예술커뮤니티의 등장을 들 수 있다. 예술의 생산과 유통 및 소비의 관점에서도 변화를 확인할 수 있다. 사이먼 래틀이 베를린 필하모니 지휘자로 활약한 당시 찾아가는 음악공연, 디지털 콘서트홀을 통한 연주 영상 제공, 어린이 콘서트 같은 프로그램 등이 있었다. 국내에서도 일부 오케스트라에 의해 '해설이 있는 음악회'와 같은 프로그램이 운영되기도 했다. 이것을 고급예술의 보급차원에서 대중화 전략이라 평가할 수 있다. 이와 반대로 대중예술의 고급화 경향도 나타났다. 2000년대 초부터 이데올로기 차원의 예술 민주주의 확산과 지자체의 예술기관 설립 및 각종 공연장 건립운영 등 하드웨어와 소프트웨어 측면에서 등장한 새로운 양상들은 디키적 의미의 예술대중에게 예술 공론장 형성의 잠재적 자원을 제공했다고 적극적으로 평가할 수 있다. 이와 관련해 논자가 주목하는 것은 변화된 조건하에서 새로운 예술 공론장과 예술대중의 출현, 그리고 예술공중으로의 질적 전환의 가능성 문제다.

새로운 사이버 예술 공론장과 예술공중의 탄생 가능성

앞장에서 살펴본 하버마스의 공론장의 공중과 디키의 예술계에서의 대중은 온라인 기반 소셜 커뮤니티라는 새로운 예술 공론장의 등장과 함께 기존과 다른 위상과 성격을 갖는다. 사이버 공간의 예술 공론장은 하버마스가 말하는 공론장과 단토나 디키가 말하는 예술계와 비교할 때 형식, 범위, 참여자의 측면에서 상상하기 어려울 만큼 확장되었다. 논자는 2016년 당시의 온라인 예술 관련 커뮤니티와 2023년을 비교해 새로운 공론장의 가능성, 새로운 예술공중의 탄생 가능성을 검토해 보고자 한다.

2016년은 카페 형식의 온라인 커뮤니티가 여전히 활성화되던 시기이며 2023년 기준 많은 경우가 휴면상태화되었고 다른 형식의 디지털 예술커뮤니티가 활용된다는 점에서 비교의 의의를 찾을 수 있다. 논자가 2016년 5월 기준 〈다음〉에서 독서클럽은 검색했을 때 총 417개였다. 당시 카페(http://cafe.daum.net/liveinbook)에는 약 9만 5천 명의 회원이 활동하였다. 2023년 4월 26일 오후 5시 현재 키워드 〈독서〉로 검색된 카페는 784개다. 면밀하게 보면 독서클럽 52, 독서모임 119, 독서동아리 59로 집계되었다. 특징적인 것은 독서관련 온라인 커뮤니티 회원 수가 100명 이하의 경우가 대부분이라는 점이다. 최대 회원 수(76,616명)를 보유한 〈독서클럽－책으로 만나는 세상〉의 하루 방문객 수가 100명을 상회하지 않는다. 2023년도 공지사항은 단 3개이며 그중 하나는 '오디오북 오후의 책방 스폰서십'에 대한 광고성 안내문이다. 회원이 자발적으로 책을 추천하는 게시판인 〈강추! 책책책〉에 2023년도 추천 책은 3권뿐이며 조회 수는 각각 25, 35, 24로 나타났다. 100명 이하의 독서 관련 온라인 커뮤니티는 많은 경우가 휴면상태로 봐도 무방한 정도이다. 2016년 5월 조사 당시 〈다음〉의 전체 예술 관련 커뮤니티는 약 1만 개가 넘는 것으로 집계되었다. 클래식 음악전문 커뮤니티 중 〈이동활의 음악정원〉은 2016년 당시 회원이 무려 13만 명이 넘었다. 2023년 4월 26일 오후 5시 기준 〈이동활의 음악정원〉의 회원 수는 108,926명으로 2만 명 이상 감소했다.[36] 하루 방문자 수는 900명을 상회한다. 그러나 음악회와 전시회 및 음악 관련 신간을 안내하는 통합게시판의 2023. 5. 20, 2023. 5. 18, 2023. 5. 17에 해당되는 행사안내 조회 수 각각 2회, 5회, 4회에 불과하다.[37] 마지막 오프라인 정기모임은 2015. 6. 6로 확인된다.[38]

---

36) https://cafe.daum.net/musicgarden

37) https://cafe.daum.net/musicgarden/5llb

38) https://cafe.daum.net/musicgarden/5iRw

사실상 클래식 음악지식 및 연주회 관련 정보교류의 장의 기능을 상실한 것이라 볼 수 있다. 클래식 이슈 전반이나 음악가나 연주자, 음악축제나 공연기획 등의 문제가 쟁점화되거나 담론의 장을 형성하고 유지되었다고 할 만한 단서가 발견되지 않는다. 이 카페는 2016년 당시나 2023년 오늘 시점에도 엄밀한 의미의 공중이 존재했다고 볼 수 없다. 가볍고 짧은 인상비평 수준의 익명적 예술대중들의 정보교류의 장이라고 보는 것이 타당하다.

2016년 5월 조사 당시 〈네이버〉(http://section.cafe.naver.com)의 경우 715개의 독서 커뮤니티가 있다. 이 중 가장 회원 수가 많은 카페는 약 4만 1천 명에 달했으며 예술클럽 수는 671개였다. 2023년 4월 26일 오후 6시 기준, 독서동호회 이름의 카페 93개, 독서동아리와 독서토론동아리, 학부모독서동아리 이름의 카페 수는 1,709개로 집계된다. 다음의 독서커뮤니티와 비교해 네이버 독서커뮤니티 수가 압도적으로 많은 것은 중학교, 고등학교 재학생들의 독서동아리 가입 수 때문인 것으로 보인다. 한 화면의 카페 수에서 특정 중고등 학교에 소속된 카페 동아리가 70% 상회하는 경우가 흔하다.[39] 학습용 독서동아리 형태인 셈이다. 클래식 관련 카페에서 최대 회원 수의 카페는 〈피아노 사랑〉이다. 이 카페는 피아노 교습자와 관련 종사자들의 실용적 목적을 띠고 있는 이유로 회원 수가 200,050명에 이른다. 그 뒤를 통기타, 일렉기타, 직장인 밴드 등과 관련된 〈음악공부카페〉다. 〈피아노 레슨인포〉, 〈뒤포르의 첼로카페〉 등 실제 연주를 위한 실용음악 카페들이 1만 이상의 회원 수를 보유하고 있다. 클래식 음

---

39) https://section.cafe.naver.com/ca - fe/home/search/cafes?q=독서동아리&p=3

악동호회를 표방하는 〈슈만과 클라라〉는 정회원 수가 35,257명이다. 그런데 즐겨 찾는 멤버는 3,876명, 하루 게시판 구독 수는 2,162명에 불과하다. 공연 관련 공지의 조회 수의 경우 40회에서 최대 824회(루체른 심포니 오케스트라 with 임윤찬 6월 28일, 롯데콘서트홀)에 이른다.

이 카페의 〈고전음악 길라잡이〉 섹션을 구성하는 게시판의 이름은 〈음악지식/이론/역사〉, 〈음악가/연주단체〉, 〈생초보를 위한 길잡이〉, 〈질문과 답변〉, 〈작곡가 작품목록〉 등이다. 〈질문과 답변〉에서 올라오는 질문들은 '자리가 뒷자리부터 차는 이유가 있나요', '롯콘롤에 휴대폰 충전기가 있나요', '정경화 선생님 공연 예정이 없을까요?'와 같은 단순정보 수준이다. 〈음악지식/이론/역사〉 게시판의 압도적인 최고 조회 수(1,009회)를 기록한 주제는 '클래식공연장 설계에 관하여(댓글 32)'이다. '시대연주를 통해 바라본 음악환경의 변화'(542회/댓글 36), '지금도 음악 속에 숨어 있는 나치의 잔재'(108회/댓글 1) 등 전문가나 준전문가들이 지식 전달형 내용으로 구성되어 있다. 댓글의 내용을 살펴본 결과 게시글에 대한 비판적 논평을 찾아보기 어렵다. 새로운 지식을 알게 된 것에 대한 느낌과 감사의 글이 주를 이루고 있다. 전문성을 띠지 않는 간단한 의견표명도 발견된다.[40] 위에서 확인할 수 있듯이 사이버 공간의 예술 공론장은 상호 계몽의 과정이 집중적으로 이루어지는 '논증적인 담론의 장'으로 보기 어렵다. 예술공중 없는 예술 대중들의 '내용 없는 형식적 예술 공론장'이다. 장소성 확보의 용이성은 분명히 예술 공론장으로의 발전을 위한 기술적 전제조건임은 분명하다. 예술대중의 집합성은 강하졌지만, 담론 없는 집

---

40) https://cafe.naver.com/gosnc

합성의 강화라는 측면에서 예술공중의 형성 가능성은 단지 이론적 가능성으로 존재한다. 하버마스 개념을 빌려 표현하면 디지털 공론장은 술집이나 거리 등에서 가볍게 나누는 삽화적 공론장이나 미디어의 주도하에 운영되는 추상적 공론장이 아니라 시민이 자유로운 개인들에 의해 구성되는 자율적 공론장이다. 그러나 우리 사회의 자율적 공론장으로서 사이버 공론장은 소통의 밀도(Kommunikationsdichte)와 조직 복합성(Organisationskomplexität)이 낮으며 포괄 범위(Reichweite nach Ebnen)는 매우 넓은 것이 부인할 수 없는 사실이다.[41]

그렇다면 단토나 디키의 예술계 개념 시각에서 디지털 형식의 사이버 예술 공론장을 과연 어떻게 볼 수 있는가? 핵심은 예술계를 구성하는 한 요소인 '예술작품을 어느 정도 이해하려고 하는 대중'의 존재 여부이다. 그들이 말하는 예술대중은 향락적이며 과시적인 혹은 시간 죽이기식의 단순소비자가 아니라 예술계에서 승인된 예술작품을 감상하려는 예술 감상자로서 예술대중이다. 2023년 5월 17일 오후 3시 기준 〈회화미술 갤러리〉라는 페이스북의 미술커뮤니티를 살펴보자. 이 커뮤니티는 모든 예술장르를 감상하는 곳이며 자신의 작업현황이나 작품을 소개하는 공간이기도 하다. 총회원은 2,227명이다. 1일 게시물은 3~4개 사이이다. 게시물은 대부분이 관리자에 의해 이루어지며 '좋아요'는 게시물 당 1~8개 수준이다. 공개그룹 〈반 고흐 좋아요〉는 회원 수가 409명이다. 게시자는 2~3명에 한정되어 있으며 21년 12월 9일 이후 게시 글이 존재하지 않는다. 한국인이 가장 좋아하는 화가 5인 중에 항상 들어가는 화가의 작품을 감상하고 의견을

---

41) Jürgen Habermas, *Faktizität und Geltung*, Frankfurt a. M. 1992. 『사실성과 타당성』, 한상진·박영도 역, 나남, 2018. 495쪽 참조.

나누는 공개그룹이 사실상 문을 닫았다고 볼 수 있다. 페이스북 공개 그룹인 〈ART-예술 작가들의 공감과 소통〉은 2023년 5월 17일 기준 3,423명이 회원으로 등록되어 있다. 하루 평균 3개의 게시글이 등록된다. 문제는 미술 창작자들의 공감과 소통을 표방하는 커뮤니티나 게시물에 〈댓글달기〉에 댓글을 단 경우가 2023년 4월 1일~2023년 5월 17일 사이에 1명도 없다는 사실이다. 단토나 디키의 시각에서 볼 때 위에서 살펴본 페이스북의 디지털 예술 공론장에서 예술대중은 분명히 존재한다. 그러나 그 예술대중은 '매우 수동적'으로 존재하고 있다. 결론적으로 디지털 공간의 새로운 예술 공론장에서 예술공중의 탄생가능성은 제한적이다. 그렇다면 사이버 공간의 새로운 예술 공론장의 활성화는 불가한가? 논자가 볼 때 공론장의 담론행위자 없는 수천의 예술 공론장의 문제에 변화를 주기 위해서는 온라인 중심에서 온오프 병행 혹은 오프라인 중심-온라인 보조 형태로의 예술 커뮤니티 운영방식의 전환이 필요하다. 가령 2016년 당시 〈그림을 사랑하는 사람들〉이나 〈미술관 즐겨찾기〉와 같은 커뮤니티는 미술사와 미학스터디 모임을 온오프에서 병행하는 대표적인 상호 학습형 예술 공론장이 좋은 범례가 될 수 있다. 운영방식의 전환은 사이버 예술 공론장에서 관계의 진실성, 책임성, 지속성, 커뮤니케이션의 전면성을 촉진시키는 데 기여하며 온라인 예술 공론장의 휘발성. 일회성, 소통의 제한성 등을 제어하는 역할을 하게 될 것이다.

나오면서

두 가지 측면에서 논자의 입장을 정리하고자 한다. 먼저 하버마스와 단토 및 디키 논제의 상호보완성을 지적할 것이다. 그다음으로 우리 사회의 보편적 예술교양 향상과 문화예술의 진흥의 근원적 동력원으로서 예술 공론장의 활성화 방안을 제시할 것이다. 검토한 바와 같이 하버마스와 디키 및 단토의 이론적 입장의 차이를 극명하다. 예술 내부와 예술 외부의 시각이라는 상반된 문제 접근은 '무엇이 예술인가'에 대한 대답부터 달랐다. 재현으로서의 예술과 철학·제도로서의 예술개념이라는 근본적인 차이는 이들의 전체 논의에서도 일관되게 지속되었다. 하버마스가 예술 공론장의 붕괴를 '문화를 소비하는 공중으로의 전환'에서 찾는 한 단토식의 〈브릴로 상자〉 해석은 예술의 상업화와 물신성에 대한 오독처럼 보일 것이다. 게다가 그 '전환'의 한 요인으로 미디어 비판은 비판이론이나 비판적 사회이론에서 예술 사물화 논제와 항상 짝을 이루어 왔다는 점을 상기할 필요가 있다. 예술 공론장의 탈정치화에 관한 하버마스의 테제는 예술영역의 자율성 확대와 예술 공론장의 독자성 확보라는 이중적 의미를 함축한다. 예술 공론장 붕괴 테제가 부르주아 예술 공론장의 관점에서만 문제를 다룸으로써 분석의 일면성에 빠졌다는 점[42]과 예술 공론장의 형성에 대한 경험적 연구가 결여되어 있으며 논증이 추상적이라는 점을 지적하지 않을 수 없으며, 음악과 회화의 예술 공론장의 형성시기에 관한 설명은 그 타당성이 의심스럽다. 예술 공론장의 내

---

42) Simon Susen, "Critical Notes on Habermas's Theory of the Public Sphere", *Sociological Analysis*, 5(1), London 2011, 52쪽.

적 작동원리로서 예술에 대한 합리적 의사소통과 예술 공론장의 구조에 대한 하버마스의 사회학적 분석이 좀 더 의미 있는 논의가 되려면, 근대적 예술계의 총체적 행위주체에 대한 분석이 추가되어야 한다. 근대적 예술 공론장에서도 아트 딜러, 예술 작품 수집가, 예술 아카데미와 예술행정, 근대적 형식의 박물관이 있었기 때문이다. 단토나 디키의 논의는 지나치게 예술제도, 예술의 제도적 성격 문제에 매달렸다는 데 있다. 그들은 현대 예술제도의 기능과 역할의 변화와 그것을 가능하게 하는 사회문화적 원인에 대한 고찰을 배제함으로써 예술-사회의 변증법적 관계, 다시 말해 작품제작과 유통 및 수용의 문제, 예술가의 지위에 대한 인식과 변화과정, 예술계 내에서와 밖에서의 예술의 사물화 문제 등을 제대로 읽어내는 데 실패했다. 지금 시점에서 예술 공론장을 이론적으로 검토하고자 한다면, 예술 공론장 논의와 예술계 논의의 상호보완되어야 한다. 분석의 시기와 대상의 차이에도 불구하고 예술 공론장과 예술계에 대한 논의는 하버마스와 단토 및 디키의 관점과 방법론을 유기적으로 결합할 때만 좀 더 이론생산적이 될 것이다. 논자가 볼 때 오늘날과 같은 자본주의 예술 시대, 예술산업사회의 예술 공론장에서 예술공중과 예술대중을 엄격히 구분하는 것은 의미 없는 경계 짓기다. 순수예술과 예술 상업화의 공존과 상호침투 및 경계 짓기의 모호성을 인정해야 하기 때문이다. 이러한 특수한 예술산업사회에서 하버마스가 생각한 퇴행적 붕괴가 아니라 발전적 상승, 즉 예술대중의 예술공중으로의 질적 성장 가능성을 배제할 이유가 없다.[43) 또한 절제된 예술 소비자, 합리적 예술

43) 하버마스가 근대적 예술 공론장 소통을 통한 상호계몽을 말하는 데 반해 듀이는 예술자체가 이미 '커뮤니케이션'임을 강조한다. 하버마스의 공중(the public) 개념과 달리 듀이의 공

소비자로서 예술공중의 모습과 엄격한 예술비평적 예술향유자로서 이중적 가능성을 인정해야 한다. 화장실의 인테리어 소품용 그림을 설치해놓고 진리미학을 추구하는 '진지한 예술작품'을 거실에서 감상하는 예술공중이 있을 수 있다.

　이제 논자는 보편적 예술향유권과 삶의 예술화, 예술민주주의의 실현을 위한 실천 전제로서 예술 공론장 활성화 방안을 다음과 같이 제시하고자 한다. 첫째, 관 영역 예술정책과 예술행정 전반의 기획 단계부터 자발적 시민 예술커뮤니티를 참여시킬 것을 제안한다. 가령 예술행정의 모니터링, 다양한 방식의 공공미술 프로젝트, 주민 센터나 평생교육 기관의 예술 관련 프로그램 운영 전반에 이들을 참여시키는 것이다. 이렇게 되면 예술 공론장이 자연스럽게 형성되며 '역동성'을 확보할 수 있다. 예술정책과 예술행정 전반에 대한 관 영역의 예술 공론장과 대항적 차원의 시민자율형 예술 공론장이 파생될 수 있다는 점에서 이원적 공론장의 가능성까지 내다볼 수 있다. 긴장과 협력의 이원적 공론장의 확립은 예술 민주주의의 실제적 원천으로 작용할 것이며 실천에 근거한 예술교양의 보편적 향상을 기대할 수 있다.[44] 둘째, 생활세계적 차원에서 예술 공론장의 활성화를 위해서는 지자체 예술행정가들의 섬세한 노력이 필수적이다. 이들은 단

중 개념은 단순 예술소비자가 아니라 일상적 지각능력을 갖고 예술과 소통을 배제하지 않는 중립화된 일상인 일반을 지칭한다. 또한 하버마스가 공중에게서 담론을 통한 상호계몽을 주시했다면, 듀이는 직접적인 외부의 예술과 예술교육을 통한 공중의 형성을 강조한다. 이하준, 「예술의 사물화 비판과 예술의 공공성 – 아도르노와 듀이의 가상적 대화」, 『동서철학연구』80호, 2016, 221쪽 이하 참조.

44) 논자는 예술교양 개념과 구성요소, '예술을 통한 교육과 교양'의 일반적 빈곤현상의 원인분석, 보편적 예술교양의 증진을 위한 방안에 대한 구체적 방향과 방법론을 제시한 바 있다. 이하준, 「예술교양의 형성과 실천에 대한 비판적 이해」, 『현대유럽철학연구』 65집, 2022. 65–90쪽 참조.

순히 예술 공공성 인식과 예술식견의 향상을 넘어서 지역 내 예술 관련 다양한 행위주체들 상호작용과 관계의 장(場)을 유지·관리하는데 힘을 모아야 한다.[45] 예술향유자-예술창작자, 예술행정가-예술창작자-예술공중, 예술기획자-예술전문가-예술대중, 예술공중-예술대중, 예술교육자-시민 예술대중, 예술행정가-예술기획자-예술교육자-예술대중 등 주요 행위자 사이의 다층적이고 다면적인 차원에서 협력-긴장은 보편적 예술교양 향상-예술 공론장의 활성화-예술행정의 민주주의와 선진화-예술창작의 수준의 향상-심미적 삶의 상승을 통한 인간의 출현이라는 발전적 상호 상승 관계로 나타날 것이다. 이때 중요한 것은 '개입 없는 지원 원칙'의 준수이다. 셋째, 장기적 관점에서 볼 때 하버마스가 강조하는 상호계몽적 예술 공론장의 형성과 그것을 통한 예술교양 시민의 탄생을 기대하고자 한다면, 예술교육의 변화가 불가피하며 전환을 촉구한다. 국내의 초등 중등 교육과정의 예술교육은 '예술 경험' 없는 단순 예술지식의 전달-학습 모델에 머물러 있다. 대학의 교양예술교육은 실용주의적 특수목적형 교과목으로 채워졌거나 단순 예술지식 습득형 강좌가 중심이며 '순수 예술경험'과 고급예술자본 획득을 위한 중단기형 교육과정이 빈곤하다. 게다가 특정한 대학은 예술 관련 기초교육도 전무한 경우가 있다. 하버마스 시각에서 볼 때 예술공중이 아니라 예술대중, 예술작품을 모티브로 한 단순 인테리어 예술소품 소비자도 만들지 못하는 수준의 교육이 많은 한국대학에서 예술교육의 현실이다.[46] 이러한

---

45) 논자는 지자체 시민의 예술욕구와 예술 관련 인식에 대한 기초의식조사, 향유실태 조사가 면밀한 조사연구, 지자체 예술커뮤니티 관리활성화 정책의 영향평가 등 방향과 대안을 다음의 글에서 구체적으로 제시했다. 이하준, 「예술공공정책의 이념으로서 예술 민주주의와 예술의 공공성」, 『공공정책』 2020 JAN, 80-84쪽.

이유로 논자는 온오프라인 예술 공론장 형성과 상호계몽을 통한 아름다운 인간, 삶의 예술화의 길을 가기 위해서 심미적 예술교육의 실천적 복원을 요청한다.

넷째, 낮은 차원에서 예술 공론장을 마련하기 위해서는 예술향유 빈곤계층에게 예술을 즐기고 예술에 대해 말하게 하는 방법이다. 그런데 현실은 이들이 대중문화만 집중적으로 소비한다는 사실이다.47) 소위 뽕짝의 주요 소비자들이 여기에 해당된다. 계급취향적 성향도 분명히 드러나나 공중파와 미디어에서 '대중문화의 고급화 상품' 제공과 경험의 폭을 확대시켜야 한다. 시립합창단, 시립무용단, 시립교향악단 등이 주도하는 소위 '찾아가는 예술무대'를 지자체 주요 핵심예술 사업으로 장기수행해야 한다. 문화전환의 완만한 속도를 감안할 때 행사성, 소모성 축제비용을 줄이고 10여 년 이 사업에 집중하면 시민 예술장에 '변화의 기운'이 나타날 수 있다. 물론 근본적으로는 계급, 소득의 변화를 추동하는 정책과 연동되어야 실효성을 발휘할 수 있음은 자명하다. 다섯째, 지속가능한 예술공중과 예술대중의 이원적 예술 공론장의 작동을 인정하고 개별적 활성화, 맥락화를 촉진시켜야 한다. 하버마스가 가정한 근대적 예술공중과 유사한 역할을 할 수 있는 잠재군이 있다. 설정헌과 허식이 2022년에 수

---

46) 논자는 한국대학의 교양예술교육의 현황을 분석하고 유형화하는 한편 제대로 된 예술교육의 가능성을 실러의 미적 사유의 실천적 적용가능성과 한계 및 실현가능한 교육과정화할 수 있는 대안과 방법론을 오래전에 제시했지만, 한국대학은 변하지 않고 있다. 심지어 역량교육 중심의 교육과정으로 모든 대학이 교육과정을 재편했지만, 정작 문화예술역량을 교육 목표로 설정한 대학은 이화여대가 유일하다. 한마디로 거대한 교육적 오류이자 무감각성의 산물이며 교육철학 빈곤이 낳은 무의식적 교육사기다. 위의 논의는 다음 글을 참조하라. 이하준, 「교양예술교육의 목적과 교육과정에 대한 재사유 —실러의 미적 교육론의 관점을 중심으로」, 『동서철학연구』 90호, 2018, 491–515쪽.

47) 김두이, 「문화예술향유 다양성 추이와 영향요인 연구」, 『문화예술교육연구』 16권 3호, 2021, 26쪽 이하 참조.

행한 잠재계층분석에 기초한 문화예술 관람객 분석에 그 단서가 있다. 이들의 연구에 따르면 비관람집단이 전체의 78.82%, 고급예술 관람비율은 전체의 4.79%에 불과하다. 대졸 이상의 학력 자본을 소유하고 있고 월수입 600만 원 이상이 고급예술, 전시회, 박물관, 영화, 연애(엔터) 관람을 고르게 하는 옴니보어(omnivore)가 된다.[48] 이 연구결과가 보여주는 것은 한국에서 지속가능한 예술 공론장의 잠재적 주요행위자는 옴니보어 그룹에서 나올 수 있다는 점이다. 그 이유는 이들이 예술작품 수집가이자 비평적 준전문가, 예술 재테크 행위자로서 그리고 주요 예술 이벤트 기획의 주요 수요자로서 기능하기 때문이다. 근대적 문예공론장을 구성한 공중의 계급 귀환 냄새가 나고 부르디외가 말하는 문화귀족의 한국적 축소판이라 가정할 수 있는 옴니보어들에 의해 주도되는 예술 공론장이 활성화되는 것도 거부만 할 것이 아니다.[49] 이것과 더불어 문화적 상승욕구가 강한 학력자본을 가진 소수의 시민들에 의해 주도되는 개별화된 예술 공론장의 각자도생-집합화의 생태계가 동시에 작동하는 것이 현실적으로 기대할 수 있는 최선의 그림이다.[50]

---

48) 설정헌·허식, 「잠재계층분석을 활용한 문화예술 관람객의 시장세분화와 스포츠활동에 관한 연구」, 『문화경제연구』 25권 1호, 2022, 168쪽 이하 참조.

49) 안타까운 사실은 한국의 유한계급은 베블런이 관찰한 서양의 그 계급이 보여줬던 유사학문 활동이나 유사예술 활동을 전혀 하지 않는다는 점이다. 명예나 가치 선점을 위한 과시적 예술 공론장의 행위자로도 기능하지 않는다.

50) 이 글은 논자의 논문, 「예술 공론장, 공중 그리고 예술대중」(『철학논총』 85집 3호, 2016)을 2023년의 변화된 시점에 입각해 새롭게 수정·보완한 것이다.

참고문헌

김두이, 「문화예술향유 다양성 추이와 영향요인 연구」, 『문화예술교육연구』 16권 3호, 2021.

김성호, 「새로운 온라인 공론장에서의 비전문가의 미술비평」, 『미학예술학 연구』 39집, 2013.

김웅천·김재범, 「예술 공론장 개념을 통한 예술의 공공성에 대한 탐색적 연구」, 『예술경영연구』 29, 2014.

김준기, 「공론장과 예술가 주체의 문제」, 『인문미술사학』 12집, 2005.

노베르트 엘리아스, 『모차르트』, 박미애 역, 문학동네, 1999.

루크 구드, 『민주주의와 공론장』, 조항제 역, 컬처룩, 2015.

부르디외, 『예술의 규칙 – 문학장의 기원과 구조』, 하태환 역, 동문선, 1999.

설정헌·허식, 「잠재계층분석을 활용한 문화예술 관람객의 시장세분화와 스포츠활동에 관한 연구」, 『문화경제연구』 25권 1호, 2022.

이성훈, 「의사소통적 합리성 대 예술」, 『대동철학』 99, 1999.

이종하, 「아도르노와 부르디외의 비판적 미디어론의 친족성과 차이」, 『철학연구』 124집, 2012.

이하준, 「교양예술교육의 목적과 교육과정에 대한 재사유82) – 실러의 미적 교육론의 관점을 중심으로」, 『동서철학연구』 90호, 2018.

이하준, 「예술 공공정책의 이념으로서 예술민주주의와 예술의 공공성」, 『공공정책』 2020 JAN.

이하준, 「예술 공론장, 공중 그리고 예술대중」, 『철학논총』 85집 3호, 2016.

이하준, 「예술교양의 형성과 실천에 대한 비판적 이해」, 『현대유럽철학연구』 65집, 2022.

이하준, 「예술의 사물화 비판과 예술의 공공성 – 아도르노와 듀이의 가상적 대화」, 『동서철학연구 80호』, 2016.

이하준, 『철학이 말하는 예술의 모든 것』, 2013.

전석환·이상임, 「공론장의 형성과정 안에서 본 문학의 사회철학적 의미 – 하버마스의 『공론장의 구조변화』를 중심으로」 – 『철학논총』 68집, 2012.

정서윤, 「4차 산업시대, IoT 예술의 문화민주주의의 실현 가능성 고찰」, 『문화와 융합』44권 8호, 2022.

하버마스, 『사실성과 타당성』, 한상진·박영도 역, 나남, 2007.

Wellmer, A., "Wahrheitm Schein und Versoehnung", in; *Zur Moderne und Postmoderne,* Frankfurt a. M. 1985.

Danto, A. C., "Artword", *Journal of Philosophy* 61, 1964, 571-587쪽. 「예술계」, 오병남 역, 181-205쪽.

Danto, A. C., After The End of Art Contemporary art and Pale of History, Princeton, 1997. 『예술의 종말 이후』, 이성훈·김광우 역, 미술문화, 2006.

Dickie, G., The Art Circle, New Tork, 『예술사회』, 김혜련 역, 문학과 지성사, 1998.

Dickie, G., "Defining Art", American Philosophical Quarterly 6, 1969. 253-256쪽.

Fiske, J., *Understanding Popular Culture*, Boston 1989.

Habermas, J., *Strukturwandel der Öffentlichkeit,* Frankfurt am Main, 1990. 『공론장의 구조변동』, 한승환 역, 나남, 2001.

Habermas, J., *kommunikativen Handelns*, Bd 1,2 Frankfurt a. M. 1981.

Habermas, J., Faktizität und Geltung, Frankfurt a. M. 1992. 『사실성과 타당성』, 한상진·박영도 역, 나남, 2018.

Habermas, J., "Vorbereitende Bemerkungen zu einer Theorie der kommunikativen Kompetenz" in: *Theorie der Gesellschaft oder Sozialtechnologie. Was leistet die Systemforschung?,* mit Niklas Luhmann, Frankfurt a. M. 1971.

Susen, S., "Critical Notes on Habermas's Theory of the Public Sphere",

Sociological Analysis, 5(1), London 2011. 37–62쪽.

Adorno, Th. W., *Ästhetische Theorie,* Frankfurt a. M. 1998.

12

미디어아트의 상호작용성 연구

12

미디어아트의 상호작용성 연구

U. 에코의 기호학과 J. 하버마스의 예술적 의사소통을 중심으로

연희원

들어가는 말

최근 대한민국은 IT강국답게 딱히 미디어아트 전시회나 미술관이 아니라 해도 지역 이벤트 행사나 전시장소를 가면 한편에서 미디어아트 공간이 구성되어 있음을 쉽게 마주할 수 있게 되었다. 관객들은 그 공간에서 움직이는 미디어아트를 배경으로 즐겁게 사진이나 동영상을 찍기도 한다. 때로 어떤 미디어아트 전시회는 아예 젊은이들을 위해 SNS용 코너들로 구성된 전시회라고 비난받을 정도로, 커다란 건물에 투사되어 있는 미디어아트를 멀리서 바라보기만 했던 이전과 달리 관객이나 관람객이 미디어아트의 주인공이 되어 사진을 찍어 인터넷에 올리며 다른 사람들과 공유하기도 하며 즐기고 있다.

미디어아트는 폭넓게 20세기 초반의 마르셀 뒤샹의 작품부터 포함하기도 하며, 에코와 하버마스 각각 아방가르드와 초현실주의와의

관계 속에서 현대예술의 특징을 논하면서 이를 각각의 예술적 의사소통 이론을 통해 설명하고 있어 미디어아트의 상호작용에 관한 미학적 논의에 적합한 문제의식과 해석을 지니고 있는 것으로 보인다. 에코와 하버마스는 둘 다 프랑크푸르트학파의 영향 아래 있다는 측면에서 공통점을 가지고 있음에도 불구하고, 서로 다른 철학적 기반 위에서 발전해왔기 때문에 미디어아트가 직면한 문제에 대해 전혀 다른 이해를 제시한다. 하버마스의 의사소통과 예술의 자율성 이론은 국내에서도 종종 다루어져 왔다.[1] 반면 에코의 저작들이 워낙 다양하기도 하지만 특히 기호학이나 대중문화에 관한 이론에 가려 국내에서 그의 미학 관련 연구나 특히 예술적 의사소통에 관해서는 주목이 부족한 편이다. 에코가 예술을 미학적 함의보다 하나의 기호로 간주해 그것의 의사소통적 특성을 더 중요하게 여기고 있기 때문에 에코의 예술적 의사소통에 관한 논의를 미디어아트와 함께 살펴보는 것은 그만큼 의미가 있을 것이다.

미디어아트에 대해서는 미술이나 영화 분야에서는 이미 연구가 이루어져 왔지만, 전통적 철학적 미학에서는 예술을 의사소통적 측면에서 비교 연구하는 사례가 드물다. 더욱이 현대예술의 하나로서 미디어아트가 자랑스럽게 내세우는 작가와 관람객과의 상호작용이라는 테제가 안고 있는 문제에 대해 논의할 필요가 있다. 분명히 상호작용이라는 매체들이 발달하고 있고 상호작용하는 것처럼 보이는데, 심리적으로 공허하다면 그 경우 과연 진정한 상호작용이라고 할

---

1) 관련된 연구로는 철학에서 이성훈, 「의사소통적 합리성 대 예술 : 하버마스에게서 미학이론을 기대할 수 있는가?」, 『대동철학』, 대동철학회, 제3집, 1999. 박구용, 「예술의 자율성과 소통가능성」, 『대한철학』, 대한철학회, Vol.88, 2003.이 있고, 그 외 독문학에서 정용환, 「하버마스와 미학」, 『어문학연구』 5권, 상명대 어문학연구소, 1997 등이 있다.

수 있는지 의문스러울 수 있기 때문이다. 이에 이 글은 미디어아트의 상호작용성이 부딪친 이러한 의문에 대해 기호학적 기반이 강한 에코의 예술적 의사소통 연구와 사회학적 기반이 강한 하버마스의 예술적 의사소통 논의를 비교해 봄으로써 예술뿐 아니라 철학에도 다양한 의사소통 연구를 촉발하고, 더불어 철학과 미학 연구의 지평을 확대할 수 있는 계기를 마련해 보고자 하는 것이다.

미디어아트(Media art)와 상호작용(Interaction)

1) 미디어아트의 상호작용

19세기 중반 사진의 발명으로 촉발된 예술 매체의 확장을 시작으로 오늘날의 컴퓨터 디지털 매체에 이르기까지 다양한 매체들이 예술의 범주에 들어오고 있으며, 특히 쌍방향적 매체들과 함께 관람객의 반응이나 개입이 두드러지게 되었다. 1920년대 마르셀 뒤샹(M. Duchamp)부터 전조를 보인 미디어아트는 1,2차 세계대전을 통한 대중매체의 기술적 발전과 매스컴 이론의 영향에 따라 1960, 70년대 이후 본격적으로 발전하였다. 미디어아트의 범위에 대해서는 논란의 여지가 있지만, 음악, 영상, 레이저 등 기타 전달 매체를 이용한 광범위한 것으로 컴퓨터 아트, 디지털아트, 비디오 아트, 레이저 아트, 그 외 넓게는 20세기 초 아방가르드나 초현실주의 등 아날로그까지 포함한다고 할 수 있다.[2] 디지털미디어의 등장으로 예술가들은 시대의

---

2) 이러한 미디어 아트 개념과 달리 디지털아트는 디지털화된 아날로그 신호방식을 제외한 디지털 방식으로 제작된 컴퓨터 아트와 기타 디지털 시그널을 이용한 방식의 아트를 말한다. 따라서 본 연구에서는 아날로그에서 디지털아트까지 포함하는 미디어아트 개념을 사용하고자 한다.

화두가 된 과학기술에 관심을 두게 된 것이지만, 어떤 의미에서 버추얼 리얼리티 개념은 초현실주의자들에 의해 예견된 것이라고 할 수도 있기 때문이다.

미디어(media)가 '어떤 작용을 한쪽에서 다른 쪽으로 전달하는 역할을 하는 것', 즉 어떤 정보를 통해 서로 소통한다는 의미를 내포하고 있듯이, 미디어아트는 작가와 관객의 상호작용(interactivity)을 가장 큰 특징으로 한다. 전통적인 회화가 평면적인 작품으로서 심리적 상호소통이 우선적인 것과 비교해서 미디어아트는 대중적 미디어아트를 이용함으로써 심리적 상호작용뿐만 아니라 물리적인 상호작용도 일어난다. 대중과의 소통이 훨씬 더 수월해진 것이다. 점점 새로운 환경이 등장하면서 인터페이스의 확대를 통해 미디어아트는 확장되고, 창조자와 수용자 간의 의사소통은 고양된다. 이처럼 미디어아트가 확대되는 것은 예술 장르의 발전이라고 할 수 있다. 그리고 그로 인한 소통의 증대는 바로 그 장르에 대한 정밀한 분석이나 이론의 확대 연구를 요구한다. 예술에서의 이러한 상호작용은 이미 이전 시대부터 있었던 작품과 감상, 창조와 향유의 문제에 내재해 있던 문제이므로,3) 이를 계기로 예술을 의사소통이라는 관점에서도 연구하

---

3) 예술의 창조자(생산자)와 감상(수용자) 사이에서 발생하는 예술의 의사소통적 특성은, 논란의 여지가 있겠지만, 철학적 미학에서 처음으로 예술적 의사소통과 관련된 논의는 아리스토텔레스의 카타르시스이론부터라고 할 수 있다. 그러나 카타르시스이론은 감상자의 심리학에 대한 논의로서 독특한 입지를 발휘하면서도, 그것이 예술생산(모방론)과의 관계가 묘연함으로써 창조자와 감상자 간의 의사소통 문제가 부각시키지 못한 것이다. 근대에는 마음의 능력과 관련하여 내감(inner sense)이나 칸트의 취미판단 같은 개념을 통해 예술에 대한 심리학적, 인식론적 접근방식이 등장하지만 칸트를 비롯해 대부분 그 예술을 감상하거나 파악하는 이러한 주관의 능력을 선천적인 것으로 봄으로써 의사소통 본연의 기능을 간파하지 못한다. 사실상 시대적인 한계였겠지만 칸트의 경우 모든 사람이 보편적으로 동의해야 한다는 비현실성으로 인해 예술적 의사소통의 첫발을 내딛기는 하지만, 예술의 전달가능성 문제를 제기하는 데 머무르는 것이다. Monroe C. Beardsley, *Aesthetics From Classical Greece to The Present : A Short History*, The University of Alabama Press, 1977, 178–179쪽.

는 것은 예술사나 미학사의 연구에 의미 있는 계가가 될 것이기 때문이다.

2) 미디어아트 상호작용성이 직면한 위기: 관객과 소통의 진정성 문제

미디어아트는 관객에게 적극적으로 재미와 감동을 전달함으로써 사람들에게 잠시나마 마음의 휴식과 회상의 기회를 선물할 수 있다. 심지어 전 세계적인 통신망인 인터넷의 사용은 예술의 세계화를 이루어 냈으며, 참여자의 반응에 따라 컴퓨터가 만들어 낸 단순한 이미지들에 대한 반응이 다양하게 이루어지기 때문에, 같은 작품 안에서도 참여자들은 각자의 결정과 반응에 따라 서로 다른 경험을 하기 때문에 그것은 마치 놀이처럼 직접 참여해 즐기는 경험이다.

그런데 이처럼 쌍방향 매체를 통해 물리적 상호작용이 이루어지는 상황이라고 해서 소통이 자연스럽게 잘 이루어지고 있는 것 같지는 않다. 미디어아트 채널 AliceOnPaper에 의하면, 관람자들은 계속해서 다음과 같은 의문, 즉 미디어아트 작품들에 대해 어떻게 느껴야 하는지 모르겠다는 의문을 제기한다고 한다. 이 때문에 현대의 미디어아트가 아주 진지하게 고민하고 해결해야 할 필요가 있는 문제는 바로 관객과의 소통이라는 것이다.[4] 애초에 미디어아트의 상호작용이 이전에는 강점이라고 보았는데 이제 그것은 장점이 아니라 미디어아트를 위협하는 혹은 한계를 드러내는 측면이 될 수도 있는 것이다. 왜냐하면 만일 미디어아트와 관람객 간의 의사소통이 그 예술작

---

4) "Current status on New Media Art", in *Alice On Paper*, Media Art Database & Online Archive AliceOn, vol.6, 3쪽.

품의 테크닉 측면에 대한 무조건적인 찬양과 같이 피상적인 수준에서 이루어진다면 미디어아트의 진정성은 손상되지 않을 수가 없기 때문이다.

이러한 문제는 일부 작가들도 의식하고 있는 것으로 보인다. 지금의 미디어아트가 쌍방향 소통 기술이라는 전위적 가능성을 내세우다 그 지엽적 기능에 갇히고 오히려 쌍방향 소통을 차단하는 결과를 낳는다는 것이다.5) 일반적으로 우리의 미적 판단은 합리적인 반응을 보이는 것이라기보다 비합리적인 요인에 영향을 받는 경향이 있어, 주로 작가 관점에서 내세우는 미디어아트의 상호작용성이 사실은 피상적인 판단일 수 있는 것이다. 바로 이 점에서 물리적인 상호작용에도 불구하고 소통의 한계에 직면한 미디어아트의 상호작용성에 관해 철학적, 미학적인 검토를 모색해 볼 필요가 있다.

---

5) 강현우, 「사용자 간의 상호작용을 기반으로 한 참여적 미디어아트 표현연구」, 이화여자대학교 디자인학부석사논문, 2010, 서론 1쪽.

6) 국제적으로 미디어아트 작품들을 전시하면서 함께 주최되는 콘퍼런스를 통해 미디어아트와 관련된 미학적, 철학적 주제들이 발표되곤 한다. 주목할 만한 국제학술회의는 2010년 밴쿠버에서 국제 디지털미디어와 예술학회(iMDAa)가 '디지털 내러티브'란 주제로 스토리텔링과 의사소통이 어떻게 새로운 테크놀로지에 영향받고 영향을 미치는가에 대해 열린 적이 있다. 미디어아트를 주로 과학과 예술과의 관계로만 보는 데 반해 이 학회에서는 주로 미디어아트와 사회과학의 관계를 주목하고 있다. 2010년 독일에서도 16회 일렉트로닉 예술 국제 심포지엄이 있었는데, 특히 미디어아트 연구에서 상호작용성은 예술가 관점에서의 논의가 많으며 관객의 경험을 다루었다.
2011년 5월 상호작용적 미디어아트 국제학회가 'The Unheard Avantgarde'란 주제로 덴마크에서 열리기도 했다. 중요 테제는 다양한 방식으로 나타나는 상호작용적 미디어아트 검토다. 그 외 영국 리버풀에서도 2011년보다 확대된 문화적, 테크놀로지적 발전이라는 맥락에서 새로운 미디어 역사와 실제 미디어아트의 역할을 묻는 국제학회가 열렸다. 국내에서는 인천국제 디지털아트 페스티벌(Indaf)이 2009년부터 시작되어, 2010년 '모바일 비전: 무한미학' 주제로 다양한 미디어아트와 철학, 미디어이론 등이 발표되었다. 잘 알려진 로이 애스콧(Roy Ascott)이 혼합공간에서 "마음의 유동성으로서의 예술", 제이 데이비드 볼터(Jay David Bolter)가 "디지털미디어와 예술의 종말"에 대한 발표가 있었다.
이렇게 미디어아트와 관련된 페스티벌에서 작품전시와 함께 열리는 학회의 발 빠른 대응과는 달리 유럽미학회(지)나 국제 미학회 그리고 미국학회지 들을 보면 좀 더 차분하게 전통적인 철학적 미학의 호흡이 이어지고 있다. 대표적인 미학지 *The Journal of Aesthetics and Art Criticism*와 *Contemporary Aesthetics, Proceedings of the European Society for*

3) 미디어아트 관련 연구와 현황[6]

미디어아트에 관한 철학적, 미학적 저서와 논문들의 주제를 살펴보면, 우선 미디어아트 관람 경험과 소통이 몸과 함께 체험되는 예술로서 사이버스페이스에서의 가상현실을 중요한 공간으로 논의하거나 시각적 재현의 구조를 확장하는 것이 디지털아트의 핵심이라고 보는 입장이 있다.[7] 또 다른 입장은 뉴미디어를 영상이나 영화에 국한하는 것이 아니라 인간의 '몸과 관련하여 다양한 예술 경험을 포섭하는 확장된 개념으로 사용하기도 한다.[8] 칸트로부터 시작해, 쉴러, 슐레겔, 헤겔에 이르기까지 예술을 의사소통 측면에서 연구하거나, 듀이(J. Dewey)의 경험개념을 빌려와 상호작용적 과정에 의한 미적 경험을 강조하기도 한다.[9] 그 외 기술적 속성과 관련해서 미디어아트 연구나 미디어아트의 상호작용 방식이나 표현, 참여방식에 대한 디자인이나 음악, 미술(사), 영화 등 다양한 분야에서 미디어아트에 관한 연구는 인문학적 연구와 비교해 볼 때 상대적으로 훨씬 활발하다.[10]

---

*Aesthetics*의 지난 10여 년 발행된 논문들 면모 중 미디어아트나 관련된 글들 중 눈에 띄는 주제는 "저자관점에서 보는 컴퓨터 예술 철학", "디지털 아트의 존재론과 미학", "상호작용의 예술 : 상호작용성, 수행성, 그리고 컴퓨터" 등이 있다. 2010년 북경에서 열린 18회 국제 미학회에서는 10개 토픽 중 미학 : 정보기술과 사이버스페이스란 주제가 논의되었다.

7) 마이클 러시(Michael Rush)의 경우 20세기 후반 뉴미디어예술을 뒤샹, 존 케이지로부터 시작해서 퍼포먼스, 비디오 아트, 비디오 아트와 설치미술, 디지털아트로 분류하는데, 이 분류의 중심에는 시각성과 예술행위의 중요성에 대한 통찰이 들어 있다.

8) 마크 한센(Mark B.N. Hansen)이 이에 속하는데, 그는 디지털 이미지에 주목하면서 새로운 예술을 위한 철학을 제안하고 있다. 조광제의 「몸의 매체성과 매체의 몸성」도 이런 맥락에서 주목할 만하다.

9) 플롬페(G. Plumpe), 홍승용 옮김, 『현대의 미적 커뮤니케이션』, 경성대학교 출판부, 2007, 김진엽, 「디지털미술: 무관심성에서 상호작용」, 『철학과 현실』, 2006.

10) 디지털 아트라는 용어를 예술 논의에 끌어온 크리스티안 폴(Christiane Paul)은 기술적 측면과 기술의 속성으로 인해 발생한 예술행위의 중요성을 강조한다. 마크 트라이브(Mark Tribe)는 미술사적 맥락 안에서 뉴미디어에 기반한 예술의 개념적 뿌리를 1920년대 다다이즘에서 찾고, 레브 마노비치(Lev Manovich)는 뉴미디어를 영상이나 영화에 초점을 맞추어 정의하고 있다.

그러나 이러한 수많은 연구에도 불구하고 미디어아트의 상호작용성을 예술적 의사소통 측면에서 철학적, 미학적으로 연구한 사례는 거의 보기 힘들다. 그러므로 이 글은 에코의 기호학적 의사소통과 하버마스의 예술적 의사소통 이론을 통해 미디어아트의 상호작용성을 검토하면서 예술에서 '의사소통'의 가능성과 방법, 그 한계와 해결책을 모색해 보고자 한다. 특히 미디어 아티스트들의 주장과 달리 관람객들이 부딪치는 문제, 즉 과연 미디어아트 작품들이 무엇인가 새롭기는 한데 무엇을 어떻게 느껴야 하는지 모른다고 토로하는 소통의 한계에 대한 해결책의 전망을 제시해보려 한다.

에코의 기호학적 의사소통의 예술과 하버마스의 의사소통적 합리성의 예술: 아방가르드와 초현실주의

1) 에코의 아방가르드 예술론: 기호학적 의사소통으로서의 예술

에코와 하버마스는 미디어아트의 시초라고 할 수 있는 아방가르드 예술과 초현실주의 예술에 대해 각각 논의하고 있는데, 우선 움베르토 에코의 아방가르드 예술과 예술적 의사소통에 대한 이해를 먼저 살펴보자. 에코는 『열린 예술작품』(1962)에서 아방가르드 예술의 탄생 배경을 이전의 질서 있고 확정적인 세계관으로부터 무질서하고 불확정적인 세계관과 형이상학으로의 변화로 이해하고 환영하면서 아방가르드 예술과 현대예술에 대해 다루고 있다. 『열린 예술작품』은 에코의 본격적인 기호학 이론이 체계화되기 이전이기는 하지만 이미 정보이론을 기반으로 이미 기호학적인 사고들을 보여주고 있다. 정보이론과 의사소통을 연결하고 있는 에코에게 있어 일반적 예술 소통과 예술적 의사소통의 차이를 분석하는데, 과연 그가 말하는 예술적 의사소통의 특성은 무엇일까?

『열린 예술작품』에서 에코는 예술을 하나의 형식이라 보는데, 예술작품의 형식이란 인간과 세계에 대해 의미 있게 말하기 위해 빌어 발언하는 매체가 아니라, 현대의 불확정적인 세계를 반영하는 새로운 내용이자 형식이라고 주장한다. 즉 형식은 단지 사상을 전달하는 매체가 아니라 형식을 조직하는 하나의 사유방식으로서, 예술은 이러저러한 방식으로 형식을 조직하는 방법이자 미학적 원리다. 따라서 예술적 의사소통 형식이란 관습(약호 code)과 인과율에 기초한 기본적 의사소통 형태로서, 예술작품이란 각 수신자들이 작가가 만든 원래의 구성방식을 새롭게 재구성할 수 있는 방식의 의사소통적 효과를 낳게끔 노력한 예술가의 산물이다.[11] 작가는 그 자신이 창조한 것과 똑같은 형태로 평가되고 받아들여지기를 바라는 의도로 완결된 작품을 제시한다. 반면 각 수신자들은 작품을 이해할 때 각자의 개성적인 감수성, 특정한 문화, 취향, 성향, 편견(선입견)에 따라 그 수용을 다르게 하게 된다. 따라서 오직 한 가지 의미로만 해석되는 도로표지판이나 교통신호등과 같은 신호(signal)와 달리 예술작품은 유기적 전체가 균형을 이루고 있는 독특한 특징을 갖고 있다는 의미에서 완벽하고, 닫혀 있는 형식인 동시에 무수하게 많은, 다른 해석들로 수용된다는 의미에서 '열린' 작품이다. 다시 말해서 예술작품은 관람객으로부터 수용될 때마다 작품에 대한 새로운 전망을 얻게 되

---

11) 연희원, 「에코 기호학에 관한 한 연구」, 고려대학교 대학원 박사학위논문, 1999, 16–18쪽.

며, 이때 예술작품을 수용한다는 것은 예술작품에 대한 사유와 '해석'
과 '실천'의 새로운 관계를 의미한다.12)

　에코는 정보이론을 빌려와 예술적 의사소통적 특성을 다음과 같
은 기호학적 과정으로 규정짓는다. 예술적 메시지는 다른 형태의 의
사소통과 똑같은 방식으로 분석될 수 있는데, 다음과 같은 3단계를
모두 포함한다. 첫 번째 기계적 소통의 단계이다. 예술작품의 기저에
놓여 있는 메커니즘은 궁극적으로 여타의 의사소통 메커니즘의 전형
적인 형태, 즉 미리 주어진 신호와 주어진 기계적, 전기적 반응 간에
단일한 대응 관계, 즉 기계적 자극 : 반응 관계가 1 : 1 대응되는 단순
전달을 포함하고 있다. 스위치가 on일 때 불이 켜지는 원리다. 다음으
로 두 번째 단계인 일반적 의사소통은 기계적 자극 : 반응 관계(1 :
1)로써 단순 약호 관계는 아니지만, 기본적으로 약호화가 필요하다.
이때 자극이나 기호에 대한 인간의 반응은 기본적으로 1 : 多이다. 예
를 들어 '장미'는 소녀를 의미할 수도 있고 정열을 의미할 수도 있고
등등으로 해석될 수 있는 경우를 말한다. 마지막으로 예술적 의사소
통에서는 약호화가 상습적이 되면 매너리즘에 빠지게 되므로 기존의
약호화를 탈피하고자 한다. 다시 말해서 미학적, 예술적 메시지는 약
호의 구성법칙과 규정 요소의 체계를 파괴하기 위해 가능하면 의도
적으로 메시지를 모호한 방식으로 조직화하려고 한다. 이러한 '약호
의 의도적인 무질서화의 결과'가 바로 미학적 메시지의 모호함이다.
그리하여 예술적 의사소통은 일반적으로 질서와 무질서를 넘나드는
데 특히 아방가르드 예술은 질서 잡힌 관습적 예술보다는 무질서란

---

12) U. Eco, *Open Work*, trans. by Anna Cacogni, Harvard University Press, 1989, 22쪽.

질서를 선택한다.13)

그러면 과연 다양한 요소가 유기적으로 융합되어 미학적 가치를 형성하는 이러한 예술적 의사소통 과정에서 매번 새롭고 심오한 의미를 전달할 때 필요한 의사소통의 기본 조건은 무엇인가? 에코는 아방가르드 예술을 포함해서 현대 새로운 미술들의 특징은 자연적 사실을 해석하는 과정에서 나온 세계의 불확정성을 그대로 드러내 기존의 인과관계, 이원론에 기초한 논리학, 명료한 관계 그리고 배중률의 원리에 의문을 제기하는 데 있다고 본다. 그리하여 우연과 인과성의 새로운 관계의 도입으로 데카르트적 합리주의와 결별한 현대예술은 현대 세계에 대한 '인식론적 은유(epistemological mataphor)'이다.14) 즉 현상의 불연속성이 통일적이고 확정적인 세계상의 가능성을 의문시하는 세계에서 예술은 우리가 직접적으로 살고 살아있는 세상을 보고 인식하고 우리의 감수성 속으로 통합시킬 수 있는 새로운 방법을 제시하는 것이다.

이에 관람객은 예술작품의 새로운 자유, 무한한 확산 잠재력, 내적인 풍부함과 무의식적 투사에 흥분한다. 작품들은 관람객에게 인과관계의 명료함에서 벗어나 예측할 수 없는 발견들로 가득 찬 상호교환과정으로 뛰어들도록 한다는 것이다. 관람객이 작품의 통제를 벗어나듯이 작품 또한 작가를 포함한 모든 사람의 통제를 벗어나 미친 컴퓨터처럼 마구 품어낸다. 그리하여 그것은 더 이상 가능성의 영역이 아니라 정말 불분명하고 원초적이며 불확정적인 것, 즉 모든 것

---

13) U. Eco, *Open Work*, 53–67쪽.
14) U. Eco, *Open Work*, 90쪽.

인 동시에 아무것도 아닌, 그런 것만 남게 된다. 그럼 이 경우 예술적 의사소통의 목표는 무엇일까?

에코에 의하면, 우리가 현대예술에서 볼 수 있듯이 사람 얼굴을 그릴 때 두 눈을 그리는 것처럼 인체와 주변의 현실을 재현하도록 요구하는 고전적 조형미술의 관습은 기존의 약호화된 지각 틀에 기초하는 '과잉의사소통'15)이다. 그러나 현대의 예술은 이와 달리 하나의 눈만 그림으로써 관람객에게 순수한 정보, 다양한 의미를 아무런 제한 없이 풍부하게 전달하려고 한다. 에코가 볼 때, 현대의 예술적 의사소통은 관습과 생각을 연결하는 통상적인 방식과 결별하고 관람객에게 명료한 메시지에 의해 전달되는 의미와는 전혀 다른 암시적 의미를 제공해주는 복합적인 의미와 다양한 해석 영역을 제공하려고 한다. 그리하여 도로표지판이나 착색된 벽 표면과 달리 현대의 예술은 자연과 우연이 넘쳐나는 무한한 세계를 애매모호, 불확정성, 비구상의 풍부함을 통해 표현함으로써 의사소통의 형태로 남아있으면서도 가장 해방적인 모험을 하고자 한다. 결과적으로 예술적 의사소통은 예술가의 의도 자체도 열려있고, 또 그에 대한 감상자의 반응도 열려있는 것, 그것이 바로 예술적 의사소통 행위의 목표다. 즉 예술가가 제시한 약호에 대한 무한한 해석이 가능한 기호학적 상황이다. 그러나 이러한 목표를 갖고 있다고 해서 현대예술들이 의사소통의 기본 조건인 형식 자체를 거부하는 것은 아니다. 그것은 새롭고 더 유연한 형식 개념, 가능성의 장으로서의 형식으로 고전적인 형태를 거부할 뿐이다. 이러한 우연과 활력의 예술은 여전히 모든 의사소통

---

15) U. Eco, *Open Work*, 97쪽.

의 가장 기본적인 조건에 근거할 뿐 아니라 형태의 조직화 방식에 대한 함의와 함께 미학적 감상에 대한 새로운 이해를 제공한다.

2) 하버마스 : 초현실주의와 예술적 의사소통

(1) 초현실주의: 삶과 예술 간의 의사소통 회복 운동

한편 하버마스의 예술과 미학에 관한 성찰들은 그의 철학이나 사회학 연구와 달리 비교적 거칠고 체계화되어 있지 않은 것이 사실이다. 그러나 그의 미학 사상은 1970년대부터 쓴 다양한 글("현대성: 미완의 기획", "질문, 역질문", 『의사소통 행위이론』, 『현대성의 철학적 담론』)들 속에 계속해서 등장한다.

하버마스는 미적 합리화 과정을 다음과 같은 시대별로 분류하고 있다. 우선 18세기 예술이 종교와 궁정 생활로부터 해방되면서 대중적 즐거움을 위한 전달 수단을 했던 반면, 그다음 19세기 중반 아방가르드 예술은 문화의 현대화, 즉 분화와 전문화를 거치면서 예술을 위한 예술로 치닫는다고 본다.[16] 아방가르드 또는 쾌락주의적 대항문화의 출현과 함께 표현이 예술의 중심에 서자 예술은 예술을 위한 예술, 자율적인 것이 되는 것이다. 그러나 예술의 자율성은 삶의 세계로부터 예술의 세계가 분리되고, 그 결과 전문가들의 문화가 대중

---

16) 종교적 의식의 공적 영역으로부터 사적 소비를 위한 시장으로 이동하는 시기, 18세기 말 대중적 문학, 음악, 미술들이 궁정생활과 종교 생활의 밖 박물관, 극장, 연주 홀, 그리고 문학잡지 등에서 공적으로 제도화되는 시기, 후기낭만주의의 예술을 위한 예술과 시장의 대중적 요구에 의해 예술생산과 비평분리를 고무시킨 쾌락주의적 대항문화(아방가르드)를 낳는 시기, 20세기 영화, 라디오, TV와 같은 지각을 변화시키고 예술을 탈의식화시킨 예술 재생산의 메커니즘 도입과 함께 초현실주의, 다다이즘이 나타난 시기가 그것이다. J. Habermas, "Modernity versus Postmodernity", in *New German Critique* 22, 1981, 9–10쪽.

문화로부터 분리되어 고급문화로 복귀함으로써 예술의 초월성을 낳는다. 이러한 분화와 전문화에 의해 예술은 자율성과 초월성이라는 중첩된 아우라를 갖게 된다. 그러나 자율적 예술, 예술을 위한 예술은 점차 스스로 울타리를 넘어뜨리고 자율화된 영역들이 생겨난 생활세계와 결합하도록 하는 역운동을 산출했는데, 그것이 바로 초현실주의와 다다이즘이다. 초현실주의, 다다이즘은 예술의 순수성, 자율성, 초월성, 그리고 존재 권리를 부정하고, 예술과 삶, 허구와 실천, 현상과 실재 사이의 분리를 의문시한 새로운 예술운동이다. 초현실주의자들은 천상에서 지상으로, 이상에서 현실로, 그리고 예술에서 생활로 내려가기 위해 시도한 것이다. 그러나 하버마스가 보기에 삶에의 이러한 회귀는 일상생활의 객관화되고 상품화된 현실과는 갈등을 일으키는 현실회귀다. 따라서 초현실주의의 시도는 실패했던 셈이다. 실패의 원인은 자율적 예술의 해체가 대중의 의식에게 진실로 해방적인 변화를 가져다주지는 못하면서 그 예술의 내용을 분산시키기만 할 뿐이기 때문이다. 무엇보다도 중요한 원인은 초현실주의가 시도한 예술과 생활세계와의 결합의 실패이다.

"일상의 의사소통에서 인식적 의미, 도덕적 기대, 주관적 표현과 평가 등은 서로 연관되어 있다. 의사소통 과정은 인식적 영역, 도덕적-실천적 영역, 표현적 영역 등 모든 영역에 걸쳐 있는 하나의 문화적 전통을 바탕으로 한다. 그러므로 단 하나의 문화적 영역 - 예술 - 만을 열어 놓았다고 해서, 그래서 전문화된 지식복합체 중 단 하나에 대한 접근을 마련해주었다는 것만으로 합리화된 일상생활의 문화적 빈곤화에서 면제될 수는 없을 것이다. 초현실주의의 반

란은 단지 하나의 추상을 대체하였을 뿐이다."[17]

일상의 의사소통은 인식적 의미, 도덕적 기대, 주관적 표현과 평가 등이 서로 연관되어 있다. 즉 의사소통 과정이란 인식적 영역, 도덕적 실천적 영역, 표현적 영역 등 인간 삶의 전 영역들에 걸쳐 있는 것이지 어느 하나만의 전문적인 차원에서 성립되는 것이 아니다. 그러므로 초현실주의는 이 중 어느 하나만으로 접근 시도하는 것에 불과해서 일상생활의 문화적 피폐화를 피할 수 없다. 결국 하버마스는 문화와 예술이라는 하나의 전문화된 영역만이 다른 영역들과의 상호교류 없이 독자적으로 비전문화된 문화예술 세계와 하나가 되려는 시도는 실패할 수밖에 없었다고 보는 것이다. 이러한 하버마스의 초현실주의 비판은 곧 현대성의 기획에 기반한 그의 예술적 의사소통의 전망을 시사한다.

(2) 예술적 의사소통의 자율성 - 진정성

예술적 의사소통 문제를 예술가와 감상자라는 문맥에서, 보다 정확하게는 예술가의 관점에 중점을 두고 살펴본 에코와 달리, 이처럼 하버마스는 인간의 사회행위라는 차원에서 예술 이외 다른 영역들과의 관계 속에서 바라본다. 잘 알려져 있다시피 하버마스의 현대성 기획은 과학, 도덕, 그리고 예술이라는 세 가지 자율적인 현대적 합리성 모두가 상호교류하면서 동시에 생활세계로의 지향성을 통해 일상적 삶을 풍요롭게 하고 나아가 일상적 사회생활의 합리적 조직

---

17) Habermas, "Question and Counterquestion", in *Habermas and Modernity,* edited by Richard J. Bernstein, Polity Press, 1985, 236쪽.

화를 달성함으로써 참으로 인간적인 상태에 도달하는 것이다.[18] 그렇다면 이 세 영역이 각자 전문화되고 분화되면서도 동시에 서로 완전히 분리된 것이 아니라 서로 작용하고 의사소통하며 교류하고, 또 동시에 각 전문영역 특히 예술영역이 일상의 실천 생활세계와 소통해야 한다는 예술적 의사소통의 이상은 어떻게 가능한 것일까?

현대사회는 의미의 분열을 특징으로 한다. 잘 알다시피 하버마스는 베버(M. Weber)의 합리화 설명을 따르면서도 베버가 인간의 사회적 행위유형을 제시하면서 이성 혹은 합리성을 목적 합리성으로 축소하고 가치 합리성을 소홀히 하는 것에 반대한다. 그리고 하버마스는 이 가치 합리성을 의사소통적 합리성으로 대치하고자 한다. 하버마스가 보기에 베버의 사회적 행위분석은 고독한 행위자의 행위유형으로서 상호주관적 행위 구조를 보지 못한다.

"베버에 따르면, 과학, 도덕, 예술의 분화는 서구문화의 합리주의를 특징짓는 것으로, 전문가에 의해 다루어진 파편들이 자율적으로 되었다는 것과, 동시에 이 파편들이 일상의 의사소통 해석학에서 계속해서 자연스럽게 발전하고 있는 전통으로부터 단절되었다는 것을 의미한다. 이러한 단절은 서로 다른 가치영역들이 자체의 법칙에 따라 발전해 온 결과 생겨난 문제다."[19]

하버마스는 『의사소통적 행위이론』에서 행위지향에 따라 행위유형을 성공 지향적 행위와 상호이해 지향적인 행위로 구분한다. 행

---

18) 정용환, '하버마스와 미학『語文學硏究』, Vol.5, 상명대학교 어문학연구소, 1997, 676쪽
19) J. Jabermas, *Modernity versus Postmodernity*, 9쪽.

위 주체 의식의 인식적, 도구적 합리성이 지배하는 목적-수단 연관의 성공 지향적 행위와 달리 상호이해 지향적 행위에는 오직 의사소통적 행위만이 관계한다. 의사소통적 행위는 2인 이상의 언어행위자들이 서로 간의 합의를 통해 행위조정을 이루는, 참여자 모두를 상호협력자로 인정하는 상호주관성에 뿌리를 둔다. 이때 참가자들은 모두 스스로의 발화행위로써 보편적인 타당성 요구를 제기하고, 그것이 자유롭고 공정하게 검증될 수 있음을 명시적으로나 암묵적으로 전제해야 한다. 이러한 전제하에서만 의사소통이 성립된다. 이때 타당성 요구는 세 가지가 있는데, 행해진 진술이 진리일 것을 요구하는 진리성에 대한 타당성 주장, 언어 행위가 타당한 규범적 맥락과 관련해 정당할 것을 요구하는 정당성 주장, 화자의 명시적 의도가 표현된 바와 같은 것을 요구하는 진실성 주장이다.

여기서 예술의 미적 가치는 표현적 진실성, 진정성이라는 타당성 요구에 따라서 평가될 수 있다는 점에서 과학이나 도덕의 합리성과는 구별되는 자율적인 합리성을 갖는다. 동시에 예술은 진정성을 유지하면서 의사소통적 합리성을 통해 다른 영역과 소통할 수 있어야 한다.

다시 말해서 예술작품의 고유한 특질은 그 예술작품 내에서 예술의 표현이 얼마나 진실하고 진정한가에 의존하며, 이 진정성 개념은 예술의 심미적-표현적 합리성을 가리킨다. 이렇듯 오늘날 우리는 예술 외에도 과학, 도덕 등 문화영역에서 증대된 자율성을 본다. 이에 따라 각 문화영역과 일상생활 사이에는 균열이 존재하기 마련이다.[20] 그러나 자율적인 예술은 과학이나 도덕의 다른 자율적 영역과

소통할 수 있어야 한다. 즉 예술은 자율성을 지니면서도 다른 영역과 소통할 수 있어야 한다. 그리하여 이러한 지점은 하버마스의 예술적 의사소통이 에코와 달리 삶의 구체성과 맞닿으면서 미디어아트 예술가들이 전문적인 언어로 고답적이지 않고 관객과의 소통을 가능하게 하는 전망을 시사한다.

(3) 예술과 생활세계의 의사소통

과학, 도덕, 예술이라는 문화영역들은 각자 자율성을 지니면서도 동시에 서로 소통한다. 그것이 가능한 것은 바로 각 영역이 의사소통적 합리성의 토대 위에서 구축된 것이기 때문이다. 이렇듯 과학, 도덕, 예술이 의사소통적 합리성을 통해 서로 소통한다면, 과연 예술적 자율성[21]인 진정성은 구체적으로 어떻게 의사소통적 합리성을 통해 다른 영역과 소통할 수 있는가?

'질문과 역질문'부터 하버마스는 이전과 약간 변화를 보이며,[22] 이미 친숙한 것을 새롭게 보게 하고, 낯익은 현실을 새로운 눈으로 표현하는 능력을 예술작품의 미적 타당성이나 통일성이라고 본다.[23] 즉 예술은 삶의 경험 전체를 통해 드러낼 수 있는 진리의 잠재력을 가지고 있다. 따라서 이 진리 잠재력은 의사소통 행위를 구성하는 세

---

20) 이성훈, 「의사소통적 합리성 대 예술 : 하버마스에게서 미학이론을 기대할 수 있는가」, 『대동철학』, 제3집 99, 7쪽.

21) 예술적 의사소통은 예술적 자율성 문제와 관련되어, 예술이란 무엇인가라는 본질적인 문제로 나아가는 문제이기도 하다. 따라서 예술의 정의나 자율성문제는 일단 괄호치고 의사소통문제에만 초점을 두고자 한다.

22) 이에 대해 박구용과 이성훈은 서로 상반된 입장을 취한다. 연구자가 볼 때 이전 시기와 연속적인 관계가 있는 것으로 보인다.

23) J. Habermas, "Questions and Couneterquestions", 237쪽.

가지 타당성 주장 중의 어느 하나와만 연관되거나 동일시되지 않는
다. 물론 미학적 중심은 여전히 진정성의 요구에 놓여있다. 그러나
예술적 담론은 이제 이전과는 달리 진리성과 정당성을 요구하는 타
당성 주장과 관계 속에 있는 진실성을 요구한다. 결국 과학과 도덕의
문제해결 능력들은 예술 활동의 세계해명 능력들과 긴장 관계를 이
루기는 하지만 일상언어의 기능을 통해 의사소통하고, 예술과 생활
세계 사이의 소통은 예술비평으로 매개된다. 정상적 담론과 시적 담
론의 양극적 긴장 관계를 소통하는 것은 일상언어의 기능, 즉 의사소
통의 일상적 실천에 있다.

에코와 하버마스의 예술적 의사소통 비교

1) 비교 1: 칸트의 무관심성에 대한 대응에서의 공통점

칸트의 미학은 예술적 의사소통 문제를 선취하고 있는데, 에코
는 작가와 감상자 관점에서, 하버마스는 삶과 예술과의 밀접한 관계
를 주장한다는 면에서 칸트의 무관심성과 대비된다. 익히 알고 있듯
이 칸트는 예술 감상자가 경제적, 도덕적 관심을 벗어나 무관심한 상
태에서 작품 감상할 것을 요구한다. 이러한 수동적인 자세를 취할 때
야 비로소 우리의 선천적 능력인 상상력과 오성이 예술작품의 합목
적적 형식과 만나 미적 쾌를 불러일으킨다. 이에 반해 에코에 있어서
관람객은 수동적으로 단순히 고정된 의미를 받아들이는 수동적인 주
체가 아니라 능동적인 주체이다. 원래 관습적인 의미에서 '열린 예술
작품(open work)'이란 개념은 주로 예술품과 연주자 간에 형성되는
변증법적 관계를 정식화하기 위한 용어 일부이기는 하지만 에코는

이를 예술작품 수용 시 수용자가 도달할 수 있는 상태를 위해서도 사용한다. 즉 예술작품은 각 수신자는 작가가 만든 원래의 구성방식을 새롭게 재구성할 수 있는 방식의 의사소통적 효과를 낳게끔 만든 예술가적 노력의 산물이다. 따라서 수용자는 이때 자극과 반응이라는 상호유희(상호작용) 속으로 들어가며, 이때 이 유희는 각자의 작품에 대한 수용 능력에 따라 다르다. 수용자는 작품에 대해 각자의 경험이나 정신구조, 문화적 차이에 따라 적극적으로 해석하고 행위 하는 것이다.

칸트에 대한 이러한 에코의 반응과 달리 하버마스는 분명하게 예술이 삶의 다른 영역들과 소통해야 하며, 이미 언어를 통해 서로 연결되어 있고, 더불어 예술은 삶과 관련되어야 한다고 본다. 이와 유사한 맥락에서 듀이(J. Dewey)도 하나의 경험으로서의 미적 경험을 내세우며 육체적, 물질적 경험을 배제해야만 미적 태도일 수 있다는 무관심성 입장을 비판한 적이 있다.[24] 그러나 듀이가 미적 경험을 아주 폭넓게 사용하면서 예술보다 미적인 경험을 중요시하고, 주로 인간이 생존을 위해 필요한 유기체(인간)와 자연, 세계와의 상호작용을 강조한 것이라 한다면,[25] 하버마스의 경우에는 인간적인 사회를 위한 상호이해의 차원에서 과학이나 도덕과 같은 다른 영역과의 소통과 생활세계와의 소통을 강조한 점에서 듀이와 차별성이 있다.

---

24) J. Dewey, *Art as Experience*, The Berkeley Publishing Group, 1980(1934), 54쪽.
25) 김진엽, 「디지털미술: 무관심성에서 상호작용」, 『철학과 현실』, 2006, 49-51쪽.

2) 비교 2: 에코의 예술 내부 논의와 하버마스의 예술 외적 논의

위에서 보듯 에코의 예술적 의사소통은 예술 내부적인 논의, 즉 예술가, 예술작품의 형식, 그리고 관람객 혹은 수용자 사이의 소통을 논의하고 있다. 반면 하버마스의 예술적 의사소통은 예술 외부적인 논의 측면이 강하다. 즉 예술작품과 다른 삶의 영역들, 과학, 도덕과의 관계 그리고 삶의 터전인 생활세계와 예술과의 관계, 한마디로 사람과 사람, 사람과 자연 사이, 사람과 세계와의 관계에 초점을 두고 있다.

에코의 예술적 아방가르드 형식의 목적은 주로 변화와 혁신이다. 벨머(A. Wellmer)는 현대예술에서 미적 종합의 새로운 형식이 정신적 사회적 종합의 새로운 형식을 뜻하는 것이라고 말할 수도 있으며, 이것이 바로 현대가 지닌 해방적 잠재력이라고 보는데[26] 이것은 에코의 관점을 대변하며, 동시에 에코 입장에서의 미디어아트를 대변한다. 나아가 이들 형식은 기존 제도를 위반함으로써 기존 제도들을 탈신비화할 수 있고, 그럼으로써 다시 지각과 지성 양 차원에서 잃어버린 인간의 자율성을 되찾을 수 있는 긍정성을 지니고 있다. 그러나 아방가르드적 의도의 필연적인 전제가 유미주의이듯이, 에코의 입장은 그의 수용이론에도 불구하고 애초에 아방가르드 예술이 현시대가 이전 시대와 달라진 삶을 반영하는 형식이라는 연관 고리를 갖고 있지만, 그것은 단지 삶이 배제된 예술 내부에서만의 전위적 의사소통에 치닫는다는 한계에 맞닥뜨릴 수 있다. 그런데 이것이 바로 미

---

26) A. 벨머, 이주동·안성찬 옮김, 『모더니즘과 포스트모더니즘의 변증법』, 녹진, 1990, 161-162쪽.

디어아트 관람객들이 부딪치는 한계, 즉 물리적 상호작용은 있는데 심리적으로 느끼는 한계이기도 하다. 즉 미디어아트는 눈앞에 화려한 빛과 조명으로 스펙터클하게 펼쳐지는 데 무엇을 어떻게 느껴야 하는지 모르겠다는 것이다. 이렇게 되면 사실상 상호작용이란 허울만 남을 뿐 소통의 진정성이 없는 셈이다. 그리고 그 이유는 바로 미디어 아티스트들이 쌍방향 소통 기술이라는 전위적 가능성을 내세우다 오히려 소통단절을 초래한 것이라고 할 수 있다.

다른 한편 바로 이 지점에서 예술의 진정성과(진리성도 포함하는) 삶이 연결되어 있다고 보는 하버마스의 예술적 의사소통이 시사하는 바가 있다. 하버마스에게 있어 예술적 의사소통의 자율성은 진정성이며, 예술은 삶의 다른 영역들 과학, 도덕 같은 다른 영역들과 소통한다. 예술은 일상의 정상 언어와 다른 측면들 때문에 예술비평을 통해 그 시적 언어를 정상 언어로 옮겨 놓는 매개 과정을 거치기는 하지만, 여전히 생활세계와 연관 고리를 잡고 있다. 이 지점이 미디어아트의 철학적, 미학적 해명이라고 할 수 있는 에코의 예술적 의사소통의 한계를 해결할 수 있는 실마리 부분이라고 할 수 있다.

즉 의사소통이란 삶과 사람들 사이에 서로 이해하기 위한 것이란 점을 명확히 하고 있단 점에서 삶과 연관된 진정성 있는 예술적 의사소통이야말로 미디어아트에서 관람객들이 느끼고, 현장에서 필요로 하는 소통단절을 극복할 수 있는 방향성이라고 할 수 있을 것이다. 그러나 다른 한편 하버마스의 예술적 의사소통은 플룸페가 말하듯이, 모든 사람의 동의나 합의란 (의사소통 자체만으로 보아도) 바람직하다고 볼 수 없으며,27) 또한 차이가 낳는 풍부함을 지워버릴

수 있는 강압적 우려가 있다.[28]

3) 비교 3: 미디어의 상호작용성에 대한 철학적, 미학적 근거

에코의 이러한 예술가와 관람객(감상자), 그리고 그들 간의 예술적 의사소통 이해는 사실상 현대의 미디어아트의 상호작용성에 대한 철학적, 미학적 해석과 실천 방향성이라고 할 수 있다. 즉 고정불변하는 이전 시대와 달리 아방가르드 및 현대예술에서 작가는 불확정적이고 불확실한 세계를 그대로 반영하는 예기치 않은 우연과 관습적인 약호 파괴, 무질서화를 통해 열린 의도를 가지고 창조하고, 관람자도 이에 대해 도로표지판을 해석하는 것과는 달리 무한하게 해석하고 참여할 수 있다. 에코의 관점은 말 그대로 현대 미디어아트 상호작용성의 미학이자 세계관이다. 그러나 앞서 지적했듯이 미디어아트가 상호작용성을 내세우는 데도 감상자들은 미디어아트가 열어보이는 세계에 물리적으로 참여하며 찰나지만 움직이는 미디어아트의 일부가 되는 경험을 하면서도 정작 작품과 자신들의 삶의 경험 사이에 있는 괴리감으로 인해 진정성을 느끼거나 공감하기 어려워하거나 SNS용 사진을 위한 배경이라는 흥미 있지만 피상적인 이해에 머무르는 한계를 지닐 수가 있다. 이에 대해 과학, 도덕, 그리고 예술이라는 세 가지 자율적 문화영역이 의사소통적 합리성을 통해 서로 소통하며, 예술은 진정성을 유지하면서 의사소통적 합리성을 통해 다

---

27) 게어하르트 플룸페(Plumpe, Gerhard), 홍승용 옮김, 『현대의 미적 커뮤니케이션』, 경성대학교 출판부, 2007, 93쪽.

28) 장-프랑수아 리오타르(J. F.Lyotard), 유정완·이삼출·민승기 [공]옮김, 『포스트모던의 조건』, 민음사, 1995, 31쪽.

른 영역과 소통할 수 있어야 한다는 하버마스의 주장은 이러한 한계에 대한 대안으로써 의미를 지닌다고 할 수 있을 것이다.

하버마스 예술관에서는 의사소통이 일차적으로 중요하다. 현대적 이성은 한편으로는 전문화된 자율성, 다른 한편으로는 사회적 해방과 계몽이라고 하는 두 가지 대립적인 특징을 가지고 있다. 하버마스에게서는 후자가 지배적이라는 사실이 의사소통 이론을 과잉 강조하게 했다고 평가할 수도 있을 것이다. 그러나 의사소통이 중요시된 것은 쌍방향 매체 기술 덕분이기도 하지만, 정치, 경제, 사회적 민주화 그리고 세계화와 다문화사회가 진행되면서 이전 시대와 달리 다양한 요구와 입장들이 충돌하면서 나온 시대적 요청이므로 하버마스의 의사소통에 대한 과잉 강조는 미디어아트의 상호작용성 강조만큼이나 정당하다고 하겠다. 더욱이 현재 한계에 맞닥뜨린 미디어아트 상호작용의 문제를 해결할 수 있는 가능한 하나의 대안이자 전망일 수 있을 것이다. 하버마스의 삶과 예술의 소통이라는 전망이 필요한 이유다.

사람들은 미디어아트와 같은 예술적 의사소통에서 에코가 지적하듯 '열린' 예술작품에서 단지 낯선 약호를 통한 새로운 의미만을 추구하는 것은 아니다. 의사소통은 사람과 사람 사이에서 서로를 이해하는 것이다. 그런 점에서 사물(작품)이나 세계에 대해 새로운 의미만을 해석하고 전달하려는 전위주의적인 태도만으론 사람들에게 계속 상호작용하면서도 괴리감을 낳게 할 것이다. 그러므로 하버마스의 삶과 예술의 소통은 이러한 현재의 미디어아트의 괴리된 상호작용성에 하나의 적절한 대안 방향성이 될 수 있을 것이다.

맺는말

에코는 아방가르드 예술의 불확정적인 우연이나 관습적인 약호 파괴와 같은 현상들을 지지하고, 하버마스는 삶과 예술의 분리를 다시금 회복하려는 초현실주의를 비판적으로 지지하고 있다. 이러한 그들의 예술관 뒤에는 이를 뒷받침하는 형이상학과 세계관이 자리하고 있다. 에코는 초기부터 줄곧 현대 물리학이 제공하는 불확정적이고 불확실한 형이상학, 즉 세계와 인간이 무질서와 불연속으로 이루어져 있다고 믿는다. 그리고 세계의 무질서한 형식에 맞게 전달하는 형식이 바로 아방가르드, 현대예술(미디어아트)이라고 보는 것이다. 이에 반해 하버마스는 인간 행위 차원에서 과학, 도덕, 예술이 서로 교류하면서 동시에 생활세계로의 지향성을 통해 일상을 풍요롭게 하는 인간적인 세계를 지향한다. 그야말로 인간의 가치 합리성(이성), 의사소통적 합리적 가능성과 인간 행위에 대한 강한 신뢰가 그의 예술관을 뒷받침하고 있다.

예술을 세계에 대한 하나의 인식으로 보는 마르크스주의 미학의 기본테제에 충실하게 에코와 하버마스 둘 다 공통으로 프랑크푸르트학파의 영향 아래서 예술을 인식론적 은유로 본다. 하버마스도 에코와 마찬가지로 현대예술이 익숙한 것을 낯설게 보게 하는 각성효과에 대해서 긍정적이다. 다른 한편 양자가 차이가 나는 것은 에코는 수용자의 다양하고 무한한 해석가능성을 말하며 관람객이 자신의 수용 능력에 따라 다르게 평가하고 받아들이는 가능성을 제시하지만, 사실상 무질서하고 불확실, 불연속적인 세계를 예술적 형식으로 조직하는 작가 관점에서 그 의사소통의 형식을 철학적, 미학적으로 근거 짓는 측면이 강하다. 하버마스는 좀 더 객관적인 입장에서 혹은 작가 입장이나 관람객수용자 입장에서 진정성 있는 예술의 역할, 즉 예술의 일상의 다른 구체적인 영역들과 통합되어 소통하기를 요구한 다고 볼 수 있을 것이다. 에코가 기술적(記述的)인 논의로 미디어아트 의 물리적 상호작용을 설명해주고 있다면, 하버마스는 좀 더 규범적 인(normative) 차원에서 심리적 상호작용의 공백의 원인을 파악하고 방향성과 전망을 제시하고 있다고 볼 수 있다.

참고문헌

강현우, 「사용자 간의 상호작용을 기반으로 한 참여적 미디어아트 표
　　현연구」, 이화여자대학교 디자인학부 석사논문.

게어하르트 플룸페, 홍승용 옮김, 『현대의 미적 커뮤니케이션』, 경성
　　대학교 출판부, 2007.

김진엽, 「디지털미술: 무관심성에서 상호작용」, 『철학과 현실』, 2006.

A. 벨머, 이주동·안성찬 옮김, 『모더니즘과 포스트모더니즘의 변증법』,
　　녹진, 1990.

연희원, 『에코의 기호학: 미학과 대중문화로 풀어내다』, 한국학술
　　정보, 2011.

이성훈, 「의사소통적 합리성 대 예술: 하버마스에게서 미학이론을 기
　　대할 수 있는가」, 『대동철학』제3집 99.

장-프랑수아 리오타르, 유정완·이삼출·민승기[공] 옮김, 『포스트모던
　　의 조건』, 민음사, 1995.

정용환, 「하버마스와 미학」, 『語文學硏究』, Vol.5, 상명대학교 어문학
　　연구소, 1997.

"Current status on New Media Art", in *AliceOnPaper*, Media Art Database
　　& Online Archive AliceOn, vol. 6

David Z. "The Art of Interaction: Interactivity, Performativity, and Computers",
　　The Journal of Aesthetics and Art Criticism, 1997.

J. Dewey, *Art as Experience*, The Berkeley Publishing Group,
　　1980(1934).

J. Habermas, "*Modernity versus Postmodernity*", in *New German Critique*
　　22, 1981' "Question and Counterquestion", in *Habermas and modern-
　　ity,* edited by Richard J. Bernstein, Polity Press, 1985.

M. C. Beardsley, *Aesthetics From Classical Greece to The Present : A
　　Short History*, The University of Alabama Press, 1977.

Umberto Eco, *Open Work*, trans. by Anna Cacogni, Harvard University Press, 1989, (*Opera Aperta*, Gruppo Editoriale Fabbri, Bompiani, 1962, 2010).

13

귀가 있어도 듣질 않아

13

귀가 있어도 듣질 않어

하버마스의 '소통 철학'으로 본 BTS의 「Am I Wrong」

김광식

이 글은 BTS의 노래 「Am I Wrong」[1]을 독일 철학자 위르겐 하버마스(Jüergen Habermas)의 '소통 철학'으로 되짚어 보고자 한다. 왜 이러한 일을 할까? 무엇보다 대중문화로 철학에 대해 대중과 이야기를 나누고 싶어서다. 철학의 대중화 시도다. 한편으로 철학으로 대중문화에 대해 대중과 이야기를 나누고 싶어서다. 대중문화의 철학화 시도다.[2]

---

1) BTS, 「Am I Wrong」, 『WINGS』, YG PLUS, 2016.

2) 철학으로 한국 대중문화를 살펴보는 시도로는 한국철학사상연구회에서 엮어낸 『철학, 문화를 읽다』, 박영욱의 『철학으로 대중문화 읽기』, 김용석의 『철학광장, 대중문화와 필로소페인』 등이 있다. 『철학, 문화를 읽다』는 시민, 가족, 성, 다문화, 노동, 놀이, 음악, 소비, 감시, 건강, 환경, 교통, 영화, 전통, 죽음 등 다양한 문화를 통해 한국사회를 진단한다. 『철학으로 대중문화 읽기』는 칸트, 부르디외, 지젝, 프로이트, 방브니스트, 알튀세르 등의 철학을 통해 서양과 한국의 대중문화를 철학적으로 분석한다. 『철학광장, 대중문화와 필로소페인』은 공연, 방송, 광고, 문자, 만화, 애니메이션, 영화 속에서 서양과 한국의 철학적 사유를 찾아낸다. 이 가운데 한국 대중음악을 철학적으로 살펴본 시도는 박영욱이 부르디외의 철학으로 70년대 포크송과 90년대 서태지 음악을 분석한 것이 있고, 김용석이 송승환의 「난타」를 시각문화의 해체라는 문화철학의 틀로 분석한 것이 있다. 대중음악만을 철학적으로 살펴본 시도는 김성환이 엮어낸 『대중 음악 속의 철학』과 김광식의 『김광

구상, 실행, 평가의 단계로 펼쳐보고자 한다. 실행이 또 하나의 독립된 글이 되는 액자식 구성으로 펼쳐진다. 어떻게 구상하는 게 좋을까? 먼저 이야기하고자 하는 주제와 관련된 에피소드를 이야기하여 대중의 관심을 끌어낸 뒤, 노래의 핵심 노랫말과 열쇠 말을 찾고, 그 열쇠 말로 노랫말을 풀이한다. 그다음에, 노래가 실린 앨범의 주제와 어떤 관계를 맺고 있는지를 살펴본다. 그다음에, 철학으로 들어가기 전에 노래의 핵심 메시지를 미리 대중이 흥미를 가지고 쉽게 이해할 수 있도록 노래의 주제를 잘 보여주는 소설을 바탕으로 BTS가 노래로 전하고자 하는 메시지를 살펴본다. 그다음에, 노래에 담긴 메시지를 잘 보여주는 철학으로 하버마스의 소통 철학을 살펴본다. 마지막으로 노래의 핵심 메시지와 철학의 핵심 메시지를 비교하여 보여준 뒤에, 그 메시지를 잘 담고 있는, 대중에게 친숙한 우화를 통해 다시 한번 대중을 설득하며 마무리한다. 이제 이 구상대로 실행해보자.3)

석과 철학하기』와 『BTS와 철학하기』 등이 있다. 『대중 음악 속의 철학』은 한국 대중음악만을 다루지는 않고 서양 대중음악도 함께 다룬다. 이 책은 먼저 서양 대중음악을 살펴본 다음에 한국 대중음악을 여러 가지 철학으로 살펴본다. 박재영은 노자 철학으로 신중현의 록 음악을 분석하고, 김규성은 사르트르 철학으로 김민기의 포크 음악을, 박종선은 '한이라는 개념으로 조용필의 가요를 분석한다. 이세영은 니체 철학으로 산울림의 펑크 록 음악을 분석하고, 김지현은 아도르노 철학으로 시나위의 록 음악을, 김동현은 니체 철학으로 넥스트의 록 음악을 분석하며, 황운하는 보드리야르 철학으로 서태지와 아이들의 랩을 분석한다. 『김광석과 철학하기』는 한국 대중음악만을, 그중에서 김광석의 음악만을 다룬다. 김광식은 아리스토텔레스, 플라톤, 에피쿠로스, 데카르트, 흄, 칸트, 헤겔, 마르크스, 니체, 하이데거, 롤스, 김광식의 철학으로 김광석의 노래들을 분석한다. 『BTS와 철학하기』는 BTS의 노래들을 니체, 하이데거, 프롬, 하버마스, 라캉, 들뢰즈, 보드리야르, 데리다, 롤스, 로티, 쿤, 버틀러의 철학으로 분석한다. 앞의 책이 고대, 근대, 현대 철학을 망라했다면 뒤의 책은 현대 철학을 분석의 도구로 사용하였다. BTS의 노래를 철학으로 분석한 책으로는 이지영의 『BTS 예술혁명』, 차민주의 『BTS를 철학하다』, 오희숙의 『음악이 멈춘 순간 진짜 음악이 시작된다』 등이 있다. 『BTS 예술혁명』은 들뢰즈의 철학으로 이른바 'BTS 현상' 전반을 분석한다. 『BTS를 철학하다』는 대중문화가의 시선으로 세상, 꿈, 청춘, 예술이라는 주제에 대하여 아도르노, 헤겔, 들뢰즈 등 여러 철학자의 말로 BTS 노래에 담긴 메시지를 풀이한다. 『음악이 멈춘 순간 진짜 음악이 시작된다』는 음악학자의 시선으로 쇼펜하우어, 니체, 아도르노 철학으로 말러, 슈트라우스, 쇤베르크의 클래식 음악들을 분석하고, BTS의 「봄날」을 리얼리즘 미학으로 분석한다.

귀가 있어도 듣질 않어

「Am I Wrong」의 노랫말을 살펴보자.

The world's goin' crazy/ 넌 어때 how bout ya/ You think it is okay?/ 난 좀 아닌 것 같어

귀가 있어도 듣질 않어/ 눈이 있어도 보질 않어/ 다 마음에 물고기가 살어/ 걔 이름 SELFISH SELFISH

우린 다 개 돼지/ 화나서 개 되지/ 황새 vs 뱁새/ 전쟁이야 ERRDAY

미친 세상이 yeah/ 우릴 미치게 해/ 그래 우린 다 CRAZY/ 자 소리질러 MAYDAY MAYDAY

온 세상이 다 미친 것 같아 끝인 것 같아/ Oh why (Oh why)/ Oh why (Oh why)/ Oh why why why why/ (OH MY GOD)

(Am I Wrong)/ 내가 뭐 틀린 말 했어/ 내가 뭐 거짓말했어 Going crazy (미쳤어 미쳤어)/ Crazy (미쳤어 미쳤어)/ Am I Wrong/ Am I Wrong

어디로 가는지/ 세상이 미쳐 돌아가네/ Are you ready for this/ Are you ready for this/ Are you ready for this/ (NO I'M NOT)

그램마 니가 미친겨/ 미친 세상에 안 미친 게 미친겨/ 온 천지 사방이 HELL YEAH/ 온라인 오프라인이 HELL YEAH

뉴스를 봐도 아무렇지 않다면/ 그 댓글이 아무렇지 않다면/ 그 증오가 아무렇지 않다면/ 넌 정상 아닌 게 비정상

온 세상이 다/ 미친 것 같아/ 끝인 것 같아/ Oh why (Oh why)/ Oh why (Oh why)/ Oh why why why why/ (OH MY GOD)

(Am I Wrong)/ 내가 뭐 틀린 말했어/ 내가 뭐 거짓말했어

---

3) 실행에 해당되는 부분은 김광식, 『BTS와 철학하기』, 김영사, 2021에도 실렸다.

Going crazy (미쳤어 미쳤어)/ Crazy (미쳤어 미쳤어)/ Am I
Wrong/ Am I Wrong/ 어디로 가는지/ 세상이 미쳐 돌아가네
미친 세상 길을 잃어도/ 아직은 더 살고 싶어/ 찾고 싶어 나의 믿
음을/ (Am I Wrong)/ 내가 뭐 틀린 말 했어/ 내가 뭐 거짓말했어
Going crazy (미쳤어 미쳤어)/ Crazy (미쳤어 미쳤어)/ Am I
Wrong/ Am I Wrong/ 어디로 가는지/ 세상이 미쳐 돌아가네
Are you ready for this/ Are you ready for this/ Are you ready for this

아이는 어릴 때 독일에서 피아노 개인 레슨을 받았다. 레슨을 시
작한 지 얼마 지나지 않아 짧은 노래를 연주하고, 심지어 작곡까지
했다. 아이는 신이 났다. 피아노 배우러 가는 시간을 손꼽아 기다렸
다. 한국에 와서도 피아노 학원을 다녔다. 처음에는 신나서 갔지만
점점 땡땡이치는 날이 많아졌다. 결국 아이는 말했다. "나 피아노 학
원 가기 싫어!" 하지만 나는 이렇게 들었다. "나 친구와 놀고 싶어!"
피아노 치고 나서 실컷 놀 수 있다고 달랜 후 약속을 받았다. 피아노
학원에 꼭 가기로. 다음 날 하굣길, 아이는 친구들과 떡꼬치를 하나
씩 사 물고 갈림길에 들어섰다. 어디로 갈 것인가? 아이는 피아노 학
원과 반대쪽으로 갔다. 나는 화가 나서 아이를 불러 세웠다. "약속했
잖니?" 차마 이 말까지는 할 수 없었다. "낸 돈이 얼만데…" 피아노
학원에 상담하러 가서야 비로소 알았다. 아이가 가기 싫어한 까닭을.
닭장 같은 좁은 방에 들어가 똑같은 악보를 반복해서 연주해야 한다
는 것을. 귀가 있어도 듣질 않았던 것이다. 아이의 솔직한 마음을.
「Am I Wrong」의 핵심 노랫말이 바로 "귀가 있어도 듣질 않어"
다. 「Am I Wrong」은 세상이 병들고 소통이 되지 않는 현상을 이야기

하는 노래다. 세상이 미쳐 돌아간다. 황새든 뱁새든 돈에 미쳐 난리다. 미친 세상이 우릴 미치게 한다. 귀가 있어도 듣질 않고 눈이 있어도 보질 않는다. 세상이 소통의 길을 잃었다. BTS는 묻는다. "Am I Wrong?" 우리는 잃어버린 소통의 길을 되찾아 다시 건강한 세상을 볼 수 있을까? 세상의 병듦과 불통이라는 열쇠 말로 노랫말을 풀어보자.

세상이 미쳐 돌아간다. 황새와 뱁새 전쟁이다. 가진 자들이 우리를 보고 개, 돼지라고 한다. 미친 세상이 우릴 미치게 한다. 우린 다 미쳤다. 귀가 있어도 듣질 않는다. 눈이 있어도 보질 않는다. 우리 모두 이기적이다. 온 세상이 다 미친 것 같다. 끝인 것 같다. 온 천지 사방이 지옥이다. 온라인과 오프라인이 다 지옥이다. 뉴스를 봐도 아무렇지 않다면, 그 댓글이 아무렇지 않다면, 그 증오가 아무렇지 않다면 넌 비정상이다. 온 세상이 다 미친 것 같다. 끝인 것 같다. 세상이 소통의 길을 잃었다. 귀가 있어도 듣질 않는다. 눈이 있어도 보질 않는다. 우리 모두 이기적이다. 내가 뭐 틀린 말 했는가? 내가 뭐 거짓말 했는가? 당신은 그런 미친 세상을 받아들일 준비가 되었는가? 나는 아니다. 그럼 내가 미친 건가? 미친 세상에 안 미친 게 미친 거라면 내가 미친 거다. 미친 세상이 소통의 길을 잃어도 난 아직은 더 살고 싶다. 소통의 길을 되찾아 건강한 세상을 다시 볼 수 있다는 나의 믿음을 찾고 싶다.

「Am I Wrong」은 『피 땀 눈물』[4]이 타이틀곡인 앨범 『WINGS』에 실린 노래다. 이 앨범은 "인생에서 한 번쯤은 꼭 마주치게 되는 악의 그림자와 타인 및 외부 세계와의 갈등 등 성장의 과정"을 노래한다.

---

[4] BTS, 「피 땀 눈물」, 『WINGS』, YG PLUS, 2016.

「Am I Wrong」은 앨범 주제에 걸맞게 "민중은 개, 돼지"라는 가진 자들의 망언[5] 같은 "최근 세태에 대한 방탄소년단만의 솔직한 시선"이 담겨 있다. 이 노래는 병들고 소통이 막힌 외부 세계의 모순을 보여준 "「쩔어」[6] 「뱁새」[7]와 맥락을 같이하는 곡으로, 답답한 현실을 적나라하게 꼬집는 돌직구 가사가 속 시원하게 다가온다."[8] 이 노래의 주제를 잘 보여주는 소설이 있다. F. 스콧 피츠제럴드(F. Scott Fitzgerald)의 『위대한 개츠비(The Great Gatsby)』다.[9] 이 소설을 바탕으로 BTS가 노래 「Am I Wrong」으로 전하고자 하는 메시지를 살펴보자.

위대한 개츠비, 위대한 거짓말
- 사랑이라 쓰고 대박이라 읽는다

여자는 남자를 사랑한다. 남자가 전쟁터에 간다. 그사이에 여자는 돈 많은 다른 남자와 결혼한다. 전쟁터에서 돌아온 남자는 여자가 돈 때문에 다른 남자와 결혼했다는 것을 알고 슬퍼한다. 남자는 미친 듯이 돈을 번다. 그리고 마침내 뉴욕의 웨스트에그라는 바닷가에 대저택을 사서 날마다 화려한 파티를 연다. 파티에 초대받은 사람들은 술잔을 부딪치며 외친다. "위대한 개츠비, 당신 최고예요! 우리는 당

---

5) 장은교, 「교육부 고위 간부 "민중은 개·돼지... 신분제 공고화해야"」, 『경향신문』, 2016년 7월 8일.
6) BTS, 「쩔어」, 『화양연화 pt.1』, YG PLUS, 2015.
7) BTS, 「쩔어」, 『화양연화 pt.1』, YG PLUS, 2015.
8) 네이버, 『WINGS』 앨범 소개.
9) F. S. Fitzgerald, *The Great Gatsby*, Scribner, 2004.

신을 좋아해요!" 근처 대저택에 사는 여자는 건너편에서 날마다 열리는 화려한 파티를 보며 부러워한다. 어느 날 여자는 그 파티의 주인공이 예전에 사랑했던 남자라는 것을 알게 된다. 여자는 옛 연인에게 다가가 속삭인다. "개츠비, 당신을 사랑해요!"

두 사람은 다시 뜨거운 사랑을 나눈다. 그러던 어느 날 두 사람이 데이트를 마치고 돌아오는 길에 여자는 한 여인을 차로 치어서 죽인다. 그녀는 남편의 내연녀였다. 남자는 자기가 운전했다며 여자의 죄를 대신 뒤집어쓴다. 죽은 여인의 남편은 화가 나서 남자를 총으로 쏴 죽인다. 남자의 친구는 남자의 화려한 파티에 초대받았던 손님들에게 장례식 초대장을 보낸다. 당연히 여자에게도. 하지만 남자의 장례식엔 아무도 오지 않는다. 손님들도 여자도.

개츠비가 사는 세상도, BTS가 사는 세상도 돈에 미쳐 돌아간다. 황새든 뱁새든, 가진 자든 못 가진 자든 모두 돈에 미쳐 난리다. 돈이 주인인 세상이다. 돈이 있으면 왕이요, 돈이 없으면 개, 돼지다. 사랑이든 우정이든 그 무엇도 돈의 힘을 이길 수 없다. 돈이 있으면 뭐든 할 수 있다. 돈이 있으면 안 되는 게 없다. 돈 때문에 사랑을 하고, 돈 때문에 우정을 맺는다. 그러니까 당연히 돈 때문에 사랑을 쉽게 버리고, 우정을 쉽게 버린다. 소설 속 여자는 돈 때문에 사랑을 버리고 돈 때문에 사랑을 한다. 그리고 돈 때문에 버린 사랑을 다시 하고 다시 한 사랑을 다시 버린다. 소설 속 초대받은 이들은 같은 사람의 초대장인데도 돈 때문에 파티에 오고, 돈 때문에 장례식에 오지 않는다. 돈 때문에!

개츠비는 돈의 힘을 누구보다 잘 아는데도 사랑 때문에 돈을 벌고, 사랑 때문에 날마다 화려한 파티를 열며, 사랑 때문에 살인죄를 뒤집어쓰고, 사랑 때문에 목숨을 바쳤다. 개츠비가 위대한 이유다. 소설 속 초대받은 이들은 돈 때문에 "위대한 개츠비, 당신 최고예요! 우리는 당신을 좋아해요!"라고 외친다. 이 외침은 "우리는 당신이 아니라, 당신의 돈을 좋아해요!"라는 불편한 진실을 숨기고 있다. 소설 속 여자는 "개츠비, 당신을 사랑해요!"라고 속삭인다. 이 속삭임도 "당신이 아니라, 당신의 돈을 사랑해요!"라는 불편한 진실을 숨기고 있다. 돈이 주인인 미친 세상에서는 돈에 병들고 돈에 진심이 가려지고 오염되어 소통이 되지 않는다.

돈에 점령되고 오염된 삶을 사는 이들은 BTS의 말처럼 돈이 없는 이들을 개, 돼지라 부르고, 돈이 안 되는 진실은 귀가 있어도 듣질 않고 눈이 있어도 보질 않는다. BTS와 같은 청춘들을 미치게 만들고 "MAYDAY MAYDAY"라고 소리 지르게 만드는 미친 뉴스를 봐도 돈에 눈이 먼 이들은 아무렇지 않다. 온 천지 사방이 지옥 같고 온라인과 오프라인이 다 지옥 같아도, 잔혹하고 증오 가득 찬 댓글을 봐도 아무렇지 않다. 돈에 눈이 먼 이들은.

세상이 돈에 미쳐 돌아가니, 이들은 말만 하면 돈 이야기다. 친구를 만나도 주식이나 부동산 이야기. 친구 이야기를 해도 돈 많은 부모를 둔, 돈 많이 번 친구 이야기. 자신이나 자녀 이야기를 해도 돈 벌기 좋은 학교나 돈 많이 주는 회사에 들어간 이야기. 결혼식 초대장을 받으면 "얼마를 내야 하지?"라며 보낸 이의 가격을 매긴다. 심지어 덕담을 건넬 때도 "부자 되세요!"라거나 "대박 나세요!"라고 말한다. 돈에 미친 세상이다. BTS는 우리에게 묻는다. "넌 어때?" "BTS,

넌 어때?" BTS는 대답한다.

> 난 좀 아닌 것 같아 (…)/ 미친 세상 길을 잃어도
> 아직은 더 살고 싶어/ 찾고 싶어 나의 믿음을
> 내가 뭐 틀린 말 했어
>
> _BTS, 「Am I Wrong」

소통이 우리를 해방한다

BTS의 노래 「Am I Wrong」에 담긴 병든 소통에 대한 비판과 건강한 소통에 대한 희망을 잘 보여주는 철학은 위르겐 하버마스(Jüergen Habermas)의 소통의 철학이다. 하버마스는 『의사소통행위이론』[10]에서 이렇게 말한다.

> 의사소통의 합리성은 [병든 현대사회를 해방하기 위해]
> 강제 없이(…) 합의를 하는(…) 대화가 가진 힘[이다].
>
> _하버마스, 『의사소통행위이론』

하버마스는 현대사회의 소통을 병들게 하는 원인을 찾고 건강한 소통을 되찾아 병든 사회를 해방할 가능성을 모색한다. 하버마스는 그 야심 찬 기획을 현대사회에 대한 베버의 정의에서 시작한다. 베버에 따르면 현대화는 곧 합리화다. 합리적이지 않은 것에서 합리적인 것으로의 변화를 현대화라고 한다. 합리화는 문화적 합리화와 사회

---

10) J. Habermas, *Theorie des Kommunikativen Handelns*, Suhrkamp, 2019.

적 합리화로 나눌 수 있다. 문화적 합리화는 마술이나 미신적 사고에서 벗어나는 탈마술화로 이성적인 사고가 늘어나는 것이다. 사회적 합리화는 주어진 목적에 가장 적합한 수단을 선택하는 경향이 늘어나는 것이다. 사회적 합리화의 산물로는 자본주의 경제체제나 정치체제, 관료적 근대국가 등이 있다.

일반적으로 현대화되기 이전의 전근대적인 사회보다 현대화된 사회를 바람직하다고 평가한다. 그러나 현대화가 더욱더 진행되면 인간이 의도하지 않았던 문제가 생긴다. 이를 문화적 합리화와 사회적 합리화가 불러온 역설이라고도 한다. 합리화는 긍정적 결과뿐만 아니라 부정적 결과도 함께 낳았다. 베버가 말하는 부정적 결과는 의미와 자유의 상실이다.

의미를 상실하는 이유는 신의 권위라는 보편적 규범이 사라졌기 때문이다. 중세에는 삶의 의미를 신의 권위와 말씀에서 찾았다. 신의 규범이자 계율인 십계명이 대표적이다. 신의 권위가 사라져 버린 탓에 현대의 개인은 삶의 올바른 의미와 방향을 찾지 못하게 된다. 또 사회가 합리화될수록 인간이 생활하는 세계도 더욱 황폐화되고 관료화되면서 개인이 자율적이고 주체적으로 판단할 자유를 잃어버리는 현상이 나타난다. 결국 합리화는 개인을 정신이 없는 전문인으로 만들고 마음이 없는 향락 인간으로 만든다. 베버는 현대를 살아가는 개인이 합리화로 영혼 없이 즐기기만 하는 존재가 되어 영혼이 왜곡되고 억압되고 병들었다고 진단한다. 하버마스는 현대사회가 합리화의 결과로 의미와 자유가 상실되었다는 베버의 진단에 동의한다. 이성으로 무장한 과학은 신을 죽였고, 관료화된 사회 시스템은 개인을 죽였다.

하버마스는 더 나아가 현대인이 의미와 자유를 상실한 까닭을 현대사회가 합리화로 경제체계나 정치체계 같은 체계와 일상적인 삶이 이루어지는 생활세계라는 두 가지 세계로 나누어진 데서도 찾는다. 경제체계나 정치체계는 돈과 권력을 매개로 노동을 통해 물질을 재생산하는 조직이다. 생활세계는 언어를 매개로 의사소통이라는 상호작용을 통해 상징을 재생산하는 장이다. 각각은 서로 다른 메커니즘에 따라 작동한다. 그런데 정치체계나 경제체계 같은 체계가 돈과 권력으로 생활세계의 자율성을 침해하고 오염시키면서 개인은 권위와 삶의 자유를 잃었다. 경제체계와 정치체계는 현대인을 돈과 권력의 노예로 만들어 생활세계의 의사소통마저 왜곡시켰다. 현대인은 돈이나 권력의 체계에 갇혀 거짓말이나 그릇되고 진실하지 못하며 이해할 수 없는 말을 한다. 하버마스는 이를 두고 생활세계가 체계의 식민지가 되었다고 말한다. 식민지가 된 생활세계에서 사람들은 돈이나 권력이 아니면 귀가 있어도 듣질 않고, 눈이 있어도 보질 않는다.

> [돈과 권력을 중심으로 작동되는] 경제와 정치[체계]의 [목적]합리적 방식이(…) [생활세계]로 침투해 들어가 [식민화하여] 일상적 의사소통 행위가 사물화된다.
>
> _하버마스, 『의사소통행위이론』

거짓말을 하려면 참말을 알아야 한다.

삶의 의미와 자유를 잃어버리고 향락과 돈과 권력의 노예가 되어버린 현대인의 영혼을 어떻게 치유해 해방할 수 있을까? 하버마스는 치유와 해방의 열쇠를 소통에서 찾는다. 그는 '소통이 우리를 해방한다'고 생각한다. 그는 의사소통이 의미와 자유를 되찾을 가능성을 제공할 수 있다고 믿는다. 더 정확히 말하면 의사소통의 토대인 보편적 규범이 의미와 자유를 되찾게 해줄 것이라 생각한다. 그는 의사소통, 다시 말해 대화의 밑바닥에는 보편적 규범이 전제되어 있다고 본다. 대화를 할 때 참여자들이 누구나 암묵적으로 동의하는 규범이 있다. 이 규범 없이는 심지어 왜곡된 의사소통을 포함해 어떠한 의사소통도 이루어질 수 없다. 예를 들어 거짓말을 하려면 참말을 전제해야 한다. 진리라는 보편적 규범을 전제하지 않고는 거짓말이 작동할 수 없다.

의사소통은 네 가지 규범을 전제로 한다. 참되고 옳으며 진실하고 이해할 수 있는 말을 해야 한다. 의사소통이 이루어지려면 비록 이 규범을 지키지 못하더라도 적어도 전제해야 한다. 규범을 지킨다는 것과 규범을 전제한다는 것은 다르다. 예를 들어 교통신호 체계가 작동하려면 교통신호의 규범을 전제해야 한다. '빨강 신호에 멈추고 초록 신호에 가야 한다'는 규범을 전제해야 교통신호 체계가 작동한다. 하지만 때때로 규범을 지키지 않을 수도 있다. 언어 체계도 마찬가지다. 언어 체계가 작동하려면 적어도 '이해 가능해야 한다'라는 언어 규범을 전제해야 한다. 때때로 이 규범을 지키지 않을 수도 있다. 이해 불가능한 말을 할 때가 얼마나 많은가. 그릇된 의사소통을 포함해 모든 의사소통은 진리성, 정당성, 진실성, 이해 가능성이란 규범을 전제해야 한다.

의사소통의 합리성은 이 보편적 규범에서 나온다. 말이 합리적이려면 인지의 관점에서 참이어야 하고 도덕의 관점에서 옳아야 한다. 심미의 관점에서 진실해야 하고 의미의 관점에서 뜻이 있어야 한다. 진리성이라는 규범은 과학이나 학문이라는 의사소통이, 정당성이라는 규범은 도덕이나 법이라는 의사소통이 추구하는 규범이다. 진실성이라는 규범은 예술이라는 의사소통이, 이해 가능성이라는 규범은 언어라는 의사소통 일반이 추구하는 규범이다. 과학이나 학문은 지식이 진리인지 아닌지, 도덕이나 법은 행위가 정당한지 아닌지 따진다. 예술은 작품이 진실한지 거짓인지 혹은 진짜인지 가짜인지, 언어는 말이 이해 가능한지 아닌지, 의미를 알 수 있는지 없는지 따진다.

이 네 가지 규범을 온전히 지키는 의사소통이야말로 왜곡되지 않고 억압받지 않으며, 자유롭고 평등하며 합리적이고 이상적인 의사소통이다. 하버마스는 이상적인 의사소통으로 바람직한 사회를 만들 수 있다고 생각한다. 속으로만 생각하고 말하지 않으면 세상은 바뀌지 않는다. 생각은 말을 통해 드러나 상호작용으로 서로에게 힘을 발휘한다. 먼저, 공론의 장에서 해방에 대한 관심을 가지고 자기반성을 통해 왜곡된 모습을 자각한다. 그런 다음 이상적인 모습을 추구하는 합리적 의사소통과 그것을 바탕에 둔 민주주의로 왜곡된 의사소통에서 해방되어 제대로 의사소통할 수 있는 자유를 되찾게 된다. 하버마스는 이런 자유만이 이상 사회를 만드는 원동력이라고 본다.

사회가 바람직하지 않은 이유는 의사소통이 병들었기 때문이다.

의사소통이 왜곡되고 병든 까닭은 돈이나 권력에서 비롯된 이해관계가 의사소통을 점령해서다. 우리는 일상의 만남에서도 어떻게 돈을 많이 벌 수 있는지, 어떻게 권력을 얻을 수 있는지 이야기한다. 돈을 많이 벌고 권력을 얻을 수 있는 교육, 학교, 직장, 투자, 교제, 결혼에 대해 이야기한다. 생활세계가 경제체계나 정치체계의 논리에 철저히 점령당했다. 오염되고 식민화된 삶에서 벗어나 자유롭고 바람직한 공동체를 만들려면 무엇보다 돈과 권력이라는 이해관계에서 벗어나 건강하고 합리적인 의사소통을 되찾는 독립운동을 벌여야 한다.

> 오직 의사소통의 합리성만 생활세계의 식민화에 저항할 분노와 논리를 제공한다.
>
> _하버마스, 『의사소통행위이론』

Wrong vs. 소통

BTS는 세상이 길을 잃고 미쳤다고 한다. 정상이 아니다. It's Wrong! 왜일까? 귀가 있어도 듣질 않고 눈이 있어도 보질 않아서다. BTS에게 세상이 길을 되찾아 미치지 않은 삶이란 어떤 것일까? 세상이 소통의 길을 찾아 틀린 말이나 거짓말을 하지 않고, 건강한 소통의 믿음을 되찾아, 황새와 뱁새가 전쟁을 치르지 않고, 가진 자들이 못 가진 자들에게 개, 돼지라고 하지 않는 삶이다. 온 천지 사방이 지옥인 뉴스나 증오 댓글을 더 이상 찾아볼 수 없는, 그래서 아직 더 살고 싶은 자유롭고 건강한 삶이다. 그렇지 않은가. Am I Wrong?

하버마스 또한 세상이 길을 잃고 뒤틀리고 병들었다고 한다. 정상이 아니다. It's Wrong! 왜일까? 소통이 길을 잃고 뒤틀리고 병들어서다. 하버마스에게 세상이 길을 되찾아 소통이 병들지 않은 건강한 삶이란 어떤 것일까? 돈이나 권력에 오염되지 않아 그림과 조각, 노래와 춤, 시와 소설, 연극과 영화, 신화와 역사, 사상과 철학에 대해 인간적인, 너무나 인간적인 사는 이야기를 나누는 삶이다. 서로 사랑하고 위로하고 공감하며 함께 기뻐하고 슬퍼하며 연대하는, 그래서 아직 더 살고 싶은, 돈과 권력에서 해방된 자유롭고 건강한 삶이다. 그렇지 않은가. Am I Wrong?

큰일 날 소리! 말 섞지 마

태초에 세상에는 언어가 하나뿐이어서 모두 같은 말을 썼다. 사람들은 들판에 모여 이렇게 말했다. "자, 여기에 도시를 세우고, 탑을 쌓고, 탑 꼭대기가 하늘에 닿게 해서 우리 이름을 날리고, 온 땅 위에 흩어지지 않게 하자!" 하나님은 사람들이 도시와 탑을 짓는 것을 보고 말씀하셨다. "보아라. 사람들이 같은 말을 쓰는 한 백성으로서, 이런 일을 하기 시작하였으니, 이제 그들은 하고자 하면 무엇이든지 하지 못할 일이 없을 것이다. 자, 내려가서 그들이 거기서 하는 말을 뒤섞어 서로 알아듣지 못하게 하자!" 하나님은 사람들이 하는 말을 뒤섞어 서로 알아듣지 못하게 해서 그들을 온 땅으로 흩어버렸다. 그래서 사람들은 도시와 탑을 세우는 일을 그만둘 수밖에 없었다. 사람들은 하나님이 온 세상의 말을 섞어버린 그곳을 뒤섞는다는 뜻의 '바

벨(Babel)'이라 불렀다.

성경의 창세기에 나오는 바벨탑 이야기다.11) 일반적으로 '신이 되고 싶은 욕망', '인간의 힘을 과시하려는 욕망' 때문에 탑을 높이 쌓다 하나님의 노여움을 사서 욕망이 좌절된 이야기로 이해한다. 그러나 한마음으로 하나의 목표를 달성하려는 공동체의 모습으로 해석해본다면 어떨까. 공동체가 길을 잃고 뒤틀리고 병들어 미치게 하는 방법은 간단하다. 말을 뒤섞어 서로 알아듣지 못하게 하면 된다. 돈과 권력에 대한 욕망에 물들게 해서.

누구나 자본주의사회에서 살다 보면 돈과 권력에 대한 욕망을 지니게 된다. 하지만 삶이, 아니 일상조차 돈과 권력에 대한 욕망으로 물든 사람에겐 자유롭고 건강한 소통은 없다. 이해관계에 얽매여 뒤틀리고 병든 소통만 있다. 황새와 뱁새가 전쟁을 치르지 않고, 가진 자들이 못 가진 자들에게 개, 돼지라고 하지 않으며, 온 천지 사방이 지옥인 뉴스나 증오 댓글을 더 이상 찾아볼 수 없고, 서로 사랑하고 위로하고 공감하며 함께 기뻐하고 슬퍼하며 연대하는, 인간적인 너무나 인간적인 자유로운 건강한 삶을 누릴 수 있다면 얼마나 좋을까. 그렇지 않은가. Am I Wrong?

> 귀가 있어도 듣질 않어/ 눈이 있어도 보질 않어(…)
> The world's goin' crazy/넌 어때 how bout ya
> You think it is okay?
> …
> 뭐라고?/ 안 들려!

---

11) 대한성서공회, 『성경전서』, 2001.

이 글은 철학의 대중화, 대중문화의 철학화를 시도했다. 이 글이 노렸던 목표를 이루었을까? 목표를 이루었는지를 어떻게 판단할 수 있을까? 이 글을 통해 더 많은 대중이 철학에 흥미를 가지고, 철학을 이해하고, 철학을 삶 속에 활용한다면 이 글이 철학의 대중화에 이바지했다고 할 수 있다. 한편 이 글을 통해 더 많은 대중이 대중문화에 담긴 철학적 의미를 성찰할 수 있다면 이 글이 대중문화의 철학화에도 이바지했다고 할 수 있다. 하지만 이 두 가지 모두 이 글을 읽는 대중이 판단할 일이다. 여기서는 단지 대중이 판단할 때 고려할 만한 물음들을 묻는 것으로 대신하고자 한다.

먼저, 철학의 대중화와 관련하여 다음과 같은 물음을 물을 수 있을 것이다. 이 글이 하버마스의 소통 철학의 핵심 메시지를 적절하게 전달했을까? 하버마스의 소통 철학의 핵심 메시지를 소통의 식민화와 해방, 다시 말해 병든 소통에 대한 비판과 건강한 소통에 대한 희망으로 보는 것이 적절할까? 적절하다면, 이러한 핵심 메시지를 대중에게 재미있고 쉽게 전달했을까? 철학에 관심이 적고 철학을 잘 모르는 독자도 흥미를 가지고 쉽게 이해할 수 있었을까? BTS의 노래 「Am I Wrong」은 하버마스의 소통 철학을 흥미를 가지고 쉽게 이해하는 데 도움이 되었을까? 피츠제럴드의 소설 『위대한 개츠비』와 구약성경의 '바벨탑 이야기'도 BTS의 노래 「Am I Wrong」과 하버마스 소통 철학의 핵심 메시지를 흥미를 가지고 쉽게 이해하는 데 도움이 되었을까?

또한 대중문화의 철학화와 관련하여 다음과 같은 물음을 물을 수 있을 것이다. 무엇보다 BTS의 노래 「Am I Wrong」의 핵심 메시지를 적절하게 전달했을까? BTS의 노래 「Am I Wrong」의 핵심 메시지를 병든 소통에 대한 비판과 건강한 소통에 대한 희망으로 보는 것이 적절할까? 적절하다면, 이러한 핵심 메시지가 담고 있는 철학적 의미를 하버마스의 소통 철학으로 대중에게 잘 전달했을까? 그 철학적 의미를 대중에게 전달하는 데 하버마스의 소통 철학이 적절했을까? 대중문화는 그냥 즐기면 되지 굳이 대중에게 대중문화의 철학적 의미까지 이야기할 필요가 있었을까? 대중이 대중문화의 철학적 의미까지 아는 게 어떤 도움이 되었을까? 이 모든 물음에 대한 대답은 독자에게 맡긴다.

참고문헌

김광식, 『김광석과 철학하기』, 김영사, 2016.

김광식, 『BTS와 철학하기』, 김영사, 2021.

김성환, 『대중 음악 속의 철학』, 천지, 2001.

김용석, 『철학광장, 대중문화와 필로소페인』, 한겨레출판사, 2010.

네이버, 『WINGS』앨범 소개.

대한성서공회, 『성경전서』, 2001.

박영욱, 『철학으로 대중문화 읽기』, 이룸, 2003.

오희숙, 『음악이 멈추는 순간 진짜 음악이 시작된다』, 21세기북스, 2021.

이지영, 『BTS 예술혁명』, 동녘, 2022.

장은교, 「교육부 고위 간부 "민중은 개·돼지... 신분제 공고화해야"」, 『경향신문』, 2016년 7월 8일.

차민주, 『BTS를 철학하다』, 비밀신서, 2017.

한국철학사상연구회, 『철학, 문화를 읽기』, 동녘, 2014.

BTS, 「뱁새」, 『화양연화 pt.2』, YG PLUS, 2015.

BTS, 「쩔어」, 『화양연화 pt.1』, YG PLUS, 2015.

BTS, 「피 땀 눈물」, 『WINGS』, YG PLUS, 2016.

BTS, 「Am I Wrong」, 『WINGS』, YG PLUS, 2016.

Fitzgerald, F. S., *The Great Gatsby*, Scribner, 2004.

Habermas, J., *Theorie des Kommunikativen Handelns*, Suhrkamp, 2019.

14

한국사회에서
헌법애국주의
논쟁에 대하여

14

한국사회에서 헌법애국주의 논쟁에 대하여

나종석

들어가는 말: 한국에서 민족주의 담론의 갈래들에 대한 간단한 스케치[1]

1990년대 말 이후 요즘에 이르기까지 한국사회에서는 민족주의와 관련된 논의가 활발하게 진행되고 있다. 민족주의와 관련된 논의의 흐름은 크게 네 가지다. 첫째로 세계화론에 입각한 탈민족주의론이다. 이 경향은 한국사회를 '민족' 중심으로 보는 것에 반대하고, 자본주의적 근대 문명의 확산과 심화를 최고선으로 보는 입장이다. 이를 대변하는 인물은 안병직과 이영훈이다. 이영훈은 한국의 민족주의가 신화적인 구성물에 불과하다고 본다. 즉 그는 "1920년대에 성립한 민족주의 역사학이 한국인을 두고 유사 이래 혈연-지연-문화-운

---

[1] 탈민족주의 담론의 여러 갈래에 대한 상세한 분석에 관해서는 필자의 『대동민주 유학과 21세기 실학: 한국민주주의론의 재정립』, 같은 책, 제10장 〈탈민족주의 담론에 대한 비판적 성찰〉을 참조 바람.

명-역사의 공동체로서 하나의 민족이었다고 선언하였을 때, 그 위대한 선언은 본질적으로 신화의 영역에 속하는 명제"에 지나지 않는다고 말한다.[2] 그리고 일제 강점기, 즉 "일제의 조선 지배가 남긴 역사적 의의"는 근대적인 토지소유 및 국가로부터 해방된 시장경제의 자립화 등과 같은 "근대적 경제성장의 전제 조건으로서의 제도의 혁신"에 있음을 그는 강조한다. 물론 그는 근대 문명이 한국에 뿌리내리기 시작한 것은 일본의 "강압"에 의해서였다고 한다.[3]

안병직도 이영훈과 마찬가지로 오늘날 한국 민족주의를 반미, 반일만을 내세우는 민족주의라고 역설하면서 민족주의는 한국이 선진사회로 나아가는 데 장애물이라고 본다. 달리 말하자면 "과도한 민족주의, 무분별한 통일논의, 집단적 평등주의"가 한국사회를 선진화로 가지 못하게 가로막고 있다고 그는 이영훈과 함께 입을 모은다. 이들에게 근대적인 문명은 자유주의에 다름 아니고, 그들이 바라보는 자유주의의 핵심은 인간의 이기심을 긍정하면서 사유재산제도와 경제적 활동의 자유를 최고의 가치로 삼는 신념 체계이다.[4]

---

2) 이영훈, 「민족사에서 문명사로의 전환을 위하여」, 임지현·이성시 엮음, 『국사의 신화를 넘어서』, 휴머니스트, 2004, 92쪽 이하.

3) 같은 글, 89-90쪽.

4) 안병직·이영훈 대담, 『대한민국 역사의 기로에 서다』, 기파랑, 2007, 327쪽 이하 참조. 여기에서 그들이 이해하는 자유주의가 얼마나 협애한 것인가를 지적하는 것은 지면의 낭비일 것이다. 그럼에도 이들은 자유라는 가치를 통해 세계를 이해한다는 점에서 근대, 더 정확하게 표현하자면 서구적 근대가 자신의 시대를 정당화하기 위해 동원하는 도덕적 기준의 하나를 받아들이고 있다. 다만 안병직과 이영훈은 서구 근대의 다양한 측면에 대한 종합적인 인식을 결여하고 있을 뿐만 아니라, 서구 근대가 지니는 여러 병리적 현상들 및 자체 내의 딜레마에 대한 진지한 고민을 보여주고 있지 않다. 이런 점에서 이들의 근대 인식이 보여주는 편협성과 제한성은 참 아쉽다. 서구 근대의 복잡성과 풍부함에 대한 놀라울 정도로 균형 잡힌 시각을 우리는 찰스 테일러의 근대적 정체성 형성에 관한 연구에서 접하게 된다. 찰스 테일러, 권기돈·하주영 옮김, 『자아의 원천들: 현대적 정체성의 형성』, 새물결, 2015 참조.

두 번째 흐름은 민족주의를 재구성하려는 것으로 독립운동 및 민주화운동 과정에서 형성된 저항적 민족주의의 흐름을 이어받아 그 것을 발전적으로 계승하려는 것이다. 이 입장은 배타적 민족주의를 극복할 대안으로 개방적(열린) 민족주의와 시민적 민족주의를 내세 운다. 윤건차는 이런 흐름을 대표하는 학자들로 백낙청, 강만길, 안 병욱 그리고 서중석 등을 거론하고 이들을 "진보적 민족주의자"로 분 류했다.5) 예를 들어 백낙청은 21세기에도 우리에게는 진보적 민족주 의가 필요하다고 본다. 그리고 그는 한국의 민족주의를 분단체제 극 복 및 민주주의의 심화라는 과제와 연관하여 이해한다. 그가 보기에 "태생적으로 반민주적이고 비자주적인 분단체제가 지속되는 한 남북 어느 한쪽에서도 온전한 민주주의가 불가능"하기 때문이다.6) 따라서 백낙청은 한반도의 분단체제 극복을 한국사회가 해결해야 할 "최대 의 변혁과제"7)로 설정하면서, 분단체제의 극복을 통해서 한반도에서 의 지속적인 평화와 한국사회에서의 온전한 민주주의의 실현도 가능 하다고 본다.

세 번째 흐름은 탈근대론적 관점에서 이루어지는 탈민족주의론 이다. 이는 민족주의의 다양한 차이를 구별하여 보다 바람직한 민족 주의의 가능성을 모색하는 작업에 대해서 비판적이다. 탈근대적인 관점에서 민족주의를 비판하는 탈민족주의 담론은 민족주의 자체를 위험한 것으로 비판하고 그것을 극복 내지 해체하고자 한다. 이런 흐

---

5) 윤건차, 장화경 옮김, 『현대 한국의 사상흐름: 지식인과 그 사상 1980~90년대』, 당대, 2000, 18쪽.

6) 백낙청, 『한반도식 통일, 현재진행형』, 창비, 2006, 64쪽.

7) 같은 책, 31쪽.

름에서 주도적인 인물은 역사학자 임지현 및 윤해동, 정치학자 권혁범 그리고 국문학자 김철 등이다.

한국사회에서 민족주의를 둘러싼 논쟁을 불러일으키고 주도한 것은 바로 탈근대론적 민족주의 비판이었다.[8] 1999년에 『민족주의는 반역이다』라는 저서를 통해 민족주의 비판 담론에 불을 댕긴 임지현은 처음에는 민족주의에 대해 전적으로 부정적 태도만을 취하지는 않았다. 『민족주의는 반역이다』라는 책 제목이 매우 도발적이지만, 그 책에서 그는 '시민적 민족주의(civic nationalism)'를 주장했다. 그러나 그는 그 이후에 탈근대적인 민족담론으로 기운다.

열린 민족주의 혹은 개방적인 민족주의를 통해 민족주의를 변화된 현실에 맞게 재규정하려는 움직임과 관련하여 흥미로운 점은 시민적 민족주의를 주장하던 일부의 학자들이 시간이 흐를수록 민족주의에 대해 더욱더 강한 비판적 태도를 취하기도 하지만, 처음에는 강하게 민족주의를 비판하던 사람이 민족주의의 순기능을 인정하는 태도로 변하기도 한다는 점이다. 전자의 경우로는 최장집[9]과 김동춘이 거론될 수 있을 것이다. 이들은 1990년대 이후 시민적 민족주의를 통해 한국의 진보적이고 저항적 민족주의의 합리적 핵심을 긍정적으로 재구성하려는 입장을 취하기도 했지만, 점점 민족주의 자체에 대해 회의적 입장을 보여주는 방향으로 변화해간 경우이다.

예를 들어 김동춘은 1987년까지 한국의 저항적 민족주의는 공공

---

8) 민족주의 담론의 여러 흐름에 대해서는 홍석률, 「민족주의 논쟁과 세계체제, 한반도 분단 문제에 대한 대응」, 『역사비평』80호, 2007, 151쪽 이하 참조.

9) 최장집의 민족주의에 대한 태도 변화에 대해서는 나종석, 「민주주의, 민족주의 그리고 한반도에서의 국민국가의 미래」, 『사회와철학』22호, 2011, 1-34쪽 참조.

성과 진보성을 담지하고 있었다고 긍정적으로 평가하면서도 1987년 이후 민족주의는 우익 이데올로기로 변질되었다고 평가한다. 즉, 1987년 이후 남한 자본주의가 북한 체제와의 경쟁에서 확실하게 우위를 점하게 되고 통일의 주도권이 자본으로 넘어간 상황에서 "민족을 이야기하는 것은 아주 실낱같은 정도의 공적 의미가 포함되어 있기는 하지만 대체로는 한국의 자본이나 사적 이익을 옹호하는 것"으로 변했다고 주장한다.[10] 김동춘은 '열린 민족주의'를 주장하던 기존의 입장에 대해서 부정적인 태도를 취하는 것이 아닌가 하는 박영도의 질문에 매우 회의적이면서도 머뭇거리는 태도를 취한다. 그러면서도 그는 민족의 에너지를 민주주의와 결합하는 작업이 매우 어려운 일이라고 강조하면서 민족을 완전히 포기할 수는 없지 않느냐는 식으로 대답한다.[11]

이와는 달리 민족주의 자체를 극단적으로 거부하던 권혁범은 민족주의의 순기능을 인정하면서 민족적 정체성을 상대화하여 민족적 정체성이 젠더와 같은 다른 정체성들과 공존할 수 있는 길을 모색하는 방향으로 변화해 간다. 예컨대 그는 열린 민족주의에 대하여 대단히 비판적이었다. 2000년도에 권혁범에 따르면 "'진정한 민족주의', '열린 민족주의'를 얘기하기에는 그것은 이미 너무 오염되어 있다."[12] 그러나 『민족주의는 죄악인가』에서는 지나친 민족주의 우월감을 비판하면서도, 민족적 정체성이 민주주의 및 여성해방 운동과 공존하

---

10) 김동춘, 「한국 사회의 공공성과 공적 지식인: 그 구조적 특징과 변화」, 연세대학교 국학연구원 HK사업단 편, 『사회인문학과의 대화』, 에코리브르, 2013, 127–128쪽.

11) 같은 글, 131–132쪽 참조.

12) 권혁범, 『민족주의와 발전의 환상 – 개인 지향 에콜로지 정치의 모색』, 솔, 2000, 9쪽.

는 길에서 우리 시대에 어울리는 민족주의의 대안을 모색해야 한다고 주장한다.[13]

　한국사회에서 민족주의 담론과 관련한 또 다른 흐름으로 헌법애국주의와 공화주의적 애국심(민족주의 없는 애국심) 이론을 민족주의의 대안으로 제안하는 입장이 있다. 특히 철학자인 장은주와 정치학자인 곽준혁이 이런 흐름에 주목한다.[14] 장은주와 곽준혁은 그 타당성 여부를 떠나 헌법애국주의와 공화주의적 애국심을 민족주의의 대안 담론으로 내세운다. 그런 점에서 이들의 길은 탈민족주의 담론의 민족주의 해체 전략과 다르다. 그들은 해체주의적인 탈민족주의 담론의 대안 부재를 나름대로 넘어서 있다. 실제로 탈민족을 강하게 내세우는 임지현에 의하면 동아시아의 '국사(national history)' 패러다임을 '해체한 다음의 대안은 무엇인가'라는 질문에 대한 답변은 없다. 그래서 그는 "현재로서는 대안이 없다는 것이 [……] 유일한 대안"이라는 옹색한 답변만을 내놓고 있다.[15] 따라서 필자는 이 장에서 특히 헌법애국주의 이론을 옹호하는 대표적인 학자들의 주장을 검토하면서 21세기에 민족적 정체성과 민족주의가 지니는 여러 논쟁점을 성찰해보고자 한다.[16]

---

13) 권혁범, 『민족주의는 죄악인가』, 생각의나무, 2009. 그러나 바로 뒤에서 보는 것처럼 민족주의에 대한 권혁범의 태도는 여전히 혼란스럽다.

14) 우리 사회의 학계, 특히 사회철학계에서 하버마스의 헌법애국주의에 대한 또 다른 논의로는 한승완, 「자유주의적 민족주의'와 '헌법애국주의'」, 『사회와철학』20호, 2010, 285–308쪽 참조.

15) 임지현, 「국사의 안과 밖 – 헤게모니와 '국사'의 대연쇄」, 임지현·이성시 외, 『국사의 신화를 넘어서』, 휴머니스트, 2004, 33쪽

16) 탈민족주의 담론, 특히 탈근대적 민족주의 담론에 대해서는 이미 별도의 글을 통해 논한 바 있다. 나종석, 「탈민족주의 담론에 대한 비판적 성찰: 탈근대적 민족주의 비판을 중심으로」, 『인문연구』 57, 2009, 57–96쪽. 이때 발표된 글은 『대동민주 유학과 21세기 실학: 한국민주주의론의 재정립』, 앞의 책, 제10장에 수정된 형태로 실려 있다.

한국의 민족주의를 재구성하려는 입장과 달리 민족주의를 부정적으로 평가하는 학자들은 대체로 민족주의에 대한 다음 두 가지 논리를 공유하고 있다. 그 하나는 민족주의는 오늘날 더 이상 긍정적인 의미를 지니지 않는다는 입장이고, 다른 하나는 민족주의는 본래 배타적이고 공격적이라는 입장이다. 민족주의는 시대에 뒤떨어진 이데올로기로 변질되었으며, 그것은 오늘날 더 이상 긍정적인 역사적 힘을 지니지 않는다는 주장은 에릭 홉스봄을 비롯하여 여러 서양학자에 의해서도 제기되었다.17) 그리고 민족주의를 비판하는 사람들은 이런 입장을 금과옥조처럼 인용하고 강조한다. 이런 입장과 더불어 민족주의는 본래적으로 공격적이고 배타적인 성격을 지닌다는 관점이 존재한다. 예를 들어 권혁범은 열린 민족주의의 한계를 지적하면서 "민족주의 논리는 근본적으로 차별과 배제의 메커니즘이다"라고 주장한다.18)

그런데 많은 학자는 앞에서 거론된 두 가지 입장을 혼재하여 사용한다. 이 두 입장이 민족주의를 비판적으로 바라보는 사람들의 이론 내에 식별불가능하게 혼재되어 있는 경우가 많다. 그리하여 민족주의에 대한 생산적인 학문적 논쟁을 방해하는 민족주의에 대한 단순 논법이 양산된다. 역사학자 박지향은 민족주의에 대한 단순 논법을 잘 보여준다. 그는 한편으로 민족주의가 배타적이고 공격적인 성격을 지니고 있다고 단정하면서, 다른 한편으로 이를 민족지상주의와 동일시한다. 그에게는 민족주의와 민족지상주의가 구별되지 않

---

17) 에릭 홉스봄, 강명세 옮김, 『1780년 이후의 민족과 민족주의』, 창비, 2008, 216쪽 참조.
18) 권혁범, 『민족주의는 죄악인가』, 앞의 책, 76쪽.

을 정도로 민족주의는 부정적인 것이고 극복되어야 할 것으로 여겨진다.19)

민족주의를 부정적으로 평가하는 학자들 중 일부는 민족주의가 긍정적인 역할을 하던 시기는 지나갔다는 주장을 오늘날의 시대를 세계화 시대 및 국민국가 쇠퇴의 시대로 규정하는 인식과 연결시킨다. 달리 말하자면 민족주의를 부정적으로 생각하는 학자들은 국민/민족국가(nation-state) 시대는 막을 내리고 새로운 시대로 이행하고 있다는 생각을 품고 있다. 에릭 홉스봄도 소비에트 블록 몰락 이후 다시 등장한 민족주의는 "프랑스 혁명에서 2차 세계대전 후 제국주의적 식민주의가 종언을 고하기까지의 시대에서와 같은 역사적 힘을 지니지는 못한다"고 평가한다.20) 심지어 그는 한 시대의 종말에 이르러서야 그 시대에 대한 철학적 성찰이 비로소 이루어질 수 있다는 뜻을 지니는 '미네르바의 올빼미는 해가 져야 난다'는 헤겔의 유명한 경구를 사용하면서 민족주의 및 민족국가의 쇠퇴를 이야기한다.21)

마찬가지로 한국의 많은 학자는 세계화의 흐름 속에서 민족국가의 기능과 역할이 소멸될 것으로 생각한다. 그래서 임지현은 이전에 스스로 고수했던 '시민적 민족주의'나 '혈통 혹은 종족적 민족주의(ethnic nationalism)' 사이의 구별도 철회하고, 시민적 민족주의조차도 배타성과 폐쇄성의 측면에서 종족적 민족주의와 다를 바 없다고 결론짓는다.22) 권혁범에 의하면 서구에서는 2차 세계대전 이후

---

19) 박지향, 「머리말」, 박지향 외, 『해방전후사의 재인식 1』, 책세상, 2006, 13쪽 이하 참조.
20) 에릭 홉스봄, 『1780년 이후의 민족과 민족주의』, 앞의 책, 216쪽.
21) 같은 책, 243쪽 참조.

그리고 한국에서는 1980년대 말 이후에 민족주의가 진보성을 담보하던 시기는 끝났다.[23] 윤해동도 "민족주의는 대체로 민주주의에 억압적 역할을 하는 것이 전후 민족주의의 일반적 양상일 것"이라 주장한다.[24]

탈민족주의 담론과 관련해서 언급되어야 할 또 다른 점은 다음과 같다. 민족주의를 비판할 때 저항적 민족주의와 제국주의적 민족주의 사이에 '인식론적 공범 관계'가 작동하고 있다는 비판적 문제의식에 사로잡혀 저항 민족주의와 침략지향의 민족주의를 동일선상에 놓고 있다는 점이다. 이런 입장은 민족주의의 다양한 양상을 전체주의적인 것으로 환원하는 입장과 궤를 같이한다. 이런 식의 환원론, 즉 민족주의를 파시즘이나 종족학살의 폭력성과 동일시하는 입장은 민족주의를 쉽게 비판하기 위해 고안된 허수아비 논쟁에 불과하다. 임지현에 의하면 일본의 민족주의와 한국의 민족주의는 "가해자-피해자의 관계가 아니라 인식론적 공범 관계"다.[25] 이런 입장에서 볼 때 다양한 민족주의는 국민국가 중심의 역사 인식의 틀을 공유한다는 점에서 본질적으로 아무런 차이가 없는 것으로 이해된다. 이런 입장은 제국주의가 지니는 침략의 성격보다는 강압에 의해서이기는 하지만 식민지 경험에서 비로소 근대화의 전제 조건이 창출되었다는

---

22) 임지현, 「포스트민족주의 대 열린 민족주의」, 『제8회 인문학 학술대회: 인문학은 말한다』, 이화여대 인문학연구원, 2004, 28쪽.

23) 권혁범, 『민족주의는 죄악인가』, 앞의 책, 76쪽 이하, 161쪽 이하. 20세기 말에 들어 민족주의가 쇠퇴하기 시작했는지를 둘러싼 쟁점에 대해서는 앤서니 스미스, 이재석 옮김, 『세계화 시대의 민족과 민족주의』, 남지, 1997, 49쪽 이하 참조.

24) 윤해동, 『식민지의 회색지대』, 역사비평사, 2003, 162쪽.

25) 임지현, 「국사의 안과 밖 – 헤게모니와 '국사'의 대연쇄」, 임지현·이성시 외, 『국사의 신화를 넘어서』, 앞의 책, 31쪽

점을 더욱더 중요하게 생각하는 식민지적 근대화론의 인식과 거리가 멀지 않다.

앞에서 보았듯이 이영훈은 자본주의적 근대의 전제 조건을 창출했다는 맥락에서 심지어 식민지 지배를 긍정적으로 평가한다. 그리고 이런 강한 가치평가를 토대로 그는 피지배 민족이 겪었던 여러 억압적이고 반인도주의적이고 야만적인 경험과 결합되어 분출되었던 저항적 민족주의를 주변화시키거나 문명화의 흐름에 거역하는 움직임으로 폄하한다.[26]

민족주의를 비판하는 사람들이 보여주는 우려스러운 면과 관련하여 그들이 민족주의를 비판할 때 단장취의(斷章取義)하는 모습을 지적하지 않을 수 없다. 특히 탈민족주의적 방식으로 민족주의를 부정적으로 바라보는 학자들은 그들의 입장을 강화하기 위해 선별적으로 선행 연구를 활용하는 모습을 드물지 않게 보여준다. 예를 들어 하버마스는 탈민족주의 담론에서 단골로 인용되는 대표적 이론가이지만, 그는 한국 민족주의를 긍정적으로 평가한 바 있다. 특히 그는 한반도 통일을 지향하는 세력이 민주주의 세력임을 긍정적으로 바라보았다.[27]

또 민족주의 비판가들에 의해 가장 많이 인용되는 학자 중 하나인 에릭 홉스봄도 한국, 중국 그리고 일본은 "종족이라는 면에서 거

---

26) 국민국가 중심의 역사 인식 패러다임을 비판하면서도 비판자의 역사적 맥락이나 위치에 대한 높은 감수성을 보여주는 경우로 일본의 철학자 다카하시 데쓰야(高橋哲哉)가 주목받을 만하다. 그는 국민국가 중심의 역사 인식의 틀을 넘어서려는 문제의식에 대한 신중하고 균형 잡힌 시각을 보여준다. 다카하시 데쓰야, 「머리말」, 고모리 요이치·다카하시 데쓰야 엮음, 이규수 옮김, 『내셔널 히스토리를 넘어서』, 삼인, 2001, 7쪽 참조.

27) 위르겐 하버마스, 『현대성의 새로운 지평』, 한상진 엮음, 나남, 1996, 186쪽.

의 또는 완전히 동질적인 인구로 구성된 역사적 국가의 극히 희귀한 사례"라고 강조한다. 그래서 그는 이들 나라에서는 "종족과 정치적 충성이 실제로 연계될 수 있다고" 말한다. 그러면서 그는 한국, 베트남 그리고 중국이 유럽에 있었다면 "'역사적 민족들(historic nations)'로 인지"되었을 것이라고 인정하면서 이들 나라들이 매우 오랫동안 간직해왔던 "영토적 단일체"의 경험이 지니는 독특성을 강조한다. 그에 따르면 한국 및 중국이 보여주는 지속적인 통일 국가적 경험과 달리 대부분의 나라에서 독립운동이 달성하고자 한 단일한 영토국가는 "압도적으로 제국주의 정복의 실체적 창조물로서, 그 역사는 불과 수십 년을 넘지 못했"던 나라들이었다.[28] 그런데 아쉽게도 한국의 탈민족주의 이론가들은 이런 점들에 대해서는 침묵한다.

한국에서 헌법애국주의 이론

요즈음 우리 사회에서 헌법애국주의 논쟁이 활발하게 이루어지고 있는데, 한국사회와 관련하여 하버마스의 헌법애국주의 담론을 수용하여 논의하는 학자들로는 김만권, 김범수, 장은주 그리고 한승완 등이 있다.[29] 특히 이런 논쟁에서 주된 역할을 한 철학자는 장은

---

28) 에릭 홉스봄, 『1780년 이후의 민족과 민족주의』, 앞의 책, 94쪽, 179쪽.

29) 김만권, 「헌법애국주의, 자신이 구성하는 정치공동체에 애정을 갖는다는 것」, 『시민과세계』 16, 2009; 김범수, 「민주주의에 있어 포용과 배제: '다문화사회'에서 데모스의 범위와 설정 문제를 중심으로」, 『한국정치학회보』 48(3), 2008; 장은주, 「대한민국을 사랑한다는 것 – 민주적 애국주의의 가능성과 필요」, 『시민과세계』 15, 2009; 장은주, 「민주적 애국주의와 민주적 공화주의 – 비판과 문제 제기에 대한 응답」, 『시민과세계』 17, 2010; 한승완, 「자유주의적 민족주의'와 '헌법애국주의'」, 앞의 글. 하버마스의 헌법애국주의에 대한 자세한 소개로는 홍성헌, 「하버마스의 헌정적 애국심」, 곽준혁·조홍식 엮음, 『아직도 민족주의인가: 우리시대 애국심의 지성사』, 한길사, 2012, 301–324쪽.

주이다. 장은주는 한국사회의 여러 문제에 대해 철학적인 발언을 하는 주목할 만한 철학자다. 그는 여러 저서를 통해 서구 정치철학에 대한 해박한 이해를 바탕으로 그것을 단순하게 반복하는 것이 아니라, 우리 사회의 상황에 맞게 재구성하여 나름의 철학적 사유를 전개하고 있는 학자다. 그는 유교적 근대성 이론을 비롯하여 진보 정치의 민주적 재구성 시도를 통해 한국사회에 비판적으로 개입하는 대표적 사회철학자의 한 사람이다.

여기에서는 우리 학계에서 민족주의 담론의 대안으로 제기되는 헌법애국주의 이론을 다룰 때 주로 장은주와 한승완의 글에 초점을 두고자 한다. 필자 역시 철학을 전공한 학자라는 것이 이렇게 논의를 제한하는 큰 이유이다. 원래 헌법애국주의는 독일에서 발생했는데, 하버마스가 그 최초의 주창자는 아니었다. 헌법애국주의 개념을 처음으로 도입한 학자는 독일의 슈테른베르거(D. Sternberger)였다. 그는 1979년에 이 개념을 도입하여 전후 당시 서독 연방공화국의 민주주의의 원리를 수용하지 않는 세력들, 즉 민주주의의 적들에 대항하여 전후 서독사회가 이룩한 민주주의적 성취를 옹호하고자 했다. 특히 그가 비판하고자 했던 세력은 내부적으로는 테러조직이나 신나치즘 정치조직이었고 외부적으로는 공산주의 세력이었다고 한다. 민주주의의 원칙을 승인하지 않는 민주주의의 적에 대항하기 위해서는 민주주의와 헌법을 수호하려는 '전투적 민주주의(streitbare Demokratie)'가 필요하다고 그는 주장했다.[30]

---

30) 한승완, 「자유주의적 민족주의와 '헌법애국주의'」, 같은 글, 294쪽. 홍승헌에 의하면 하버마스의 헌법애국주의의 기원은 카를 야스퍼스(Karl Jaspers)의 나치즘에 대한 성찰에 있다. 홍승헌, 「하버마스의 헌정적 애국심」, 같은 글, 305쪽.

민족주의의 대안 이론으로 하버마스가 제안한 헌법애국주의 이론을 단순히 소개하는 데 그치지 않고 그것을 우리나라의 새로운 집단적 정체성 형성의 문제로 제기한 것은 장은주였다. 그래서 이 글에서는 우선 그의 애국주의 이론을 다루어보고자 한다. 그는 2009년도에 '민주적 애국주의'를 주장하여 학계의 논쟁을 불러일으켰다. 그가 '민주적 애국주의'를 내세운 것은 참여연대 소속의 '참여사회연구소'가 발간하는 잡지 『시민과 세계』에 게재된 「대한민국을 사랑한다는 것」이란 글을 통해서였다.[31] 그는 이 글에서 2000년대 초반 이후 한국사회에서 대한민국을 소리 높여 외치는 새로운 현상에 주목한다. 실제로 한국인들이 2002년 월드컵 대회 당시 거리 응원에서 대한민국을 소리 높여 외치기 시작한 이후 2008년 촛불집회에서 많은 사람들은 '대한민국은 민주공화국'이라는 대한민국헌법 제1조 1항을 반복해서 환기시키면서 대중들의 정치적 저항의지를 표현했다. 이런 현상을 장은주는 "'대한민국주의'의 탄생"이라 불러도 좋을 정도라고 평가한다.[32]

그런데 장은주가 보기에 새로 형성된 대한민국주의는 민족주의와 연결되는 부분이 있지만, 그것과 다른 측면이 존재한다. 대한민국주의는 '반북적이고 반민족주의적이고 국가주의적'인 측면이 강하기 때문이다. 그럼에도 장은주가 보기에 전체주의적 경향을 지니는 우파적 국가주의자들만이 아니라, 민주주의를 외치는 일반 시민들이 자발적으로 대한민국을 호명하는 측면은 별도로 주목을 요하는 대목

---

31) 이 글은 장은주 『인권의 철학: 자유주의를 넘어, 동서양이분법을 넘어』(새물결, 2010)에 실려 있는데, 필자는 여기에서 이 책에 실린 글을 인용한다.
32) 같은 책, 325-326쪽 참조.

이다. 그래서 대한민국주의는 분단국가인 남한사회에 등장한 반민족주의적인 보수 우파의 새로운 이데올로기로만 치부될 수 없다. 그것은 민주주의적인 시민들의 열정과 희망의 표현으로도 이해될 수 있기 때문이다.[33]

장은주는 대한민국주의에서 "민족주의만큼이나 불온하고 위험스러운 요소들"을 발견하면서도, 그것은 한국사회의 진보적 민주주의자들에게 결코 회피할 수 없는 질문을 제기하고 있다고 말한다. 한국의 진보세력은 우파들에 의해 늘 "친북좌파"라는 부당한 공격을 당하는 입장에 있는데, 이제 한국의 진보세력도 "우리에게 대한민국은 무엇인가?" 그리고 "우리는 대한민국을 사랑하는가?, 사랑해야 하는가 또 그렇다면 어떻게?"라는 질문에 분명한 태도를 취하지 않으면 안 된다고 장은주는 강조한다.[34]

한국의 진보적 민주주의자들이 결코 회피해서도 안 되고 회피할 수도 없는 질문, 즉 '대한민국을 어떻게 볼 것이며 그 국가를 사랑해야 한다면 어떻게 해야 하는가?'에 대한 장은주의 답은 확고하다. 그는 다음과 같이 답한다. "내[장은주: 필자]는 이 땅에 살고 있는 모든 민주주의자는, 그가 세계시민주의자든 사회민주주의자든 자유민주주의자든 보수주의자든, 대한민국이 자신들이 터할 수 있는 유일한 공동의 대지임을 인식하고 그 대한민국을 사랑해야 한다고 생각한다. 특히 진보적 민주주의자는 더더욱 그래야 한다고 생각한다." 그런데 장은주가 대한민국에 대한 사랑을 내세우는 것은 기

33) 같은 책, 326쪽.
34) 같은 책, 326쪽.

존의 민족주의를 옹호하자는 의미가 아니다. 그는 민족주의를 매우 위험한 것으로 본다. 그러므로 그는 대한민국을 사랑하는 것, 즉 애국주의는 결코 "민족주의적이어서도 국가주의적이어서도 안 된다"고 강조한다.[35]

장은주는 자신이 내세우는 애국주의를 좌파 민족주의 및 우파 국가주의의 폐단을 극복할 대안으로 생각한다. 그는 새로운 애국주의를 "보편적 인권과 개인의 자율을 보호하고 신장시키는 것을 지향하는 애국주의"로 규정한다. 그리고 그는 새로운 애국주의를 통해 진보 정치를 재구성할 수 있을 뿐만 아니라, 속물적 우파의 헤게모니를 극복할 수 있다고 본다. 그는 한국 진보세력이 대한민국을 제대로 사랑하는 새로운 좌파, 새로운 진보세력으로 거듭나야 뉴라이트 세력과의 대결에서 우위를 점할 수 있다고 보는 것이다. 달리 말하자면 장은주는 민주공화국으로서 대한민국 정체성에 대한 제대로 된 해석으로 구성된 새로운 애국주의를 통해 뉴라이트의 위험한 국가주의적인 대한민국주의를 극복할 수 있다고 본다.[36]

장은주는 진보적 민주주의자들이 나라를 사랑하는 것은 그 국가를 무조건적으로 사랑하는 것이 아니라고 말한다. 진보적 민주주의자들은 국가나 국익 자체를 무조건적으로 선하다고 보지도 않고 국익을 위해서라면 개인이나 소수의 이해관계쯤은 희생되어도 좋다는 식의 발상을 애국심과는 무관하다고 생각한다. 그럼에도 장은주가 보기에 대한민국은 많은 문제점을 안고 있지만 "비민족주의적인 진

---

35) 같은 책, 327쪽.
36) 같은 책, 327–328쪽.

보적 민주주의자들"이 대한민국을 사랑할 좋은 이유들이 존재한다.37) 이런 이유들을 정당화하기 위해 장은주는 우선 루소가 옹호하는 고전적인 공화주의적 애국주의를 언급한다. 루소는 국가의 구성원으로 사는 삶이 보장해주는 도덕적 가치를 통해 나라에 대한 사랑, 즉 애국심을 정당화할 수 있다고 본다. 국가를 사랑하는 것이 시민의 의무라고 하는 이유는 그 국가가 시민들에게 물질적인 이익을 가져다주기 때문이 아니다. 애국심은 국가적인 삶 속에서 사람들이 비로소 의미 있고 가치 있는 삶을 영위할 수 있기 때문에 요청된다.

간단하게 말해 루소에 의하면 시민들이 애국을 해야 하는 이유는 그들이 국가적 삶 속에서야 비로소 공화국 시민으로서 자유를 누릴 수 있기 때문이다.38) 그러므로 루소의 공화주의적 애국심은 민주공화국의 이상을 내세우는 어떤 특정 국가에 대한 무조건적이고 순응적인 긍정이 아니다. 참다운 애국심은 완전히 실현될 수는 없지만 모든 시민들의 평등한 자유의 실현을 약속하는 공화국의 이상에 대한 사랑, 즉 "공화국이 구현할 국가적 삶의 도덕적 가치에 대한 사랑, 그리고 그러한 이상과 가치를 지금 여기에서 다양한 종류의 실천을 통해 실현하려는 노력 속에 있다."39) 이런 공화주의적 애국심의 기본 원칙을 통해 장은주는 대한민국을 사랑하는 참다운 애국심을 도출한다. 그러니까 대한민국을 진정으로 사랑하는 것은 민주공화국인 대한민국을 "더욱 민주공화국답게 만들려는 노력과 열정에 대한 다짐과 실천"이며, 그런 실천 속에서 실현될 수 있는 "민주공화국 대한민

---

37) 같은 책, 329쪽.
38) 같은 책, 329-332쪽.
39) 같은 책, 337쪽.

국에 대한 사랑"이 바로 "진보적·민주적 애국심의 핵심"이라고 장은주는 결론짓는다.[40]

앞에서 본 것처럼 장은주는 대한민국을 사랑한다는 의미를 대한민국이 민주공화국으로 내세우는 헌법의 기본 원리에 대한 애정으로 이해한다. 그가 보기에 '모든 권력은 국민(인민)으로부터 나온다'는 헌법 원리를 내세우고 있는 대한민국의 탄생은 "역사적 성취"로 평가되어야 마땅하다.[41] 물론 대한민국은 인간의 존엄성이나 인민주권의 이념을 제대로 실현하기는커녕 그런 헌법의 이상과 가치들을 유린하고 부정했던 부끄러운 역사를 갖고 있다. 그렇다고 대한민국이 모든 시민의 평등한 자유 실현이라는 민주공화국의 기본 이념을 실현하는 과정에서 아무런 성취를 이루지 못한 것도 아니다. 대한민국은 민주주의를 향한 투쟁을 멈춘 적이 없고, 그러한 과정에서 시민들의 피와 땀으로 87년 체제라 불리는 정치적·절차적 민주주의를 어느 정도 성취해낸 자랑스러운 역사를 갖고 있다.

그런데 누구나 인식하고 있듯이 우리 사회 민주주의는 매우 커다란 위기에 직면해 있다.[42] '헬조선'이나 '흙수저론'이 보여주듯이 사회적 불평등의 구조적 심화는 우리 사회의 민주주의를 해체시킬 뿐 아니라, 수많은 사람들을 삶과 죽음의 경계 상태로 내몰고 있다. 물론 이런 상황은 신자유주의 세계화와 무관하지 않다. 민주주의 퇴행 혹은 해체 현상은 서구 민주주의 국가들에서도 드러난다. 민주주

---

40) 같은 책, 337쪽.

41) 같은 책, 342쪽.

42) 촛불시위로 인해 탄핵당한 박근혜 전 대통령의 사건도 우리 사회의 민주주의 위기를 잘 보여준다. 비록 시민의 힘이 여전히 강력하게 존재한다고 해도 말이다.

의와 자본주의의 결합이 신자유주의로 인해 해체되어버린 상황에서 우리나라 민주주의를 어떤 방식으로 튼튼하게 형성할 것인가의 문제는 실로 중대한 문제가 아닐 수 없다.

우리 사회의 극단적인 사회적 불평등 구조와 여러 병리적 현상들을 해결하기 위해, 우리는 단순하게 자유와 평등 원칙에 대한 규범적 호소에 만족할 수 없다. 보편적 인권과 정의 원칙에 대한 동의를 넘어 사회 구성원들을 구체적인 행동으로 나서도록 고무할 동기를 부여할 수 있는 이론이 필요한데, 장은주를 비롯한 헌법애국주의 이론에 호의적인 학자들은 민주적 헌법 원리에 대한 충성을 통한 사회적 통합의 확보 가능성을 모색한다. 장은주에 의하면 진보적 정치세력은 민주주의적 이상과 가치를 실현하여 대한민국을 더욱더 민주공화국답게 만들어야 한다. 민주공화국의 헌법적 가치와 기본권을 실현하는 것이 진보적 애국주의의 실현이다. 그리고 장은주는 자신이 내세우는 진보적 애국주의를 하버마스가 주장한 헌법애국주의와 연결시킨다. "유일하게 규범적으로 정당한 진보적 애국주의는 민주적 헌정질서의 가치와 원리 및 제도들에 대한 사랑과 충성에서 성립하는 애국주의, 그러니까 하버마스의 표현을 빌리자면 '헌법애국주의'다."[43]

장은주는 헌법애국주의를 한편으로는 추상적인 세계시민주의, 다른 한편으로는 배타적이고 전체주의적인 애국주의 및 민족주의의 한계를 동시에 극복할 수 있는 대안으로 평가한다. 물론 그는 하버마스의 헌법애국주의에 대해 제기된 문제점들을 무시하지는 않는다. 가령 마사 누스바움(M. Nussbaum)이나 모리치오 비롤리(M. Viroli)

---

43) 장은주, 『인권의 철학: 자유주의를 넘어, 동서양이분법을 넘어』, 앞의 책, 342–343쪽.

등은 하버마스의 헌법애국주의가 시민들의 행동을 불러일으킬 정도로 깊은 사랑과 열정을 담아내기에는 충분하지 않다고 비판한다. 그것은 지나치게 형식적이고 보편적인 가치들에 대한 애정으로 치우쳐 있기 때문이다. 그럼에도 장은주가 보기에 헌법애국주의는 마사 누스바움이 내세우는 순화된 애국주의(purified patriotism) 이론이나 모리치오 비롤리가 내세우는 공화주의적 애국심(republican patriotism) 이론과 별반 차이가 없다.[44]

장은주는 헌법애국주의를 통해서 민주주의적 원칙과 개별 국민(민족)국가의 연계성이 지니는 문제를 비판적으로 극복할 수 있다고 본다. 달리 말하면 그는 민족주의를 매개로 해 민주공화국의 헌법적 가치들이나 그것들을 실현하고자 했던 민주적 국민국가가 지니는 문제점을 헌법애국주의를 통해 비판하면서도, 민족주의가 수행했던 사회적 연대와 같은 집합적 열정의 문제를 해결할 수 있다고 본다. 그는 공화국을 구성하는 인민을 혈통주의적 혹은 문화주의적인 민족으로 바라보게 되면, 애국심과 국가적 자부심이 대외적으로는 호전적이고, 대내적으로는 전체주의적인 모습으로 변질될 것이라고 우려한다. 그런데 헌법애국주의는 이런 한계를 극복할 수 있다. 헌법애국주의는 인권이나 모든 시민의 평등한 자유 실현과 같은 보편주의적 원칙에 대한 지향을 지니고 있기에, 민주공화국을 실현하기 위한 도정에서 발생한 투쟁과 고난의 기억 그리고 역사적 성취에 대한 자부심 공유 등과 같은 특수한 사회의 역사적 공유 감각을 강조하는 일이 빠지기 쉬운 "종족적 애국주의로의 퇴행"을 막아주는 면역제 기능을 수

---

44) 같은 책, 347-348쪽.

행하기 때문이다.[45]

앞에서 보았듯이 장은주가 하버마스의 헌법애국주의에 기대어 새로운 애국주의를 내세우는 이유 중의 하나는 한국사회 민족주의가 위험하다는 그의 평가 때문이다.[46] 그는 '북한의 심각한 인권 문제에 대해 미온적이거나 심지어 옹호하기까지 하는 모습'을 보이는 민주노동당을 제대로 된 진보정당이라고 볼 수 없다고 주장한다.[47] 그는 분단 문제와 통일문제를 한국사회의 진보 정치가 해결해야 할 중요한 문제임을 부정하지 않는다. 한국의 진보 정치는 이런 문제에 대해 설득력 있는 대안을 추구해야 한다고 그는 강조한다. 그리고 그는 '종북' 내지 '친북'이라는 혐의를 감수하면서 냉전적 분단 질서를 극복하려는 사람들을 북한 주체사상에 포섭된 것으로 보지 않는다. 그가 보기에 북한을 적극적으로 포용하면서 분단을 극복하려는 움직임에는 "자본주의 사회의 불의에 대한 분노"와 함께 "미국의 제국주의적인 한반도 지배에 대한 민족주의적 분노"가 작동하고 있다. 그런 분노 표출에는 통째로 부인될 수 없는 "도덕적 동기" 내지 "모종의 정의감"이 내재해 있기 때문이다. 그래서 장은주는 분단극복과 통일지향의 움직임을 "민주적이고 자율적인 정치공동체의 건설"이라는 맥락에서 정당화될 수 있다고 본다.[48]

---

45) 같은 책, 343쪽, 349쪽.

46) 장은주, 『생존에서 존엄으로: 비판이론의 민주주의 이론적 전개와 우리 현실』, 나남, 2007, 307쪽 참조.

47) 같은 책, 31쪽 각주 11 참조. 2014년 12월 19일에 민주노동당을 이어받은 통합진보당은 헌법재판소에 의해 강제로 해산되었다. 통합진보당을 해산하고 그 소속 의원 5명의 의원직을 박탈하는 결정을 내린 헌법재판소 결정이 헌법적 설득력을 지니고 있지 못하다는 견해에 대해서는 헌법학자 김종철, 「헌법재판소는 주권적 수임기관인가?」, 『한국법학원』(韓國法學院) 151, 2015, 29-71쪽 참조.

48) 장은주, 『정치의 이동: 분배 정의를 넘어 존엄으로 진보를 리프레임하라』, 상상너머,

한승완은 헌법애국주의를 적극적으로 옹호하지는 않는다. 그러나 헌법애국주의에 대한 그의 치밀한 연구는 헌법애국주의를 둘러싼 논쟁을 한층 더 잘 이해할 수 있게 해준다. 특히 그는 자유주의적 민족주의와 헌법애국주의가 어떤 지점에서 상통할 수 있는 이론인지를 세밀하게 추적하면서도 하버마스의 헌법애국주의 이론이 지니는 난점에 대해서도 맹목적인 모습을 보여주지는 않는다.[49] 여기에서 다루어지는 한승완의 문제는 헌법애국주의에 대한 것이 아니다. 필자가 한승완과 관련하여 다루고자 하는 것은 민주적 정체성과 민족적 정체성 사이의 관계에 대한 것이다. 민주적 정체성과 민족적 정체성에 대한 한승완의 문제점을 비판적으로 검토하는 것은 뒤로 미루고 우선 여기에서는 그가 제안하는 통일에 대한 접근 방식을 살펴보기로 한다.

한승완은 헌법애국주의에 대해 장은주와 다른 점을 보여주기도 하지만 그도 장은주와 유사하게 남한과 북한의 통일을 위해서는 "장기적으로 한국의 정치공동체의 민주적 성격을 강화시켜나가고 이로써 북한이 여기에 유인되어 변화하는 방식"이 가장 합리적이라고 본다. 그래서 그런 방식의 통일 방안에 대해 그것은 흡수통일론과 다름없지 않느냐는 예상 가능한 반론을 염두에 두면서 자신의 접근 방식은 기존의 흡수통일과 성격을 달리한다고 주장한다. 그가 선호하는 통일 방안은 "저항하는 북한 체제를 강압적 방식으로 통합시키는 흡수통일이 아니"라는 것이다.[50]

2012, 264-265쪽.

49) 한승완, 「'자유주의적 민족주의'와 '헌법애국주의'」, 앞의 글, 294-299쪽 참조.

50) 한승완, 「한국 국민 정체성의 '민주적 반추'와 통일 문제」, 『사회와철학』22호, 2011, 53쪽.

이런 한승완의 문제의식에 의하면 상이한 정치체제를 채택한 남과 북 사이에는 사실상 통일이란 불가능하고 북한식의 체제로 흡수 통일되는 것은 규범적으로 바람직하지 않기 때문이다. 그러므로 그는 다음과 같이 말한다. "우리의 논의 맥락에서 보면 북한이 국민(민족) 정체성의 측면에서 민주적 변형을 겪지 않는 한 '북한이 수용하거나 동의하는 통일'이란 설사 그것이 가능하다 하여도 퇴행적 통일이 될 수밖에 없을 것이다. 통일이 무조건적 과제이자 목표가 되기보다는 민주적 정치공동체의 발전과 민주적 정체성의 형성을 저해하는 조건을 제거하는 한 과정으로 이해되어야 할 것이다. 즉, 통일은 우리가 사는 민주공동체의 민주적 변형에 기여하는 한에서 유의미하다. 만약 통일이 민주공동체의 정체성을 퇴행시키는 결과를 가져온다면, 그것은 우리가 피해야 할 것이다. 따라서 관건은 통일 자체보다는 어떤 통일이냐의 문제이다."51)

한승완은 통일 과정에서 민주적 정체성의 확장과 심화를 제일 우선적인 가치로 설정하면서, 무조건적인 통일 논의가 안고 있는 위험성을 비판한다. 이런 비판도 대한민국이 그동안 성취한 역사적 성과로서 민주주의를 높이 평가하는 것과 깊은 관련이 있다. 어느 정도나마 민주주의를 쟁취한 역사와 결합되어 있는 대한민국의 민주적 정체성은 매우 중요하게 간주되어야 한다. 그리고 민주주의 발전과 더불어 형성되기 시작한 한국의 새로운 민주적 국민 정체성은 젊은 세대일수록 강하게 나타난다. 심지어 그들에게 대한민국에의 소속감 및 대한민국 성원으로서의 정체성이 남과 북을 함께 아우르는 민족

---

51) 같은 글, 54쪽.

적 정체성에 비해 더 중요하게 간주되고 있다. 이런 현실이 보여주듯이 민족적 동질성이 약화되는 현상은 물론이고, 민족적 정체성과 대한민국 정체성 사이의 균열이 심화되는 것 역시 우려스러운 시선으로 바라볼 일만은 결코 아니라고 그는 주장한다.[52]

한승완이 민족적 동질성보다는 대한민국이 새로이 형성한 민주적 공동체로서의 대한민국 정체성을 더 중요하게 간주하면서 통일 문제에 접근하는 것과 마찬가지로, 장은주도 한국사회의 통일운동과 관련하여 민족주의의 위험성을 경고한다. 장은주에 의하면 분단극복과 통일을 지향하는 정치세력은 과도한 민족주의의 함정에 빠져 있다. 그렇기에 이 세력은 그런 정치운동의 규범적 핵심을 제대로 이해하지 못하고 있다. 그가 볼 때 한국사회 진보진영 내에 있는 민족주의 지향은 "민주주의적 정의(正義)"에 대한 그릇된 태도를 갖고 있다. 그 세력은 민족주의에서 비롯된 미국과 서구에 대한 지나친 부정적 태도로 인해 민주주의조차도 서구적 가치나 제도와 동일시하는 모습을 보인다. 그 결과 진보적 민족주의자들은 "민주주의적 정의에 대한 불충분한 인식과 수용 태도"에 사로잡히기 쉽다. 장은주가 보기에 통합진보당[53] 내에서 이른바 '패권주의' 논쟁은 이런 민주주의에 대한 인식 부족과 무관하지 않다. 정파적인 이해관계를 비민주적 방식으로 관철하려는 태도는 말할 것도 없고, 인권과 민주주의와 같은 보편적 가치와는 거리가 먼 북한체제에 대한 무비판적인 태도도 이런 맥락에서 발생한 것으로 이해되어야 한다고 그는 강조한다.[54]

---

52) 같은 글, 51-52쪽 참조.
53) 장은주가 이 글을 작성할 시기는 아직 통합진보당이 헌법재판소에 의해 해산되기 전이다.
54) 장은주, 『정치의 이동』, 앞의 책, 265쪽.

그래서 장은주는 "우리 사회의 진보세력의 지나친 집단주의적-민족주의적 편향"[55]에서 벗어난 새로운 진보 정치의 이념이 필요하다고 본다. 우리는 민족주의라는 이념을 내세워 보편적인 민주주의적 자치 이념을 실현하고자 하는 노력을 "판문점 앞에서 멈춰버려서는 안 된다"고 그는 강조한다. 그래서 북한 인권 문제에 대해서도 진보 진영은 더 이상 침묵해서는 안 된다.[56] 물론 장은주는 한국사회에 존재하는 좌파 민족주의 세력(소위 '민족해방 계열')과 더불어 진보 정치의 한 축을 형성해온 '민중민주 계열'의 계급주의적인 정치이념의 한계도 극복하고자 한다. 그는 좌파 민족주의의 통일지향의 정치뿐만 아니라, 자본주의 극복이라든가 분배정치만을 진보 정치의 핵심으로 이해하는 계급주의 정치 패러다임을 넘어설 수 있는 새로운 진보 정치를 "존엄의 정치"라고 부른다. 그리고 그는 새로운 진보 정치의 대안으로 존엄의 정치를 제시하면서 그 이념의 핵심을 "인권 원칙과 민주주의 원칙"[57]으로 설정한다. 이런 입장에서 출발하여 장은주는 다음과 같이 주장한다. "남한 진보세력의 참된 정치적 토대는 우리 근현대사에서 단지 남한의 현대에만 성공적으로 실현된 자본주의적 근대성의 역설들과 병리들이다."[58]

장은주가 존엄의 정치, 즉 인권과 민주주의적 정의를 추구하는 정치를 통해 진보 정치를 새롭게 규정하는 이유는 기존의 진보 정치 틀로는 변화된 상황에 적극적으로 대응할 수 없다고 보기 때문이다.

---

55) 장은주, 『인권의 철학』, 앞의 책, 20쪽.
56) 장은주, 『정치의 이동』, 앞의 책, 266쪽; 장은주, 『인권의 철학』, 같은 책, 24쪽.
57) 장은주, 『생존에서 존엄으로』, 앞의 책, 20쪽, 31쪽.
58) 같은 책, 18쪽 주 1.

낡은 진보의 틀로는 새로운 보수 세력의 헤게모니에 대응할 수 없다고 그는 생각한다. 식민지 지배를 긍정적으로 미화하고 분단 반공 단독 정부를 수립한 이승만 대통령을 건국의 아버지로 추켜세우는 움직임이나 광복절을 건국절로 대체하려는 시도 등은 뉴라이트가 새로 동원하는 대한민국 애국주의의 위험성을 잘 보여준다.

그런데 장은주의 판단에 따르면 뉴라이트의 위험한 애국주의를 민족주의적 관점에서 접근하면서 그것이 지닌 "반민족적 성격"을 지적하는 것으로는 충분하지 않다. 보수의 새로운 애국주의는 대한민국이 보여준 성공적인 산업화와 경제성장을 강조하면서 '자랑스러운 대한민국'을 내세우고, 이런 자랑스러운 나라를 건설하는 데에서 주역은 보수 세력이었다는 주장을 하고 있기 때문이다. 이런 새로운 애국주의를 통해 뉴라이트는 보수 우파의 지적·도덕적 헤게모니를 장악하려고 하는 것인데, 대한민국에 대한 긍지를 고취시킬 수 있는 더 나은 대안 제시 없이 우파의 새로운 애국주의 담론을 기존의 민족주의적 인식 틀로 대응하는 것은 한계가 있다는 것이다. 그래서 장은주가 진보적 애국주의를 통해 의도하는 것은 뉴라이트가 선동하는 소위 위험한 애국주의, 그러니까 "비민주적이고 민주공화국 대한민국의 정체성을 그 근본에서 부정하는 반-대한민국주의"59)로부터 애국주의를 지켜내는 것이다.

---

59) 같은 책, 357-358쪽.

헌법애국주의 논리의 한계

　인권과 민주주의를 규범적 이상으로 삼고, 그런 원칙들을 헌법 원리로 승인하는 민주공화국인 대한민국을 참다운 민주공화국으로 만들려는 관심과 열정을 호소하는 장은주의 새로운 진보 정치 이념은 많은 설득력을 갖고 있다. 민주주의 및 인권을 중심에 놓고 우리 사회 문제를 이해하려는 태도 역시 큰 공감을 불러일으킨다. 분단 이후 상당한 시간이 지나면서 대한민국이 걸어온 역사가 여전히 많은 문제를 안고 있음에도 인권과 민주주의를 향한 도정에서 우리 사회가 실현한 성취를 긍정적으로 볼 필요가 있다는 주장을 부인할 사람은 거의 없을 줄 안다. 그리고 자신이 속한 나라에 대한 사랑을 편협하고 위험한 것으로만 치부하는 태도를 넘어서 우리나라를 더욱더 훌륭한 민주공화국으로 만드는 시민적 행위를 매개로 하여 세계시민적 시야에도 개방적인 새로운 공동체 이론을 헌법애국주의 이론에서 구하려는 태도는 민족주의를 둘러싼 기존 논쟁에 새로운 활기를 제공할 수 있을 것이다.

　또한 헌법애국주의 담론을 우리나라 상황에 어울리게 재해석하여 자유 및 평등 그리고 민주적 시민의 자치라는 민주주의 이념을 실현하는 과정에서 겪은 공통의 역사적 경험을 소중하게 여기면서도, 다른 한편으로 자신이 속한 공동체에 대한 헌신과 충성을 배타적이지 않게 하려는 장은주의 시도는 민족주의의 부정적 측면만을 지나치게 과장하는 다른 민족주의 비판 담론과는 다르다. 요약해보자면, 그의 이론은 특정한 공동체에 대한 집단적 헌신과 열정의 중요성을 인정하면서도, 동시에 타 집단에 대한 지나친 배타성을 강조하지 않는 길을 걸어가고자 한다는 점에서 독특한 위상을 지닌다.

또한 북한의 여러 문제에 대해 침묵하는 우리 사회 일부 진보 진영에 대한 비판도 중요하다. 우리 사회의 반인권적이고 비민주적 관행과 제도를 비판하고 이를 개선하기 위해 노력하는 것이 중요한 것처럼, 북한 체제의 여러 문제점을 지적하고 이를 공론화시키는 것도 필요하기에 그렇다. 북한 체제가 형성된 역사적 조건에 대한 내재적 인식과 더불어 그 체제가 안고 있는 심각한 인권유린 및 비민주적 성격에 대해 지적하고 그 개선을 요구하는 것은 양립 가능한 것이다. 간단하게 말하자면 민족적 정체성에 대한 강조나 분단극복의 중요성에 대한 긍정과 인권 및 민주주의에 대한 중요성을 강조하는 것은 양자택일의 문제가 아니다.

배타적 민족주의의 위험성을 대신할 대안으로 곽준혁이 제시하는 민족주의 없는 공화주의적 애국심에 대한 논의도 우리 사회의 민족주의를 둘러싼 논쟁에서 중요하게 참조할 이론임은 분명하다. 조국에 대한 사랑을 위험한 것으로 치부하는 태도를 넘어서, 시민적 자유와 평등을 존중하는 원리와 국가에 대한 사랑을 결합하려는 시도는 공허한 세계시민주의에 대한 맹목적 환호와도 구별되고 민족주의의 위험성을 넘어서려는 것이기에 그렇다. 대한민국이라는 나라를 사랑하는 행위가 우리나라를 더욱더 훌륭한 민주공화국으로 만들어 우리 사회의 시민들을 인류 전체에 대한 도덕적 의무를 소홀히 하지 않는 세계시민으로 나가게 할 것이라는 생각은 민족주의와 민주주의 사이의 연관성에 관련된 논의를 활성화하는 데 기여할 것이다.

그러나 이하에서 필자는 헌법애국주의 담론이 어떤 점에서 불충분한 것인지를 다루어 볼 것이다. 특히 장은주가 옹호하고자 하는 헌법애국주의의 한계를 다루는 것으로 한정한다. 필자는 여기에서 민주적 법치국가의 정당성을 승인하는 선에서 논의를 시작한다. 시민들이 서로를 동등한 권리를 지닌 주체로서 인정하는 정치공동체가 옳은 정치제도라는 것을 받아들이면서 논의를 시작한다는 것이다. 하버마스의 주장을 빌리자면 "오늘날까지도 민주주의적 법치국가의 규범적 자기 이해를 규정"하는 것은 "인권과 국민(인민)주권의 이념"이다.60)

그렇다면 인권과 인민(people) 사이의 결합은 어떻게 가능했던 것인가? 주지하듯이 인권과 인민주권 사이의 결합은 적어도 근대 세계에서 인민의 집단적 의식인 민족적 정체성 확보를 통해서였다. 모든 사람을 동등하게 대우해야 한다는 보편적 존중에 대한 요구는 서구 근대에서 인민주권과 민족국가를 매개로 하여 실현된다. 모든 시민은 신분이나 성(性) 혹은 재산의 유무와 상관없이 평등한 권리를 보장받아야 한다는 주장은 민주주의와 인권을 실현하고자 하는 노력이었다. 그리고 이런 보편적 평등을 요구하는 정치가 국민국가를 통해 일정하게 실현되었다고 했을 때, 우리는 인민주권과 인권의 보편성 그리고 민족의식이라는 세 가지 요소들 사이의 결합 방식에 주목해야 한다.

달리 말하자면 왜 오늘날 인류사회는 모든 사람을 평등하게 대우해야 한다는 주장을 특정하게 경계를 지니는 영토국가와 민족국가를 통해서가 아니라 세계공화국과 같은 방식으로 실현하지 못하는

---

60) 위르겐 하버마스, 한상진·박영도 옮김, 『사실성과 타당성』, 나남, 2007, 134쪽.

가? 이 경우 우리는 다음과 같은 질문을 던지지 않을 수 없다. 왜 근대 국민국가는 보편주의적 도덕원리로 환원되지 않는 사회적 연대의식 혹은 집단적인 우리 의식, 즉 민족의식을 배경으로 해서 비로소 인권과 민주주의와 같은 보편주의적 이상을 실현시킬 수 있었는가? 그리고 그런 현상을 어떻게 이해해야 하는 것인가?

그러나 하버마스는 민족주의와 공화주의의 공생을 "일시적인 정황"으로 본다. 그래서 그는 근대 국민(민족)국가가 탄생하던 시기에 "문화적으로 정의된 인민에의 소속성", 즉 민족주의가 인민주권과 인권이라는 소위 민주적 법치국가의 보편주의적인 규범을 실현시키는 데 "촉매제 역할"만을 했을 뿐이라고 주장한다. 달리 말하자면 민족주의는 아무런 도덕적 규범성을 지니지 못하며 "민주적 과정의 아무런 필수적 구성 요소가 아니다"라고 그는 평가한다.[61] 이런 평가로 인해 하버마스는 근대 국민(민족)국가가 안고 있는 긴장, 즉 공화주의와 민족주의 사이의 긴장을 공화주의적 요소를 강화하여 유럽연합과 같은 소위 포스트-국민국가적 정치공동체로 나아가야만 하며 또 나아갈 수 있다고 낙관한다. 그는 민주적 과정과 제도가 그동안 근대 국민(민족)국가에서 민족주의가 담당한 사회 통합력을 산출할 수 있다고 생각하기 때문이다. "내[하버마스: 필자]는 민주적 정통성 양식을 가진 입헌국가의 형식과 절차가 동시에 사회적 결속의 새로운 차원을 산출한다는 점을 공화주의의 요점으로 이해한다."[62]

하버마스가 근대 국민국가와 민족주의 사이의 결합 방식에 대해

---

61) 위르겐 하버마스, 황태연 옮김, 『이질성의 포용』, 나남, 2000, 163쪽.
62) 같은 책, 190쪽.

제기한 핵심 쟁점은 민족주의가 제공하던 사회통합의 원천은 무엇이고 공화주의적인 민주적 절차와 제도가 과연 특정한 정치공동체의 형성과 유지(재생산)에 충분할 정도로 사회적 연대를 창출할 수 있는가에 관한 것이다. 이미 살펴보았듯이 하버마스는 민족주의는 특별한 도덕적 규범과 무관하다고 본다. 그리고 그는 인권과 민주주의라는 공화주의적인 보편주의가 사회통합을 산출할 수 있다고 본다.

하버마스가 왜 근대 국민(민족)국가의 양가성이 극복되어야 한다고 보는지는 분명하다. 나치즘이 보여주듯이 공통의 언어와 역사에 의해 형성된 민족을 강조하는 것은 매우 위험하기 때문이다. 그러나 민족주의는 민주주의와 아무런 상관성을 지니지 못하는 위험한 정체성에 불과하다는 평가는 물론이고 민족주의가 담당한 사회적 통합을 민주적 과정과 제도가 대신할 수 있다고 보는 하버마스의 이론이 타당한가에 대한 물음은 남아 있다. 공화주의의 보편주의적 성향이 사회적 통합의 힘을 창출할 수 있다고 보는 하버마스의 신뢰를 좀 더 살펴보자.

민주적 법치국가의 보편적인 원리와 가치에 대한 충성을 애국심의 핵심으로 설정하려는 하버마스식의 헌법애국주의는 민주적 과정과 제도가 동료 시민들 사이의 연대 의식을 창출한다고 역설한다. 그러나 그런 믿음은 결코 경험적으로 입증되지도 않았다. 이는 유럽연합의 위기가 잘 보여준다. 이런 경험적 현상에 대한 분석과 별도로 사회적 통합의 힘은 정의의 보편적 원칙에 대한 공유만으로 형성되지 않는 특수한 생활방식에 기반을 둔 집단적 정체성의 지지가 필요하다는 반론이 남아 있다.

하버마스의 헌법애국주의가 사회적 통합력을 산출하기에는 충분하지 않다는 반론이 여러 학자들에 의해 제기되는 것은 우연이 아니다.63) 예를 들어 영국의 정치철학자인 데이비드 밀러(David Miller)도 헌법애국주의가 민족성(nationality)을 대체할 수 있다고 보지 않는다. 그가 보기에 헌법애국주의는 "민족성이 제공하는 것 같은 종류의 정치적 정체성을 제공하지 못한다." 달리 말하자면 헌법애국주의가 주장하듯이 헌법 원리들에 대한 애착은 그런 애착을 지닌 사람들이 "무정부주의자나 파시스트가 아니라 자유주의자"임을 표현해줄 뿐, 왜 특정한 민주적 법치국가가 특정한 경계를 토대로 하나의 정치 공동체를 형성해내야 하는지에 대한 아무런 합리적 논거를 제공하지 못한다고 그는 주장한다. "특히 헌법애국주의는 정치공동체의 경계선이 왜 저기가 아닌 여기에 그어져야 하는지를 설명하지 못한다. 또한 그것은 그 공동체의 역사적 정체성, 즉 오늘날의 정치를 과거에 수행된 행동들 및 내려진 결정들과 결합시켜주는 연결고리들에 대한 어떤 감각(sense)도 제공하지 못한다."64)

한승완은 하버마스에 대한 밀러의 비판이 하버마스의 헌법애국주의에 대한 오해에 기인한다고 반박한다. 그에 의하면 하버마스도

---

63) 하버마스의 헌법애국주의가 안고 있는 문제에 대해서는 나종석, 「매개적 사유와 사회인문학의 철학적 기초」, 김성보 외 지음, 『사회인문학이란 무엇인가』, 한길사, 2011, 161쪽 이하 참조. 세계주의적 시각과 민족주의적 시각 사이의 연계성에 대한 시도의 중요성에 대해서는 나종석, 「민족주의와 세계시민주의: 자유주의적 민족주의를 중심으로」, 『헤겔연구』 26, 2009, 169–197쪽 참조. 그리고 이 글을 수정·보완한 것은 이 책 제11장에 실려 있다. 그래서 여기에서는 가능한 한 반복을 피하기 위해 데이비드 밀러의 민족주의 이론을 바탕으로 헌법애국주의 담론의 문제점을 다루어 볼 것이다. 데이비드 밀러의 민족주의의 옹호도 일종의 자유주의적 민족주의라고 평가된다. 그 스스로도 굳이 선택을 한다면 자신의 민족주의 이론을 자유주의적 민족주의 이론으로 볼 수 있다고 인정한다. 곽준혁, 「변화하는 세계, 민족주의는 아직도 필요한가」, 곽준혁 편, 『경계와 편견을 넘어서』, 한길사, 2010, 104쪽.

64) David Miller, *On Nationality*, Oxford: Oxford University Press, 1995, 162–163쪽.

헌법애국주의를 내세울 때 헌법 원칙에 대한 공유만으로 사회적 결속력의 창출이 가능하다고 본 것이 아니라, 보편적 헌법 원칙들을 구현하는 행위와 관련된 개별 국가들의 특정한 정치문화가 사회적 통합력을 창출할 수 있다고 본다. 그런데 한승완은 바로 뒤이어서 하버마스의 헌법애국주의 이론이 보편적 헌법 원리를 특정한 역사적 상황 속에서 실현하고 제도화하는 정치문화의 매개적 역할을 "애매하고 불안정"하게 취급한다고 언급한다. 그러므로 데이비드 밀러가 하버마스의 헌법애국주의 이론의[65] 한계를 비판하는 요점은 그것이 특정한 정치공동체 구성원들 사이에서 형성된 사회적 연대의 원천을 분명하게 파악하지 못한다는 데 있다고 보아야 할 것이다.

더구나 앞에서도 인용했듯이 "민주적 정통성 양식을 가진 입헌국가의 형식과 절차가 동시에 사회적 결속의 새로운 차원을 산출한다"는 하버마스의 주장은 특수한 정치문화를 매개로 하여 보편적 헌법 원칙을 견지하려는 것이 하버마스가 의도한 본래 헌법애국주의라는 한승완의 해석과는 일정 정도 상충되기도 한다. 밀러도 지적했듯이 하버마스가 제안하는 헌법애국주의 이론이 안고 있는 논리적 긴장은 정치공동체의 경계와 관련하여 매우 분명하게 드러난다. 하버마스가 생각하듯이 그 경계선이 "우연적"[66]인 것에 불과하다고 보기 힘들다. 민주적 법치국가는 특정한 공동체를 전제하지 않고 상상할 수 없다. 왜 모든 사람이 아니라 특정한 사람들에게만, 즉 프랑스 국민의 자격이나 대한민국 국민으로서의 자격을 부여하는 정당한 도덕

65) 한승완, 「자유주의적 민족주의와 '헌법애국주의'」, 앞의 글, 297-298쪽.
66) 위르겐 하버마스, 『이질성의 포용』, 앞의 책, 146쪽.

적 이유가 존재하는가? 이런 현상은 인권과 같은 보편적인 동등 존중 원칙에 의해 연역될 수 없다. 나라들 사이의 경계 설정의 타당성은 공화주의나 자유주의가 내세우는 보편주의적 원칙에 의해 설명되지 않는다는 말이다.

민주적 법치국가의 실현을 위해 요구되는 사회통합과 연대성은 민주적 과정 자체나 민주적 공론장에서의 의사소통을 통해서 충분하게 확보될 수 없다. 민주적 의지 형성으로 시민들의 연대성이 창출되는 것이 아니라, 그것은 오히려 시민들 사이의 공동체 의식을 전제한다. 즉 보편적인 민주적 참여의 이념 자체가 실질적인 참여를 보장할 수 없으며, 보편적 참여의 이념은 오히려 사람들 사이의 사회적인 결속력, 그러니까 공통의 근본 목적과 같은 것을 공유하는 사람들에 의존한다.[67]

그렇다고 이런 주장으로부터 민족적 정체성이 사람들의 유일한 정체성이 되어야 한다는 결론이 도출되지는 않는다. 밀러가 주장하듯이 오늘날 현대사회에서 민족적 정체성은 사회정의와 민주주의를 소중하게 여기는 정치공동체 구성원들을 결속시킬 수 있는 "공동체의 하나"이다. 그러므로 자유주의 사회들 역시 "그 사회의 결속을 위해 공통의 민족성"을 필요로 한다.[68] 밀러는 민족적 정체성을 "민주주의"와 분배적 정의, 즉 "사회정의"를 지탱시킬 수 있는 사회 "통합의 자원"임을 주장한다.[69]

---

67) 장은주, 『생존에서 존엄으로』, 앞의 책, 163쪽.
68) 곽준혁, 「변화하는 세계, 민족주의는 아직도 필요한가」, 곽준혁 편, 『경계와 편견을 넘어서』, 앞의 책, 102쪽, 104쪽.
69) 같은 책, 112쪽.

밀러가 민족적 정체성의 중요성을 긍정적으로 평가하는 것은 자유주의 전통에 대한 공동체주의적 이의 제기에 기반을 두고 있다. 그는 자신의 이론을 "좌파적 공동체주의의 한 형태(a form of left communitarianism)"로 이해한다.[70] 밀러는 정의 원칙에 기초하는 사회적 결속은 너무 힘이 약하기에 공통의 언어, 역사 및 공적 제도들을 통해 형성된 "공통의 공공문화"인 민족적 정체성에 의해 강화되지 않으면 안 된다고 본다. 그러므로 그는 "공유된 민족적 정체성은 사회정의와 심의민주주의와 같은 정치적 목표들을 성취하기 위한 전제 조건"이라고 강조한다.[71]

지금까지 간단하게 살펴본 것처럼 하버마스가 규범적으로 정당하게 간주하는 민주주의적 법치국가 역시 공동체이고 그런 공동체의 구성원들은 연대 의식을 지녀야 하는데, 보편주의적인 정의 원칙에 대한 강조만으로는 그런 특수한 연대 의식을 충분하게 설명할 수 없다. 하나의 예를 들어 설명하면 독일인들이 통일 후에 구동독 주민들을 위해 엄청난 통일 연대 세금을 제공하는 데 반해, 경제위기 여파로 극심한 위기에 처한 유럽연합의 일원인 그리스인들에게 그런 정도의 연대 의식을 보여주려는 태도는 전혀 없다. 2008년 미국발 금융위기로 인해 촉발된 세계경제의 위기 속에서 그리스, 스페인 그리고 포르투갈 등 유럽연합 내의 여러 국가가 심각한 국가재정 위기에 시달려도 독일은 이들 국가에 대한 구제금융안에 대해 매우 회의적인 태도를 견지했다. 독일이 보여주는 구동독사람들과 그리스인에 대한

---

70) 같은 책, 84쪽. D. Miller, *Citizenship and National Identity*, Cambridge: Polity Press, 2000, 98쪽.

71) David Miller, *On Nationality*, 앞의 책, 162쪽.

상이한 접근 방식은 우리에게 사회적 통합력의 원천에 관한 성찰을 하도록 만든다. 달리 말하자면 특정한 정치공동체의 구성원들이 동료 시민들의 어려움을 위해서는 납세 의무를 다하면서도, 다른 가난한 나라의 사람에게는 왜 그런 의무를 보여주지 않는가라는 물음에 대해 모든 사람을 동등하게 존중해주어야만 한다는 보편주의적 정의 원칙 및 그에 대한 정치문화적 충성만으로는 적절하게 대답할 수 없다.

그렇다고 해도 특정한 공동체의 구성원들에게 더 많은 관심과 의무와 애정을 보이는 사람들을 모든 사람을 동등하게 고려하는 보편적인 정의 원칙을 자신의 것으로 충분하게 내면화하지 못한 미성숙한 존재로 보아야만 할 것인가? 달리 말하자면 독일인들이 구동독 주민들에게 보여주는 연대 의식은 잘못된 민족적 정체성을 악의적으로 동원하는 사람들에 의해 포섭된 결과로 볼 것인가? 그렇지 않다. 우리는 오히려 동료 시민들에게 더 많은 도움과 의무를 보여주고자 하는 관행을 제대로 이해할 필요가 있다. 이런 관행을 제대로 이해하기 위해서는 동등 존중의 보편적 원칙만을 도덕이나 정의로 보는 정의 및 도덕 일원론의 망상에서 벗어나야 한다. 인간다운 삶을 살아가기 위해 인간은 사회 속에서 다른 사람들과 성공적인 결합과 만남을 성취해야만 하고, 그런 의미 있는 삶을 가능하게 해주는 도덕은 다양하다. 동등 존중의 원칙 못지않게 특정한 공동체에 대한 소속감과 그에 대한 충성심 같은 것도 매우 중요한 도덕이다. 그래서 "한 정치공동체의 일원이라는 사실에는 도덕적으로 특별한 무엇인가가 있다"는 점을 명료하게 해명해야 한다.[72]

---

72) 애덤 스위프트, 김비환 옮김, 『정치의 생각: 정의에서 민주주의까지』, 개마고원, 2011, 246쪽.

동료 시민들에게 더 많은 의무를 갖는 이유를 제대로 설명하기 위해서는 자율성이나 평등과 같은 보편주의적 이념들에 대한 호소와 다르면서도, 의미 있는 삶을 향유하기 위해서는 반드시 지녀야만 하는 연대성이 고유하게 지니는 도덕적 원천을 해명해야 한다. 정치공동체 구성원들 사이에서 실현되고 있는 특수한 도덕적 관계를 해명하기 위해서는 정의의 원칙으로 환원되지 않는 별도의 사회적 통합과 결속의 원인에 대한 정확한 평가가 필요하다는 말이다. 필자는 이 문제에 대한 해답이 한승완이 호의적으로 해석하려는 하버마스의 헌법애국주의에 의해서 제공되리라고 보지 않는다. 달리 말하자면 그가 제안하듯이 정치문화를 헌법애국주의 이론의 핵심으로 보고, 나라별로 상이한 정치문화를 통해 역사적 특수성과 보편적 정의 원칙을 결합하려는 것이 하버마스 헌법애국주의의 본래 모습이라고 해도 문제는 남는다는 것이다. 필자는 한승완의 방식대로 해석된 헌법애국주의도 사회적 통합의 도덕적 원천이 무엇인지를 충분하게 해명할 수 있다고 보지 않기 때문이다. 그리고 정의 원칙에 대한 공유보다도 더 깊고 강한 사회적 결속에 대한 하나의 대답이 바로 공통의 언어와 역사를 공유하는 사람들 사이에 형성된 민족적 정체성이었다. 물론 공유된 민족적 정체성을 무엇으로 만드는가는 상황에 따라 다를 것이다. 따라서 공유된 민족적 정체성이 반드시 인종 내지 종족이나 종교 등과 같은 것들로 구성될 필요는 없다.

앞에서 강조했듯이 자유와 평등과 같은 보편주의적인 정의 원칙에 대한 공유만으로는 민주적 법치국가가 지속적인 안정성을 누리기 위해 필요로 하는 사회적 통합의 원천을 창출하기 힘들다. 그리고 이런 점은 하버마스의 헌법애국주의 이론이 내부에서 동요를 일으키고 있다는 점에서도 간접적으로 입증된다. 하버마스는 "시민적 연대성은 자유롭고 평등한 시민들이 민주적으로 형성한 정치공동체의 성원의식에서 자라난다"고 말한다.[73] 그러면서 동시에 그는 유럽연합은 국민국가가 누렸던 민족주의에 상응하는 등가물이 필요하다고 말한다. "민족국가는 시민의 법적 지위가 민족에의 문화적 귀속성과 결부되면 될수록 더 빨리 이 통합기능을 일찍 완수할 수 있었다. 민족국가가 내부에서 다문화주의의 폭발력과 외부로부터의 세계화의 문제 압박이라는 도전에 직면한 오늘날 국민과 인민의 결합물에 대한 똑같이 기능적인 등가물이 존재하는지 하는 물음이 제기된다."[74]

그런데 인권과 민주주의 원칙의 공유에서 출현한 유럽연합은 근대 국민국가 구성원들을 강력하게 통합하게 해준 연대성인 민족주의에 상응하는 등가물을 아직도 마련하고 있지 못하다. 오늘날 유럽연합 내의 여러 국가에서 등장하는 이민과 난민 그리고 외국인에 대한 배타적 태도는 널리 알려져 있다. 프랑스는 재입국하지 않겠다는 각서를 받고 집시족들을 강제로 출국시키고 있으며, 스페인은 불법체류자를 대대적으로 검거해 이들을 다시 입국하지 않는 조건으로 추방하고 있다. 게다가 유럽연합 내 여러 국가에서 반이민·반외국인 정책을 내세우는 극우정당의 약진은 놀라울 정도이다.

그래서 유럽연합을 주도하는 여러 국가 지도자들이 이구동성으로 유럽연합이 다문화사회 건설에서 실패했음을 명시적으로 천명하

---

73) 위르겐 하버마스, 장은주·하주영 옮김, 『분열된 서구』, 나남, 2009, 106쪽.
74) 위르겐 하버마스, 『이질성의 포용』, 앞의 책, 147쪽.

고 있는 실정이다. 전 프랑스 대통령인 사르코지는 "이민자들의 정체성에 대해 너무 걱정한 나머지 그들을 받아들인 프랑스의 정체성을 소홀히 여겼다"고 주장했고, 독일의 메르켈 총리는 "이민자들은 독일어를 익히는 등 독일사회에 통합하기 위해 더 많은 노력을 기울여야 한다. 독일에서 다문화사회를 건설하려는 시도는 전적으로 실패했다"고 주장했다. 영국의 캐머런 전 총리 역시 "국민들이 극단주의로 변질되는 것을 막기 위해 우리는 영국의 국가정체성을 강화해야 하며, 보다 과감한 자유주의를 택할 필요가 있다"고 말했다.[75]

유럽 전 지역에 걸쳐 극우정당이 약진하고 있으며, 노르웨이, 스웨덴, 영국, 프랑스, 이탈리아 등 여러 유럽 국가에서 "권위주의가 공공연히 부활"하고 있다고 한다.[76] 극우정당은 유럽에서 세계화로 인해 취약해지고 주변으로 밀려난 사람들로부터만 지지를 받는 것은 아니다. 놀랍게도 유럽의 극우파는 "서유럽에서 가장 부유한 일부 지역", 예를 들어 "오스트리아, 노르웨이, 덴마크, 스위스"뿐 아니라, "이탈리아 동북부와 플랑드르 지역" 등에서 커다란 "성공"을 거두고 있다.[77]

민주주의적 정의 원칙을 공유하고 있는 유럽의 여러 국민국가로 구성된 유럽연합이 보여주는 해체 현상과 사회적 통합력의 부재 및 민주적인 정치적 정당성 부족 현상은 사회적 통합력에 대한 헌법애

---

75) 홍승헌, 「하버마스의 헌정적 애국심」, 곽준혁·조홍식 엮음, 『아직도 민족주의인가: 우리 시대의 애국심의 지성사』, 앞의 책, 316-317쪽 참조. 그리고 316-317쪽 각주 8번에서 재인용함.
76) 몬트세라트 귀베르나우(M. Guibernau), 유강은 옮김, 『소속된다는 것: 현대사회의 유대와 분열』, 문예출판, 2015, 132-133쪽.
77) 같은 책, 137쪽.

국주의 이론의 공허함을 보여준다. 하버마스의 헌법애국주의 담론이 안고 있는 내적인 긴장과 동요가 유럽연합의 해체 위기에서 분명하게 드러난다고 말하는 것이 더 적절할지 모르겠다. 앞에서 유럽연합 지도국가 정치지도자들이 이구동성으로 언급하는 독일이나 영국의 국가정체성은 분명 헌법애국주의가 말하는 민주적 정의 원칙에 뿌리를 둔 정치문화적 정체성과 다른 것이다. 그렇기 때문에 민족적 정체성의 문제를 헌법애국주의로 대체하려는 하버마스의 시도는 이론적 차원에서도 심각한 논리적 모호성을 보여줄 뿐 아니라, 현실적으로 그 타당성을 상실했다고 볼 수 있다.

한국에서 논의되는 헌법애국주의 담론의 문제

우리 사회에서 헌법애국주의를 적극적으로 옹호하는 장은주도 위에서 살펴본 하버마스와 유사한 내적 동요와 혼동을 보여준다. 앞에서 설명한 것처럼 그는 인권 원칙과 민주주의 원칙의 제도적 표현인 '민주적 헌정질서'를 한국사회 진보세력이 정당성을 확보할 "유일한 가능 조건"이라고 역설한다.[78] 그러나 동시에 그는 하버마스가 생각하듯이 "정의의 이념만으로 민주공화국이 필요로 하는 연대성의 이념 모두를 온전하게 담아낼 수 있을지 의문스럽다"고 말한다.[79] 그런데 흥미롭게도 시민들의 정치적 공동체와 연대성이 정의의 이념만으로 형성될 수 없다고 주장하면서도, 그는 "사회문화적으로 구성되

---

78) 장은주, 『생존에서 존엄으로』, 앞의 책, 28쪽.
79) 같은 책, 318쪽.

는 가치공동체"는 그 공동체의 "구체주의적·특수주의적 성격을 포기해야만 한다"고 말한다.[80)

게다가 장은주는 남북한의 관계를 특수한 관계로 긍정한다. 그는 "북한은 적대적 관계와 역사에도 불구하고 또한 통일과 화해의 대상"이라고 강조한다.[81) 오늘날 진보 이념이 정당성을 획득할 수 있는 "유일하게 참된 토대"는 "모든 사회 성원에 대한 보편적 존중과 그들 모두의 자유롭고 자율적인 자기결정"이라는 이념임을 반복해서 강조하던 그가 북한을 "화해와 통일의 대상"으로 보는 이유는 무엇인가? 이런 질문을 통해 필자가 의도하는 것은 북한이 화해와 통일의 대상이라는 점을 부정하자는 것이 결코 아니다. 화해와 통일의 대상으로 인정되는 북한이 과연 장은주가 진보 이념의 유일한 정당성의 기준으로 내세우는 인권 및 민주주의 원칙과 어떻게 무리 없이 결합될 수 있는지가 궁금할 따름이다. 왜 일본이나 중국, 그것도 아니라면 유럽과 같이 대한민국과 동일한 헌법 원리를 공유하고 있을 뿐만 아니라, 그런 원리를 우리 사회보다 더 폭넓게 실현하고 있는 나라들과의 화해나 통일이 아니라 하필 북한과의 화해와 통일인가?

여기에서는 대한민국헌법이 규정하는 영토조항은 일단 논외로 하자. 실질적으로 북한 주민에게 대한민국의 헌법 규범이 효력을 발휘하고 있지 않기 때문이다. 또한 대한민국헌법은 전문에서 "조국의 민주개혁과 평화적 통일의 사명"을 명기하고 제4조에서는 "대한민국은 통일을 지향하며, 자유민주적 기본질서에 입각한 평화적 통일정

---

80) 장은주, 『인권의 철학』, 앞의 책, 211쪽.
81) 같은 책, 392쪽.

책을 수립하고 이를 추진한다"라고 규정하고 있다. 이는 남북 사이의 적대적 긴장과 대결 상태를 지양하고 북한을 평화적 통일을 위한 대화와 협력의 동반자로 인정하고 있음을 의미한다.[82] 그러나 장은주의 논의는 이런 점에 주목하기보다는 인권과 민주주의라는 보편적 원칙의 실현을 통한 인간의 존엄성 확보에 방점이 찍혀 있다.

물론 북한 사람들에게도 인권과 민주주의가 중요하니 그런 이념을 북한지역에도 실현시키기 위한 노력은 장은주의 논리에서 무리 없이 도출될 수 있을 것이다. 그러나 왜 하필 북한 사람들의 인권인가? 모든 사람의 인권이 아니라, 북한 사람들의 인권에 대해 우리가 특별한 중요성을 부여할 이유가 존재하는가? 그러나 모든 사람에게 동등하게 중요한 자율성과 평등 이념에 대한 존중만으로 북한이 대한민국과 특수한 관계에 있으며 북한을 화해와 통일의 대상으로 간주하여, 그에 상응하는 관심과 노력을 기울여야만 하는 이유가 충분히 설명될 것 같지는 않다.

여기에서 우리는 남과 북의 화해와 통일에 대한 이념은 자유와 인권 그리고 민주적 자치의 이념과 같은 원칙과 결합될 수 있을 때, 그 정당성을 확보할 수 있다고 주장하는 것으로는 충분하지 않다는 점을 알게 된다. 평화적인 통일의 달성이라는 과제가 남과 북의 구성원들에게 인권과 민주주의를 더 높은 수준에서 향유할 수 있도록 할 것이라고 반론할 수 있을지도 모르겠다. 그러나 그런 주장도 달리 보면 설득력이 떨어진다. 논리적 수준에서 볼 때 중국이나 일본과의 관계를 잘 해결하는 것도 우리 사회의 인권과 민주주의 수준을 향상시

---

82) 「1987년 대한민국헌법」, 정종섭 편, 『한국헌법사문류』, 박영사, 2002, 382-383쪽.

키는 데에 기여할 수 있을 것이기 때문이다. 달리 말하자면 통일과 화해의 대상으로서 북한의 의미를 제대로 설명하고 이해하기 위해서는, 인권의 보편성과 관련된 이론이나 어휘를 넘어서는 우리 민족은 무엇인가와 같은 집단적 정체성의 문제와 관련된 관점이 필요하다는 것이다.

이런 입장에서 볼 때, "보편적 인권을 체현하는 한국 국민 정체성을 형성"해 나가는 현재의 추세가 강화되면 이를 통해 "남북한의 통일에서 그 기반이 되는, 남북한 정체성에서의 동질성이 점차 상실되는 결과를 가져올 것"이라는 한승완의 결론도 성급한 것처럼 보인다.[83] 물론 보편적 정의 원칙과 결부되어 새로이 형성된 대한민국의 국민 정체성과 문화 및 역사 등을 공유하고 있는 남한과 북한을 포괄하는 한민족으로서의 민족 정체성은 서로 갈등을 초래할 수도 있다. 그러나 그의 표현을 사용해 말하자면 "한반도 남쪽에만 국한되는 '한국인 정체성' 형성"에 핵심적 요소인 보편적 인권과 민주주의적 원칙에 대한 공유의식이라는 새로운 정치문화적 정체성이 강화된다고 해서, 남한과 북한 모두를 포괄하는 한민족으로서의 민족적 정체성이 반드시 약화될 것이라고 볼 근거는 없다.

다만 대한민국이 새로 형성하고 있는 보편적 인권과 민주주의에 대한 공유의식에서 비롯된 국민 정체성에 대한 강조는 한민족의 민족적 정체성에 내재하고 있는 비민주적 요소를 비판하고 그런 배타적이고 비민주적 정체성의 한계를 넘어서 그것을 좀 더 개방적인 형태로 변형시키려고 노력해야 한다는 주장과 연결되어 이해되어야 할

---

83) 한승완, 「한국 국민 정체성의 '민주적 반추'와 통일 문제」, 앞의 글, 55쪽.

것이다. 박명규가 주장하듯이 "북한의 낙후성과 비민주성을 극복하는 일이 통일 과정과 접맥"되어야 함은 두말할 나위가 없다.[84] 민족 정체성이 초역사적인 실체로 고정불변적인 것이 아니라, 그것 역시 늘 역사적 상황 속에서 재규정되고 그런 과정에서 민족적 연대 의식을 구성하는 요소들이 변형될 수 있다는 것은 분명하다. 이런 의미에서 민주주의는 한국의 민족적 정체성에 대한 진지한 반성과 성찰의 기회를 제공하는 것으로 이해될 수 있다. 따라서 보편적 인권 및 민주주의적 정체성을 새로 형성하는 과정이 우리 민족의 집단적 정체성을 포기하거나 그것을 약화시키는 방식으로 작용할 것이라고 볼 필연적 이유는 없을 것 같다.

'민족적 동질성의 상실'이라는 한승완의 언급이 지니는 의미를 민족적 정체성이 유연해지고 개방적으로 변형된다는 뜻으로 사용되고 있다고 해석해볼 수 있을 것이다. 이런 방식으로 그의 주장을 더 선의로 이해해볼 가능성도 존재한다. 마찬가지로 민주적 시민성의 성장이 민족적 정체성의 구성 요소에서 변형을 가져올 것이라는 그의 지적은 매우 중요한 지점이라고 생각된다. 그렇다고 해도 "보편적 인권을 체현하는 한국 국민 정체성을 형성"하는 경향성이 더욱 강화된다면 "남북한 정체성에서의 동질성이 점차 상실되는 결과"를 가져올 것이라는 그의 추론은 여전히 모호하다. 대한민국의 민주적 정체성이 남북한의 민족적 정체성을 상실하게 한다는 그의 주장 배후에는 민족주의적 동질성과 연관된 연대성이 인권 및 민주주의와 같은 보편적 규범과 양립하기 힘들다는 생각이 은연중에 깔려 있는 것은

---

84) 박명규, 『국민·인민·시민: 개념사로 본 한국의 정치주체』, 소화, 2009, 270쪽.

아닌가 하는 의문이 든다. 간단하게 말해 민족적 정체성과 민주주의 헌법 원칙과 결부된 국민 정체성은 분리될 수 있고, 이 둘 사이의 관계에서 어느 한 요소가 강화된다고 해서 다른 한 요소가 반드시 약화되는 것으로 볼 필요가 없다는 것이다. 우리는 민주적 정체성이 강화됨에도 불구하고 민족적 정체성이 강력하게 유지되고 있는 사례로서 영국의 스코틀랜드인이나 스페인의 카탈루냐인을 들 수 있을 것이다. 그들은 영국이나 스페인이라는 민주국가 속에서 살아가면서도 그들만의 독립적인 민족적 정체성을 유지하려고 애쓰고 있기 때문이다.

물론 스코틀랜드의 독립 움직임에는 민주적 정체성의 확장이라는 문제의식도 존재한다. 스코틀랜드의 독립 움직임의 흐름만을 좀 더 살펴보자. 파키스탄 출신으로 파키스탄 독재 권력에 저항하다 영국에 망명하여 활동하는 저명한 좌파 지식인인 타리크 알리(Tariq Ali)에 의하면, 현재 스코틀랜드 독립을 이끌며 이 지역 주민들의 압도적 지지를 받는 스코틀랜드 민족당은 영국의 노동당보다도 더 진보적 정치 의제를 지니고 있다. 독립을 지지하는 스코틀랜드인들이 크게 성장한 원인은 기존 질서 안에서 정치적 자결권을 확보할 수 있다는 믿음이 점차 약해지고 있다는 상실감으로 인한 것이라고 한다. 그런데 흥미롭게도 스코틀랜드인들은 그런 상실감을 (극)우파적 정치세력에 대한 지지로 표출하는 것이 아니라, 사회경제적인 진보적 의제를 지지하는 방향으로 이어가고 있다. 달리 말하자면 스코틀랜드 지역에 민족주의 바람이 다시 거세게 불기 시작한 것은 복지국가를 해체한 대처의 정치를 노동당 지도자 출신의 수상이었던 블레어와 브라운이 반복한 데 따른 강력한 이의 제기와 연관되어 있다.

그러므로 스코틀랜드에서 독립운동이 성장하게 된 이유는 영국의 "민주주의 결핍" 때문이며, 이런 문제를 해결하기 위해 스코틀랜드 주민들은 민족주의적 독립운동과 "훨씬 국제주의적인" 시야를 결합시키고 있다. 타리크 알리의 중요한 분석을 인용해보자. "독립지지 여론이 노동대중 사이에서 가장 강력했다는 것은 놀랄 일도 아니다. 스코틀랜드 안에서는 독립 스코틀랜드가 변방국가에 머물 것이라는 생각을 아무도 진지하게 받아들이지 않았다. 신노동당과 연립정부의 그 동류들에게 이른바 국제주의란 영국의 정책 전반을 미국의 이해관계에 종속시키는 것을 뜻할 뿐이었다. 이들은 이라크와 아프가니스탄과 관련해, 심지어는 정보 수집과 관련해서도 연합왕국을 일개 속국으로 만들었다. 이에 대한 반작용으로, 독립 스코틀랜드는 훨씬 더 국제주의적이면서도 자주적일 수 있으며 스칸디나비아 및 여타 대륙 국가들과 연계함으로써 커다란 대외적 성취를 이루어낼 수 있을 것으로 여겨졌다."[85]

　　그러나 스코틀랜드가 보여주는 독립 움직임에서 나타나는 민주적 정체성에 대한 문제의식에도 불구하고, 영국을 민주적 정체성이라는 기준에 현저하게 미달되는 국가로 보긴 어렵다. 그러므로 스코틀랜드 독립 움직임은 민주적 정체성뿐만 아니라, 그와 별도로 존재하는 집단적 정체성에 뿌리를 두고 있다고 보아야 할 것이다. 지금까지 살펴보았듯이 민족주의 혹은 민족적 정체성을 형성하려는 것이 민주주의 및 인권과 같은 원칙을 중요하게 간주하는 이른바 민주적 정체성 형성과 제로섬 관계에 있지 않다. 즉, 민주주의 및 인권 의식

---

85) 타리크 알리, 장석준 옮김, 『극단적 중도파』, 오월의봄, 2017, 104-109쪽.

의 확장이 반드시 특정한 민족의 집단적인 정체성이나 동질성의 약화를 초래한다고 볼 이유는 없다.

사실 한국 독립운동의 경험도 이를 잘 보여준다. 한국 독립운동은 민주공화국 형성을 위한 투쟁이기도 했기 때문이다. 즉 한국의 독립운동은 1919년 3·1 운동 이후 독립된 민주공화국 건설을 위한 운동이기도 했다. 이런 인식을 바탕으로 해서 본다면, 인권과 같은 이른바 보편주의적 원칙의 이름으로 민족주의의 배타성과 폐쇄성의 위험성을 부각시키는 비판이 사회적 존재로서 인간의 삶의 조건에 대한 일면적인 이해로 인해 생긴 것이 아닌가 하는 의심을 해볼 도리밖에 없다. 영국의 탁월한 자유주의 정치철학자인 애덤 스위프트(A. Swift)가 적절하게 지적하고 있듯이, 모든 사람을 자유로운 존재로 동등하게 존중하는 것을 최고의 규범적 원칙으로 삼는 자유주의는 "어떻게 살아야 하는가에 관하여 (서로를 정당한 방식으로 대해야 한다는 것을 제외하고는) 반드시 어떤 특정한 한 가지 또는 그 이상의 방식을 구체적으로 제시해주는 것은 아니다."[86]

물론 장은주가 자유주의자라는 것은 아니다. 다만 그 역시(아마 한승완도 마찬가지일 것이다) 보편적 존중 원칙을 우리 사회의 진보가 취할 수 있는 유일하게 정당한 이념적 원칙임을 강조하고 있다는 점에서, 그런 보편적 원칙의 지평 내에서 볼 때 특수한 역사적 공동체와 관련되어 있는 통일 문제를 전체적으로 조망하기에는 힘들다는 것이다. 주지하듯이 통일은 우리 사회의 많은 구성원이 공유하고 있는 여러 가치 중의 중요한 가치이다.[87] 앞에서 인용했듯이 대한민국

---

86) 애덤 스위프트, 『정치의 생각: 정의에서 민주주의까지』, 앞의 책, 206–207쪽.

헌법 전문에는 "조국의 민주개혁과 평화적 통일의 사명"을 명시하고 있다. 달리 말하자면 우리나라는 헌법에서 분단을 극복하고 평화적으로 통일을 이룩하는 것을 우리 민족의 사명이자 지상 과제로 설정하고 있다.

그리고 그런 평화통일에 대한 염원은 정의와 자유와 같은 이상과 더불어 우리 민족 전체 구성원들의 인간다운 삶에 대한 열망과 연결되어 있다. 그리고 그런 열망은 서세동점 시기 이후 조선이 망하고 일제 식민 지배로 전락하는 과정에서 한반도 내에서의 자주적인 독립 국가를 형성하겠다는 우리 민족의 기나긴 역사적 경험을 배경으로 하고 있다. 그러므로 남북으로 분단된 채 서로 불신과 적대적 대결을 지속하고 있는 현실을 극복하는 과제는 사회철학의 중요한 과제가 아닐 수 없다. 그리고 이러한 과제를 철학적으로 성찰할 때, 보편적 정의와 더불어 우리 사회의 특수한 역사적 맥락 속에서 유래하는 공동체적 연대성의 문제를 고려하지 않으면 안 된다. 더 나아가 민주주의와 인권과 같은 보편적 가치가 초역사적이고 탈맥락적인 차원에서 구현될 수 없다는 것이 분명하다면, 보편적 가치를 구현해내는 역사성과 사회성에 대해 좀 더 깊게 주목할 필요가 있다.

그러므로 정의나 인권이나 민주주의가 설령 보편적 가치나 의미를 지니는 것이라고 해도, 그런 것들을 내면화하고 그것을 실현하는 과정은 결국 특수한 공동체의 역사적 맥락에 의존하고 있다고 보아야 할 것이다. 보편적 가치 역시 역사적 맥락 속에서만 비로소 생명

---

87) 이는 북한도 마찬가지이다. 북한헌법 제9조는 "조선민주주의인민공화국은 북반부에서 [……] 사회주의의 완전한 승리를 이룩하며, 자주, 평화통일, 민족대단결의 원칙에서 조국통일을 실현하기 위해 투쟁한다."라고 명시하고 있다. 한승완, 「한국 국민 정체성의 '민주적 반추'와 통일 문제」, 앞의 글, 52쪽에서 재인용함.

력을 지닐 수 있는 것이다. 그렇지 않다면 우리는 보편적 가치를 대변하는 것으로 자처하는 패권적인 어떤 집단이나 국가에 의해 수동적 객체의 지위로 강등당하는 것에 대해 능동적 저항을 수행할 수 없고, 결국에는 능동적인 윤리적·정치적 주체로서도 제대로 성장할 수 없을 것이다. 인권과 민주주의와 같은 개념이나 정의 원칙 역시 삶의 역사성에 의해 깊게 각인되어 있다.

그러므로 우리가 한민족에 속한다는 것이 무엇인지에 대한 이해에서 빼놓을 수 없는 공동의 역사 감각 혹은 역사 인식과 언어의 중요성을 소홀히 하지 않으면서 분단체제를 극복할 수 있는 평화적인 통일의 길을 모색할 필요가 있다. 당연한 이야기이지만 우리가 현명한 지혜를 갖춘다면, 이런 공유된 감각과 인식은 인권 및 민주주의와 같은 이념의 실현을 위한 긍정적 동력으로 활용될 수 있을 것이다. 또 거꾸로 인권 및 민주주의 의식의 함양과 그것의 폭넓은 실현은 우리 민족의 집단적 연대성이나 정체성을 비판적으로 재검토하여 이를 보다 합리적으로 재정의할 수 있는 동력으로도 활용될 수 있을 것이다.

이렇게 본다면 왜 북한을 통일과 화해를 위한 집단으로 보는지는 남과 북이 공유하고 있는 역사적 경험, 예컨대 대한민국 국민으로서뿐만 아니라 남한과 북한을 포함한 한국인의 집단적 정체성에 대한 암묵적인 전제 없이는 충분하게 해명될 수 없다. 이런 점에 대한 고민은 장은주와 한승완이 강조하는 민주공화국의 이념을 우리 사회 속에 구현시키고자 한 우리의 역사적 경험에 대한 성찰에도 기여할 것이다. 정치적 주체나 자율적인 윤리적 주체도 인간의 삶의 역사성, 달리 말하자면 언어의 역사성을 초월할 수 없다. 언어 밖에서 인간은 결코 주체가 될 수 없다. 자율적으로 행위할 수 있는 주체의 형성과 구성에는 언어가 본질적이고 내재적인 역할을 수행하고 있기 때문이다.

이처럼 언어가 인간의 사회화 작업에서 중요한 역할을 수행한다는 점 그리고 그 언어는 추상적인 보편 언어가 아니라 특정한 역사적 맥락을 지니는 구체적 언어라는 점, 그러므로 인간은 그런 특수한 역사적 공동체인 언어공동체의 일원으로서 비로소 주체로 성장할 수 있다는 점을 인정한다면, 우리는 인권과 민주주의를 이해하는 방식에서도 다른 길을 찾을 수 있을 것이다. 간단히 말하자면 우리가 공유하고 있는 언어의 역사성은 우리를 민주주의적인 혹은 시민적 주체로 행위할 수 있도록 하는 전제 조건이다. 그렇다면 우리 사회의 집단적 정체성은 인권과 민주주의라는 보편적인 이념을 우리 사회에 구현하기 위한 역사적 실천 및 경험에 대한 공통의 기억을 그 필수적 구성 요소의 하나로 갖고 있으면서도 그런 공통의 정치문화보다 더 깊고 두터운 역사 공동체 의식에 뿌리를 두고 있다고 할 수 있다.

언어, 민족주의, 타자

장은주 및 한승완의 헌법애국주의 이론과 관련된 직접적 주제는 아니지만 언어로 상징되는 집단적인 공통 감각과 관련하여 한 가지 언급되어야 할 사항은 언어 민족주의가 갖고 있는 배타성의 문제를 어떻게 헤쳐 나갈 것인가 하는 문제이다. 특히 일본에서 태어난 재일조선인 2세인 서경식의 한국 민족주의에 대한 비판적 성찰은 매우 주목할 만한 것이다. 일본 제국주의에 의해 언어를 비롯한 우리 민족 문화가 말살되는 식민지 지배의 폭력성에 저항하여 한국사회에서 우리 민족의 고유한 언어와 역사의 의미를 강조하는 것은 아주 자연스럽게 받아들여진다. 즉, 일본의 식민지 지배에 저항하는 과정에서 언어가 우리의 집단적 정체성을 구성하는 핵심적인 요소라는 점을 많은 사람들은 자연스럽게 받아들이고 있다. 그는 이런 언어의 자명성에 대해 비판적으로 성찰할 것을 제안한다. 그는 모어(母語)와 모국어(母國語)를 구별한다. "모어는 '태어나서 처음으로 익혀 자신의 내부에서 무의식적으로 형성된 말이며 한번 익히면 그로부터 벗어날 수 없는 근원의 말'이다. 통상 그것은 모친으로부터 아이에게 전달되기 때문에 '모어'라고 한다. 반면 모국어란 자신이 국민으로서 속해 있는 국가, 즉 모국의 국어를 가리킨다. 그것은 근대 국민국가에서 국가가 교육과 미디어를 통해 구성원들에게 가르쳐 그들을 국민으로 만드는 장치이다. 모어와 모국어가 일치하는 경우는 국가 내부의 다수 언어자들뿐이며, 실제로 어느 나라에든지 모어와 모국어를 달리하는 언어 소수자가 존재한다. 그 존재를 무시하거나 망각하고, 아무런 의심 없이 모어와 모국어를 동일시하는 것도 단일민족국가 환상의 소행이라고 하겠다."[88]

단일민족국가의 환상이나 언어 민족주의의 한계에 대해 제기하는 서경식의 반론은 커다란 울림을 지닌다. 국민과 비국민으로 가르는 근대 국민국가의 민족주의적 배제의 논리가 언어 민족주의를 기반으로 하고 있다는 그의 이의 제기에 대해 전적으로 공감한다. 박구

---

88) 서경식, 김혜신 옮김, 『디아스포라 기행: 추방당한 자의 시선』, 돌베개, 2006, 18쪽.

용의 용어를 사용한다면 '우리 안의 타자'[89]에 대한 편견을 초래할 수 있는 민족주의의 병리적 현상에 대한 반성을 수행하는 작업이 필요하다.

여기에서는 서경식의 문제 제기를 어떤 방식으로 해결해야 할 것인가 하는 문제를 상세하게 다루지 않을 것이다. 다만 강조하고 싶은 것은 이질적인 타자의 목소리에 대한 응답으로서의 책임이라는 윤리적 감수성을 통해 국민국가의 배타성을 해결하는 시도에 대해서 필자는 늘 공감하고 있다는 점이다. 필자도 우리 사회 민족주의의 배타성을 극복하기 위한 방법으로 타자에 대한 무한한 응답으로서의 책임 윤리를 한국의 저항적 민족주의의 해방적 계기와 결합시켜 보고자 시도하고 있다. 일제 식민 지배의 경험을 통해 아무런 몫을 갖고 있지 않은 난민의 처지가 얼마나 비인간적인가를 경험한 우리 민족은 그런 경험을 타민족이나 소수자에게 반복해서는 안 될 것이라고 본다. 그러므로 민족주의와의 연동 속에서 구현되고 있는 근대 국민국가의 배제 문제를 타자에 대한 무한한 응답 혹은 환대를 통해 어떻게 극복할 수 있는가는 매우 중요한 과제라고 할 것이다.[90]

타자에 대한 응답으로서 책임 윤리와 더불어 근대 국민국가의 배제의 틀을 극복할 가능성의 하나로 필자가 주목하는 것은 문화적 번역행위이다. 언어 및 문화를 포함하여 세상의 모든 존재는 타자와의 관계없이 자족적으로 존재할 수 없다. 달리 말해 이 세상에 주권

---

89) 박구용, 『우리 안의 타자: 인권과 인정의 철학적 담론』, 철학과현실사, 2003.

90) 나종석, 「데리다의 절대적 타자 이론과 정치」, 『가톨릭철학』 19, 2012, 167-198쪽 ; 나종석, 「공공성의 개방성과 배제-공공성의 개방성과 공통성 사이의 긴장을 너머」, 『칸트연구』 28, 2011, 165-194쪽 참조.

적인(sovereign) 존재자는 없다. 그리하여 모든 존재의 자기 동일성은 타자와의 관계 속에서만 확보될 수 있는 것이다. 이런 점을 염두에 두고 언어와 민족적 정체성의 문제를 고민할 수 있을 것이다. 그 경우에 특히 번역행위가 지니는 인정투쟁에서의 고유한 역할에 주목하고 싶다. 이질적 언어를 사용하는 사람들 사이에 혹은 집단들 사이의 만남에서 번역행위는 필수적이다. 그리고 그런 번역행위가 가능한 것도 이질적인 언어들 사이의 번역 불가능성 때문이다. 달리 말하자면 이질적 언어들 사이의 차이 자체가 번역을 가능하게 하는 것이다. 한 언어가 다른 언어로 완전하게 번역된다는 것은 사실상 불가능하다. 그런 투명하고 완전한 번역이 가능하다는 믿음은 언어의 이질성이라는 사태와 모순적이다. 그러므로 문화적 번역행위를 매개로 하여 우리는 상이하고 이질적인 언어를 몸에 익힌 사람들과 개방적인 대화를 시도할 수 있고, 또한 그런 문화적 번역을 통해 이질적인 타자에 대한 개방적 자세를 키워 타자와 함께 모국어라는 다수자의 언어를 기준으로 하여 국민과 비국민을 나누는 경계의 폭력성조차도 해체할 수 있을 것이다.91)

언어공동체의 배제 문제를 문화적 번역행위를 통해 어느 정도 해결할 수 있듯이 문화적 번역행위는 보편주의와 특수주의의 거친 이원론 사이의 변증법적 대화의 공간을 확보하는 중요한 방법일 것이다. 이런 맥락에서 우리는 보편적 동등 존중 이념에 기초하고 있는

---

91) 필자가 그 의미를 제대로 이해했는지 모르겠으나 문화적 번역행위 이론을 주디스 버틀러에게서 배웠다. 그의 문화적 번역행위 이론에 대해서는 주디스 버틀러, 「보편자를 다시 무대에 올리며: 헤게모니와 형식주의의 한계들」, 주디스 버틀러·에르네스토 라클라우·슬라보예 지젝, 박대진·박미선 옮김, 『우연성, 헤게모니, 보편성』, 도서출판 b, 2009, 27-71쪽 참조.

인권이념으로 완전히 대체할 수 없는 역사적 경험의 맥락과 결부된 공동의 삶의 양식, 그 해석 양식 그리고 서사의 의미를 연결시켜 사유하지 않으면 안 된다. 물론 이 둘 사이의 결합은 쉽지 않을 수도 있다. 그렇다고 집단적 정체성이나 가치공동체에 대한 태도가 지니는 억압적이고 배타적인 측면만을 과장함에 의해, 그 의미를 완전히 무시하는 것 역시 올바른 태도가 아닐 것이다. 달리 말하자면 근대 국민국가가 태생적으로 간직하고 있는 민족주의와 민주주의의 내적 연계성의 문제로 인해 필연적으로 등장하는 배제의 문제를 민족주의의 배타성과 폭력성만을 비판하는 것으로 해결할 수 있다고 보는 것은 일면적이다.

필자가 보기에 근대 국민국가에서 민주주의와 민족주의의 내적 연관성에 대한 다음과 같은 찰스 테일러의 분석은 타당하다. "민족주의는 근대의 소산이고 바로 인정의 정치의 발현이기도 합니다. 그리고 민족주의는 또한 민주주의에 대한 요구와도 분리시킬 수 없습니다. 근대 민주주의는 사회 성원의 정체성을 인민주권론의 원리에 입각해 보장하는 것으로부터 출발합니다. 그러나 모든 이의 평등과 자유를 보장하는 민주주의는 통합의 논리이기도 하지만 동시에 배제의 논리로 작동한다는 것이 **근대 민주주의의 구조적 역설**[강조: 필자]이기도 합니다. 왜냐하면 민주주의 체제 내에서 인민과 비인민, 국민과 비국민이 현실적으로 나눠질 수밖에 없기 때문이죠. 여기서 비인민 또는 비국민으로서 규정된 집단이 인정의 정치학의 논리에 입각해 자기 몫을 요구할 수밖에 없는 것입니다. 어떤 문화/인종/종교/이념 공동체가 자기 정체성 형성을 확인받고 존중받겠다는 정체성의 정치, 인정의 정치가 근대성의 도전과 겹치면서 다중(多重) 근대성의 향로를 만든 것이 근·현대 세계사의 궤적이라고 봅니다. 민족주의가 그렇게 강력한 감성적 힘을 갖는 이유도 근대에 와서 확연해진 인정의 정치의 필연성 때문입니다."[92]

그러나 장은주는 하버마스의 경우에서와 마찬가지로 근대 국민국가 차원에서 민족주의와 민주주의라는 두 요소가 맺고 있는 상호관계를 인식하는 데에서 모호한 자세를 취한다. 예를 들어, 장은주는 한편으로 민주주의 사회가 "사회문화적으로 구성되는 가치공동체"를 전제해야 함을 인정하면서도, 이를 인권 및 민주주의의 원리와 같은 보편주의적인 이념을 왜곡하는 요소로 보고 이로부터 벗어나고자 한다. 따라서 그의 헌법애국주의 이론은 난문, 즉 아포리아에서 헤어나기 힘든 것처럼 보인다. 그는 한편으로는 정의와 연대성의 관계 문제를 진지하게 다루면서도 연대성이 빠질 수 있는 위험성에 대한 염려로 인해 연대성을 형해화하는 경향이 있기 때문이다. 그가 "사회문화적으로 구성되는 가치공동체"에서 그 "구체주의적·특수주의적 성격을 포기해야만 한다"고 말하는 것은 우연이 아니다.

그러나 앞에서 언급했듯이 민족적 정체성의 확립과 보편적 정의 원칙 지향의 정치문화적 정체성 사이의 관계는 제로섬 관계가 아니다. 그렇다면 북한을 포함하여 남한사회에서 정의와 인권을 보다 더 심화시키고 존중하는 질서를 창출하려는 노력과 민족적 연대성 및 정체성에 대한 상호 확인을 위한 작업이 함께 동반될 수 있다는 결론도 틀리지 않을 것이다. 게다가 국민국가가 앞으로도 상당 기간 영향

---

92) 찰스 테일러, 김선욱 외 옮김, 『세속화와 현대문명』, 철학과현실사, 2003, 477쪽.

력 있는 정치질서로 존재할 것이고, 그런 국민국가를 제대로 발전시키고자 하는 노력이 세계시민주의적 상태를 이룩하려는 노력과 병존 가능하다고 필자는 생각한다. 따라서 한반도에서의 통일된 국민국가 ─ 그 형태를 미리 단일한 국민국가로 설정하지는 않지만 ─ 를 형성하기 위한 노력에서 민족주의는 여전히 여러 점에서 순기능을 발휘할 수 있을 것이라고 생각된다. 그러므로 장기화된 분단 상황에서 정치체제나 경제체제 그리고 사회문화적 차원에서 상호 이질성이 확산됨에도 불구하고, 남북 사이에서 여전히 상당한 수준으로 공유하고 있는 역사적인 인식과 사회문화적 자원과 같은 사회통합의 자원을 활용하는 협력 방안도 소중한 의미를 지닌다. 그리고 이런 공통의 집단적 정체성 확인 작업은 한반도에서 인권과 민주주의를 기본 원칙으로 존중하는 통일의 길과 반드시 상충되지는 않을 것이다.[93] 인권과 민주주의를 전면에 내세우는 것보다는 그리고 북한의 인권 문제를 아주 신중하게 다루는 작업과 별도로 남과 북에 존재하는 언어와 역사, 문학 등에 구현되어 있는 민족적 정체성의 확인 작업 그리고 분단 과정에서 커진 상호 간의 이질성에 대한 관용의 태도를 추구하는 노력은 장기적으로 정치적 원리에 대한 합의를 이끌어내는 작업에도 긍정적으로 이바지할 것임에 틀림없다.

반복되는 이야기이지만 북한 정치체제의 야만성에 눈을 감자는

93) 더 나아가 오랜 세월 동안 우리 민족이 민주적 공화국을 세우기 위해 노력해온 역사적 경험을 새롭게 인식하고 그것을 남과 북이 함께 공유하는 노력도 기울여야 할 것이다. 이는 김일성을 중심으로 서술되는 독립운동 역사에 대한 북한의 왜곡을 근본적으로 비판하는 작업을 전제한다. 그렇기에 이런 작업은 상당히 힘들 수도 있을 것이다. 또한 독립운동의 의미를 과소평가하면서 식민지 시대를 편협한 근대화의 시각에서 긍정적으로 묘사할 뿐 아니라, 대한민국의 건국이라는 이름으로 독립운동과 대한민국의 탄생의 내적 연결을 약화시키려는 우리 사회 일각의 분위기에 대한 성찰도 필요하다.

말이 아니다. 또한 북한 체제와 비교할 수는 없지만 우리 사회도 만만치 않은 문제점을 안고 있다. 따라서 북한 사람들에 대한 민족적 연대와 형제애를 결여한 채 특정한 방식으로 해석된 인권과 민주주의와 같은 이념의 정당성만을 되풀이하여 강조하는 태도는 대한민국 민주주의를 심화·확장시키는 데에서뿐 아니라, 한반도의 평화나 북한 민주주의 및 인권 수준을 개선하는 일에도 도움이 되지 않을 것이다. 달리 말하자면 우리는 이렇게도 생각해볼 수 있다. 남한과 북한이 적어도 민족적 정체성에서 많은 공유 지점이 있기에 그런 정체성을 기반으로 하여 북한 사람들에게 더 나은 정치체제를 형성하도록 애정 어린 비판을 할 수도 있고, 또 필요한 경우에 그것을 위해 연대적 행동을 더 효과적으로 수행할 수 있을지도 모른다.

물론 이런 주장은 통일을 우리 민족의 지상 과제로 설정하고 통일의 방식을 고려하지 않는 태도와는 아무런 관련이 없다. 민족 동질성에 기반을 둔 무조건적인 통일 추구의 위험성에 대한 경계는 매우 중요하다. 통일은 민주주의, 평화 그리고 보다 나은 인간다운 삶의 확보와 같은 다른 가치들과 연계되어 이해될 때 더 진지하게 다루어질 수 있다. 그리고 우리 사회에 국한해볼 때 분단 이후 통일에 대한 열망은 대부분 더 많은 민주주의 및 인권 추구 그리고 평화에 대한 희망과 결합되어 왔다. 그렇기에 북한의 민족적 동질성에 대한 과도한 혈통주의적 한민족지상주의는 받아들일 수 없다. 한승완이 지적하듯이 한국사회가 다양한 인종과 문화를 받아들이는 태도조차 '민족부정론자'나 '민족말살론'으로 비판하는 북한의 태도는 민족 정체성에 대한 북한식 정의가 안고 있는 문제점을 잘 보여준다.[94]

그리고 민족주의의 위험성만큼이나 민주주의와 인권의 원리주의적 접근 방식의 위험성에 대한 경계 의식도 중요하다. 팽창주의와 결합된 근본주의적 인권 담론과 더불어 모든 인간을 동등하게 대우하라는 보편주의적 원칙만을 유일한 규범적 정당성의 잣대로 들이대는 사고방식도 매우 위험하다. 특히 전통과 기억의 공유를 매개하는 언어를 같이하고 있는 한 정치적 원리에 대한 상이한 이해에도 불구하고, 남과 북은 서로 협력하고 만나 상호 유대를 강화할 수 있다. 이웃과 동포에게도 아무런 연대 의식을 표하지 못하는 인간이 세계시민적 이념에 대한 불타는 사랑을 토해낸다 한들, 그런 사랑이야말로 가장 비정한 사랑이며 가장 비인간적인 태도에 지나지 않을 것이다. 그런 사람이야말로 인간성 자체를 상실한 존재에 지나지 않을 것이다.[95]

글을 마무리하면서 거듭 한승완 및 장은주의 진지한 고민과 모색의 의미가 지니는 중요성을 강조하고 싶다. 그래서 그들의 시도를 좀 더 긍정적이고 따뜻한 시선에서 바라보아야 할 이유 세 가지를 언급하고자 한다. 우선 그들은 우리 민족이 포기할 수 없는 역사적 과제인 통일과 민족문제를 사회철학적 탐구 대상으로 삼아 진지하게 고민하고 있다. 우리 사회가 안고 있는 문제점을 직시하면서 그 문제를 해결하는 과정에서 철학도 구체성을 획득할 수 있다. 우리가 안고 있는 문제를 정면으로 응시하면서 철학적 사유를 진전시키는 이들의 자세는 높이 평가되어야 마땅하다. 여러 문제점이 있다고 해도 이들

---

94) 한승완, 「한국 국민 정체성의 '민주적 반추'와 통일 문제」, 앞의 글, 50-51쪽 참조.
95) 이 부분은 우리 사회 일각에 엄연하게 존재하는 현상에 대한 비판적 분석인 것이지 장은주나 한승완의 이론에 대한 비판과 무관하다.

의 시도는 우리 사회가 필요로 하는 바람직하고 미래지향적인 평화통일의 철학적 기초를 발전시키는 데 유용할 것이다. 이를 통해 우리 사회의 철학적 사유의 지평도 확충될 것임에 틀림없다.[96]

그다음으로 한승완과 장은주의 시도는 민족주의를 긍정적으로 보는 사람들에게 적어도 진지하게 우리 사회 민족주의의 솔직한 자화상을 성찰하도록 하는 데 이바지할 수 있다. 우리 사회 일각에 존재하는 통일 지상주의적 태도가 자유와 인권 그리고 민주주의적 이념에 의해 일정 정도 교정을 필요로 한다는 점을 부인할 사람은 없을 것이다.[97] 설령 민족통일이나 저항적 민족주의가 지니는 의미를 긍정한다고 해도, 오늘날 우리 사회의 민족감정에는 어떤 위험성과 시대착오적 오류를 지니는 것은 아닌지에 대해 성찰하는 작업은 매우 중요하기 때문이다. 앞에서 북한의 민족주의에 대한 정의가 안고 있는 문제점을 지적했듯이, 모든 개념은 완결된 것이 아니고 열려 있는 것이다.

그리고 모든 개념이 역사성을 지니고 있듯이 그것은 또한 늘 권력과 연계되어 있다. 따라서 특정한 방식의 개념 정의가 안고 있는 문제점에 대한 비판은 그것과 연동된 현실 권력의 작동방식 그리고 그것을 뒷받침해주는 사회체제 전반에 대한 비판과 결합되지 않을 수 없다. 해석의 독점이 허용된다면 그것은 결국 자유의 상실로 이어

---

96) 한반도의 분단체제와 그 극복의 문제를 레비나스의 책임의 윤리라는 관점에서 접근하는 문성원의 글도 주목해야 할 철학적 시도이다. 문성원, 『해체와 윤리: 변화와 책임의 사회철학』, 그린비, 2012, 제1부 5장 참조.

97) 물론 통일에 대한 태도는 구체적인 역사적 상황 속에서 엄밀하게 검토되어야 할 사항이다. 그래서 통일에 대한 의미 부여는 분단체제의 극복보다는 그 유지를 바라는 세력들에 대한 반작용이라는 시각에서도 평가되어야 할 사항이다.

질 것이다.98) 따라서 특정한 개념에 대한 정의 방식을 둘러싸고 해석의 다양성은 늘 존재하며 이들 다양한 해석들 사이의 갈등도 피할 수 없다. 그러므로 언어에 대한 비판, 예를 들어 북한식의 과도한 혈통주의적 민족주의 이해에 대한 비판은 그 사회에 대한 비판을 동반하지 않을 수 없다.

위에서 언급한 의미 이외에도 장은주와 한승완의 시도는 한국사회 민족주의의 폐단을 극복할 수 있는 새로운 시야를 확보하기 위한 것으로 적극적인 평가를 받을 수 있다. 달리 말하자면 헌법애국주의 이론을 바탕으로 하여 인권과 민주주의적 가치를 한반도의 평화와 통일의 규범적인 이념으로 설정하는 작업은 우리 사회의 민족주의를 세계시민적 지향과 결합되는 방식으로 재구성하려는 시도로 이해될 수 있다. 우리 사회가 북한과의 화해와 통일을 통해 한반도 수준에서 민주주의와 인권이 넘치는 인간다운 사회를 형성하자는 이들의 주장은 무리 없이 우리 사회가 그동안 집단적으로 추구해온 민주주의와 평화통일 그리고 자주적인 근대적 독립국가의 완성이라는 민족적인 열망의 변형으로 이해될 수 있다고 보기 때문이다.

특히 한승완의 민주적 정체성에 대한 새로운 숙고와 장은주의 헌법애국주의 이론에 대한 한국적 재구성 시도는 우리 스스로 망각하고 있지만, 우리 사회가 역사적으로 형성해온 민족주의의 긍정적 전통을 반추해볼 기회를 제공한다. 민주적 정체성에 대한 대표적 제안인 헌법애국주의 담론에 관한 사회철학계의 관심은 우리 민족의 독립운동 속에 면면히 흘러오고 있는 보편적 문명의식, 예를 들어 유

---

98) 우리가 국정교과서를 비판하듯이 북한의 역사교육 및 역사서술에 대한 비판적 연구도 역시 필요할 것이다.

교적인 대동세계와 평천하적인 태평세계 지향을 내면화하고 있는 독특한 인류 대동의 세계시민적 민족주의 전통의 반복으로도 이해해봄직하다는 것이 필자의 입장이다. 따라서 이러한 흐름은 인의(仁義) 및 천리와 같은 유교적 보편 원칙에 대한 충성을 바람직한 것으로 간주해온 조선 이후 우리 역사와 무관한 것이 아니다. 그리고 이런 유교적 보편 문명의 도에 대한 충성의 전통은 한국 현대사 속에서 나라의 주인인 백성과 시민에 대한 민주주의적 충성 이론으로 변형·전개되어 왔다.99) 물론 그들에게는 자신들의 시도가 우리 사회의 역사속에서 면면히 흐르는 보편적 원칙을 중시하는 충성 이론의 역사를 다른 방식으로 반복하고 있다는 의식이 명시적으로 드러난 것은 아니지만 말이다.100)

나가는 말

세계화 시대에도 국민국가는 여전히 쓸모 있고 국제사회에서 가장 중요한 행위 주체로 남아 있다. 이런 상황은 앞으로도 상당 기간지속될 것이다. 세계화의 진전으로 양극화가 심해졌으나 국민국가의 행위 능력은 현저하게 약화되었음도 사실이다. 그렇다고 국민국가를 시대에 뒤진 것으로 보고 이를 대체할 방안을 모색하는 것만이 우리가 취할 최선의 방도는 아닐 것이다. 국민국가와 민족주의에 대한 대

---

99) 민주적 충성 이론의 탄생사에 대해서는 나종석, 『대동민주 유학과 21세기 실학』, 앞의책, 제14장 참조.

100) 이런 명시화를 방해하는 것이 민주적 정체성에 대한 숙고 및 헌법애국주의 담론이 지니는 이론적 모호함이라고 필자는 생각한다.

안으로서 제시된 세계시민주의는 존중되어야 하지만, 국민국가 없는 세계시민주의의 길은 쓸모없는 구호에 지나지 않는다.

그렇다고 민족주의의 위험성을 그냥 보고만 있자는 것은 아니다. 국민국가와 민족주의 역시 많은 문제점을 안고 있으며, 21세기의 변화된 상황에 어울리는 방식으로 변형되어야 할 것이다. 따라서 민족주의의 위험성을 자각하고 그것을 제어할 가능성을 미리 배제할 필요가 없다. 민족주의가 위험성을 지닌다는 이유로 그것을 버려야 한다고 주장하는 사람에게 필자는 다음과 같이 대답하고 싶다. 민족주의나 민족적 자부심이 대단히 위험하기에 그것을 대체할 대안이 필요하다는 주장을 일반화하면 지구상에 살아남을 그 어떤 이념도 존재하지 않는다고 말이다.

예를 들어 기독교 근본주의나 이슬람 근본주의는 종교의 폭력성을 보여주는 대표적 사례이지만, 그렇다고 기독교와 이슬람의 위험성을 극복하기 위해 이들 종교의 폐지를 주장하는 사람은 많지 않을 것이다. 또 인권이라는 소위 인류의 보편적 가치는 어떠한가? 미국의 인권 정치가 보여주듯이 인권 담론 역시 강대국이 약소국가에 폭력적으로 개입하는 이데올로기로 전락될 수 있다. 그렇다고 우리는 인권을 대체할 대안을 찾자고 나서지는 않는다. 인권의 정치적 오남용은 인권에 대한 보다 올바른 이해와 정치적으로 올바른 방식으로 이를 추구하는 더 나은 방법을 모색할 필요가 있음을 보여줄 뿐이다.

물론 아렌트가 탁월한 방식으로 지적하고 있듯이[101] 전체주의

---

101) 프란츠 파농에 대한 아렌트의 비판에서 볼 수 있듯이 그 역시 식민 지배에 대해 무비판적 태도를 보여준다. 여기에서는 이를 논외로 한다. 한나 아렌트의 파농 비판과 그 문제점에 대해서는 이경원, 『파농』, 한길사, 2015, 245–259쪽 참조. 한나 아렌트의 유럽중심주의 및 식민주의에 관한 무감각에 대해서는 주디스 버틀러, 양효실 옮김, 『지상에서

의 경험과 더불어 국민국가와 인권의 결합은 자명한 사실이 아니게 되었다. 국가구성원의 기본적 권리를 보호할 것이라고 간주된 근대 국민국가 자체가 제국주의 단계를 거쳐 1차 세계대전과 2차 세계대전을 통해서 가장 극악한 인권유린의 주체로 변질되었기 때문이다. 그가 인권의 '아포리아'로 표현한 상황을 우리는 아직도 극복하고 있지 못하다. 인권을 보호하는 매체이면서 동시에 인권유린의 주체일 수 있는 근대 국민국가의 양가성을 해결하기 위한 하나의 길은 국민국가와 민족주의의 독을 해체하고 그것을 재구성하는 작업일 것이다. 국민국가의 재구축으로서 해체는 국민국가와 민족주의의 독성을 제거하기 위하여 그 자체를 없애는 것이 아닐 것이다. 그리고 더 나은 민주주의 국가의 형성은 역설적으로 그 공동체에 대한 충성과 애정이 풍부한 시민들의 육성을 전제로 한다.

우리는 민족주의와 세계시민주의의 이분법을 넘어서야 한다. 그러기 위해서는 물론 한국사회에 존재하는 민족주의의 여러 흐름에 대한 정확한 인식과 그 문제점에 대한 성찰과 비판의 자세가 필요하다. 이런 과정에서 민족주의를 새로운 시야에서 해석하고 그것을 재구성 내지 재규정하는 작업이 진행되어야 한다. 민족주의를 모든 악의 근원인 양 비판하는 작업보다는 민족주의를 해롭지 않게 만드는 작업이 민족주의가 안고 있는 병리적 요소들을 치유할 방안이자 세계시민주의적 이상의 실현에 더 다가가는 실천일 수 있다. 그러므로 민족주의가 호전적인 대내외적 배타주의로 흐를 위험성을 진지하게 받아들이면서도, 변형된 민족주의를 매개로 하여 세계시민주의로 나

함께 산다는 것: 이스라엘 팔레스타인 분쟁, 유대성과 시온주의 비판』, 시대의창, 2016, 259–265쪽 참조.

아가는 길이 규범적으로나 실현 가능성의 측면에서도 더 바람직하다. 역설적이지만 국민국가와 민족적 정체성에 대한 제대로 된 강조는 공허한 세계시민주의 이상을 내세우는 것보다 세계시민주의 이념에 이르는 더 나은 방법일 수도 있다는 말이다. 인류 대동의 평화와 자유, 독립과 민주주의를 위해 헌신해 온 우리 민족의 역사를 잊지 않기 위한 노력이 더 절실하게 요구된다.[102]

---

102) 이 글은 『대동민주 유학과 21세기 실학: 한국민주주의론의 재정립』(도서출판 b, 2017)의 제16장을 축약한 것이다. 특히 공화주의적 애국심 논쟁을 다룬 부분을 생략했는데, 이 부분은 하버마스 총서 기획 취지에 따라 하버마스의 이론과 직접 관련이 없다고 여겨지기 때문이다. 그리고 글의 주된 내용을 수정하지 않은 이유는 이 글이 완전해서가 아니다. 하버마스와 관련한 저자의 문제의식은 기본적으로 현재 크게 달라지지 않았지만, 과거의 글의 핵심적 내용을 수정한다는 것은 별도의 과제라고 보기 때문이다. 따라서 이 글은 저자가 한국 상황과 관련해 하버마스 이론을 둘러싸고 진행된 쟁점에 관한 나름의 고민을 담은 것으로 그 자체로 역사적 의미가 있을 것이라 여겨 핵심적 내용을 전혀 수정하지 않았다.

참고문헌

곽준혁, 「변화하는 세계, 민족주의는 아직도 필요한가」, 곽준혁 편, 『경계와 편견을 넘어서』, 한길사, 2010.

권혁범, 『민족주의는 죄악인가』, 생각의나무, 2009.

권혁범, 『민족주의와 발전의 환상-개인 지향 에콜로지 정치의 모색』, 솔, 2000.

김동춘, 「한국 사회의 공공성과 공적 지식인: 그 구조적 특징과 변화」, 연세대학교 국학연구원 HK사업단 편, 『사회인문학과의 대화』, 에코리브르, 2013.

김만권, 「'헌법애국주의', 자신이 구성하는 정치공동체에 애정을 갖는다는 것」, 『시민과세계』16호, 2009.

김범수, 「민주주의에 있어 포용과 배제: '다문화사회'에서 데모스의 범위와 설정 문제를 중심으로」, 『한국정치학회보』48(3)호, 2008.

김종철, 「헌법재판소는 주권적 수임기관인가?」, 『한국법학원』(韓國法學院)151호, 2015.

나종석, 『대동민주 유학과 21세기 실학: 한국민주주의론의 재정립』, 도서출판b, 2017.

나종석, 「데리다의 절대적 타자 이론과 정치」, 『가톨릭철학』19호, 2012.

나종석, 「민주주의, 민족주의 그리고 한반도에서의 국민국가의 미래」, 『사회와철학』22호, 2011.

나종석, 「매개적 사유와 사회인문학의 철학적 기초」, 김성보 외 지음, 『사회인문학이란 무엇인가』, 한길사, 2011.

나종석, 「공공성의 개방성과 배제-공공성의 개방성과 공통성 사이의 긴장을 너머」, 『칸트연구』28호, 2011.

나종석, 「탈민족주의 담론에 대한 비판적 성찰: 탈근대적 민족주의 비판을 중심으로」, 『인문연구』57호, 2009.

나종석, 「민족주의와 세계시민주의: 자유주의적 민족주의를 중심으로」, 『헤겔연구』26호, 2009.

다카하시 데쓰야, 「머리말」, 고모리 요이치·다카하시 데쓰야 엮음, 이규수 옮김, 『내셔널 히스토리를 넘어서』, 삼인, 2001.

문성원, 『해체와 윤리: 변화와 책임의 사회철학』, 그린비, 2012.

박구용, 『우리 안의 타자: 인권과 인정의 철학적 담론』, 철학과현실사, 2003.

박명규, 『국민·인민·시민: 개념사로 본 한국의 정치주체』, 소화, 2009.

박지향, 「머리말」, 박지향 외, 『해방전후사의 재인식 1』, 책세상, 2006.

백낙청, 『한반도식 통일, 현재진행형』, 창비, 2006.

서경식, 김혜신 옮김, 『디아스포라 기행: 추방당한 자의 시선』, 돌베개, 2006.

안병직·이영훈 대담, 『대한민국 역사의 기로에 서다』, 기파랑, 2007.

윤건차, 장화경 옮김, 『현대 한국의 사상흐름: 지식인과 그 사상 1980~90년대』, 당대, 2000.

이영훈, 「민족사에서 문명사로의 전환을 위하여」, 임지현·이성시 엮음, 『국사의 신화를 넘어서』, 휴머니스트, 2004.

윤해동, 『식민지의 회색지대』, 역사비평사, 2003.

이경원, 『파농』, 한길사, 2015.

임지현, 「포스트민족주의 대 열린 민족주의」, 『제8회 인문학 학술대회: 인문학은 말한다』, 이화여대 인문학연구원, 2004.

임지현, 「국사의 안과 밖−헤게모니와 '국사'의 대연쇄」, 임지현·이성시 외, 『국사의 신화를 넘어서』, 휴머니스트, 2004.

장은주, 『정치의 이동: 분배 정의를 넘어 존엄으로 진보를 리프레임하라』, 상상너머, 2012.

장은주, 「민주적 애국주의와 민주적 공화주의−비판과 문제 제기에 대한 응답」, 『시민과세계』17호, 2010.

장은주, 『인권의 철학: 자유주의를 넘어, 동서양이분법을 넘어』, 새물결,

2010.

장은주, 「대한민국을 사랑한다는 것–'민주적 애국주의'의 가능성과 필요」, 『시민과세계』15호, 2009.

장은주, 『생존에서 존엄으로: 비판이론의 민주주의 이론적 전개와 우리 현실』, 나남, 2007.

한승완, 「한국 국민 정체성의 '민주적 반추'와 통일 문제」, 『사회와철학』 22호, 2011.

한승완, 「'자유주의적 민족주의'와 '헌법애국주의'」, 『사회와철학』20호, 2010.

홍석률, 「민족주의 논쟁과 세계체제, 한반도 분단 문제에 대한 대응」, 『역사비평』80호, 2007.

홍승헌, 「하버마스의 헌정적 애국심」, 곽준혁·조홍식 엮음, 『아직도 민족주의인가: 우리시대 애국심의 지성사』, 한길사, 2012.

「1987년 대한민국헌법」, 정종섭 편, 『한국헌법사문류』, 박영사, 2002.

몬트세라트 귀베르나우, 유강은 옮김, 『소속된다는 것: 현대사회의 유대와 분열』, 문예출판, 2015.

애덤 스위프트, 김비환 옮김, 『정치의 생각: 정의에서 민주주의까지』, 개마고원, 2011.

앤서니 스미스, 이재석 옮김, 『세계화 시대의 민족과 민족주의』, 남지, 1997.

에릭 홉스봄, 강명세 옮김, 『1780년 이후의 민족과 민족주의』, 창비, 2008.

위르겐 하버마스, 장은주·하주영 옮김, 『분열된 서구』, 나남, 2009.

위르겐 하버마스, 한상진·박영도 옮김, 『사실성과 타당성』, 나남, 2007.

위르겐 하버마스, 황태연 옮김, 『이질성의 포용』, 나남, 2000.

위르겐 하버마스, 한상진 엮음, 『현대성의 새로운 지평』, 나남, 1996.

주디스 버틀러, 양효실 옮김, 『지상에서 함께 산다는 것: 이스라엘 팔레스타인 분쟁, 유대성과 시온주의 비판』, 시대의창, 2016.

주디스 버틀러·에르네스토 라클라우·슬라보예 지젝, 박대진·박미선 옮김, 『우연성, 헤게모니, 보편성』, 도서출판b, 2009.

찰스 테일러, 권기돈·하주영 옮김, 『자아의 원천들: 현대적 정체성의 형성』, 새물결, 2015.

찰스 테일러, 김선욱 외 옮김, 『세속화와 현대문명』, 철학과현실사, 2003.

타리크 알리, 장석준 옮김, 『극단적 중도파』, 오월의봄, 2017.

David Miller, *Citizenship and National Identity*, Cambridge: Polity Press, 2000.

David Miller, *On Nationality*, Oxford: Oxford University Press, 1995.

15

실천이성의 계보학

15

실천이성의 계보학

하버마스 후기 철학의 방법론적 변화에 관하여

장춘익

들어가는 말

2019년 하버마스는 90세의 나이에 그의 생애 최대 분량의 저작 『또 하나의 철학사(*Auch eine Geschichte der Philosophie*)』 1, 2권을 세상에 내놓았다.[1] 이 저작으로부터 회고해보면, 하버마스 스스로 비판이론의 '패러다임 전환'[2]을 가져온 것으로 평가했던 『의사소통행위이론』 이후에도 그의 방법론에 중요한 변화 내지 보완이 있었음을 확인할 수 있다. 나는 그 변화를 '탈초월화(Detranszendentalisierung)'

---

[1] 1권과 2권을 합쳐 대략 1,700쪽 남짓이다. '괴물'이라고 불리기까지 했던 『의사소통행위이론』 1, 2권이 1,200쪽에 못 미쳤던 것을 생각해보면, 노년의 하버마스는 1/3 정도 덩치가 더 커진 슈퍼 괴물을 탄생시킨 셈이다. 앞으로 본문에서 언급할 시에는 『또 하나』로, 인용 쪽 수 표기 시에는 'Auch'로 약칭.

[2] 비판이론의 기초를 '목적합리적 행위'로부터 '의사소통적 행위'로, 혹은 '의식철학'으로부터 '의사소통이론' 내지 '언어철학'으로 전환한 것을 의미한다. 『의사소통행위이론』 1권, 495, 562쪽(*Theorie des kommunikativen Handelns* 1, 455, 518쪽) 참조. 앞으로 『의사소통』, 'TKH'로 약칭.

로부터 '계보학(Geneaologie)'으로의 중심 이동으로 규정하고자 한다. 두 방법 모두 실천적 합리성을 해명하고 강화하는 데 기여하고자 한다는 점에서는 공통이다. 다만 탈초월화가 실천적 합리성을 현재의 여러 이론 조각들로부터, 즉 전방으로부터 혹은 공시적으로 설명하려 한다면, 계보학은 후방으로부터 혹은 통시적으로 해명하려는 노력이라고 할 수 있을 것이다. 탈초월화는 형식화용론과 생활세계론을 중심으로 한다. 한편으로 규범적 타당성 주장 역시 명제적 진리성에 대한 주장과 마찬가지로 논증을 통해 해소되는 구조를 갖는다는 것이, 그리고 다른 한편 의사소통행위를 통해 재생산되는 생활세계에서 실천적 합리성이 사회화와 사회통합에 불가피하게 영향을 미친다는 것이 탈초월화 논증의 핵심이다. 말하자면 칸트가 말하는 실천이성의 논리와 실천이성의 사실성을 의사소통행위이론 버전으로 변환하는 것이다. 이에 반해 계보학은 실천적 합리성을 역사적·사회문화적 학습과정의 산물로 파악하고자 한다. 탈초월화가 실천적 합리성의 불가피성을 말하고자 한다면, 계보학은 실천적 합리성의 부정이 가능하긴 하지만 이성적이지 않음을 보여주고자 한다. 나는 두 방법론의 차이가 중요한 이론적, 실천적 문제의식의 변화에서 비롯된다고 생각한다. 본 논문의 목적은 하버마스가 어떤 이론적, 실천적 필요에서 계보학적 방법에 점차로 더 큰 비중을 두는지, 그의 계보학적 방법의 특징이 무엇인지, 왜 계보학적 접근에서 신앙과 지식 내지 종교와 철학의 관계에 주목하는지, 그런 계보학적 고찰의 이론적, 실천적 결실이 무엇인지를 밝히는 것이다. 내가 보기에 하버마스가 계보학적 고찰로 눈을 돌리게 된 것은 이론적인 측면에서는 의사소통행위이론 및 토의윤리학의 제한성에 대해 자각하게 되었고 인간의 자기이해를 심각하게 위협하는 과학주의적 사고를 새로운 방식으로 비판할 필요성이 절실해졌기 때문이다. 실천적 측면에서 그의 계보학은 종교가 여전히 생생한 힘을 발휘하는 현실에서 민주주의를 어떻게 구상할 것인가의 문제에 대한 답을 찾고자 한다. 본 논문의 서술은 이론적 문제에 보다 중점을 둘 것이다.

계보학적 전환?

'계보학'을 니체와 푸코의 철학적 방법론과 동일시하는 사람들에게는 다소 당혹스럽게도, 그들 철학과 가장 날카롭게 대립각을 세워온 하버마스가 '계보학'을 자신의 철학의 방법으로 타진하기 시작한 것은 이미 1980년대 중후반부터, 그러니까 『의사소통』이 출간된 지 그리 오래되지 않은 시점부터이다.[3] 이후 계보학은 『타자의 포용』[4]에서부터 두드러지기 시작해서 『자연주의와 종교 사이에서』,[5] 늦어도 『포스트형이상학적 사고 2』[6]에 이르러서는 화용론에 버금가는, 혹은 그보다 더 중요한 방법론으로 등장한다. 이 책에서 하버마스는 실천이성 내지 보편주의적 도덕이 "신성한 것의 언어화(Versprachlichung des Sakralen)"를

---

3) 보통 종교에 대한 하버마스의 관심이 뚜렷하게 드러난 첫 텍스트로 거론되는 「신앙과 지식 "Glauben und Wissen"」(2001) 훨씬 이전 『포스트형이상학적 사고(*Nachmataphysisches Denken*』(1988)에서 하버마스는 훗날 자신의 계보학에서 전개하는 핵심적 주장, 즉 보편주의적 도덕의 기본 개념들이 유대·기독교적 전승을 철학적으로 전유한 결과라는 주장을 펼친다. 특히 23쪽을 참조. 종교에 대한 하버마스의 관심을 다룬 국내 논문으로는 정대성, 2011을 참고.

4) *Die Einbeziehung des Anderen*, 1996. 앞으로 인용 표기 시 'EA'로 약칭.

5) *Zwischen Naturalismus und Religion*, 2009. 앞으로 표기 시 'ZNR'로 약칭.

6) *Nachmetaphysisches Denken II*, 2012. 앞으로 '포스트 2'로, 인용 표기 시 'ND2'로 약칭.

통해 형성되었음을 밝히고 오늘날도 여전히 철학은 종교가 가지고 있는 의미론적 잠재력을 이성적 언어로 번역하려는 노력을 할 필요가 있다는 점을 강조한다. 그리고 이를 위해 "신앙과 지식의 계보학에 대한 탐구"가 필요하다고 한다. 이후 신앙과 지식의 계보학은 하버마스 철학의 지속적인 주제가 되며 그의 철학 전체를 결산하는『또 하나』에서 저작 전체의 목표로 선언된다.[7]

이렇게 하버마스가 계보학에 눈길을 돌린 지 오래되었고 그것의 방법론적 비중이 점진적으로 증가하여 마침내 그의 철학을 결산하는 저작에서 주된 방법론으로 자리잡는데, 그러나 그가 그 용어를 정확히 어떤 의미로 사용하는지에 대해선 비교적 늦게야 비평들에 대응하기 위해서 설명을 시도한다. 계보학 유형을 '전복적(subversive)' 계보학, '옹호적(vindicatory)' 계보학, '문제화(problematizing)' 계보학으로 분류하고 하버마스의 계보학을 '옹호적' 계보학에 해당한다고 평하는 한 비판적 지적[8]에 대해 하버마스는 다음과 같이 말한다.

---

7) 『또 하나』의 서문에서 하버마스는 자신은 이 책의 제목을 "포스트형이상학적 사고의 계보학을 위해: 신앙과 지식에 대한 담론을 단서로 하는 또 하나의 철학사(Zur Genealogie nachmetaphysischen Denkens. Auch eine Geschichte der Philosophie, am Leitfaden des Diskurses über Glauben und Wissen)"로 하고자 했으나 출판사의 권유 때문에『또 하나의 철학사』로 간략하게 표기하게 되었다고 한다. 하지만 그렇게 해서 책 전체의 제목에 반영되지 않은 '계보학'은 책의 첫 번째 장의 제목 – "포스트형이상학적 사고의 계보학 문제에 관하여(Zur Frage einer Genealogie nachmetaphysischen Denkens)" – 에서 바로 등장한다. 이 계보학적 작업의 내용에 대해서는 책의 부제에 표기되어 있다. 1권의 부제는 "신앙과 지식의 서구적 구도(Die okzidentale Konstellation von Glauben und Wissen)"이고, 2권의 부제는 "이성적 자유. 신앙과 지식에 대한 담론의 흔적들(Vernünftige Freiheit. Spuren des Diskurses über Glauben und Wissen)"이다. 그러니까 신앙과 지식에 대한 서구적 담론의 역사를 통해 보편주의적 도덕 내지 이성적 자유에 대한 관념이 어떻게 형성되고 변화되었는지, 그리고 현재는 그런 관념이 어떤 도전에 처해 있으며 어떤 전망을 가질 수 있는지를 살펴보겠다는 것이다.

8) Allen(2013), 237쪽 이하 참고. 앨런의 이 구별은 쿠프만(Colin Koopman)에서 빌려온 것이고, 쿠프만을 따라 니체의 계보학은 전복적인 것으로, 푸코의 계보학은 문제화하는 것으로 분류하면서 후자를 지지한다. 쿠프만은 다시 윌리엄스(Bernard Williams)의 옹호적 계보학과 전복적 계보학 구별을 참조하고 있다. Allen, 2013, 237쪽, 주1; Koopman, 2013, 18쪽 참고.

"내가 의도하는 계보학은 정당화 기능을 갖지 않는다. 그것은 오히려 그동안 타당한 것으로 여겨졌던 이론적 인식들과 실천적 통찰들의 배경 전제들이 발생했던 맥락의 우연성에 대한 성찰적 의식을 촉진하고자 한다."9)

하버마스는 물론 자신의 계보학이 니체·푸코류의 계보학과 다르다는 점도 분명히 밝힌다.

"이러한 시도는 니체의 '계보학' 이해와 여러 측면에서 구별된다. 우선 지배적 사고형식의 억압적 성격을 파고들려는 전복적 의도에 따르지 않는다. 나는 포스트형이상학적 사고에 대한 대안은 없다고 생각한다."10)

'옹호적'인 것도 아니고 '전복적'인 것도 아니라면 하버마스는 어떤 계보학을 생각하는 것일까? 앞의 인용문에 이어지는 문장에서 보면 하버마스는 자신의 계보학을 앨런(Allen)이 말하는 '문제화' 계보학에 가까운 것으로 이해하는 것으로 보인다.

"하지만 계보학은 (······) 지배적인 철학의 자기이해를 교정하고자 한다. 계보학은 편협한 계몽주의의 세속주의적 자기오해에 관하여 세속적 사고를 계몽하려는 **문제화 의도**를 추구한다."11)

이후 자신의 계보학의 방법론적 성격에 대해 이 정도로 상세하

---

9) ND2, 143쪽.
10) ND2, 142쪽.
11) ND2, 142쪽.

게 언급하는 것은 단 한 번, 그것도 바로『또 하나』에서인데, 하지만
당혹스럽게도 하버마스는 여기서 사뭇 다른 설명을 내놓는다.

> "마지막으로 **옹호적** 계보학은 각각 자신의 관념들의 발생맥락의
> 우연성에 관여한다는 점에서만, 또 '현행의' 세계이해 및 자기이해
> 의 소박성과 거리를 취한다는 점에서만 이 두 유형과 일단 공통성을
> 갖는다. 그 소박성은 세계이해 및 자기이해의 구조들이 학습과정의
> 결과로 의식되면 사라진다. (…) 포스트형이상학적 사고가 생겨나게
> 된 학습과정의 재구성은 이 사고의 전제들의 설득력에서 무엇을 **빼**
> **앗지는** 않지만, 이 학습과정의 소득만이 아니라 **비용도** 가시화되게
> 하는 식으로 그것의 발생맥락에 대한 이해를 **확장**한다."12)

여기서 보면 하버마스는 자신의 계보학을 이번에는 옹호적 계보
학으로 이해하는 것처럼 보인다. 그런데 그 뒤의 서술을 보면 하버마
스는, 비록 비평에 대응하기 위해 저 세 가지 유형에 맞추어『포스트
2』와『또 하나』에서 한 번씩, 그것도 서로 충돌하는 설명을 하였지
만, 실상 자신의 계보학 앞에 세 가지 수식어 가운데 어떤 것도 붙이
길 원치 않았던 것으로 보인다.

하버마스가 '계보학'을 거의 언제나 수식어 없이 사용하지만, 그
가 택했을 만한 수식어가 무엇일지 짐작해볼 수 있기는 하다. 위의
인용문 마지막의 '확장'이란 단어가 그 힌트이다. 그의 계보학은 포스
트형이상학적 사고가 하나의 학습과정의 산물임을 밝힘으로써 포스
트형이상학적 사고가 스스로에 대해 재학습하도록, 그리하여 '세속

---

12) Auch1, 71쪽. 마지막 강조는 인용자.

주의적',13) '과학주의적'14) 주장으로 표현되는 자기오해를 넘어설 수 있게 하려 한다. 그런 점에서 그의 계보학은 포스트형이상학적 사고의 자기이해를 단순히 옹호하려는 것도, 전복하려는 것도, 문제시하려는 것도 아니라 확장하고자 하는 것이다. 이렇게 보면 '확장적 계보학(erweiternde Genealogie. ND2, 106)'이 어쩌면 그의 의도를 가장 잘 드러내는 규정이라고 할 수 있을 텐데, 하지만 하버마스는 그 표현마저도 『포스트 2』에서 단 한 번 사용하고 말았을 뿐이다.

그런데 하버마스의 계보학을 이렇게 '확장적 계보학'으로 규정하게 되면, 과연 그에게 계보학의 도입이 방법론의 '계보학적 전환'이라고 말할 수 있을 정도로 결정적인 의미를 갖는 것일까 하는 의문이 든다. 나의 생각으론 하버마스에게 계보학적 방법은, 『포스트 2』와 『또 하나』에서 전면에 나서 있긴 하지만, 합리적 재구성의 방법에 대한 대안이라기보다는 그에 대한 보완이다. 실제 하버마스는 계보학에 대해 말할 때 언제나 다시금 재구성에 대해서도 말하고 있다.

> "**계보학적 관점**에서는 실제 등장한 학습과정들을 가능케 했던 역사적으로 우연적인 구도들이 눈에 들어오지만, **합리적 재구성**의 관점에서는 이 역사가 또한 문제해결들의 연속으로 서술될 수 있다."15)

---

13) '세속적(säkular)'과 '세속주의적(säkularistisch)'을 하버마스는, 전자는 세속인 혹은 비신앙인이 종교적 타당성 주장들에 대해 불가지론적 태도를 취하는 경우로, 후자는 종교적 타당성 주장들에 대해 과학적으로 입증될 수 없다는 이유로 논쟁적 태도를 취하는 경우로 구별한다. ND2, 324쪽 참조.

14) '과학주의적(szientistisch)' 태도를 하버마스는 "학문적 사고에 구속력 있는 합리성 척도를 찾을 때 오직 법칙적 자연과학들의 이론형성과 절차들만을 모범으로 삼아야 한다는 견해"라고 정의한다(Auch1, 28쪽).

15) ND2, 141-142쪽.

그런데 실천적 합리성을 해명하는 데 왜 화용론과 생활세계론 외에 계보학이 필요해졌는가? 또 그 계보학은 왜 특별히 신앙과 지식에 대한 담론의 역사에 주목하는가? 포스트형이상학적 사고의 수준에서 움직이는 오늘날의 철학이 아직도 종교와의 관계를 진지하게 고려해야 하는 이유는 무엇인가? 그런 작업을 하는 계보학은 정확히 어떤 성격의 것인가? 이런 물음들에 답하기 위해선 먼저 계보학적 작업을 필요케 했던 이론 내적 문제에서 출발하는 것이 좋을 것으로 보인다. 나는 그 문제를 '도덕적 관점'을 정당화하는 과제, 특히 도덕의 특별한 구속력을 설명하는 과제에서 화용론과 생활세계론만으로는 미진했던 데에서 찾는다.

'도덕적 관점'의 정당화 문제

아주 널리 오해되는 것과 달리, 하버마스는 보편주의적 도덕의 구속력을 논증에 내재하는 반사실적이지만 불가피한 전제들[16]로부터 도출하지 않았다.

"일반적인 논증 전제들의 내용은 아직 도덕적 의미에서 '규범적'이지 않다. 포괄성은 토의에 대한 접근의 무제약성만을 뜻할 뿐 어떤

---

16) 하버마스는 그 전제들을 다음과 같이 네 가지로 요약한다. "유의미한 발언을 할 수 있을 누구도 참여에서 배제되어선 안 된다", "모두에게 동등한 발언 기회가 주어져야 한다", "참여자는 그들이 말하는 것을 뜻해야 한다", "비판 가능한 타당성 주장들에 대한 '예·아니오' 입장표명이 더 나은 근거들의 설득력에 의해서만 동기를 부여받도록, 의사소통은 내외의 강제들로부터 자유로워야 한다"(EA, 60). 각 전제를 한 단어로 표현하면 '포괄성(Inklusivität)', '기회균등(Chancengleichheit)', '정직성(Aufrichtigkeit)', '비강제성(Zwanglosigkeit)'이라고 할 수 있다.

의무부과적 행위규범의 보편성을 뜻하지 않는다. 토의 **내에서** 의 사소통적 자유의 균등 분배와 토의를 위한 정직성 요구는 논증 의무와 권리를 뜻하지 결코 **도덕적** 의무와 권리를 뜻하지 않는다. 마찬가지로 강제로부터의 자유도 논증과정 자체와 관련되지, 이 실천 **밖의** 인간관계들과 관련되는 게 아니다."17)

이에 따르면 논증은 행위규범을 **산출**하는 과정이 아니라, 토의에 붙여진 행위규범들 가운데 어떤 것을 **선택**하는 과정이다. 그런 점에서 논증은 인식적(epistemisch) 의미를 가질 뿐 그 자체로 특정 행위규범을 따르도록 동기를 부여하는 건 아니다. 이미 동기가 부여된 행위규범들이 주어져 있고, 논증은 그것들 가운데 어떤 것이 논증의 전제들과 절차를 가장 잘 충족시킬지를 검토하는 것이다. 그런 점에서 논증전제들의 불가피성과 도덕적 구속력은 일단 확실하게 구별되어야 한다.

"도덕적 구속력은 말하자면 불가피한 논증전제들의 초월적 강제로부터만 나올 수는 없다. 도덕적 구속력은 오히려 실천적 토의의 특수한 대상들에, 즉 토의에 **도입된** 규범들에 달라붙어 있고, 논의에서 동원되는 근거들은 그런 규범들과 관계하는 것이다."18)

물론 논증과정에서 행위규범의 내용이 변화될 수 있을 것이다. 하지만 이는 논증을 통과하면서 생기는 변화이지 행위규범 자체가 논증을 통해서 생성되는 것은 아니다. 그런 점에서 논증을 통한 규범

---

17) EA, 62쪽.
18) EA, 63쪽.

의 정초는 '약한 의미'로 이해되어야 한다. 하버마스가 도덕적 관점의 표현으로 여기는 보편화 원칙(Universalisierungsgrundsatz) 'U'도 그렇게 이해되어야 한다.

> "이런 상황을 강조하기 위해 나는 'U'가 (약한, 즉 선결정하지 않는) **규범 정당화 개념과 결합하여** 논증전제들의 규범적 내용으로부터 설명될 수 있다고 말한다."[19]

이제 논증이론 혹은 화용론적 분석만으로 도덕적 관점을 다 설명할 수 없다는 사실이 분명해졌다. 그렇다면 도덕적 관점은 논증과정을 통과할 수 있는, 그렇게 해서 보편주의적 도덕의 형식으로 전환 혹은 번역될 수 있는 규범적 실체 내지 규범적 의식이 논증에 앞서 주어져 있을 때만 설득력을 가질 수 있다. 바로 이 지점에서 하버마스는 화용론적, 논증이론적 설명을 보완해줄 '계보학적' 관점의 필요성을 제기한다.

> "여기서 윤곽을 그려본 설명 전략은 설득의 부담을 계보학적 문제설정과 나눈다. (…) 'U'로써 우리는 말하자면 포스트전통사회 속에서 이해지향적 행위와 논증의 형식들 속에 보존되어 남아 있는 규범적 실체의 잔여물을 반성적으로 확인하는 것이다."[20]

생활세계이론에 의지해서 도덕적 관점을 설명하려는 시도도 화용론적 설명과 마찬가지로 한계를 갖는다. 의사소통행위이론은 칸트

---

19) EA, 63쪽.
20) EA, 63쪽.

가 도덕적 관점을 실천이성의 사실(Faktum der Vernunft)이라고 한 것을 탈초월화해서 생활세계적 사실로 확인할 수는 있다. 생활세계 내에서 사람들은 실제로 규범과 관련하여 타당성 주장을 제기하고 필요시 그에 대해 근거를 제시하는 방식으로 살아가며, 그런 한에서 참여자적 관점에서 도덕적 관점은 부작용을 유발하지 않으면서는 훼손될 수 없는 삶의 구성적 요소라고 말할 수 있는 것이다.

그런데 이런 설명은 도덕적 관점이 일종의 '초월적 가상'이 아닐까 하는 물음으로부터 자유로울 수 없다. 즉 현상적으로는 가치들과 규범들의 공유가 이루어지더라도, 그것들이 타당해서 공유되는 것이 아니라 공유되기 때문에 타당한 것으로 여겨질 따름일 수 있는 것이다. 물론 그런 '초월적 가상'이 계속 유지되기만 한다면, 그 자체가 위험한 것은 아닐 것이다. 도덕적 관점이 관찰자 관점에서는 인지적 성격을 부정당하더라도 참여자 관점에서는 실제로 실천을 규제하는 기능을 수행할 것이기 때문이다. 그런데 근대성의 전진은 도덕적 관점의 그런 초월적 가상으로서의 지위조차 위태롭게 하는 것처럼 보인다. 종교적, 형이상학적 세계관의 붕괴 이후 다원주의적으로 된 사회적 여건하에서는, 더 나아가서 아예 "규범적 의식 자체의 사멸"(ND2, 188)까지도 염려해야 하는 사회적 여건하에서는, 도덕적 관점을 정당화하기 위해 더 이상 생활세계적 확실성에만 의존할 수 없다.

이차적 언어화: 의사소통행위이론의 수정

도덕적 관점의 인지적 성격, 혹은 실천적 합리성을 정당화하는 데는 규범과 관련해서도 명제적 진리에 대해서와 마찬가지로 타당성 주장이 제기된다고 말하는 것으로 충분할 것처럼 보인다. 그런데 『의사소통행위이론』에서 하버마스는 그런 소극적 해석에 머물지 않았다. 그는 타당성 주장들의 구속력의 기원을 뒤르켐을 따라 신성한 것이 갖는 구속력에서 유래한 것으로 보았다. 이런 시각에서는 도덕적 구속력이 명제적 진리나 표현적 진정성의 구속력과 동근원적인, 아니 더 원형적인 것이 된다. 신성한 것의 요체가 집단의 정체성 내지 규범적 합의인 만큼, 다른 타당성 주장들의 구속력은 말하자면 도덕적 구속력이 전이된 것이다. 하버마스는 뒤르켐이 "시공간에 구애받지 않는 타당성이라는 진리에 대한 반사실적 규정을 신성한 것의 개념 속에 들어 있는 이상화의 힘으로 소급"(『의사소통 2』, 121)한다고 해석하면서 그에 대해 다음과 같이 동의를 표명한다.

> "뒤르켐이 신성한 것의 의미를 단서로 해명하는 규범적 합의는 집단구성원들에게는 이상화된, **시공간적 변화를 초월하는** 동의의 형식으로 있다. 이것은 모든 타당성 개념에 대한 모델을, 특히 진리의 이념에 대한 모델을 제공한다."21)

『포스트 2』에서 하버마스는 그간의 언어이론의 발달을 고려하여 이런 입장을 수정하는데, 특히 인간의 의사소통의 발생을 상징적 제스

---

21) 『의사소통 2』, 122쪽.

처를 통해 의도와 행위를 조정하는 데서 찾는 토마셀로(M. Tomasello)의 사회인지적(social-cognitive) 내지 사회화용론적(social-pragmatic) 언어발생 이론을 참고한다.[22] 토마셀로의 언어발생 이론을 받아들이면 세 가지 타당성 주장들의 구속력을 동근원적인 것으로 보았던 하버마스의 견해는 유지될 수 없다. "공동 목적의 협력적 실현을 위한 사회인지적 필요들로부터는 사실들, 의도들, 요구들에 대한 의사소통만이 설명될 수 있을 뿐, 규범적 행동기대들에 대한 의사소통은 설명되지 않기"(ND2, 10) 때문이다. 이를 하버마스는 다음과 같이 정리한다.

> "기초적인 화행은 진술(…)의 진리성과 관련해서도 발화자의(…) 의도의 진정성과 관련해서도 끊임없이 의문에 부쳐질 수 있다. 말은 이 두 인지적 타당성 주장과 **내적으로** 결합되어 있는 것으로 보인다. 이에 반해 동기를 구속하는 정당성 주장은 화행이 규범적인 맥락에, 즉 구속력 있는 것으로 혹은 정당화될 수 있는 것으로 이미 상정된 맥락에 **착상되어** 있는 경우에 비로소 작동한다."[23]

정확히 이런 구별을 위해서 만들어진 것은 아니었지만, 이런 구별을 표현하는 데 도움이 될 개념적 장치를 하버마스는 그 전에 마련해두었다. '동의지향적' 화행과 '이행지향적' 화행, 내지는 '강한' 의사소통행위와 '약한' 의사소통행위가 그것이다.[24] 하버마스에게 이제

---

22) 토마셀로, 2015, 62쪽 이하 참조.

23) ND2, 13쪽.

24) 『의사소통행위이론』에서 행위를 '성공지향적' 행위와 '이해지향적' 행위로 나누었던 하버마스는 나중에 반론들에 대응하는 과정에서 후자를 다시 '강한' 의사소통행위 내지 '동의지향적 (einverständnisorientiert)' 행위와 '약한' 의사소통행위 내지 '이해지향적(verständnisorientiert)' 행위로 나눈다. 강한 의사소통행위로서의 동의지향적 행위는 처음 성공지향적 행위와 구별될 때의 이해지향적 행위와 같은 것으로, 타당성 주장에 대한 상호적 동의를 추구한다.

진리와 진정성이 발휘하는 구속력은 더 이상 규범적 구속력을 단서로 해서 설명될 필요가 없다. 반면에 규범에 고유한 구속력의 연원은 더욱 확실하게 언어적 의사소통 자체와 구별되어야 한다. 진리와 진정성이 문제가 되는 언어적 의사소통은 신성한 것의 언어화를 통해서 생겨나는 것이 아니라 신성한 것에 대한 의사소통과 나란히 발생한다. 그러니까 신성한 것의 언어화는 성스러운 것에 대한 의사소통이 이미 그와 병행하고 있는 언어적 의사소통의 형식으로 전환되는 것이고, 그래서 진리성에 대한 타당성 주장이 규범적 구속력의 영향력을 받는 게 아니라 역으로 후자가 전자의 영향을 받는다. 즉 신성한 것에 관한 의사소통에서 이미 문제가 되었던 선악의 문제가 언어적 의사소통의 형식으로 전환되면서 '진·위' 코드처럼 '옳은·그른'으로 이항화되는 것이다.

"일상적 의사소통과 비일상적 의사소통의 분화에 비추어볼 때 신성한 것의 언어화는 오늘날 나에게 달리 보인다. 규범적 내용들은 먼저 의례로 밀봉된 상태로부터 풀려나온 후 일상언어의 의미론으로 전이되어야 했다. 신성과 재앙의 힘들을 대하는 것은 언제나 이미 '선'과 '악'의 의미론적 양극화와 결부되긴 하였다. 하지만 의례적 의미들이 신화적 서사의 형태로 언어화됨으로써 비로소 이러한 (…) 선악 대립은 일상언어에서 형성된 진술들과 표현들의 이항적

이와 구별되는 약한 의사소통행위로서의 이해지향적 행위는 동의에 이르지 못하더라도 서로의 주장과 의도에 대해 아는 것으로, 더 정확히는 서로 안다는 것을 아는 것으로도 족할 수 있는 의사소통행위이다. 강한 의사소통행위는 "세 가지 타당성 주장 모두에서 비판될 수 있을 경우"에만 해당되는데, 특히 규범적 타당성 주장에 초점이 맞추어져 있다. 하버마스는 진리성과 진정성에 대한 주장과 달리 규범적 타당성에 대한 주장은 화자에게 (또는 청자에게) 상대적인 근거가 아니라 양자에게 동일한 근거에 의해서만 해소될 수 있다고 생각한다. 하버마스, 2008, 153쪽 이하, Habermas, 1999, 122쪽 이하 참조.

코드화('진·위', '진정성·비진정성')에 동화되고 제3의 타당성 주장으로, 즉 규제적 화행과 결부된 타당성 주장('옳은·그른')으로 형성될 수 있었다."25)

이런 변화를 하버마스는 "신성한 것의 이차적 언어화(eine se-kundäre Versprachlichung des Sakralen. ND2, 12)"로 표현한다. 이렇게 되면 타당성 주장들의 구속력 모두를 신성한 것의 언어화로부터 설명했던 의사소통행위이론의 수정은 불가피해진다.

"나는 『의사소통행위이론』에서 성급하게도 너무 포괄적인 가정에서 출발했다. 언어적 상호이해가 행위조정 기능을 담당하는 데는 합리적으로 동기를 부여하는 근거들의 구속력이 결정적 역할을 하는데, 나는 이 구속력이 **일반적으로** 처음 의례적으로 보장된 근본적 동의가 언어화하는 데서 비롯된다고 가정하였다."26)

이렇게 한편으로 신성한 것의 언어화 문제는 다른 타당성 주장들의 구속력을 설명하는 것과 관련해서는 중요성을 상실하지만, 다른 한편으로 규범적 타당성 주장의 구속력을 설명하는 데에는 더욱 중요한 의미를 갖게 된다. 타당성 주장들 모두가 신성한 것의 언어화에서 비롯된 것으로 보던 때에는, 신성한 것의 언어화는, 일단 언어적 의사소통이 주된 소통 방식으로 자리를 잡고 나면, 더 이상 없어도 되는 사다리와 같았다. 언어적 의사소통이 지속되는 한 세 가지

---

25) ND2, 14쪽.
26) ND2, 13쪽.

타당성 주장이 제기되고 그런 주장을 근거를 통해 뒷받침하는 것이 불가피할 터였기 때문이다. 그런데 다른 타당성 주장들의 구속력은 언어 내적으로 생성된 것인 반면 규범적 구속력은 언어적 의사소통으로 유입된 것이라고 한다면, 언어적 의사소통 속으로 규범적 자원이 유입되지 않으면 '옳은· 그른'이란 이항코드에 따른 구별은 공전해 버릴 수도 있다. "성스러운 것의 마력이 비판 가능한 타당성 주장들의 구속력으로 고양되고 동시에 일상화되는" 것은(『의사소통 2』, 132) 규범적 정당성과만 관련되기에, 하버마스는 신성한 것의 언어화에 대해 이제 "보다 좁은 의미에서"(ND2, 15), 그러나 더욱 진지하게 말해야 한다.

포스트형이상학적 사고의 계보학

1) 왜 포스트형이상학적 사고의 계보학인가?

이제 하버마스에게 도덕적 관점을 정당화하는 문제는 의사소통행위이론에서보다 더욱 급진적인 문제가 되었다. 사실 하버마스가 의사소통행위이론에서 화용론과 생활세계 이론에 의지할 때 그에게는 소위 "왜 도덕적이어야 하는가?(why be moral?)" 하는 물음은 진지한 고려의 대상이 아니었다. 비록 아펠(K. O. Apel)의 초월화용론을 포함해 모든 초월주의로부터 거리를 취하긴 했어도, 하버마스는 여전히 도덕적 관점의 사실적 불가피성에 의지할 수 있었다. 사회화와 문화적 재생산, 그리고 사회통합이 의사소통행위를 통해 수행되는 한, 사회가 규범적 타당성 문제로부터 자유로울 수는 없기 때문이다.

그러니까 도덕적 관점의 훼손을 걱정할 순 있어도 도덕적 관점의 사멸까지 염려할 필요는 없었던 것이다.

"왜 도덕적이어야 하는가?"의 물음으로 집약되는 상황, 즉 도덕적 관점 자체에 비판적인 반도덕주의만이 아니라 아예 도덕적 관점의 이론적, 실천적 무용성을 말하는 탈도덕주의(amoralism)[27]마저 유력한 입장이 된 상황에서 하버마스는 계보학적 관점의 필요성을 느낀 것으로 보인다.

> "순수한 실천이성은 더 이상 맨손에 정의 이론의 통찰들만 가지고 탈선하는 근대화에 맞설 수 있다고 그렇게 자신할 수 없다. 정의 이론에는 사방에서 쇠약해지고 있는 규범적 의식을 자신으로부터 갱신시키기 위한 언어적 세계해명의 창조성이 결여되어 있다."[28]

그렇다면 형이상학과 종교로 돌아갈 수밖에 없는가? 하버마스에게 그 길은 막혀 있다. 형이상학적 사고[29]에서 포스트형이상학적 사고로의 진전이 학습과정의 산물인 한, 후자가 스스로를 설득해서 전자로 돌아갈 수 있는 방법은 없다.

그런데 이성이 스스로 충분한 동기부여를 하지 못한다는 것을

---

27) 가령 루만에게 규범은 학습하지 않으려는 태도(Nichtlernen)가 미화된 것이고 이론가는 기능체계들을 관찰할 때 규범적 관점이 아니라 고차적인 탈도덕적 관점(höhere Amoralität)을 취할 것이 추천된다. Luhmann, 1984, 437쪽; 루만, 2014, 862쪽; Luhmann, 1997, 751쪽 참조.

28) ZNR, 218쪽.

29) 하버마스는 형이상학적 사고의 특징을 모든 것을 하나의 원리 내지 하나의 존재와 관련시키는 '동일성 사고(Identitätsdenken)', 존재와 사고를 동일시하는 '이상주의(Idealismus)', 관조적 삶에 구원적 의미를 부여하는 '강한 이론 개념(der starke Theoriebegriff)'으로 요약한다. Habermas, 1988, 36쪽 이하 참조.

인정한 후, 한편으로 형이상학과 종교로 귀환하지 않으면서, 다른 한 편 반도덕주의 내지 탈도덕주의에 맞설 수 있는 방법은 무엇일까? 하 버마스의 포스트형이상학적 사고의 계보학적 고찰은 이 물음에 대한 답을 찾기 위한 것이다. 앞으로 전개될 논의를 미리 요약해서 말하자 면, 이 계보학은 두 가지를 수행한다. 하나는─ 종교에 의존하진 않지 만─종교가 가지고 있는 의미론적 자원을 포스트형이상학적 사고의 전제들을 해치지 않으면서, 즉 이성의 언어로 번역해서, 사용할 수 있는 가능성을 모색하는 것이다. 이는 보편주의적 도덕이 적어도 서 구에서는 출발부터 종교적 내용들을 철학적으로 전유하면서 형성되 었고 현재에도 그런 전유과정이 종결된 게 아니라는 걸 보여주는 일 이 될 것이다. 다른 하나는 탈도덕적주의─하버마스는 이제 반도덕 주의보다 탈도덕주의를 더 중요한 위협으로 여기는 것으로 보인다─ 가 실은 사회문화적 학습과정에 대한 자기성찰을 제대로 하지 못한 포스트형이상학적 사고의 양상이라는 것을 보여주는 것이다. 첫 번 째 작업을 위해 하버마스가 특히 주목하는 것은 소위 기축시대에 종 교와 형이상학이 동시에 발생하였다는 사실이고, 후자의 작업을 위 해 특히 주목하는 것은 포스트형이상학적 사고가 흄(David Hume)의 길과 칸트의 길로 갈라지는 분기점이다.

2) 종교와 형이상학의 동시 발생

하버마스는 자신의 계보학에서 특별히 기축시대, 즉 대략 B.C. 800~200년 사이에 세계 문명권 도처에서 종교와 형이상학이 동시에 발생한 점에, 특히 서구의 길에서는 고대 말기 한편으로 기독교 교리론이 형이상학의 개념들로 구축되고 다른 한편으로 철학은 종교적 전승들로부터 중요한 내용들을 전유하였던 상호 학습 내지 "의미론적 삼투"(semantische Osmose. Auch1, 15)에 주목한다. 종교와 철학의 이 상보관계에서 하버마스가 더 비중 있게 다루는 것은 물론 철학에 의한 종교의 변용보다는 철학이 종교로부터 전유한 부분이다. 그가 보기에 오늘날에도 유효한 실천철학의 주요 개념들은 철학이 고대 말기 종교적 내용들을 철학의 언어로 번역하는 과정에서 생겨났다. "인격과 개성, 자유와 정의, 연대와 공동체, 해방, 역사, 위기 같은 개념들"이 그런 것들이다.30)

> "그래서 나에게 이 담론[신앙과 지식에 관한 담론 – 인용자]은 포스트형이상학적 사고의 계보학을 위한 단서 역할을 한다. 이 계보학은 어떻게 철학이 – 기독교 교리론이 철학의 개념들로 구축되는 것에 상보적으로 – 자기편에서는 종교적 전승들의 본질적 내용들을 전유하고 정당화 가능한 지식으로 변형하였는지를 보여주려고 한다. 칸트와 헤겔로부터 이어지는 세속적 사고가 이성적 자유라는 주제와 오늘날까지도 모범이 되는 실천철학의 기본 개념들을 갖게 된 것은 바로 이런 의미론적 삼투 덕이다."31)

토의윤리학 내에서 설명하기 어려웠던 규범적 구속력의 연원 문제는 이제 계보학으로 넘겨진다. "신적 명령의 무조건성에 비추어서 비로소 일반적으로 도덕과 법에 대해 **규범적 구속력 개념**이 형성되

---

30) ND2, 102쪽.
31) Auch1, 14-15쪽.

었고, 이 개념이 실천이성에 의한 자유의지의 지도라는 관념 속에 반영된다"는 것이다(Auch2, 259). 그러니까 '규범적 구속력'은 철학 혹은 실천이성이 스스로의 힘으로 생성한 것이 아니라 종교로부터 전유한 것이다. 하버마스는 이 점에서 칸트가 도덕의 당위성을 설명할 때 '이성의 사실' 내지 '의무감'에 의지한 것이 부족한 설명이었다고 지적한다. 그런 의무감 혹은 사실의 유래를 설명하지 못했기 때문이다(Auch2, 369). 하버마스의 계보학은 그것의 유래를 다음과 같이 특정한다.

> "기독교 자연법으로부터 이성법으로 가는 역사적 이행에서 우리는 의무론적으로 구속하는 정의라는 보편주의적 개념이 구원적 정의라는 기축시대의 보다 복잡한 개념으로부터 생겨났으며 그래서 신성 복합체에 그 연원을 두고 있을 것이라는 점을 읽어낼 수 있다."[32)

물론 철학이 종교로부터 규범의 본질적 내용들을 전유한다고 해서 종교적 내용이 그대로 철학으로 옮겨진다는 얘기는 아니다. 철학은 한편으로 종교적 내용을 전유하지만 다른 한편 그것을 '정당화 가능한(begründungsfähig)' 지식으로 변형하면서 특정 신앙공동체에 갇혀 있는 종교적 규범의식의 제한성을 탈각시킨다. 하버마스가 보기에 보편주의적 도덕은 서구의 길에서는 그런 식으로 발생하였다.

> "한편으로 인권의 보편주의는 (…) 유대·기독교적 구원 관념들의 보편주의적 내용을 세속적으로 번역한 덕이다. 평등주의적·보편

---

32) Auch2, 369–370쪽.

주의적 이성법은 초험적 신 관점을 행위갈등들에 대한 불편부당한 판정이라는 도덕적 관점으로 인간중심적으로 전환하지 않고는 형성될 수 없었을 것이다. 다른 한편 이런 변형 없이는 특수한 신앙공동체에 집중된 시각이 다른 신앙공동체들에 대해 두었던 관용의 제한을 극복하는 것이 가능하지 않았을 것이다."[33]

그런데 도덕적 관점의 종교적 연원을 밝힌다고 해서 현재 도덕적 관점이 정당화되고 강화될 수 있는 것일까? 발생(Genesis)과 타당성(Geltung)은 구별되어야 하는 것 아닌가? 이런 물음에 대한 답은 하버마스가 신앙과 지식, 종교와 철학의 위와 같은 영향관계를 "어떤 이성적인 길도 그 뒤로 돌아가지는 않을" 하나의 "학습과정"으로(ND2, 106) 본다는 데서 찾을 수 있다. 물론 학습과정이 성공적으로만 진행되리라는 법은 없다. 계보학적 고찰은 바로 학습과정의 우연적 조건들을 함께 밝히는 것이고, 다른 혹은 일면적인 학습과정의 가능성도 보여줄 수 있어야 한다. 하버마스가 보기에 반도덕주의 혹은 탈도덕주의는 포스트형이상학적 사고가 가진 잠재력이 제한적으로만 구현된 학습의 결과이다.

3) 흄의 길과 칸트의 길

계보학적 관심 이전에 하버마스에게 이론적 논쟁의 주적이 신보수주의와 포스트구조주의였다면, 계보학적 관심에서 가장 주된 비판의 대상은 '강성 자연주의'[34] 내지 '과학주의적' 입장이다. 하버마스

---

33) ND2, 140쪽.

34) '강성 자연주의(harter Naturalismus)' 또는 '과학주의적 자연주의'란 인격과 관련된 문제들마저 남김없이 객관주의적으로, 즉 관찰될 수 있는 사실들로 환원하여 설명하려는 입장을

가 과학주의를 문제 삼는 이유는 두 가지로 요약될 수 있다. 하나는 실천적 합리성에 대한 위협이 과학주의에서 완전히 새로운 수준에 이르렀다는 것이다. 신보수주의나 후기구조주의는, 전자처럼 보편주의적 도덕의 추상성을 비판하든 후자처럼 그것 뒤에 은폐된 권력관계를 폭로하든, 어떤 규범적 기준을 전제하고 있었고 그런 한에서 근대문화에 대한 논쟁을 통해서나 혹은 그런 비판의 수행적 자기모순을 지적하는 식으로 그에 대해 대응할 수 있었다. 그런데 과학주의는 급속히 발전하는 "생물유전학, 뇌연구, 로봇공학"(ZNR, 147) 등의 성과에 힘입어, 규범적 논의에서 모든 진지성을 빼앗아버린다. 규범적 의식 자체가 뇌작용에 수반되는 일종의 가상 내지 환영으로 취급되기 때문이다. 하버마스가 계보학에서 과학주의를 문제 삼는 다른 하나의 이유는 철학 안에서마저 과학주의 경향이 강해졌다는 것이다. 하버마스는 철학 역시 전문화의 길을 걸어 학문의 분업에서 작은 한 자리를 차지하는 데 만족할 것이 아니라 "우리의 자기이해와 세계이해에 대한 합리적 재구성"에(Auch1, 12) 기여해야 한다고 생각한다. 가령 급속히 증가하는 과학적 지식들과 관련해서 철학은 개념분석적 작업으로 물러서는 식으로 자신의 기능을 찾을 것이 아니라 과학적 지식의 증가가 "우리, 즉 근대의 동시대인이며 개별 인격으로서의 우리 인간에게 무엇을 의미하는지"(Auch1, 12) 묻는 노력을 포기해서는

말한다. 이에 대해 하버마스는 '연성 자연주의(weicher Naturalismus)'를 옹호하고자 한다. 이 입장은, 인간 정신의 모든 작동이 두뇌활동 등 유기체적 기반에 의존한다는 점 자체는 부정하지 않으나, 인간 정신의 상호주관적 구조와 인간 행위의 규범적 성격은 그런 관찰 가능한 사실들로 환원해서는 적절히 설명될 수 없고 문화적 진화의 산물로 파악되어야 하는 것으로 여긴다. 하버마스에게 포스트형이상학적 사고에 대한 계보학 탐구는 바로 연성 자연주의에 따른 작업으로 '탈초월화'를 보완 내지 넘어서는 것으로 이해된다. ZNR, 7쪽, 157쪽, ND2, 51쪽 참조.

안 된다는 것이다.

하버마스의 계보학은 이런 과제를 과학주의의 길이 형이상학 이후 지식 발달의 필연적이고 유일한 귀결이 아님을 보여주는 식으로 해결하고자 한다. 이를 위해 하버마스가 주목하는 것은 형이상학적 사고에서 포스트형이상학적 사고로 돌이킬 수 없게 넘어가는 지점이다. 하버마스는 이 지점을 그저 훗날 과학주의로 연장될 수밖에 없는 하나의 통과점이 아니라 하나의 중요한 분기점으로 본다. 하버마스가 보기엔 이 분기점에서 신앙과 지식 사이의 긴장이 최고도에 이르고 마침내 하나의 전환점을 맞게 된다.

> "로마제국 시기 기독교와 플라톤주의의 만남과 함께 극적 긴장이 시작되는데, 중기 스콜라철학에서 첨예화되고 흄과 칸트 사이의 논쟁에서 다음과 같은 물음으로 그 정점 및 전환점에 이른다. 세계상과 '체계'로부터의 작별 후, 합리적으로 전유되고 철학적으로 '번역된' 성서 내용들은 **해체**되어야 할 것인가 아니면 **재구성**되어야 할 것인가? 이와 함께 우리의 인식 가능성의 범위에 대한 물음이 제기된다. 우리는 한쪽 편의 좁게 재단된 합리성 개념으로 우리에게 분명 접근 가능한 인식 가능성들을 희생시키는가 아니면 다른 쪽 편의 포괄적인 이성 개념으로 허위의 인식 가능성들을 사취할 따름인가?"[35]

하버마스가 보기에 흄과 칸트는 모두 세속적 사상가라는 점에서, 그리고 학문적 인식의 모델을 수학적 자연과학들에 찾는다는 점

---

35) Auch2, 768–769쪽.

에서 공통적이며 "명백히 포스트형이상학적 사고의 최초 대표자들"이다(Auch1, 166). 하지만 저 물음과 관련하여 둘은 완전히 다른 길을 간다. 흄은 종교적 유래를 가진 실천철학의 기본 개념들을 **해체**함으로써 형이상학의 잔재들을 떨구어 버리는 데 주력하는 반면, 칸트의 초월철학은 그것들을 "포스트형이상학적 사고의 전제들 아래에서, 즉 모순 없이 그리고 형이상학에 의지하지 않고, 세속적 방식으로 **재구성**"하려 한다(Auch1, 166). 칸트는 신적 입법의 구속력, 양심 등 종교적 유산을 이성의 영역으로 끌어오려고 하는 반면, 흄은 규범의식을 감정과 취향으로 환원한다(Auch2, 210-211). 그래서 흄에게 규범의식은 심리학적으로 설명될 수 있어도 이론적으로 정당화될 수는 없는 하나의 환상일 따름이다. 흄에겐 인과 개념도 하나의 환상이지만 인식으로 이끈다는 점에선 생산적이었던 반면에, 실천철학의 개념들은 어떤 인지적 역할도 하지 못하는 순전한 환상일 따름이다(Auch2, 258-259). 이런 점에서 하버마스에게 흄은 규범적 사고에 대해 조용하지만 가장 강력한 비판자이다.

> "나는 흄을 눈에 띄지 않게, 하지만 가장 일관되게, 내가 포스트형이상학적 사고의 계보학에서 학습과정의 발걸음들이라고 한 것을 비판하는 18세기의 저자로 이해한다. 그것도 그런 발걸음들을 되돌리려고 해서가 아니라 그 성과들을, 즉 칸트가 이성적으로 재구성한 실천적 의식을 **이해될 수 있는 환상**으로 설명하기 위해서 그렇게 한다. 그는 이런 회의적 길을 거쳐 종교적, 형이상학적 세계상 대신에 **과학으로서의 철학**을 확립하고자 한다."36)

---

36) Auch2, 210쪽.

그런데 하버마스의 계보학은 흄의 길과 칸트의 길이 그저 가능한 두 선택지였음을 말하려는 것인가 아니면 둘 가운데 어느 길이 더 나은 길임을 말하려는 것인가? 칸트의 길도 가능한 하나의 길이었다는 정도의 이야기인가 아니면 칸트의 길이 더 나은 길이라는 것인가? 하버마스의 문제의식에 비추어 볼 때 이 물음에 대해 후자 편으로 답하기 위해서는 규범적 판단의 인식적(epistemisch) 성격을 성공적으로 해명할 수 있는가의 문제가, 다른 말로 하자면 "포괄적인 이성 개념(ein komprehensiver Begriff der Vernunft)"[37]을 설득력 있게 해명할 수 있는가의 문제가 관건이다. 이렇게 되면 바로 포괄적 합리성 개념을 해명하고자 했던 하버마스의 의사소통행위이론은 포스트형이상학적 사고가 칸트적 길에서, 즉 종교의 의미론적 잠재력을 "정당화 가능한 지식(begründungsfähiges Wissen)"으로 번역하려고 노력하는 노선에서, 해결해야 했던 철학적 과제에 대한 하나의 대응이다. 실제 하버마스 자신도 이제 의사소통행위이론을 그렇게 이해하는 것으로 보인다.

> "포괄적인 의사소통적 이성 개념 자체가 내가 거칠게 윤곽을 추적해 본 번역과정의 결과로 이해될 수 있다. 이 번역과정은, **잠정적인 종착점에서 보면**, 설득력 있는 근거들의 지평에서 (……) 규범적인 것에 관해 충분히 강한 개념을 유지하려는 시도로 드러난다."[38]

---

37) 하버마스는 '포괄적 합리성' 개념과 '포괄적 이성' 개념을 혼용하지만 때로 강조점이 약간 다르기는 하다. '포괄적 합리성'이 명제적 진리, 규범적 정당성, 미학적 진정성을 모두 포함하는 합리성을 말한다면, '포괄적 이성'은 기술적(記述的) 진술들의 정당화에 한정되지 않고 자신과 세계에 대해 성찰적 지식을 추구하는 사유를 말한다(Auch1, 16, 143, 169쪽 참조). 전자가 의사소통행위이론에서의 규정이라면 후자는 계보학적 탐구 이후 많이 등장하는 규정이다.

동시대적 존재로서의 종교의 의미

하버마스는 『자연주의와 종교 사이에서』의 서문을 마르크스의 『공산당 선언』의 첫 문장을 연상시키는 스타일로 시작한다.

> "두 가지 상반되는 경향이 시대의 정신적 상황을 특징짓는다. 자연주의적 세계상의 확산과 종교적 정통주의의 증가하는 정치적 영향력이 그것이다."[39]

이 문장에서 하버마스 후기 철학의 지향점을 읽어내보자면, 이론적으로는 강성 과학주의 내지 과학주의적 자연주의를 비판하는 것이고 실천적으로는 종교의 증가하는 영향력에 대해 적절한 대응방식을 찾는 것이 된다. 이때 종교의 동시대성 대한 하버마스의 관심은 소위 세속화 테제가 예상했던 것과 달리 종교가 점차 소멸해가는 것이 아니라 오히려 재활성화되고 있다는 "사회학적 사실"을(ND2, 187) 확인하는 데 그치는 것이 아니다. 종교에 대한 하버마스의 실천적 관심은 시민들이 서로 다른 '포괄적 도덕적 교설들(comprehensive moral doctrines)'을 가졌음에도 하나의 '정치적 정의관(political conception of justice)'에 합의할 수 있는 가능성을 모색했던 롤스(J. Rawls)의 정치철학적 관심사와 유사하다. 다만 하나의 작지 않은 차이가 있다. 롤스가 말하는 '공적 이성'은 종교적 시민들에게 정치적 공론장에서 자신들의 주장을 펼칠 때 "포괄적 교설들에 따른 근거들로만이 아니라 적절한 정치적 근거들"[40]로 뒷받침하도록 촉구하나,

---

38) Auch2, 589쪽.
39) ZNR, 7쪽.

하버마스는 그들이 자신의 언어로 발언할 수 있는 기회를 더 많이, 심지어 오로지 자신의 언어로만 표현하는 경우도 허용해야 한다고 주장한다. 롤스의 입장에 대한 하버마스의 이의는 다음의 두 가지로 요약된다. 첫째는 경험적 이의로, 많은 시민은 정치적 입장을 표명할 때 롤스의 '공적 이성'이 요구하는 바처럼 종교적 언어를 통한 발언과 세속적 언어를 통한 발언을 분리할 줄도 모르고 그럴 의지도 없다는 것이다. 둘째는 규범적 이의로, 종교적 생활형식이 보장된 자유주의적 헌법하에서 종교적 시민들에게 그렇게 부가적이고 비대칭적인 의무를 부과해선 안 된다는 것이다(ND2, 252).

물론 하버마스가 국가의 세계관적 중립성 혹은 국가와 교회의 엄격한 분리라는 원리가 훼손되어도 좋다는 것은 아니다. 정치에 참여하는 한 종교적 시민들도 '이성의 공적 사용'에 의해 요구되는 바를 지켜야 한다. 가령 종교적 다원성의 인정, 세속적 지식에 관해 제도화된 과학의 권위 인정, 인권도덕의 수용 같은 것들이 그런 요구 사항이다(ND2, 254). 그런데 정치적 공론장에서 종교적 시민들이 자신의 언어로 발언해도 된다는 것은 이런 요구 사항들과 충돌하지 않는가? 하버마스는 그렇지 않다고 생각하는 것으로 보인다. 그는 정치적 공론장과 국가적으로 공식적 결정이 내려지는 절차를 구별하고 그사이에 '번역 유보 조건(Übersetzungsvorbehalt)'이라는 '제도적 필터'를 두는 식으로 문제를 해결하고자 한다. 정치적 공론장에서는 특별히 정해진 절차 없이 현안들에 대해 논의가 이루어진다. 여기서는 종교적 시민들이, 만일 자신의 입장을 뒷받침할 적절한 세속적·정치적

---

40) Rawls, 1997, 784쪽; Habermas, ZNR, 128쪽 참조.

언어를 사용할 수 없을 경우, 자신의 단일 언어로, 즉 종교적 언어로 발언할 수 있다. 그러니까 정치적 공론장에서 발언할 때 종교적 시민들이 이미 세계관적으로 중립적인 언어를 사용해야 하는 건 아니다. 한편 비종교적·세속적 시민들은 종교적 발언들을 단순히 무시하거나 처음부터 무의미한 것으로 치부해서는 안 된다. 동료 시민으로서 종교적 시민들의 기여도 마찬가지로 중요한 것으로 여겨야 하며 종교적 발언들을 세속적 언어로 번역하는 과정에서 협력해야 한다. 이렇게 정치적 공론장에서는 다양한 목소리로 발언되지만, 그러나 그런 발언들이 공식적 결정과정으로 넘어가려면 세계관적으로 중립적인 세속적 언어로 번역되어야 한다. 그러니까 하버마스는 정치적 정의 혹은 국가의 중립성 문제를 종교적 시민들에게 그들의 세계관에 따른 근거들과 적절한 정치적 근거들을 구별할 줄 알아야 한다고 무리하게 요구하는 식으로가 아니라 "번역 유보 조건의 제도화"를(ND2, 253) 통해서 해결하자는 것이다.

하버마스가 이런 주장을 할 때는 종교적 시민들의 권리를 말하려는 측면도 있지만 무엇보다도 종교가 삶의 규범적 차원을 망각한 근대성의 흐름에 대항할 수 있는 의미론적 잠재력을, 그가 자주 쓰는 표현으로 하자면 "변제되지 않은 의미론적 잠재력"을(unabgegoltene semantische Potentiale. ND2, 255, Auch2, 807) 지니고 있을 것이라는 기대 때문이다.

"종교적 전승들은 오늘날까지도 결여되어 있는 것에 대한 의식을 표현해주는 역할을 한다. 종교적 전승들은 거부된 것에 대한 감수성을 생생하게 유지한다. 종교적 전승들은 문화적, 사회적 합리화가 진전되면서 심각하게 파괴된 우리의 사회적, 개인적 공동 삶의 차원들을 망각으로부터 지켜준다."41)

그래서 하버마스에겐 그런 의미론적 잠재력을 "이성적으로 만회하려는 시도는, 효용극대화에 투철한 목적합리성의 지배권에 대한 저항진영을 형성한다"(ND2, 255). 그런데 하버마스가 보기에 종교에 대해 그런 태도를 갖기 위해선 "세속주의적으로 경화된 계몽의 자기이해"(ND2, 300)를 수정해야 하고, 바로 이를 위해서 포스트형이상학적 사고에 대한 계보학이 필요하다.

"생생한 세계종교들이 어쩌면 억압된 혹은 미개발된 도덕적 직관들이란 의미에서 '진리내용'을 지니고 있을지도 모른다는 통찰은 세속적 시민들 측에 결코 자명하지 않기 때문이다. 이런 맥락에서 모두에 대한 동등 존중이라는 이성도덕의 종교적 발생연관에 대한 계보학적 의식이 도움이 된다."42)

결론을 대신하여

하버마스는 철학의 역할을 학문들과 지식체계들에게 "자리를 지정하는 자(Platzanweiser)"가 아니라 아직 충분히 굳건하게 뿌리를 내리지 못한 어떤 지적 흐름을 위해 "자리를 지키는 자(Platzhalter)" 혹

---

41) ZNR, 13쪽.
42) ND2, 254쪽.

은 "해석자"로 규정한 바 있다.43) 그 지적 흐름이란 특히 "유능하게 판단하고 행위하며 말하는 주체들의 선이론적 지식에, 또 전승된 지식체계들에 연결하여 경험과 판단, 행위와 언어적 상호이해의 합리성의 어떤 일반적인 토대를 밝히려는 강한 보편주의적 주장을 담고 있는 경험적 이론들"이다.44) 이제 그의 잠정적인 최후의 대작이 나온 후 회고해보면, 하버마스는 철학에 대해 스스로 내린 규정에 가장 충실하게 작업을 했다고 말할 수 있을 것 같다. 의사소통행위이론이 보편주의적 도덕 혹은 실천적 합리성을 주체들의 선이론적 지식에 연결해서 설명하려 했던 것이라면, 포스트형이상학적 사고의 계보학은 전승된 지식체계들에 연결하여 설명하려 했기 때문이다.

스스로를 "종교적 음치"에(ND2, 111) 해당한다고 하면서도 종교가 간직하고 있을지도 모르는 의미론적 잠재력을 길어올려보려는 하버마스의 노력은 그 이론적 철저성과 실천적 진지성에서 존경심을 불러일으킨다. 하지만 그보다 더욱 심한 종교적 음치인 나는 몇 가지 의문을 지울 수 없다. 보편주의적 도덕이 서구의 길에서는 유대·기독교 전승들을 철학적으로 전유해서 생긴 것이라고 인정하더라도, 지금도 보편주의적 도덕을 위한 의미론적 자원을 종교에 기대해야 하는 것일까? 종교가 철학에 의미론적 자원을 제공할 수 있었던 것이 연대성과 정의에 대한 원초적 감각과 통찰을 봉인해 가지고 있었기 때문이라면, 이제 철학은 연대성과 정의의 문제를 종교를 거치지 않고 직접 대면할 수 있는 것 아닌가? 유대·기독교가 초기에는 보편주

---

43) Habermas, 1983, 9쪽 이하.
44) 위의 책, 23쪽.

의적 도덕의 성립에 기여하였지만, 종교에서 지우기 어려운 권위적 사고가 오늘날은 보편주의적 도덕의 확산에 일부 걸림돌이 되지 않는가? 종교적 구심점도 없었고 근대화의 역사도 짧은 한국의 경우, 강력한 민주주의 운동으로 분출될 수 있을 만큼 강도 높은 보편주의적 도덕의식이 비교적 단기간에 형성되고 확산될 수 있었던 이유는 무엇인가?

나는 비이기적이고 수평적인 관계의 경험이 보편주의적 도덕의식의 형성을 위한 가장 중요한 기반이라고 생각한다. 비이기적 관계가 규범적 의식을, 수평적 관계가 보편주의적 의식을 가질 수 있게 하는 것이다. 이런 관점에서 볼 때 한국의 경우 보편주의적 도덕의식을 형성하는 데에는 지난 세기 중후반부터 인구의 상당수가 어린이부터 청년기까지 사회화과정의 대부분 시간 동안 공교육체계 속에서 또래 집단과 수평적 교류를 경험한 것이 하나의 중요한 실질적 지반이 되었을 것이라고 추측할 수 있다. 그런 수평적 교류의 경험 속에서 하버마스가 말하는 이성적 자유, 즉 "모두와 각자를 상호주관적으로 공유되고 완전히 탈중심화된 상호적 관계들의 연관성 속에, 강제 없이 의사소통적으로 포함시키고자 하는 자유"45)에 대한 지향성이 형성되고 강화되었을 것이다. 이런 추측이 맞는 것이라면, 경쟁논리와 사회적 차별이 교육체계 깊숙이 파고들어 사회화과정이 동시에 수평적 교류를 체득하는 과정이 되지 못하게 하는 것이야말로 우리가 도덕의식의 발전과 관련하여 가장 염려해야 하는 부분이 될 것이다.

하버마스는 도덕을 "사회문화적 생활형식 자체에 내재하는 본질

---

45) Habermas, 2020, 23쪽.

적인 위험을 보상하는 보호장치"46)라든가 "각 개인의 통합성의 불가침성을 보장하고, 다른 한편으로 서로 의존하는 개인들이 상호 인정하는 사회적 공간을 설립하고 제한하는"(ND2, 284) 것으로 규정한 바 있다. 나는 도덕의 역할에 대한 이런 규정을 수긍하게 만드는 경험과 의미론적 자원이 비종교적 영역에도 충분히 많을 수 있다고 생각한다. 포스터(E. M. Forster)의 표현47)에 기대어 말하자면, 단지 수평적으로 연결하라!48)

---

46) Habermas, 1991, 223쪽.

47) "단지 연결하라(Only connect!)"

48) 이 글은 장춘익, 『비판과 체계』(2022)에 수록되었던 논문을 '21세기북스' 출판사의 허락하에 부분적 수정을 거쳐 본 연구 총서에 재수록한 것이다.

참고문헌

정대성, 「세속사회에서 포스트세속사회로. 헤겔과 하버마스 철학에서 '신앙과 지식'의 관계」, 『철학연구』119집, 대한철학회, 2011. 323-345쪽.

루만, 장춘익 역, 『사회의 사회 2』, 새물결, 2014.

토마셀로, 이현진 역, 『인간의 의사소통 기원』, 영남대학교 출판부, 2015.

하버마스, 장은주 역, 『인간이라는 자연의 미래』, 나남, 2003.

하버마스, 장춘익 역, 『의사소통행위이론 1,2』, 나남, 2006.

하버마스, 윤형식 역, 『진리와 정당화』, 나남, 2008.

Amy, A., "Having One's Cake and Eating It Too. Habermas's Genealogy of Postsecular Reason", In: Calhoun, C. 외, 2013. 234-272쪽.

Calhoun, C. 외, *Habermas and Religion,* Cambridge: Polity Press, 2013.

Habermas, J., *Theorie des kommunikativen Handelns Ⅰ, Ⅱ*, Frankfurt am Main: Suhrkamp, 1981.

Habermas, J., *Moralbewusstsein und kommunikatives Handeln*, Frankfurt am Main: Suhrkamp, 1983.

Habermas, J., *Nachmetaphysisches Denken. Philosophische Aufsätze*, Frankfurt am Main: Suhrkamp, 1988.

Habermas, J., *Erläuterungen zur Diskursethik*, Frankfurt am Main: Suhrkamp, 1991.

Habermas, J., *Die Einbeziehung des Anderen. Studien zur politischen Theorie,* Frankfurt am Main: Suhrkamp, 1996.

Habermas, J., *Wahrheit und Rechtfertigung. Philosophische Aufsätze*, Frankfurt am Main: Suhrkamp, 1999.

Habermas, J., *Zwischen Naturalismus und Religion. Philosophische Aufsätze,* Frankfurt am Main: Suhrkamp, 2005.

Habermas, J., *Nachmetaphysisches Denken II. Aufsätze und Repliken*, Berlin: Suhrkamp, 2012.

Habermas, J., *Auch eine Geschichte der Philosophie Ⅰ, Ⅱ*, Berlin: Suhrkamp, 2019.

Habermas, J., "Moralischer Universalismus in Zeiten politischer Regression. Jürgen Habermas im Gespräch über die Gegenwart und sein Lebenswerk", *Leviathan* 48(1/2020), 7-28, 2020.

Koopman, C., *Genealogy as Critique: Foucault and the Problems of Modernity*, Bloomington: Indiana University Press, 2013.

Luhmann, N., *Soziale Systeme*, Frankfurt am Main: Suhrkamp, 1984.

Luhmann, N., *Die Gesellschaft der Gesellschaft II*, Frankfurt am Main: Suhrkamp, 1997.

Rawls, J., "The Idea of Public Reason Revisited", *The University of Chicago Law Review*, Summer, 1997, Vol. 64, No. 3, 1997. 765-807쪽.

*자주 인용된 하버마스 저작 약어표

『또 하나』:『또 하나의 철학사』

『의사소통』:『의사소통행위이론』

Auch1: *Auch eine Geschichte der Philosophie Ⅰ.*

Auch2: *Auch eine Geschichte der Philosophie Ⅱ.*

EA: *Die Einbeziehung des Anderen.*

ND2: *Nachmetaphysisches Denken II.*

TKH: *Theorie des kommunikativen Handelns.*

ZNR: *Zwischen Naturalismus und Religion.*

필자 소개(가나다 순)

강병호

서울과학기술대학교 강사. 독일 프랑크푸르트대학교에서 악셀 호네트 교수의 지도하에 철학박사 학위를 취득하였다. 주요 논문으로는 "Werte und Normen bei Habermas. Zur Eigendynamik des moralischen Diskurses", 「정언명령의 세 주요 정식들의 관계: 정언명령의 연역의 관점에서」, 「하버마스: 기능주의적 이성비판과 의사소통적 이성 옹호」, 「악셀 호네트의 인정이론적 도덕 구상의 의무론적 재구조화를 위한 시도」, 「악셀 호네트의 '규범적 재구성'」, 「호네트의 사회적 자유 개념」 등이 있다. 주요 역서로는 호네트의 『물화: 인정이론적 탐구』, 『인정. 하나의 유럽사상사』가 있다.

권용혁

울산대학교 인문대학 철학·상담학과 교수, 독일 베를린자유대학교에서 철학박사학위를 취득했다. 주요 저서로는 『가족과 근대성』, 『열린 공동체를 꿈꾸며』, 『한국가족, 철학으로 바라보다』, 『이성과 사회』, 『가족과 민주주의』, 『기업과 민주주의』, 『한중일 3국 가족의 의사소통 구조 비교』(공저), 『공동체란 무엇인가』(공저), 『한반도의 분단, 평화, 통일 그리고 민족』(공저) 등이 있다. 주요 논문으로는 「근대성 탐구」, 「한국의 근대화와 근대성」, 「공동체의 미래」 등이 있다.

김광식

서울대학교 기초교육원 교수. 독일 베를린공과대학교 과학·기술·철학과에서 인지문화철학 전공으로 박사학위를 받았다. 주요 저서로는 『행동지식』, 『BTS와 철학하기』, 『김광석과 철학하기』, 『다시 민주주의다』(공저), 『근대 사회정치철학의 테제들』(공저), 『세상의 붕괴에 대처하는 우리들의 자세』(공저) 등이 있으며, 주요 논문으로는 「인지문화철학으로 되짚어 본 언어폭력」, 「인지문화철학으로 되짚어 본 동성애혐오」 등이 있다.

김원식

국가안보전략연구원 책임연구위원. 연세대학교에서 철학박사 학위를 받았다. 주요 저서로는 『배제, 무시, 물화』, 『하버마스 읽기』, 『처음 읽는 독일 현대 철학』(공저),『한반도의 분단, 평화, 통일 그리고 민족』(공저) 등이 있으며, 주요 논문으로는「국제의 이념 : 평화연맹 vs 천하체계」,「한반도 평화, 칸트에게 길을 묻다」등이 있다.

나종석

연세대학교 문과대학 및 국학연구원 교수. 독일 뒤스부르크-에센대학교에서 헤겔과 비코에 대한 논문으로 철학박사 학위를 받았다. 주요 저서로『차이와 연대: 현대 세계와 헤겔의 사회·정치철학』,『삶으로서의 철학: 소크라테스의 변론』,『헤겔 정치철학의 통찰과 맹목: 서구 현대성과 복수의 현대성 사이』,『대동민주 유학과 21세기 실학: 한국민주주의론의 재정립』,『대동민주주의와 21세기 유가적 비판이론』등이 있으며, 주요 역서로는 비토리오 회슬레의『비토리오 회슬레, 21세기의 객관적 관념론』, 미하엘 토이니센의『존재와 가상: 헤겔 논리학의 비판적 기능』, 카를 슈미트의『현대 의회주의의 정신사적 상황』, 기무라 에이이치의『공자와 ≪논어≫』등이 있다.

남성일

아주대학교 다산학부대학 철학교양강좌·동국대학교 문과대학 철학전공강좌 강사. 동국대학교 대학원에서「하버마스의 민주주의적 법치국가론에서 있어서 절차적 정당성 개념 연구: 하버마스 법철학에서 '절차주의적 전회'를 중심으로」으로 철학박사 학위를 받았다. 주요 논문으로는「하버마스의 절차주의적 법에서 본 사법부의 존립 근거」,「(하버마스와 드워킨으로) '나라다움'의 개념 만들기 – 한 나라에서 법체계 구성의 정당함과 작동의 온전함은 '나라다운 나라'에 대한 시민적 요청에 충분히 부응하는가?」,「포스트코로나 시대에서 법치국가의 역할 – 하버마스의 기본권 논의를 중심으로」,「파주시 민주시민교육 기본계획 수립 연구: 2019~2023」(공저)가 있으며, 번역서로『자유주의자와 식인종: 다원주의 시대에 자유주의란 무엇인가』(공역),『탈형이상학적 사고 1,2(2023년 발간 예정)』(공역) 등이 있다.

선우현

청주교육대학교 윤리교육과 교수. 서울대학교에서 철학박사학위를 받았다. 주요 저서로는『사회비판과 정치적 실천』,『우리시대의 북한철학』,『위기시대의 사회철학』,『한국사회의 현실과 사회철학』,『자생적 철학체계로서 인간중심철학』, 『평등』, 『도덕 판단의 보편적 잣대는 존재하는가』, 『철학은 현실과 무관한 공리공담의 학문인가』, 『홉스의 리바이어던: 국가의 힘은 개인들에게서 나온다』, 『한반도의 분단, 평화, 통일 그리고 민족』(기획·편집), 『배제와 통합: 탈북인의 삶』(공저), 『왜 지금 다시 마르크스인가』(기획·편집), 『한반도 시민론』(공편저) 등이 있다.

연희원

교통대학교 강사. 고려대학교에서 철학박사 학위를 받았다. 주요 저서로는 『에코의 기호학: 미학과 대중문화로 풀어내다』, 『유혹하는 페미니즘』, 『소크라테스씨, 멋지게 차려입고 어딜 가시나요: 패션인문학』 등이 있으며, 논문으로는 「사회적 실천으로서 U. Eco의 기호학」, 「다윈 생물학의 남성중심주의 비판」, 「고대 그리스 몸의 정치학과 화장」, 「남성패션, 그 과학기술의 고고학」, 「여성펑크(punk): 배드 걸(bad girl)과 불화(不和)」 등이 있다.

이시윤

동아대학교 전임연구원. 서강대학교 사회학과에서 「90년대 하버마스 네트워크의 형성과 해체: 딜레탕티즘과 학술적 도구주의는 어떻게 하버마스 수용을 실패하게 만들었는가」로 박사학위를 받았다. 주요 저서 및 논문으로는 『하버마스 스캔들: 화려한 실패의 지식사회학』, 「1990년대 학술장의 구조변동 속에서 한 하버마스주의 철학자의 궤적: 장춘익의 지적 여정의 의의와 한계」, 「서구 사회이론 수용 연구의 토대: 라몽, 번역 사회학, 그리고 '더 부르디외적인' 접근」, 「'두 개의 운동'으로서의 천성산 터널 반대운동: 종교시민운동 축의 복원과 시민환경운동과의 관계 분석」 등이 있다.

이재성

계명대학교 Tabula Rasa College 교수. 독일 아헨라인베스트팔렌공과대학교에서 철학, 사회학, 정치학을 수학하고 철학박사 학위를 받았다. 주요 저서로는 『헤겔의 체계철학』, 『하이데거 철학 삐딱하게 읽기』, 『열림과 소통의 문화생태학』 등이 있으며, 역서로 『변증법 이론의 근본구조. 헤겔의 논리학에 있어서 변증법적 범주발전의 재구성과 수정』, 『웃음의 철학』, 『색채조화론』 등이 있다. 주요 논문으로는 「루소의 정치철학에 대한 헤겔 비판」, 「아펠과 하버마스의 담론윤리의 의미」, 「헤겔 정치철학에 대한 일고」, 「헤겔의 정신철학에서 정신개념의 변증법적 구조」, 「헤겔의 정치철학: 헤겔은 자신의 국가철학을 어떻게 정당화시키고 있는가?」, 「헤겔의 자연철학 : 논리에서 자연으로의 이행문제」, 「서양의 생태사상과 사유방식의 문제에 대한 일고」, 「공직 부패로부터의 해방은 어떻게 가능한가?」, 「철학적 최종근거지음과 오류주의의 문제」, 「의료 윤리적 관점에서 생명과 죽게 내버려둠의 문제」, 「로컬리티의 연구동향과 인문학 연구의 새로운 방향」, 「근대와 탈근대 담론에서 존재론적 '사이'로서의 로컬리티」 등이 있다.

이하준

한남대학교 탈메이지교양융합대학 철학주임교수. 베를린자유대학교에서 철학박사학위를 받았다. 주요 저서로는 『호르크하이머의 비판이론』, 『호르크하이머-도구적 이성비판』, 『아도르노-고통의 해석학』, 『아도르노의 문화철학』, 『부정과 유토피아-아도르노의 사회인식론』, 『철학이 말하는 예술의 모든 것』, 『그림도 세상도 아는 만큼 보인다』, 『교양교육비판』, 『현대철학 매뉴얼』(공저), 『AI와 떠나는 미래로의 여행』(공저) 등이 있다. 주요 논문으로는 「아우슈비츠와 삶의 가능성-아도르노와 아감벤」, 「아주 다른 것에 대한 동경의 사회철학」, 「호르크하이머와 아도르노의 동물해방론」 등이 있다.

장춘익

전(前) 한림대학교 철학과 교수. 독일 프라이부르크대학교에서 철학박사 학위를 받았다. 주요 저서로는 *Selbstreflexiv-selbstbestimmende Subjektivität und durchsichtig-vernünftige Gesellschaft. Theorie und Praxis bei Hegel, Marx und Habermas*, 『비판과 체계: 장춘익의 사회철학1』, 『근대성과 계몽: 장춘익의 사회철학2』, 『나의 작은 철학: 일상의 틈을 우아하게 건너는 법』, 『하버마스의 사상: 주요 주제와 쟁점들』(공저), 『하버마스: 이성적 사회의 기획, 그 논리와 윤리』(공저), 『철학의 변혁을 향하여』(공저) 등이 있다. 주요 역서로는 『헤겔의 정신현상학』, 『의사소통행위이론1,2』, 『사회의 사회』, 『헤겔변증법 연구』(공역), 『파편화한 전쟁』(공역) 등이 있다.

한길석

중부대학교 학생성장교양학부 조교수. 한양대학교에서 철학박사 학위를 받았다. 주요 저서로는 『아주 오래된 질문들: 고전철학의 새로운 발견』(공저), 『현대

정치철학의 네 가지 흐름』(공저), 『모빌리티, 존재에서 가치로』(공저) 등이 있으며, 주요 논문으로는 「조선 후기 공론정치의 두 유형에 대한 규범적 고찰」, 「현상함의 정치를 위하여」, 「떠도는 자들을 위한 장소」, 「토의민주주의론은 포스트 정치적인 것인가?: 하버마스와 랑시에르를 중심으로」, 「포스트 트루스 비판적 읽기」, 「사유함과 도덕: '악의 평범성'을 중심으로」, 「공영역의 신구조변동?: 성찰과 제안」 등이 있다.

허성범

한양대학교 철학과 겸임교수. 한양대학교 철학과에서 「현대 다원사회에서의 인권 정당화: 하버마스의 담론이론과 롤즈의 정치적 관점을 중심으로」라는 논문으로 철학박사 학위를 받았다. 주요 논문으로는 「인권의 담론이론적 정당화의 현황과 전망: 하버마스, 알렉시, 포르스트의 논의를 중심으로」, 「역량과 인권: 센과 누스바움」 등이 있다.

홍윤기

동국대학교 철학과 명예교수. 독일 베를린자유대학교에서 철학박사 학위를 받았다. 주요 저서로는 『변증법 비판과 변증법 구도』, 『한국 도덕윤리 교육 백서』(편저), 『글로벌 네트워크 시대의 국가와 민족. 21세기 한국 메가트렌드 시리즈 II』, 『지식정보화 시대의 창의적 능력 및 인력 양성 정책 개발』, 『독일 정치교육현장을 가다』(공저), 『평등과 21세기적 문제군』, 『중학교 창의지성 철학』(공저), 『고등학교 창의지성 철학』(공저), 『초등학교 창의지성 철학』(공저), 『민주청서21. 2008 민주시민교육 종합보고서』(책임 집필) 등이 있다. 주요 논문으로는 「Habermas의 철학과 모더니티의 문제」, 「대한민국헌법 규범력에 상응하는 헌법현실의 창출을 담보하는 헌법교육/민주시민교육의 철학적 근거정립: 인간존엄성을 중심으로 도덕·정치·법의 복합작동기제에 기초한 헌법공동체 '대한민국'」, 「동유럽 지식인의 전형과정」, 「하버마스의 언어철학: 보편화용론의 구상에 이르는 언어철학적 사고과정의 변천을 중심으로」, 「사회질서에서의 이성: 사회이성시론」, 「장애인에 대한 의식변화를 위한 사회운동의 역할과 의의」, 「철학의 위기와 한국사회. 한국 현대철학의 현국면」, 「Pak Chong-Hong and the Congruous Beginning of Korean Modern Philosophy」, 「지구화 조건 안에서 본 문화 정체성과 주체성」, 「루소에 있어 일반의지 기반의 입헌민주국가로서 공화국 건국과 통치 프로젝트」, 「대한민국 정치·사회 갈등의 특징과 '없는 국가'의 입헌성 복원」 등이 있다.

사회와 철학 연구총서 ❻

한국사회의 현실과
하버마스의 사회철학

초판 발행 | 2023년 12월 15일
초판 2쇄 | 2024년 10월 15일

저　　자 | 사회와 철학 연구회
기획·편집 | 선우현
펴 낸 이 | 김성배

책임편집 | 박은지
디 자 인 | 송성용, 엄해정
제작책임 | 김문갑

펴 낸 곳 | 도서출판 씨아이알
출판등록 | 제2-3285호(2001년 3월 19일)
주　　소 | (04626) 서울특별시 중구 필동로8길 43(예장동 1-151)
전화번호 | (02) 2275-8603(대표)
팩스번호 | (02) 2265-9394
홈페이지 | www.circom.co.kr

I S B N | 979-11-6856-182-3 (93100)